"十二五"普通高等教育本科国家级规划教材

物 理 化 学

（第二版）

丁治英　李文章　陈启元　等　编著

科学出版社

北　京

内 容 简 介

本书是编者多年教学经验的总结。全书以"理工兼用"为编写原则，重点阐述了物理化学的基本概念和基本理论，例题、复习思考题及习题则尽量结合各相关专业的具体实际进行选择。本书共 12 章，内容涵盖化学热力学、化学反应动力学、电化学、表面化学及胶体化学基础等，包括热力学基本概念及定律、热力学势函数及基本方程、溶液热力学及活度、化学反应热力学及化学平衡、相平衡热力学及相图、统计热力学基础、化学反应动力学基础、电解质溶液、电化学反应热力学、电极反应动力学基础、表面物理化学基础、胶体化学基础。编者结合教学实际，在某些基本原理和知识的阐述及内容编排等方面进行了创新尝试，使内容更紧凑并更具系统逻辑性。

本书可作为高等学校应用化学、化工、冶金、材料、医药等专业本科生的物理化学教材或教学参考书。

图书在版编目（CIP）数据

物理化学/丁治英等编著. —2 版. —北京：科学出版社，2023.3
"十二五"普通高等教育本科国家级规划教材
ISBN 978-7-03-064304-9

Ⅰ. ①物… Ⅱ. ①丁… Ⅲ. ①物理化学–高等学校–教材 Ⅳ. ①O64

中国版本图书馆 CIP 数据核字（2019）第 302055 号

责任编辑：陈雅娴　李丽娇　杨向萍／责任校对：杨 赛
责任印制：张 伟／封面设计：迷底书装

科学出版社 出版
北京东黄城根北街 16 号
邮政编码：100717
http://www.sciencep.com

北京中石油彩色印刷有限责任公司 印刷
科学出版社发行　各地新华书店经销

*

2012 年 6 月第 一 版　开本：787×1092　1/16
2023 年 3 月第 二 版　印张：26 3/4
2023 年 3 月第三次印刷　字数：683 000

定价：79.00 元
（如有印装质量问题，我社负责调换）

第二版前言

本书第一版出版至今已经十余年。这些年来，相关学科的发展使人们对物理化学的基本内容又有了新的认识，相关专业人才的培养标准有了新的更高要求，信息技术的发展也极大地促进了课程教与学的方法改革。物理化学的教学要求和教学内容也需要适应这些变化而不断丰富、调整和完善，这是本书修订的背景。

本书以适应"厚基础、宽专业"的人才培养要求为目的，在强化物理化学基础的同时，尽量与其他相关专业(如化工、制药、冶金、材料等)形成有机联系。因此，在本次修订中，参照《化学类专业教学质量国家标准》及"高等学校化学类专业物理化学相关教学内容与教学要求建议"，结合教学中使用教材的经验，对物理化学的教学基本内容和知识框架作了适当调整、删减和补充，对一些基本问题提出了新的易于理解的阐述，内容更紧凑，系统更具逻辑性。

此次修订对全书的整体框架基本未作大的变动，仅将"表面化学与胶体化学基础"分成了"表面物理化学基础"及"胶体化学基础"两章，并增加了相应的内容。对部分电化学概念进行更准确的描述，对不属于基本要求的内容作了删减，补充了满足基本要求的内容，同时补充了能使相关基本原理及知识更清晰明了的内容。在个别章节增加了一些带"*"的小节，其内容对学生可不作要求，仅作为相关知识的拓展材料。另外，调整了一些非必要的图、表；删减了一些代表性及综合性不强的例题；控制了习题量，并在每道习题后附加答案(证明题除外)；精简了文字描述，对相关术语进行了规范。本书配套教学视频和习题讲解视频，读者可扫码查看。

本书虽然篇幅相对较小，但所包含的内容系统性较强且具有一定的深度。编者希望本书能"理工兼用"，为众多相关专业的物理化学课程的教与学提供帮助。使用本书的教师和学生可根据相关专业的教学要求酌情选择内容，并建议教师多引导学生了解公式推导的前提，多引导学生理解和掌握由理论公式所得出的结论，不要过多地讲授推导细节。

本书传承了陈启元先生多年的教育理念与教学内涵，是众多编修者努力的结果。中南大学李洁教授(第8章)、刘常青教授(第6章)、程新园副教授(第1章)、向阳副教授(第5章)、刘云清副教授(第11章)、李文章副教授(第7章)、丁治英副教授(第3、4、10章)、胡久刚副教授(第12章)，湖南工业大学肖利教授(第9章)以及湖南人文科技学院文瑾教授(第2章)参与了修订，全书由刘士军教授进行统筹和定稿。

南京理工大学吴锵教授审阅了第二版初稿，提出了许多中肯和具有建设性的修改意见；湖南大学余刚教授和胡家文教授审阅了第二版初稿的部分章节，提出了宝贵建议；编者在与许多同行的交流讨论中也得到了许多有益的意见。使用本书第一版的教师及学生也提出了许多修改意见。科学出版社编辑为本书面世做了许多工作。编者在此一并表示衷心的感谢。

限于编者的学识水平，书中不妥之处在所难免，恳请读者不吝指正。

编　者

2023年1月于中南大学

第一版前言

化学是现代科学领域的中心科学，物理化学又是化学的理论基础。随着学科本身的发展，化学已不再是纯实验性科学，而是理论与实验并重的科学。当今信息、能源、材料、生命和环境等领域研究工作及创新人才的培养对化学知识的要求越来越高，对物理化学原理的应用与理解也越来越深。因此，这些领域的相关专业被认定为化学类专业或近化学类专业。本书是为适应"厚基础、宽专业"的人才培养要求而编写的，并遵循"理工兼用"的编写原则，可供众多相关专业的物理化学课程教学使用。

物理化学学科本身在结晶化学与量子化学、非平衡热力学、相图计算、非线性动力学、电化学、表面与胶体化学等方面也有很多新发展。因此，本书在内容的取舍、深度与广度，以及教学学时数方面根据大专业(化学类专业和近化学类专业)的要求作了全面的考虑，但不包括结构化学部分。

本书继承和发扬了中南大学物理化学教研室的多位老先生编写及正式出版的多本《物理化学》教材的长处与特点，继续保持了陈新民等编写的《物理化学》学术严谨、内容少而精的风格；继续保留了曾庆衡等编写的《物理化学》紧密联系专业实际的内容；继续表达了张平民等编写的《工科大学化学》中的"理论化学"部分改革力度大的意愿。

考虑到"理工兼用"的目的，本书包含的内容相对较系统，这对某些工科专业的教学来说可能显得内容较多。使用本书的教师可根据相关专业的教学要求酌情选择内容。为方便阅读和自学，书中的理论公式推导比较详细，编者建议教师多引导学生了解理论公式推导的前提，多引导学生理解和掌握由理论公式所得出的结论，不要过多地讲授推导细节。

本书也是中南大学物理化学教研室集体智慧的结晶。参加本书编写的有程新园副教授(第1~2章)、刘士军教授(第3、4章)、向阳副教授(第5、7章)、刘常青教授(第6章)、李洁教授(第8~10章)及刘云清副教授(第11章)。全书由陈启元教授和刘士军教授统稿和定稿。

由于编者学识水平有限，书中难免有不妥及疏漏之处，恳请读者不吝指正。

编　者

2011 年 11 月

目 录

第二版前言
第一版前言
绪论 ·· 1
第1章 热力学基本概念及定律 ·· 5
1.1 热力学概论 ·· 5
1.1.1 热力学的内容及研究对象 ·· 5
1.1.2 热力学的方法及其局限性 ·· 5
1.2 热力学基本概念 ·· 5
1.2.1 热力学系统和环境 ·· 5
1.2.2 热力学平衡态与状态公理 ·· 6
1.2.3 热力学过程 ·· 8
1.2.4 可逆过程与不可逆过程 ·· 9
1.3 物态方程 ·· 9
1.3.1 物质的形态 ·· 9
1.3.2 气体物态方程 ·· 10
1.3.3 液体及固体的物态方程 ·· 12
1.4 热力学第零定律与温度 ·· 12
1.5 热力学第一定律与热力学能 ·· 13
1.5.1 热力学第一定律 ·· 13
1.5.2 体积功及其计算 ·· 15
1.5.3 过程热的测定与计算 ·· 19
1.5.4 焓及焓变的计算 ·· 19
1.5.5 恒压热容及恒容热容 ·· 20
1.5.6 热力学第一定律对理想气体的应用 ·· 23
1.6 热力学第二定律与熵 ·· 27
1.6.1 热力学第二定律 ·· 27
1.6.2 卡诺循环与卡诺定理 ·· 28
1.6.3 任意可逆循环的热温商与熵函数 ·· 29
1.6.4 熵增原理及过程方向性的判据 ·· 31
1.6.5 熵变的计算 ·· 32
1.6.6 熵增与能量退化 ·· 36
1.6.7 熵的统计意义 ·· 37
1.7 热力学第三定律与物质的规定熵 ·· 39
1.7.1 热力学第三定律 ·· 39
1.7.2 物质的规定熵 ·· 40

复习思考题 ··· 40
习题 ··· 41

第2章 热力学势函数及基本方程 ··· 43
2.1 自由能函数 ·· 43
2.1.1 亥姆霍兹自由能 A ·· 43
2.1.2 吉布斯自由能 G ··· 44
2.1.3 状态函数 A 及 G 的特点 ······································ 45
2.2 封闭系统热力学基本方程及其简单应用 ·························· 45
2.2.1 封闭系统热力学基本方程 ·· 45
2.2.2 封闭系统的热力学函数间的基本关系 ·························· 46
2.2.3 特性函数 ·· 48
2.2.4 焦耳-汤姆孙效应 ·· 49
2.3 封闭系统 ΔA 和 ΔG 的计算及其应用 ······················ 51
2.3.1 自动过程方向和限度的判据 ····································· 51
2.3.2 自由能变量 ΔA 和 ΔG 的计算 ···························· 51
2.4 偏摩尔量及其性质 ·· 55
2.4.1 偏摩尔量的概念 ··· 55
2.4.2 偏摩尔量的集合公式和吉布斯-杜安方程 ······················· 56
2.4.3 偏摩尔量的实验测定及求算 ······································ 58
2.4.4 混合焓及偏摩尔混合焓 ·· 59
2.4.5 偏摩尔量微商的相关性* ··· 60
2.5 普遍的热力学基本方程与化学势 ·································· 60
2.5.1 普遍的热力学基本方程 ·· 60
2.5.2 化学势的定义及其性质 ·· 61
2.6 气体的化学势与逸度 ·· 63
2.6.1 纯理想气体化学势及热力学 ······································ 63
2.6.2 混合理想气体各组分的化学势 ··································· 64
2.6.3 理想气体的混合规律 ·· 65
2.6.4 纯实际气体的化学势及逸度 ······································ 66
2.6.5 混合实际气体各组分的化学势 ··································· 67
2.6.6 逸度的求算* ··· 68
2.7 标准态及凝聚态物质的化学势 ····································· 70
2.7.1 标准态 ··· 70
2.7.2 凝聚态物质的化学势 ·· 70
复习思考题 ··· 71
习题 ··· 71

第3章 溶液热力学及活度 ·· 75
3.1 溶液及其组成表示方法 ··· 75
3.2 稀溶液的两个经验定律 ··· 76
3.2.1 拉乌尔定律 ··· 76

3.2.2　亨利定律 ·· 77
3.3　理想溶液热力学 ·· 78
　　　3.3.1　理想溶液的定义及特征 ·· 78
　　　3.3.2　理想溶液中各组分的化学势 ··· 79
　　　3.3.3　理想溶液混合热力学性质 ·· 80
　　　3.3.4　杜安-马居尔公式* ·· 81
3.4　稀溶液热力学 ·· 82
　　　3.4.1　稀溶液的定义及组分的化学势 ··· 82
　　　3.4.2　稀溶液的混合热力学性质 ·· 84
　　　3.4.3　稀溶液的依数性质 ·· 84
3.5　实际溶液与活度 ·· 88
　　　3.5.1　实际溶液的特点 ·· 88
　　　3.5.2　活度的概念 ·· 89
　　　3.5.3　实际溶液混合热力学性质 ·· 92
　　　3.5.4　活度及活度因子的测定与求算 ··· 93
　　　3.5.5　分配定律 ·· 94
3.6　渗透因子和超额函数 ··· 96
　　　3.6.1　溶剂的渗透因子 ·· 96
　　　3.6.2　超额函数 ·· 96
　　　3.6.3　几种特征实际溶液 ·· 97
复习思考题 ··· 98
习题 ·· 99

第4章　化学反应热力学及化学平衡 ··· 102
4.1　化学反应系统的特征 ··· 102
　　　4.1.1　化学反应进度 ··· 102
　　　4.1.2　独立反应数及反应系统的状态描述 ·· 103
　　　4.1.3　摩尔反应量(变) ··· 104
　　　4.1.4　偏摩尔反应量 ··· 104
4.2　热化学 ·· 105
　　　4.2.1　化学反应热效应 ··· 105
　　　4.2.2　赫斯定律 ·· 107
　　　4.2.3　标准摩尔生成热力学量 ·· 108
　　　4.2.4　溶解焓与稀释焓 ··· 110
　　　4.2.5　摩尔反应焓与温度及压力的关系 ·· 111
　　　4.2.6　非等温反应 ·· 113
4.3　化学反应系统的基本方程及判据 ··· 115
　　　4.3.1　化学反应系统的基本方程 ·· 115
　　　4.3.2　化学反应方向及平衡条件 ·· 116
4.4　化学反应等温方程与标准平衡常数 ··· 117
　　　4.4.1　气相化学反应平衡 ·· 117

  4.4.2 凝聚相化学反应平衡 ·· 119
  4.4.3 多相化学反应平衡 ·· 120
  4.4.4 凝聚相纯物质的分解压 ··· 121
  4.4.5 优势区图 ·· 122
  4.4.6 压力及惰性气体对化学平衡的影响 ································ 123
  4.4.7 标准摩尔反应吉布斯自由能 ··· 124
 4.5 温度对化学平衡的影响——化学反应等压方程 ························ 126
  4.5.1 温度对标准摩尔反应吉布斯自由能的影响 ······················ 126
  4.5.2 化学反应的等压方程式 ··· 128
 4.6 反应偶合与同时平衡 ··· 129
  4.6.1 反应偶合 ·· 129
  4.6.2 同时平衡及其计算 ·· 130
 复习思考题 ··· 131
 习题 ·· 132

第 5 章 相平衡热力学及相图 ·· 138
 5.1 相律 ··· 138
  5.1.1 相数与组分数 ·· 138
  5.1.2 自由度 ··· 139
  5.1.3 相律推导 ·· 140
 5.2 纯物质单组分系统相平衡热力学 ·· 141
  5.2.1 克拉佩龙方程 ·· 141
  5.2.2 克拉佩龙-克劳修斯方程 ·· 142
  5.2.3 凝聚相纯物质蒸气压与外压的关系 ······························· 143
  5.2.4 纯物质系统相图 ·· 144
 5.3 相变类型* ··· 145
 5.4 二组分系统的气-液平衡 ··· 147
  5.4.1 蒸气压-组成平衡图 ·· 147
  5.4.2 沸点-组成图及分馏原理 ·· 149
  5.4.3 杠杆规则 ·· 151
 5.5 二组分系统的液-液平衡 ··· 151
  5.5.1 二组分液态部分互溶系统的液-液平衡相图 ···················· 151
  5.5.2 二组分液态完全不互溶系统的沸点-组成图及水蒸气蒸馏 ··· 152
 5.6 二组分系统的固-液平衡 ··· 153
  5.6.1 简单共晶型相图及热分析法绘制相图 ···························· 153
  5.6.2 生成化合物的二组分系统相图 ····································· 156
  5.6.3 生成固溶体的二组分系统相图 ····································· 157
  5.6.4 液态部分互溶二组分系统相图 ····································· 160
  5.6.5 区域熔炼 ·· 160
 5.7 三组分系统相图简介 ·· 161
  5.7.1 三组分系统相图的组成表示法 ····································· 161

		5.7.2　部分互溶三液体系统的溶解度图 ··· 162
		5.7.3　水盐三组分系统相图简介 ·· 164
		5.7.4　形成简单共晶三组分系统的固-液平衡相图* ··· 166
	复习思考题 ··· 168
	习题 ··· 169

第 6 章　统计热力学基础 ··· 172
6.1　概论 ·· 172
		6.1.1　统计热力学的研究目的 ·· 172
		6.1.2　统计热力学的研究对象 ·· 173
		6.1.3　统计热力学的基本假设 ·· 173
6.2　玻尔兹曼分布 ·· 174
		6.2.1　粒子分布 ··· 174
		6.2.2　玻尔兹曼分布的计算及特点 ··· 174
6.3　独立子系统的热力学性质 ··· 180
		6.3.1　独立定域子系统热力学函数的表达式 ·· 181
		6.3.2　独立离域子系统热力学函数的表达式 ·· 182
6.4　配分函数的计算 ·· 183
		6.4.1　配分函数的分解 ·· 183
		6.4.2　平动配分函数 ·· 184
		6.4.3　转动配分函数 ·· 185
		6.4.4　振动配分函数 ·· 187
		6.4.5　电子配分函数 ·· 189
		6.4.6　核配分函数 ··· 189
6.5　配分函数的应用 ·· 190
		6.5.1　单原子理想气体的热力学性质 ·· 190
		6.5.2　恒容热容的计算 ·· 191
		6.5.3　化学反应平衡常数的统计热力学计算 ·· 194
		6.5.4　正规溶液的统计热力学处理 ··· 197
	复习思考题 ··· 199
	习题 ··· 199

第 7 章　化学反应动力学基础 ·· 201
7.1　化学反应动力学概述 ·· 201
		7.1.1　化学反应动力学的任务 ·· 201
		7.1.2　化学反应动力学的发展概况 ··· 202
		7.1.3　化学反应动力学的基本概念 ··· 202
7.2　化学反应动力学方程及反应级数的确定 ·· 206
		7.2.1　一级反应 ··· 206
		7.2.2　二级反应 ··· 207
		7.2.3　三级反应和零级反应 ·· 210
		7.2.4　纯 n 级反应及简单级数反应的特征比较 ··· 212

7.2.5 反应级数的确定方法 ································ 212
7.3 典型复杂反应的动力学分析 ································ 214
　　7.3.1 对峙反应 ································ 214
　　7.3.2 平行反应 ································ 218
　　7.3.3 连续反应 ································ 219
　　7.3.4 复杂反应的动力学近似处理方法 ································ 221
　　7.3.5 链反应 ································ 223
7.4 温度对反应速率的影响 ································ 226
　　7.4.1 温度对速率常数的影响 ································ 226
　　7.4.2 温度对反应速率的影响类型 ································ 227
　　7.4.3 反应活化能的意义及作用 ································ 228
7.5 反应速率理论简介 ································ 230
　　7.5.1 简单碰撞理论 ································ 230
　　7.5.2 过渡态理论 ································ 233
　　7.5.3 单分子反应理论 ································ 238
7.6 液相反应和多相反应动力学分析 ································ 239
　　7.6.1 液相反应动力学分析 ································ 240
　　7.6.2 多相反应动力学分析 ································ 243
7.7 催化反应动力学基础 ································ 245
　　7.7.1 催化相关概念 ································ 246
　　7.7.2 均相催化 ································ 248
　　7.7.3 非均相催化 ································ 249
　　7.7.4 酶催化 ································ 251
7.8 光化学反应 ································ 253
　　7.8.1 光化学基本概念 ································ 253
　　7.8.2 光化学基本定律 ································ 255
　　7.8.3 光化学反应动力学 ································ 256
　　7.8.4 光化学平衡 ································ 258
　　7.8.5 感光反应及化学发光 ································ 258
复习思考题 ································ 259
习题 ································ 260

第8章 电解质溶液 ································ 265

8.1 电化学基本装置和电解定律 ································ 265
　　8.1.1 原电池和电解池的定义 ································ 265
　　8.1.2 原电池和电解池的组成 ································ 265
　　8.1.3 法拉第电解定律 ································ 267
8.2 电解质溶液的电导 ································ 268
　　8.2.1 电导率 ································ 268
　　8.2.2 摩尔电导率 ································ 269
　　8.2.3 摩尔电导率与浓度的关系 ································ 271

- 8.2.4 离子的摩尔电导率··················271
- 8.2.5 离子独立移动定律··················272
- 8.3 离子电迁移率和离子迁移数··················273
  - 8.3.1 离子电迁移率··················273
  - 8.3.2 离子电迁移率与摩尔电导率的关系··················274
  - 8.3.3 离子迁移数··················275
  - 8.3.4 离子迁移数的测定··················275
  - 8.3.5 电导测定的应用··················278
- 8.4 电解质溶液的活度及活度因子··················279
  - 8.4.1 强电解质溶液的离子平均活度··················279
  - 8.4.2 离子平均活度因子··················280
  - 8.4.3 离子强度及其与平均活度因子的关系··················281
- 8.5 电解质溶液理论简介··················282
  - 8.5.1 德拜-休克尔离子互吸理论及极限定律··················282
  - 8.5.2 德拜-休克尔-昂萨格电导理论··················284
  - 8.5.3 其他电解质溶液理论··················284
- 复习思考题··················284
- 习题··················285

第9章 电化学反应热力学··················287

- 9.1 电极及电极电势··················287
  - 9.1.1 界面电势及电化学势··················287
  - 9.1.2 电极电势··················289
- 9.2 电池及电池电动势··················290
  - 9.2.1 电池的可逆充放电过程··················290
  - 9.2.2 电池写法··················291
  - 9.2.3 电池电动势··················292
  - 9.2.4 电池电动势的测定··················293
- 9.3 电池反应热力学··················294
  - 9.3.1 摩尔反应吉布斯自由能与电池电动势的关系··················294
  - 9.3.2 电池电动势与组分活度的关系··················295
  - 9.3.3 电池反应的 $\Delta_r S_m$ 和 $\Delta_r H_m$··················295
  - 9.3.4 电池可逆放电时的热效应··················296
- 9.4 相对电极电势及其应用··················296
  - 9.4.1 氢电极及相对电极电势··················296
  - 9.4.2 电极分类和常用电极的标准电极电势··················298
  - 9.4.3 电动势测定的应用··················301
- 9.5 浓差电池和液体接界电势··················304
  - 9.5.1 浓差电池··················304
  - 9.5.2 液体接界电势··················305
- 9.6 电势-pH 图··················307

9.6.1　电势-pH 图上曲线的类型 ·· 307
9.6.2　电势-pH 图的绘制 ·· 309
9.6.3　电势-pH 图的简单应用 ·· 310
9.7　化学电源 ·· 310
9.7.1　一次电池 ··· 311
9.7.2　二次电池 ··· 311
9.7.3　燃料电池 ··· 312
复习思考题 ·· 313
习题 ·· 313

第 10 章　电极反应动力学基础 ··· 316
10.1　电极反应过程 ·· 316
10.1.1　电极反应步骤 ·· 316
10.1.2　电极反应速率的表示 ·· 316
10.1.3　不可逆电极电势 ··· 317
10.2　极化现象 ··· 318
10.2.1　分解电压 ··· 318
10.2.2　超电势与极化曲线 ·· 319
10.2.3　极化曲线的测定及应用 ··· 319
10.2.4　电解池与原电池的极化现象 ·· 321
10.2.5　极化的种类 ·· 322
10.3　浓差极化动力学 ··· 323
10.3.1　扩散电流 ··· 323
10.3.2　极限扩散电流 ·· 323
10.3.3　浓差极化超电势与电流密度的关系 ······································ 324
10.4　电化学极化动力学 ··· 324
10.4.1　电极反应的活化能 ·· 324
10.4.2　电化学极化超电势与电流密度的关系——塔费尔公式 ·················· 325
10.4.3　塔费尔公式的理论推证* ·· 325
10.5　阴极反应与金属电积 ·· 327
10.5.1　多组分的同时电积与分步电积 ··· 327
10.5.2　金属电积与氢的析出 ·· 328
10.5.3　影响电结晶的各种因素 ··· 329
10.6　阳极反应与阳极钝化 ·· 330
10.6.1　多种金属的同时阳极溶解 ·· 330
10.6.2　不同价态阳离子的形成 ··· 330
10.6.3　金属的钝化 ·· 331
10.7　电化学腐蚀 ·· 331
10.7.1　电化学腐蚀机理 ··· 331
10.7.2　腐蚀电流 ··· 332
10.7.3　金属的防腐 ·· 333

复习思考题 …………………………………………………………………………… 334
　　习题 ………………………………………………………………………………… 334

第 11 章　表面物理化学基础 …………………………………………………………… 336

11.1　表面热力学 ……………………………………………………………………… 336
11.1.1　比表面 ……………………………………………………………………… 336
11.1.2　表面张力 …………………………………………………………………… 337
11.1.3　比表面吉布斯自由能 ……………………………………………………… 338
11.1.4　表面过程自发性的判断 …………………………………………………… 340

11.2　弯曲表面的特性 ………………………………………………………………… 340
11.2.1　弯曲液面下的附加压力 …………………………………………………… 340
11.2.2　毛细管现象 ………………………………………………………………… 341
11.2.3　微小物质的特性 …………………………………………………………… 342

11.3　固-气界面作用 ………………………………………………………………… 344
11.3.1　吸附过程的热力学特征 …………………………………………………… 344
11.3.2　物理吸附和化学吸附 ……………………………………………………… 345
11.3.3　吸附曲线类型及吸附热的计算 …………………………………………… 345
11.3.4　吸附等温方程式 …………………………………………………………… 346

11.4　固-液界面作用 ………………………………………………………………… 349
11.4.1　固-液界面的吸附 ………………………………………………………… 349
11.4.2　润湿作用 …………………………………………………………………… 351
11.4.3　接触角与润湿方程 ………………………………………………………… 352

11.5　液-气界面作用 ………………………………………………………………… 353
11.5.1　溶液表面张力与其浓度的关系 …………………………………………… 353
11.5.2　溶液表面吸附 ……………………………………………………………… 353
11.5.3　吉布斯吸附等温式的推导* ……………………………………………… 354

11.6　表面活性剂及其应用 …………………………………………………………… 356
11.6.1　表面活性剂的分类 ………………………………………………………… 356
11.6.2　表面活性剂溶液的性质 …………………………………………………… 357
11.6.3　表面活性剂的 HLB 值及溶解度 ………………………………………… 358
11.6.4　表面活性剂的应用 ………………………………………………………… 359

11.7　液-液界面作用及表面膜 ……………………………………………………… 360
11.7.1　液-液界面作用 …………………………………………………………… 360
11.7.2　表面膜化学基础 …………………………………………………………… 361

　　复习思考题 …………………………………………………………………………… 364
　　习题 ………………………………………………………………………………… 364

第 12 章　胶体化学基础 ………………………………………………………………… 367

12.1　胶体的基本特征及其制备 ……………………………………………………… 367
12.1.1　分散系统的分类 …………………………………………………………… 367
12.1.2　胶团的结构 ………………………………………………………………… 368
12.1.3　溶胶的制备与净化 ………………………………………………………… 369

12.2 溶胶的基本性质 …………………………………………………………………… 371
    12.2.1 溶胶的动力性质 ……………………………………………………………… 372
    12.2.2 溶胶的光学性质 ……………………………………………………………… 373
    12.2.3 溶胶的电性质 ………………………………………………………………… 375
12.3 双电层理论与溶胶的 ζ 电势 ………………………………………………………… 377
    12.3.1 双电层模型 …………………………………………………………………… 377
    12.3.2 ζ 电势 ………………………………………………………………………… 378
12.4 溶胶的稳定性与聚沉 ………………………………………………………………… 379
    12.4.1 溶胶的稳定性 ………………………………………………………………… 379
    12.4.2 溶胶的聚沉 …………………………………………………………………… 381
12.5 大分子溶液 …………………………………………………………………………… 383
    12.5.1 大分子溶液的特点 …………………………………………………………… 383
    12.5.2 高分子化合物的平均摩尔质量及其测定 …………………………………… 384
    12.5.3 大分子溶液的渗透作用 ……………………………………………………… 387
12.6 其他分散系统 ………………………………………………………………………… 388
    12.6.1 乳状液 ………………………………………………………………………… 388
    12.6.2 凝胶 …………………………………………………………………………… 389
复习思考题 ………………………………………………………………………………… 391
习题 ………………………………………………………………………………………… 391

参考文献 ………………………………………………………………………………… 393
附录 ……………………………………………………………………………………… 394
    附录Ⅰ 国际单位制 ………………………………………………………………… 394
    附录Ⅱ 压力、体积和能量单位及其换算关系 …………………………………… 397
    附录Ⅲ 基本常数及希腊字母表 …………………………………………………… 398
    附录Ⅳ 基本数据 …………………………………………………………………… 399

绪　　论

1. 物理化学的研究对象和内容

物理化学大约于19世纪后期发展成相对独立的学科。它主要包含化学热力学、溶液理论、化学动力学、电化学、表面化学、胶体化学、结构化学等多个学科分支。这些学科分支的具体研究对象虽然有所差异，但它们之间有一个共同的特点，就是所研究的都是几种运动形态的综合，包括化学运动形态以及它们之间的联系和转化。化学运动形态规律性的研究可以从观察物理现象和化学现象的联系入手，并且在方法上采取物理学的方法。换言之，物理化学即通过对运动的化学形态与物理形态的联系以及有关因素影响的研究掌握物质变化的基本规律。

物理化学主要研究化学运动和分子运动及其他运动形态(热、电、光等)间的相互联系及相互转化，它研究化学过程和物理过程的综合而产生的特殊运动形态，如吸附、分散等。当然，在研究这些运动形态时，也必须研究存在这些运动的物质客体的主要形态。

还需指明的是，物理化学和其他学科一样也是在不断发展中成长的，因而它的研究对象不是一成不变的。由于物质客体的特殊矛盾的发展过程被越来越深刻与全面地认识，因此它的研究对象也不断地发展。

归根结底，物理化学的任务就是研究化学运动形态和物理运动形态的联系，找出规律，用以指导与化学相关的生产实践，同时根据生产实践的经验总结，不断检验、提高和发展物理化学本身的理论知识。

与其他学科一样，物理化学是劳动人民通过长期生产劳动的实践，积累了大量的生产经验，同时提出了不少需要解决的问题，再经过科学家的总结和理论概括所创立的。它不是少数科学家所创造的，更不是任何个人所建立的。许多定律常冠以个人的名字，只是因为他在总结前人的经验中有一定的贡献，提出该定律的基本内容。不能错误地认为某定律是某一个人的天才创造。科学家的作用在于自觉地(或不自觉地)运用辩证唯物主义的观点和方法，正确地研究和总结前人的经验和成果，创造性地解决生产中的实际问题而作出有价值的贡献。

物理化学所研究的具体对象包括：

(1) 物质在不同状态下的物理性质和化学性质，以及外界条件(主要是温度和压力)和物质组成结构对它们的影响。

(2) 物质变化(主要是化学变化)的方向和限度，以及外界条件和物质组成对它们的影响。

(3) 物质化学反应的速率，以及影响反应速率的各种因素。

掌握上述规律，并应用于生产技术和科学研究，能够提高工作效率，强化过程或创造新的方法。

物理化学的主要内容包括：

(1) 物质结构：包括原子和分子的结构学说，以及各物质聚集状态的理论。原子的结构学说和物质聚集状态的理论主要属于物理学的范畴。物理化学中主要研究和解释由原子生成分子、化学键的本性、分子的内部构造和各物质聚集状态的结构及物质的性质和组成的关系。这部分另有专著，本书不进行讨论。放射化学的内容本书也不进行讨论。

(2) 热力学基础：研究物质系统变化的规律。在以经验总结为根据的两个热力学定律的基础上，利用严密推理，发展为一套完整的系统的科学。热力学第一定律即能量守恒定律，研究能量转移的基本规律，计算放出或吸收的热和功，以及外界条件对它的影响。热化学根据第一定律，研究伴随化学反应和相态变化的热效应的规律。热力学第二定律可用来判断某一过程在一定方向上自动进行的可能性，决定平衡的条件，提出自动过程的判断标准。

(3) 溶液理论：研究溶液的本性、内部结构及其重要性质和溶液组成对溶液性质的影响等。

(4) 化学平衡与相平衡：在热力学和溶液理论的基础上，研究并判断单相和多相变化的平衡条件，以及外界条件对平衡状态的影响。它是冶金物理化学和很多其他学科的基础。

(5) 电化学：研究电解质溶液的本性、溶液的导电能力和理论、原电池的电动势以及电解和电极过程等。

(6) 化学动力学：研究在单相和多相系统中化学反应的速率、反应机理及影响速率的各种因素。

(7) 表面现象与胶体化学：研究物质的表面性质、表面分子的特殊性、吸附作用及胶体化学的基本性质等。

以上划分显然是有条件的，是为了研究问题方便。实际的变化过程常是各种现象的有机联系，因而上述各部分是相互联系的而不是孤立的。在研究某一部分内容时，常需要用到其他部分的知识。例如，研究电化学时就要应用物质结构、溶液理论、热力学基础、化学动力学及表面现象、胶体化学等方面的知识；而在研究溶液理论时，也需要联系热力学基础、物质结构、电化学等方面的知识。

2. 物理化学的作用和意义

物理化学揭示了人们对自然界客观规律的认识，它在许多其他学科中的应用也日益广泛。物理化学是在解决生产实践对化学现象提出的一些理论问题中产生和发展的。在发展过程中，一方面生产实践不断向物理化学提出问题，另一方面生产实践又可以检验物理化学理论上的结论，从而不断地丰富其内容，促进其发展。物理化学在冶金及选矿等方面的应用非常广泛，如冶金过程物理化学、金属学、合金热力学、金属的腐蚀及保护、浮选物理化学等学科的理论都建立在物理化学的基础上。很多工业装备的设计也以物理化学的计算为根据。掌握物理化学的基本规律，并结合实践，就可以更好地了解化学变化过程的规律，以及各种条件的影响，从而得以预测可能产生的结果，有意识地调动各种条件，强化生产过程，推进经济社会绿色、低碳、循环发展。

冶金过程实质上是一种化学过程，冶金炉内的高温反应、电解池内的电积、金属的处理、腐蚀的防护等都需要物理化学知识来研究反应进行的方向、限度及反应的有利条件等。由此可见，物理化学是研究冶金过程很重要的一门基础学科。除上述冶金过程和金属材料的处理和防腐等，粉末冶金和团矿的烧结及选矿中的浮选原理等也都以物理化学为基础。

实践证明，掌握并运用物理化学知识，对改进实际生产过程有重要意义。以四氧化三铁和氧化镁的还原为例说明如下。

四氧化三铁在高炉内的还原反应为

$$Fe_3O_4 + 4CO = 3Fe + 4CO_2$$

若仅从反应方程式来看，应当能利用全部 CO 的还原能力，但实际生产发现炉气中含有 22%～

27%的CO及10%~17%的CO_2。20世纪时，人们以为这是CO与矿石接触不好、接触时间不够等原因造成的，因此CO未能全部氧化为CO_2。为了提高CO的利用率，就不断地增加炉子的高度，事实证明反应有一定限度，在不改变炉内操作条件的情况下，CO_2对CO的比例是不能用延长接触时间或类似方法来提高的。物理化学中的平衡规律指出，在一定条件下，平衡状态是反应达到的最后状态，此时CO_2对CO的比例是不以人的意志为转移的。在反应未达到平衡状态时，可以采取各种措施使反应更完全；但在已经达到或接近平衡状态时，不改变工作条件是无法使反应继续进行的。

碳酸镁矿经过焙烧后得到氧化镁，但如何得到金属镁，曾是冶金上主要研究的课题之一。可以将氧化镁氯化得到无水氯化镁，然后将氯化镁进行电解得到金属镁，但此过程比较复杂。是否能将氧化镁直接还原得到金属镁，在何种条件下能直接还原，这些都是需要解决的问题。用固体炭在高温下直接还原，可得到如下反应：

$$MgO(s) + C(s) \xrightleftharpoons[\text{低温}]{\text{高温}} Mg(g) + CO(g)$$

升高温度和降低压力有利于这一反应由左向右进行。平衡实验和热力学计算可以得出在1780℃左右，Mg及CO的分压将可能达到1atm(1atm = 10^5Pa)左右，为了加速反应，有必要采取更高的温度，但为了使镁蒸气从反应的气态产物中凝聚，又必须将温度降至镁的沸点(1107℃)以下。平衡规律指出在低温时上述反应将由右向左进行，即镁蒸气将重新被CO氧化而成为氧化镁，因此必须将气态产物迅速冷却，这是使逆反应不能进行的有效措施。实践证明，采用上述措施可能得到金属镁。这是物理化学在设计新的冶金过程中所起的作用，同时说明了理论指导实践的重要意义。

3. 物理化学研究方法

1) 物理化学的一般研究方法

(1) 观察与实验。对自然界和生产实践中发生的各种现象进行观察，积累大量的实际知识。在已有的知识基础上，再进行有计划的科学实验，在人为的条件下，使现象反复重现，有意识地简化条件，以便有可能抓住主要矛盾，通过分析、综合与推理，把个别现象归纳为一定的规律。

(2) 假说与理论。根据积累的大量资料，通过思维推理，提出假说，用以说明现象产生的本质。根据假说可以解释所发生的各种现象的原因，并能进一步推测新的规律和性质。当一种假说能说明许多事实，并能正确地预测新现象时，证明该假说能够较正确地反映客观现实，它便成为理论。

(3) 再实践。事物总是发展的，人们对客观世界的认识是不断深入的，生产实践是不断提高的，实验技术也是不断改进的。理论必须用来指导实践，同时可以在实践中通过考验，得到不断发展和充实。新的现象、新的实践通常不能被旧理论完美地说明和解释，这就需要对旧理论加以充实和发展，必要时还可用新的理论替代旧的理论。

科学的研究方法就是整个的认识过程，从观察和实验开始，通过推理得到假说与理论，再回到实践，这样循环往复以至无穷，而实践和认识的每一个新循环的内容通常比上一个循环进到了高一级。

2) 物理化学的特殊研究方法

物理化学由于其特殊的研究对象，有其特殊的研究方法，按照所处理问题的性质可以有下列三种不同的研究方法。

(1) 热力学方法。它建立在由大量质点构成的宏观物质系统所必须遵循的规律基础上，以热力学定律为基本内容。在处理问题时，采用宏观的办法研究在一定的宏观条件(如温度、压力、浓度等)下整个系统所发生的过程的方向和限度。它不考虑系统内部的结构，不考虑个别分子的行为，也不考虑过程的机理和阻力。它能通过外部状态的变化推断体系性质的变化，但不能确定过程进行的速率。物理化学中有关平衡问题的研究(如化学平衡、相平衡、可逆电极电势等)都可以用热力学方法有效地加以处理。热力学方法是物理化学中的主要研究方法。

(2) 统计学方法。它也用以研究大量质点的宏观系统，但所采用的是微观方法，即首先由系统的微观结构着手，将概率的定理应用到大量质点所构成的系统。例如，气体分子运动学说首先对气体的结构、分子的运动进行了一定的设想，然后利用统计方法来探讨系统对外所表现的宏观物理性质。这一方法与热力学方法常能互相说明、互相补充，对物质聚集状态的各种性质如化学平衡、溶液理论、化学动力学等的研究都有一定的作用。

(3) 量子论方法。它以能量具有一个很小的基本单位为基础，在研究分子低温时的热容、光谱、光电现象、分子结构等方面均有很重要的作用。量子学说有很大的发展，它已成为很复杂的一门科学，本书不再进行讨论。

上述三种不同的研究方法在讨论同一问题时应给出一致的结论，客观规律是不会因研究方法的不同而改变的。但三种方法各有不同的特点、不同的应用范围，任何一种方法都不能用以处理所有问题。

第1章 热力学基本概念及定律

1.1 热力学概论

1.1.1 热力学的内容及研究对象

热力学(thermodynamics)是研究热和其他形式能量之间转换关系的科学。热力学的基础是四个定律:热力学第零定律、热力学第一定律、热力学第二定律及热力学第三定律。热力学第零定律阐明了热平衡的特点,揭示了温度的物理意义且给出了温度测量的方法;热力学第一定律是研究变化过程中能量的转换规律;热力学第二定律解决一定条件下过程变化的方向和限度问题;热力学第三定律是解决物质熵值的定律。热力学定律是人们经验的总结,而不是通过数学推导得来的,但它们的正确性和可靠性已由无数实验事实所证实。

将热力学的基本原理应用于化学现象及与化学有关的物理现象的研究就称为化学热力学(chemical thermodynamics)。化学热力学在生产实践中具有重要的指导作用。

1.1.2 热力学的方法及其局限性

热力学通常又分为经典热力学、统计热力学及非平衡热力学等三个学科分支,各分支具有相应的研究方法。经典热力学方法有以下特点:第一,热力学只研究大量质点的集合体,不考虑个别质点,即只研究物质的宏观性质,对物质的微观性质不能解释;第二,热力学只需知道系统的始态和终态及过程的外界条件,变化的历程不考虑,也不需说明,却可以进行可靠而简单的计算和判断,这正是热力学在各学科能得到广泛应用的重要原因;第三,热力学只研究系统变化的可能性和限度,不考虑变化的速率问题,即能准确判断过程能否自发进行,进行到什么程度为止,至于何时发生,速率如何,不能预测。以上特点既是经典热力学方法的优点,又是它的局限性所在。统计热力学的方法是从系统粒子的微观性质出发,采用统计力学的方法计算系统的宏观热力学性质(将在第6章介绍)。非平衡态热力学方法是用于研究开放系统的热力学方法,这已超出本课程内容,本书不予讨论。

热力学的发展已有一百多年的历史,对平衡态或准平衡态系统已形成了系统的理论和方法。但自然界实际系统多为开放的、非平衡的,所涉及的过程通常是不可逆的。因此热力学也在不断发展之中,经历了从平衡态或准平衡(可逆)过程的研究向非平衡态或远离平衡态的不可逆过程的研究。近几十年来,非平衡态(或不可逆)热力学的研究已成为热点领域,并取得重要成果。例如,昂萨格(L. Onsager)因研究不可逆过程热力学理论,普里高津(I. Prigogine)因创建热力学耗散结构理论,分别获得1968年和1977年的诺贝尔化学奖。

1.2 热力学基本概念

1.2.1 热力学系统和环境

热力学研究须首先确定研究对象,并将与研究对象有密切联系的其余部分分隔开来,这种分隔的界面可以是实际存在的,也可以是虚拟想象的。被确定的研究对象,或被研究的物质和空间称为系统(system),也称体系。与系统有密切联系的那部分物质或空间称为环境(surrounding),或称外界。

根据系统与环境之间物质交换与能量交换的不同,可将系统分为以下三类:

敞开系统(open system),是指系统与环境之间既有物质交换,又有能量交换,也称开放系统。敞开系统通常不属于经典热力学研究范畴。

封闭系统(closed system),是指系统与环境之间无物质交换,但有能量交换。经典热力学涉及的大多是这类系统。

孤立系统(isolated system),是指系统与环境之间既无物质交换,也无能量交换,也称隔离系统。孤立系统也是经典热力学中经常涉及的系统。自然界的一切事物总是相互联系、相互依赖的,因而没有绝对的孤立系统,但若将系统和环境一起考虑,有时可视为孤立系统。

系统是根据研究需要而人为划分的,不是绝对的。划分方式不同,系统的类型也不同。

例如,将一根与外电源相连的电热丝浸入一定量的水中,并置于密闭性能良好且绝热的容器中,如图 1-1 所示。根据研究需要,可分别划分为敞开系统、封闭系统及孤立系统。若以电热丝为系统,则水、电源及其他一切有影响的部分为环境,电热丝能得到电功(电能)、放出热量,系统和环境只有能量交换,为封闭系统;若以电热丝和水为系统,则电源及其他一切有影响的部分为环境,系统和环境间没有热交换,但有功的交换,系统和环境间有能量交换,也是封闭系统;若以电热丝、水、电源为系统,则系统与环境间既无物质交换又无能量交换,为孤立系统;若以电热丝、水、电源为系统,但容器不密闭,有水蒸气逸出,则为敞开系统。

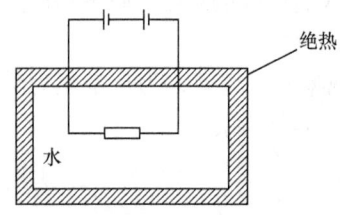

图 1-1 系统和环境的划分

1.2.2 热力学平衡态与状态公理

1. 热力学状态

系统的宏观状态可分为平衡态与非平衡态。平衡态是指环境条件不变时,系统内各部分的宏观性质不随时间改变,且系统内部及系统与环境之间没有任何宏观的物质流或能量流。具体来说,同时满足以下条件的为热力学平衡态。

(1) 热平衡:系统内各处的温度相等,故系统内没有因温差而引起的能量流。

(2) 力平衡:系统内各处的压力相等,故系统内没有因压力差而引起的位移。

(3) 相平衡:多相系统中,各相内部组成处处相同,即各相内部物质组成和数量不随时间变化,且各相之间没有净的物质转移。

(4) 化学平衡:有化学反应的系统内宏观上各组分的量及组成不再随时间变化。

不能完全满足上述条件的为非平衡态。例如,保温管道中稳定流动的流体,尽管系统内各部分的宏观性质不随时间而变,但存在物质流和能量流,故属于非平衡态,一般将这种状态称为定态。

自然界总是处于非平衡态,如生命进化、时空有序结构、化学振荡、混沌等。平衡态是非平衡态的一种极限,具有代表性,能近似概括许多现象,也是平衡态热力学的基本内容,所以在平衡态热力学中,系统的状态往往就是指平衡态。

人们在大量的实践中发现了一个关于平衡态的规律，即：孤立系统经足够长时间后，必将处于唯一的平衡态，且永不能自动离开它。这是系统具有状态函数的理论基础。

2. 系统的宏观性质

表征系统宏观属性的物理量称为系统的宏观参量，如质量、体积、熵、温度、压力、黏度等，这些宏观参量也称为系统的热力学性质。从这个意义上讲，凡是与物质相关的宏观研究都属于热力学研究。

根据其与物质数量的关系，系统的热力学性质可分为两大类。

广度性质(extensive property)：如质量、体积、恒压热容、热力学能、熵等，也称容量性质，其数值与物质的数量成正比，具有加和性，是关于各部分(或各物质)量 $n_1, n_2, \cdots, n_k$ 的一次齐次函数。也就是说，若将系统中所有物质的量都增加λ倍，则相应的广度性质 L 也会增加λ倍，即

$$L(T, p, \lambda n_1, \lambda n_2, \cdots, \lambda n_k) = \lambda L(T, p, n_1, n_2, \cdots, n_k)$$

例如，当系统处于平衡态时，总熵等于各部分熵之和。

强度性质(intensive property)：如温度、压力、密度、黏度等性质，其数值与物质的数量无关，取决于物质特性，不具有加和性，是关于各部分(或各物质)量 $n_1, n_2, \cdots, n_k$ 的零次齐次函数。也就是说，若将系统中所有物质的量都增加λ倍，则相应的强度性质 l 不变，即

$$l(T, p, \lambda n_1, \lambda n_2, \cdots, \lambda n_k) = l(T, p, n_1, n_2, \cdots, n_k)$$

例如，当系统处于平衡态时，各部分的温度相加没有意义；同理，平衡态下各部分的压力相加也没有意义。

两个广度性质的比值一般是强度性质，如体积除以物质的量得摩尔体积，摩尔体积是强度性质。

根据研究的需要和方便，人们可以定义系统的宏观性质：任意几种性质的任意组合也都是系统的宏观性质。因此系统的宏观性质可有无限多个。

3. 状态函数及状态公理

当系统的状态一定时，系统的各种性质也随之确定；反过来讲，当系统的各种性质都确定时，系统状态就确定了。所以，系统的性质与系统的状态之间呈现一一对应的单值函数关系。状态是系统各种性质的综合表现，可以用系统的性质来描述系统所处的状态。因为系统的各种性质是相互关联的，所以要描述系统的状态，并不需要用到系统全部的宏观性质，只需几个就足够了。通常将用来描述系统状态的宏观性质称为状态变量或热力学变量，由这些变量所决定的系统的其他宏观性质称为状态函数。例如，对理想气体有 $pV = nRT$，若状态变量为 n、V、T，则状态函数 $p = nRT/V$；若状态变量为 n、p、T，则状态函数 $V = nRT/p$，所以状态变量和状态函数本质都是系统的宏观性质。

状态函数有以下特点：

(1) 状态函数是状态的单值函数。状态函数的数值与状态一一对应，状态确定，则任何性质都只有一个数值。

(2) 状态函数的变化值只与系统的始态和终态有关，与变化的具体途径无关。例如，加热使系统的温度从298K升高到373K，系统的温度变化值 $\Delta T = 75K$ 就是一个确定值，只取决于

始、终态的温度，与采用何种加热方式无关。

(3) 状态函数具有全微分。若有状态函数 $G = G(x,y)$，则其全微分为

$$\mathrm{d}G = \left(\frac{\partial G}{\partial x}\right)_y \mathrm{d}x + \left(\frac{\partial G}{\partial y}\right)_x \mathrm{d}y$$

由数学知识可知，任何全微分的环积分为零，即 $\oint \mathrm{d}G = 0$。换言之，当系统经历一个循环过程又回到始态后，则所有状态函数的变化值都等于零；反之，若 $\oint \mathrm{d}G = 0$，则 $\mathrm{d}G$ 必然是全微分，函数 G 必然是状态函数。

描述系统状态所需的最少状态变量数目称为独立变量数 f。关于系统独立变量数的确定，人们从大量经验事实中总结出一个规律，称为状态公理：对只做体积功、组成不变的均相封闭系统，$f = 2$；对只做体积功、组成可变的均相封闭系统，$f = k + 2$。其中，k 是系统内所含可变物种数目。例如，对单组分(纯物质)的单相封闭系统，两个变量就可描述其状态；对多组分但组成不变的单相封闭系统，同样也只需两个变量就可描述其状态。对多相系统，可由状态公理确定每个相的独立变量数，再根据相平衡条件确定整个系统的独立变量数。

状态公理只能告诉人们系统的独立变量数目，至于选择哪几个变量，可根据需要自由选择。例如，对只做体积功的单组分(纯物质)的单相封闭系统，通常选用 T、p 来描述其状态，即系统的任一热力学性质 L 就是它们的函数，表示为：$L = L(T,p)$。

1.2.3 热力学过程

在一定的外界条件下，系统从某一个平衡态(始态)变化到另一个平衡态(终态)，称为热力学过程，简称为过程(process)。要描述一个过程，通常要指明始态、终态、外界条件及变化的具体步骤。变化的具体步骤称为途径(path)。在始态、终态确定的条件下，途径不同，状态函数的变化值相同。非状态函数的值与途径有关，可将这种与过程有关的物理量称为过程函数。热力学中的过程函数主要有热和功(见后文)。

为了讨论问题方便，常将过程进行分类。

1. 按变化类型分类

(1) 简单状态变化：系统在同一相内的变化，通常只有温度、体积、压力等性质发生变化，所以这类变化也简称为 pVT 变化。

(2) 相变化：同种物质的存在形态发生改变的过程，如凝固、熔化、蒸发、升华、晶型转变等过程。

(3) 化学变化：系统内组分间发生化学反应。

2. 按外界条件分类

(1) 恒温过程(isothermal process)：系统发生状态变化时，系统温度等于环境温度，环境的温度恒定不变，且等于系统的始态温度和终态温度。

(2) 恒压过程(isobaric process)：系统发生状态变化时，系统压力等于环境压力，环境的压力恒定不变，且等于系统的始态压力和终态压力。

(3) 恒容过程(isochoric process)：系统发生状态变化时，系统的体积恒定不变，如在刚性

容器中进行的过程一般作为恒容过程处理。

(4) 绝热过程(adiabatic process)：系统发生状态变化时，系统与环境之间无热量交换。一般在绝热容器中进行的过程可视为绝热过程。此外，一些化学反应进行得很快，系统与环境来不及进行热交换，或者热交换很慢，也可视为绝热过程。

(5) 循环过程(cyclic process)：系统从始态出发，经历一系列变化后又回到这一始态，这种变化过程称为循环过程。

上述过程有些还可以组合，如恒温恒容过程、恒温恒压过程等。

3. 按过程进行方式分类

所有过程可分为可逆过程和不可逆过程两类。

4. 按过程本质分类

所有过程可分为自动(自发)过程和非自动(非自发)过程两类。

1.2.4 可逆过程与不可逆过程

1. 可逆过程

当系统发生某一个过程后，在使系统复原的同时，若环境也能完全复原而不会留下任何影响，则这种过程称为可逆过程(reversible process)。

可逆过程具有以下特点：

(1) 可逆过程必是无限缓慢的过程，整个过程可认为是由一连串接近平衡状态的准静态过程所组成。

(2) 可逆过程中系统对环境做最大功，环境对系统做最小功。

可逆过程是一种理想的过程，实际上并不存在真正的可逆过程。但当一个过程进行得非常缓慢时，一般可近似作为可逆过程处理。例如，液体在恒压及正常沸点温度下的缓慢蒸发，电池在内外电势差无限小时的充、放电过程等。可逆过程是热力学中一个极其重要的概念。

2. 不可逆过程

当系统发生某一个过程后，在使系统复原的同时，若环境不能完全复原，则这种过程称为不可逆过程(irreversible process)。自然界中所发生的实际过程一般都是不可逆过程。

1.3 物 态 方 程

1.3.1 物质的形态

物质的形态也称相态，是指一定条件下物质的聚集状态，如气态、液态、各种晶型的固态、超临界态、超导态等。当物质呈现为某一种相态时，常称为单相或均相。

在一定条件下物质的形态发生转变的过程称为相变过程，简称相变。相变通常属于物理变化，但某些相变过程也包含断键的化学变化，如水的蒸发即包含氢键的断裂。物质的化学性质与其相态密切相关，化学变化过程中也常伴随物质的相态变化。因此，对物质相态的内在规律的认识有助于众多化学问题的解决。

物质的某均相内部,其平衡态的某些宏观参量间存在的函数关系称为物态方程,也可称为状态方程。实际物质的物态方程都只能由实验确定,如气体的 p、V、T、n 之间的关系方程。

1.3.2 气体物态方程

1. 理想气体物态方程

众所周知,理想气体的物态方程为

$$pV = nRT \quad \text{或} \quad pV_m = RT \tag{1-1}$$

式中,V_m 为摩尔体积。理想气体的分子间无相互作用(除碰撞瞬间外),而分子本身的线度(大小)相对于分子间距离可忽略,即将分子看成质点。理想气体是实际气体的一种极限,特别是低压或高温下的实际气体。

2. 实际气体物态方程

实际气体的分子间存在吸引力,相对于理想气体大多存在一定偏差。适合实际气体的物态方程非常多,普遍应用的有以下几种。

1) 范德华方程

范德华(van der Waals)方程为

$$\left(p + \frac{n^2 a}{V^2}\right)(V - nb) = nRT \tag{1-2a}$$

或写为

$$p = \frac{RT}{V_m - b} - \frac{a}{V_m^2} \tag{1-2b}$$

式中,a、b 为与物质本性有关的经验常数,一般可从手册上查得。范德华方程是对理想气体物态方程的修正。其中,b 相当于对体积的修正;a/V_m^2 相当于对压力的修正,也称为内聚压力。

2) 位力方程

位力(virial)方程的形式为

$$\frac{pV_m}{RT} = 1 + \frac{B}{V_m} + \frac{C}{V_m^2} + \frac{D}{V_m^3} + \cdots \tag{1-3a}$$

或写为

$$\frac{pV_m}{RT} = 1 + B'p + C'p^2 + D'p^3 + \cdots \tag{1-3b}$$

式中,B、C、D、B'、C'、D' 称为位力系数,只是温度的函数,一般由相关文献查得。

3) 贝特洛方程

贝特洛(Berthelot)方程的形式为

$$\left(p + \frac{a}{TV_m^2}\right)(V_m - b) = RT \tag{1-4}$$

它是对范德华方程的修正,认为内聚压力与温度有关。

实际气体在一定温度下加压都能液化,即能达到气液平衡。这种气液平衡都存在一个温度及压力的上限,超过此上限则气、液相不分(性质完全均匀),称为超临界状态,此上限称为临界点。体系在临界点时的各种性质称为临界参量,如临界温度 T_c、临界压力 p_c、临界摩尔体

积 $V_{m,c}$ 等。

实际气体与 p、V、T 相关的物态方程还有很多。无论何种形式，都存在两个极限，第一个极限就是理想气体，即物态方程需满足

$$\lim_{p \to 0}\left(\frac{pV_m}{RT}\right)=1 \quad 及 \quad \lim_{T \to \infty}\left(\frac{pV_m}{RT}\right)=1 \tag{1-5}$$

第二个极限就是临界点，即物态方程在临界点必须满足

$$\left(\frac{\partial p}{\partial V}\right)_{T_c}=0 \quad 及 \quad \left(\frac{\partial^2 p}{\partial V^2}\right)_{T_c}=0 \tag{1-6}$$

3. 压缩因子形式的物态方程

气体的性质与其临界参量之比称为对比参量，如对比压力 $p_r = p/p_c$、对比温度 $T_r = T/T_c$、对比摩尔体积 $V_r = V_m/V_{m,c}$ 等。

对符合范德华方程的气体，应用式(1-6)可得：$p_c = \dfrac{a}{27b^2}$、$T_c = \dfrac{8a}{27Rb}$、$V_{m,c} = 3b$，则可将范德华方程改写为对比态形式的范德华方程

$$\left(p_r + \frac{3}{V_r^2}\right)(3V_r - 1) = 8T_r \tag{1-7}$$

这表明用对比参量可获得具有普遍性的物态方程，而不含与物质本性有关的常数。

对 1mol 实际气体的物态方程一般可表示为

$$pV_m = ZRT \tag{1-8a}$$

式中，Z 为压缩因子。显然 $Z=1$ 即为理想气体，$Z \neq 1$ 即为实际气体。

结合对比参量的概念，式(1-8a)可改写为

$$Z = \frac{pV_m}{RT} = \frac{p_c p_r V_{m,c} V_r}{RT_c T_r} = Z_c \frac{p_r V_r}{T_r} \tag{1-8b}$$

式中，Z_c 为临界状态下的压缩因子，是一个常数。

式(1-8b)表明压缩因子也是对比参量的函数，但函数的独立变量并不是三个。根据前述状态公理，物质的量一定的气体，其状态的独立变量只有两个，因此可写成

$$Z = f(T_r, p_r) \tag{1-9}$$

式(1-9)表明不同的气体在相同的对比状态下应有相同的压缩因子。因此在相同的 T_r 条件下做 Z-p_r 图，从所得曲线上即可确定相应的压缩因子。一般将 Z-p_r 图称为压缩因子图(图 1-2)，利用该图可以简便地估算实际气体的相关参数。

4. 膨胀系数和压缩系数

关于纯物质系统，有几个经常用到的宏观参量，即膨胀系数 α、等温压缩系数 κ 及压力系数 β，分别定义为

$$\alpha = \frac{1}{V}\left(\frac{\partial V}{\partial T}\right)_p \tag{1-10a}$$

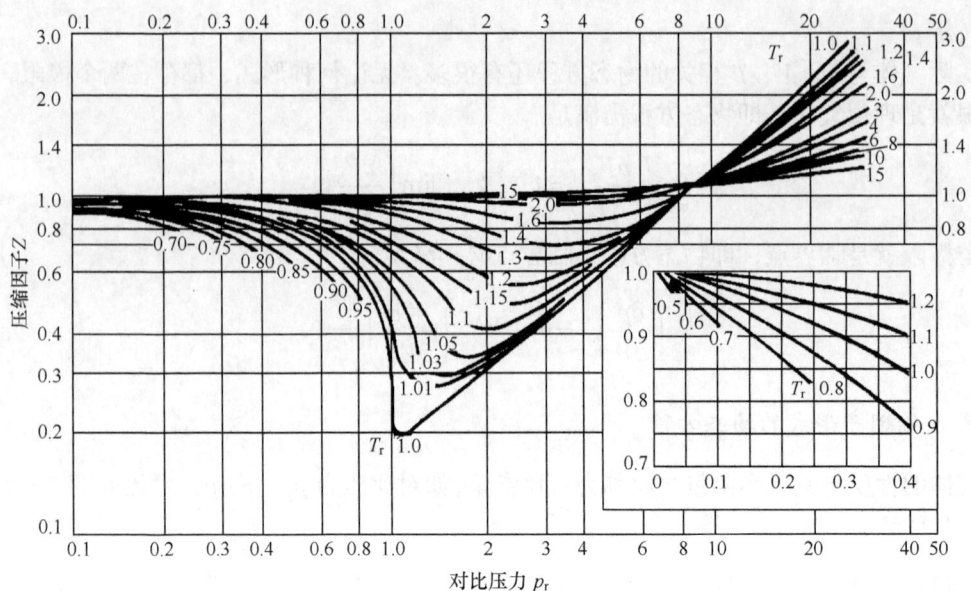

图 1-2 压缩因子图

$$\kappa = -\frac{1}{V}\left(\frac{\partial V}{\partial p}\right)_T \tag{1-10b}$$

$$\beta = \frac{1}{p}\left(\frac{\partial p}{\partial T}\right)_V \tag{1-10c}$$

三者都是系统的状态函数，是强度量，也是实验可测量，是系统的热力学基本数据，又称系统的力学响应函数，可由系统的物态方程求得。反过来，若能测得不同条件下的这几个系数，有可能得到体系的物态方程。

显然，三者间存在简单的关系：$\alpha = \kappa \beta p$。

1.3.3 液体及固体的物态方程

对液体及固体物质系统，情况更加复杂，很难得到适用于不同液体(或固体)的统一物态方程(类似于范德华气体方程)，因此关于液体和固体的物态方程比较少见。例如，表征液体的黏度 η 与温度关系的经验方程为

$$\eta = \eta_0 \exp\left(\frac{E_a}{RT}\right)$$

式中，E_a 为能量参数；η_0 为 $\frac{E_a}{RT}=1$ 时的黏度。

此外，还有液体或固体摩尔体积与温度、压力关系的经验方程等。例如

$$V_m(T,p) = V_m(T_0, p_0)[1 + \alpha(T - T_0) - \kappa(p - p_0)]$$

式中，$V_m(T_0, p_0)$ 为体系在某参考温度及参考压力下的摩尔体积；α 为体系的膨胀系数。

1.4 热力学第零定律与温度

历史上，人们认为温度是系统冷热程度的度量。但这样定义温度并不严谨，也不可靠。

严格的温度定义来自人们对热平衡的研究。热平衡是指两个或多个物质系统通过导热壁相接触后所呈现的一种平衡态。从大量热平衡研究的经验事实中可总结概括出一个原理，即热平衡定律，"分别与第三个物体达热平衡的两个物体，它们彼此也一定互呈热平衡"。

热平衡定律是热力学体系的重要定律之一。该定律于 20 世纪 30 年代由福勒(R. H. Fowler)总结提出，在时间上晚于热力学的其他几个定律，但从内容上看应该排在其他几个定律之前，所以又称为热力学第零定律。

热力学第零定律还揭示出均相系存在的一种平衡性质，这就是温度。该定律表明："任一热力学均相系，在平衡态时都存在一个状态函数，可称之为温度(T)；对于一切呈热平衡的均相系其温度彼此相等。"

热力学第零定律是温度定义的理论基础，也是温度测量的理论依据。

温度的定量测定和表示必须借助于温标。在国际单位制中采用的是热力学温标，其基本单位为 K，定义为水的三相点热力学温度的 1/273.16，即水的三相点温度 273.16K 规定为热力学温标的基本固定温度。历史上曾使用过许多经验温标，其中普遍使用并沿用至今的有摄氏温标，用符号 t 表示，单位是℃，其与热力学温标的换算关系为

$$t/\text{℃} = T/\text{K} - 273.15$$

1990 年，国际温标(International Temperature Scale，ITS-90)公布的各种温度区间的固定点(共 16 个)可标定各种温度计的刻度，如 Ne 的三相点(24.5661K)、Hg 的三相点(234.3158K)、H_2O 的三相点(273.16K)、In 的凝固点(429.7485K)、Sn 的凝固点(505.078K)、Zn 的凝固点(692.677K)、Ag 的凝固点(1234.93K)、Cu 的凝固点(1357.77K)等。同时规定摄氏温标现仍可使用。

1.5 热力学第一定律与热力学能

随着蒸汽机的广泛使用，到 19 世纪上半叶，人类已经积累了很多关于运动和能量方面的经验，19 世纪 40 年代达到理论升华的阶段。迈耶尔(J. R. Meyer)提出了能量守恒与转化的思想；焦耳(J. P. Joule)以大量的实验结果证实了热和功之间有定量的转换关系；亥姆霍兹(H. L. von Helmholtz)则全面总结了能量守恒与转化定律，到 1850 年，该定律得到了科学界的公认。

能量守恒与转化定律就是"自然界一切物质都具有各种形式的能量，能量可从一种形式转化为另一种形式，但总值不变"。换言之，"隔离系统中，能量的形式可以转化，但其总值不变"。

能量守恒与转化定律是从实践中总结出来的客观规律，不能从理论上得到证明，但无数实验事实证明了它的正确性。

1.5.1 热力学第一定律

1. 热和功

系统的状态发生变化时，系统和环境之间可能会发生能量的交换，其交换或传递的形式分为两种，就是热(heat)和功(work)。

1) 热

从宏观热力学的角度，系统和环境之间由于存在温度差而交换或传递的能量就称为热。而

从微观统计力学的角度,由系统内质点的无序运动而引起的系统与环境之间的能量交换,称为热。热交换(或热效应)用符号 Q 表示。根据国际纯粹与应用化学联合会(IUPAC)的建议,系统吸热为正,$Q>0$;系统放热为负,$Q<0$。热的单位是 J。

需要注意的是:热不是系统自身的性质,所以不是状态函数。热是系统在具体状态变化过程中与环境所交换的能量,与具体的变化过程有关,属于过程函数。因此,不能说系统的某个状态具有多少热,而只能说系统在某一过程中与环境交换了多少热。所以热不具有全微分性质,为以示区别,对微量的热交换,用 δQ 表示。

2) 功

除热交换外,系统和环境之间交换或传递的能量统称为功。从微观统计力学的角度,由系统内质点的有序运动而引起的系统与环境之间的能量交换称为功,如体积功、电功、表面功等。用符号 W 表示功。同热的规定一样,系统从环境得到功为正,$W>0$;系统对环境做功为负,$W<0$。功的单位是 J。和热一样,功也不是状态函数,而是与过程有关的量。微量的功也不具有全微分的性质,用 δW 表示。

严格来说,热和功本身并不是能量,而是两种能量的交换方式,故严格意义上应称为热交换或功交换,但习惯上仍简称为热和功。

2. 热力学能

从宏观的角度,系统的总能量包括三部分:系统整体运动的动能 E_T,系统在外力场中的位能(或势能)E_V,以及系统的内部能量。内部能量又包括系统内分子运动的平动能、转动能、振动能、电子及核的能量,以及分子间的势能等能量,内能是所有这些能量的总和。热力学研究的对象通常是宏观静止的系统,无整体运动;一般也不需考虑特殊外力场(如重力场、电磁场、离心力场等)的存在;只需考虑系统的内部能量。

又根据能量守恒与转化原理,当系统发生了状态变化,具体过程不同,热和功的值可能不同,但无论是什么具体过程,热和功的总和一定是相同的,与变化的具体过程无关,而只与始态、终态有关。这就表明热力学系统必存在一个反映系统内部能量的状态函数,其变化值只取决于系统的始态和终态,与变化途径无关。这个状态函数称为热力学能(thermodynamic energy),用符号 U 表示。

热力学能的本质就是系统的内能,是系统的广度性质,其数值与物质的数量成正比,具有加和性。系统状态一旦确定,其热力学能有定值;系统状态改变,其热力学能可能改变。系统经历一个循环过程后(系统复原),系统的热力学能不变,用热力学能的变化(记为 ΔU)表示就是,循环过程的 $\Delta U = 0$。

根据状态公理,对只做体积功、组成不变的均相封闭系统,热力学能是两个独立变量的函数。若将其当作温度和体积的函数(当然也可以是其他选择),即 $U=f(T,V)$,其全微分为

$$dU = \left(\frac{\partial U}{\partial T}\right)_V dT + \left(\frac{\partial U}{\partial V}\right)_T dV \tag{1-11}$$

3. 热力学第一定律及其数学表达式

将能量守恒与转化定律应用于热力学系统,就是热力学第一定律(the first law of thermodynamics)。因此,能量守恒与转化定律和热力学第一定律本质上相同,只在适用范围上有所差别,前者更普遍,后者更具体。热力学第一定律是能量守恒与转化定律在涉及热现

象的宏观系统中的具体表述。

人们称不需消耗任何能量就可以源源不断对外做功的机器为第一类永动机。热力学第一定律也可表述为"第一类永动机不可能制成"。

当某一封闭系经历从状态 1 到状态 2 的变化过程后,如果该系统与环境交换的热为 Q,交换的总功为 W_t,则根据热力学第一定律,该系统热力学能的变化值为

$$\Delta U = U_2 - U_1 = Q + W_t \tag{1-12a}$$

若系统发生一个微小的变化,则热力学能的微量变化值为

$$dU = \delta Q + \delta W_t \tag{1-12b}$$

以上两式是封闭系热力学第一定律的数学表达式,式中,功是在变化过程中系统与环境所交换的总的功(体积功与非体积功之和)。热力学能的绝对值尚不能测定与计算,绝对值的大小与其能量标度的零点选择有关,但其变化值可通过热与功之和来计算。

1.5.2 体积功及其计算

1. 广义功

系统与环境间相互作用的方式不同,功的形式就不同。各种形式的功都可分解为两个因素的乘积,一个因素为系统的某一强度性质,另一因素为系统的某一容量性质的变化量。可将这些强度性质概括为一种广义力,而这些容量性质的变化量概括为一种广义位移,则各种形式的功均是广义力与广义位移的乘积。表 1-1 列出了几种常见的功。

表 1-1 几种常见的功

功的形式	强度因素(广义力)	容量因素的变化(广义位移)	功的计算式
机械功	F(力)	dl(位移)	$\delta W = -Fdl$
体积功	p_w(外压)	dV(体积的变化)	$\delta W = -p_w dV$
电功	E(电势差)	dQ(通过的电量)	$\delta W = -EdQ$
表面功	σ(表面张力)	dA(表面积的变化)	$\delta W = -\sigma dA$

2. 体积功的一般计算

在热力学中将功分为体积功和非体积功两种。体积功是环境的压力(简称外压,记为 p_w 或 $p_{外}$)作用于系统,是系统体积变化所做的功,也称为膨胀功,常用符号 W 表示。除体积功外,所有其他形式的功(如电功、表面功等)统称为非体积功,用符号 W' 表示,其微小变量用 $\delta W'$ 表示。因此有 $W_t = W + W'$,或 $\delta W_t = \delta W + \delta W'$。

体积功的计算对于热力学第一定律至关重要,其计算原理如图 1-3 所示。

假设有一带活塞的气缸,气缸的截面积为 A。将置于气缸内压力为 p 的气体作为系统,环境施加在活塞上的压力为 p_w,则活塞上所受外力为 $p_w A$。

不考虑活塞与气缸壁的摩擦。当系统压力大于环境压力,即 $p > p_w$ 时,气体反抗外力 F 使活塞向右移动 dl 的距离,则系统对环境所做的微量功为

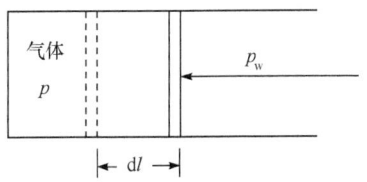

图 1-3 体积功示意图

$$\delta W = -p_w dV \tag{1-13a}$$

或

$$W = -\sum p_w dV \tag{1-13b}$$

上式表明，当 $p > p_w$ 时，气体膨胀，$dV > 0$，系统对环境做的体积功为 $-p_w dV$，$\delta W < 0$；当系统压力小于环境压力，即 $p < p_w$ 时，气体被压缩，$dV < 0$，则环境对系统所做的体积功为 $-p_w dV$，$\delta W > 0$。

计算体积功时一定要注意，$-p_w dV$ 是微小体积功，但 pdV 不一定是体积功。

【例 1-1】 设 1mol 理想气体经下列三种途径，由 298K、500kPa 的始态变成 298K、100kPa 的终态。试计算系统在以下三个过程中所做的体积功。(1)向真空膨胀；(2)在外压恒定为 100kPa 时膨胀至终态；(3)先将外压恒定为 300kPa，膨胀至中间态，再由此中间态在外压恒定为 100kPa 时膨胀至终态。

解 (1) 因为 $p_w = 0$，所以 $W = 0$。

(2) 因为 $p_w = p_2$，所以

$$W = -p_w (V_2 - V_1) = -p_2 \left(\frac{nRT}{p_2} - \frac{nRT}{p_1} \right) = -nRT \left(1 - \frac{p_2}{p_1} \right) = -nRT \left(1 - \frac{100}{500} \right) = -1982 \text{J}$$

(3) 系统分两步进行膨胀，第一步所做的功为

$$W_1 = -p_{w,1} (V_1' - V_1) = -p_{w,1} \left(\frac{nRT}{p_{w,1}} - \frac{nRT}{p_1} \right) = -nRT \left(1 - \frac{p_{w,1}}{p_1} \right) = -nRT \left(1 - \frac{300}{500} \right) = -991 \text{J}$$

第二步所做的功为

$$W_2 = -p_{w,2} (V_2 - V_1') = -p_{w,2} \left(\frac{nRT}{p_{w,2}} - \frac{nRT}{p_{w,1}} \right) = -nRT \left(1 - \frac{p_{w,2}}{p_{w,1}} \right) = -nRT \left(1 - \frac{100}{300} \right) = -1652 \text{J}$$

两步做功

$$W = W_1 + W_2 = -2643 \text{J}$$

以上结果说明，始、终态相同而途径不同时，系统对外所做的功不同；等温膨胀过程中，分步越多，系统反抗的外压越大，对环境所做的体积功越大。

【例 1-2】 水的蒸发热为 40.593kJ·mol^{-1}，1kg 水的体积为 1.043dm^3，1kg 水蒸气的体积为 1677dm^3。若将 373K、标准压力下的 1mol 水经下列两个过程变到 373K、标准压力下的水蒸气，计算过程的 Q、W、ΔU。(1)恒温恒压蒸发；(2)向真空蒸发。

解 (1) 恒温恒压下蒸发，有

$$W = -p_w \Delta V = -p_w (V_g - V_l) = -101325 \times 18 \times (1.677 - 1.043 \times 10^{-3}) \times 10^{-3} = -3057 \text{(J)}$$

$Q = 40593 \text{J}$，则

$$\Delta U = Q + W = 40593 - 3057 = 37536 \text{(J)}$$

(2) 向真空蒸发，$p_w = 0$，所以 $W = 0$，过程(2)与过程(1)的始、终态相同，其 ΔU 与(1)相同，所以

$$Q = \Delta U - W = 37.536 \text{kJ}$$

3. 恒温准静态过程的体积功

例 1-1 的计算结果表明，系统从同一始态到同一终态，经历的途径不同，系统所做的功不同。系统在膨胀过程中分步越多，反抗的外压越大，对外所做的体积功也就越大。在什么情况下系统能对外做最大体积功？

在恒温条件下，将 n mol 理想气体置于横截面为 A 的有活塞的气缸中，如图 1-4 所示。假设活塞的质量及它与气缸壁间的摩擦可以忽略。当气缸内气体的压力为 p_1，体积为 V_1，活塞的外压 $p_w = p_1$ 时，活塞处于静止状态。若 $p_w < p_1$，则气体膨胀，活塞外移，气体对外做功。从 p_1、V_1 的始态到 p_2、V_2 的终态，可以采用一次膨胀或多次膨胀的方式，方式不同，所做的功也不同。各种方式所做功的大小分别示意于图 1-5 中。

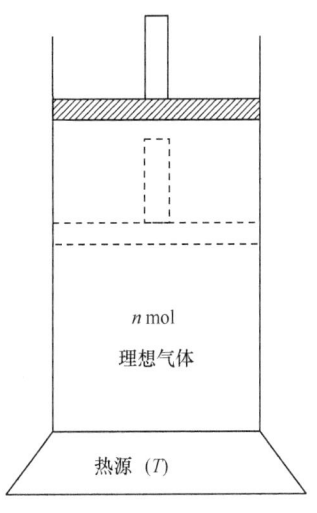

图 1-4　气体恒温膨胀示意图

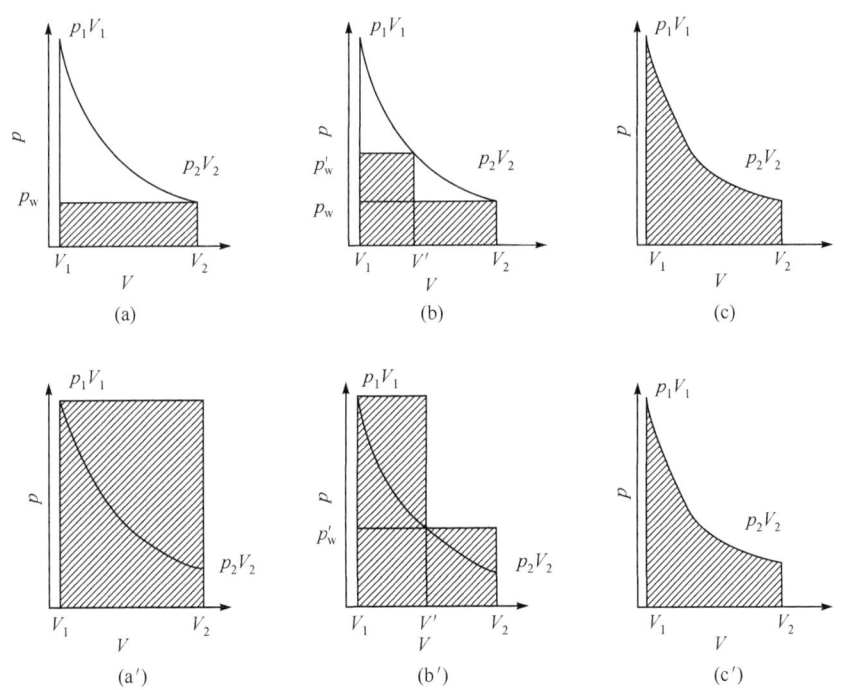

图 1-5　各种膨胀(压缩)方式的体积功

(1) 恒外压一次膨胀至终态。将外压恒定为系统终态压力，使气体一次膨胀至终态，系统对外做功。过程的功为

$$W_1 = -p_w(V_2 - V_1)$$

其中，$p_w = p_2$，即终态压力，则 W_1 相当于图 1-5(a)中阴影部分的面积。

(2) 多次恒外压膨胀。先将外压恒定为 p'_w ($p'_w > p_2$)，使气体体积从 V_1 膨胀至 V'，再将外压恒定为终态压力 p_w，使气体体积从 V' 膨胀至终态，过程的功为

$$W_2 = -p'_w(V' - V_1) - p_w(V_2 - V')$$

则 W_2 相当于图 1-5(b)中阴影部分的面积。显然 $W_2 > W_1$，分步越多，系统反抗的外压越大，对外做功越大。

(3) 准静态膨胀过程。

设想一个分成无限多步的膨胀过程，即每次系统进行一个无限小的膨胀，在膨胀过程中始终保持外界压力只比系统压力相差一个无限小的量，即 $p - p_w = \mathrm{d}p$，外压每次减小 $\mathrm{d}p$，则气体每次膨胀 $\mathrm{d}V$，系统无限缓慢地膨胀至 V_2，则系统对环境做功应为各微小步骤所做膨胀功之和，即整个过程的功为

$$W_3 = -\sum p_w \mathrm{d}V = -\int_{V_1}^{V_2} p_w \mathrm{d}V = -\int_{V_1}^{V_2} (p - \mathrm{d}p) \mathrm{d}V$$

略去二阶无限小量 $\mathrm{d}p\mathrm{d}V$，则

$$W_3 = -\int_{V_1}^{V_2} p \mathrm{d}V \tag{1-14a}$$

对理想气体，则为

$$W_3 = -\int_{V_1}^{V_2} \frac{nRT}{V} \mathrm{d}V = nRT \ln \frac{V_1}{V_2} \tag{1-14b}$$

W_3 相当于图 1-5(c)中阴影部分的面积。显然 $W_3 > W_2 > W_1$，而且 W_3 为系统对外做的最大体积功。

在上述过程中，系统经过无限缓慢的膨胀，对环境做了最大功。整个过程是由一系列接近于平衡态的过程所构成的，这种接近于平衡态的过程称为准静态过程(quasi-static process)。

若将气体再按上述三种途径的逆方向压缩回原态，则环境对系统做功。

(1) 恒外压一次性压缩。在外压恒定为 $p_w(= p_1)$ 时，使气体从 p_2、V_2 的状态一次性压缩回原来的状态 p_1、V_1，过程的功为

$$W_1' = -p_w(V_1 - V_2) = p_1(V_2 - V_1)$$

则 W_1' 相当于图 1-5(a')中阴影部分的面积。

(2) 多次恒外压压缩。先将外压恒定为 $p_w'(<p_1)$，使气体体积从 V_2 压缩至 V'，再将外压恒定为压力 p_1，使气体从 p_w'、V' 的状态压缩回原来的状态 p_1、V_1，整个过程的功为

$$W_2' = -p_w'(V' - V_2) - p_1(V_1 - V')$$

则 W_2' 相当于图 1-5(b')中阴影部分的面积。

(3) 准静态压缩。每次系统进行一个无限小的压缩，即在压缩过程中始终保持 $p_w - p = \mathrm{d}p$，外压每次增加 $\mathrm{d}p$，气体每次被压缩 $\mathrm{d}V$，系统无限缓慢地从 p_2、V_2 的状态被压缩回原来的状态 p_1、V_1，则整个过程的功为

$$W_3' = -\sum p_w \mathrm{d}V = -\int_{V_2}^{V_1} p_w \mathrm{d}V = -\int_{V_2}^{V_1} (p + \mathrm{d}p) \mathrm{d}V$$

略去二阶无限小量 $\mathrm{d}p\mathrm{d}V$，则环境对系统做功为

$$W_3' = -\int_{V_2}^{V_1} p \mathrm{d}V \tag{1-14c}$$

对理想气体为

$$W_3' = -\int_{V_2}^{V_1} \frac{nRT}{V} \mathrm{d}V = nRT \ln \frac{V_2}{V_1} \tag{1-14d}$$

则 W_3' 相当于图 1-5(c')中阴影部分的面积。显然，$W_3' < W_2' < W_1'$，一次性压缩环境对系统所做的

压缩功最大,分步越多,环境所做的压缩功越小。经过无限缓慢的压缩过程,环境对系统做最小功,且$W_3'=|W_3|$,即系统在准静态膨胀过程中做最大膨胀功,与在准静态压缩过程中做最小压缩功,数值相同,符号相反。

后面将要介绍的是:理想气体的热力学能只是温度的函数。所以在以上恒温过程中,气体的热力学能不变。在膨胀过程中系统所吸收的热等于压缩过程中系统所放出的热。若将系统在无限缓慢的膨胀过程中对外所做的功收集起来,用于无限缓慢的压缩过程,则系统和环境均可完全恢复原状,因此理想气体无限缓慢的等温膨胀过程可视为可逆过程。

1.5.3 过程热的测定与计算

系统状态变化过程的热效应一般只能实验测定。测定过程热效应的仪器(或设备)称为热量计(仪)。随着科学技术的进步与发展,目前已建立了各种方法(包括理论和相应的热量仪)可对不同类型的过程进行热效应的测定,并且已发展成为物理化学的一个重要分支学科——量热学。限于篇幅及教学内容,本节没有在量热学方面进行展开,有兴趣的读者请参阅相关文献。

对均相系统的恒压变温及恒容变温过程的热效应,可通过系统的恒压热容及恒容热容进行计算,详见后续相关章节。

本节讲述过程热的计算,实质上是指热力学第一定律数学式的简单应用。

(1) 孤立系统的任何过程:$Q=0$,$W=0$,因此$\Delta U_{\text{iso}}=0$;换言之,孤立系统的任何过程都是绝热过程,且其做功为零,因此热力学能恒定不变。

(2) 封闭系统的循环过程:$\Delta U=0$;$Q=-W_t$。

(3) 封闭系统无非体积功的任何过程:因$W'=0$,则热力学第一定律变为

$$dU = \delta Q - p_w dV \quad \text{或} \quad \Delta U = Q - \sum p_w dV \tag{1-15}$$

(4) 封闭系统无非体积功的恒容过程:$dV=0$,故$W=0$,则

$$dU_V = \delta Q_V \quad \text{或} \quad \Delta U_V = Q_V \tag{1-16}$$

式(1-16)表明,在无非体积功(即$W'=0$)的条件下,系统在恒容过程中所吸收的热全部用于热力学能的增加。刚性容器中发生的过程就是恒容过程,如氧弹中燃烧反应(发生在密闭刚性容器中)的热效应就等于其热力学能的变化。

其他一些过程热的计算将在后文陆续介绍。

1.5.4 焓及焓变的计算

为了研究问题方便,吉布斯(Gibbs)于1865年定义了一个新的状态函数——焓(enthalpy),用H表示

$$H = U + pV \tag{1-17}$$

由于式(1-17)右边各量都是系统的热力学性质,因此H也是系统的热力学性质(容量性质)。因热力学能的绝对值无法求得,所以系统焓的绝对值也无法求得。热力学能有明确的物理意义,而pV虽有能量的量纲,但不具有能量的物理意义,故焓虽然具有能量的量纲,但不具有能量的物理意义。

对于均相、组成一定、无非体积功的封闭系统,焓可以看作温度和压力的函数(当然也可以是其他任意两个变量的函数),即$H=f(T,p)$,其全微分为

$$dH = \left(\frac{\partial H}{\partial T}\right)_p dT + \left(\frac{\partial H}{\partial p}\right)_T dp \tag{1-18}$$

定义了焓这个状态函数后，可以使有些情况下热力学第一定律的表述更方便简洁。

根据热力学第一定律有 $\Delta U = Q + W_t$ 及 $W_t = -\sum p_w dV + W'$。对无非体积功的封闭系统，有 $W = -\sum p_w dV$，则 $\Delta U = Q - \sum p_w dV$。

若系统的变化为恒压过程，即 $p_1 = p_2 = p_w$，则

$$\Delta U = Q_p - p(V_2 - V_1)$$

即
$$U_2 - U_1 = Q_p - pV_2 + pV_1$$

$$Q_p = (U_2 + p_2 V_2) - (U_1 + p_1 V_1)$$

即 $\qquad Q_p = H_2 - H_1 = \Delta H_p \quad 或 \quad \delta Q_p = dH_p \tag{1-19}$

式(1-19)表明，在无非体积功的条件下，封闭系统的恒压过程热等于其焓的变化值。

式(1-16)及式(1-19)是实验测定系统相应状态函数变化值的理论依据。因为大多数过程及化学反应都是在恒压条件下进行的，其热效应即为其焓变，所以焓变比热力学能变使用更广泛。焓变也可根据其定义式求得

$$\Delta H = \Delta U + \Delta(pV) \tag{1-20}$$

注意，并不是只有恒压过程才有 ΔH，只是恒压过程的 ΔH 与 Q_p 有特定的关系，可用恒压过程热来度量 ΔH，而其他非恒压过程的 ΔH 与其热效应间没有相等的关系。同样也并不是说只有恒容过程才有 ΔU，只是恒容过程的 ΔU 与 Q_V 有特定的关系，可用恒容过程热来度量 ΔU。

【例1-3】 有一均相气体化学反应在298K、容积为0.25L的密闭刚性容器内进行，测得始态压力为3062.10kPa，终态压力为2901.75kPa，放热23.81kJ，试求过程的 ΔU、ΔH、Q 及 W。

解 在密闭刚性容器内进行的反应为恒容过程，$W = 0$，则

$$\Delta U = Q + W = Q_V = -23.81 \text{kJ}$$

所以 $\quad \Delta H = \Delta U + \Delta(pV) = \Delta U + V(p_2 - p_1)$

$\qquad\qquad = -23810 + 0.25 \times 10^{-3} \times (2901750 - 3062100) = -23850.09(\text{J}) = -23.85(\text{kJ})$

1.5.5 恒压热容及恒容热容

1. 关于热容的定义

关于体系热容(heat capacity)的习惯性定义是：无化学变化和相变化、无非体积功的封闭系统，若从环境吸收热量 Q，使其温度从 T_1 升高到 T_2，则系统在该温度区间的平均热容为

$$\bar{C} = \frac{Q}{T_2 - T_1} = \frac{Q}{\Delta T} \tag{1-21a}$$

当温度变化为无穷小时，系统在温度 T 时的热容为

$$C = \lim_{\Delta T \to 0} \frac{Q}{\Delta T} = \frac{\delta Q}{dT} \tag{1-21b}$$

可见，按以上定义的平均热容或热容并不是系统的性质，而是一种过程量，因为系统吸收的热与过程有关。所以笼统地说系统(或物质)的热容、比热容等是没有意义的。式(1-21b)需要

进一步限制才能成为系统的性质。

2. 恒容热容与恒压热容

系统恒容热容 C_V 与恒压热容 C_p 的定义分别为

$$C_V = \frac{\delta Q_V}{dT} = \left(\frac{\partial U}{\partial T}\right)_V \tag{1-22a}$$

$$C_p = \frac{\delta Q_p}{dT} = \left(\frac{\partial H}{\partial T}\right)_p \tag{1-22b}$$

由此可见，恒容热容与恒压热容才是系统的性质，是广度量，为状态函数。而摩尔恒压热容 $C_{p,m} = C_p/n$ 及摩尔恒容热容 $C_{V,m} = C_V/n$ 为强度量。

恒容热容与恒压热容是实验上可测的热力学基本数据，与物质的本性、相态及所处温度、压力等因素有关。文献中通常以经验式表达纯物质的摩尔恒压热容 $C_{p,m}$ 与温度之间的关系，即

$$C_{p,m} = a + bT + cT^{-2} + \cdots \tag{1-23a}$$

或

$$C_{p,m} = a + bT + c'T^2 + \cdots \tag{1-23b}$$

式中，a、b、c 及 c' 均为经验常数，其值与物质的种类、相态、压力及温度区间有关。很多物质的摩尔恒压热容值可从各种物理化学手册中查到，本书附录列有一些常见物质的数据。物质的摩尔恒容热容 $C_{V,m}$ 与温度之间的关系也可用类似于式(1-23)的经验公式表示。

3. 系统 C_p 与 C_V 的关系

由 C_p 与 C_V 的定义式可得

$$C_p - C_V = \left(\frac{\partial H}{\partial T}\right)_p - \left(\frac{\partial U}{\partial T}\right)_V$$

将 $H = U + pV$ 代入上式，得

$$C_p - C_V = \left(\frac{\partial U}{\partial T}\right)_p + p\left(\frac{\partial V}{\partial T}\right)_p - \left(\frac{\partial U}{\partial T}\right)_V \tag{1-24a}$$

因 $dU = \left(\frac{\partial U}{\partial T}\right)_V dT + \left(\frac{\partial U}{\partial V}\right)_T dV$，在恒压条件下，对上式两边除以 dT 得

$$\left(\frac{\partial U}{\partial T}\right)_p = \left(\frac{\partial U}{\partial T}\right)_V + \left(\frac{\partial U}{\partial V}\right)_T \left(\frac{\partial V}{\partial T}\right)_p$$

将上式代入式(1-24a)，得

$$C_p - C_V = \left(\frac{\partial U}{\partial V}\right)_T \left(\frac{\partial V}{\partial T}\right)_p + p\left(\frac{\partial V}{\partial T}\right)_p = \left[\left(\frac{\partial U}{\partial V}\right)_T + p\right]\left(\frac{\partial V}{\partial T}\right)_p \tag{1-24b}$$

式(1-24b)是系统的 C_p 与 C_V 的普遍关系，对具体的系统，可以进一步具体化。例如，对于凝聚态系统(固液系统)，体积随温度变化一般很小，即 $\left(\frac{\partial V}{\partial T}\right)_p \approx 0$，故 $C_p \approx C_V$。

4. 系统 C_p 与 C_V 的应用

对无非体积功的均相封闭系统，根据式(1-11)有

$$dU = \left(\frac{\partial U}{\partial T}\right)_V dT + \left(\frac{\partial U}{\partial V}\right)_T dV = C_V dT + \left(\frac{\partial U}{\partial V}\right)_T dV \tag{1-25a}$$

根据式(1-18)有

$$dH = \left(\frac{\partial H}{\partial T}\right)_p dT + \left(\frac{\partial H}{\partial p}\right)_T dp = C_p dT + \left(\frac{\partial H}{\partial p}\right)_T dp \tag{1-25b}$$

当均相封闭系统发生简单状态变化，由状态 $1(T_1, p_1, V_1)$ 变化至状态 $2(T_2, p_2, V_2)$，其热力学能及焓的变化可分别将式(1-25a)和式(1-25b)积分而得

$$\Delta U = \int_{T_1}^{T_2} C_V dT + \int_{V_1}^{V_2} \left(\frac{\partial U}{\partial V}\right)_T dV \tag{1-26a}$$

$$\Delta H = \int_{T_1}^{T_2} C_p dT + \int_{p_1}^{p_2} \left(\frac{\partial H}{\partial p}\right)_T dp \tag{1-26b}$$

这是简单状态变化时计算其 ΔU 和 ΔH 的一般式。在恒容过程中简化为 $\Delta U = \int_{T_1}^{T_2} C_V dT = Q_V$，在恒压过程中简化为 $\Delta H = \int_{T_1}^{T_2} C_p dT = Q_p$。

若变化过程中有相变，则利用式(1-26a)和式(1-26b)求状态变量时，需分段进行。例如，标准压力下，将 n mol 323K 的水变成 393K 的水蒸气，过程的焓变为

$$\Delta H = n\int_{323K}^{373K} C_{p,m}(H_2O,l)dT + n\Delta_{vap}H_m + n\int_{373K}^{393K} C_{p,m}(H_2O,g)dT$$

【例1-4】 在标准压力下，将 2mol 某理想气体从 298K 加热至 400K。已知其摩尔恒容热容为 $C_{V,m}/(J\cdot mol^{-1}\cdot K^{-1}) = 32.10 + 8.75\times 10^{-3}T - 8.22\times 10^5 T^{-2}$，求过程的 W、Q、ΔU、ΔH。

解 该过程为理想气体的恒压升温过程，有 $p_w = p$，所以

$$W = -p_w(V_2 - V_1) = -p(V_2 - V_1) = -nR(T_2 - T_1) = -2\times 8.314\times(400-298) = -1696.1(J)$$

$$\Delta U = \int_{T_1}^{T_2} nC_{V,m}dT = \int_{298K}^{400K} 2\times(32.10 + 8.75\times 10^{-3}T - 8.22\times 10^5 T^{-2})dT = 5764.6(J)$$

$$\Delta H = Q_p = \Delta U + \Delta(pV) = \Delta U + p(V_2 - V_1) = 5764.6 + 1696.1 = 7460.7(J)$$

【例1-5】 在标准压力下，5mol 273K 的冰融化为同温度的水，并在此压力下升温至 373K，缓慢蒸发成同温同压下的水蒸气。已知冰在 273K 的熔化热为 334.72J·g^{-1}；水在 273K 和 373K 的质量体积分别为 1.001$cm^3\cdot g^{-1}$ 和 1.043$cm^3\cdot g^{-1}$；273K 的冰和 373K 的水蒸气的质量体积分别为 1.0917$cm^3\cdot g^{-1}$ 和 1677$cm^3\cdot g^{-1}$；水的恒压热容当成常数，为 4.18J·$g^{-1}\cdot K^{-1}$，在 373K 时的蒸发热为 2259J·g^{-1}。试求各过程及总过程的 W、Q、ΔU、ΔH。

解 此变化过程均在恒压下进行，变化历程为

$$273K, H_2O(s) \xrightarrow{(1)} 273K, H_2O(l) \xrightarrow{(2)} 373K, H_2O(l) \xrightarrow{(3)} 373K, H_2O(g)$$

对过程(1)有

$$\Delta H_1 = Q_{p,1} = 5\times 18\times 334.72 = 30124.8(J)$$

$$W_1 = -p_w(V_1 - V_s) = -101325 \times 5 \times 18 \times (1.001 - 1.0917) \times 10^{-6} = 0.8 \text{(J)}$$

$$\Delta U_1 = Q_{p,1} + W_1 = 30124.8 + 0.8 = 30125.6 \text{(J)}$$

对过程(2)有 $\Delta H_2 = Q_{p,2} = \int_{T_1}^{T_2} nC_{p,m}(l) dT = 5 \times 18 \times 4.184 \times (373 - 273) = 37656 \text{(J)}$

$$W_2 = -p_w(V_{l,373K} - V_{l,273K}) \approx 0$$

$$\Delta U_2 = Q_{p,2} + W_2 = 37656 \text{J}$$

对过程(3)有 $\quad \Delta H_3 = Q_{p,3} = 5 \times 18 \times 2259 = 203310 \text{(J)}$

$$W_3 = -p_w(V_g - V_l) = -101325 \times 5 \times 18 \times (1677 - 1.043) \times 10^{-6} = -15283.5 \text{(J)}$$

$$\Delta U_3 = Q_{p,3} + W_3 = 203310 - 15283.5 = 188026.5 \text{(J)}$$

总过程的 W、Q、ΔU 及 ΔH 为

$$W = W_1 + W_2 + W_3 = -15282.7 \text{(J)}$$

$$Q = \Delta H = \Delta H_1 + \Delta H_2 + \Delta H_3 = 30124.8 + 37656 + 203310 = 271090.8 \text{(J)}$$

$$\Delta U = \Delta U_1 + \Delta U_2 + \Delta U_3 = 30125.6 + 37656 + 188026.5 = 255808.1 \text{(J)}$$

1.5.6 热力学第一定律对理想气体的应用

理想气体虽然是一个抽象的理想概念，但因其简单性，往往成为热力学原理应用的首选对象。另外，热力学在处理实际对象时通常以理想气体作为参照。

1. 焦耳实验和理想气体的热力学能

1843 年，焦耳等利用如图 1-6 所示的实验装置，研究了气体的热力学能与体积的关系。将两个容量相等且中间有活塞连接的容器置于有绝热壁的水浴中。先在一个容器中装入具有一定压力的气体，另一个容器抽成真空。待热平衡后，打开活塞，气体向真空容器膨胀。达平衡后，发现水浴温度无变化，即 $\Delta T = 0$。

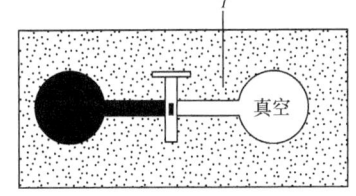

图 1-6 焦耳实验示意图

以气体为系统，容器和水浴为环境。实验结果表明在气体膨胀前后，系统与环境之间没有热交换，$Q = 0$。又因气体向真空膨胀，$W = 0$，则根据热力学第一定律有 $\Delta U = Q + W = 0$。可得结论：气体向真空膨胀后其热力学能不变。

将焦耳实验的结论应用于式(1-11)，可得出 $\left(\dfrac{\partial U}{\partial V}\right)_T = 0$。这表明对量一定的气体，其热力学能只是温度的函数。

焦耳实验本身并不够精确，因为水浴和容器的热容量很大，即使气体膨胀过程中与环境有微量热的交换，水温的变化也未必能够测出来。但实验证明，气体的压力越小，焦耳实验的结论越正确。因此可以推断，焦耳实验的结论完全适用于理想气体，即理想气体的热力学能只是温度的函数，与系统的体积、压力无关，即

$$\left(\frac{\partial U}{\partial p}\right)_T = 0 \quad \text{及} \quad \left(\frac{\partial U}{\partial V}\right)_T = 0 \tag{1-27}$$

如第 2 章中讲述，根据热力学理论，通过数学推导可以得到式(1-27)的结论。

2. 理想气体的焓

对于理想气体，有 $H = U + pV = U + nRT$。由于理想气体的热力学能只是温度的函数，因此理想气体的焓也只是温度的函数，即对理想气体有

$$\left(\frac{\partial H}{\partial p}\right)_T = 0 \quad \text{及} \quad \left(\frac{\partial H}{\partial V}\right)_T = 0 \tag{1-28}$$

3. 理想气体 C_p 与 C_V 的关系

将理想气体的 $\left(\frac{\partial U}{\partial V}\right)_T = 0$，代入式(1-24b)得

$$C_p - C_V = p\left(\frac{\partial V}{\partial T}\right)_p = nR \quad \text{或} \quad C_{p,m} - C_{V,m} = R \tag{1-29}$$

即理想气体的 $C_{p,m}$ 与 $C_{V,m}$ 相差 R。因为恒容过程中，系统不做体积功，当温度升高时，系统从环境吸收的热全部用来增加热力学能。而恒压过程中，系统升高温度时，从环境吸收的热除了增加热力学能外，还对外做膨胀功，因此气体常数 R 也可理解为 1mol 理想气体温度每升高 1K 时，对外所做的膨胀功。

根据气体分子运动理论及统计热力学理论可知，理想气体的恒压热容及恒容热容是与温度无关的常数，对单原子理想气体 $C_{p,m} = 5R/2$，$C_{V,m} = 3R/2$；双原子理想气体 $C_{p,m} = 7R/2$，$C_{V,m} = 5R/2$；多原子理想气体 $C_{p,m} \geqslant 4R$。

4. 理想气体绝热过程

绝热过程，$\delta Q = 0$，根据热力学第一定律有 $dU = \delta W_t$，对理想气体有 $dU = C_V dT$，所以理想气体绝热过程所做的功为

$$\delta W_t = dU = C_V dT \quad \text{或} \quad W_t = \int dU = \int_{T_1}^{T_2} C_V dT \tag{1-30}$$

式(1-30)表明，理想气体绝热过程的功等于系统热力学能的变化，只与始、终态温度有关。

理想气体的绝热过程有可逆和不可逆两种可能。

1) 理想气体绝热可逆过程

对理想气体，绝热可逆，若不做非体积功，$W' = 0$，则有

$$\delta W = -p_w dV = -p dV = -\frac{nRT}{V} dV = C_V dT$$

将上式变换后积分

$$\int_{V_1}^{V_2} \frac{nR}{V} dV = -\int_{T_1}^{T_2} \frac{C_V}{T} dT$$

得

$$nR \ln\frac{V_2}{V_1} = -C_V \ln\frac{T_2}{T_1}$$

又因理想气体，$C_p - C_V = nR$，所以

$$(C_p - C_V)\ln\frac{V_2}{V_1} = -C_V\ln\frac{T_2}{T_1} = C_V\ln\frac{T_1}{T_2}$$

令绝热指数 γ 为

$$\gamma = C_p/C_V = C_{p,m}/C_{V,m} \tag{1-31}$$

则有

$$(\gamma-1)\ln\frac{V_2}{V_1} = \ln\frac{T_1}{T_2} \quad \text{或} \quad T_1 V_1^{\gamma-1} = T_2 V_2^{\gamma-1}$$

即

$$TV^{\gamma-1} = 常数(K_1) \tag{1-32a}$$

将 $T = \dfrac{pV}{nR}$ 代入式(1-32a)可得

$$pV^{\gamma} = 常数(K_2) \tag{1-32b}$$

若以 $V = \dfrac{nRT}{p}$ 代入式(1-32b)又可得

$$T^{\gamma}p^{1-\gamma} = 常数(K_3) \tag{1-32c}$$

式(1-32a)、式(1-32b)、式(1-32c)是理想气体在绝热可逆过程中所遵循的物态方程，称为绝热过程方程(adiabatic process equation)。

理想气体绝热可逆过程所做的体积功为

$$W = -\int_{V_1}^{V_2} p\,\mathrm{d}V = -\int_{V_1}^{V_2} K_2 V^{-\gamma}\,\mathrm{d}V = \frac{K_2}{\gamma-1}(V_2^{1-\gamma} - V_1^{1-\gamma})$$

也可直接用式(1-30)计算：

$$W = \Delta U = nC_{V,m}(T_2 - T_1)$$

若将理想气体的绝热可逆线 $pV^{\gamma} = 常数(K_2)$ 与恒温可逆线 $pV = nRT$ 绘于同一个 p-V 图上(图 1-7)，则绝热可逆曲线一定比恒温可逆曲线陡。

因为对式(1-32b)进行微分，可得绝热可逆线的斜率为 $\left(\dfrac{\partial p}{\partial V}\right)_S = -\gamma\dfrac{p}{V}$，而恒温可逆线的斜率为 $\left(\dfrac{\partial p}{\partial V}\right)_T = -\dfrac{p}{V}$。因为 $\gamma > 1$，所以有 $\left|\left(\dfrac{\partial p}{\partial V}\right)_S\right| > \left|\left(\dfrac{\partial p}{\partial V}\right)_T\right|$。

也就是说，理想气体从同一始态出发，经绝热可逆膨胀和恒温可逆膨胀不可能达到同样的终态。若要达到相同的终态体积，则必有不同终态压力，且绝热可逆过程时压力降低得更多，对外做功更小。

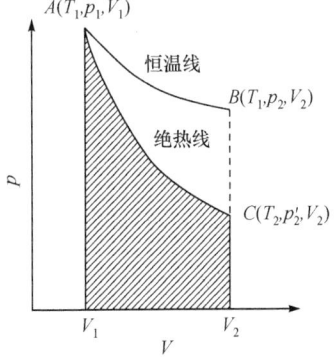

图 1-7 绝热可逆过程(AC)和恒温可逆过程(AB)示意图

理想气体的绝热可逆过程和理想气体的恒温可逆过程是实际气体的实际过程的两个极限。一切实际体系的实际过程都不可能严格地绝热可逆或严格地恒温可逆，而是介于这两个极限之间。这种过程可称为多方过程 (polytropic process)，其方程式可表示为

$$pV^n = 常数 \tag{1-33}$$

式中，n 为多方指数，且 $\gamma > n > 1$，当 n 接近于 1 时，过程接近于恒温可逆过程，当 n 接近于 γ 时，过程接近于绝热可逆过程。

2) 理想气体绝热不可逆过程

对理想气体绝热不可逆过程，式(1-32a)、式(1-32b)、式(1-32c)不能适用，但式(1-30)仍然适用。例如，系统进行恒外压绝热不可逆膨胀，有

$$-p_w(V_2 - V_1) = nC_{V,m}(T_2 - T_1)$$

$$-p_w\left(\frac{nRT_2}{p_2} - \frac{nRT_1}{p_1}\right) = nC_{V,m}(T_2 - T_1)$$

求出终态温度 T_2 后，即可求得 W、ΔU 和 ΔH。

同样，理想气体从同一始态出发，分别经绝热可逆过程和绝热不可逆过程，不可能到达同一终态。

【例 1-6】 有 1mol 双原子理想气体温度为 298.15K、压力为 $p^\ominus$，分别经：(1)绝热可逆膨胀至 $0.5p^\ominus$；(2)绝热反抗恒外压 $0.5p^\ominus$ 膨胀至 $0.5p^\ominus$。计算终态体积、温度及所做的功。

解 (1) 绝热可逆过程，由过程方程式 $pV^\gamma =$ 常数，求 V_2：

因为
$$V_1 = \frac{nRT_1}{p_1} = \frac{1 \times 8.314 \times 298.15}{101325} = 2.45 \times 10^{-2}(\text{m}^3)$$

又有
$$\gamma = C_{p,m} / C_{V,m} = 7/5$$

$$V_2 = (p_1/p_2)^{1/\gamma} \cdot V_1 = 2^{5/7} \times 2.45 \times 10^{-2} = 4.02 \times 10^{-2}(\text{m}^3)$$

$$T_2 = \frac{p_2 V_2}{nR} = \frac{0.5 \times 101325 \times 4.02 \times 10^{-2}}{1 \times 8.314} = 244.96(\text{K})$$

$$W = \Delta U = nC_{V,m}(T_2 - T_1) = 1 \times \frac{5}{2} \times 8.314 \times (244.96 - 298.15) = -1105.55(\text{J})$$

(2) 绝热恒外压膨胀为不可逆过程，过程方程式不能用。根据热力学第一定律，求得终态温度

$$-p_w(V_2 - V_1) = nC_{V,m}(T_2 - T_1)$$

$$-p_2\left(\frac{nRT_2}{p_2} - \frac{nRT_1}{p_1}\right) = n\frac{5R}{2}(T_2 - T_1)$$

代入数据求得
$$T_2 = 255.56\text{K}$$

则
$$V_2 = \frac{nRT_2}{p_2} = \frac{1 \times 8.314 \times 255.56}{0.5 \times 101325} = 4.19 \times 10^{-2}(\text{m}^3)$$

所以
$$W = 1 \times \frac{5}{2} \times 8.314 \times (255.56 - 298.15) = -885.23(\text{J})$$

该例计算结果表明，理想气体从同一始态出发到达相同的终态压力，绝热可逆膨胀过程的终态温度比绝热不可逆膨胀过程的终态温度低，终态体积更小，因为绝热可逆过程气体对外做最大功，温度下降更多。

1.6 热力学第二定律与熵

1.6.1 热力学第二定律

1. 自发过程的共同特征

自然界中存在不需外力推动就能自动发生的过程,称为自发过程(或自动过程)。例如,高温物体向低温物体的热传导;气体由高压向低压膨胀;锌片放入稀硫酸溶液中,会产生硫酸锌并放出氢气等。这些过程无需外力即可自动发生。自发过程虽各不相同,但都具有以下共同特征。

1) 自发过程具有一定的方向和限度

热传导总是从高温物体传向低温物体,限度是两物体的温度相等。气体从高压区向低压区膨胀,直到压力相等。化学反应 $Zn(s) + H_2SO_4(aq) = ZnSO_4(aq) + H_2(g)$ 的限度是反应达到平衡。因此,自发过程总是单方向的,限度是该条件下的平衡状态。其逆过程都需要外界的帮助才能发生,不可能自动发生,是非自动过程。

2) 自发过程都是不可逆过程

热传导自动发生后,若要实现由低温物体向高温物体的热传导,并使体系复原,这可借助制冷机来实现,如日常生活中的冰箱及空调,就起着由低温物体向高温物体的热传导作用。在这一过程中制冷机消耗了电功,而且有一部分功转化为热传到环境。实践证明,要将这部分热完全转化为功是不可能的。也就是说,通过制冷机使原来自动的热传导复原后,环境没法复原。所以,自发过程一定是不可逆过程。

在此有必要强调自发过程与不可逆过程的对应关系:自发过程必是不可逆的;而不可逆过程可以是自动发生的,也可以在外界帮助下发生(非自动)。若排除了外界帮助的可能,则不可逆过程必是自发过程。

3) 自发过程方向和限度的决定因素

每一个自发过程都有各自不同的决定因素,或称推动力。例如,决定热传导方向的是温差 ΔT,决定气体膨胀方向的是压力差 Δp。一切自发过程(包括化学反应)方向和限度的决定因素是否具有共同特征?最终的答案就是热力学第二定律。

2. 热力学第二定律的经典表述

人类在热机的研究过程中发现,热功的转换具有不对称性:一定量的功可以全部转化为热而不会引起其他变化,而一定量的热全部转变为功必会引起其他变化。在对自发过程的研究中人们发现:一切自发过程方向和限度的决定因素都可以和热功转换的不对称性相联系。也就是说,热功转换的不对称性可以表达一切自发过程方向和限度的决定因素,这就是热力学第二定律。

热力学第二定律有多种表述,大多与热功转换有关。比较典型的是 1850 年克劳修斯(Clausius)的表述和 1851 年开尔文(Kelvin)的表述。

克劳修斯的表述:不可能将热从低温物体传给高温物体而不引起其他变化。

开尔文的表述:不可能从单一热源吸热使之完全转变为功而不发生其他变化。

奥斯特瓦尔德(Ostwald)又将开尔文的表述简述为:第二类永动机不可能制成。第二类永动机是一种能够从单一热源吸热,并将吸收的热全部变为功而不引起其他变化的机器。为了区别

以上几种说法本质上是等价的。假设可以将热由低温物体传给高温物体而不引起其他变化，则人们可以制造出一种机器，从高温物体吸热放给低温物体同时做功，低温物体又将所得热传给高温物体而不引起其他变化。这相当于从单一热源吸热使之完全转化为功而不引起其他变化。显然，克劳修斯的说法不成立，则开尔文的说法也不成立。

热力学第二定律是人类经验的总结，是从无数事实和经验(尤其是关于热机的经验)中演绎出的基本规律，它不能由其他定律证明，到目前为止，还没有发现违背热力学第二定律的事例。

1.6.2 卡诺循环与卡诺定理

1. 卡诺循环

自从人类发明了蒸汽机(热机)后，如何提高热机的效率成为人类迫切需要解决的科学问题。年轻的法国工程师卡诺(Carnot)身处蒸汽机迅速发展和广泛应用的时代，他出色地运用了理想模型的研究方法，对热机的工作原理进行了研究，以他富于创造性的想象力，于1824年精心构思了理想化的热机，后人称之为卡诺可逆热机。他提出了作为热力学重要理论基础的卡诺循环和卡诺定理，从理论上解决了提高热机效率的根本途径。

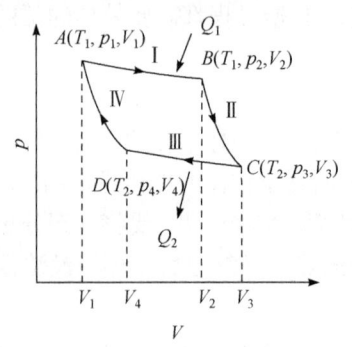

图1-8 卡诺循环示意图

卡诺循环是由两个不同温度下的恒温可逆过程和两个绝热可逆过程组成的可逆循环，如图1-8所示。

现以1mol理想气体为工作物质，对卡诺循环进行热、功计算。

过程Ⅰ：恒温可逆膨胀，1mol理想气体与温度为T_1的高温热源接触，吸热Q_1，对外做功$W_Ⅰ$，因为$\Delta U = 0$，所以

$$Q_1 = -W_Ⅰ = \int_{V_1}^{V_2} p\mathrm{d}V = RT_1 \ln \frac{V_2}{V_1}$$

过程Ⅱ：绝热可逆膨胀，由于绝热膨胀过程对外做功，使系统热力学能下降，气体温度从T_1降至T_2，且$W_Ⅱ = \Delta U_Ⅱ = C_{V,m}(T_2 - T_1)$。

过程Ⅲ：恒温可逆压缩，热力学能不变，环境对气体做功，气体向低温热源放热Q_2

$$Q_2 = -W_Ⅲ = \int_{V_3}^{V_4} p\mathrm{d}V = RT_2 \ln \frac{V_4}{V_3}$$

过程Ⅳ：绝热可逆压缩，由于绝热，环境对气体做功，气体热力学能增加，温度从T_2升至T_1，且$W_Ⅳ = \Delta U_Ⅳ = C_{V,m}(T_1 - T_2)$。

经过以上循环过程，系统回到原来的状态，其热力学能不变。根据热力学第一定律有

$$Q = Q_1 + Q_2 = -W = RT_1 \ln \frac{V_2}{V_1} + RT_2 \ln \frac{V_4}{V_3} \tag{1-34a}$$

对过程Ⅱ有$T_1 V_2^{\gamma-1} = T_2 V_3^{\gamma-1}$，对过程Ⅳ有$T_2 V_4^{\gamma-1} = T_1 V_1^{\gamma-1}$，比较此二式得$\dfrac{V_2}{V_1} = \dfrac{V_3}{V_4}$，将其代入式(1-34a)得

$$Q = RT_1 \ln\frac{V_2}{V_1} + RT_2 \ln\frac{V_4}{V_3} = R(T_1 - T_2)\ln\frac{V_2}{V_1} \qquad (1\text{-}34\text{b})$$

热机的效率 η 定义为

$$\eta = \frac{-W}{Q_1} = \frac{Q_1 + Q_2}{Q_1} \qquad (1\text{-}35)$$

所以卡诺热机的效率为

$$\eta = \frac{-W}{Q_1} = \frac{Q_1 + Q_2}{Q_1} = \frac{R(T_1 - T_2)\ln(V_2/V_1)}{RT_1 \ln(V_2/V_1)} = \frac{T_1 - T_2}{T_1} \qquad (1\text{-}36)$$

可见，卡诺热机的效率只由两个热源的温度决定，与工作物质无关。两热源温差越大，卡诺热机效率越高。

2. 卡诺定理

由卡诺循环可以总结出卡诺定理，其内容如下：

(1) 在相同的高温热源和低温热源之间工作的一切不可逆热机，其效率总是小于可逆热机的效率。

(2) 在相同高温热源和低温热源之间工作的一切可逆热机效率相等，与工作物质的性质无关。用公式表示即为

$$\eta_r \geqslant \eta_{ir} \qquad (1\text{-}37)$$

卡诺循环中，每一步都是可逆过程。可逆膨胀，系统对环境做最大功；可逆压缩，环境对系统做最小功。所以，卡诺热机对外做功最大。

由式(1-36)及式(1-37)得

$$\frac{T_1 - T_2}{T_1} \geqslant \frac{Q_1 + Q_2}{Q_1} \quad 或 \quad \frac{Q_1}{T_1} + \frac{Q_2}{T_2} \leqslant 0 \qquad (1\text{-}38)$$

式(1-38)具有非常重要的意义。对于热机的可逆及不可逆就与数学上的等号及不等号对应起来了。人们在进一步的经验总结中发现，所有的可逆及不可逆过程都可以与相应的等号及不等号对应。卡诺定理也就包含了一个判断过程是否可逆的普遍准则，这是卡诺本人在世时所没有意识到的。

1.6.3 任意可逆循环的热温商与熵函数

由式(1-36)可得

$$\frac{Q_1}{T_1} + \frac{Q_2}{T_2} = 0 \quad 或 \quad \sum\frac{Q_i}{T_i} = 0 \qquad (1\text{-}39)$$

即在卡诺循环中，热温商之和为零。这一结果可以推广到任意可逆循环。若有一个任意可逆循环，如图1-9(a)所示，在 $p\text{-}V$ 图上的环形曲线可以是任意形状，但全程都可逆。

若将该环形曲线分割成无数个小卡诺循环，见图1-9(b)，使相邻两个卡诺循环的绝热可逆膨胀线和绝热可逆压缩线重合，过程正好相反，所做的功恰好彼此抵消。还要使所有小卡诺循环做的净功的加和刚好等于该可逆循环做的功。在 $p\text{-}V$ 图上表现为所有小卡诺循环所包围的总面积与该可逆循环包围的面积相等。因此，在这些小卡诺循环分割得无限小时，任意可逆循环与小卡诺循环的加和相当。对每个小卡诺循环都有

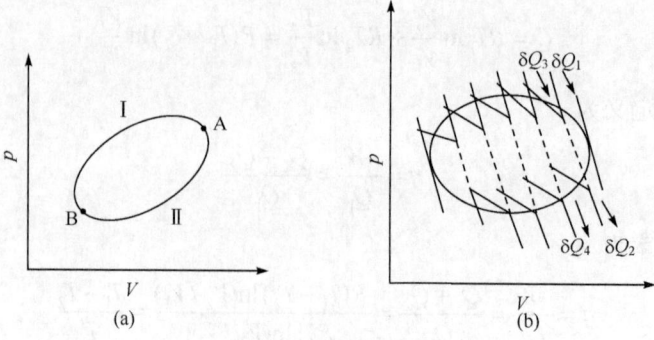

图 1-9 任意可逆循环划分成无限多个小卡诺循环

$$\frac{(\delta Q_1)_r}{T_1} + \frac{(\delta Q_2)_r}{T_2} = 0, \quad \frac{(\delta Q_3)_r}{T_3} + \frac{(\delta Q_4)_r}{T_4} = 0, \quad \cdots$$

上述各式相加，得

$$\frac{(\delta Q_1)_r}{T_1} + \frac{(\delta Q_2)_r}{T_2} + \frac{(\delta Q_3)_r}{T_3} + \cdots = 0$$

可简写成

$$\sum \frac{(\delta Q_i)_r}{T_i} = 0 \quad 或 \quad \oint \left(\frac{\delta Q_r}{T}\right) = 0 \tag{1-40}$$

下标 r 表示可逆，T_i 是各热源的温度，由于过程可逆，T_i 既是环境温度，又是体系温度。$\frac{\delta Q_r}{T}$ 是可逆过程的热温商。既然 $\frac{\delta Q_r}{T}$ 沿任意可逆循环的积分为零，即环积分为零，则它必定是某一个状态函数的全微分。

若在图 1-9(a)中的任意可逆循环上任取两个状态 A 和 B，则从 A 到 B 有两条不同的路径 Ⅰ 和 Ⅱ。且式(1-40)可写成

$$\int_A^B \left(\frac{\delta Q_r}{T}\right)_I + \int_B^A \left(\frac{\delta Q_r}{T}\right)_{II} = 0$$

即

$$\int_A^B \left(\frac{\delta Q_r}{T}\right)_I = \int_A^B \left(\frac{\delta Q_r}{T}\right)_{II} \tag{1-41}$$

式(1-41)表明 $\int_A^B \left(\frac{\delta Q_r}{T}\right)$ 的值只与始态 A 和终态 B 有关，而与从 A 到 B 的具体途径无关。这更清楚地表明被积函数 $\frac{\delta Q_r}{T}$ 必定是某一个状态函数的全微分。

克劳修斯称这个状态函数为熵(entropy)，并用符号 S 表示，即

$$dS = \frac{\delta Q_r}{T} \quad 或 \quad dS - \frac{\delta Q_r}{T} = 0 \tag{1-42}$$

式(1-42)表明，当系统状态发生变化后，系统的熵变与可逆过程的热温商相等。

熵是状态函数，是系统的容量性质，熵的单位是 $J \cdot K^{-1}$。系统状态发生变化时，熵的变化值与过程可逆与否无关，但可用可逆过程的热温商计算。

需要注意的是，式(1-42)严格来讲并不是熵 S 的定义式，只是熵变的一种计算方式，但习

惯上将此式当作熵的定义式。

当从状态 A 变化至状态 B 后，系统的熵变化可由式(1-42)积分求得

$$\Delta S = S_B - S_A = \int_A^B \left(\frac{\delta Q_r}{T}\right) \tag{1-43}$$

不可逆过程的热温商与 ΔS 有什么关系呢？

1.6.4 熵增原理及过程方向性的判据

1. 不可逆过程的热温商与系统 ΔS 的关系

由卡诺定理可知：不可逆热机效率 η_{ir} 小于可逆热机效率 η_r。

因为 $\eta_{ir} = \dfrac{Q_1 + Q_2}{Q_1} = 1 + \dfrac{Q_2}{Q_1}$，$\eta_r = \dfrac{T_1 - T_2}{T_1} = 1 - \dfrac{T_2}{T_1}$，所以有

$$1 + \frac{Q_2}{Q_1} < 1 - \frac{T_2}{T_1} \quad \text{或} \quad \frac{Q_1}{T_1} + \frac{Q_2}{T_2} < 0 \tag{1-44}$$

式(1-44)表明，不可逆循环过程的热温商之和小于零。与上节类似，将其推广至任意不可逆循环，有

$$\sum \left(\frac{\delta Q_i}{T_i}\right)_{ir} < 0 \tag{1-45}$$

式(1-45)中微小过程的热温商求和不能用环积分代替。若系统从 A 态经不可逆过程(ir)到 B 态，再从 B 态经可逆过程(r)返回 A 态，如图 1-10 所示，则整个循环为不可逆循环，于是有

$$\sum_A^B \left(\frac{\delta Q_i}{T_i}\right)_{ir} + \sum_B^A \left(\frac{\delta Q_i}{T_i}\right)_r < 0 \tag{1-46}$$

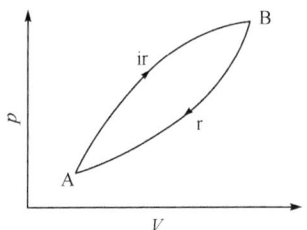

图 1-10 不可逆循环过程

因为 $\sum_B^A \left(\dfrac{\delta Q_i}{T_i}\right)_r = S_A - S_B$，所以

$$S_B - S_A > \sum_A^B \left(\frac{\delta Q_i}{T_i}\right)_{ir} \quad \text{即} \quad \Delta S_{A \to B} - \sum_A^B \left(\frac{\delta Q_i}{T_i}\right)_{ir} > 0 \tag{1-47}$$

式(1-47)表明，不可逆过程的热温商之和小于该过程的熵变。

也就是说，对 A、B 之间的可逆过程，有

$$\Delta S_{A \to B} = \sum_A^B \frac{\delta Q}{T}$$

对 A、B 之间的不可逆过程，有

$$\Delta S_{A \to B} > \sum_A^B \frac{\delta Q}{T}$$

两式合并简写为

$$\Delta S \geqslant \sum \frac{\delta Q}{T} \tag{1-48a}$$

对微小变化，为
$$dS \geq \frac{\delta Q}{T} \tag{1-48b}$$

式(1-48a)及式(1-48b)中的等号对应可逆过程，不等号对应不可逆过程；T为环境温度，在可逆过程中，环境温度与系统温度相等。该两式也称为克劳修斯不等式，即热力学第二定律的数学表达式。可作为任意封闭系统过程可逆与否的判据。

2. 熵增加原理与熵判据

对于封闭系统的绝热过程，因为$\sum \delta Q = 0$，克劳修斯不等式变为
$$dS_{\text{adi}} \geq 0 \quad \text{或} \quad \Delta S_{\text{adi}} \geq 0 \tag{1-49}$$

式(1-49)表明对于封闭系统的绝热可逆过程，系统的熵值不变，$\Delta S_{\text{adi}} = 0$；对绝热不可逆过程，系统的熵值增加，$\Delta S_{\text{adi}} > 0$。由于在封闭系统的绝热过程中，系统与环境无热交换，但不排除以功的形式交换能量。所以，式(1-49)只能判断封闭系统的绝热过程的可逆与否，不能用来判断过程自动与否。

孤立系统中的任何过程必是绝热过程，$\delta Q = 0$，所以符合式(1-49)，表示为
$$dS_{\text{iso}} \geq 0 \quad \text{或} \quad \Delta S_{\text{iso}} \geq 0 \tag{1-50}$$

式(1-49)和式(1-50)并不仅仅是下标上的差别，其内涵的差别更显著。因为孤立系统排除了对系统以任何方式的外界帮助(或干扰)，所以孤立系统中发生的不可逆过程必然是自发过程。因此式(1-50)表明：孤立系统中自发过程的方向总是朝着熵值增大的方向进行，直到系统熵值达到最大为止(限度)。简言之：孤立系统的熵永不减少。这就是熵增加原理。

熵增加原理告诉人们：孤立系统只能发生熵增加的自动过程(方向)或者是已达平衡(限度)的可逆过程，而绝不可能发生熵减少的非自动过程；而且孤立系统熵变的大小可以表征系统接近平衡态的程度。这就是熵判据。

对于封闭系统，可将系统和环境加和在一起，当作一个孤立系统来考虑(可称为表观孤立系统)。该孤立系统的熵变就是原系统熵变ΔS与环境熵变ΔS_{sur}之和：
$$\Delta S_{\text{iso}} = \Delta S + \Delta S_{\text{sur}} \geq 0 \tag{1-51}$$

也就是说，将封闭系统和环境一起当成一个表观孤立系统，然后运用式(1-51)，判断原系统自动过程的方向和限度。需要注意的是，在表观孤立系统中，总熵有可能减小，即$\Delta S_{\text{iso}} = \Delta S + \Delta S_{\text{sur}} < 0$，对应原系统的非自动过程。

对于开放系统，需用非平衡热力学讨论，这已超出本书的范围。

1.6.5 熵变的计算

运用热力学第二定律讨论过程方向和限度这一基本问题，首先需计算系统(或表观孤立系统)发生某变化过程的熵变。因为熵是系统的状态函数，只取决于系统的始、终态，所以，当系统从状态 A 变化至状态 B，无论过程是否可逆，系统的熵变皆可用下式计算：
$$\Delta S = S_B - S_A = \int_A^B \frac{\delta Q_r}{T} \tag{1-52}$$

只是当系统由状态 A 至状态 B 实际发生的是不可逆过程时，则需设计由 A 至 B 的可逆途径，再用相应方法计算系统熵变。所以式(1-52)只是系统熵变计算的一般性公式，具体对不同

的实际过程有不同的计算公式。

与系统相比，环境可看成一个巨大的热源，系统吸收或放出热量的过程对环境来说就可当作一个无限微小且缓慢的过程，即环境的吸、放热过程总是可近似当作可逆过程且过程中环境的温度不会改变。因此，环境的熵变计算为

$$\Delta S_{\text{sur}} = \frac{-Q}{T_{\text{sur}}} \tag{1-53}$$

只要计算出实际过程的热效应 Q，而不用去管该过程是否可逆，用式(1-53)就可计算环境的熵变。

1. 系统简单状态变化过程的熵变计算

系统简单状态变化是指系统无相变化、无化学变化的状态变化过程。

1) 系统恒温过程的熵变计算

系统恒温过程指系统的始、终态温度相等，因此只能与一个热源相作用。对系统的任何实际恒温过程都可设想为无限慢的过程(即为可逆过程)，所以其熵变直接用式(1-52)计算，但可进一步表示为

$$\Delta S = \frac{\int (\mathrm{d}U + p\mathrm{d}V)}{T} \tag{1-54}$$

例如，对理想气体的恒温过程，$\mathrm{d}U = 0$，所以

$$\Delta S = \frac{\int p\mathrm{d}V}{T} = nR\ln\frac{V_2}{V_1} = nR\ln\frac{p_1}{p_2} \tag{1-55}$$

若 $p_1 > p_2$，即恒温膨胀，则 $\Delta S > 0$。这也表明对理想气体来说，压力越低，其熵值越大，$S_{\text{低压}} > S_{\text{高压}}$，实际气体也遵循同样的规律。

【例 1-7】 1mol 理想气体，恒温 300K 下，经(1)反抗恒外压 $p_w = 10.1325$kPa 和(2)自由膨胀 $p_w = 0$ 这两种方式由 101.325kPa 膨胀至 10.1325kPa，求两过程的熵变，并判断过程是否可逆。

解 (1) $\Delta S = nR\ln\dfrac{V_2}{V_1} = nR\ln\dfrac{p_1}{p_2} = 1\times 8.314\ln\dfrac{101325}{10132.5} = 19.14(\text{J}\cdot\text{K}^{-1})$

$Q = -W = p_w(V_2 - V_1) = p_w\left(\dfrac{RT}{p_2} - \dfrac{RT}{p_1}\right) = RTp_w\left(\dfrac{1}{p_2} - \dfrac{1}{p_1}\right) = 2244.8\text{J}$

$\Delta S_{\text{sur}} = \dfrac{-Q}{T_{\text{sur}}} = \dfrac{-2244.8}{300} = -7.48(\text{J}\cdot\text{K}^{-1})$

$\Delta S_{\text{iso}} = \Delta S + \Delta S_{\text{sur}} = 19.14 - 7.48 = 11.66(\text{J}\cdot\text{K}^{-1}) > 0$

(2) ΔS 只取决于始、终态，与过程无关，故 $\Delta S = 19.14\text{J}\cdot\text{K}^{-1}$。

由于 $p_w = 0$，且恒温，所以 $Q = W = 0$，$\Delta S_{\text{sur}} = 0$

$$\Delta S_{\text{iso}} = \Delta S + \Delta S_{\text{sur}} = 19.14\text{J}\cdot\text{K}^{-1} > 0$$

上述两个过程都是自动过程(不可逆过程)，且(2)的自动趋势比(1)的更大。

2) 系统变温过程的熵变计算

对于系统的非绝热过程，无论实际的变温过程是否可逆，都可以将过程设计成一连串热源与系统温差为无限小的可逆过程，以此来计算熵变。若是恒容过程，则

$$dS = \frac{\delta Q_r}{T} = \frac{C_V dT}{T}, \quad \Delta S = \int_{T_1}^{T_2} \frac{C_V dT}{T} \tag{1-56a}$$

对于理想气体

$$\Delta S = C_V \ln \frac{T_2}{T_1} \tag{1-56b}$$

若是恒压过程，则

$$dS = \frac{\delta Q_r}{T} = \frac{C_p dT}{T}, \quad \Delta S = \int_{T_1}^{T_2} \frac{C_p dT}{T} \tag{1-57a}$$

对于理想气体

$$\Delta S = C_p \ln \frac{T_2}{T_1} \tag{1-57b}$$

当系统温度升高时，由式(1-56a)及式(1-57a)都可以得出$\Delta S > 0$，这表明系统温度越高，熵值越大，即$S_{高温} > S_{低温}$。

系统的变温过程一般会引起其压力或体积的变化。当系统从状态$A(p_1, V_1, T_1)$变到状态$B(p_2, V_2, T_2)$，其过程的熵变总可以按下列两条不同的可逆途径求得。

途径Ⅰ：$A(p_1, V_1, T_1) \xrightarrow{恒容变温} C(p_2', V_1, T_2) \xrightarrow{恒温变容} B(p_2, V_2, T_2)$

途径Ⅱ：$A(p_1, V_1, T_1) \xrightarrow{恒压变温} D(p_1, V_2', T_2) \xrightarrow{恒温变压} B(p_2, V_2, T_2)$

例如，对n mol 理想气体，按途径Ⅰ，则

$$\Delta S = nC_{V,m} \ln \frac{T_2}{T_1} + nR \ln \frac{V_2}{V_1} \tag{1-58a}$$

按途径Ⅱ，则

$$\Delta S = nC_{p,m} \ln \frac{T_2}{T_1} + nR \ln \frac{p_1}{p_2} \tag{1-58b}$$

因为两条途径的始终态完全相同，所以式(1-58a)与式(1-58b)完全等效，是理想气体状态变化时熵变的普遍计算式。

【例 1-8】 1mol $H_2O(g)$于 101.325kPa 的压力下，自 373K 升温至 423K，设 $H_2O(g)$的摩尔恒压热容为 $C_{p,m} / (J \cdot K^{-1} \cdot mol^{-1}) = 30.36 + 9.61 \times 10^{-3} T + 1.18 \times 10^{-6} T^2$，计算系统在下列过程中的熵变及热温商，并判断过程的可逆性。(1)热源温度为 473K；(2)热源温度为 973K。

解 (1) $\Delta S = \int_{T_1}^{T_2} \frac{C_{p,m} dT}{T} = \int_{373K}^{423K} \left(\frac{30.36}{T} + 9.61 \times 10^{-3} + 1.18 \times 10^{-6} T \right) dT = 4.3 (J \cdot K^{-1})$

$$\Delta S_{sur} = \frac{-Q}{T_{sur}} = \frac{\int_{373K}^{423K} C_{p,m} dT}{473} = -3.6 (J \cdot K^{-1})$$

$$\Delta S_{iso} = \Delta S + \Delta S_{sur} = 0.7 J \cdot K^{-1} > 0$$

(2) 体系始终态与(1)相同，所以 $\Delta S = 4.3 J \cdot K^{-1}$

$$\Delta S_{\text{sur}} = \frac{-Q}{T_{\text{sur}}} = \frac{\int_{373\text{K}}^{423\text{K}} C_{p,\text{m}} \mathrm{d}T}{973} = -1.8 \text{J} \cdot \text{K}^{-1}$$

$$\Delta S_{\text{iso}} = \Delta S + \Delta S_{\text{sur}} = 2.5 \text{J} \cdot \text{K}^{-1} > 0$$

过程(1)和过程(2)都是自动过程(不可逆过程)，但过程(2)的自动趋势比过程(1)的更大。

3) 系统绝热过程的熵变计算

对于绝热可逆过程，因为 $Q_r = 0$，所以 $\Delta S = \dfrac{Q_r}{T} = 0$，换言之，系统的绝热可逆过程是一个等熵过程。

对于绝热不可逆过程，一般先求出始、终态的状态参数(T、p、V 等)，然后在相同的始、终态间设计一系列可逆过程进行熵变的计算。得出的结果必然是 $\Delta S > 0$，否则违反熵增原理。

对理想气体的绝热不可逆过程，由于 p、V、T 均有变化，因此应先求出终态的状态参数，然后用式(1-58a)或式(1-58b)计算其熵变。

2. 系统相变过程的熵变计算

系统的相变过程分为可逆相变和不可逆相变。

1) 可逆相变过程的熵变

通常的可逆相变是指在温度 T 及与 T 相应的平衡蒸气压(饱和蒸气压)条件下的相变。例如，101.3kPa 及 373.15K 时水与水蒸气的互变，101.3kPa 及 273.15K 时水与冰的互变等。因此可逆相变可认为是恒温恒压的可逆过程，所以其熵变为

$$\Delta S = \frac{Q_r}{T} = \frac{Q_p}{T} = \frac{\Delta_{\text{trs}} H}{T} \tag{1-59}$$

式中，$\Delta_{\text{trs}} H$ 为可逆相变的相变焓。

2) 不可逆相变过程的熵变

不满足可逆相变条件下的相变，即属于不可逆相变。对不可逆相变，往往需设计一系列的过程来计算其熵变，这对物理化学学习者来说往往是比较难的地方。

设计系列过程一般有两个原则，一是必须包含与所给不可逆相变同类型的可逆相变过程。例如，若所给为不可逆蒸发过程，则设计的系列过程中必须有一步相应的可逆蒸发过程；若所给为不可逆凝固过程，则设计的系列过程中必须有一步相应的可逆凝固过程；等等。二是每一步都必须是便于计算的。参见下述例题。

【例 1-9】 试计算在 298K、101.325kPa 的条件下，使 1mol $H_2O(g)$ 转变成同温同压下 1mol $H_2O(l)$ 的 ΔS，并判断过程的可逆性。已知 $C_{p,\text{m}}(H_2O,g) = 33.18 \text{J} \cdot \text{mol}^{-1} \cdot \text{K}^{-1}$，$C_{p,\text{m}}(H_2O,l) = 75.48 \text{J} \cdot \text{mol}^{-1} \cdot \text{K}^{-1}$，水的蒸发焓 $\Delta_{\text{vap}} H_{\text{m}}(H_2O,373\text{K}) = 40.70 \text{kJ} \cdot \text{mol}^{-1}$。

解 298K、101.325kPa 下的 $H_2O(g)$ 变成同温同压下的水是一个不可逆过程，求此过程的熵变需要设计如下系列过程：

$$\begin{array}{ccc}
H_2O(g,298\text{K},101.325\text{kPa}) & \xrightarrow{\Delta S, \Delta H} & H_2O(l,298\text{K},101.325\text{kPa}) \\
\downarrow \Delta S_1, \Delta H_1 & & \uparrow \Delta S_3, \Delta H_3 \\
H_2O(g,373\text{K},101.325\text{kPa}) & \xrightarrow{\Delta S_2, \Delta H_2} & H_2O(l,373\text{K},101.325\text{kPa})
\end{array}$$

其中
$$\Delta S_1 = \int_{298K}^{373K} \frac{C_{p,m}(H_2O,g)}{T} dT = 33.18 \times \ln\frac{373}{298} = 7.45(J \cdot K^{-1})$$

$$\Delta S_2 = \frac{Q_{p,r}}{T} = \frac{-\Delta_{vap}H_m}{373} = \frac{-40700}{373} = -109.12(J \cdot K^{-1})$$

$$\Delta S_3 = \int_{373K}^{298K} \frac{C_{p,m}(H_2O,l)}{T} dT = 75.48 \times \ln\frac{298}{373} = -16.94(J \cdot K^{-1})$$

$$\Delta S = \Delta S_1 + \Delta S_2 + \Delta S_3 = 7.45 - 109.12 - 16.94 = -118.61(J \cdot K^{-1})$$

而
$$\Delta H = \Delta H_1 + \Delta H_2 + \Delta H_3 = -40700 + \int_{373K}^{298K}(75.48 - 33.18)dT = -43872.5(J)$$

实际过程的热
$$Q = Q_p = \Delta H = -43872.5(J)$$

所以
$$\Delta S_{sur} = \frac{-Q}{T_{sur}} = \frac{43872.5}{298} = 147.22(J \cdot K^{-1})$$

因此
$$\Delta S_{iso} = \Delta S + \Delta S_{sur} = 28.61(J \cdot K^{-1})$$

该过程为不可逆的自动过程。

读者可仔细考虑例 1-9 中逆过程的方向性问题。

化学反应过程具有特定的规律，其熵变计算留待第 4 章介绍。

1.6.6 熵增与能量退化

热力学第一定律告诉人们：封闭系统发生某个过程后，能量总值不变。根据热力学第二定律，在孤立系统中，发生一个不可逆过程，系统的熵值增加。系统中能量总值虽然不变，但热功转换是不等价的，功可以无条件地变为热，而热不能无条件地变为功。高温热源与低温热源间传导的热量相等，效能却不相等。这可由图 1-11 得以说明。

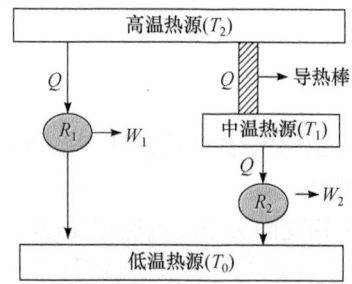

图 1-11 能量的退化示意图

设有高、中、低温三个大热源，其温度分别为 T_2、T_1 及 T_0，且 $T_2 > T_1 > T_0$，见图 1-11。

卡诺热机 R_1 在高温热源(T_2)与低温热源(T_0)之间工作，吸热 Q，则能对外做功 W_1

$$W_1 = -Q\left(1 - \frac{T_0}{T_2}\right)$$

在另一方案中，先用导热棒从高温热源(T_2)传导同样量的热 Q 至中温热源(T_1)，此步骤中并没有能量损失；卡诺热机 R_2 在中温热源(T_1)与低温热源(T_0)之间工作，并同样吸热 Q，则能对外做功 W_2

$$W_2 = -Q\left(1 - \frac{T_0}{T_1}\right)$$

显然，R_2 的对外做功要小于 R_1 的对外做功。也就是说，同样量的热从较高温度的热源传递到较低温度热源之后，虽然其总量并没有损失，但对外做功的能力却降低了，这就是能量退化现象。因为热从较高温度传递到较低温度的过程是一个熵增加且自动的过程，所以能量退化的本质原因就是熵增加。

从能量退化的角度来讲，系统的能量虽守恒，但有品质的高低之分：功是较高品质的能量，热是较低品质的能量；储存在较高温物质中的能量品质比储存在较低温物质中的能量品质更高。实际生产过程中，高温蒸汽比低温蒸汽的能量品质高。因此，如何合理高效地利用能量的品质是实际生产中非常重要的问题。

1.6.7 熵的统计意义

1. 熵是体系混乱度的度量

热力学中关于熵的导出并没有严格的数学定义式。因此，熵的宏观物理意义并不是很明确，需要从微观角度来理解熵的宏观意义。

根据熵变计算可得出以下结论：同一物质 $S_{气} > S_{液} > S_{固}$，物质从固态经液态到气态，系统有序性减小，分子运动的混乱程度依次增加，熵值增加；相同压力下，同一聚集状态的同种物质 $S_{高温} > S_{低温}$，温度升高，分子运动增强，分子的有序性减弱，混乱度增加，熵值增加；温度一定时，同种气体有 $S_{低压} > S_{高压}$，压力降低，体积增加，分子在更大的空间运动，分子的有序性减弱，混乱度增加，熵值增加；不同气体在恒温恒压下混合，$\Delta S_{mix} > 0$，混合前其中各种气体运动空间较小，混合后，其运动空间增大，混乱度增大，熵值增加。以上例子无一例外都是熵增加的方向与系统混乱度增加的方向一致。所以，熵是系统混乱度的度量。

热力学第二定律指出，自发过程都是不可逆过程，而一切不可逆过程都可以归结为热功转换的不可逆性。功可以完全转变为热，而热不能全部转变为功而不留下任何影响。从微观角度看，功是微观粒子因有序运动而传递的能量，而热则是分子混乱运动而传递的能量。所以由功转变为热的过程是由规则运动转化为无规则运动，是向混乱度增加的方向进行。也就是说，自发过程的方向是从有序运动向无序运动转化，直至在该条件下最混乱的状态，即熵值最大的状态。

2. 熵与热力学概率

概率就是某种事物出现的可能性。孤立系统自发过程熵增方向与系统混乱程度增加方向一致。但系统有序和无序只是定性描述，而概率是一种定量概念，因此需找出熵函数与概率间的函数关系。

由大量分子构成的孤立系统处于热力学平衡的宏观状态时，其微观并不是静止的，可出现许多微观状态。与某宏观状态所对应的微观状态数称为热力学概率(probability of thermodynamics)，以 Ω 表示。某宏观状态所对应的微观状态数 Ω 越多，该宏观状态出现的可能性越大。

有一长方形容器，假设有一隔板将其分为体积相等的左右两部分，其中放入理想气体，气体分子可在容器左右两侧随机分布。现考察其中 a、b、c、d 四个分子的分布，所有分布情况列于表 1-2 中。

表 1-2　4 个分子的空间分布状态

分配方式	盒1	盒2	分配的微态数	出现概率
(4,0)	a b c d	0	$\Omega(4,0)=1$	1/16
(3,1)	a b c a b d a c d b c d	d c b a	$\Omega(3,1)=4$	4/16
(2,2)	a b a c a d b c b d c d	c d b d b c a d a c a b	$\Omega(2,2)=6$	6/16
(1,3)	a b c d	b c d a c d a b d a b c	$\Omega(1,3)=4$	4/16
(0,4)	0	a b c d	$\Omega(0,4)=1$	1/16
			总微观状态数 $\Omega(总)=16$	

由表 1-2 可见，4 个分子总微观状态数是 $2^4=16$，每种微观状态出现的概率相等，均为 1/16。16 种微观状态分属(4,0)、(3,1)、(2,2)、(1,3)及(0,4)五种分布，每种分布对应一种宏观状态。在 5 种宏观状态中，以均匀分布(2,2)的宏观状态所具有的微观状态数最多，共有 6 种，也就是均匀分布(2,2)的热力学概率 $\Omega=6$。而这种均匀分布的宏观状态出现的数学概率也最大，为 6/16。

若系统中含有 1mol 气体，其总的微观状态数有 2^N 种，其中 N 个分子全部集中于一侧的微观状态数为 1，出现的概率只有 $(1/2)^N$，接近于零。而在容器两侧均匀分布的微观状态数最大，占 2^N 的绝大部分，其出现的数学概率接近于 1，所以均匀分布的状态可以代表热力学平衡态。

在孤立系统中，自发过程总是由热力学概率小的状态向热力学概率较大的状态变化，直至热力学概率最大为止，系统就达到平衡。这一结论与孤立系统中熵增原理是一致的，系统的热力学概率 Ω 和系统的熵 S 有相同的变化方向，都趋向于增加，系统的 S 与 Ω 之间必定有某种函数关系：$S=f(\Omega)$。

设一系统由 A、B 两部分组成，其热力学概率分别为 Ω_A、Ω_B，相应的熵为 $S_A=f(\Omega_A)$、$S_B=f(\Omega_B)$。根据概率定理，系统的总概率应等于各个部分概率的乘积，即 $\Omega=\Omega_A\Omega_B$。由于熵是状态函数，具有广度性质，整个系统的熵等于各部分的熵之和

$$S=S_A+S_B=f(\Omega_A)+f(\Omega_B)=f(\Omega_A\Omega_B)=f(\Omega)$$

能够满足上述关系的只有对数函数，因此 S 与 Ω 之间是对数函数关系

$$S\propto\ln\Omega \quad 或 \quad S=k\ln\Omega \tag{1-60}$$

式中，k 为玻尔兹曼(Boltzmann)常量，$k=\dfrac{R}{N}=1.3807\times10^{-23}\text{J}\cdot\text{K}^{-1}$，此式称为玻尔兹曼公式，它是将系统的宏观物理量 S 与微观物理量 Ω 联系起来的重要桥梁。

由此可知，系统的熵值小，表示所处状态的微观状态数小，混乱程度小；系统的熵值大，表示所处状态的微观状态数大，混乱程度大。孤立系统中，从熵值小的状态(混乱度小)向熵值大的状态(混乱度大)变化，直到在该条件下系统熵值最大的状态为止，这就是自发变化方向和限度。

1.7 热力学第三定律与物质的规定熵

1.7.1 热力学第三定律

由热力学第二定律只能求得系统熵的变化值，不能求得系统熵的绝对值。那么系统熵的绝对值能否得到呢？

对无非体积功的均相封闭系统，恒压下变温过程的熵变由式(1-57a)计算，即 $\Delta S=\int_{T_1}^{T_2}\dfrac{C_p\mathrm{d}T}{T}$。若从 0K 至 T 的温度范围内无相变，则积分可得

$$S_T=S_0+\int_0^T\dfrac{C_p\mathrm{d}T}{T} \tag{1-61}$$

若能知道系统在 0K 时的熵 S_0，则系统在任意温度下的熵值 S_T 就可以求得。

已知熵是系统混乱程度的度量，系统的混乱程度越低，有序程度越高，熵值越小。对一种物质，固态的熵值小于液态，液态的熵值小于气态。当固态物质的温度不断下降，系统的熵值也不断下降。若温度降至 0K，系统的熵值 S_0 是多少？这就是热力学第三定律所要解决的问题。它是在非常低的温度下研究凝聚系统的化学反应熵变所外推出来的结果。

1906 年，能斯特(Nernst)研究了低温下一系列凝聚系统的化学反应，提出了一个外推结论：当温度趋于 0K 时，在等温过程中凝聚态的反应熵变等于零，即

$$\lim_{T\to0\text{K}}(\Delta S)_T=0 \tag{1-62}$$

式(1-62)通常称为能斯特热定理。

当温度趋于 0K 时，任何纯物质都已成为凝聚态(各种晶型的固态)，因此，式(1-62)也可理解为：当温度趋于 0K 时，各种凝聚态物质的熵值都趋于相等。因此，普朗克(Planck)在 1912 年将热定理推进了一步，他假定：在 0K 时，纯凝聚态的熵值等于零，即

$$\lim_{T\to0\text{K}}S=0 \tag{1-63}$$

承认普朗克的假定，则热定理就成为必然的结果了。

因为 0K 时物质已成凝聚态，则内部的质点整齐排列，热力学概率很小，根据玻尔兹曼公式 $S=k\ln\Omega$，其熵值必极小。因此普朗克的假定是有科学依据的。

路易斯(Lewis)和吉布森(Gibson)在 1920 年对式(1-63)的适用条件做了新的界定，指出式(1-63)涉及的纯晶体必须是完美晶体。完美晶体是指晶体中的原子或分子只有一种有序排列方式，其热力学概率 $\Omega=1$。纯物质的晶态可能有多种排列方式，普朗克假设要求纯物质按混乱度最低的方式(称为完美晶体)排列。

至此，热力学第三定律可以表示为：在 0K 时，任何纯物质完美晶体的熵等于零。

1912 年能斯特根据他的热定理提出"绝对零度不能达到原理"，即"不可能用有限手续使一个物体冷却到热力学温度的零度"。这一原理后来被认为是热力学第三定律的另一种表述。

能斯特热定理指出，在接近 0K 时，纯物质任何等温过程中的熵值不变，它既是等熵过程，又没有热量交换，所以是绝热过程。因此任何凝聚态物质在接近 0K 时，无论进行什么热力学过程，都不可能通过释放热量而降低温度；又由于是凝聚态物质，也不能靠节流膨胀而降低温度。所以系统的温度不可能继续降低至绝对零度。热力学第三定律表明了绝对零度不可能达到，但它并没有阻止人们尽力去接近绝对零度，目前达到的纪录是 5×10^{-10}K。

1.7.2 物质的规定熵

热力学第三定律解决了式(1-61)中 S_0 的问题，则式(1-61)变为

$$S_T = \int_0^T \frac{C_p \mathrm{d}T}{T} \tag{1-64}$$

因此，只要知道某物质 B 从 0K 至任意温度 T 的恒压热容，且在此温度区间没有相变化，就可根据式(1-64)求得该物质在任意温度下的熵值 $S(B,T)$。这样求得的熵值称为该物质在此状态下的规定熵(conventional entropy)，对 1mol 纯物质，即为摩尔规定熵 $S_m(B,T)$，简称摩尔熵。又因为恒压热容的数值可以通过量热的方法测定，所以物质的规定熵有时又称为量热熵。

物质在极低温度范围内的 C_p 数据不易实验测定，可用德拜(Debye)公式近似计算：

$$C_V = 1943 T^3 / \theta^3$$

式中，θ 为物质的特征温度，$\theta = \dfrac{h\nu}{k}$，其中，ν 为晶体中粒子的简正振动频率。还要注意，在极低温度下，$C_p \approx C_V$。

若该物质在 0K～T 温度范围内有相变，计算其摩尔熵时还必须考虑相变过程的熵变值。例如，对于温度为 T 的气态物质 B(g)，若从 0K 到 T 的温度区间内只有熔化和气化两个可逆相变过程，则 B(g)在温度为 T 时的摩尔熵为

$$S_m(B,g,T) = \int_0^{T_f} \frac{C_{p,m}(B,s)\mathrm{d}T}{T} + \frac{\Delta_{fus}H_m(B)}{T_f} + \int_{T_f}^{T_b} \frac{C_{p,m}(B,l)\mathrm{d}T}{T} + \frac{\Delta_{vap}H_m(B)}{T_b} + \int_{T_b}^{T} \frac{C_{p,m}(B,g)\mathrm{d}T}{T}$$

$$\tag{1-65}$$

纯物质在标准压力 $p^\ominus$ 下的摩尔熵称为标准摩尔熵，即 $S_m^\ominus(B,T)$。

一般在热力学手册中列有 298.15K 时纯物质的标准摩尔熵 $S_m^\ominus(B, 298.15K)$。若物质 B 在 298.15K～T 温度范围内无相变，则 B 在温度 T 时的标准摩尔熵值为

$$S_m^\ominus(B,T) = S_m^\ominus(B, 298.15K) + \int_{298.15K}^{T} \frac{C_{p,m}(B)\mathrm{d}T}{T} \tag{1-66}$$

复习思考题

1. 状态函数有什么特点？当体系进行任一循环过程时，其状态函数的变化值是多少？
2. 设有一封闭体系，当其始、终态确定后，判断下列各种物理量是否有确定的值。
   (1) $W(Q=0)$；(2) Q；(3) $Q(W=0)$；(4) $Q+W$。

3. 试证明在无非体积功的恒容过程中 $\Delta U = Q_V$。此过程中的 ΔH(用公式表示)是多少?是否仍可用过程热来度量?

4. 将 273K、1mol 的冰在恒压下缓缓加热,最终变为 373K 的水蒸气,此过程热用 $\int_{273K}^{373K} C_{p,m}(H_2O,l)dT$ 计算对不对?

5. 对于 1mol 理想气体,从同一始态(p、T、V)出发,分别进行恒温可逆膨胀或绝热可逆膨胀至相同体积的终态,其所做的膨胀功哪一过程大?

6. 1mol 气体从同一始态出发,分别进行恒温可逆膨胀或恒温不可逆膨胀达到相同的终态,由于恒温可逆膨胀时所做的功 W_r 大于恒温不可逆膨胀时的体积功 W_{ir},则 $Q_r > Q_{ir}$,对否?为什么?

7. 任一气体从同一始态出发分别经绝热可逆膨胀或绝热不可逆膨胀达到体积相同的终态,而终态的压力相同吗?

8. 如果不断地将理想气体进行恒温膨胀,则所吸收的热全部转变为功,这不就是单一热源也能做功的实例吗?如何解释?

9. 在同一始、终态间,可逆过程的热温商大于不可逆过程的热温商,即"可逆过程的熵变化值大于不可逆过程的熵变化值"。此说法对吗?

10. 在 298K、$p^{\ominus}$ 下,1mol 水蒸发成水蒸气,此过程的 $\Delta S = \dfrac{\Delta_{vap}H_m}{298}$。此结果对吗?

11. 对于只用两个热力学变量描述的封闭系,p-V 图上两条绝热可逆线不会相交,两条恒温可逆线也不可能相交,试证明之。

习 题

1. 1mol 双原子理想气体在 300K、101kPa 下,经恒外压恒温压缩至平衡态,并从此状态下恒容升温至 370K、压力为 1010kPa。求整个过程的 ΔU、ΔH、Q 及 W。

答案:$W = 17.727$kJ,$Q = -16.27$kJ,$\Delta U = 1.455$kJ,$\Delta H = 2.037$kJ。

2. 设有 0.1kg $N_2(g)$,温度为 273.15K,压强为 101325Pa,分别进行下列过程,求 ΔU、ΔH、Q 及 W。(1)恒容加热至压强为 151987.5Pa;(2)恒压膨胀至原体积的 2 倍;(3)恒温可逆膨胀至原体积的 2 倍;(4)绝热可逆膨胀至原体积的 2 倍。

答案:(1) $\Delta U = Q_V = 1.01 \times 10^4$J,$\Delta H = 1.42 \times 10^4$J,$W = 0$;(2) $\Delta H = Q_p = 28.4$kJ,$\Delta U = 20.20$kJ,$W = -8.11$kJ;(3) $Q = 5622$J,$W = -5622$J,$\Delta H = \Delta U = 0$;(4) $Q = 0$,$W = \Delta U = -4911$J,$\Delta H = -6875$J。

3. 在 373.15K、101325Pa 下,1mol 水缓慢蒸发。水的蒸发热为 40.593kJ·mol^{-1},1kg 水的体积为 1.043dm^3,1kg 水蒸气的体积为 1667dm^3。求:(1)蒸发过程中体系的 ΔU、ΔH、Q 及 W;(2)若忽略 $V_{液}$,并设水蒸气为理想气体,W 为多少?

答案:(1) $\Delta U = 37536$J,$\Delta H = Q_p = 40593$J,$W = -3057$J;(2) $W = -3102$J。

4. 在 298.15K、101325Pa 下,1mol H_2 与 0.5mol O_2 反应生成 1mol $H_2O(l)$,放热 285.90kJ。若 H_2 及 O_2 在此条件下均为理想气体,求 ΔU。若此反应在相同的始、终态的条件下改在原电池中进行,做电功为 187.82kJ,求 ΔU、Q 及 W。

答案:(1) $\Delta U = -282.18$kJ;(2) $Q = -98.08$kJ,$W = -184.10$kJ,$\Delta U = -282.18$kJ。

5. 在绝热密闭容器内装水 1kg。开动搅拌器使容器中的水由 298.15K 升温至 303.15K。已知液体水的 $C_{p,m} \approx C_{V,m} = 75.31$J·mol^{-1}·K^{-1},求 ΔU、ΔH、W 及 Q,结果说明什么?

答案:$Q = 0$,$W = 20.92$kJ,$\Delta U = 20.92$kJ,$\Delta H = 20.92$kJ。

6. 有 5mol 双原子理想气体,从 101325Pa、410.3L 的始态出发,经"$pT = $ 常数"的可逆过程(体系在变化过程中 $pT = $ 常数)压缩至终态压力为 202650Pa。求:(1)终态的温度;(2)此过程的 ΔU、ΔH、W 及 Q。

答案:(1) 500K;(2) $\Delta U = -51.96$kJ,$\Delta H = -72.75$kJ,$W = 41.57$kJ,$Q = -93.53$kJ。

7. 横放的绝热圆筒内装有无摩擦、不导热的活塞。在其两边均盛有 101325Pa、273K 的理想气体 54L,并在左侧引入电阻丝使气体缓慢加热,直至活塞将右侧气体压缩至压力为 202650Pa 为止。已知气体的

$C_{V,m} = 12.47 \text{J} \cdot \text{mol}^{-1} \cdot \text{K}^{-1}$。求：(1)右侧气体最后的温度及所得的功；(2)左侧气体最后温度及所得的热。

答案：(1) 右侧温度 360.3K，得到功 2.62kJ；(2) 左侧温度 732.4K，得到热 16.42kJ。

8. 设有绝热硬木箱，原为真空，在箱上刺一极小的细孔，空气缓慢地流入箱内。如箱外空气温度为 T_0，并将空气视为理想气体，证明箱内外压力相等时箱内空气温度为 $T = \gamma T_0$，式中 $\gamma = C_{p,m}/C_{V,m}$。

9. 某礼堂容积为 1000m^3，室温为 283K，压力为 101325Pa，设空气 $C_{p,m} = 7R/2$。(1)欲使其温度升至 293K，需吸热多少？(2)若室温由 293K 降至 283K，当室外温度为 273K 时，需导出多少热？

答案：(1) 需加热 1.23×10^4 kJ；(2) 需导出热量 11675.98kJ。

10. 已知 373.15K、$p^{\ominus}$ 下，水的蒸发热为 $\Delta_{vap}H_m^{\ominus}(\text{H}_2\text{O,l}) = 40.710 \text{kJ} \cdot \text{mol}^{-1}$，在此温度范围内水和水蒸气的平均恒压热容分别为 $75.31 \text{J} \cdot \text{mol}^{-1} \cdot \text{K}^{-1}$ 及 $33.18 \text{J} \cdot \text{mol}^{-1} \cdot \text{K}^{-1}$。求 298.15K、$p^{\ominus}$ 下的 $\Delta_{vap}H_m^{\ominus}(\text{H}_2\text{O,l})$。

答案：$43.87 \text{kJ} \cdot \text{mol}^{-1}$。

11. 有 1mol 理想气体，温度为 298.15K，压力为 $p^{\ominus}$。(1)经恒温可逆膨胀至体积增加 1 倍，求 ΔS；(2)若为恒温自由膨胀至体积增加 1 倍，其 ΔS 为多少？

答案：(1) 恒温可逆膨胀 $\Delta S = 5.76 \text{J} \cdot \text{K}^{-1}$；(2) 恒温自由膨胀 $\Delta S = 5.76 \text{J} \cdot \text{K}^{-1}$。

12. 1mol 双原子理想气体，温度为 298.15K，压力为 $p^{\ominus}$，分别进行：(1)绝热可逆膨胀至体积增加 1 倍；(2)绝热自由膨胀至体积增加 1 倍。求这些过程的 ΔS。

答案：(1) $\Delta S = 0$；(2) $\Delta S = 5.76 \text{J} \cdot \text{K}^{-1}$。

13. 有 1mol 液体在 0.1MPa 的压力下，由 298.15K 升温至 323.15K。已知 $C_{p,m}(\text{H}_2\text{O,l}) = 75.31 \text{J} \cdot \text{mol}^{-1} \cdot \text{K}^{-1}$，求过程的 ΔS。若热源温度为 373.15K，判断此过程的可逆性。

答案：$\Delta S = 6.06 \text{J} \cdot \text{K}^{-1}$；$\Delta S_{iso} = 1.01 \text{J} \cdot \text{K}^{-1} > 0$，过程不可逆。

14. 设有两种气体，其恒压热容相等，$C_{p,m} = 28 \text{J} \cdot \text{mol}^{-1} \cdot \text{K}^{-1}$，用隔板分开(如下图所示)，两侧的体积相等，但温度不等，容器是绝热的。试求抽去隔板后的 ΔS。

1mol A	1mol B
238K, V	293K, V

答案：$11.53 \text{J} \cdot \text{K}^{-1}$。

15. 试计算压力为 $p^{\ominus}$、温度为 373.15K 时，1mol 水向真空蒸发为同温同压的水蒸气的 ΔS、ΔS_{sur} 及 ΔS_{iso}。已知水的蒸发焓($p^{\ominus}$、373.15K)为 $40.710 \text{kJ} \cdot \text{mol}^{-1}$，在此条件下的水蒸气可视为理想气体。

答案：$\Delta S = 109.1 \text{J} \cdot \text{K}^{-1}$；$\Delta S_{sur} = -100.8 \text{J} \cdot \text{K}^{-1}$；$\Delta S_{iso} = \Delta S + \Delta S_{sur} = 8.3 \text{J} \cdot \text{K}^{-1} > 0$。

16. 已知苯的熔点为 278.15K、$\Delta_{fus}H_m(\text{C}_6\text{H}_6, 278.15\text{K}) = 9916 \text{J} \cdot \text{mol}^{-1}$，液态苯和固态苯的 $C_{p,m}$ 分别为 $126.78 \text{J} \cdot \text{mol}^{-1} \cdot \text{K}^{-1}$ 和 $122.59 \text{J} \cdot \text{mol}^{-1} \cdot \text{K}^{-1}$。试计算 268.15K 时，1mol 过冷液态苯凝固成 268.15K 固态苯的 ΔS，并判断过程能否进行。

答案：$\Delta S = -35.5 \text{J} \cdot \text{K}^{-1}$；$\Delta S_{iso} > 0$，故过程自动进行。

17. 有 1mol 理想气体($C_{V,m} = 12.47 \text{J} \cdot \text{mol}^{-1} \cdot \text{K}^{-1}$)，经历一绝热不可逆过程到达 273.15K、$p^{\ominus}$ 的终态。已知此过程的 $\Delta S = 20 \text{J} \cdot \text{K}^{-1}$，体系做功为 1200J，求始态的 p、T、V 及 ΔH。

答案：$T_1 = 369.4\text{K}$，$p_1 = 2388.7\text{kPa}$，$V_1 = 1.286 \times 10^{-3} \text{m}^3 = 1.286 \text{dm}^3$，$\Delta H = -2000.5\text{J}$。

18. 有 1mol 理想气体在一定温度及压力下，绝热自由膨胀至体积增加 1 倍，试计算终态与始态总微观状态数之比 Ω_2/Ω_1。已知玻尔兹曼常量为 $1.38 \times 10^{-23} \text{J} \cdot \text{K}^{-1}$。

答案：$\Omega_2/\Omega_1 = e^{4.17 \times 10^{23}}$。

第 2 章 热力学势函数及基本方程

第 1 章介绍了热力学的基本原理。原则上,应用这些基本原理就可以解决变化过程中的能量学问题及变化过程的方向和限度问题,尤其是对组成不变系统的简单状态变化及纯物质的相变过程。但热力学普遍原理更广泛的应用还需要与具体实际相结合,也就是说,热力学对一些具体系统和过程的应用,还需要更方便的方法。因此,本章通过引进新的势函数,建立热力学基本方程,丰富热力学的方法,使其能更方便地应用于具体过程。

本章仍是热力学的基本内容,是化学热力学基本框架,是普遍的理论与具体问题相结合所建立的更完善的热力学理论。

2.1 自由能函数

熵增原理作为自发过程方向和限度的判据,只适用于孤立系统。对于封闭系统,除了计算系统的熵变外,通常还需考虑环境的熵变,否则无法应用熵增原理。能否只研究系统本身状态函数的改变就能判断过程的方向和限度?答案是肯定的,关键是要找到系统某种合适的状态函数。例如,化学变化及相变化大多是在恒温恒压或恒温恒容这两种特定条件下进行的,而实际上系统也存在两个合适的状态函数:吉布斯自由能(G)和亥姆霍兹自由能(A),用这两个新的状态函数的变化值就可以方便地判断相关过程的方向和限度。

2.1.1 亥姆霍兹自由能 A

亥姆霍兹自由能 A 的定义

$$A \equiv U - TS \tag{2-1}$$

由其定义可知,亥姆霍兹自由能 A 是系统的状态函数,具有广度性质,能量量纲,其物理意义并不明确。但其变化值对恒温及恒温恒容条件下的过程可逆性具有判别作用。

由热力学第一定律知 $dU = \delta Q + \delta W_t$,其中,$\delta W_t = -p_w dV + \delta W'$。

由热力学第二定律知 $dS \geq \dfrac{\delta Q}{T_{sur}}$,即 $T_{sur} dS \geq \delta Q$

以上两式联立得 $\quad dU - T_{sur} dS \leq \delta W_t \tag{2-2}$

等号表示可逆,不等号表示不可逆。式(2-2)可应用于封闭系统的任何过程。

对恒温过程,系统与环境温度相等且保持不变,式(2-2)可写为

$$dU - d(TS) \leq \delta W_t \quad 或 \quad d(U - TS) \leq \delta W_t$$

即 $\quad dA_T \leq \delta W_t \quad 或 \quad -(\Delta A)_T \geq -W_t \tag{2-3a}$

式(2-3a)表明:封闭系统在恒温不可逆过程中,系统对环境所做的功($-W_t$)小于 A 的减少;在恒温可逆过程中,系统对环境所做的功等于 A 的减少。换言之:封闭系统在恒温过程中对

环境所能做的最大功等于其 A 的减少。

对恒温恒容过程，因体积功为零，从式(2-3a)可得

$$\mathrm{d}A_{T,V} \leqslant \delta W' \quad \text{或} \quad -(\Delta A)_{T,V} \geqslant -W' \tag{2-3b}$$

式(2-3b)表明：封闭系统在恒温恒容的不可逆过程中，系统对环境所能做的非体积功小于 A 的减少；在恒温恒容的可逆过程中，系统对环境所能做的非体积功等于 A 的减少。换言之：封闭系统在恒温恒容过程中对环境所能做的最大非体积功等于其 A 的减少。

对恒温恒容且无非体积功的过程，式(2-3a)变为

$$\mathrm{d}A_{T,V} \leqslant 0 \quad \text{或} \quad -(\Delta A)_{T,V} \geqslant 0 \tag{2-3c}$$

式(2-3c)表明：封闭系统在恒温恒容且无非体积功的可逆过程中，其 A 保持不变，在不可逆过程中 A 值总是减少。换言之：对恒温恒容且无非体积功条件下的封闭系统，不去管它时，其 A 值会自动减少直至最小值(对应平衡态)，而不可能自动发生 $\Delta A > 0$ 的过程。这就是亥姆霍兹自由能减少原理。

亥姆霍兹自由能减少原理是恒温恒容且无非体积功的封闭系统的过程方向性及限度的判据，是克劳修斯不等式在该条件的具体化。只要根据系统在该条件下 A 的改变量，就可确定系统在该条件下过程的方向，而不需要考虑环境的 A 的改变量。

2.1.2 吉布斯自由能 G

吉布斯自由能 G 的定义为

$$G \equiv H - TS = U + pV - TS \tag{2-4}$$

由其定义可知，吉布斯自由能 G 也是系统的状态函数，具有广度性质，能量量纲，其物理意义也不明确。但其变化值对恒温恒压条件下的过程可逆性具有判别作用。

在恒温条件下，式(2-2)可写为

$$\mathrm{d}(U - TS) \leqslant -p_\mathrm{w}\mathrm{d}V + \delta W'$$

进一步在恒温恒压条件下，因 $p = p_\mathrm{w}$，所以上式为

$$\mathrm{d}(U + pV - TS) \leqslant \delta W'$$

即

$$\mathrm{d}G_{T,p} \leqslant \delta W' \quad \text{或} \quad -(\Delta G)_{T,p} \geqslant -W' \tag{2-5a}$$

式(2-5a)表明：封闭系统在恒温恒压的不可逆过程中，系统对环境所能做的非体积功小于其 G 的减少；在恒温恒压的可逆过程中，系统对环境所能做的非体积功等于其 G 的减少。换言之：封闭系统在恒温恒压过程中对环境所能做的最大非体积功等于其 G 的减少。

对恒温恒压且无非体积功的过程，式(2-5a)变为

$$\mathrm{d}G_{T,p} \leqslant 0 \quad \text{或} \quad -(\Delta G)_{T,p} \geqslant 0 \tag{2-5b}$$

式(2-5b)表明：封闭系统在恒温恒压且无非体积功的可逆过程中，其 G 保持不变，在不可逆过程中 G 值总是减少。换言之：对恒温恒压且无非体积功条件下的封闭系统，不去管它时，其 G 值会自动减少直至最小值(对应平衡态)，而不可能自动发生 $\Delta G > 0$ 的过程。这就是吉布斯自由能减少原理。

同样，吉布斯自由能减少原理是恒温恒压且无非体积功的封闭系统的过程方向性及限度的判据，是克劳修斯不等式在该条件的具体化。只要根据系统在该条件下 G 的改变量就可确

2.1.3 状态函数 A 及 G 的特点

根据定义已知：A 和 G 都是系统的状态函数，具有广度性质，但不是守恒量，其绝对值无法确定。

对处于平衡态的多相系统，若有 Φ 个相，各相均具有相应的 A 和 G，各相的 A 或 G 之和为系统的 A 或 G，即

$$A = \sum_{k=1}^{\Phi} A_k = \sum_{k=1}^{\Phi}(U_k - T_k S_k) \tag{2-6a}$$

$$G = \sum_{k=1}^{\Phi} G_k = \sum_{k=1}^{\Phi}(U_k - T_k S_k + p_k V_k) \tag{2-6b}$$

处于平衡态的多相系统，各相的温度、压力必相等，则上两式变为

$$A = \sum_{k=1}^{\Phi} U_k - T\sum_{k=1}^{\Phi} S_k = U - TS \tag{2-6c}$$

$$G = \sum_{k=1}^{\Phi} U_k - T\sum_{k=1}^{\Phi} S_k + p\sum_{k=1}^{\Phi} V_k = U - TS + pV \tag{2-6d}$$

式(2-6c)及式(2-6d)表明：A 和 G 的定义对均相及多相系统都适用。

2.2 封闭系统热力学基本方程及其简单应用

至此，从热力学的角度已深入讨论了五个状态函数：U、H、S、A、G，它们与人们所熟知的状态函数如 p、V、T 等之间存在一些确定的基本关系。

2.2.1 封闭系统热力学基本方程

对只做体积功的封闭系统，当系统由平衡态Ⅰ经微小的可逆过程到邻近的平衡态Ⅱ之后，根据热力学第一定律和第二定律的联合式(2-2)可得

$$dU = TdS - pdV \tag{2-7a}$$

式(2-7a)中各量都是系统自身的性质，所以从平衡态Ⅰ到邻近的平衡态Ⅱ的过程无论是否可逆，都不会影响始、终态的各热力学性质(T、p、S、V 等)大小，也不会影响 dS、dV 及 dU 的大小。也就是说，式(2-7a)与过程是否可逆无关，只与系统的始、终态有关。

式(2-7a)实质上是热力学能 $U = U(S, V)$ 的全微分表达式，只有两个独立变量。也就是说，该式适用的系统属于只需两个变量就可描述的系统。根据状态公理，式(2-7a)使用条件也可表述为：适用于只做体积功、组成不变的均相封闭系统。

对定义式 $H = U + pV$ 取全微分有：$dH = dU + pdV + Vdp$，代入式(2-7a)得

$$dH = TdS + Vdp \tag{2-7b}$$

同理可得

$$dA = -SdT - pdV \tag{2-7c}$$

$$dG = -SdT + Vdp \tag{2-7d}$$

以上四式是只做体积功、组成不变的均相封闭系统的热力学基本方程,其应用都不受过程是否可逆的影响。

需要指出的是,与上述四个基本方程等价的公式还有很多,如从式(2-7a)就可得 $dS = \frac{1}{T}dU + \frac{p}{T}dV$、$dV = \frac{T}{p}dS - \frac{1}{p}dU$ 等。这类公式虽与基本方程等价,但一般不称为热力学基本方程,在特性函数(见 2.2.3 小节)的变量确定方面有较重要的作用。

2.2.2 封闭系统的热力学函数间的基本关系

从前述四个热力学基本方程又可派生出许多热力学关系式。

例如,由式(2-7a)在恒容条件下可得 $\left(\frac{\partial U}{\partial S}\right)_V = T$,在恒熵条件下可得 $\left(\frac{\partial U}{\partial V}\right)_S = -p$。同理,从上述四个基本方程可得

$$T = \left(\frac{\partial U}{\partial S}\right)_V = \left(\frac{\partial H}{\partial S}\right)_p \tag{2-8a}$$

$$p = -\left(\frac{\partial U}{\partial V}\right)_S = -\left(\frac{\partial A}{\partial V}\right)_T \tag{2-8b}$$

$$V = \left(\frac{\partial H}{\partial p}\right)_S = \left(\frac{\partial G}{\partial p}\right)_T \tag{2-8c}$$

$$S = -\left(\frac{\partial A}{\partial T}\right)_V = -\left(\frac{\partial G}{\partial T}\right)_p \tag{2-8d}$$

以上四式又称为系数公式,也可当作系统 T、p、V、S 的热力学定义。

另外,在数学上,若函数 $Z = f(x, y)$ 具有全微分,即

$$dZ = \left(\frac{\partial Z}{\partial x}\right)_y dx + \left(\frac{\partial Z}{\partial y}\right)_x dy = Mdx + Ndy$$

则

$$\left(\frac{\partial M}{\partial y}\right)_x = \frac{\partial^2 Z}{\partial y \partial x}, \quad \left(\frac{\partial N}{\partial x}\right)_y = \frac{\partial^2 Z}{\partial x \partial y}$$

全微分的二阶偏导数与求导次序无关,因此有

$$\left(\frac{\partial M}{\partial y}\right)_x = \left(\frac{\partial N}{\partial x}\right)_y$$

将上述数学原理应用于上述四个热力学基本方程,可得

$$\left(\frac{\partial T}{\partial V}\right)_S = -\left(\frac{\partial p}{\partial S}\right)_V \tag{2-9a}$$

$$\left(\frac{\partial T}{\partial p}\right)_S = \left(\frac{\partial V}{\partial S}\right)_p \tag{2-9b}$$

$$\left(\frac{\partial S}{\partial V}\right)_T = \left(\frac{\partial p}{\partial T}\right)_V \tag{2-9c}$$

$$\left(\frac{\partial S}{\partial p}\right)_T = -\left(\frac{\partial V}{\partial T}\right)_p \quad (2\text{-}9\text{d})$$

以上四式称为热力学的麦克斯韦(Maxwell)关系式。其主要的作用是可将实验上难以测定的偏微商用实验易于测定的偏微商代替。详见以下例题。

【例 2-1】 证明 $\left(\dfrac{\partial C_p}{\partial p}\right)_T = -T\left(\dfrac{\partial^2 V}{\partial T^2}\right)_p$，并说明理想气体的 C_p 与压力无关。

证明 因为
$$C_p = \left(\frac{\partial H}{\partial T}\right)_p$$

所以
$$\left(\frac{\partial C_p}{\partial p}\right)_T = \left[\frac{\partial}{\partial p}\left(\frac{\partial H}{\partial T}\right)_p\right]_T = \left[\frac{\partial}{\partial T}\left(\frac{\partial H}{\partial p}\right)_T\right]_p$$

又因为
$$dH = TdS + Vdp$$

恒温下，上式两边除以 dp，得
$$\left(\frac{\partial H}{\partial p}\right)_T = T\left(\frac{\partial S}{\partial p}\right)_T + V$$

将麦克斯韦关系式(2-9d) $\left(\dfrac{\partial S}{\partial p}\right)_T = -\left(\dfrac{\partial V}{\partial T}\right)_p$，代入上式得

$$\left(\frac{\partial H}{\partial p}\right)_T = -T\left(\frac{\partial V}{\partial T}\right)_p + V$$

所以
$$\left(\frac{\partial C_p}{\partial p}\right)_T = \left\{\frac{\partial}{\partial T}\left[-T\left(\frac{\partial V}{\partial T}\right)_p + V\right]\right\}_p = -\left(\frac{\partial V}{\partial T}\right)_p - T\left(\frac{\partial^2 V}{\partial T^2}\right)_p + \left(\frac{\partial V}{\partial T}\right)_p = -T\left(\frac{\partial^2 V}{\partial T^2}\right)_p$$

对于理想气体，$pV = nRT$，则

$$\left(\frac{\partial C_p}{\partial p}\right)_T = -T\left(\frac{\partial^2 V}{\partial T^2}\right)_p = -T\left[\frac{\partial}{\partial T}\left(\frac{\partial V}{\partial T}\right)_p\right]_p = -T\left[\frac{\partial}{\partial T}\left(\frac{nR}{p}\right)_V\right]_p = 0$$

上式表明：理想气体的恒压热容与压力无关。

【例 2-2】 试证明 $dS = \dfrac{C_V}{T}dT + \left(\dfrac{\partial p}{\partial T}\right)_V dV$。

证明 因有 $S = f(T,V)$，则

$$dS = \left(\frac{\partial S}{\partial T}\right)_V dT + \left(\frac{\partial S}{\partial V}\right)_T dV$$

对热力学基本方程 $dU = TdS - pdV$ 在恒容条件下对 T 求导，得 $\left(\dfrac{\partial U}{\partial T}\right)_V = T\left(\dfrac{\partial S}{\partial T}\right)_V$，即 $\left(\dfrac{\partial S}{\partial T}\right)_V = \dfrac{C_V}{T}$，将其代入上式得

$$dS = \frac{C_V}{T}dT + \left(\frac{\partial S}{\partial V}\right)_T dV$$

再将麦克斯韦关系式(2-9c) $\left(\dfrac{\partial S}{\partial V}\right)_T = \left(\dfrac{\partial p}{\partial T}\right)_V$，代入上式得

$$dS = \dfrac{C_V}{T}dT + \left(\dfrac{\partial p}{\partial T}\right)_V dV$$

2.2.3 特性函数

前文已指出，系统的状态可由一组独立的热力学变量来描述，即系统的任一状态函数都可表示成一组独立变量的函数。对均相系统，只要独立变量选择适当，就可以从一个已知的热力学函数通过其偏微商，求得其他热力学函数，从而可以将均相系统的全部热力学性质确定下来。这个已知函数称为系统的特性函数，相应的独立变量称为该特性函数的特征变量。

例如，对只做体积功的均相封闭系统，独立变量为两个，当选择 T 和 p 为变量时，状态函数 G 就是该系统的特性函数。换言之：G 是以 T、p 为独立变量的特性函数。系统的所有热力学性质都可由仅包含 T、p、G 的函数来表达。例如，由 $dG = -SdT + Vdp$ 可得

$$S = -\left(\dfrac{\partial G}{\partial T}\right)_p \qquad V = \left(\dfrac{\partial G}{\partial p}\right)_T$$

$$U = G + TS - pV = G - T\left(\dfrac{\partial G}{\partial T}\right)_p - p\left(\dfrac{\partial G}{\partial p}\right)_T$$

$$H = G + TS = G - T\left(\dfrac{\partial G}{\partial T}\right)_p$$

$$A = G - pV = G - p\left(\dfrac{\partial G}{\partial p}\right)_T$$

$$C_p = \left(\dfrac{\partial H}{\partial T}\right)_p = -T\left(\dfrac{\partial^2 G}{\partial T^2}\right)_p$$

$$\vdots$$

读者可自行写出其他热力学性质的表达式。

如何选择适当变量才能使某状态函数成为特性函数？最简便的方法是根据热力学基本方程来选择：方程右边以微分形式出现的量为特征变量时，方程左边的函数即为特性函数。具体地，针对方程式(2-7a)~式(2-7d)：U 是 S、V 为独立变量的特性函数；H 是 S、p 为独立变量的特性函数；A 是 T、V 为独立变量的特性函数；G 是 T、p 为独立变量的特性函数；S 是 U、V 为独立变量的特性函数；等等。

特性函数最主要的作用在于：选准系统的特性函数，便可利用它们掌握系统的全部热力学性质。这对人们的研究具有重要的指导意义。特性函数法是热力学研究的基本方法之一。

特性函数另一个重要应用是作为系统过程方向和限度的判据：当以特征变量恒定为条件时，特性函数的变量即可判断过程的方向和限度。具体针对前述四个基本方程有：$dU_{S,V} \leqslant 0$，$dH_{S,p} \leqslant 0$，$dA_{T,V} \leqslant 0$，$dG_{T,p} \leqslant 0$。而对最基本的熵判据(熵增原理)，实际上可写成：$dS_{U,V} \geqslant 0$。对不做非体积功的均相封闭系统，这些判据中的不等号即代表自动过程的方向，等号代表过程的限度。

2.2.4 焦耳-汤姆孙效应

前已述及，焦耳在 1843 年进行的自由膨胀实验是不够精确的。为此，1852 年焦耳和汤姆孙设计了另一实验(图 2-1)，即焦耳-汤姆孙(Joule-Thomson)实验，精确测定了气体由于膨胀而发生的温度变化。

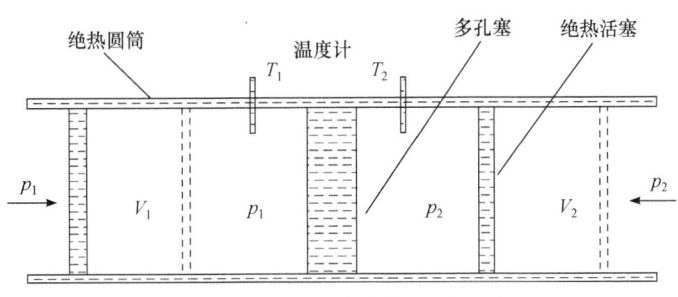

图 2-1 焦耳-汤姆孙实验示意图

在一个绝热圆筒的中部有一个由棉花或软木塞之类的物质制成的多孔塞，以保证左右两侧的气体有一定的压力差。令左侧气体的压力 p_1 大于右侧的压力 p_2，并将左侧的绝热活塞缓缓右移，使 V_1 体积的气体在恒定压力 p_1 和恒定温度 T_1 下通过多孔塞而流入右侧。同时右侧的绝热活塞也将缓慢地向右移动，并在保持压力 p_2 的条件下，使气体膨胀增加的体积为 V_2。当流动达到稳定且热交换达到平衡后，测出右侧的温度 T_2。实验发现，气体经过多孔塞膨胀后，温度发生了变化，这一现象称为焦耳-汤姆孙效应，又称节流效应。气体在绝热条件下通过多孔塞膨胀的过程又称节流过程。

在多孔塞左侧是环境对气体做功，其值为 p_1V_1；在多孔塞右侧是气体对环境做功，其值为 p_2V_2。因此，气体对环境所做的净功为

$$W = p_1V_1 - p_2V_2$$

圆筒及活塞都是绝热的，故 $Q = 0$，根据热力学第一定律知

$$\Delta U = W$$

即

$$U_2 - U_1 = p_1V_1 - p_2V_2$$

移项后得

$$U_2 + p_2V_2 = U_1 + p_1V_1$$

故

$$H_2 = H_1 \quad \text{或} \quad \Delta H = 0$$

也就是说，气体在节流前后的焓值不变，即节流过程是恒焓过程。

在节流膨胀过程中，气体的温度通常会随压力变化而变化，其变化率称为焦耳-汤姆孙系数(焦-汤系数)或节流系数，用 $\mu_{\text{J-T}}$ 表示，即

$$\mu_{\text{J-T}} = (\partial T / \partial p)_H \tag{2-10a}$$

焦-汤系数 $\mu_{\text{J-T}}$ 是系统的强度性质，与系统的温度及压力有关。在节流过程中 $\mathrm{d}p<0$，若实际气体 $\mu_{\text{J-T}}>0$，说明经节流膨胀后气体的温度会下降，即 $\mathrm{d}T<0$；若气体 $\mu_{\text{J-T}}<0$，经节流膨胀后气体的温度会升高，即 $\mathrm{d}T>0$。理想气体经节流膨胀后，温度不变，其 $\mu_{\text{J-T}}=0$。对于大部分气体而言，在常温下其 $\mu_{\text{J-T}}>0$，只有少数气体，如氢气及氦气等为负值。某些气体在 273.15K 及 101325Pa 下的 $\mu_{\text{J-T}}$ 值见表 2-1。

表 2-1　几种气体的 $\mu_{\text{J-T}}$ 值(273.15K，101325Pa)

气体	CO_2	空气	O_2	N_2	He	H_2
$\mu_{\text{J-T}}/[K\cdot(10^5 Pa)^{-1}]$	1.3	0.27	0.31	0.27	−0.06	0.03

对一定量的气体，其焓可以写成温度及压力的函数，即 $H=H(T,p)$，全微分为

$$dH=\left(\frac{\partial H}{\partial T}\right)_p dT+\left(\frac{\partial H}{\partial p}\right)_T dp$$

已知气体节流膨胀是恒焓过程，故由上式得

$$\mu_{\text{J-T}}=\left(\frac{\partial T}{\partial p}\right)_H=-\frac{(\partial H/\partial p)_T}{(\partial H/\partial T)_p} \tag{2-10b}$$

因 $H=U+pV$，所以

$$\mu_{\text{J-T}}=\frac{1}{C_p}\left\{-\left(\frac{\partial U}{\partial p}\right)_T-\left[\frac{\partial(pV)}{\partial p}\right]_T\right\} \tag{2-10c}$$

式(2-10c)中 C_p 总是正值。恒温下如果压力减小，气体体积必然增大；气体体积增大导致分子间距增大，气体的势能因而增加。又因为恒温下气体动能不变，恒温下气体的热力学能增加。数学描述为 $\left(\frac{\partial U}{\partial p}\right)_T<0$。所以，式中右边的第一项 $-\frac{1}{C_p}\left(\frac{\partial U}{\partial p}\right)_T$ 总是正值，第二项的正负由恒温下 $pV\text{-}p$ 曲线斜率的正负决定。现以 CH_4 在 273.15K 下的曲线(图 2-2)为例加以说明。

当 CH_4 的压力不大时，相当于 ab 区间内，由于 $\left[\frac{\partial(pV)}{\partial p}\right]_T<0$，因此此时第二项的值为正，故 $\mu_{\text{J-T}}$ 值为正；若 CH_4 的压力较大，相当于图中 bd 区间，由于 $\left[\frac{\partial(pV)}{\partial p}\right]_T>0$，因此第二项的值为负。此时式中右边两项一正一负，故 $\mu_{\text{J-T}}$ 值的正负视第二项的绝对值能否超过第一项而定。

此外，恒温下曲线的形状与温度的高低有关，如图 2-3 所示。当温度足够低时，任何气体的 $pV\text{-}p$ 曲线都会出现斜率为负的情况，从而使其节流系数为正值。例如，氢气的温度降至 195K 以下时，其恒温线也会出现斜率为负的部分，相应压力下其节流系数也可变为正值。

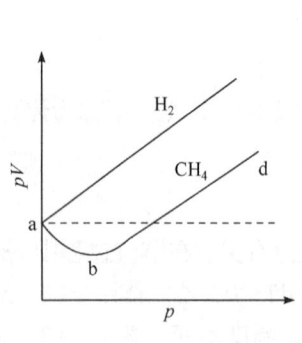

图 2-2　实际气体 $pV\text{-}p$ 图

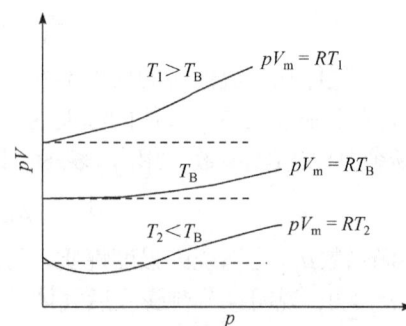

图 2-3　恒温线转换温度示意图

在一定压力下，节流系数从正值变为负值所对应的温度称为气体的特征转换温度。例如，

氢气在某压力下的特征转换温度为 195K，即表明在该压力下氢气的温度降至 195K 以下才可通过节流膨胀达到降温的目的。

焦耳-汤姆孙效应最重要的应用是使系统降温及气体液化。

2.3 封闭系统 ΔA 和 ΔG 的计算及其应用

2.3.1 自动过程方向和限度的判据

2.2 节中已提到，系统的特性函数的变化量都可作为自动过程方向和限度的判据。至此，已介绍的 U、H、S、A 和 G 五个热力学函数，在各自特定条件下，其变化量都可作为过程方向和限度的判据，现将其归纳为表 2-2。其中以 S、A、G 最为常用。

表 2-2 自动过程方向及限度的判据

过程进行的条件	适用状态函数变化值	自动过程进行的方向	平衡状态时的热力学函数值
U、V 恒定	ΔS	$\Delta S > 0$（向熵增方向进行）	S 变为最大值
T、p 恒定	ΔG	$\Delta G < 0$（向 G 减小方向进行）	G 变为最小值
T、V 恒定	ΔA	$\Delta A < 0$（向 A 减小方向进行）	A 变为最小值
S、V 恒定	ΔU	$\Delta U < 0$（向 U 减小方向进行）	U 变为最小值
S、p 恒定	ΔH	$\Delta H < 0$（向 H 减小方向进行）	H 变为最小值

因此，计算特定条件下特性热力学函数的变化量是判断过程方向和限度的先决步骤。

2.3.2 自由能变量 ΔA 和 ΔG 的计算

与第 1 章中计算 ΔS 一样，分三类过程介绍 ΔA 和 ΔG 的计算，其中对于化学反应过程，留待第 4 章讨论。

1. 封闭系统简单状态 p、V、T 变化过程

无相变、无化学变化及无非体积功的封闭系统的简单状态变化，其自由能变量一般根据基本方程或相应的定义式进行计算，但要具体问题具体分析。

1) 恒温过程

对于恒温过程 $dT = 0$，根据基本方程式(2-7c)有

$$dA = -pdV \quad \text{或} \quad \Delta A = -\int_{V_1}^{V_2} pdV \tag{2-11a}$$

根据基本方程式(2-7d)有

$$dG = Vdp \quad \text{或} \quad \Delta G = \int_{p_1}^{p_2} Vdp \tag{2-11b}$$

若知道系统关于 p、V、T 的物态方程，则利用上两式就可计算系统恒温过程的 ΔA 和 ΔG。对于液态或固态等凝聚态体系，体积随压力的变化可以忽略，所以恒温过程的 ΔA 和 ΔG 都很小。对于理想气体，将理想气体状态方程代入上两式积分可得

$$\Delta A = -\int_{V_1}^{V_2} p dV = nRT \ln \frac{V_1}{V_2} \qquad (2\text{-}11c)$$

及

$$\Delta G = \int_{p_1}^{p_2} V dp = nRT \ln \frac{p_2}{p_1} \qquad (2\text{-}11d)$$

显然，对理想气体的恒温过程，$dG = dA$ 或 $\Delta G = \Delta A$。

【例 2-3】 1mol 理想气体在 300K 时压力为 500kPa，在恒温下恒外压为 1000kPa 压缩至终态，试计算此过程的 Q、W、ΔU、ΔH、ΔS、ΔA 及 ΔG。

解 因理想气体的热力学能和焓只与温度有关，温度不变，故

$$\Delta U = 0, \quad \Delta H = 0$$

体积功

$$W = -p_w(V_2 - V_1) = -p_2 \times \left(\frac{nRT}{p_2} - \frac{nRT}{p_1} \right) = -nRT \times \left(1 - \frac{p_2}{p_1}\right) = 2494.2 \text{J}$$

所以

$$Q = \Delta U - W = -W = -2494.2 \text{J}$$

$$\Delta S = nR \ln \frac{V_2}{V_1} = nR \ln \frac{p_1}{p_2} = 1 \times 8.314 \times \ln \frac{5 \times 10^5}{10^6} = -5.76 (\text{J} \cdot \text{K}^{-1})$$

$$\Delta G = \Delta A = -\int_{V_1}^{V_2} p dV = -nRT \ln \frac{V_2}{V_1} = -nRT \ln \frac{p_1}{p_2} = 1728.8 \text{J}$$

2) p、V、T 均变化的过程

对 p、V、T 均变化的简单状态变化过程，一般只能从定义式及相关公式计算，如

$$\Delta A = \Delta U - \Delta(TS) \qquad (2\text{-}12a)$$

$$\Delta G = \Delta H - \Delta(TS) = \Delta U + \Delta(pV) - \Delta(TS) \qquad (2\text{-}12b)$$

2. 相变过程的 ΔA 和 ΔG 计算

同样，对可逆相变及不可逆相变，其自由能计算方式不一样。

1) 可逆相变过程

因为可逆相变都属于恒温恒压下的可逆过程，由吉布斯自由能判据直接可得 $\Delta G = 0$。由 $\Delta S = \Delta_{trs} H / T$ 也可得 $\Delta G = \Delta_{trs} H - T\Delta S = 0$，因为 $\Delta_{trs} U = \Delta_{trs} H - p\Delta V$，所以

$$\Delta A = \Delta_{trs} H - p\Delta V - T\Delta S = -p\Delta V \qquad (2\text{-}13)$$

2) 不可逆相变过程

需设计一系列包含可逆相变的过程来计算 ΔA 和 ΔG。请关注下面两个例题。

【例 2-4】 试计算在 268.2K 及标准压力下，1mol 过冷液态苯凝固成同温同压下固态苯的 ΔG。已知 268.2K 时液态苯和固态苯的饱和蒸气压分别为 2675Pa 和 2280Pa。

解 这是一个恒温恒压下的不可逆相变过程，为求此过程的 ΔG，可设计如下可逆过程

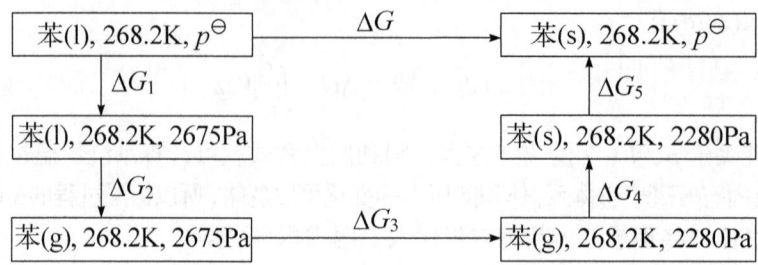

因此
$$\Delta G_1 = \int_{p^\ominus}^{p_1} V_{m,l} \mathrm{d}p = V_{m,l}(2675 - p^\ominus)$$
$$\Delta G_2 = 0, \quad \Delta G_4 = 0$$
$$\Delta G_3 = nRT \ln \frac{p_s}{p_1} = -356.3 \text{J}$$
$$\Delta G_5 = \int_{p_s}^{p^\ominus} V_{m,s} \mathrm{d}p = V_{m,s}(p^\ominus - 2280)$$

显然 $\Delta G_1 + \Delta G_5 \approx 0$

所以 $\Delta G = \Delta G_1 + \Delta G_2 + \Delta G_3 + \Delta G_4 + \Delta G_5 \approx \Delta G_3 = -356.3\text{J}$

因恒温恒压下 $\Delta G < 0$，所以该相变是一个不可逆的自发过程。

【例 2-5】 1mol $H_2O(l)$ 在 373K、标准压力下向真空蒸发为同温同压的 $H_2O(g)$。求此过程的 ΔG 和 ΔA，并判断过程的方向。已知该温度下 $H_2O(l)$ 的摩尔蒸发焓为 40.66kJ·mol^{-1}，水蒸气可视为理想气体。

解 该过程为恒温不恒压的不可逆相变。需设计下列可逆过程求状态函数变化值。

$$\boxed{1\text{mol } H_2O(l), 373K, p^\ominus} \xrightarrow[\text{(1)向真空蒸发}]{\Delta G, \Delta A, \Delta H, \Delta S} \boxed{1\text{mol } H_2O(g), 373K, p^\ominus}$$

(2) 恒温恒压条件下蒸发，$\Delta G_2, \Delta A_2, \Delta H_2, \Delta S_2$

实际过程(1)与过程(2)始末态相同，故过程(1)的热力学变量就等于过程(2)的各热力学变量。因此
$$\Delta H = \Delta H_2 = 40.66\text{kJ}$$
$$\Delta U = \Delta H - \Delta(pV)_2 = \Delta H - p(V_g - V_l) \approx \Delta H - pV_g = \Delta H - nRT = 37.57\text{kJ}$$
$$\Delta S = \Delta S_2 = \frac{\Delta H_2}{T} = \frac{40.66 \times 10^3 \text{J}}{373\text{K}} = 109.0 \text{J·K}^{-1}$$
$$\Delta A = \Delta U - T\Delta S = -nRT = -3103\text{J}$$
$$\Delta G = \Delta H - T\Delta S = 0$$

但实际过程的热和功只能针对实际过程计算：因为是向真空蒸发，所以 $W = 0$，则 $Q = \Delta U = 37.57\text{kJ}$。

虽然该过程 $\Delta G = 0$，但是不能用作判据，因为水向真空蒸发的相变不是在恒温恒压条件下进行的。但过程恒温，可用 $\Delta A \leqslant W$ 判断过程的可逆性。$\Delta A = -3103\text{J}$，$W = 0$，$\Delta A < W$，故该过程为不可逆过程。

该过程的自发性方向可用熵判据
$$\Delta S_{\text{sur}} = \frac{-Q}{T} = \frac{-37.57 \times 10^3 \text{J}}{373\text{K}} = -100.7 \text{J·K}^{-1}$$
$$\Delta S_{\text{iso}} = \Delta S + \Delta S_{\text{sur}} = 109.0 \text{J·K}^{-1} - 100.7 \text{J·K}^{-1} = 8.3 \text{J·K}^{-1}$$

该过程为不可逆的自发过程。

3. 变温过程的 ΔG 与 ΔA——吉布斯-亥姆霍兹方程

从数学原理上有
$$\left[\frac{\partial(G/T)}{\partial T}\right]_p = \frac{1}{T}\left(\frac{\partial G}{\partial T}\right)_p - \frac{G}{T^2}$$

对均相封闭系统，有 $G = H - TS$ 及 $\left(\dfrac{\partial G}{\partial T}\right)_p = -S$，代入上式有

$$\left[\dfrac{\partial(G/T)}{\partial T}\right]_p = -\dfrac{H}{T^2} \tag{2-14a}$$

同理可得

$$\left[\dfrac{\partial(A/T)}{\partial T}\right]_V = -\dfrac{U}{T^2} \tag{2-14b}$$

式(2-14a)及式(2-14b)即为吉布斯-亥姆霍兹方程，它是系统的状态函数 G/T 在恒压条件下随温度变化的函数关系及 A/T 在恒容条件下随温度变化的函数关系。由于 G、A、H 及 U 的值不可得，上两式的应用并不方便。

在化学热力学中常需求不同温度下相变、混合、化学反应等过程的 ΔG、ΔA 等，因此，常将式(2-14a)及式(2-14b)分别转化为

$$\left[\dfrac{\partial(\Delta G/T)}{\partial T}\right]_p = -\dfrac{\Delta H}{T^2} \tag{2-14c}$$

$$\left[\dfrac{\partial(\Delta A/T)}{\partial T}\right]_V = -\dfrac{\Delta U}{T^2} \tag{2-14d}$$

式(2-14c)及式(2-14d)是常用的吉布斯-亥姆霍兹方程。

将式(2-14c)在恒压下积分可得

$$\left(\dfrac{\Delta G}{T}\right)_2 - \left(\dfrac{\Delta G}{T}\right)_1 = -\int_{T_1}^{T_2} \dfrac{\Delta H}{T^2} dT \tag{2-15}$$

对简单状态变化，因为 $\Delta H = \int_{T_0}^{T} C_p dT$，可得到 ΔH 与 T 的函数关系

$$\Delta H(T) = \Delta H_0 + aT + \dfrac{b}{2}T^2 + \dfrac{c}{3}T^3$$

将上式代入式(2-15)，即可由一个温度 T_0 下的过程的 $\Delta G(T_0, p)$，求另一个温度 T 下的过程的 $\Delta G(T, p)$。

对于相变化及化学变化，$\Delta H = \int_{T_0}^{T} \Delta C_p dT$，同样可得 ΔH 与 T 的函数关系

$$\Delta H(T) = \Delta H_0 + \Delta aT + \dfrac{\Delta b}{2}T^2 + \dfrac{\Delta c}{3}T^3$$

将上式代入式(2-15)，即可由一个温度 T_1 下的过程的 $\Delta G(T_1, p)$，求另一个温度 T_2 下的过程的 $\Delta G(T_2, p)$。

【例 2-6】 求相变过程 H$_2$O(l, 298K, $p^\ominus$) —— H$_2$O(g, 298K, $p^\ominus$) 的 $\Delta G(298K, p^\ominus)$。已知 $\Delta_{vap} H_m^\ominus (298K) = 44.01 \text{kJ} \cdot \text{mol}^{-1}$，$C_{p,m}(\text{H}_2\text{O, l}) = 75.3 \text{J} \cdot \text{K}^{-1} \cdot \text{mol}^{-1}$

$$C_{p,m}(\text{H}_2\text{O, g})/(\text{J} \cdot \text{K}^{-1} \cdot \text{mol}^{-1}) = 30.359 + 9.615 \times 10^{-3} T + 11.84 \times 10^{-7} T^2$$

解 在 373K 及 $p^\ominus$ 条件下，H$_2$O(l) —— H$_2$O(g) 的 $\Delta G(373K, p^\ominus) = 0$。

因为 $\Delta C_{p,m} = C_{p,m}(\text{H}_2\text{O, g}) - C_{p,m}(\text{H}_2\text{O, l}) = -44.941 + 9.615 \times 10^{-3} T + 11.84 \times 10^{-7} T^2$，所以

$$\Delta_{vap}H_m^\ominus(T) = \int_{298K}^{T} \Delta C_{p,m} dT + \Delta_{vap}H_m^\ominus(298K)$$
$$= (57402 - 44.941T + 9.262\times 10^{-3}T^2 + 11.84\times 10^{-7}T^3)\text{J}\cdot\text{mol}^{-1}$$

将其代入式(2-16)，积分得

$$\frac{\Delta G(298K, p^\ominus)}{298K} - \frac{\Delta G(373K, p^\ominus)}{373K} = -\int_{373K}^{298K} \frac{\Delta_{vap}H_m^\ominus(T)}{T^2} dT = 29.37 \text{J}\cdot\text{K}^{-1}\cdot\text{mol}^{-1}$$

所以 $\Delta G(298K, p^\ominus) = (29.37 + 0/373) \times 298 = 8752(\text{J}\cdot\text{K}^{-1}\cdot\text{mol}^{-1})$

计算结果，$\Delta G(298K, p^\ominus) > 0$，表明在298K及$p^\ominus$条件下，$H_2O(l) \longrightarrow H_2O(g)$是一个不可逆相变，即与$H_2O(g, 298K, p^\ominus)$相比，$H_2O(l, 298K, p^\ominus)$是更稳定的相态。

2.4 偏摩尔量及其性质

对于组成不变的均相封闭系统，或是纯物质均相封闭系统，只需两个变量就可以描述系统的状态。但对于组成可变的多组分均相封闭系统，两个变量不足以描述系统的状态，还需要增添各组分的物质的量 n_i 等，作为描述状态的变量。对于这类系统，偏摩尔量是一个非常重要的概念。

2.4.1 偏摩尔量的概念

1. 偏摩尔量的引出

对一个由多种纯物质混合形成的均相封闭系统(称为多组分系统)，其系统的容量性质本应为各组分容量性质的代数和，即 $L = n_i L_{m,i}^*$，其中 $L_{m,i}^*$ 为某纯物质的某种容量性质的摩尔量。但由多种物质构成的均相系统(如溶液)中，组分间因存在相互作用及相互影响，系统整体的容量性质往往不具有这种简单的加和性(除质量外)。例如，在298K及大气压下，100g乙醇的体积为 126.7cm³，100g 水的体积为 100.4cm³，将水和乙醇以不同比例混合形成100g溶液，其体积的计算及实验数据如表 2-3 所示。

表 2-3 298K 及大气压下乙醇与水形成溶液前后体积比较

含乙醇的质量分数	$V_{乙醇}^*$/cm³	$V_水^*$/cm³	混合前体积之和/cm³	混合后体积(实验)/cm³	体积之差/cm³
0	0	100.4	100.4	100.4	0
0.2	25.34	80.32	105.66	103.24	2.42
0.4	50.68	60.24	110.92	106.93	3.99
0.6	76.02	40.16	116.18	112.22	3.96
0.8	101.36	20.08	121.44	118.56	2.88
1.0	126.7	0	126.7	126.7	0

从表2-3中可见，溶液的体积并不等于各组分在纯态时的体积之和，且与溶液组成有关。也就是说，对多组分的均相系统，其整体性质与系统的组成有关。

根据状态公理，对含 k 个组分的均相封闭系统，其独立变量为 $k+2$。因此系统整体任意容量性质可表示为

$$L = L(T, p, n_1, n_2, \cdots, n_k) \tag{2-16a}$$

式中，L 代表体系除质量以外的任意容量性质(如 S、U、H、A、G、V、C_p 等)。

由于系统这些容量性质均为状态函数，因此数学上具有全微分性质，故有

$$dL = \left(\frac{\partial L}{\partial T}\right)_{p,\sum n_i} dT + \left(\frac{\partial L}{\partial p}\right)_{T,\sum n_i} dp + \sum_{i=1}^{k}\left(\frac{\partial L}{\partial n_i}\right)_{T,p,n_{j\neq i}} dn_i \tag{2-16b}$$

令

$$\left(\frac{\partial L}{\partial n_i}\right)_{T,p,n_{j\neq i}} = L_i' \tag{2-17}$$

L_i' 称为系统中 i 组分的偏摩尔量，它可以是偏摩尔体积 V_i'、偏摩尔熵 S_i'、偏摩尔焓 H_i' 等。从其定义式(2-17)可知，偏摩尔量是指在恒温恒压条件下，保持除了 i 组分外的其他组分的量不变的条件下，系统容量性质 L 随 i 组分量的变化率，也就是 i 组分对系统整体的容量性质的影响率。

这样式(2-16b)可简写为

$$dL = \left(\frac{\partial L}{\partial T}\right)_{p,\sum n_i} dT + \left(\frac{\partial L}{\partial p}\right)_{T,\sum n_i} dp + \sum_{i=1}^{k} L_i' dn_i \tag{2-18a}$$

在恒温恒压条件下，有

$$dL = \sum_{i=1}^{k} L_i' dn_i \tag{2-18b}$$

式(2-18b)表明在恒温恒压条件下系统整体的容量性质的变化量 dL 与各组分的偏摩尔量及各组分量的变化量 dn_i 有关。

2. 偏摩尔量的内涵

(1) 偏摩尔量是系统的强度性质，是状态函数。偏摩尔量可认为是系统相对于单位物质量的容量性质，与纯物质的摩尔量(如 U_m^*、V_m^*、H_m^* 等)相似；但偏摩尔量的取值可正、可负，也可为零，与纯物质的摩尔量不一样。

(2) 偏摩尔量的概念是基于溶液系统(此处是指广义的溶液系统，也就是均相混合物系统)提出的，针对的是溶液中的各组分，因此，只有溶液系统才有偏摩尔量的概念，而且溶液整体也无偏摩尔量的概念。溶液整体有摩尔量的概念，即 $L_m = L / \sum n_i$。

(3) 偏摩尔量是温度、压力、各组分浓度的函数。在恒温恒压条件下，若溶液中各组分的组成(x_i)不发生改变，则各组分的偏摩尔量也不会改变。

(4) 各偏摩尔量之间的关系式与相应容量性质之间的关系式完全相同，如 $H_i' = U_i' + pV_i'$、$A_i' = U_i' - TS_i'$、$G_i' = H_i' - TS_i'$、$\left(\frac{\partial G_i'}{\partial T}\right)_p = -S_i'$、$\left(\frac{\partial G_i'}{\partial p}\right)_T = -V_i'$ 等。

(5) 偏摩尔量的意义可理解为：在大量溶液中，仅某组分 i 有 1mol 量的改变所引起的溶液整体容量性质 L 的改变。

2.4.2 偏摩尔量的集合公式和吉布斯-杜安方程

1. 集合公式

偏摩尔量是两个无限小的容量性质之比，是强度性质，与系统的温度、压力及浓度等参数

有关，但与系统的总量无关。

如果在恒温恒压条件下，使各组分按照同样比例持续增加，即在保持溶液组成不变的条件下，使系统的物质量由零增加到一定值，则系统的容量性质相应地由零增加到 L，而各组分的偏摩尔量保持不变。即有

$$L = \int_0^L dL = \int_0^{n_1} L_1' dn_1 + \int_0^{n_2} L_2' dn_2 + \cdots + \int_0^{n_k} L_k' dn_k = \sum_{i=1}^k L_i' n_i \tag{2-19}$$

式(2-19)称为偏摩尔量的集合公式，它给出了均相多组分系统(溶液)的容量性质与系统中各组分偏摩尔量之间的定量关系。似乎可以将 $n_i L_i'$ 理解为组分 i 对体系容量性质 L 的贡献，但严格地讲这种理解并不恰当，因为 L_i' 是 T、p 及各组分浓度的函数，所以 L_i' 虽是针对各组分的，但却是溶液整体的性质，并不是组分 i 独有的性质。

需要注意的是，虽然推导时用了恒温恒压的条件，实际上式(2-19)并不受恒温恒压条件的限制。因为系统的任一容量性质都是关于 $n_1, n_2, \cdots, n_k$ 的一次齐次函数，根据齐次函数的欧拉(Euler)定理，不需利用恒温恒压的条件即可直接得到式(2-19)。

2. 吉布斯-杜安方程

将式(2-19)微分可得

$$dL = \sum_{i=1}^k n_i dL_i' + \sum_{i=1}^k L_i' dn_i \tag{2-20}$$

将式(2-20)与式(2-18a)比较可得

$$\sum_{i=1}^k n_i dL_i' = \left(\frac{\partial L}{\partial T}\right)_{p,\sum n_i} dT + \left(\frac{\partial L}{\partial p}\right)_{T,\sum n_i} dp \tag{2-21a}$$

而将式(2-20)与式(2-18b)比较可得

$$\sum_{i=1}^k n_i dL_i' = 0 \quad \text{或} \quad \sum_{i=1}^k x_i dL_i' = 0 \tag{2-21b}$$

式(2-21a)及式(2-21b)都称为吉布斯-杜安(Gibbs-Duhem)方程，但两式的应用条件不同，式(2-21b)需在恒温恒压条件下应用。

式(2-21b)表明了系统中各组分的偏摩尔量互为盈亏的关系。例如，对二组分溶液有 $n_1 dL_1' + n_2 dL_2' = 0$，若已知 L_2' 与溶液浓度的关系，就可通过下式的积分求得 L_1'

$$dL_1' = -\frac{n_2}{n_1} dL_2' = \frac{x_2}{x_2 - 1} dL_2' \tag{2-22}$$

【例 2-7】 在 298K、101325Pa 下，NaCl 水溶液的体积 V 与 NaCl 质量摩尔浓度 m 之间的关系，由实验数据处理结果为 $V/\text{dm}^3 = (1002.874 + 17.8213m + 0.87391m^2 - 0.047225m^3) \times 10^{-3}$。求 NaCl 和 H_2O 的偏摩尔体积表示式。

解 若以 1 表示 H_2O，以 2 表示 NaCl，则在本例中，$n_2 = m$ 时，$n_1 = 1000/18.015 = 55.508(\text{mol})$，所以

$$V_2' = \left(\frac{\partial V}{\partial n_2}\right)_{T,p,n_1} = \left(\frac{\partial V}{\partial m}\right)_{T,p,n_1} = (17.8213 + 1.74782m - 0.141675m^2) \times 10^{-3} \text{dm}^3 \cdot \text{mol}^{-1}$$

则
$$dV_2' = (1.74782 - 0.28335m)dm \times 10^{-3} dm^3 \cdot mol^{-1}$$

所以
$$dV_1' = -\frac{n_2}{n_1}dV_2' = -\frac{m}{55.508}dV_2' = -\frac{m}{55.508}(1.74782 - 0.28335m)dm \times 10^{-3} dm^3 \cdot mol^{-1}$$

因 $m=0$ 时水的偏摩尔体积就是纯水的摩尔体积,其值为 $18.068 \times 10^{-3} dm^3$,故从 0 到 m 积分上式得

$$V_1' - 18.068 \times 10^{-3} = \frac{10^{-3}}{55.508}\left(-\frac{1.74782}{2}m^2 + \frac{0.28335}{3}m^3\right)$$

所以
$$V_1' = (18.068 - 0.0157439m^2 + 0.0017016m^3) \times 10^{-3} dm^3 \cdot mol^{-1}$$

在指定浓度 m 下,即可求出 H_2O 和 $NaCl$ 的偏摩尔体积 V_1' 和 V_2' 的值。

2.4.3 偏摩尔量的实验测定及求算

对两组分系统,通常可通过实验测定其中一个组分的某种偏摩尔量,再用吉布斯-杜安方程求得另一组分的同种偏摩尔量。目前也只有偏摩尔体积、偏摩尔(混合)焓以及与体积和焓相关的一些偏摩尔量能直接通过实验测定。下面以两组分系统为例来讨论偏摩尔量的实验测定及求算方法。

1. 微分法

在恒温恒压条件下,向组分 A 中不断地加入组分 B,溶液浓度随之变化。若能实验测出不同浓度下溶液的容量性质 L,根据这组 L-n_B 数据拟合出相应的数学解析式。对此解析式作 $\left(\frac{\partial L}{\partial n_B}\right)_{T,p,n_A}$ 的数学运算,就可得到 L_B' 与浓度的关系式。某些教材上的"切线法"实质上同此。再根据吉布斯-杜安方程求出 L_A'。例 2-7 就是微分法的应用实例。

2. 截距法

由集合公式可知 $L_m = \sum_{i=1}^{k} x_i L_i'$,对 A、B 两组分形成的溶液系统有

$$L_m = x_A L_A' + x_B L_B' \tag{2-23a}$$

将上式对 x_B 求微分

$$\left(\frac{\partial L_m}{\partial x_B}\right)_{T,p} = -L_A' + x_A \left(\frac{\partial L_A'}{\partial x_B}\right)_{T,p} + x_B \left(\frac{\partial L_B'}{\partial x_B}\right)_{T,p} + L_B' \tag{2-23b}$$

由吉布斯-杜安方程得

$$x_A dL_A' + x_B dL_B' = 0$$

将上式除以 dx_B 得

$$x_A \left(\frac{\partial L_A'}{\partial x_B}\right)_{T,p} + x_B \left(\frac{\partial L_B'}{\partial x_B}\right)_{T,p} = 0 \tag{2-24}$$

将式(2-23b)与式(2-24)比较可得

$$\left(\frac{\partial L_{\mathrm{m}}}{\partial x_{\mathrm{B}}}\right)_{T,p} = -L'_{\mathrm{A}} + L'_{\mathrm{B}} \tag{2-25}$$

由式(2-23a)和式(2-25)整理可得

$$L'_{\mathrm{A}} = L_{\mathrm{m}} - x_{\mathrm{B}}\left(\frac{\partial L_{\mathrm{m}}}{\partial x_{\mathrm{B}}}\right)_{T,p} \quad 及 \quad L'_{\mathrm{B}} = L_{\mathrm{m}} + x_{\mathrm{A}}\left(\frac{\partial L_{\mathrm{m}}}{\partial x_{\mathrm{B}}}\right)_{T,p} \tag{2-26}$$

根据实验数据，作出如图 2-4 所示的 L_{m}-x_{B} 曲线。在指定浓度 x_1 时对应曲线上 a 点，过 a 点的切线与 $x_{\mathrm{B}} = 0$ 和 $x_{\mathrm{B}} = 1$ 的两条纵轴相截。由式(2-26)可知，在 $x_{\mathrm{B}} = 0$ 轴上的截距为 L'_{A}，在 $x_{\mathrm{B}} = 1$ 轴上的截距为 L'_{B}。实际上，对图 2-4 应用几何学的原理，也可直接得到式(2-26)。这种方法在指定浓度下可一次得到两组分的偏摩尔量。

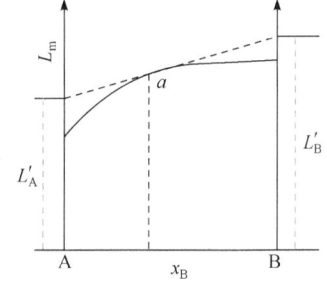

图 2-4　恒温恒压下系统的 L_{m}-x_{B} 曲线

2.4.4　混合焓及偏摩尔混合焓

对于由多种纯物质形成均相混合系统的过程，其容量性质的变化量通常称为系统的混合热力学量，用 $\Delta_{\mathrm{mix}}L$ 表示为

$$\Delta_{\mathrm{mix}}L = \sum n_i L'_i - \sum n_i L^*_{\mathrm{m},i} \tag{2-27a}$$

式中，L'_i 为混合系统中 i 组分的偏摩尔量；$L^*_{\mathrm{m},i}$ 为纯 i 组分的摩尔量。

摩尔混合热力学量则为

$$\Delta_{\mathrm{mix}}L_{\mathrm{m}} = \Delta_{\mathrm{mix}}L / n \tag{2-27b}$$

式中，n 为系统中物质的总量 $n = n_1 + n_2 + \cdots + n_k$。

对于两组分溶液，其偏摩尔焓的集合公式为 $H = n_1 H'_1 + n_2 H'_2$，在溶液形成以前，系统总的焓值为 $H^* = n_1 H^*_{\mathrm{m},1} + n_2 H^*_{\mathrm{m},2}$。因此，恒温恒压下，两组分溶液的混合焓 $\Delta_{\mathrm{mix}}H$ 为

$$\Delta_{\mathrm{mix}}H = H - H^* = n_1\left(H'_1 - H^*_{\mathrm{m},1}\right) + n_2\left(H'_2 - H^*_{\mathrm{m},2}\right) = n_1\Delta_{\mathrm{mix}}H'_1 + n_2\Delta_{\mathrm{mix}}H'_2 \tag{2-28a}$$

式中，$\Delta_{\mathrm{mix}}H'_1$ 和 $\Delta_{\mathrm{mix}}H'_2$ 为各组分的偏摩尔焓和其纯态摩尔焓的差值，可称为偏摩尔混合焓。

溶液的摩尔混合焓为

$$\Delta_{\mathrm{mix}}H_{\mathrm{m}} = \Delta_{\mathrm{mix}}H / n = x_1\Delta_{\mathrm{mix}}H'_1 + x_2\Delta_{\mathrm{mix}}H'_2 \tag{2-28b}$$

式中，$n = n_1 + n_2$。

采用各种热量仪，能实验测定恒温恒压下两种组分混合形成不同浓度溶液的 $\Delta_{\mathrm{mix}}H$，进一步得到其 $\Delta_{\mathrm{mix}}H_{\mathrm{m}}$，再用截距法的原理就可求得每组分的偏摩尔混合焓

$$\Delta_{\mathrm{mix}}H'_1 = \Delta_{\mathrm{mix}}H_{\mathrm{m}} - x_2\frac{\partial \Delta_{\mathrm{mix}}H_{\mathrm{m}}}{\partial x_2}, \quad \Delta_{\mathrm{mix}}H'_2 = \Delta_{\mathrm{mix}}H_{\mathrm{m}} - x_1\frac{\partial \Delta_{\mathrm{mix}}H_{\mathrm{m}}}{\partial x_1}$$

研究溶液的性质时之所以应用偏摩尔混合焓的概念，是因为焓的绝对值无法测定，但以纯组分为基准时焓的相对值可由实验测定。图 2-5 是甲醇、乙醇、正丙醇及正丁醇分别与磷酸三丁酯(TBP)在 298.15K 时摩尔混合焓的实验测定结果，由此可进一步得到各组分在相应二元溶液体系中的偏摩尔混合焓。

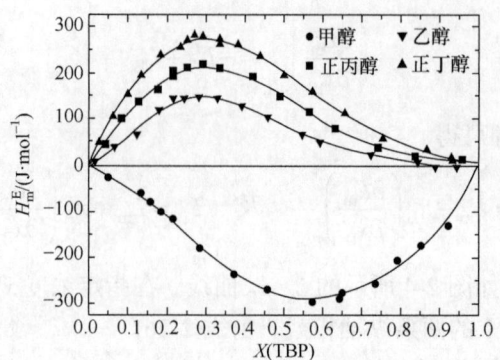

图 2-5 298.15K 时甲醇、乙醇、正丙醇及正丁醇分别与磷酸三丁酯(TBP)的摩尔混合焓

2.4.5 偏摩尔量微商的相关性*

偏摩尔量是系统的状态函数，在数学上具有全微分性质，因此可以求微商。其中偏摩尔量对某组分量的微商间存在相关性，即有

$$\sum_{j=1}^{k} n_j \left(\frac{\partial L_j'}{\partial n_i}\right)_{T,p,n_{k\neq i}} = 0 \tag{2-29}$$

式(2-29)可由齐次函数的欧拉定理得到证明(请读者自证)。将此式应用于二组分均相系统，即为

$$n_1 \left(\frac{\partial L_1'}{\partial n_1}\right)_{T,p,n_2} + n_2 \left(\frac{\partial L_2'}{\partial n_1}\right)_{T,p,n_2} = 0, \quad n_1 \left(\frac{\partial L_1'}{\partial n_2}\right)_{T,p,n_2} + n_2 \left(\frac{\partial L_2'}{\partial n_2}\right)_{T,p,n_2} = 0 \tag{2-30a}$$

也可写为

$$x_1 \left(\frac{\partial L_1'}{\partial x_1}\right)_{T,p} + x_2 \left(\frac{\partial L_2'}{\partial x_1}\right)_{T,p} = 0, \quad x_1 \left(\frac{\partial L_1'}{\partial x_2}\right)_{T,p} + x_2 \left(\frac{\partial L_2'}{\partial x_2}\right)_{T,p} = 0 \tag{2-30b}$$

式(2-30b)表明二组分均相系统中两个组分的偏摩尔量的微商总是反号或同时为零。据此可以判断实验数据的合理性。

2.5 普遍的热力学基本方程与化学势

由 2.4 节可以看出，对组成可变的多组分系统，两个变量不足以描述其状态，因此不能直接应用 2.2 节所述的热力学基本方程。需要根据组成可变多组分系统的特点，建立新的热力学基本方程。

2.5.1 普遍的热力学基本方程

对由 k 种物质组成且只做体积功的均相封闭系统，其特性函数热力学能 U 是变量 S、V、$n_i(i=1,2,\cdots,k)$ 的函数，即

$$U = U(S,V,n_1,n_2,\cdots,n_k) \tag{2-31a}$$

其全微分为

$$dU = \left(\frac{\partial U}{\partial S}\right)_{V,n} dS + \left(\frac{\partial U}{\partial V}\right)_{S,n} dV + \left(\frac{\partial U}{\partial n_1}\right)_{S,V,n_{j\neq 1}} dn_1 + \cdots + \left(\frac{\partial U}{\partial n_k}\right)_{S,V,n_{j\neq k}} dn_k \quad (2\text{-}31b)$$

上式中下标 n 为 $n_i(i = 1, 2, \cdots, k)$ 的简写，代表所有物质的量不变，因此有 $T = \left(\frac{\partial U}{\partial S}\right)_{V,n}$ 及 $-p = \left(\frac{\partial U}{\partial V}\right)_{S,n}$。

令
$$\left(\frac{\partial U}{\partial n_i}\right)_{S,V,n_{j\neq i}} = \mu_i \quad (2\text{-}32)$$

则式(2-31b)可改写成
$$dU = TdS - pdV + \sum \mu_i dn_i \quad (2\text{-}33a)$$

结合定义式 $H = U + pV$、$G = H - TS = U - TS + pV = A + pV$，并利用式(2-33a)可得

$$dH = TdS + Vdp + \sum \mu_i dn_i \quad (2\text{-}33b)$$
$$dA = -SdT - pdV + \sum \mu_i dn_i \quad (2\text{-}33c)$$
$$dG = -SdT + Vdp + \sum \mu_i dn_i \quad (2\text{-}33d)$$

式(2-33a)~式(2-33d)是只做体积功、组成可变的均相封闭系统的热力学基本方程，是普遍的基本方程。

对只做体积功、组成可变的多相封闭系统，若各相温度、压力相等，则热力学基本方程为

$$\left.\begin{aligned} dU &= TdS - pdV + \sum_\Phi \sum_i \mu_i^\Phi dn_i^\Phi \\ dH &= TdS + Vdp + \sum_\Phi \sum_i \mu_i^\Phi dn_i^\Phi \\ dA &= -SdT - pdV + \sum_\Phi \sum_i \mu_i^\Phi dn_i^\Phi \\ dG &= -SdT + Vdp + \sum_\Phi \sum_i \mu_i^\Phi dn_i^\Phi \end{aligned}\right\} \quad (2\text{-}34)$$

式中，Φ 表示系统所含相的数目。

2.5.2 化学势的定义及其性质

普遍的热力学基本方程中的 μ_i 无疑是系统新的热力学函数，但 μ_i 不只有式(2-32)一个定义。因为将上述基本方程与函数 $H = H(S, p, n_1, \cdots, n_k)$、$A = A(T, V, n_1, \cdots, n_k)$、$G = G(T, p, n_1, \cdots, n_k)$ 的全微分式相比较，即得

$$\mu_i = \left(\frac{\partial U}{\partial n_i}\right)_{S,V,n_{j\neq i}} = \left(\frac{\partial H}{\partial n_i}\right)_{S,p,n_{j\neq i}} = \left(\frac{\partial A}{\partial n_i}\right)_{T,V,n_{j\neq i}} = \left(\frac{\partial G}{\partial n_i}\right)_{T,p,n_{j\neq i}} \quad (2\text{-}35)$$

实际上，μ_i 是一种势函数，称为组分 i 的化学势。其物理意义从第一个等式可表述为：在恒熵恒容条件下，保持除了 i 组分外的其他组分的量不变，系统整体的热力学能 U 随 i 组分物质的量的变化率，也就是 i 组分对系统热力学能 U 的影响率。从其他等式来表述 μ_i 的物理意义请读者自行练习。μ_i 是系统的状态函数，具有强度性质，单位为 $J \cdot mol^{-1}$，其绝对值无法确

定，因此不同组分的化学势的大小一般不便于比较。

需要特别强调的是，化学势是针对均相系统中某组分而言的。因此，系统作为一个整体，它本身没有化学势的概念，还要注意定义式(2-35)中各偏微分的下标不同，只有下标为温度和压力的偏导数，才称为偏摩尔量。因此，某组分的化学势μ_i与其偏摩尔吉布斯自由能G_i'定义完全相同，但与其他偏摩尔量(如U_i'、H_i'、A_i')不同。

将麦克斯韦关系应用于式(2-33d)，即可得出化学势与温度、压力的关系(同时给出G与温度、压力的关系，以便对比)及化学势微商的关系

$$\left(\frac{\partial \mu_i}{\partial T}\right)_{p,n} = -\left(\frac{\partial S}{\partial n_i}\right)_{T,p,n_{j\neq i}} = -S_i', \quad \left(\frac{\partial G}{\partial T}\right)_{p,n} = -S \tag{2-36}$$

$$\left(\frac{\partial \mu_i}{\partial p}\right)_{T,n} = -\left(\frac{\partial V}{\partial n_i}\right)_{T,p,n_{j\neq i}} = V_i', \quad \left(\frac{\partial G}{\partial p}\right)_{T,n} = V \tag{2-37}$$

$$\left(\frac{\partial (\mu_i/T)}{\partial T}\right)_{p,n} = -\frac{H_i'}{T^2}, \quad \left(\frac{\partial (G/T)}{\partial T}\right)_{p,n} = -\frac{H}{T^2} \tag{2-38}$$

$$\left(\frac{\partial \mu_i}{\partial n_j}\right)_{T,p,n_{k\neq j}} = \left(\frac{\partial \mu_j}{\partial n_i}\right)_{T,p,n_{k\neq i}} \tag{2-39}$$

换言之，在前述热力学基本关系式中，凡是式中的G用i组分的化学势μ_i代替，同时式中的其他广度量用其偏摩尔量代替，则公式仍成立。

化学势是一个极为重要的势函数，它在处理相变化及化学变化的问题中十分常见和有效。可以说，化学势是热力学原理通向化学领域起桥梁作用的热力学函数，因此对其概念及相关特性要熟练掌握。

以下先简单讨论化学势在相平衡中的应用。

设系统有α和β两相，两相均为多组分。在恒温恒压下，设β相中有极微量的B物质dn_B^β转移到α相中，此时系统吉布斯自由能的总变化为

$$dG = dG^\alpha + dG^\beta = \mu_B^\alpha dn_B^\alpha + \mu_B^\beta dn_B^\beta$$

α相所得等于β相所失，即$dn_B^\alpha = -dn_B^\beta$。

如果上述转移是在平衡情况下进行的，则$dG=0$，$dn_B^\alpha = -dn_B^\beta$，所以

$$\left(\mu_B^\alpha - \mu_B^\beta\right) dn_B^\alpha = 0 \tag{2-40a}$$

因为$dn_B^\alpha \neq 0$，故$\mu_B^\alpha = \mu_B^\beta$。

这表明，组分B在α和β两相中，达到平衡的条件是该组分在两相中的化学势相等。

如果上述转移过程是自发进行的，则$(dG)_{T,p} < 0$，因此式(2-40a)需写成

$$\left(\mu_B^\alpha - \mu_B^\beta\right) dn_B^\alpha < 0 \tag{2-40b}$$

又因为已假设是B物质由β相转移到α相，即$dn_B^\beta > 0$，故$\mu_B^\alpha < \mu_B^\beta$。

这表明，自发变化的方向是物质B从其化学势较高的相流向化学势较低的相，直到物质B在两相中的化学势相等为止。

2.6 气体的化学势与逸度

化学势是一个偏微商量,难以直接通过实验测定,但热力学可以将系统内某组分的化学势用公式表达出来。所有表达式都以理想气体为参照,所以本节先讨论理想气体的化学势。

2.6.1 纯理想气体化学势及热力学

完全使用偏摩尔量表达的热力学基本方程有 $dG_i' = -S_i'dT + V_i'dp$,即 $d\mu_i = -S_i'dT + V_i'dp$。对纯物质系统,化学势就等于其摩尔吉布斯自由能,即 $d\mu = dG_m = -S_m dT + V_m dp$。将理想气体状态方程 $pV_m = RT$ 代入,即得纯理想气体化学势的微分形式

$$d\mu = -S_m dT + \frac{RT}{p}dp \tag{2-41a}$$

化学势及其他一些热力学状态函数如 H、G 等的绝对值无法确定,但其改变量往往可以确定,也就是其相对值可以确定。为了更方便地处理此类热力学性质的相对值问题,常采用标准态方法,即对系统规定一个标准状态,则系统从标准状态变化到任意状态的热力学性质的变化值往往可以确定。对气体系统,其标准态规定为纯理想气体在任意温度及标准压力下的状态 $(T, p^\ominus)$。因此对纯理想气体,当其从标准状态 $(T, p^\ominus)$ 变化到任意状态 (T, p) 时,对应的化学势的变化可将式(2-41a)积分而得,即

$$\mu(T, p) - \mu(T, p^\ominus) = RT \ln\left(\frac{p}{p^\ominus}\right) \tag{2-41b}$$

式中,$\mu(T, p)$ 为纯理想气体在任意状态下的化学势,是温度及压力的函数;$\mu(T, p^\ominus)$ 为理想气体在标准状态下的化学势,只与温度有关,记为 $\mu^\ominus(T)$ 或 $\mu^\ominus$,则

$$\mu(T, p) = \mu^\ominus(T) + RT \ln\left(\frac{p}{p^\ominus}\right) \tag{2-41c}$$

式(2-41c)为纯理想气体在任意状态下化学势的表达式。从中可以看出,纯理想气体在任意状态下的化学势 $\mu(T, p)$ 与其在标准状态下的化学势 $\mu^\ominus(T)$ 都相差一项 $RT \ln(p/p^\ominus)$。这是一种相当简洁的函数形式,在以后各章节中还可以看到,其他系统中化学势的表达式都具有类似的形式。

必须注意到,对一定量的纯物质均相系统,当 μ 选择以 T、p 为自变量时,函数 $\mu = \mu(T, p)$ 为特性函数。因此根据特性函数的特点,纯理想气体的所有热力学性质都可由此确定出来,部分结果如下:

$$V_m(T, p) = \left(\frac{\partial \mu}{\partial p}\right)_T = \frac{RT}{p} \quad \text{(即理想气体物态方程)}$$

$$S_m(T, p) = -\left(\frac{\partial \mu}{\partial T}\right)_p = S_m^\ominus - R\ln\left(\frac{p}{p^\ominus}\right)$$

$$H_m(T, p) = \mu(T, p) + TS_m(T, p) = H_m^\ominus(T)$$

$$U_m(T,p) = H_m(T,p) - pV_m(T,p) = H_m^\ominus(T) - RT = U_m^\ominus(T)$$

$$A_m(T,p) = U_m(T,p) - TS_m(T,p) = A_m^\ominus(T) + RT\ln\left(\frac{p}{p^\ominus}\right)$$

$$C_{p,m}(T,p) = \left(\frac{\partial H_m}{\partial T}\right)_p = C_{p,m}^\ominus(T), \quad C_{V,m}(T,p) = \left(\frac{\partial U_m}{\partial T}\right)_V = C_{V,m}^\ominus(T)$$

$$\vdots$$

由上可得两点结论：

(1) 纯理想气体的热力学能、焓、恒压热容、恒容热容等性质只是温度的函数，与压力或体积无关，这一结论在焦耳实验基础上得到过，用热力学的理论同样可以证明。

(2) 纯理想气体的熵以及与熵有关的 A 及 G 等与压力呈对数关系，由此可知，在恒温下，不同压力的两个状态的相关热力学函数之差与两状态的压力比值呈对数关系，即

$$\Delta\mu = \Delta G_m = \mu(T,p_2) - \mu(T,p_1) = RT\ln(p_2/p_1)$$

$$\Delta A_m = \mu(T,p_2) - \mu(T,p_1) = RT\ln(p_2/p_1)$$

$$\Delta S_m = S_m(T,p_2) - S_m(T,p_1) = -R\ln(p_2/p_1)$$

2.6.2 混合理想气体各组分的化学势

对任意温度及压力下的混合理想气体中的 i 组分，可设想其与纯理想气体 i 呈膜平衡

混合理想气体	M	纯理想气体 i
$n_1, n_2, \cdots, n_i, \cdots, n_k$		n_i
$p_1, p_2, \cdots, p_i, \cdots, p_k$		p_i^*
$\mu_1, \mu_2, \cdots, \mu_i, \cdots, \mu_k$		μ_i^*

其中，M 为只能让气体 i 互透的半透膜。

达到热力学平衡后，i 在膜两边的分压相等 $p_i = p_i^*$、化学势相等 $\mu_i = \mu_i^*$，即

$$\mu_i(T,p,n_1,n_2,\cdots,n_k) = \mu_i^*(T,p_i^*) = \mu_i^\ominus(T) + RT\ln\left(\frac{p_i^*}{p^\ominus}\right)$$

$$= \mu_i^\ominus(T) + RT\ln\left(\frac{p_i}{p^\ominus}\right) \tag{2-42a}$$

根据分压定律，$p_i = px_i$，代入上式，则

$$\mu_i(T,p,n_1,n_2,\cdots,n_k) = \mu_i^\ominus(T) + RT\ln\left(\frac{p}{p^\ominus}\right) + RT\ln x_i$$

$$= \mu_i^*(T,p) + RT\ln x_i \tag{2-42b}$$

式中，$\mu_i(T,p,n_1,n_2,\cdots,n_k)$ 为混合理想气体系统中 i 组分的化学势；$\mu_i^*(T,p)$ 为纯理想气体 i 在 T,p 状态下的化学势，即相当于式(2-41c)。

式(2-42a)及式(2-42b)都是混合理想气体中组分 i 的化学势的表达式。由于 μ_i 是以 $(T,p,n_1,n_2,\cdots,n_k)$ 为特征变量的特性函数，因此，混合理想气体中组分 i 的各种偏摩尔量都可

由此确定，例如

$$V'_i = \left(\frac{\partial \mu_i}{\partial p}\right)_{T,n} = \left(\frac{\partial \mu_i^*}{\partial p}\right)_{T,n} = V_{m,i}^*$$

$$S'_i = -\left(\frac{\partial \mu_i}{\partial T}\right)_{p,n} = -\left(\frac{\partial \mu_i^*}{\partial T}\right)_{p,n} - R\ln x_i = S_{m,i}^* - R\ln x_i$$

$$H'_i = \mu_i + TS'_i = H_{m,i}^*$$

$$U'_i = H'_i - pV'_i = H_{m,i}^* - pV_{m,i}^* = U_{m,i}^*$$

$$A'_i = U'_i - TS'_i = A_{m,i}^* + RT\ln x_i$$

$$C'_{p,i} = \left(\frac{\partial C_p}{\partial n_i}\right)_{T,p,n_{j\neq i}} = \left[\frac{\partial}{\partial n_i}\left(\frac{\partial H}{\partial T}\right)_{p,n}\right]_{T,p,n_{j\neq i}} = \left(\frac{\partial H_{m,i}^*}{\partial T}\right)_{p,n} = C_{p,m,i}^*$$

对混合理想气体，系统的容量性质则可由偏摩尔量集合公式得到，例如

$$V = \sum n_i V'_i = \sum n_i V_{m,i}^* \ ; \ U = \sum n_i U'_i = \sum n_i U_{m,i}^*$$

$$H = \sum n_i H'_i = \sum n_i H_{m,i}^* \ ; \ S = \sum n_i S'_i = \sum n_i \left(S_{m,i}^* - R\ln x_i\right)$$

$$A = \sum n_i A'_i = \sum n_i \left(A_{m,i}^* + RT\ln x_i\right)$$

$$G = \sum n_i G'_i = \sum n_i \mu_i = \sum n_i \left(G_{m,i}^* + RT\ln x_i\right)$$

显然，只需知道各纯理想气体的性质和混合理想气体的组成，就可得出混合理想气体的性质。

2.6.3 理想气体的混合规律

由多种纯理想气体混合形成混合理想气体的过程，系统的容量性质 L 的变化量 $\Delta_{mix}L$ 可根据式(2-27a)计算。对于不同的混合过程，$\Delta_{mix}L$ 有不同的结果。

1. 恒温恒压混合

对于 A 和 B 两种理想气体的恒温恒压混合过程，可用图 2-6 表示。

图 2-6　理想气体恒温恒压混合示意图

根据混合理想气体的性质(见 2.6.2 小节)，对于图 2-6 所示的过程，有

$$\Delta_{mix}G = (n_A\mu_A + n_B\mu_B) - (n_A\mu_A^* + n_B\mu_B^*) = n_A RT\ln x_A + n_B RT\ln x_B \tag{2-43a}$$

及

$$\Delta_{mix}G_m = x_A RT\ln x_A + x_B RT\ln x_B \tag{2-43b}$$

同理可得

$$\Delta_{mix}A = (n_A A'_A + n_B A'_B) - (n_A A_{m,A}^* + n_B A_{m,B}^*) = n_A RT\ln x_A + n_B RT\ln x_B \tag{2-44a}$$

及
$$\Delta_{mix}A_m = x_A RT \ln x_A + x_B RT \ln x_B \tag{2-44b}$$

其他有 $\Delta_{mix}U = (n_A U'_A + n_B U'_B) - (n_A U^*_{m,A} + n_B U^*_{m,B}) = 0$；$\Delta_{mix}H = 0$；$\Delta_{mix}C_p = 0$

$$\Delta_{mix}V = 0 \quad \text{或} \quad \Delta_{mix}V = \left(\frac{\partial \Delta_{mix}G}{\partial p}\right)_T = 0$$

$$\Delta_{mix}S = -\left(\frac{\partial \Delta_{mix}G}{\partial T}\right)_p = -n_A R \ln x_A - n_B R \ln x_B \tag{2-45a}$$

或
$$\Delta_{mix}S = \frac{\Delta_{mix}H - \Delta_{mix}G}{T} = -n_A R \ln x_A - n_B R \ln x_B \tag{2-45b}$$

因为是恒温恒压条件下且无非体积功的混合过程，所以 $\Delta_{mix}G(<0)$ 可作为判据，判断该混合过程为自动过程。因为 $\Delta_{mix}V = 0$，该过程实际上也是恒温恒容的过程，所以 $\Delta_{mix}A(<0)$ 可作为判据，判断该混合过程为自动过程。还因为 $\Delta_{mix}U = 0$ 及 $\Delta_{mix}V = 0$，该过程实际上也是 U 和 V 恒定的过程，所以 $\Delta_{mix}S(>0)$ 也可作为判据，判断该混合过程为自动过程。

2. 恒温混合

在恒温条件下，两种相同体积(V)的纯理想气体混合成为同体积(V)的混合理想气体，过程示意图如图 2-7 所示。

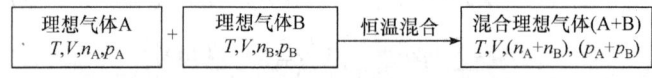

图 2-7 理想气体恒温混合示意图

因为是理想气体恒温过程，所以有
$$\Delta_{mix}U = 0 \text{；} \Delta_{mix}H = 0 \text{；} \Delta_{mix}C_p = 0 \text{；} \Delta_{mix}C_V = 0$$

对于纯理想气体 A，其化学势为
$$\mu^*_A(T, p_A) = \mu^\ominus_A(T) + RT \ln(p_A / p^\ominus)$$

对于混合理想气体中的 A，其化学势为
$$\mu_A(T, p) = \mu^*_A(T, p) + RT \ln x_A = \mu^\ominus_A(T) + RT \ln(p / p^\ominus) + RT \ln x_A$$

式中，$p = p_A + p_B$。因此
$$\Delta_{mix}G = [n_A \mu_A(T, p) + n_B \mu_B(T, p)] - [n_A \mu^*_A(T, p_A) + n_B \mu^*_B(T, p_B)] = 0$$

同理，也有
$$\Delta_{mix}A = 0$$

$$\Delta_{mix}S = \frac{\Delta_{mix}H - \Delta_{mix}G}{T} = 0$$

显然有
$$\Delta_{mix}V = -V$$

对于这种恒温混合过程，其 $\Delta_{mix}G$、$\Delta_{mix}A$、$\Delta_{mix}S$、$\Delta_{mix}U$ 及 $\Delta_{mix}H$，都不能作为判据来判断该过程是否自动。

2.6.4 纯实际气体的化学势及逸度

实际气体对理想气体有偏差，不符合理想气体物态方程，可以采用不同的物态方程，因而其化学势的表达式一定不具有理想气体化学势表达式的简洁形式，且具有多样性，这样就会导致热力学公式的多样性。为了能反映实际气体的性质，而又具有理想气体公式的简洁统一，路易斯提出了逸度的概念，用 f 表示，对纯实际气体的逸度定义为

$$f = p^\ominus \exp\left[\frac{\mu(T,p) - \mu^\ominus(T)}{RT}\right] \tag{2-46a}$$

式中，$\mu(T,p)$ 为纯实际气体在任意状态下的化学势；$\mu^\ominus(T)$ 为具有理想气体性质的纯气体在 $T, p^\ominus$ 状态下的化学势，即在标准状态下的化学势。注意：实际气体的标准态与理想气体的标准态相同(见 2.7 节)。但实际气体在 $T, p^\ominus$ 状态下一般不具有理想气体的行为，因此实际气体的标准态是一种假想的状态。需要注意的是，f 是实际气体的一种强度性质，因而与其温度、压力有关，其量纲与压力的量纲相同。

式(2-46a)实际上也给出了纯实际气体化学势的表达式

$$\mu(T,p) = \mu^\ominus(T) + RT\ln(f/p^\ominus) \tag{2-46b}$$

式(2-46b)也可改写为

$$\mu(T,p) = \mu^\ominus(T) + RT\ln(p/p^\ominus) + RT\ln(f/p) \tag{2-46c}$$

式(2-46c)右边的前两项就是式(2-41c)，也就是纯理想气体的化学势。而第三项就是实际气体与理想气体化学势之差，若 $f/p=1$，就是理想气体。于是定义实际气体的逸度因子 γ 为

$$\gamma = f/p \tag{2-46d}$$

逸度因子也是实际气体的强度性质，与其温度、压力有关，量纲为一。$\gamma=1$ 就是理想气体，$\gamma \neq 1$ 就是实际气体。一般在中等压力下，气体分子间为吸引力控制，往往有 $\gamma<1$，$f<p$；在较高压力下，气体分子间为排斥力控制，往往有 $\gamma>1$，$f>p$。

2.6.5 混合实际气体各组分的化学势

混合实际气体中某组分 i 的化学势与系统的温度、压力及各组分的量有关，即 $\mu_i(T,p,n_1,n_2,\cdots,n_k)$，当组分的量用物质的摩尔分数表示时，其变量数要少一个，即 $\mu_i(T,p,x_1,x_2,\cdots,x_{k-1})$，简记为 $\mu_i(T,p,x_C)$。混合实际气体中某组分 i 的逸度定义为

$$f_i = p^\ominus \exp\left[\frac{\mu_i(T,p,x_C) - \mu_i^\ominus(T)}{RT}\right] \tag{2-47a}$$

式中，f_i 为混合实际气体系统的强度性质，与其温度、压力及各组分的量有关，表示为 $f_i(T,p,x_C)$，其量纲与压力的量纲相同。

式(2-47a)实际上也给出了混合实际气体中某组分 i 的化学势的表达式

$$\mu_i(T,p,x_C) = \mu_i^\ominus(T) + RT\ln\left(\frac{f_i}{p^\ominus}\right) \tag{2-47b}$$

同样，将式(2-47b)改写为

$$\mu_i(T,p,x_C) = \mu_i^\ominus(T) + RT\ln\left(\frac{x_i p}{p^\ominus}\right) + RT\ln\left(\frac{f_i}{x_i p}\right) \tag{2-47c}$$

式(2-47c)中的前两项也就是式(2-42b)，相当于是混合理想气体中 i 组分的化学势，第三项就是 i 在混合实际气体中与在混合理想气体中化学势的差别。定义实际气体组分 i 的逸度因子

γ_i 为

$$\gamma_i = \frac{f_i}{x_i p} \tag{2-47d}$$

γ_i 也是系统的强度性质，与其温度、压力及各组分的量有关，量纲为一。

2.6.6 逸度的求算*

本节内容是关于逸度及逸度因子的求算，有兴趣及需要者可以作适当了解。

1. 纯气体逸度因子的求算

对于纯实际气体 B，根据式(2-46b)有 $RT\ln\left(\dfrac{f_B}{p^\ominus}\right) = \mu_B(T,p) - \mu_B^\ominus(T)$，为计算纯实际气体 B 化学势 $\mu_B(T,p)$ 与其在标准态下化学势 $\mu_B^\ominus(T)$ 之差，可设计如下过程：

$$\boxed{\begin{array}{c}\text{纯理想气体B}\\T, p^\ominus\\ \mu_B^\ominus(T)\end{array}} \xrightarrow[\Delta G_1]{\text{等温膨胀}} \boxed{\begin{array}{c}\text{纯理想气体B}\\T, p'\to 0\\ \mu_B(T,p')\end{array}} \xrightarrow[\Delta G_2]{\text{等温压缩}} \boxed{\begin{array}{c}\text{实际气体B}\\T, p\\ \mu_B(T,p)\end{array}}$$

对上述过程有：

$$\mu_B(T,p) - \mu_B^\ominus(T) = \mu_B(T,p) - \mu_B(T,p') + \mu_B(T,p') - \mu_B^\ominus(T) = \Delta G_2 + \Delta G_1$$

所以

$$RT\ln\left(\frac{f_B}{p^\ominus}\right) = \Delta G_2 + \Delta G_1 = \int_{p'}^{p} V_{m,B} \mathrm{d}p + \int_{p^\ominus}^{p'} \frac{RT}{p} \mathrm{d}p$$

$$= \int_{p'}^{p} V_{m,B} \mathrm{d}p + RT\ln\left(\frac{p'}{p^\ominus}\right) \tag{2-48a}$$

式中，$V_{m,B}$ 为实际气体 B 的摩尔体积，因此通过实际气体的物态方程按式(2-48a)即可求算其逸度。

式(2-48a)可改写为同时求逸度及逸度因子 γ_B 的形式：

$$RT\ln\left(\frac{f_B}{p}\right) = RT\ln\gamma_B = \int_{p'}^{p} V_{m,B}\mathrm{d}p - RT\ln\left(\frac{p}{p'}\right) \tag{2-48b}$$

有几种方法可由式(2-48a)及式(2-48b)求纯实际气体 B 的逸度及逸度因子。

1) 解析法

一般将式(2-48a)或式(2-48b)中的 $\mathrm{d}p$ 通过状态方程换元为 $\mathrm{d}V$，从而得出其具体表达式，直接计算逸度或逸度因子。例如，对范德华气体有 $p = \dfrac{RT}{V_m - b} - \dfrac{a}{V_m^2}$，所以 $\mathrm{d}p = \left[-\dfrac{RT}{(V_m-b)^2} + \dfrac{2a}{V_m^3}\right]\mathrm{d}V_m$，代入式(2-48b)得

$$RT\ln\left(\frac{f}{p}\right) = RT\ln\gamma = \int_{V_m'}^{V_m} V_m\left[-\frac{RT}{(V_m-b)^2} + \frac{2a}{V_m^3}\right]\mathrm{d}V_m - RT\ln\left(\frac{p}{p'}\right)$$

$$= -RT\ln\left[\frac{p(V_m-b)}{p'(V_m'-b)}\right] + \left[\frac{bRT}{V_m-b} - \frac{bRT}{V_m'-b}\right] - \left(\frac{2a}{V_m} - \frac{2a}{V_m'}\right)$$

由于 $p' \to 0$ 时，$V'_m \to \infty$，$(V'_m - b) \to \infty$，$p'(V'_m - b) \to RT$，所以将上式简化为

$$RT\ln\left(\frac{f}{p}\right) = RT\ln\gamma = RT\ln\left[\frac{RT}{p(V_m - b)}\right] + \frac{bRT}{V_m - b} - \frac{2a}{V_m}$$

$$\ln\left(\frac{f}{p}\right) = \ln\gamma = \ln\left[\frac{RT}{p(V_m - b)}\right] + \frac{b}{V_m - b} - \frac{2a}{RTV_m}$$

再如，对氨气，$a = 0.04253\,\text{Pa}\cdot\text{m}^6\cdot\text{mol}^{-1}$，$b = 37.37\times 10^{-6}\,\text{m}^3\cdot\text{mol}^{-1}$，则在 473K 及 10.13MPa 的压力下，用范德华公式可求得 $V_m = 304.6\times 10^{-6}\,\text{m}^3\cdot\text{mol}^{-1}$，再代入上述逸度及逸度因子公式，可得 $f = 8.32\text{MPa}$，$\gamma = 0.821$。也就是说，氨气在 473K 及 10.13MPa 压力下的化学势与纯理想气体在 473K 及 8.32MPa 压力下的化学势相等。

2) 图解积分法

令 $\alpha = \frac{RT}{p} - V_m$，且将 $p' \to 0$ 换成 $p = 0$，则式(2-48b)可写为

$$\ln\left(\frac{f}{p}\right) = \ln\gamma = -\frac{1}{RT}\int_0^p \alpha\,\mathrm{d}p \tag{2-48c}$$

实验测定一定温度下不同压力时的 V_m，从而换算为 α，作 α-p 图，曲线下所围面积即为 $\int_0^p \alpha\,\mathrm{d}p$，再用式(2-48c)计算就可得到不同压力下的逸度及逸度因子。用此法求得氨气在 473K 及 10.13MPa 的压力下，$f = 8.35\text{MPa}$，$\gamma = 0.824$。

3) 对比状态法

根据压缩因子定义 $Z = pV_m/RT$，则 $\alpha = \frac{RT}{p}(1-Z)$，并将压力用对比压力 $p_r = p/p_c$ 代替，所以 $\alpha\mathrm{d}p = \frac{RT}{p_r}(1-Z)\mathrm{d}p_r$，代入式(2-48c)得

$$\ln\left(\frac{f}{p}\right) = \ln\gamma = \int_0^{p_r}\frac{Z-1}{p_r}\mathrm{d}p_r \tag{2-48d}$$

根据压缩因子图得到气体在不同对比温度和对比压力下的压缩因子，按 $\frac{Z-1}{p_r}$-p_r 作图，求积分(面积)，再按式(2-48d)计算逸度及逸度因子。对比状态法实际上也是图解积分法。对比状态法计算结果偏差稍大。例如，用对比状态法求得氨气在 473K 及 10.13MPa 的压力下，$f = 7.9\text{MPa}$，$\gamma = 0.78$。

4) 近似法

在压力不太高时，可采用近似的实际气体状态方程 $pV_m = RT + bp$，式中，b 为与温度有关的系数。代入式(2-48c)可得

$$\ln\left(\frac{f}{p}\right) = \ln\gamma = -\frac{1}{RT}\int_0^p \alpha\,\mathrm{d}p = \frac{bp}{RT}$$

所以

$$\frac{f}{p} = \gamma = \exp\left(\frac{bp}{RT}\right) = 1 + \frac{bp}{RT} + \frac{1}{2!}\left(\frac{bp}{RT}\right)^2 + \cdots$$

在压力不太高时，忽略高次项，则可得

$$\frac{f}{p} = \gamma = 1 + \frac{bp}{RT} = \frac{pV_m}{RT} \tag{2-48e}$$

用近似法可求得氨气在473K及10.13MPa的压力下，$f=8.11\text{MPa}$，$\gamma=0.801$。

以上几种方法中，解析法和图解积分法较精确，而近似法及对比状态法较粗略。

2. 混合气体中各物质逸度因子的求算

混合气体中各组分逸度及逸度因子的精确求算涉及各组分的偏摩尔体积，但这方面的数据很少，所以一般采用路易斯-兰德尔(Lewis-Randall)规则近似计算

$$\gamma_i(T,p,x_C) = \gamma_i^*(T,p), \quad f_i(T,p,x_C) = x_i f_i^*(T,p) \tag{2-49}$$

即混合气体中组分i的逸度因子就用与混合气体同温同压的纯组分i的逸度因子代替，混合气体中组分i的逸度等于同温同压的纯组分i的逸度与其摩尔分数的乘积。

2.7 标准态及凝聚态物质的化学势

2.7.1 标准态

标准态是在热力学研究中对系统所规定(或选定)的一个状态。标准态的作用是与系统的任意状态相比较，以方便求算系统在任意状态下热力学性质的相对值(变化值)。热力学所规定的标准态有：

对于气体：任意温度T及标准压力$p^\ominus$下具有理想气体性质的该气态纯物质的状态为标准态；

对于液体：任意温度T及标准压力$p^\ominus$下该液态纯物质的状态为标准态；

对于固体：任意温度T及标准压力$p^\ominus$下该固态纯物质的状态为标准态。

不难看出，无论气体、液体还是固体，只有纯物质才可能处于标准态；反过来讲，任何混合物(如溶液)，都不能称为处于标准态。

标准压力以前曾规定为$p^\ominus = 101.325\text{kPa}$，即大气压力。现在一般规定为$p^\ominus = 100\text{kPa}$。标准压力值的改变，会引起物质(尤其是气体物质)的有关热力学性质的少许变化，所以使用热力学数据表时，要注意该表所采用的标准压力值。

2.7.2 凝聚态物质的化学势

2.6节介绍了气体系统内某组分化学势的表达式，凝聚态(液态或固态)系统内某组分的化学势能否表达为类似于气体的形式？答案是肯定的。因为凝聚态系统都具有饱和蒸气压这种性质，无论凝聚态系统是否与其气相达到平衡，饱和蒸气压这种性质都是存在的，因此就可用凝聚态系统的饱和蒸气相来表达其化学势。

对凝聚态纯物质B，在某T、p状态下的化学势为$\mu_B^*(T,p)$，必与其饱和蒸气相(压力为p_B^*)的化学势$\mu_B(g)$相等，一般将饱和蒸气相视为理想气体，则

$$\mu_B^*(T,p) = \mu_B(g) = \mu_B^\ominus(T) + RT\ln\left(\frac{p_B^*}{p^\ominus}\right) \tag{2-50}$$

式中，p_B^*为某温度下纯凝聚态物质的饱和蒸气压。

若形成溶液(或混合物)，则根据溶液饱和蒸气压相中该物质的分压来表达其化学势，这将在第 3 章中详细讨论。

复习思考题

1. 指出在下列过程中，系统的 ΔU、ΔH、ΔS、ΔA、ΔG 何者为零？
   (1) 非理想气体卡诺循环；
   (2) 无非体积功时 $H_2(g)$ 和 $O_2(g)$ 在绝热的恒容箱中反应生成 $H_2O(l)$；
   (3) 实际气体节流膨胀；
   (4) 液态水在 273K 及大气压下凝结成冰；
   (5) 理想气体不可逆恒温压缩；
   (6) 无非体积功时绝热恒压箱中发生化学反应；
   (7) 两种理想气体在恒温恒压下的混合；
   (8) 理想气体的节流膨胀；
   (9) 理想气体绝热可逆膨胀；
   (10) 将 373K、101325Pa 的水减压蒸馏变成 373K、101325Pa 的水蒸气。

2. 由公式 $\Delta G_{T,p,W'=0}<0$ 可知，恒温恒压下经不可逆变化后，封闭体系的吉布斯能会降低；又由公式 $dG = -SdT + Vdp$，恒温恒压下 $dG = 0$。两者矛盾吗？为什么？

3. 试判断下列变化中，系统的 ΔS、ΔA、ΔG 是大于零、等于零、小于零，还是不能确定。
   (1) 在 373K 和标准压力下，水向真空蒸发为同温同压下的水蒸气；
   (2) $H_2(g)$ 和 $O_2(g)$ 在绝热的弹式容器中反应生成 $H_2O(l)$。

4. 373K、101325Pa 下水向真空蒸发为同温同压下的水蒸气的过程是不可逆过程，$\Delta G<0$，对吗？

5. 常温常压下，反应 $H_2(g) + 1/2 O_2(g) \rightleftharpoons H_2O(l)$ 在光的作用下可瞬时完成，但在常温常压下也可通过电解使上述反应逆向进行。这两种都存在的反应倾向是否说明 $\Delta G_{T,p}<0$ 的判据不能适用于此例？

6. 为什么要引入偏摩尔量的概念？对同一热力学性质，纯物质 B 的摩尔量与溶液中 B 物质的偏摩尔量有什么关系？

7. 如果不断地将理想气体进行恒温膨胀，则所吸收的热全部转变为功，这不就是单一热源也能做功的实例吗？如何解释？

8. 混合理想气体中某组分 B 的化学势表达式为 $\mu_B(T,p) = \mu_B^{\ominus}(T) + RT\ln\left(\dfrac{p_B}{p^{\ominus}}\right)$，其中 $\mu_B^{\ominus}(T)$ 为标准态的化学势，这个标准态的物理意义是什么？混合实际气体中组分 B 化学势表达式 $\mu_B(T,p) = \mu_B^{\ominus}(T) + RT\ln\left(\dfrac{f_B}{p^{\ominus}}\right)$，其 $\mu_B^{\ominus}(T)$ 标准态与理想气体的标准态物理意义是否相同？

9. 理想气体恒温向真空膨胀时，$dU = 0$，$pdV = 0$，所以由 $dU = TdS - pdV$ 可以得出 $dS = 0$（因为 $T \neq 0$），可见理想气体向真空恒温膨胀是恒熵过程，是吗？

10. 有人认为，当系统从某一始态变至另一终态，无论通过何种途径，ΔG 的值总是一定的，而且总是等于 W'。这种说法对吗？

11. 用 ΔG 作为恒温恒压过程的判据时，表明 ΔG 与温度及压力无关。此说法对吗？为什么？

12. 因为 $dG = -SdT + Vdp$，则在 101325Pa 的压力下，由 268.15K 的水变成 268.15K 的冰时，其 $\Delta G = 0$。此说法对吗？为什么？

13. 吉布斯自由能变化值 ΔG 是恒温恒压过程方向的判据，而吉布斯-亥姆霍兹恒压方程式是描述 ΔG 随温度变化的关系式。由此式求出的 ΔG 值能否再作为自动过程的判据？

习 题

1. 将 298K、$p^{\ominus}$ 下的 $1dm^3$ O_2(理想气体)绝热不可逆压缩到 $5p^{\ominus}$，环境消耗功 502J，求终态的 T_2、S_2 及过程

的 ΔH、ΔG。已知 $S_m^{\ominus}$(O_2,298K) = 205.14J·K^{-1}·mol^{-1}。

答案：T_2 = 888.56K， S_2 = 205.89J·K^{-1}， ΔH = 702.68J， ΔG = −121.08kJ。

2. 有 1mol 单原子理想气体始态为 273K 和 $p^{\ominus}$，分别经历下列可逆过程：(1)恒温下压力加倍；(2)恒压下体积加倍；(3)恒容下压力加倍。试计算上述各过程的 Q、W、ΔU、ΔH、ΔS、ΔG、ΔA。已知273K、$p^{\ominus}$下该气体的摩尔熵为 100J·K^{-1}·mol^{-1}。

答案：(1) $\Delta U = \Delta H = 0$， $W = -Q = 1573$J， $\Delta S = -5.763$J·K^{-1}， $\Delta G = \Delta A = 1573$J；(2) $Q = 5675$J， $W = -2270$J， $\Delta U = 3405$J， $\Delta H = 5674$J， $\Delta S = 14.4$J·K^{-1}， $\Delta G = -29.49$kJ， $\Delta A = -31.76$kJ；(3) $W = 0$， $\Delta U = Q_V = 3405$J， $\Delta H = 5674$J， $\Delta S = 8.6$J·K^{-1}， $\Delta G = -26.32$kJ， $\Delta A = -28.59$kJ。

3. 将 1mol O_2 由 298.15K，$p^{\ominus}$ 的压力下经(1)恒温可逆压缩至压力为 607950Pa 的终态，试求 W、Q、ΔU、ΔH、ΔA、ΔG、ΔS、ΔA 及 ΔS_{iso}；(2)若改为恒外压(607950Pa)压缩至同一终态，上述各热力学量为多少？

答案：(1) $W = -Q = 4.44$kJ， $\Delta U = \Delta H = 0$， $\Delta S = -14.9$J·K^{-1}， $\Delta G = \Delta A = 4.44$kJ， $\Delta S_{iso} = 0$；(2) $W = -Q = 12.39$kJ， $\Delta S_{iso} = 26.7$J·K^{-1}，状态函数变量与(1)相同。

4. 有 1mol 理想气体从同一始态(298.15K，506625Pa)分别经历下列过程达到相同终态(298.15K，$p^{\ominus}$)：
(1)绝热可逆膨胀然后恒压可逆膨胀；(2)恒压可逆膨胀然后经恒容到达终态。试分别计算两个过程的 ΔU、ΔH、ΔS 及 ΔG。已知此气体的恒容摩尔热容 $C_{V,m}$ = 12.47J·mol^{-1}·K^{-1}。

答案：$\Delta U = \Delta H = 0$， $\Delta S = 13.4$J·K^{-1}， $\Delta G = -3995$J。

5. 在 298.15K 及 506625Pa 下，1dm^3 的氧气经绝热可逆膨胀至 $p^{\ominus}$，计算该过程的 ΔU、ΔH、ΔS、ΔA 及 ΔG。已知氧气的 $S_m^{\ominus}$(298K) = 205J·mol^{-1}·K^{-1}， $C_{p,m}$(O_2,g) = 29.1J·mol^{-1}·K^{-1}，并可将氧气视为理想气体。

答案：$\Delta U = -466$J， $\Delta H = -652$J， $\Delta S = 0$， $\Delta A = 3831$J， $\Delta G = 3645$J。

6. 苯的正常沸点为 353K，此时 $\Delta_{vap}H_m$(C_6H_6, 353K) = 30.77kJ·mol^{-1}。现将 353K，$p^{\ominus}$ 下的 1mol 液态苯向真空恒温蒸发为同温同压下的苯蒸气(可视为理想气体)，试计算：(1)此过程的 Q、W、ΔU、ΔH、ΔS、ΔA 及 ΔG；(2)应用有关原理，判断此过程是否为不可逆过程。

答案：(1) $\Delta H = 30.77$kJ·mol^{-1}， $\Delta U = 27.84$kJ·mol^{-1}， $\Delta S = 87.18$J·K^{-1}·mol^{-1}， $\Delta A = -2.93$kJ·mol^{-1}， $\Delta G = 0$， $Q = 27.84$kJ， $W = 0$；(2)为不可逆过程。

7. 将 1mol H_2O(g)从 373K 和标准压力 $p^{\ominus}$ 下，小心恒温压缩，在没有灰尘等凝聚中心存在时，得到了 373K 和 $2p^{\ominus}$ 的介稳水蒸气，但不久介稳水蒸气全变成了液态水，即

$$H_2O(g, 373K, 2p^{\ominus}) \longrightarrow H_2O(l, 373K, 2p^{\ominus})$$

求该过程(介稳水蒸气变成了液态水)的 ΔH、ΔS 和 ΔG。已知在该条件下，水的摩尔汽化焓为 46.02kJ·mol^{-1}，水的密度为 1000kg·m^{-3}。假设气体为理想气体，液体体积受压力的影响可忽略不计。

答案：$\Delta H = -46.02$kJ， $\Delta G = -2.148$kJ， $\Delta S = -117.6$J·K^{-1}。

8. 试计算 263.15K 及 $p^{\ominus}$ 的压力下，1mol 水凝结成冰时，冰和水的饱和蒸气压之比 $\dfrac{p_s}{p_l}$。已知冰及水的摩尔恒压热容分别为 37.65J·mol^{-1}·K^{-1} 及 75.31J·mol^{-1}·K^{-1}；在 273.15K 时冰的熔化热为 6 025J·mol^{-1}。

答案：$\dfrac{p_s}{p_l} = 1.104$。

9. 试证明 $\left(\dfrac{\partial C_V}{\partial V}\right)_T = -T\left(\dfrac{\partial^2 p}{\partial T^2}\right)_V$。

10. 试证明 $\left(\dfrac{\partial U}{\partial p}\right)_V = C_V\left(\dfrac{\partial T}{\partial p}\right)_V$。

11. 已知 $\left(\dfrac{\partial U}{\partial V}\right)_T = 0$ 及 $\left(\dfrac{\partial H}{\partial p}\right)_T = 0$，则此系统应为理想气体。试证明之。

12. 已知某理想气体的熵值为 $S_m^\ominus$(298K)，恒压摩尔热容为 $C_{p,m}$。当其由始态 I (T_1, p_1) 变至终态 II (T_2, p_2) 后，试证明此过程有

$$\Delta G = (T_2 - T_1)\left[C_{p,m} - S_m^\ominus(298K)\right] + C_{p,m}\left[T_1 \ln\left(\frac{T_1}{298}\right) - T_2 \ln\left(\frac{T_2}{298}\right)\right] + R\left[T_2 \ln\left(\frac{p_2}{p^\ominus}\right) - T_1 \ln\left(\frac{p_1}{p^\ominus}\right)\right]$$

13. 有一绝热筒，其中被一块导热性良好的金属板隔开为 A 及 B 两室(如下图所示)。每室均装有温度为 400K、压力为 1013250Pa 的单原子理想气体。现使 B 室的气体在恒外压下(p_s = 101325Pa)绝热膨胀至压力为 101325Pa。试计算在A、B室内气体达到平衡后两室气体在此过程中的 ΔH、ΔS 及 ΔG。已知该气体始态的熵为 130J·mol⁻¹·K⁻¹。(计算时忽略圆筒及金属板温度变化的影响)

A, 2mol	B, 2mol
400K	400K
1013250Pa	1013250Pa

答案：$\Delta H = -7482.6$J，$\Delta S = 21.3$J·K⁻¹，$\Delta G = 32.71$kJ。

14. 293.15K 时，质量分数为 60%的甲醇水溶液的密度是 0.8946kg·dm⁻³，此溶液中水的偏摩尔体积为 1.68 × 10⁻²dm³·mol⁻¹。求甲醇的偏摩尔体积。

答案：V_2'/(dm³·mol⁻¹) = 0.03977。

15. 在 298.15K，NaCl 水溶液的体积 V 与 NaCl 的质量摩尔浓度 m 的关系式如下：

$$V/\text{dm}^3 = 1.0014 + 0.01662m + 1.77 \times 10^{-3} m^{3/2} + 1.2 \times 10^{-4} m^2$$

试计算 1mol·kg⁻¹ 的 NaCl 溶液中 NaCl 和 H₂O 的偏摩尔体积。

答案：NaCl V_2'/(dm³·mol⁻¹) = 0.019515，H₂O V_1'/(dm³·mol⁻¹) = 0.018022。

16. 973.15K 时，Zn-Cd 溶液的摩尔混合焓如下：

x_{Zn}	0.1	0.2	0.3	0.4	0.5	0.6	0.7	0.8	0.9
$\Delta_{mix}H_m$/(J·mol⁻¹)	753	1326	1728	1958	2054	2000	1774	1377	787

试计算 Zn-Cd 合金在 973.15K、x_{Zn} = 0.6 时，Zn 和 Cd 的偏摩尔混合热。

答案：先按一元四次方程拟合，再根据切线法原理求出：$\Delta_{mix}H_{Zn}'$ = 1448J·mol⁻¹，$\Delta_{mix}H_{Cd}'$ = 2828J·mol⁻¹。

17. 在 1653K 下，Cr-Ti 合金熔液的摩尔混合吉布斯自由能与摩尔分数的数据如下：

x_{Cr}	0.09	0.19	0.27	0.37	0.47	0.62	0.78	0.89
$-\Delta_{mix}G_m$/(J·mol⁻¹)	3393	5326	5991	6565	6904	6828	5929	4058

试计算在 1653K 时 x_{Cr} = 0.47 的合金熔液中铬和钛的偏摩尔混合自由能。

答案：先按一元四次方程拟合，再根据切线法原理求出：$\Delta_{mix}G_{Cr}'$ = −54.95kJ·mol⁻¹，$\Delta_{mix}G_{Ti}'$ = −35.07kJ·mol⁻¹。

18. 298K 时 K₂SO₄ 在水溶液中的偏摩尔体积 V_2' 由下式表示：

$$V_2'/(\text{dm}^3\cdot\text{mol}^{-1}) = 0.03228 + 0.01822 m^{\frac{1}{2}} + 2.22 \times 10^{-5} m$$

式中，m 为 K₂SO₄ 溶液的质量摩尔浓度，已知纯水的摩尔体积 $V_m(H_2O)$ = 0.01796dm³·mol⁻¹。试求该溶液中水的偏摩尔体积 V_1' 的表达式。

答案：V_1'/(dm³·mol⁻¹) = 0.01796 − 1.0925 × 10⁻⁴ $m^{3/2}$ − 1.998 × 10⁻⁷ m^2。

19. 在1200K，Cu-Zn 液体合金的摩尔混合焓与摩尔分数的关系式为

$$\Delta_{mix}H_m / (J \cdot mol^{-1}) = -25524x_{Zn}x_{Cu} - 10795x_{Zn}^2 x_{Cu}^2$$

求黄铜中 Cu 和 Zn 的偏摩尔混合焓的表达式。

答案：$\Delta_{mix}H_{Cu} = -22524x_{Zn}^2 - 21590x_{Cu}x_{Zn}^3 + 10795x_{Zn}^2 x_{Cu}^2$

$\Delta_{mix}H_{Zn} = -25524x_{Cu}^2 - 21590x_{Cu}^3 x_{Zn} + 10795x_{Cu}^2 x_{Zn}^2$

20. 某气体的状态方程为 $pV(1-\beta p) = nRT$，其中 β 为常数，求其逸度的表示式。

答案：$f = \dfrac{p}{1-\beta p}$。

21. 若以 25℃、101.325kPa 纯理想气体的状态规定为气体的标准状态，则氧气的标准熵为 $S_{m,1}^{\ominus}(O_2,g,298K) = 205.03 J \cdot K^{-1} \cdot mol^{-1}$；若改为以 25℃、100kPa 的纯理想气体为气体的标准态，则氧的标准熵 $S_{m,2}^{\ominus}(O_2,g,298K)$ 应为多少?

答案：$S_{m,2}^{\ominus}(O_2,g,298K) = 205.14 J \cdot K^{-1} \cdot mol^{-1}$。

第3章 溶液热力学及活度

溶液广泛存在于自然界、工业生产过程及科学研究领域。溶液的热力学性质对物质及材料的制备、分离、提纯等具有重要的指导作用。本章的基本内容就是结合溶液系统的特点,运用热力学基本原理描述和讨论溶液的热力学性质。

3.1 溶液及其组成表示方法

两种或两种以上物质混合构成的性质完全均匀一致的单相系统称为溶液。氢氧化钠溶于水能形成均匀液相,各部分的浓度、密度、恒压热容等性质和化学行为都相同,因而是一种溶液。而矿浆是由固体矿粒与性质完全不同的体系组成的多相系统,因而不是溶液。溶液的概念不仅局限于液态混合系统,某些固态合金也符合溶液的定义,并称为固溶体;不同的气体物质能以任何比例均匀混合,所以气体混合物也是一种溶液,但习惯上还是称为混合气体。

通常把溶液系统中含量较多的组分称为溶剂,含量较少的组分称为溶质。固体或气体溶于液体中,习惯上把固体或气体物质称为溶质,液体物质称为溶剂。

在溶液理论研究中,溶剂和溶质这两个概念有时并无严格区分的必要。溶剂和溶质不加区分,各组分均可选用相同的标准态,使用相同的经验定律来讨论,则这种系统又称为混合物,同样也可分为气态混合物、液态混合物和固态混合物等类型。本书仍统称为溶液。

本章主要讨论非电解质溶液,而电解质溶液将在第 8 章中讨论。

溶液的组成可有多种表示方法。溶液系统的性质不因其组成表示方法的不同而改变,但用不同的组成表示方法时,描述系统性质的方式会有所不同。

1. 物质的摩尔分数

溶液中组分 B 的物质的量与总的物质的量之比为物质的摩尔分数(molar fraction) x_B,对二组分溶液,组分 B 的摩尔分数表达式为

$$x_B = \frac{n_B}{\sum n_i} = \frac{n_B}{n_A + n_B} \tag{3-1}$$

式中,x_B 为纯数,且与温度的变化无关。

2. 质量摩尔浓度

溶质 B 的物质的量与溶剂 A 的质量之比为质量摩尔浓度(molality) m_B(mol·kg^{-1}),表达式为

$$m_B = \frac{n_B}{W_A} \tag{3-2a}$$

式中,m_B 也与温度变化无关。其与 x_B 的关系为

$$x_B = \frac{n_B}{n_A + n_B} = \frac{m_B}{1/M_A + m_B} = \frac{m_B M_A}{1 + m_B M_A} \tag{3-2b}$$

对于极稀溶液有：$x_B \approx m_B M_A$。

3. 物质的量浓度

组分 B 的物质的量与溶液的体积之比为物质的量浓度(molarity) $c_B(\text{mol}\cdot\text{dm}^{-3})$，表达式为

$$c_B = \frac{n_B}{V} \tag{3-3a}$$

因此 c_B 与温度有关。若二组分溶液密度为 ρ，则 $\rho V = n_A M_A + n_B M_B$，因此有

$$c_B = \frac{\rho n_B}{n_A M_A + n_B M_B} \tag{3-3b}$$

式(3-1)和式(3-3b)相比可得

$$\frac{c_B}{x_B} = \frac{\rho(n_A + n_B)}{n_A M_A + n_B M_B} \tag{3-3c}$$

因此对于极稀溶液有

$$x_B = \frac{c_B M_A}{\rho}, \quad m_B = \frac{c_B}{\rho}$$

4. 物质的质量分数

组分 B 的质量与体系的总质量之比为组分 B 的质量分数 w_B。对二组分溶液有

$$w_B = \frac{W_B}{W_A + W_B} \tag{3-4}$$

式中，w_B 也与温度无关。

在讨论溶液体系的热力学问题时，组分的组成最好选用与温度无关的表示方法，这样可使问题相对简单。

3.2 稀溶液的两个经验定律

饱和蒸气压(简称蒸气压)是凝聚相的热力学性质，是指在一定温度下，凝聚相与其蒸气相两相平衡时蒸气相的压力。在溶液的蒸气压及其相关性质的研究结果中，有两个非常重要的经验定律：拉乌尔定律(Raoult)和亨利(Henry)定律。这两个经验定律虽然来自于经验总结，却是溶液热力学的理论基础。

3.2.1 拉乌尔定律

1887 年，法国化学家拉乌尔通过实验测定发现：在一定温度下，稀溶液中溶剂的蒸气压 p_A 与纯溶剂的蒸气压 p_A^* 及溶液中溶剂的摩尔分数 x_A 的关系为

$$p_A = p_A^* x_A \tag{3-5a}$$

式(3-5a)称为拉乌尔定律。适用于稀溶液中的溶剂或性质相似物质组成的溶液中的各组分,如理想溶液。

因为 $x_A<1$,形成溶液后,溶剂的蒸汽压都会下降。这可以定性解释为:若溶质和溶剂分子间相互作用的差异可以不计,且当溶质和溶剂形成溶液时各自的体积都没有变化($\Delta_{mix}V=0$),则由于在纯溶剂中加入溶质后减少了溶液单位体积和单位表面上溶剂分子的数目,因而也减少了单位时间内可能离开液相表面而进入气相的溶剂分子数目,以致溶剂与其蒸气在较低的蒸气压力下即可达到平衡,所以溶液中溶剂的蒸气压较纯溶剂的蒸气压为低。对于二组分稀溶液,溶剂蒸气压的下降值可表示为

$$\Delta p_A = p_A^*(1-x_A) = p_A^* x_B \tag{3-5b}$$

使用拉乌尔定律时必须注意,在计算溶剂的物质的量时,其摩尔质量应该用气态时的摩尔质量。例如,水都有缔合现象,但摩尔质量应以 $18.01\text{g}\cdot\text{mol}^{-1}$ 计算。

3.2.2 亨利定律

1803 年,英国化学家亨利发现:一定温度下,气体在液体中的溶解度(摩尔分数)与该气体的平衡分压成正比

$$p_B = k_{x,B} x_B \tag{3-6a}$$

式中,$k_{x,B}$ 为亨利常数,其数值取决于温度、压力及溶质和溶剂的性质,与压力有相同的量纲。

换言之:定温下,稀溶液中 B 组分的浓度 x_B,正比于与溶液平衡的蒸气中的分压 p_B。由于浓度的表示形式有多种,因此亨利定律有多种形式:

$$p_B = k_{x,B} x_B = k_{m,B} m_B = k_{c,B} c_B = k_{w,B} w_B \tag{3-6b}$$

显然,各亨利常数的数值和量纲均不相同。为了将各亨利常数的量纲统一,也为了实际应用方便,对亨利定律中的浓度项采用去量纲化处理,即将上式写为

$$p_B = k_{x,B} x_B = k_{m,B} \frac{m_B}{m^\ominus} = k_{c,B} \frac{c_B}{c^\ominus} = k_{w,B} \frac{w_B}{w^\ominus} \tag{3-6c}$$

式中,$m^\ominus$、$c^\ominus$、$w^\ominus$ 可称为参考态浓度。只要各参考态浓度的数值取 1,则式(3-6c)中常数与式(3-6b)中对应的常数具有相同的数值,但式(3-6c)中各亨利常数的量纲就相同了。式(3-6c)有时也简写为

$$p_B = k_m \frac{m_B}{m^\ominus} = k_m[B]_m \ ; \quad p_B = k_c \frac{c_B}{c^\ominus} = k_c[B]_c \ ; \quad p_B = k_w \frac{w_B}{w^\ominus} = k_w[B]_w$$

使用亨利定律时须注意以下几点:

(1) 式中的 p_B 是气体 B 在液面上达溶解平衡时的分压力。对于气体混合物,在总压力不大时,亨利定律能分别适用于每一种气体,可以近似认为与其他气体的分压无关。

(2) 溶质在气相和溶液中的分子状态需相同。例如,气体 HCl 溶于苯或其他有机溶剂时,在气相和液相中都是呈 HCl 的分子状态,符合亨利定律;但 HCl 溶于水时,由于其电离出 H^+ 和 Cl^-,这时亨利定律就不适用了。所以一般电解质溶液都不符合亨利定律。

(3) 大多数气体溶于水时,溶解度随温度的升高而降低,因此升高温度或减小气体的分压都能降低气体的溶解度,更能符合亨利定律。

双原子气体 H_2、N_2、O_2 等溶解于 Fe 或 Cu 等液态金属中一般呈单原子状态,这时亨利定律也不适用。这种情况下气体的平衡分压与溶液中原子态溶质浓度的平方成比例,即

$$p_B = k_c \left(\frac{c_B}{c^\ominus}\right)^2 = k_c [B]_c^2 \quad \text{或} \quad [B]_c = k'\sqrt{p_B} \tag{3-7}$$

式(3-7)称为西华特(Sievert)定律,又称溶解度平方根定律,在火法冶金领域有重要的应用。

【例 3-1】 在 273K 时,100kPa 的 $O_2(g)$ 在水中的溶解度为 $0.0449 dm^3 \cdot kg^{-1}$。试求:(1)273K 时 $O_2(g)$ 在水中溶解的亨利常数 k_x 及 k_m;(2)273K 时空气中的 $O_2(g)$ 在水中的溶解度(设忽略水蒸气压的影响)。

解 (1) 在 273K 的标准状态下,每摩尔气体体积为 $22.7 dm^3$,所以

$$x_{O_2} = \frac{0.0449 dm^3 \cdot kg^{-1} / 22.7 dm^3 \cdot mol^{-1}}{1/0.018 kg \cdot mol^{-1} + 0.0449 dm^3 \cdot kg^{-1} / 22.7 dm^3 \cdot mol^{-1}} = 3.56 \times 10^{-5}$$

$$k_x = \frac{p_{O_2}}{x_{O_2}} = \frac{100000 Pa}{3.56 \times 10^{-5}} = 2.81 \times 10^9 Pa$$

由于 $m_{O_2} = \dfrac{0.0449 dm^3 \cdot kg^{-1}}{22.7 dm^3 \cdot mol^{-1}} = 1.98 \times 10^{-3} mol \cdot kg^{-1}$,则

$$k_m = \frac{p_{O_2}}{m_{O_2}/m^\ominus} = \frac{100000 Pa}{1.98 \times 10^{-3}} = 5.05 \times 10^7 Pa$$

(2) 在空气中 $p'_{O_2} = 0.21 \times 101325 Pa$,所以

$$\frac{m'_{O_2}}{m^\ominus} = \frac{p'_{O_2}}{k_m} = \frac{0.21 \times 101325 Pa}{5.05 \times 10^7 Pa} = 4.21 \times 10^{-4}$$

即空气中氧气的溶解度为 $m'_{O_2} = 4.21 \times 10^{-4} mol \cdot kg^{-1}$。

3.3 理想溶液热力学

理想溶液的概念不仅在理论上有重要价值,而且有重要的实际意义。与理想气体不同,理想溶液是可实际存在的系统,如光学异构体的混合物、同位素的混合物、立体异构体的混合物等都可看作理想溶液。

3.3.1 理想溶液的定义及特征

若各组分能以任意比例互溶,且在全部组成范围内,体系中各组分均符合拉乌尔定律($p_i = p_i^* x_i$)的溶液称为理想溶液。

理想溶液与混合理想气体的概念有所不同。混合理想气体分子之间除弹性碰撞外,不考虑其他相互作用,且有 $(\partial U/\partial V)_T = 0$。而理想溶液(液态或固态)的分子间距离较小,不能忽略分子间的其他相互作用。理想溶液模型包括以下三点:①溶液中各组分的分子体积相近;②异种分子间的相互作用力与各同种分子间的相互作用力基本相等;③与之平衡的气相为理想气体。例如,同系物 C_6H_6 与 $C_6H_5CH_3$ 的混合体系,冶金领域的 Fe-Cr、Nd-Pr、Fe_2SiO_4-Mn_2SiO_4 等熔液体系都可近似当作理想溶液。

理想溶液各组分的蒸气压与组成的关系符合拉乌尔定律，所以在一定温度下的 p-x 图上均为直线，如图 3-1 中虚线所示。

溶液的蒸气压为

$$p = p_A + p_B = p_A^* x_A + p_B^* x_B = p_A^* + (p_B^* - p_A^*) x_B \tag{3-8}$$

在一定温度下，p_A^* 和 p_B^* 皆为定值，所以二元理想溶液的蒸气压 p 与 x_B 的关系也是一条直线。

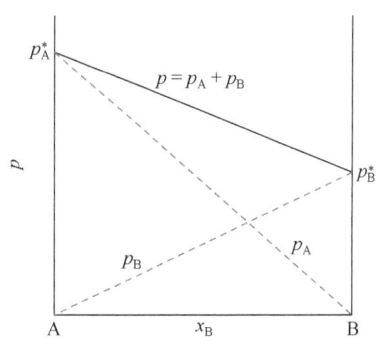

图 3-1 定温下理想溶液及各组分的蒸气压与溶液组成的关系

3.3.2 理想溶液中各组分的化学势

在一定温度和压强下，当理想溶液与其蒸气相平衡时，对其中的任意组分 i 有 $\mu_{i,\text{l}} = \mu_{i,\text{g}}$。由于蒸气为理想气体，则由式(2-42a)得

$$\mu_{i,\text{l}} = \mu_{i,\text{g}} = \mu_i^{\ominus}(T) + RT \ln \frac{p_i}{p^{\ominus}} \tag{3-9a}$$

将 $p_i = p_i^* x_i$ 代入上式可得

$$\mu_{i,\text{l}} = \mu_i^{\ominus}(T) + RT \ln \frac{p_i^*}{p^{\ominus}} + RT \ln x_i \tag{3-9b}$$

式(3-9b)右边的前两项就是式(2-50)，也就是在任意温度及压力下纯液态组分 i 的化学势 $\mu_i^*(T, p)$，因此，式(3-9b)可写为

$$\mu_i = \mu_i^*(T, p) + RT \ln x_i \tag{3-9c}$$

式(3-9)皆为理想溶液中任意组分 i 的化学势表达式，其中式(3-9c)可认为是理想溶液的热力学定义式。

由于 μ_i 是以 $(T, p, x_1, x_2, \cdots, x_C)$ 为特征变量的特性函数，因此，理想溶液中组分 i 的各种偏摩尔量都可由式(3-9c)来确定。然后理想溶液整体的各种容量性质由各组分的偏摩尔量按集合公式求出。其具体方法与第 2 章中关于混合理想气体的讨论完全相似。

作为式(3-9c)的应用之一，可以证明，对理想溶液，拉乌尔定律与亨利定律没有差别：在某温度及压力下，理想溶液与其气相达到平衡，则某组分 i 在两相中的化学势相等，$\mu_{i,\text{l}} = \mu_{i,\text{g}}$。其中 $\mu_{i,\text{l}}$ 由式(3-9c)表示，而 $\mu_{i,\text{g}}$ 由式(2-42a)表示，即

$$\mu_i^*(T, p) + RT \ln x_i = \mu_i^{\ominus}(T) + RT \ln \left(\frac{p_i}{p^{\ominus}} \right)$$

移项后得

$$\frac{p_i}{x_i p^{\ominus}} = \exp \left[\frac{\mu_i^*(T, p) - \mu_i^{\ominus}(T)}{RT} \right]$$

在确定的温度、压力下，等式右边为常数，令其等于 k_i，得 $p_i = x_i p^{\ominus} k_i = k_{x,i} x_i$，这就是亨利定律。因任意组分 i 在全部浓度范围内都能符合此式，故当 $x_i = 1$ 时，$k_{x,i} = p_i^*$，所以 $p_i = p_i^* x_i$，这就是拉乌尔定律。

也就是说，理想溶液中任一组分既符合拉乌尔定律，也符合亨利定律。

3.3.3 理想溶液混合热力学性质

对于理想溶液，其混合吉布斯自由能为

$$\Delta_{\text{mix}}G = G - G^* = \sum n_i \mu_i - \sum n_i \mu_i^* \tag{3-10a}$$

将式(3-9c)代入式(3-10a)得理想溶液的混合吉布斯自由能为

$$\Delta_{\text{mix}}G = RT\sum n_i \ln x_i \tag{3-10b}$$

对 1mol 理想溶液则有

$$\Delta_{\text{mix}}G_{\text{m}} = RT\sum x_i \ln x_i \tag{3-10c}$$

因 $0<x_i<1$，故 $\Delta_{\text{mix}}G_{\text{m}}<0$。可见在温度一定的条件下，由纯组分混合形成理想溶液的过程都是自动过程。式(3-10c)还表明，理想溶液的 $\Delta_{\text{mix}}G_{\text{m}}$ 是温度和组成的函数，与压力无关。因此

$$\left(\frac{\partial \Delta_{\text{mix}}G_{\text{m}}}{\partial p}\right)_{T,n_i} = \Delta_{\text{mix}}V_{\text{m}} = 0 \tag{3-10d}$$

即由纯组分混合形成理想溶液时，溶液体积与混合前纯组分的总体积相等。

将式(3-10c)代入 $\left(\dfrac{\partial \Delta_{\text{mix}}G_{\text{m}}}{\partial T}\right)_{p,n_i} = -\Delta_{\text{mix}}S_{\text{m}}$，得

$$\Delta_{\text{mix}}S_{\text{m}} = -R\sum x_i \ln x_i \tag{3-10e}$$

由此可见，理想溶液的混合熵与理想气体的混合熵有相同的计算公式。

而恒温恒压下理想溶液的混合焓为

$$\Delta_{\text{mix}}H_{\text{m}} = \Delta_{\text{mix}}G_{\text{m}} + T\Delta_{\text{mix}}S_{\text{m}} = 0 \tag{3-10f}$$

即恒温恒压下由纯组分液态混合形成理想溶液的过程没有混合热效应。

二组分理想溶液的混合热力学性质随摩尔分数的变化曲线中，$\Delta_{\text{mix}}G_{\text{m}}$ 和 $T\Delta_{\text{mix}}S_{\text{m}}$ 是两条对称的曲线，而 $\Delta_{\text{mix}}H_{\text{m}}$ 是一条水平线。二组分实际溶液的混合热力学性质则必然与此有偏差。图 3-2 所示为二组分实际溶液与理想溶液的混合热力学性质比较的具体实例。

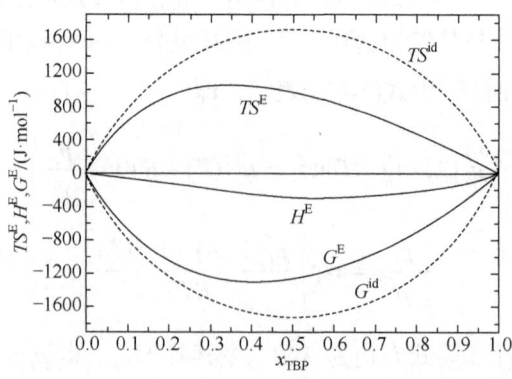

图 3-2 298K 时(TBP+甲醇)体系的 TS^{E}、H^{E}、G^{E} 与组成的关系
虚线为理想溶液；引自：物理化学学报，2007, 23(1): 124-128

3.3.4 杜安-马居尔公式*

在讨论溶液问题时，吉布斯-杜安方程具有非常重要的意义与作用。在此方程的基础上进一步延伸，即可得到杜安-马居尔(Duhem-Margules)公式。

在第 2 章中已经得到关于偏摩尔量的吉布斯-杜安方程，即式(2-21b)。因为化学势也是偏摩尔吉布斯自由能，必然符合吉布斯-杜安方程，因此有

$$\sum_{i=1}^{k} x_i \mathrm{d}\mu_i = 0 \tag{3-11a}$$

此式对任何均相系统都适用，表明了恒温恒压条件下均相系统中各组分化学势之间互为盈亏的关系。

因为溶液中的任意组分 i 的化学势为 $\mu_i = \mu_i^{\ominus} + RT\ln\left(\dfrac{p_i}{p^{\ominus}}\right)$，式中 p_i 是组分 i 在饱和蒸气相中的分压。

在恒温恒压条件下对上式微分得 $\mathrm{d}\mu_i = RT\mathrm{d}\ln p_i$，将其代入式(3-11a)得

$$\sum x_i \mathrm{d}\ln p_i = 0 \tag{3-11b}$$

由 A 和 B 形成的二组分溶液，即有 $x_A \mathrm{d}\ln p_A + x_B \mathrm{d}\ln p_B = 0$。在恒温及总压一定时，各组分分压仅与溶液组成有关，$\mathrm{d}\ln p_i = \left(\dfrac{\partial \ln p_i}{\partial x}\right)_{T,p} \mathrm{d}x$，代入上式得

$$x_A \left(\frac{\partial \ln p_A}{\partial x_A}\right)_{T,p} \mathrm{d}x_A + x_B \left(\frac{\partial \ln p_B}{\partial x_B}\right)_{T,p} \mathrm{d}x_B = 0 \tag{3-12a}$$

因 $\mathrm{d}x_A = -\mathrm{d}x_B$，故上式也可写为

$$x_A \left(\frac{\partial \ln p_A}{\partial x_A}\right)_{T,p} = x_B \left(\frac{\partial \ln p_B}{\partial x_B}\right)_{T,p} \tag{3-12b}$$

或

$$\left(\frac{\partial \ln p_A}{\partial \ln x_A}\right)_{T,p} = \left(\frac{\partial \ln p_B}{\partial \ln x_B}\right)_{T,p} \tag{3-12c}$$

或

$$\frac{x_A}{p_A}\left(\frac{\partial p_A}{\partial x_A}\right)_{T,p} = \frac{x_B}{p_B}\left(\frac{\partial p_B}{\partial x_B}\right)_{T,p} \tag{3-12d}$$

式(3-11)各式及式(3-12)各式都称为杜安-马居尔公式。其中式(3-12)各式表明了在恒温及总压一定时，两组分溶液中各组分的分压与溶液组成之间的关系。

由杜安-马居尔公式可知：

(1) 若组分 A 在某一浓度区间内符合拉乌尔定律，则在该浓度区间内组分 B 必符合亨利定律。大多数实验事实皆如此。

若 A 遵守拉乌尔定律，$p_A = p_A^* x_A$，则有 $\mathrm{d}\ln p_A = \mathrm{d}\ln x_A$，即 $\left(\dfrac{\partial \ln p_A}{\partial \ln x_A}\right)_{T,p} = 1$。根据式(3-12c)有 $\left(\dfrac{\partial \ln p_B}{\partial \ln x_B}\right)_{T,p} = 1$，即 $\mathrm{d}\ln p_B = \mathrm{d}\ln x_B$，将其积分得 $p_B = k_{x,B} x_B$，这就是亨利定律。

(2) 若在溶液中增加某组分的浓度，使其在气相中分压上升，则另一组分的分压一定下降。若 $\left(\dfrac{\partial p_A}{\partial x_A}\right)_{T,p}$ 为正，根据式(3-12d)，则 $\left(\dfrac{\partial p_B}{\partial x_B}\right)_{T,p}$ 一定为正。但 $dx_A = -dx_B$，一定有 $\left(\dfrac{\partial p_B}{\partial x_A}\right)_{T,p} < 0$，即 p_B 随 x_A 的增加而下降。大多数实验事实也皆是如此。

3.4 稀溶液热力学

在溶液热力学中，稀溶液的概念也具有重要的理论和实际意义。在某些教材中，稀溶液也称为理想稀溶液。

3.4.1 稀溶液的定义及组分的化学势

定义：溶剂符合拉乌尔定律，同时溶质符合亨利定律的溶液称为理想稀溶液，简称稀溶液。

对 A、B 二组分的溶液，若组分 A 在某一浓度范围内符合拉乌尔定律，则在该浓度范围内组分 B 一定符合亨利定律，反之亦然。这一结论最早是人们从经验事实中总结发现的，但实际上可由杜安-马居尔公式得到证明。

稀溶液的溶剂和溶质服从不同的规律，因此稀溶液各组分的化学势表达式也不尽相同。稀溶剂 A 因服从拉乌尔定律，其化学势与理想溶液中组分的化学势表示式相似，即

$$\mu_A = \mu_A^*(T,p) + RT\ln x_A \tag{3-13}$$

注意，式(3-13)与式(3-9c)仅是表达形式相似，其差别在于：式(3-9c)是理想溶液中任意组分的化学势表达式，其中 x_i 的定义域为[0,1]；而式(3-13)是稀溶液中溶剂 A 的化学势表达，其中 x_A 的定义范围为 $x_A \to 1$。

稀溶液中的溶质 B 服从亨利定律，则只要将亨利定律的表达式代入式(3-9a)，就可得到溶质化学势的表达式。但因亨利常数随浓度表达式不同而不同，故溶质 B 的化学势表达也有不同的形式。

(1) 若亨利定律取 $p_B = k_{x,B} x_B$ 形式，代入式(3-9a)得

$$\mu_{B,l} = \mu_B^{\ominus}(T) + RT\ln\dfrac{k_{x,B}}{p^{\ominus}} + RT\ln x_B \tag{3-14a}$$

令 $\mu_B^{\ominus}(T,p) = \mu_B^{\ominus}(T) + RT\ln\dfrac{k_{x,B}}{p^{\ominus}}$，则有

$$\mu_B = \mu_B^{\ominus}(T,p) + RT\ln x_B \tag{3-14b}$$

式(3-14b)只适用于 $x_A \to 1(x_B \to 0)$ 条件下的溶液，即稀溶液。式中 $\mu_B^{\ominus}(T,p)$ 是温度及压力的函数，不仅与溶质 B 本性有关，还与溶剂本性有关，因为它与亨利常数 $k_{x,B}$ 有关。当温度及压力一定时，对一定的稀溶液有确定的 $\mu_B^{\ominus}(T,p)$ 值。但要注意它不是同温度同压力下 $x_B \to 1$ 时(纯 B)的化学势。因为在 $x_B \to 1$ 时溶质 B 的蒸气压不再符合亨利定律。因此，在 $x_B \to 1$，同时又服从亨利定律的状态，是客观上不存在的假想状态(图 3-3 中点 H)，

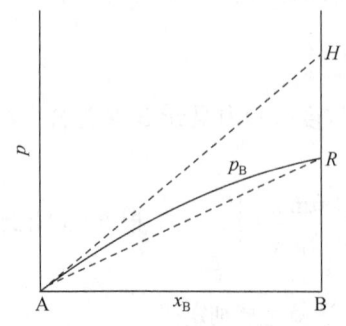

图 3-3　溶质 B 在溶液中的蒸气压

$\mu_B^\ominus(T,p)$ 就是该假想状态下的化学势，而纯 B 的化学势 $\mu_B^*(T,p)$ 应是点 R 代表的实际状态的化学势。

(2) 若亨利定律取 $p_B = k_{m,B}\dfrac{m_B}{m^\ominus}$ 形式，代入式(3-9a)得

$$\mu_B = \mu_B^\ominus(T) + RT\ln\left(k_{m,B}\dfrac{m_B}{m^\ominus p^\ominus}\right) \tag{3-14c}$$

令 $\mu_B^\square(T,p) = \mu_B^\ominus(T) + RT\ln(k_{m,B}/p^\ominus)$，则

$$\mu_B = \mu_B^\square(T,p) + RT\ln\dfrac{m_B}{m^\ominus} \tag{3-14d}$$

式中，$\mu_B^\square(T,p)$ 是 $m_B = m^\ominus$ 时溶质的化学势。通常取 $m^\ominus = 1\mathrm{mol\cdot kg^{-1}}$，实际溶液这时通常不符合亨利定律，所以 $\mu_B^\square(T,p)$ 也是假想状态的化学势。

(3) 同理，若以 $p_B = k_{c,B}\dfrac{c_B}{c^\ominus}$ 代入式(3-9a)，得

$$\mu_B = \mu_B^\triangle(T,p) + RT\ln\dfrac{c_B}{c^\ominus} \tag{3-14e}$$

式中，$\mu_B^\triangle(T,p)$ 是 $c_B = c^\ominus$ 时溶质仍符合亨利定律的状态下 B 的化学势，显然这也是假想状态的化学势。

(4) 若以 $p_B = k_{w,B}\dfrac{w_B}{w^\ominus}$ 代入式(3-9a)，得

$$\mu_B = \mu_B^\nabla(T,p) + RT\ln\dfrac{w_B}{w^\ominus} \tag{3-14f}$$

式中，$\mu_B^\nabla(T,p)$ 是 $w_B = w^\ominus$ 时溶质仍符合亨利定律的假想状态下 B 的化学势。

不难看出，稀溶液溶剂的化学势表达式(3-13)中的第一项所对应的状态是真实存在的纯溶剂状态；而稀溶液的溶质化学势表达式[式(3-14b)、式(3-14d)、式(3-14e)、式(3-14f)]中的第一项所对应的状态，都是假想的状态，可称为化学势的参考态，与系统的温度及压力有关。一般 $p \neq p^\ominus$，所以这些参考态都不一定处于标准态。而参考态化学势与标准态化学势的差别可由化学势随压力的变化关系 $\left(\dfrac{\partial \mu_i}{\partial p}\right)_{T,n} = V_i'$ 得到，如对于纯组分 B 有

$$\mu_B^*(T,p) = \mu_B^*(T,p^\ominus) + \int_{p^\ominus}^{p} V_{m,B}^* \mathrm{d}p$$

式中，$\mu_B^*(T,p^\ominus)$ 即为 B 组分在标准态下的化学势。

同理，对 $\mu_B^\square(T,p)$ 则有

$$\mu_B^\square(T,p) = \mu_B^\square(T,p^\ominus) + \int_{p^\ominus}^{p} V_B' \mathrm{d}p$$

式中，V_B' 为稀溶液中溶质 B 的偏摩尔体积；$\mu_B^\square(T,p^\ominus)$ 为假想标准态下的化学势。其他参考态化学势与标准态化学势间的关系也可进行类似的处理得到。

由于凝聚相中物质的偏摩尔体积本身就非常小，所以在一般压力(p 与 $p^\ominus$ 相差不大)下参考态与标准态的化学势在数值上十分相近。在实际应用中(如后面关于活度的测定与计算)常忽略这个差别。

需要指出，当溶液的状态一定时，溶质的化学势 μ_B 必为定值，它不会因溶质浓度的表示方法不同而改变。

3.4.2 稀溶液的混合热力学性质

由稀溶液的溶剂和溶质的化学势表示式，可以定性讨论稀溶液的混合热力学性质。

将式(3-13)和式(3-14b)代入式(3-10a)可求得两组分(A、B)稀溶液的混合吉布斯自由能

$$\Delta_{\text{mix}} G_m = x_B \left[\mu_B^\ominus(T,p) - \mu_B^*(T,p) \right] + RT \sum x_i \ln x_i \tag{3-15}$$

由于 $\mu_B^\ominus(T,p) \neq \mu_B^*(T,p)$，且两者的数值均无法得到，因此无法得到混合吉布斯自由能的具体数值。

根据热力学基本关系，可以定性地得到

$$\Delta_{\text{mix}} V_m = -\left(\frac{\partial \Delta_{\text{mix}} G_m}{\partial p} \right)_{T, n_i} \neq 0$$

同理有

$$\Delta_{\text{mix}} S_m = -\left(\frac{\partial \Delta_{\text{mix}} G_m}{\partial T} \right)_{p, n_i} = x_B \left(S_B' - S_{m,B}^* \right) - RT \sum x_i \ln x_i$$

式中，S_B' 为稀溶液中溶质组分 B 的偏摩尔熵；$S_{m,B}^*$ 为纯溶质组分 B 的摩尔熵。

$$\Delta_{\text{mix}} H_m = \Delta_{\text{mix}} G_m + T \Delta_{\text{mix}} S_m = x_B \left(H_B' - H_{m,B}^* \right) \neq 0$$

总之，稀溶液的各混合热力学性质难以计算得到具体数值。但其中的某些量如混合体积 $\Delta_{\text{mix}} V_m$ 及混合焓 $\Delta_{\text{mix}} H_m$ 等可通过实验测定。

3.4.3 稀溶液的依数性质

人们早就发现，在某确定的溶剂中加入溶质所形成的溶液，某些性质只与溶质的"数量"有关，而与溶质的本性无关。将这些性质称为溶液的依数性质。对于稀溶液，其依数性质表现得更为显著。稀溶液中的溶剂蒸气压 p_A 就是系统的一种依数性质，其大小或相对于纯溶剂的改变量 Δp_A 只与溶质的数量 x_B 有关(可由拉乌尔定律直接导出)。

由稀溶液中各组分的化学势，用适当的数学方法，就可以推导出稀溶液的依数性质(或其变化量)与其组成之间的定量关系。本节重点讨论稀溶液的凝固点、沸点及渗透压等几种依数性质。

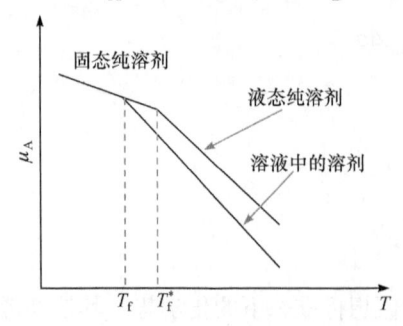

图 3-4 溶液凝固点下降示意图

1. 稀溶液的凝固点

若溶液凝固时的平衡固相为纯溶剂的固相，则溶液的凝固点相对于纯溶剂的凝固点必下降，这可用溶剂的化学势 μ_A 随温度的变化关系来解释，其示意图如图 3-4

所示。注意，因为 $\left(\dfrac{\partial \mu_A}{\partial T}\right)_p = -S_{m,A}$，无论是 A 的固态还是 A 的液态，其 S_m 都随温度升高而增大，并非定值，因此图中 μ_A 随温度的变化关系并非直线而是曲线，只是为了简单直观才画成直线(图 3-5 中也是如此)。

在纯物质的正常凝固点，固、液两相平衡共存，纯物质在两相的化学势相等，对应的温度即为其正常凝固点 T_f^*。对于稀溶液而言，若溶质只溶解于液态溶剂而不溶于固态溶剂时，少量溶质的存在使溶液中溶剂的化学势小于纯溶剂的化学势，只有在更低的温度下，才能与固态纯溶剂达到两相平衡。图 3-4 中 T_f^* 为纯溶剂的正常凝固点，T_f 为溶液的凝固点。

从理论上可导出凝固点降低值 $\Delta T_f = T_f^* - T_f$ 与溶液组成之间的定量关系。

假设压力为 p 时，溶液的凝固点为 T，在凝固点时溶液中溶剂 A 的化学势与固态纯溶剂 A 的化学势相等，即

$$\mu_{A,l}(T,p,x_A) = \mu_{A,s}^*(T,p) \tag{3-16a}$$

在恒压下，若溶液组成 x_A 发生微小变化 dx_A，必会引起溶液凝固点也相应地产生微小变化 dT，并重新建立两相平衡的条件，即

$$d\mu_{A,l}(T,p,x_A) = d\mu_{A,s}^*(T,p) \tag{3-16b}$$

因而

$$\left(\dfrac{\partial \mu_{A,l}}{\partial T}\right)_{p,x_A} dT + \left(\dfrac{\partial \mu_{A,l}}{\partial x_A}\right)_{p,T} dx_A = \left(\dfrac{\partial \mu_{A,s}^*}{\partial T}\right)_p dT$$

对于稀溶液的溶剂 $\mu_{A,l} = \mu_{A,l}^* + RT\ln x_A$，且 $\left(\dfrac{\partial \mu_A}{\partial T}\right)_{p,n_i} = -S_A'$，代入上式得

$$-S_{A,l}' dT + RT d\ln x_A = -S_{m,A,s}^* dT$$

式中，$S_{A,l}'$ 为稀溶液中溶剂 A 的偏摩尔熵，一般可认为近似等于其纯组分的摩尔熵，即 $S_{A,l}' \approx S_{m,A,l}^*$；又因为 $S_{A,l}' - S_{m,A,s} = S_{m,A,l}^* - S_{m,A,s}^* = \dfrac{H_{m,A,l}^* - H_{m,A,s}^*}{T} = \dfrac{\Delta_{fus}H_{m,A}}{T}$，代入上式得

$$d\ln x_A = \dfrac{\Delta_{fus}H_{m,A}}{RT^2} dT \tag{3-16c}$$

在温度变化不大时，纯溶剂的摩尔熔化焓 $\Delta_{fus}H_{m,A}$ 为定值，将式(3-16c)积分(注意积分限)可得

$$\ln x_A = -\dfrac{\Delta_{fus}H_{m,A}}{R}\left(\dfrac{1}{T_f} - \dfrac{1}{T_f^*}\right) \tag{3-16d}$$

因凝固点下降 $\Delta T_f = T_f^* - T_f$ 通常很小，故 $T_f^* T_f \approx (T_f^*)^2$，式(3-16d)可改写成

$$-\ln x_A = -\dfrac{\Delta_{fus}H_{m,A}}{R(T_f^*)^2}\Delta T_f \tag{3-16e}$$

因稀溶液中 x_B 很小，故有 $\ln x_A = \ln(1-x_B) \approx -x_B$，这样式(3-16e)变成

$$\Delta T_f = \dfrac{R(T_f^*)^2}{\Delta_{fus}H_{m,A}} x_B \tag{3-16f}$$

稀溶液中 $x_B \approx n_B / n_A = m_B M_A$，其中 M_A 为溶剂 A 的摩尔质量。若令

$$K_f = \frac{R(T_f^*)^2 M_A}{\Delta_{fus} H_{m,A}}$$

K_f 称为凝固点下降常数，可以看出，K_f 仅由纯溶剂的性质决定。例如，水的 $K_f=1.86 \mathrm{K \cdot mol^{-1} \cdot kg}$。一般来说，液态金属的 K_f 值较大，因此少量杂质也能使金属熔点下降很多。这样式(3-16f)可写成

$$\Delta T_f = K_f m_B \tag{3-16g}$$

由式(3-16g)可见，稀溶液的凝固点降低与溶质的浓度成正比，和溶质的本性无关。由于推导时并未涉及溶质能否挥发，所以式(3-16g)对于挥发性及非挥发性溶质均适用，但只限于析出固相为纯 A 的情况。

式(3-16g)可用于测定溶质的摩尔质量。对一定的溶剂其 K_f 为已知，称取一定质量 W_B 的溶质溶于溶剂中，实验测出 ΔT_f 之后便可求出 m_B，而 $m_B = W_B/(M_B W_A)$，根据实验中所用的溶剂和溶质的质量 W_A 和 W_B，即可计算 M_B。要更准确测定 M_B 时，需要测定几个不同浓度的 ΔT_f，按式(3-16g)计算 M_B，然后以 M_B 对 m_B 作图，外推至 $m \to 0$ 处即得 M_B。

溶质摩尔质量的实测值与理论值对非电解质溶液而言通常比较一致。但对于电解质溶液，由于电离使质点数增多，实测值常大于式(3-16g)的计算值。以熔盐电解质为例，在熔盐中由于电离，每一个溶质分子产生 ν 个与溶剂不相同的离子时，ν 个离子均独立起降低溶液凝固点的作用，其凝固点降低 ΔT_f 应为

$$\Delta T_f = \nu K_f m_B \tag{3-16h}$$

例如，以熔融 $NaNO_3$ 为溶剂，分别加入一定量的 $NaCl$(产生一个与溶剂不同的离子 Cl^-，$\nu=1$)和一定量的 $BaCl_2(\nu=3)$，实测 ΔT_f 值后按式(3-16h)计算 ν 值分别为 1 和 3，这表明 $NaCl$ 和 $BaCl_2$ 在 $NaNO_3$ 熔体中皆完全电离。若分别加入一定量的 $PbCl_2(\nu=3)$ 和一定量的 $CdCl_2(\nu=3)$，在 $x_B > 0.01$ 时，实测 ΔT_f 后按式(3-16h)计算 ν 值介于 1~3 之间，这表明 $PbCl_2$ 和 $CdCl_2$ 在 $NaNO_3$ 熔体中没有完全电离，或可能已电离出的离子又部分发生了缔合，事实上，其他实验也已证明此类熔体中有 $PbCl_4^{2-}$、$CdCl_4^{2-}$ 等配位离子存在。

【例 3-2】 将 $0.031 \mathrm{kg}$ $BaSO_4$ 溶解在 $0.125 \mathrm{kg}$ $NaCl$ 熔体中，$NaCl$ 的凝固点下降 $37.2 \mathrm{K}$。已知 $NaCl$ 的 $K_f = 19.7 \mathrm{K \cdot mol^{-1} \cdot kg}$，求 $BaSO_4$ 在熔体中的摩尔质量和电离度。

解 按实验测定结果计算，有

$$M_B' = \frac{W_B K_f}{W_A \Delta T_f} = \frac{0.031 \mathrm{kg} \times 19.7 \mathrm{K \cdot mol^{-1} \cdot kg}}{0.125 \mathrm{kg} \times 37.2 \mathrm{K}} = 0.131 \mathrm{kg \cdot mol^{-1}}$$

按相对原子质量计算 $BaSO_4$ 的摩尔质量为 $M_B = 0.233 \mathrm{kg \cdot mol^{-1}}$，所以

$$\frac{M_B}{M_B'} = \frac{0.233}{0.131} = 1.78$$

若 $BaSO_4$ 在 $NaCl$ 熔体中完全电离，则 $\nu = 2$。

本题计算结果 $\nu = 1.78$，表明 $BaSO_4$ 没有完全电离。设电离度为 α，则 1mol $BaSO_4$ 电离后剩余 $(1-\alpha)$ mol，产生 Ba^{2+} 和 SO_4^{2-} 各为 α mol，合计 $(1-\alpha) + 2\alpha = 1.78$，因此 $\alpha = 0.78$。

若析出的固相不是纯溶剂 A，而是含有溶质 B 的固溶体，则推导就从 $d\mu_{A,l}(T,p,x_{A,l}) = d\mu_{A,s}(T,p,x_{A,s})$ 出发，得到稀溶液凝固点变化的公式：

$$\Delta T_{\mathrm{f}} = T_{\mathrm{f}}^* - T_{\mathrm{f}} = \frac{RT_{\mathrm{f}}^* \cdot T_{\mathrm{f}}}{\Delta_{\mathrm{fus}} H_{\mathrm{m,A}}} \ln \frac{x_{\mathrm{A,s}}}{x_{\mathrm{A,l}}} \approx \frac{R\left(T_{\mathrm{f}}^*\right)^2}{\Delta_{\mathrm{fus}} H_{\mathrm{m,A}}} \ln \frac{x_{\mathrm{A,s}}}{x_{\mathrm{A,l}}} \tag{3-17}$$

式中，$x_{\mathrm{A,l}}$ 和 $x_{\mathrm{A,s}}$ 分别为溶剂在液相和固相溶体中的摩尔分数。由此可见，溶液中析出的固相为固溶体时，则凝固点可能上升也可能下降：若 $x_{\mathrm{A,l}} > x_{\mathrm{A,s}}$，溶剂在液态溶液中的浓度大于在固溶体中的浓度，则 $\Delta T_{\mathrm{f}} < 0$，凝固点上升；反之若 $x_{\mathrm{A,l}} < x_{\mathrm{A,s}}$，则 $\Delta T_{\mathrm{f}} > 0$，凝固点下降。

2. 稀溶液的沸点

当液体与其蒸气达到两相平衡而蒸气压等于外压时的温度为液体的沸点。对于含有非挥发性溶质的溶液，则平衡气相为纯溶剂的气相，则溶液的沸点相对于纯溶剂的沸点一定上升，这也可用溶剂的化学势 μ_{A} 随温度的变化关系来解释，其示意图如图 3-5 所示。

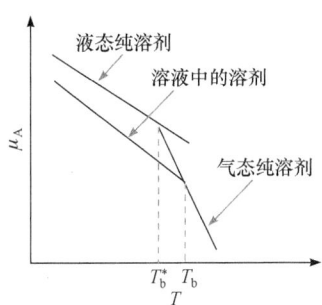

图 3-5 溶液沸点上升示意图

对于含有非挥发性溶质的稀溶液，在液-气两相平衡时，有 $\mu_{\mathrm{A,l}}(T,p,x_{\mathrm{A}}) = \mu_{\mathrm{A,g}}(T,p)$。由此出发，与推导凝固点下降公式相似，可以导出下列沸点升高公式：

$$-\ln x_{\mathrm{A}} = -\frac{\Delta_{\mathrm{vap}} H_{\mathrm{m,A}}}{R\left(T_{\mathrm{b}}^*\right)^2}\left(T_{\mathrm{b}} - T_{\mathrm{b}}^*\right) \tag{3-18a}$$

$$\Delta T_{\mathrm{b}} = \frac{R\left(T_{\mathrm{b}}^*\right)^2 M_{\mathrm{A}}}{\Delta_{\mathrm{vap}} H_{\mathrm{m,A}}} m_{\mathrm{B}} = K_{\mathrm{b}} m_{\mathrm{B}} \tag{3-18b}$$

上两式中 $\Delta_{\mathrm{vap}} H_{\mathrm{m,A}}$ 为纯溶剂 A 的摩尔蒸发焓，$\Delta T_{\mathrm{b}} = T_{\mathrm{b}} - T_{\mathrm{b}}^*$ 为溶液的沸点与纯溶剂的沸点之差，称为沸点升高。K_{b} 为溶剂的沸点升高常数，如水的沸点升高常数为 $K_{\mathrm{b}} = 0.513 \mathrm{K \cdot mol^{-1} \cdot kg}$。

若溶质为挥发性溶质，意味着与之平衡的气相也为混合物(或称气态溶液)，则从 $\mu_{\mathrm{A,l}}(T,p,x_{\mathrm{A}}) = \mu_{\mathrm{A,g}}(T,p,y_{\mathrm{A}})$ 出发，可推导出沸点变化的公式为

$$\Delta T_{\mathrm{b}} = T_{\mathrm{b}} - T_{\mathrm{b}}^* = \frac{RT_{\mathrm{b}}^* \cdot T_{\mathrm{b}}}{\Delta_{\mathrm{vap}} H_{\mathrm{m,A}}} \ln \frac{y_{\mathrm{A}}}{x_{\mathrm{A}}} \approx \frac{R\left(T_{\mathrm{b}}^*\right)^2}{\Delta_{\mathrm{vap}} H_{\mathrm{m,A}}} \ln \frac{y_{\mathrm{A}}}{x_{\mathrm{A}}} \tag{3-19}$$

式中，x_{A} 和 y_{A} 分别为溶剂 A 在溶液相和气相中的组成。若 $x_{\mathrm{A}} < y_{\mathrm{A}}$，则稀溶液沸点升高；若 $x_{\mathrm{A}} > y_{\mathrm{A}}$，则稀溶液的沸点下降。这种情况在两组分气-液平衡相图上能直观地表现出来。

3. 稀溶液的渗透压

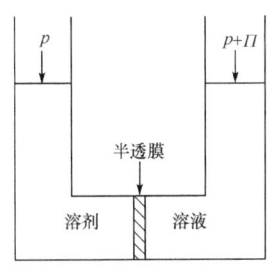

图 3-6 渗透压示意图

在如图 3-6 所示的装置中，若取相同体积的纯溶剂 A 和稀溶液置于半透膜两边，其中半透膜允许溶剂 A 分子通过而不允许溶质分子通过。由于溶液中溶剂的化学势小于纯溶剂的化学势，因此溶剂分子能通过半透膜进入溶液，从而使溶液的液面升高，这种现象称为渗透现象。当溶液液面不再改变时就达到了渗透平衡。注意在渗透平衡时，两相的压力不相等，这是系统不满足力平衡但也能达到热力学平衡的一个特例。

显然，在溶液上方施加压力可以阻止溶剂分子的渗透。为阻止溶剂分子的渗透需在溶液上方施加额外压力 $\varPi$，称为稀溶液的渗透压。

在一定温度下渗透平衡时，半透膜两边溶剂 A 的化学势相等，即 $\mu_A(T,p+\varPi,x_A)=\mu_A^*(T,p)$。由此出发，考虑到稀溶液中溶剂 A 的化学势随压力的变化，可以导出关于稀溶液渗透压 $\varPi$ 的公式

$$\varPi V_A' = -RT \ln x_A \tag{3-20a}$$

式中，V_A' 为溶液中溶剂 A 的偏摩尔体积。在稀溶液中 $V_A' \approx V_{m,A}$，溶液体积 $V \approx n_A V_{m,A}$，又 $-\ln x_A \approx x_B \approx n_B/n_A$，故式(3-20a)可近似写成

$$\varPi V = n_B RT \tag{3-20b}$$

溶质的浓度越小，即溶液越稀，式(3-20)越正确。

渗透现象在生物学中十分重要。生物体内广泛存在各种渗透现象，植物靠根部细胞膜的渗透作用而从土壤中吸收水分等。

如果把溶液上方的压强增至 $p+\varPi$ 以上，则溶液中溶剂的化学势就变得比纯溶剂的化学势大，因而溶剂分子会从溶液通过半透膜进入纯溶剂中，这种现象称为反渗透。根据这个原理，采用耐高压的半透膜，就可以用于制作海水淡化装置或用于工业废水的净化装置。

3.5 实际溶液与活度

3.5.1 实际溶液的特点

实际溶液是指在组成上超出了稀溶液的范围，既不符合稀溶液规律，也不符合理想溶液规律的溶液。也就是说，实际溶液中各组分既对拉乌尔定律有偏差，也对亨利定律有偏差。这种偏差要么是正偏差，要么是负偏差。

实际溶液中某组分对拉乌尔定律出现正偏差时，有 $p_i > p_i^* x_i$，即蒸气压大于计算值。若各组分都对拉乌尔定律呈现正偏差，则溶液整体对理想溶液呈现正偏差，如图 3-7 中的曲线 a 所示。对于 A 和 B 两组分的实际溶液，一般当异种分子间的吸引力小于同种分子间的吸引力或形成溶液时伴随有纯组分缔合分子的离解等现象时，溶液就会呈现正偏差，如图 3-7 中的曲线 a 所示。呈现正偏差的系统常伴随 $\Delta_{mix}V_m > 0$ 及 $\Delta_{mix}H_m > 0$ 的结果，如 Fe-Cu 熔液系统及 Sn-Tl 熔液系统等。

实际溶液中某组分对拉乌尔定律出现负偏差时，有 $p_i < p_i^* x_i$，蒸气压小于计算值。若各组分都对拉乌尔定律呈现负偏差，则溶液整体对理想溶液呈现负偏差。对于 A 和 B 两组分形成的实际溶液，一般当异种分子间的吸引力大于同种分子间的吸引力或形成溶液时伴随有缔合度增大等现象时，溶液就会呈现负偏差，如图 3-7 中的曲线 b 所示。呈现负偏差的系统常伴随 $\Delta_{mix}V_m < 0$ 及 $\Delta_{mix}H_m < 0$ 的结果，如 Fe-Ni 熔液系统及 Fe-Si 熔液系统等。

对于两组分的实际溶液，热力学理论并不排除某组分对拉乌尔定律产生正偏差，而另一组分对拉乌尔定律产生负偏差，从而使得溶液整体呈现较小偏差甚至零偏差的情况；也不排除某组分在一定浓度范围内对拉乌尔定律产生正偏差，而在另外浓度范围内对拉乌尔定律产生负偏差的情况。有兴趣者可参阅有关专著和文献。

必须指出上述关于实际溶液对理想溶液的偏差的讨论，均是指在确定的温度条件下。若改变温度，各组分的蒸气压随之而变，但变化的程度将由组分的本性决定。因而实际溶液中，各组分对理想溶液偏差的程度也随着体系温度的改变而不同。

实际溶液中的某溶质组分 B 相对于亨利定律也会产生正偏差或负偏差，分别如图 3-8 中的曲线 b 和曲线 a 所示。但不能说溶液整体对亨利定律呈现正偏差或负偏差，因为实际溶液中的溶剂不适合用亨利定律处理。

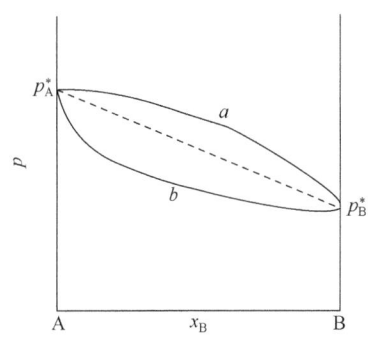
图 3-7 实际溶液对理想溶液的偏差

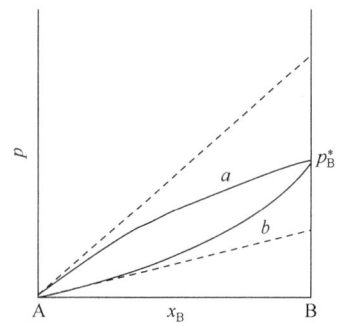
图 3-8 实际溶液对稀溶液的偏差

3.5.2 活度的概念

1. 活度及活度因子的定义

实际溶液中某组分 i 既不符合拉乌尔定律，也不符合亨利定律，因而其化学势既不能用理想溶液中 i 的化学势表达，也不能用稀溶液中溶质组分 B 的化学势表达。为了让实际溶液中某组分 i 的化学势表达式具有与理想溶液或稀溶液相类似的形式，路易斯仿照气体逸度的概念，提出了相对活度(简称活度)的概念。也就是说，提出活度概念的目的是修正实际溶液中某组分 i 的化学势对理想溶液或稀溶液的偏差。因此活度的定义有两种，分别对应于对理想溶液的修正和对稀溶液的修正(本质上分别对应于对拉乌尔定律的修正和对亨利定律的修正)。

活度定义 I：实际溶液中任意组分 i 的活度 a_i 定义为

$$a_i = \exp\left[\frac{\mu_i(T,p,x_C) - \mu_i^*(T,p)}{RT}\right] \tag{3-21a}$$

式中，$\mu_i(T,p,x_C)$ 为实际溶液中 i 组分的化学势；$\mu_i^*(T,p)$ 为纯 i 的化学势，也就是理想溶液中 i 组分化学势表达式(3-9c)中的第一项。

按定义(3-21a)，则实际溶液中 i 组分的化学势自然就为

$$\mu_i(T,p,x_C) = \mu_i^*(T,p) + RT\ln a_i \tag{3-21b}$$

式(3-21a)及式(3-21b)本质相同，都属于活度定义 I 的定义式。

定义相应活度因子

$$\gamma_i = \frac{a_i}{x_i} \tag{3-21c}$$

则有

$$\mu_i(T,p,x_C) = \mu_i^*(T,p) + RT\ln a_i = \mu_i^*(T,p) + RT\ln(\gamma_i x_i) \tag{3-21d}$$

显然，活度因子 γ_i 是实际溶液中 i 组分的化学势与理想溶液偏离程度的度量，$\gamma_i = 1$ 即为理想溶液，$\gamma_i \neq 1$ 即为实际溶液。$\gamma_i > 1$ 为正偏差，$\gamma_i < 1$ 为负偏差。

活度及活度因子都是量纲为一的相对值，因此，要得到在某状态下溶液中组分的活度及活度因子的具体数值，还需要给它们选定相应的参考态。毫无疑问，选择相应 $a_i = 1$ 所对应的状态，以及 $\gamma_i = 1$ 所对应的状态为参考态，可使问题变得比较简单。

由以上分析可见，一种活度的定义包括两个部分：活度及活度因子的定义式；活度及活度因子参考态的选择。

对于活度定义 I：处于任意温度及压强下的纯组分 i，其活度及活度因子就等于 1。因此，纯组分 i 就是其活度的参考态，也是其活度因子的参考态。注意，纯组分 i 同时也是其化学势的参考态。

若实际溶液中的各组分不区分为溶剂和溶质，而是用同样的规律(拉乌尔定律)来处理，则必须采用活度定义 I。

若将实际溶液的各组分区分为溶剂和溶质，则溶剂的活度采用活度定义 I，而溶质的活度则需采用活度定义 II。

活度定义 II：实际溶液中任意溶质组分 B 的活度 a_B 定义为

$$a_B = \exp\left[\frac{\mu_B(T,p,x_C) - \mu_B(\text{hyp},T,p)}{RT}\right], \quad 活度因子\, \gamma_B = \frac{a_B}{\text{无量纲浓度项}} \quad (3\text{-}22\text{a})$$

式中，$\mu_B(\text{hyp},T,p)$ 为稀溶液中溶质 B 组分采用不同浓度表示方法时其化学势表达式[式(3-14b)、式(3-14d)、式(3-14e)，式(3-14f)]中的第一项，也就是组分 B 在各假想状态下的化学势。具体就是：

1) 当 B 的浓度用 x_B 表示时

$$a_{B,x} = \exp\left[\frac{\mu_B(T,p,x_C) - \mu_B^{\ominus}(\text{hyp},T,p)}{RT}\right], \quad \gamma_{B,x} = \frac{a_B}{x_B}, \quad 且\, \lim_{x_B \to 0}(\gamma_{B,x}) = 1 \quad (3\text{-}22\text{b})$$

式(3-22b)表明活度的参考态是 $x_B = 1$ 时仍能服从亨利定律的那个假想状态，与相应化学势的参考态相同；而活度因子 $\gamma_{B,x}$ 的参考态是 $x_B \to 0$ 的状态，也就是无限稀薄溶液，这是无限接近于真实存在的状态。组分 B 的化学势则为

$$\mu_B(T,p,x_C) = \mu_B^{\ominus}(\text{hyp},T,p) + RT\ln a_{B,x} = \mu_B^{\ominus}(\text{hyp},T,p) + RT\ln(\gamma_{B,x}x_B) \quad (3\text{-}22\text{c})$$

2) 当 B 的浓度用 m_B 表示时

$$a_{B,m} = \exp\left[\frac{\mu_B(T,p,x_C) - \mu_B^{\square}(\text{hyp},T,p)}{RT}\right], \quad \gamma_{B,m} = \frac{a_B}{m_B/m^{\ominus}}, \quad 且\, \lim_{m_B \to 0}(\gamma_{B,m}) = 1 \quad (3\text{-}22\text{d})$$

式(3-22d)表明活度的参考态是 $m_B = m^{\ominus} = 1\text{mol}\cdot\text{kg}^{-1}$ 时仍能服从亨利定律的假想状态，与相应化学势的参考态相同；而活度因子 $\gamma_{B,m}$ 的参考态是 $m_B \to 0$ 的状态，也就是无限稀薄溶液，这是无限接近于真实存在的状态。组分 B 的化学势则为

$$\mu_B(T,p,x_C) = \mu_B^{\square}(\text{hyp},T,p) + RT\ln a_{B,m} = \mu_B^{\square}(\text{hyp},T,p) + RT\ln(\gamma_{B,m}m_B/m^{\ominus}) \quad (3\text{-}22\text{e})$$

3) 当 B 的浓度用 c_B 表示时

$$a_{B,c} = \exp\left[\frac{\mu_B(T,p,x_C) - \mu_B^{\triangle}(\text{hyp},T,p)}{RT}\right], \quad \gamma_{B,c} = \frac{a_B}{c_B/c^{\ominus}}, \quad 且\, \lim_{c_B \to 0}(\gamma_{B,c}) = 1 \quad (3\text{-}22\text{f})$$

式(3-22f)表明活度的参考态是 $c_B = c^\ominus = 1\text{mol} \cdot \text{dm}^{-3}$ 时仍能服从亨利定律的假想状态,与相应化学势的参考态相同;而活度因子 $\gamma_{B,c}$ 的参考态是 $c_B \to 0$ 的状态,也就是无限稀薄溶液,这是无限接近于真实存在的状态。组分 B 的化学势则为

$$\mu_B(T,p,x_C) = \mu_B^\triangle(\text{hyp},T,p) + RT\ln a_{B,c} = \mu_B^\triangle(\text{hyp},T,p) + RT\ln(\gamma_{B,c} c_B / c^\ominus) \quad (3\text{-}22\text{g})$$

4) 当 B 的浓度用质量分数 w_B 表示时

$$a_{B,w} = \exp\left[\frac{\mu_B(T,p,x_C) - \mu_B^\triangledown(\text{hyp},T,p)}{RT}\right], \quad \gamma_{B,w} = \frac{a_B}{w_B / w^\ominus}, \quad \text{且} \lim_{w_B \to 0}(\gamma_{B,w}) = 1 \quad (3\text{-}22\text{h})$$

式(3-22h)表明活度的参考态是 $w_B = w^\ominus = 1\%$ 时仍能服从亨利定律的假想状态,与相应化学势的参考态相同;而活度因子 $\gamma_{B,w}$ 的参考态是 $w_B \to 0$ 的状态,也就是无限稀薄溶液,这是无限接近于真实存在的状态。组分 B 的化学势则为

$$\mu_B(T,p,x_C) = \mu_B^\triangledown(\text{hyp},T,p) + RT\ln a_{B,w} = \mu_B^\triangledown(\text{hyp},T,p) + RT\ln(\gamma_{B,w} w_B / w^\ominus) \quad (3\text{-}22\text{i})$$

注意,实际溶液中溶质 B 组分的活度及活度因子的数值会因浓度的表示方法不同而不同,但其化学势的绝对值是相同的。

活度及活度因子是针对实际溶液中某组分而言的,但它们都是系统的强度性质,是与系统的温度、压力、组成有关的函数。

2. 两种活度定义的本质

活度定义 I 的本质是对拉乌尔定律的修正,即用活度代替浓度,仍能满足拉乌尔定律:$p_i = p_i^* a_i$ 或 $a_i = p_i / p_i^*$。从此意义上讲,活度相当于校正浓度。相应的活度因子则为 $\gamma_i = a_i / x_i$,也就是对拉乌尔定律偏差程度的度量。

活度定义 II 的本质是对亨利定律的修正,即对溶质 B 用活度代替浓度项,仍能满足亨利定律:$p_B = k_B a_B$ 或 $a_B = p_B / k_B$。相应的活度因子则为 $\gamma_B = a_B /$ 浓度项,也就是溶质组分对亨利定律偏差程度的度量。因亨利定律随浓度的表示形式不同而不同,所以按活度定义 II 所得的活度及活度因子也将随之不同,具体依浓度表示法不同分别为

$$a_{B,x} = \frac{p_B}{k_{B,x}} = \gamma_{B,x} x_B \qquad \lim_{x_B \to 0} \gamma_{B,x} = 1$$

$$a_{B,m} = \frac{p_B}{k_{B,m}} = \gamma_{B,m} \frac{m_B}{m^\ominus} \qquad \lim_{m_B \to 0} \gamma_{B,m} = 1$$

$$a_{B,c} = \frac{p_B}{k_{B,c}} = \gamma_{B,c} \frac{c_B}{c^\ominus} \qquad \lim_{c_B \to 0} \gamma_{B,c} = 1$$

$$a_{B,w} = \frac{p_B}{k_{B,w}} = \gamma_{B,w} \frac{w_B}{w^\ominus} \qquad \lim_{w_B \to 0} \gamma_{B,w} = 1$$

【例 3-3】 对 Cd-Sn 合金融熔液,测得在 955K 时 Cd 的蒸气压值如下表所示。

w_{Cd}	1%	20%	40%	60%	80%	100%
x_{Cd}	0.0106	0.21	0.42	0.61	0.81	1.00
p_{Cd}/kPa	0.80	14.66	24.00	30.66	32.66	33.33

求 Cd 在合金融熔液中的活度和活度因子。

解 (1) 按第 I 种活度定义，纯 Cd 为活度及活度因子的参考态，且当 $x_{Cd}=1$ 时，$p_{Cd}^*=33.33\text{kPa}$，所以有 $a_{Cd}=p_{Cd}/p_{Cd}^*$ 及 $\gamma_{Cd}=a_{Cd}/x_{Cd}$。代入相应数据计算得如下结果。

x_{Cd}	0.0106	0.21	0.42	0.61	0.81	1.00
a_{Cd}	0.024	0.44	0.72	0.92	0.98	1.00
γ_{Cd}	2.26	2.09	1.71	1.51	1.21	1.00

(2) 按第 II 种活度定义，$w_{Cd}=1\%$ 仍符合亨利定律的假想状态为活度参考态，而活度因子的参考态则为 $w_{Cd}\to 0$ 的状态。而且 $a_{Cd,w}=p_{Cd}/k_{w,Cd}$，$\gamma_{Cd,w}=\dfrac{p_{Cd}}{k_{w,Cd}}\times\dfrac{w^{\ominus}}{w_{Cd}}$，因此，需知道亨利常数 $k_{w,Cd}$。可用外推法求 $k_{w,Cd}$：即以 $\dfrac{p_{Cd}}{w_{Cd}}$ 对 w_{Cd} 作图，外推到 $w_{Cd}\to 0$，则 $\left[\dfrac{p_{Cd}}{w_{Cd}}\right]_{w_{Cd}\to 0}=k_{w,Cd}$。本例中，稀溶液范围内的数据不多，难以作图外推。若将其估算为 $k_{w,Cd}=0.805\text{kPa}$，则可按上式计算活度及活度因子，可得如下结果。

w_{Cd}	1%	20%	40%	60%	80%	100%
a_{Cd}	0.99	18.2	29.8	38.1	40.6	41.4
γ_{Cd}	0.99	0.91	0.75	0.64	0.51	0.41

由计算结果可见：在 $w_{Cd}=1\%$ 的实际状态，无论是按活度定义 I，还是按活度定义 II，其活度及活度因子都不为 1，这是因为它既不是活度的参考态，也不是活度因子的参考态。

以上计算结果也表明，选择不同的活度定义时，活度及活度因子的值不相同。在本例中，熔液中 Cd 组分对拉乌尔定律产生正偏差(按定义 I，$\gamma_{Cd}>1$)，而对亨利定律产生负偏差(按定义 II，$\gamma_{Cd}<1$)。

3.5.3 实际溶液混合热力学性质

有了活度的概念后，再来讨论实际溶液的混合热力学性质。若实际溶液各组分都采用活度定义 I，则在恒温恒压下由各纯组分混合成实际溶液，其吉布斯自由能变化为

$$\Delta_{\text{mix}}G=RT\sum n_i\ln a_i \quad \text{或} \quad \Delta_{\text{mix}}G_{\text{m}}=RT\sum x_i\ln a_i \tag{3-23a}$$

其他混合热力学为

$$\Delta_{\text{mix}}S_{\text{m}}=-\left(\dfrac{\partial \Delta_{\text{mix}}G_{\text{m}}}{\partial T}\right)_p=-R\sum x_i\ln a_i-RT\sum x_i\ln\left(\dfrac{\partial \ln a_i}{\partial T}\right)_p \tag{3-23b}$$

$$\Delta_{\text{mix}}V_{\text{m}}=\left(\dfrac{\partial \Delta_{\text{mix}}G_{\text{m}}}{\partial p}\right)_T=RT\sum x_i\ln\left(\dfrac{\partial \ln a_i}{\partial p}\right)_T \tag{3-23c}$$

及

$$\Delta_{\text{mix}}H_{\text{m}}=-RT^2\sum x_i\ln\left(\dfrac{\partial \ln a_i}{\partial T}\right)_p \tag{3-23d}$$

实际溶液也存在依数性质,只是不符合前述关于稀溶液依数性的各公式。但若在推导过程开始就以组分活度取代组分浓度,则可推得

$$\left.\begin{aligned} \Delta p_A &= p_A^*(1-a_A) \\ \Delta T_f &= -\frac{RT_f^* \cdot T_f}{\Delta_{fus}H_m(A)}\ln a_A \\ \Delta T_b &= -\frac{RT_b^* \cdot T_b}{\Delta_{vap}H_m(A)}\ln a_A \\ \Pi &= -\frac{RT}{V_m(A)}\ln a_A \end{aligned}\right\} \quad (3\text{-}24)$$

此时因 $a_A \ne 1 - a_B$,所以上面各式的对数项均不能再简化了。

3.5.4 活度及活度因子的测定与求算

1. 溶液中各组分活度的相互关系

对于 A 和 B 组成的二组分溶液,在 T、p 一定时,吉布斯-杜安方程为 $x_A d\mu_A + x_B d\mu_B = 0$ 或 $x_A d\ln a_A + x_B d\ln a_B = 0$,因此有

$$d\ln a_A = -\frac{x_B}{x_A}d\ln a_B \quad (3\text{-}25a)$$

因为 $x_A + x_B = 1$,$dx_A = -dx_B$,所以 $d\ln x_A = -\frac{x_B}{x_A}d\ln x_B$,代入得

$$d\ln\frac{a_A}{x_A} = -\frac{x_B}{x_A}d\ln\frac{a_B}{x_B} \quad 或 \quad d\ln\gamma_A = -\frac{x_B}{x_A}d\ln\gamma_B \quad (3\text{-}25b)$$

若已知二组分溶液中 B 组分的活度或活度因子(或它们的函数表达式),则可根据式(3-25a)及式(3-25b)求另一个组分 A 的活度或活度因子(或它们的函数表达式),反之亦然。在运用这两个公式时需要注意的是,A、B 两组分的活度需采用活度定义 I。

式(3-25a)及式(3-25b)还可以检验热力学数据的一致性。用实验或模型计算分别得到 A、B 两组分的活度及活度因子的数据,若它们满足这两个公式,则称它们满足了热力学一致性,是合理的;否则就不满足热力学一致性,必定不合理,从而需对实验测定进行检查,或进一步修正计算模型。

2. 活度及活度因子的实验测定

溶液的活度及活度因子是系统重要的热力学性质,在相平衡和化学平衡研究中具有非常重要的作用。准确可靠的活度及活度因子数据只有通过实验测定得到或检验。测量活度及活度因子的方法很多,简要列举以下几种。

1) 蒸气压法

通过实验测定在确定温度和压力下与溶液平衡的蒸气相中某组分的分压,是获得活度最直接的一种方法。

对于溶剂 A,实验测出 p_A,则

$$a_A = \frac{p_A}{p_A^*}, \quad \gamma_A = \frac{a_A}{x_A} = \frac{p_A}{p_A^* x_A} \quad (3\text{-}26)$$

这样得到的是活度定义 I 的活度。

对于溶质 B，若浓度用 x_B 表示，实验测 p_B，则

$$a_{B,x} = \frac{p_B}{k_{x,B}}, \quad \gamma_{B,x} = \frac{a_{B,x}}{x_B} = \frac{p_B}{k_{x,B}x_B} \tag{3-27}$$

式中，亨利常数 $k_{x,B}$ 可用外推法求得，即以 p_B 对 x_B 作图，外推到 $x_B = 0$ 处的 $p_B = k_{x,B}$。这样得到的是活度定义 II 的活度。

若溶质浓度用其他方式(c_B、m_B 及 w_B)表示，其讨论大致与以上类似。

例如，冶金领域金属熔融液的活度常采用蒸气压法测定。表 3-1 中是 Cu-Zn 合金熔融液蒸气压测定和相应活度及活度因子的计算结果。

表 3-1　1373K 时 Cu-Zn 合金熔融液的蒸气压测定及活度计算

x_{Zn}	0.05	0.11	0.31	0.52	0.73	0.82	0.90	1.00
$p_{Zn}/10^{-5}$Pa	0.033	0.093	0.550	1.65	3.35	4.14	4.79	5.45
a_{Zn}	0.006	0.017	0.10	0.30	0.62	0.76	0.88	1.00
γ_{Zn}	0.120	0.156	0.327	0.582	0.842	0.927	0.977	1.00
$\lg \gamma_{Zn}$	−0.920	−0.807	−0.485	−0.235	−0.074	−0.033	−0.01	0
x_{Zn}/x_{Cu}	0.053	0.124	0.450	1.08	2.70	4.56	9.00	∞
$\lg \gamma_{Cu}$	−0.003	−0.012	−0.098	−0.276	−0.543	−0.685	−0.852	−1.0
a_{Cu}	0.94	0.87	0.55	0.26	0.077	0.037	0.015	0

表 3-1 中第 2 行是不同浓度 Cu-Zn 合金熔液在 1373K 时，Zn 蒸气压的实测值。因已知液态纯锌在 1373K 的蒸气压为 5.45×10^5Pa，所以熔液中 Zn 的活度及活度因子可直接计算：$a_{Zn} = p_{Zn}/p_{Zn}^*$，$\gamma_{Zn} = a_{Zn}/x_{Zn}$，相应计算结果列于表 3-1 中第 3 行、第 4 行。

而熔液中 Cu 的活度及活度因子需用吉布斯-杜安方程[式(3-25a)及式(3-25b)]计算。式(3-25b)应用于该系统的积分式为

$$\lg \gamma_{Cu} = -\int_1^{x_{Cu}} \frac{x_{Zn}}{x_{Cu}} d\lg \gamma_{Zn}$$

以表中数据作 $\frac{x_{Zn}}{x_{Cu}}$-$\lg \gamma_{Zn}$ 图(略)，用图解积分法求出曲线下的面积，即可得相应浓度 x_{Cu} 时的 $\lg \gamma_{Cu}$ 值，此值与相应的 a_{Cu} 列在表 3-1 中的第 7 行、第 8 行。

结果表明，在 Cu-Zn 合金熔液中 Cu 和 Zn 都对理想溶液产生负偏差。

2) 依数性质测定法

根据式(3-24)中的系列公式，通过测量实际溶液的各依数性质，如蒸气压的降低、凝固点降低、沸点升高、渗透压等，都可求得该浓度下溶剂的活度 a_A，然后根据 $a_A = \gamma_A x_A$，即可求得活度因子 γ_A。

电化学的方法将在第 9 章中进行介绍。

3.5.5　分配定律

在恒温恒压下，若物质 B 以同一形态溶解于两个同时存在但互不相溶的液体(α、β)中，达

到平衡后，该物质在两相（α和β）中的浓度之比有定值。这就是分配定律，用公式表示为

$$K = \frac{m_{B,\alpha}}{m_{B,\beta}} \quad \text{或} \quad K = \frac{c_{B,\alpha}}{c_{B,\beta}} \tag{3-28a}$$

式中，K 为分配系数，与温度、压力、溶质的性质及两种溶剂的性质有关。当两相中的浓度不大时，该式能很好地与实验结果相符。

分配定律最早来自于经验总结，但也可以从热力学原理得到证明。

当溶质 B 在 α 和 β 两相中达到分配平衡时，有 $\mu_{B,\alpha} = \mu_{B,\beta}$，即

$$\mu_{B,\alpha}^{\ominus}(T,p) + RT\ln a_{B,\alpha} = \mu_{B,\beta}^{\ominus}(T,p) + RT\ln a_{B,\beta}$$

所以有

$$\frac{a_{B,\alpha}}{a_{B,\beta}} = \exp\left[\frac{\mu_{B,\beta}^{\ominus}(T,p) - \mu_{B,\alpha}^{\ominus}(T,p)}{RT}\right] = K(T,p) \tag{3-28b}$$

在恒温恒压下，分配系数 K 有定值。若 B 在两相中的浓度不大，则活度用浓度代替，得到式(3-28a)。

求分配系数 K 值，可根据一系列分配平衡实验数据，以 $\ln\left(\dfrac{x_{B,\alpha}}{x_{B,\beta}}\right)$ 对 $x_{B,\beta}$ 作图，所得曲线外推至 $x_{B,\beta}=0$ 时的截距，即为 $\ln K$ 值。若已知物质 B 在一个相中的活度，按式(3-28b)可算出物质 B 在另一相中的活度。一种比较简单的情形是 B 在 α 相中溶解度很小，服从亨利定律，活度用浓度代替，$a_{B,\alpha} = x_{B,\alpha}$，而在另一相中溶解度较大，其活度为 $a_{B,\beta} = x_{B,\alpha}/K$。根据这个原理人们曾研究了磷在 Fe-Ag 之间的分配平衡，从而求得磷在铁液中的活度。

需要注意的是，要得到式(3-28b)，对两相中的共同溶质组分 B 只能采用活度的第Ⅱ种定义，而不能用第Ⅰ种定义。

应用分配定律时应注意，如果溶质在任一溶剂中有缔合或离解现象，则分配定律仅能适用于在溶剂中分子形态相同的部分。

在实际应用中有许多两液相平衡体系分离的过程，如火法冶金中的冰铜与炉渣，精炼过程中的液态金属与精炼渣，溶剂萃取中的有机相与水相等。分配定律为这些分离过程奠定了理论基础。

萃取在物质及材料的提取、分离、净化等过程中有广泛的应用。工业过程中总是期望用适量的萃取剂，获得最大的萃取效率。分配定律为提高萃取效率提供了理论指导。设体积为 $V_A(\text{dm}^3)$ 的水溶液含有某溶质 B 的质量为 $W_0(\text{kg})$，现用体积为 $V_D(\text{dm}^3)$ 的萃取剂进行萃取。设一次萃取后水溶液中余下 W_1 的溶质，按分配定律，有

$$K = \frac{c_{B,D}}{c_{B,A}} = \frac{\dfrac{(W_0 - W_1)/M_B}{V_D}}{\dfrac{W_1/M_B}{V_A}} \tag{3-29a}$$

式中，M_B 为溶质的摩尔质量。整理上式得

$$W_1 = W_0 \frac{V_A}{KV_D + V_A}$$

若第二次再用 V_D 的新萃取剂萃取，余下 W_2 的溶质留在水相中，则

$$W_2 = W_1 \frac{V_A}{KV_D + V_A} = W_0 \left(\frac{V_A}{KV_D + V_A}\right)^2$$

依次类推，若每次均用 V_D 的新萃取剂萃取，则经过 n 次萃取后，水相中剩余的溶质为 $W_n(\text{kg})$，则

$$W_n = W_0 \left(\frac{V_A}{KV_D + V_A}\right)^n = W_0 \left(\frac{1}{K\frac{V_D}{V_A} + 1}\right)^n \tag{3-29b}$$

若将 $nV_D(\text{dm}^3)$ 的有机相进行一次性萃取，则萃取液中余下溶质 $W_1'(\text{kg})$ 为

$$W_1' = W_0 \left(\frac{V_A}{KnV_D + V_A}\right) \tag{3-30}$$

由式(3-29b)和式(3-30)可见：分配系数越大，萃取效率越高；单次萃取时，萃取剂量越多，萃取效率越高；萃取剂总量一定时，分次越多(少量多次)，萃取效率越高。

3.6 渗透因子和超额函数

与活度的概念一样，渗透因子及超额函数的概念都只适用于实际溶液。

3.6.1 溶剂的渗透因子

如前所述，活度因子是实际溶液中 i 组分与理想溶液的任意组分或稀溶液中的溶质组分偏差的度量，即非理想性的度量。但对溶剂，有时候用活度因子来度量时，其与 1 的差距并不显著。例如，在 298.15K 及标准压力下，在水的摩尔分数 $x_A = 0.9328$ 的 KCl 溶液中，已知水的活度 $a_A = 0.9364$，所以其活度因子为 $\gamma_A = 1.0039$。显然其偏差很不显著。为此，贝耶伦(Bjerrum)建议用渗透因子 φ 来表示溶剂的非理想程度。渗透因子 φ 的定义是

$$\mu_A = \mu_A^*(T, p) + \varphi RT \ln x_A \quad (\text{当 } x_A \to 1 \text{ 时}, \varphi \to 1) \tag{3-31a}$$

把渗透因子的定义与化学势公式 $\mu_A = \mu_A^*(T, p) + RT\ln(\gamma_A x_A)$ 相比较得 $\ln(\gamma_A x_A) = \varphi \ln x_A$，$\ln \gamma_A = (\varphi - 1)\ln x_A$。所以溶剂渗透因子与其活度因子的关系是

$$\varphi = \frac{\ln \gamma_A + \ln x_A}{\ln x_A} \tag{3-31b}$$

上述 KCl 溶液中，水的活度因子为 $\gamma_A = 1.0039$，而 $\varphi = 0.9426$。显然，用渗透因子表示溶剂的偏差比用活度因子表示显著一些。

在多组分复杂电解质溶液的热力学研究中常用到渗透因子。

3.6.2 超额函数

活度因子及渗透因子可用于衡量实际溶液中各组分(包括溶剂和溶质)的非理想程度，更具体的是活度因子可应用于溶剂和溶质，而渗透因子只应用于溶剂。如果要衡量溶液整体的非理

想程度，则用超额函数(excess function)比较方便。

超额吉布斯自由能的定义为

$$G^{\mathrm{E}} = \Delta_{\mathrm{mix}} G^{\mathrm{re}} - \Delta_{\mathrm{mix}} G^{\mathrm{id}} \tag{3-32a}$$

式中，$\Delta_{\mathrm{mix}} G^{\mathrm{re}}$ 为实际溶液的混合吉布斯自由能；$\Delta_{\mathrm{mix}} G^{\mathrm{id}}$ 为理想溶液的混合吉布斯自由能。

G^{E} 能直观地表明实际溶液与理想溶液的偏差。当 $G^{\mathrm{E}}>0$ 时，表示溶液对理想溶液是正偏差；当 $G^{\mathrm{E}}<0$ 时，表示溶液对理想溶液是负偏差。

若采用活度定义Ⅰ，则有

$$G^{\mathrm{E}} = RT\sum n_i \ln a_i - RT\sum n_i \ln x_i = RT\sum n_i \ln \gamma_i \tag{3-32b}$$

显然，超额吉布斯自由能 G^{E} 是溶液中各组分非理想性的综合体现。

类似的有其他超额函数：

超额体积

$$V^{\mathrm{E}} = \Delta_{\mathrm{mix}} V^{\mathrm{re}} - \Delta_{\mathrm{mix}} V^{\mathrm{id}} = \Delta_{\mathrm{mix}} V^{\mathrm{re}} = \left(\frac{\partial G^{\mathrm{E}}}{\partial p}\right)_T = RT\sum n_i \left(\frac{\partial \ln \gamma_i}{\partial p}\right)_T \tag{3-32c}$$

超额熵

$$S^{\mathrm{E}} = \Delta_{\mathrm{mix}} S^{\mathrm{re}} - \Delta_{\mathrm{mix}} S^{\mathrm{id}} = -\left(\frac{\partial G^{\mathrm{E}}}{\partial T}\right)_p = -R\sum n_i \ln \gamma_i - RT\sum n_i \left(\frac{\partial \ln \gamma_i}{\partial T}\right)_p \tag{3-32d}$$

超额焓

$$H^{\mathrm{E}} = \Delta_{\mathrm{mix}} H^{\mathrm{re}} - \Delta_{\mathrm{mix}} H^{\mathrm{id}} = \Delta_{\mathrm{mix}} H^{\mathrm{re}} = -T^2\left[\frac{\partial (G^{\mathrm{E}}/T)}{\partial T}\right]_p = -RT^2\sum n_i \left(\frac{\partial \ln \gamma_i}{\partial T}\right)_p \tag{3-32e}$$

超额化学势

$$\mu_i^{\mathrm{E}} = \left(\frac{\partial G^{\mathrm{E}}}{\partial n_i}\right)_{T,p,n_C} = RT\ln \gamma_i \tag{3-32f}$$

超额函数是系统的热力学性质，各超额函数间的关系满足热力学的一般关系，如 $G^{\mathrm{E}} = H^{\mathrm{E}} - TS^{\mathrm{E}}$、$U^{\mathrm{E}} = H^{\mathrm{E}} - pV^{\mathrm{E}}$ 等。

若采用活度定义Ⅱ，则各超额函数的表达更复杂一些，有兴趣者可参阅有关文献。

3.6.3 几种特征实际溶液

1. 正规溶液

对某实际溶液，若 $H^{\mathrm{E}} \gg TS^{\mathrm{E}}$，或 $S^{\mathrm{E}} = 0$，则 $G^{\mathrm{E}} = H^{\mathrm{E}}$，此时溶液的非理想性完全由混合热效应引起，此为正规溶液。

因为 $S^{\mathrm{E}} = 0$，所以 $\left(\dfrac{\partial S^{\mathrm{E}}}{\partial n_i}\right)_p = 0$，即

$$\left(\frac{\partial^2 G^{\mathrm{E}}}{\partial n_i \partial T}\right)_p = \left(\frac{\partial \mu_i^{\mathrm{E}}}{\partial T}\right)_p = \left[\frac{\partial (RT\ln \gamma_i)}{\partial T}\right]_p = 0$$

即
$$RT\ln\gamma_i = 常数, \quad \ln\gamma_i \propto \frac{1}{T}$$

所以，正规溶液中，各组分的活度因子的对数与温度成反比。正规溶液模型一般适用于分子大小相近、形状相似的非极性组分构成的溶液。

2. 无热溶液

对某实际溶液，若 $TS^E \gg H^E$，或 $H^E = 0$，则 $G^E = -TS^E$，此时溶液的非理想性完全由熵效应引起，此为无热溶液。

因为 $H^E = 0$，所以 $\left(\dfrac{\partial H^E}{\partial n_i}\right)_p = 0$，即

$$\left[\frac{\partial^2 (G^E/T)}{\partial n_i \partial T}\right]_p = \frac{\partial}{\partial T}\left(\frac{1}{T}\frac{\partial G^E}{\partial n_i}\right) = \frac{\partial}{\partial T}(R\ln\gamma_i)_p = 0$$

即
$$\left(\frac{\partial \ln\gamma_i}{\partial T}\right)_p = 0$$

所以，无热溶液中，各组分的活度因子与温度无关。无热溶液模型一般适用于分子大小相差较大但极性相差不大的组分构成的溶液。

3. 无形变溶液

满足 $V^E = 0$ 的溶液为无形变溶液。

因为 $V^E = 0$，有 $\left(\dfrac{\partial V^E}{\partial n_i}\right)_T = 0$，即

$$\left(\frac{\partial^2 G^E}{\partial n_i \partial p}\right)_T = \left(\frac{\partial \mu_i^E}{\partial p}\right)_T = \left[\frac{\partial (RT\ln\gamma_i)}{\partial p}\right]_T = 0$$

即
$$\left(\frac{\partial \ln\gamma_i}{\partial p}\right)_T = 0$$

所以，无形变溶液中各组分的活度因子的对数与压强无关。

复习思考题

1. 拉乌尔定律与亨利定律有什么区别？对于理想溶液，它们之间有什么关系？
2. "理想溶液的 $\Delta_{mix}S_m = -R\sum x_i \ln x_i > 0$，形成理想溶液的过程熵增加，因此一定是自动过程"，这种说法对吗？为什么？
3. 什么是稀溶液的依数性？各依数性质之间有什么联系？
4. 只要向溶剂中加入溶质，形成的溶液总是凝固点降低、沸点升高，对吗？
5. 为什么要引入活度？活度与浓度有什么关系？活度有无量纲？
6. 什么是活度的参考态？活度的参考态有几种？活度的参考态是否都是一定能实现的状态？什么是活度因子的参考态？活度因子的参考态有几种？活度因子的参考态是否都是一定能实现的状态？
7. 溶液中的同一组分在选择不同的参考态时，其化学势是否相同？其活度是否相同？

习 题

1. 0.0225kg $Na_2CO_3 \cdot 10H_2O$ 溶于水中，形成的溶液体积为 $0.2dm^3$，溶液密度为 $1.04kg \cdot dm^{-3}$，求溶质 Na_2CO_3 的质量分数、质量摩尔浓度、物质的量浓度和摩尔分数表示的浓度值。

   答案：$w = 4.01\%$，$m = 0.3939mol \cdot kg^{-1}$，$c = 0.3932mol \cdot dm^{-3}$，$x = 7.04 \times 10^{-3}$。

2. D-果糖 $C_6H_{12}O_6$(B)溶于水(A)中形成某溶液，质量分数 $w_B = 0.095$，此溶液在 20℃时的密度 $\rho = 1.0365kg \cdot dm^{-3}$。试计算此溶液中 D-果糖的摩尔分数、物质的量浓度及质量摩尔浓度。

   答案：1.04×10^{-2}，$0.547mol \cdot dm^{-3}$，$0.583mol \cdot kg^{-1}$。

3. 把 200g 蔗糖($C_{12}H_{22}O_{11}$)溶解在 2kg 水中，373.15K 时水的蒸气压降低多少？

   答案：0.53kPa。

4. 两液体 A、B 形成理想溶液，在一定温度下，溶液的平衡蒸气压为 53.297kPa，蒸气中 A 的摩尔分数 $y_A = 0.45$，溶液中 A 的摩尔分数 $x_A = 0.65$。求该温度下两种纯液体的饱和蒸气压。

   答案：36.898kPa，83.752kPa。

5. 苯(A)与甲苯(B)可形成理想溶液。现有一溶液组成为 $x_A = 0.3$，$x_B = 0.7$。求在 298K 时 1mol 该溶液的标准熵、标准生成焓与标准吉布斯函数。所需数据见下表。

物质	$\Delta_f H_m^\ominus / (kJ \cdot mol^{-1})$	$\Delta_f G_m^\ominus / (kJ \cdot mol^{-1})$	$S_m^\ominus / (J \cdot K^{-1} \cdot mol^{-1})$
C_6H_6(l)	48.66	123.0	172.8
$C_6H_5CH_3$(l)	12	114.15	219.58

   答案：$352.46J \cdot mol^{-1} \cdot K^{-1}$，$60.66kJ \cdot mol^{-1}$，$235.6kJ \cdot mol^{-1}$。

6. 在 298.15K 下，以等物质的量的 A 和 B 形成理想溶液，试求 $\Delta_{mix}V$、$\Delta_{mix}H$、$\Delta_{mix}U$、$\Delta_{mix}S$ 和 $\Delta_{mix}G$。

   答案：0，0，0，$5.763J \cdot mol^{-1} \cdot K^{-1}$，$-1718J \cdot mol^{-1}$。

7. 某油田向油井注水，对水质量要求之一是其中的含氧量不超过 $1mg \cdot dm^{-3}$，若河水温度为 293.15K，空气中含氧 21%(体积分数)，293.15K 时氧气在水中溶解的亨利常数为 $k_{x,O_2} = 4.0631 \times 10^6 kPa$。在 293.15K 时若此河水作油井用水，水质是否合格？

   答案：含氧气 $9.31mg \cdot dm^{-3}$。

8. 在 298.15K 时，要从下列理想溶液中分离出 1mol 的纯 A，最少需做多少功？
   (1) 大量的 A 和 B 的等物质的量的溶液；(2) 含 A 和 B 物质的量各为 2mol 的溶液。

   提示及答案：(1) 计算 1mol A 与大量(A+B)溶液的混合 $\Delta_{mix}G$，则 $\Delta_{mix}G = \Delta_{mix}A$，$\Delta_{mix}A$ 的负值即为所求，1718J；

   (2) 计算 1mol A 与(1mol A + 2mol B)溶液的混合 $\Delta_{mix}G$，则 $\Delta_{mix}G = \Delta_{mix}A$，$\Delta_{mix}A$ 的负值即为所求，2139J。

9. 10g 葡萄糖($C_6H_{12}O_6$)溶于 400g 乙醇中，溶液的沸点较纯乙醇的沸点上升 0.1428K；另有 2g 有机物溶于 100g 乙醇中，溶液的沸点上升 0.1250K。求此有机物质的摩尔质量。

   答案：$164.5g \cdot mol^{-1}$。

10. 已知镉的熔点为 594.05K，熔化热为 $5105J \cdot mol^{-1}$。某 Cd-Pb 熔体中含 Pb 为 1%(质量分数)，假定固态时铅完全不溶于镉中，计算该熔体的凝固点。

    答案：590.95K。

11. 已知 273K、101.325kPa 时，O_2 在水中的溶解度为 $4.49cm^3 \cdot (100g\ H_2O)^{-1}$；$N_2$ 在水中的溶解度为 $2.35cm^3 \cdot (100g\ H_2O)^{-1}$。计算被 101325Pa 空气(设令 N_2 79%，O_2 21%，均为体积分数)所饱和了的水的凝固点较纯水的降低了多少。

    答案：$2.3 \times 10^{-3}K$。

12. 人的血液(可视为水溶液)在 101.325kPa 下于 -0.56℃凝固。已知水的 $K_f = 1.86K \cdot mol^{-1} \cdot kg$。(1)求血液在 37℃时的渗透压；(2)在同温度下，$1dm^3$ 蔗糖($C_{12}H_{22}O_{11}$)水溶液中需含多少克蔗糖时才能与血液有相同的渗透压？

答案：776kPa，54.19g。

13. 在 298K 时，10g 某溶质溶于 1000dm³ 溶剂中，测出该溶液的渗透压为 $\Pi = 0.4$kPa，试确定该溶质的摩尔质量。

    答案：62g·mol⁻¹。

14. 将 12.2g 苯甲酸溶于 100g 乙醇中，乙醇溶液沸点比乙醇升高 1.13K；将 12.2g 苯甲酸溶于 100g 苯中，沸点升高 1.36K。计算苯甲酸在两种溶剂中的摩尔质量，并估计其分子状态。已知乙醇和苯的沸点升高常数分别为 1.20K·kg·mol⁻¹ 和 2.62K·kg·mol⁻¹。

    答案：130×10^{-3}，235×10^{-3} kg·mol⁻¹。

15. 在 1246.15K 及 101.325kPa 的纯氧条件下，10g 熔融银中能溶解 21.35×10^{-3}dm³ 的 O_2（已换算为标准状况）。已知溶解的氧为原子状态，真空下纯银的熔点为 1233.65K，熔融焓为 11674J·mol⁻¹。假设氧的溶解度在此温度范围内不因温度而异，且固相内完全不溶解氧，求：

    (1) 在 101.325kPa 氧压下银的熔点；
    (2) 在空气中（p_{O_2} = 21.198kPa）银的熔点。

    答案：(1) 1212K，(2) 1223.7K。

16. 在 100g 水中溶解 29g NaCl，该溶液在 373.15K 时蒸气压为 82.927kPa。求 373.15K 时该溶液的渗透压。已知 373.15K 时水的比容为 1.043dm³·kg⁻¹。

    答案：3.309×10^4kPa。

17. 298.15K 时，将 2g 某化合物溶于 1kg 水中的渗透压与在 298.15K 将 0.8g 葡萄糖($C_6H_{12}O_6$)和 1.2g 蔗糖($C_{12}H_{22}O_{11}$)溶于 1kg H_2O 中的渗透压相同。(1)求此化合物的摩尔质量；(2)此化合物溶液的蒸气压降低多少？(3)此化合物溶液的冰点是多少？（已知 298.15K 水的饱和蒸气压为 3.168kPa，水的冰点降低常数 K_f = 1.86K·kg·mol⁻¹）。

    答案：(1) 251.7×10^{-3}kg·mol⁻¹，(2) 4.533×10^{-4}kPa，(3) 273.135K。

18. 某稀水溶液含有不挥发性溶质，在 −1.5℃时凝固，求：(1)该溶液的正常沸点；(2)在 298.15K 时的蒸气压（该温度时纯水的饱和蒸气压为 3.1674kPa）；(3)298.15K 时的渗透压。已知水的 K_f = 1.86K·mol⁻¹·kg；K_b = 0.52K·mol⁻¹·kg。

    答案：(1) 100.42℃，(2) 3.121kPa，(3) 1999kPa。

19. 在 293K 时将 68.4g 蔗糖($C_{12}H_{22}O_{11}$)溶于 1kg 水中，求：(1)此溶液的蒸气压；(2)此溶液的渗透压。已知 20℃时纯水的饱和蒸气压为 2.338kPa，此溶液的密度为 1.024 kg·dm⁻³。

    答案：(1) 2.330kPa，(2) 466.95kPa。

20. 288.15K 时，1mol NaOH 溶于 4.59mol H_2O 中所形成溶液的蒸气压为 596.5Pa。在该温度下，纯水的蒸气压为 1705Pa，求：(1)溶液中水的活度；(2)在溶液中，水的化学势与纯水相差多少。

    答案：(1) 0.3499，(2) −2516J。

21. 在 300K 时，液态 A 的蒸气压为 37.33kPa，液态 B 的蒸气压为 22.66kPa，当 2mol A 和 2mol B 混合后，液面上蒸气的压力为 50.66kPa，在蒸气中 A 的摩尔分数为 0.60，假定蒸气为理想气体。求：(1) 溶液中 A 和 B 的活度；(2) 在溶液中 A 和 B 的活度因子；(3) $\Delta_{mix}G$，且与组成相同、假设为理想溶液的 $\Delta_{mix}G^{id}$ 相比较。

    答案：(1) $a_A = 0.814$，$a_B = 0.894$，(2) $\gamma_A = 1.628$，$\gamma_B = 1.788$，(3) $\Delta_{mix}G = -1586$J，$\Delta_{mix}G^{id} = -6915$J。

22. 三氯甲烷(A)和丙酮(B)形成的溶液，液相组成为 $x_B = 0.713$ 时，在 301.35K 下总蒸气压为 29.39kPa，蒸气中 $y_B = 0.818$。已知在该温度时，纯三氯甲烷的蒸气压为 29.57kPa，求溶液中三氯甲烷的活度及活度因子。

    答案：0.181，0.630。

23. 293.15K 时某有机酸在水和乙醚中的分配系数为 0.4，用 5g 该有机酸溶于 0.1dm³ 水中形成溶液。若用 0.04dm³ 乙醚萃取(所用乙醚已事先被水饱和，因此萃取时不会有水溶于乙醚)，水中还剩多少有机酸？

    答案：2.5g。

24. 288.15K 时，将碘溶解于含 0.100mol·dm⁻³ 的 KI 水溶液中，与四氯化碳一起振荡，达平衡后分为两层。经滴定法测定，在水层中碘的平衡浓度为 0.050mol·dm⁻³，在四氯化碳层中为 0.085mol·dm⁻³。碘在四氯化碳和水之间的分配系数为 $K = c(CCl_4)/c(H_2O) = 85$。求反应 $I_2 + I^- \rightleftharpoons I_3^-$ 在 288.15K 时的平衡常数。

答案：961mol^{-1}·dm^3。

25. 在 413.15K 时，纯 C$_6$H$_5$Cl 和纯 C$_6$H$_5$Br 的蒸气压分别为 125.238kPa 和 66.104kPa，假定两液体形成理想溶液，若有该两者的混合溶液在 413.15K、101.325kPa 下沸腾，求该溶液的组成及液面上蒸气的组成。

    答案：$x_B = 0.404$，$y_B = 0.263$。

26. 已知 293.15K 时纯苯的蒸气压为 10.011kPa，当溶解于苯中的 HCl 摩尔分数为 0.0425 时，气相中 HCl 的分压为 101.325kPa。293.15K 下，当含 HCl 的苯溶液的总蒸气压为 101.325kPa 时，100g 苯中溶解多少克 HCl？

    答案：1.87×10^{-3}kg。

27. 在 262.45K 时饱和 KCl 溶液（$m = 3.30$mol·kg^{-1}）与纯冰平衡共存。已知冰的熔化焓为 6025J·mol^{-1}，以 273.15K 纯水为参考态，计算 273.15K 时饱和溶液中水的活度。

    答案：0.8974。

28. 实验研究铝在铁液与银液之间的分配平衡，在 1873.15K 测量 Fe-Al 合金中 Al 的活度系数，结果显示在 $0 < x_{Al} < 0.25$ 范围内可用下式表示：

    $$\ln \gamma_{Al} = 2.60 x_{Al} - 1.51$$

    试求 1873.15K 下 Fe-Al 合金中，$x_{Fe} = 0.80$ 时 Fe 的活度。

    答案：0.754。

29. 某化合物 A 在苯中有如下离解平衡，A $\rightleftharpoons$ 2B，已知 A 的摩尔分数为 0.2% 的苯溶液，其凝固点降低 0.219K，沸点升高 0.095K，试求 A 变为 B 的离解热。已知苯的凝固点降低常数 $K_f = 5.12$K·kg·mol^{-1}，沸点升高常数 $K_b = 2.62$K·kg·mol^{-1}；苯的正常凝固点是 278.65K，沸点为 353.65K。

    提示及答案：先求出 (278.65−0.219)K 的离解平衡常数 K_1，再求出 (353.65 + 0.095)K 的离解平衡常数 K_2，再根据等压方程 $\ln \dfrac{K_2}{K_1} = \dfrac{\Delta_r H_m}{R}\left(\dfrac{1}{T_1} - \dfrac{1}{T_2}\right)$，计算热效应。

    答案：−16.55kJ。

30. 证明若溶剂与溶质形成固溶体时，溶液的凝固点 T_f 遵从下列方程式：

    $$\ln \frac{x_A}{x'_A} = \frac{\Delta_{fus} H_m(A)}{R}\left(\frac{1}{T_f^*} - \frac{1}{T_f}\right)$$

    式中，x_A 和 x'_A 分别为溶剂 A 在液相和固相中的摩尔分数；T_f 为纯 A 的熔点，$\Delta_{fus} H_m(A)$ 为 1mol A 由固溶体熔化为溶液的熔化热。

第4章 化学反应热力学及化学平衡

化学反应必伴随着能量变化,同时化学反应都具有确定的方向,而且也具有一定的限度,限度又决定了平衡组成。怎样定量地确定反应过程的能量变化、反应的方向和限度?这些都是化学及相关领域工作者所关心和必须面对的问题。本章的主要内容包括两部分:一是从能量角度讨论化学反应的热力学量变,其基本内容就是热化学;二是从物质平衡的角度讨论化学反应平衡的规律,即在特定条件下反应的方向与限度及各种因素对它们的影响。

4.1 化学反应系统的特征

任意化学反应,如 $d\mathrm{D} + e\mathrm{E} + \cdots = g\mathrm{G} + h\mathrm{H} + \cdots$,可将其表示为下述一般形式:

$$0 = \sum_{\mathrm{B}} \nu_{\mathrm{B}} \mathrm{B} \tag{4-1}$$

式中,B 为参与反应的任一组分的化学式,ν_{B} 为物质 B 的化学计量系数,对反应物取负值,对产物取正值。ν_{B} 为量纲为一的纯数,可以是整数或简单的分数,它只是表示反应过程中各物质转化的比例关系,并不是反应过程中各相应物质所转化的物质的量。例如,水的生成反应可表示为① $\mathrm{H_2(g)} + 1/2\mathrm{O_2(g)} = \mathrm{H_2O(l)}$
或② $2\mathrm{H_2(g)} + \mathrm{O_2(g)} = 2\mathrm{H_2O(l)}$

以上两个反应方程式表示各物质转化的比例关系是相同的,但不能绝对地说反应①是 1mol $\mathrm{H_2(g)}$ 与 0.5mol $\mathrm{O_2(g)}$ 生成 1mol $\mathrm{H_2O(l)}$,而反应②是 2mol $\mathrm{H_2(g)}$ 与 1mol $\mathrm{O_2(g)}$ 生成 2mol $\mathrm{H_2O(l)}$。

4.1.1 化学反应进度

化学反应系统显然是一个多组分系统,且组成随时间变化;封闭系统中反应达到平衡后其组成不变。可以用每种物质 B 的量的变化来描述反应的进程,但这不是最简单的办法,因为各物质是按比例变化的。为此,引入化学反应进度概念(简称反应进度)。定义反应进度 ξ 为

$$\xi = \frac{n_{\mathrm{B}} - n_{\mathrm{B},0}}{\nu_{\mathrm{B}}} \tag{4-2}$$

式中,$n_{\mathrm{B},0}$ 为物质 B 在反应初始时物质的量;n_{B} 为物质 B 在任意时刻时物质的量。

反应进度 ξ 是对化学反应的整体描述,可用参与反应的任一种物质 B 来表达和计算。ξ 的单位与物质的量的单位相同。$\xi = 0$ 表示反应没有进行,$\xi = 1\mathrm{mol}$ 表示各物质的量的改变正好在数值上等于各自的化学计量系数。

显然,同一种反应按不同的化学方程式表示时,$\xi = 1\mathrm{mol}$ 所表示的各物质的量的改变也不相同,即具体的 ξ 必须指明其所对应的反应方程式。这类方程式常称为热化学方程式。以上述反应①及反应②为例,其反应进度分别为

$$\xi_1 = \frac{n_{H_2} - n_{H_2,0}}{-1} = \frac{n_{O_2} - n_{O_2,0}}{-0.5} = \frac{n_{H_2O} - n_{H_2O,0}}{1} , \quad \xi_2 = \frac{n_{H_2} - n_{H_2,0}}{-2} = \frac{n_{O_2} - n_{O_2,0}}{-1} = \frac{n_{H_2O} - n_{H_2O,0}}{2}$$

$\xi_2 = 1\text{mol}$ 时，反应②的物质的量改变恰好是反应①的 2 倍。

4.1.2 独立反应数及反应系统的状态描述

描述化学反应系统的状态需要的独立变量数如何确定？化学反应系统可能是单相系统也可能是多相系统，可能只包含一个反应也可能包含多个反应，可能处在完全的热力平衡态(热平衡、力学平衡、相平衡和化学反应平衡)，也可能处在部分平衡态或完全非平衡态。实践中通常面对的是已达热平衡和力学平衡，而还未达化学反应平衡或相平衡的部分平衡态系统。对于这类必须面对的系统，人们根据经验对状态公理进行了补充(或假设)：对于各均相都处在热平衡和力学平衡，但总体上化学反应平衡和相平衡未满足的多相反应系统，1.2.2 小节中的状态公理仍然成立；而且各相都存在单值的状态函数热力学能 U 和熵 S；系统的 U 和 S 就是各相热力学能及熵的总和。

这一补充(或假设)为热力学处理一般的化学反应及相变系统提供了理论基础。对于符合上述假设的非平衡态系统，其宏观参量(如 p、V、T、U、H、S、G 等)及偏摩尔量和化学势等与平衡态热力学中的相应量具有相同的含义。物理化学中所讨论的化学反应系统都是指上述意义的系统(实质上是非平衡态系统)。

因此，对只含一个独立化学反应(参与反应的物种数为 k)、已达热平衡和力学平衡时的封闭反应系统，无论是均相还是多相，描述其状态的变量数为 $k+2$，即$(T, p, n_1, n_2, \cdots, n_k)$。但系统中各物质的量彼此不是独立的，任意物质 B 的量均可表示为反应进度 ξ 的函数关系式，$n_B = n_{B,0} + \nu_B \xi$，于是反应系统的热力学状态只需要用 T、p、ξ 三个变量即可描述。如果反应已达平衡，各物质量不再改变，即 ξ 一定，系统只需两个独立变量即可完全描述其热力学状态。

对于含有多个独立反应的封闭系统，各反应之间可能存在一些代数关系，即各反应并不是完全独立的。例如，在水煤气生产系统中，主要包含 $CH_4(g)$、$H_2O(g)$、$CO(g)$、$H_2(g)$ 及 $CO_2(g)$ 5 种物质，可能有如下反应同时发生：

① $\qquad CH_4(g) + H_2O(g) \rightleftharpoons CO(g) + 3H_2(g)$

② $\qquad CH_4(g) + 2H_2O(g) \rightleftharpoons CO_2(g) + 4H_2(g)$

③ $\qquad CH_4(g) + CO_2(g) \rightleftharpoons 2H_2(g) + 2CO(g)$

④ $\qquad CH_4(g) + 3CO_2(g) \rightleftharpoons 2H_2O(g) + 4CO(g)$

⑤ $\qquad CO(g) + H_2O(g) \rightleftharpoons CO_2(g) + H_2(g)$

注意到以上五个反应之间存在一定的关系，如② = ① + ⑤、③ = ① − ⑤及④ = ① − 3×⑤。也就是说，该体系中独立的化学反应个数必小于 5。

那么如何确定反应系统中独立反应数的个数？有如下规律：若系统中的物种数为 S，构成该 S 种物质的元素为 M 种，当 $S>M$ 时，系统中的独立反应数 R 可按下式确定：

$$R = S - M \tag{4-3}$$

独立反应的选择可以是任意的，但独立反应必须包括所有参与反应的物质。如对上述水煤气生产系统，根据式(4-3)可确定其独立反应数为 2。但选择哪两个反应为独立反应则没有限制，如可以选择反应①和反应⑤作为独立反应，也可以选择其他反应。

对于包含 R 个独立反应的封闭系统,如果各处的温度及压力都彼此相等,则系统的状态可用 T、p、ξ_1、ξ_2、$\cdots$、ξ_R 这几个变量完全描述。当所有反应都达到平衡后,ξ_1、ξ_2、$\cdots$、ξ_R 均不变,此时只需 T、p 两个独立变量即可描述系统的热力学状态。

4.1.3 摩尔反应量(变)

从 4.1.2 小节的讨论可知:对含有一个独立化学反应的均相封闭系统或各相温度及压力彼此相等的多相封闭系统,其状态可由 T、p、ξ 来描述。系统的广度性质 L(如 H、S、U、G、A、V、C_p 等)可表示为 $L=L(T,p,\xi)$,其全微分为

$$\mathrm{d}L=\left(\frac{\partial L}{\partial T}\right)_{p,\xi}\mathrm{d}T+\left(\frac{\partial L}{\partial p}\right)_{T,\xi}\mathrm{d}p+\left(\frac{\partial L}{\partial \xi}\right)_{T,p}\mathrm{d}\xi \tag{4-4}$$

式中,偏微分 $\left(\dfrac{\partial L}{\partial \xi}\right)_{T,p}$ 是指在恒温恒压下,反应系统的广度性质 L 随反应进度 ξ 的变化率,也可以理解为在大量的反应系统中发生单位反应进度($\xi=1\mathrm{mol}$)的化学反应所引起系统广度性质 L 的变化量。将该偏微分称为摩尔反应量(变),简记为 $\Delta_r L_m$,即

$$\Delta_r L_m=\left(\frac{\partial L}{\partial \xi}\right)_{T,p} \tag{4-5}$$

式(4-5)可进一步变换为

$$\Delta_r L_m=\left(\frac{\partial L}{\partial \xi}\right)_{T,p}=\sum_B\left(\frac{\partial L}{\partial n_B}\right)_{T,p,n_{j\neq B}}\left(\frac{\partial n_B}{\partial \xi}\right)_{T,p,n_{j\neq B}}=\sum_B \nu_B L'_B \tag{4-6}$$

式中,L'_B 为参与反应的各物质 B 的偏摩尔量。式(4-6) 类似于偏摩尔量的集合公式,表明化学反应的摩尔反应量是参与反应的各物质 B 的偏摩尔量的集合,而不是其摩尔量的集合。

常用的摩尔反应量有:摩尔反应焓 $\Delta_r H_m$(摩尔恒压热效应),摩尔反应热力学能 $\Delta_r U_m$(摩尔恒容热效应),摩尔反应吉布斯自由能 $\Delta_r G_m$,摩尔反应恒压热容 $\Delta_r C_{p,m}$ 等。

应指出,摩尔反应量与化学反应方程式的写法有关。例如:

① $H_2(g)+1/2\ O_2(g) =\!=\!= H_2O(l)$ $\Delta_r H_m(1)=H'_B(H_2O)-H'_B(H_2)-0.5H'_B(O_2)$

② $2H_2(g)+O_2(g) =\!=\!= 2H_2O(l)$ $\Delta_r H_m(2)=2[H'_B(H_2O)-H'_B(H_2)-0.5H'_B(O_2)]$

显然,$2\Delta_r H_m(1)=\Delta_r H_m(2)$。

若参与反应的各物质 B 相互间不存在任何混合,都是以纯态形式参与反应,则摩尔反应量可由各纯物质的摩尔量求出,即 $\Delta_r L_m=\sum \nu_B L^*_{m,B}$。

若参与反应的各物质 B 都处于标准态(任意温度、标准压力、纯态),则所对应的摩尔反应量称为标准摩尔反应量,记为 $\Delta_r L_m^\ominus$,可由各物质的摩尔量求出,即 $\Delta_r L_m^\ominus=\sum \nu_B L_{m,B}^\ominus$。具体如标准摩尔反应焓 $\Delta_r H_m^\ominus$、标准摩尔反应吉布斯自由能 $\Delta_r G_m^\ominus$、标准摩尔反应熵 $\Delta_r S_m^\ominus$ 等。

4.1.4 偏摩尔反应量

含有 R 个独立化学反应的均相封闭系统或各相温度及压力彼此相等的多相封闭系统,其状态可由 T、p、ξ_1、ξ_2、$\cdots$、ξ_R 来描述,系统的任意广度性质 L(如 H、S、U、G、A、V、C_p 等)可表示为 $L=L(T,p,\xi_1,\xi_2,\cdots,\xi_R)$,其全微分为

$$dL = \left(\frac{\partial L}{\partial T}\right)_{p,\xi} dT + \left(\frac{\partial L}{\partial p}\right)_{T,\xi} dp + \sum \left(\frac{\partial L}{\partial \xi_\rho}\right)_{T,p,\xi_{\rho'\neq\rho}} d\xi \tag{4-7}$$

定义
$$L'_\rho = \left(\frac{\partial L}{\partial \xi_\rho}\right)_{T,p,\xi_{\rho'\neq\rho}} \tag{4-8}$$

式中，L'_ρ 为第 ρ 个化学反应的偏摩尔反应量，其物理意义是在恒温恒压下保持除了第 ρ 个独立反应以外的其他所有独立反应的进度不变的条件下，系统的容量性质 L 随第 ρ 个独立反应进度 ξ_ρ 的变化率。

偏摩尔反应量 $L'_\rho = \left(\frac{\partial L}{\partial \xi_\rho}\right)_{T,p,\xi_{\rho'\neq\rho}}$ 的概念与某物质 B 的偏摩尔量的概念 $L'_B = \left(\frac{\partial L}{\partial n_B}\right)_{T,p,n_{j\neq B}}$ 相似，前者针对的是某个反应，后者针对的是某种物质。偏摩尔反应量 L'_ρ 也是系统的状态函数，是强度性质，且偏摩尔反应量 L'_ρ 与物质的偏摩尔量 L'_B 之间存在确定的关系：

$$L'_\rho = \left(\frac{\partial L}{\partial \xi_\rho}\right)_{T,p,\xi_{\rho'\neq\rho}} = \sum \left(\frac{\partial L}{\partial n_B}\right)_{T,p,n_{j\neq B}} \left(\frac{\partial n_B}{\partial \xi_\rho}\right)_{\xi_{\rho'\neq\rho}} = \sum \nu_{B,\rho} L'_B \tag{4-9}$$

对单个化学反应的系统，其偏摩尔反应量就是摩尔反应量 $L'_B = \sum \nu_B L'_B = \Delta_r L_m$。

4.2 热 化 学

在化学反应过程中常伴有气体的产生或消失，所以化学反应常以热和体积功的形式与环境进行能量交换。但一般来说，化学反应过程中的体积功与热效应相比往往很小，所以化学反应的能量交换以热交换为主。测量和研究化学反应过程热交换的学科称为热化学 (thermochemistry)。热化学实验数据为热力学的建立奠定了基础，也为化学平衡及其他热力学函数的计算提供了基础数据。因此，热化学的研究具有重要的理论及实际意义。

4.2.1 化学反应热效应

1. 反应热效应

反应热效应是指在只做体积功的条件下，化学反应进行时维持产物温度与反应物温度相等，整个过程中系统与环境所交换的热量。简言之，反应热效应就是化学反应的恒温过程热效应，通常可通过实验进行测定。

对恒温恒压反应过程，其热效应为恒压反应热，记为 $Q_p = \Delta_r H$。对只含一个化学反应的系统，若能用实验测定 Q_p，则按反应进度 $\xi = 1\,\text{mol}$ 的反应进行换算，即可得到反应的摩尔反应焓(变) $\Delta_r H_m$。

同理对恒温恒容反应过程，其热效应即为恒容热效应，记为 $Q_V = \Delta_r U$。对只含一个化学反应的系统，若能用实验测定 Q_V，则按反应进度 $\xi = 1\,\text{mol}$ 的反应进行换算，即可得到反应的摩尔反应热力学能(变) $\Delta_r U_m$。

影响反应热效应 $\Delta_r H_m$ 及 $\Delta_r U_m$ 的因素主要有：

(1) 反应本性：不同的反应，热效应值不同。
(2) 反应温度：因为 U 和 H 都是 T 的函数，所以反应热效应与温度有关。
(3) 物质存在相态：相态不同的同种物质，其热力学能 U 和焓 H 值是不相同的。
(4) 反应方程式的表达(写法)：因为 U 和 H 都是体系的容量性质，物质的量的多少必然影响反应热效应值。

在讨论某一具体反应的热效应时，首先必须完整、明确地写出相应的化学反应方程式，再根据热化学反应方程式进行讨论。

2. 热化学方程式

表示化学反应条件及反应热效应的反应方程式称为热化学方程式。具体要求包括：
(1) 写出该反应的化学计量方程式。
(2) 注明反应系统的温度及压力。反应的热效应与温度及压力有关。但压力对凝聚相物质的影响较小，故凝聚相物质有时不用注明压力。
(3) 注明参与反应的物质的态。通常在反应式中用"g"表示气体，用"l"表示液体，用"s"表示固体。固体若有不同晶型也应注明，如硫有 S(单斜)、S(斜方)等。

以碳的燃烧反应为例，其完整、正确的热化学方程式是

$$C(石墨, p^\ominus) + O_2(g, p^\ominus) = CO_2(g, p^\ominus) \qquad \Delta_r H_m^\ominus (298K) = -393.51 kJ \cdot mol^{-1}$$

由下列两个热化学方程式可以看出注明参与反应的物质的聚集状态的重要性。

① $2H_2(g) + O_2(g) = 2H_2O(l)$ $\qquad \Delta_r H_{m,1}^\ominus (298K) = -571.68 kJ \cdot mol^{-1}$
② $2H_2(g) + O_2(g) = 2H_2O(g)$ $\qquad \Delta_r H_{m,2}^\ominus (298K) = -483.64 kJ \cdot mol^{-1}$

3. 恒压热效应与恒容热效应的关系

同一化学反应可在恒温恒压条件下进行，也可在恒温恒容条件下进行，但其热效应必不相同。它们两者之间的换算关系如图 4-1 所示。

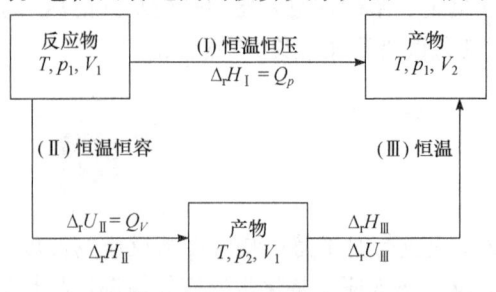

图 4-1 中，$\Delta_r U_{II}$ 表示系统在恒温恒容下发生化学变化时热力学能的变化值，$\Delta_r H_{II}$ 为其焓变化值，其余类推。根据状态函数的性质得

$$\Delta_r H_I = \Delta_r H_{II} + \Delta H_{III}$$
$$\Delta_r H_{II} = \Delta_r U_{II} + \Delta(pV) = \Delta_r U_{II} + p_2 V_1 - p_1 V_1$$
$$\Delta H_{III} = \Delta U_{III} + \Delta(pV) = \Delta U_{III} + p_1 V_2 - p_2 V_1$$

图 4-1 恒压热效应 $\Delta_r H$ 与恒容热效应 $\Delta_r U$ 的关系   故

$$\Delta_r H_I = \Delta_r U_{II} + \Delta U_{III} + p_1(V_2 - V_1) \qquad (4\text{-}10a)$$

在过程 III 中，产物只发生简单的状态变化。若产物为气体并可视为理想气体，则在恒温下 $\Delta U_{III} = 0$；若产物为凝聚态，虽 ΔH_{III}(或 ΔU_{III})不一定为零，但与化学反应的 $\Delta_r H$(或 $\Delta_r U$)相比一般很小，可以略去，故上式可写成

$$\Delta_r H = \Delta_r U_{II} + p_1(V_2 - V_1) = \Delta_r U_{II} + p\Delta V \qquad (4\text{-}10b)$$

若反应系统为凝聚相反应，因 $\Delta V \approx 0$，故

$$\Delta_r H \approx \Delta_r U \quad \text{或} \quad \Delta_r H_m \approx \Delta_r U_m \tag{4-11}$$

若反应系统为纯气相反应或有气体参与的多相反应，将气体视为理想气体，因 $V_g \gg V_1$，故

$$p\Delta V = p(V_2 - V_1) = p[(V_g + V_{凝})_2 - (V_g + V_{凝})_1] \approx p(V_{g,2} - V_{g,1}) = RT\Delta n(g)$$

即

$$\Delta_r H = \Delta_r U + RT\Delta n(g)$$

换算为单位进度的反应，则为

$$\Delta_r H_m = \Delta_r U_m + RT\sum \nu_B(g) \tag{4-12}$$

式中，$\nu_B(g)$为参与反应的气体物质的计量系数，对反应物 ν_B 取负，对产物 ν_B 取正。

4.2.2 赫斯定律

1840 年，瑞士化学家赫斯(Hess)在大量实验基础上总结出一条规律，称为赫斯定律，即"任一化学反应，无论是一步完成还是分几步完成，过程的热效应值相同"。此定律的提出先于热力学第一定律。它是从化学运动与热运动的关系得出了能量守恒和能量转化的结果，给热力学第一定律的提出奠定了坚实的实验基础。反过来讲，热力学第一定律的提出也从理论上解释了赫斯定律，简言之，赫斯定律是热力学第一定律对化学反应过程应用的必然结果。

例如，以铅、碳、氧为反应物变为碳酸铅的生成反应，可按下列反应一步完成：

$$Pb(s) + C(石墨) + 3/2\ O_2(g) = PbCO_3(s), \quad \Delta_r H_m^{\ominus}(298K) = -699.56 \text{kJ}\cdot\text{mol}^{-1}$$

也可分下列几步完成：

① $\quad Pb(s) + 1/2\ O_2(g) = PbO(s), \quad \Delta_r H_{m,1}^{\ominus}(298K) = -219.41 \text{kJ}\cdot\text{mol}^{-1}$

② $\quad C(石墨) + O_2(g) = CO_2(g), \quad \Delta_r H_{m,2}^{\ominus}(298K) = -393.51 \text{kJ}\cdot\text{mol}^{-1}$

③ $\quad PbO(s) + CO_2(g) = PbCO_3(s), \quad \Delta_r H_{m,3}^{\ominus}(298K) = -86.64 \text{kJ}\cdot\text{mol}^{-1}$

①＋②＋③，得

$$Pb(s) + C(石墨) + 3/2\ O_2(g) = PbCO_3(s), \quad \Delta_r H_m^{\ominus}(298K) = -699.56 \text{kJ}\cdot\text{mol}^{-1}$$

由两种方式完成的反应，其 $\Delta_r H_m^{\ominus}(298K)$ 相同，因为 $\Delta_r H_m$ 及 $\Delta_r U_m$ 只与系统的始态及终态有关，与反应分几步完成无关。但必须指出，若反应在恒压(或恒容)下一步完成，则分几步完成时，各步也必须在恒压(或恒容)下完成，否则这条定律就不适用了。

赫斯定律的重要意义在于它能使化学方程式像代数方程式一样进行加减消元运算。这样，就可根据某些已经测出的反应热效应来计算难以直接测定的另一些化学反应的热效应。

例如，下列两反应的热效应易于实验测定：

① $\quad C(石墨) + O_2(g) = CO_2(g), \quad \Delta_r H_{m,1}^{\ominus}(298K) = -393.51 \text{kJ}\cdot\text{mol}^{-1}$

② $\quad CO(g) + 1/2\ O_2(g) = CO_2(g), \quad \Delta_r H_{m,2}^{\ominus}(298K) = -282.97 \text{kJ}\cdot\text{mol}^{-1}$

但反应 $C(石墨) + 1/2\ O_2(g) = CO(g)$ 的 $\Delta_r H_m^{\ominus}(298K)$ 难以测定。利用赫斯定律将反应式①减去反应式②得

$$C(石墨) + 1/2\ O_2(g) = CO(g)$$

故 $\quad \Delta_r H_m^{\ominus}(298K) = \Delta_r H_{m,1}^{\ominus}(298K) - \Delta_r H_{m,2}^{\ominus}(298K) = -110.54 \text{kJ}\cdot\text{mol}^{-1}$

需要注意的是，运算时只有同状态(指聚集态、温度及压强相同)的同类物质项才能相加减。此外，测量每一个反应的热效应值时，都可能产生误差，所以设计途径时应尽量选择热效应易

测、步骤较少的途径。

赫斯定律不仅应用于反应的热效应,也可应用于所有其他热力学容量性质,推广即为:将各反应代数和所得到的总反应的摩尔热力学量(变)等于各个反应的摩尔热力学量(变)的代数和。即若 R 个反应的代数和得到一个总反应 A,则

$$\Delta_r L_{m,A} = \sum_{i=1}^{R} \nu_i \Delta_r L_{m,i} \tag{4-13}$$

4.2.3 标准摩尔生成热力学量

标准摩尔生成热力学量的定义是热力学标准态方法的具体应用。

1. 标准摩尔生成热力学量

物质 B 的生成反应式规定为

$$0 = \sum_R \nu_R R + B \tag{4-14}$$

式中,R 为反应物,且都是在反应条件下元素的最稳定单质。例如,在 298K、$p^\ominus$ 下,$H_2(g)$、$O_2(g)$、$Br_2(l)$、S(斜方)、C(石墨)等均为最稳定单质,而 $Br_2(g)$、S(单斜)、C(金刚石)等在上述条件下就不是最稳定单质。

将反应式(4-14)所对应的摩尔热力学量 $\Delta_r L_m$ 定义为物质 B 的摩尔生成热力学量,用符号 $\Delta_f L_m(B)$ 表示。若反应式(4-14)中各物质都处于标准态,则所对应的标准摩尔反应热力学量 $\Delta_r L_m^\ominus$ 定义为物质 B 的标准摩尔生成热力学量,用符号 $\Delta_f L_m^\ominus(B)$ 表示。定义的必然结果就是最稳定单质的标准摩尔生成热力学量一定为零。

上述摩尔生成热力学量及标准摩尔生成热力学量定义中的 L 不包括绝对值可知的容量性质(如 V、S 等),只包括绝对值不可知的容量性质(如 U、H、G、A 等)。但实际上常用的只有标准摩尔生成焓 $\Delta_f H_m^\ominus(B)$ 和标准摩尔生成吉布斯自由能 $\Delta_f G_m^\ominus(B)$ 两种。

例如: C(石墨, 298K, $p^\ominus$) + O_2(g, 298K, $p^\ominus$) == CO_2(g, 298K, $p^\ominus$)

该反应是 $CO_2(g)$ 的生成反应,且已知 298K 时该反应的 $\Delta_r H_m^\ominus(298K) = -393.51 \text{kJ} \cdot \text{mol}^{-1}$,故 $CO_2(g)$ 的标准摩尔生成焓为 $\Delta_f H_m^\ominus(CO_2, g, 298K) = \Delta_r H_m^\ominus(298K) = -393.51 \text{kJ} \cdot \text{mol}^{-1}$。

又如: $0.5N_2$(g, 298K, $p^\ominus$) + $1.5H_2$(g, 298K, $p^\ominus$) == NH_3(g, 298K, $p^\ominus$)

该反应是 $NH_3(g)$ 的生成反应,且已知该反应的 $\Delta_r G_m^\ominus(298K) = -16.64 \text{kJ} \cdot \text{mol}^{-1}$,故 $NH_3(g)$ 的标准摩尔生成吉布斯自由能为 $\Delta_f G_m^\ominus(NH_3, g, 298K) = \Delta_r G_m^\ominus(298K) = -16.64 \text{kJ} \cdot \text{mol}^{-1}$。

许多物质在 298K 时的标准摩尔生成焓 $\Delta_f H_m^\ominus(B)$ 和标准摩尔生成吉布斯自由能 $\Delta_f G_m^\ominus(B)$ 的数据可从相关数据手册上查到。

对一定温度下的某化学反应,参与反应的各物质在该温度下的 $\Delta_f H_m^\ominus(B)$ 与该反应的标准摩尔反应焓(变)的关系为

$$\Delta_r H_m^\ominus(T) = \sum \nu_B \Delta_f H_m^\ominus(B) \tag{4-15a}$$

同样,参与反应的各物质在该温度下的 $\Delta_f G_m^\ominus(B)$ 与该反应的标准摩尔反应吉布斯自由能(变)的关系为

$$\Delta_r G_m^{\ominus}(T) = \sum \nu_B \Delta_f G_m^{\ominus}(B) \quad (4\text{-}15b)$$

式(4-15a)及式(4-15b)也是赫斯定律的必然结果。

2. 标准摩尔燃烧焓

有机化合物绝大部分都可燃烧，因而比较方便测量其燃烧热，从而得到相关反应的摩尔反应焓。因此与定义标准摩尔生成热力学量相类似，也可定义物质的标准摩尔燃烧焓。

物质 B 的燃烧反应方程式规定如下：

$$0 = -B + \nu_{O_2} O_2(g) + \sum_R \nu_R P \quad (4\text{-}16)$$

式中，B 与 $O_2(g)$ 为反应物；P 为产物，且都是在反应条件下最稳定的氧化物，即可燃物中的碳、硫、磷、氢及氮等分别氧化成 $CO_2(g)$、$SO_2(g)$、$P_2O_5(s)$、$H_2O(l)$ 及 $N_2(g)$，可燃物中的金属则被氧化成正常价态的氧化物。

标准状态下反应式(4-16)所对应的标准摩尔反应焓 $\Delta_r H_m^{\ominus}$ 定义为物质 B 的标准摩尔燃烧焓，用符号 $\Delta_c H_m^{\ominus}(B)$ 表示。定义的必然结果是最稳定氧化物的标准摩尔燃烧焓一定为零。

例如：　　$C(石墨, 298K, p^{\ominus}) + O_2(g, 298K, p^{\ominus}) = CO_2(g, 298K, p^{\ominus})$

该反应符合反应式(4-16)，是 C(石墨)的燃烧反应，且已知该反应的 $\Delta_r H_m^{\ominus}(298K) = -393.51 \text{kJ} \cdot \text{mol}^{-1}$，故 C(石墨)的标准摩尔燃烧焓为

$$\Delta_c H_m^{\ominus}(C, 石墨, 298K) = \Delta_r H_m^{\ominus}(298K) = -393.51 \text{kJ} \cdot \text{mol}^{-1}$$

注意：C(石墨)的标准摩尔燃烧焓 $\Delta_c H_m^{\ominus}(C, 石墨, 298K)$ 与 $CO_2(g)$ 的标准摩尔生成焓 $\Delta_f H_m^{\ominus}(CO_2, g, 298K)$ 相等；同理，$H_2(g)$ 的标准摩尔燃烧焓 $\Delta_c H_m^{\ominus}(H_2, g, 298K)$ 与 $H_2O(l)$ 的标准摩尔生成焓 $\Delta_f H_m^{\ominus}(H_2O, l, 298K)$ 相等。

对一定温度下的某化学反应，参与反应的各物质在该温度下的 $\Delta_c H_m^{\ominus}(B)$ 与反应的标准摩尔反应焓的关系为

$$\Delta_r H_m^{\ominus}(T) = -\sum \nu_B \Delta_c H_m^{\ominus}(B) \quad (4\text{-}17)$$

298.15K 时一些有机物的标准摩尔燃烧焓可从相关手册上查到。

3. 离子的标准摩尔生成焓

对于有离子参加的化学反应，式(4-15)同样适用，只是需要知道每种离子的标准摩尔生成焓。首先，参照反应式(4-14)，离子的生成反应式可规定为：由稳定单质溶于一定量的水中生成 1mol 离子。同时规定 T、$p^{\ominus}$ 条件下无限稀释的水溶液为离子 B 的标准态。因此，离子的标准摩尔生成焓定义为：在 T、$p^{\ominus}$ 条件下，由稳定单质溶于大量水中生成 1mol 无限稀释离子所对应的摩尔反应焓。

例如，某温度下，反应 $1/2 Cl_2(g, p^{\ominus}) + \infty H_2O(l, p^{\ominus}) = Cl^-(\infty aq, p^{\ominus}) - e^-$ 的摩尔反应焓 $\Delta_r H_m^{\ominus}(T)$，即为 Cl^- 的标准摩尔生成焓 $\Delta_f H_m^{\ominus}(Cl^-, \infty aq, T) = \Delta_r H_m^{\ominus}(T)$。

由于溶液中正、负离子总是按电中性的原则而共同存在，因此单一离子的标准摩尔生成焓无法得到。还需要进一步规定：氢离子的标准生成焓为零，即

$$1/2 H_2(g, p^\ominus) + \infty H_2O(l, p^\ominus) = H^+(\infty aq, p^\ominus) + e^-, \quad \Delta_f H_m^\ominus(H^+, \infty aq) = 0 \quad (4\text{-}18)$$

则以此为相对值，原则上可通过赫斯定律设计合适的热化学循环，得到任意离子的标准摩尔生成焓。

例如，已知 298K、$p^\ominus$ 下，1mol HCl(g)溶于大量水中

$$HCl(g) + \infty H_2O(l) = H^+(\infty aq) + Cl^-(\infty aq), \quad \Delta_r H_m^\ominus(298K) = -75.14 kJ \cdot mol^{-1}$$

又已知 $\Delta_f H_m^\ominus(HCl, g, 298K) = -92.30 kJ \cdot mol^{-1}$，上述过程的标准摩尔反应焓为

$$\Delta_r H_m^\ominus(298K) = \left[\Delta_f H_m^\ominus(H^+, \infty aq) + \Delta_f H_m^\ominus(Cl^-, \infty aq)\right] - \Delta_f H_m^\ominus(HCl, g)$$

所以

$$\Delta_f H_m^\ominus(Cl^-, \infty aq, 298K) = \Delta_r H_m^\ominus(298K) + \Delta_f H_m^\ominus(HCl, g, 298K) - \Delta_f H_m^\ominus(H^+, \infty aq)$$
$$= -167.44 kJ \cdot mol^{-1}$$

298.15K 时部分离子的标准摩尔生成焓可查表得到。

4.2.4 溶解焓与稀释焓

在一定温度下将溶质 B 溶于 A 中或将溶剂 A 加入溶液中一般会产生热效应，前者称为溶解热，后者称为稀释热；如果溶解或稀释过程在恒压下进行，则相应的热效应即为溶解焓 $\Delta_{sol}H$ 及稀释焓 $\Delta_{dil}H$。溶解焓及稀释焓除了与溶剂及溶质的性质和数量有关外，还与系统所处的温度及压力有关(若不注明，则均指 298.15K 和 100kPa)。

溶解焓(也称积分溶解焓)$\Delta_{sol}H$ 是指在恒温恒压下将一定量的溶质 n_B 溶于一定量的溶剂 n_A 中形成确定浓度 m_B(或 c_B)的溶液所对应的热效应，换算为单位量(mol)的溶质则为摩尔溶解焓 $\Delta_{sol}H_m$。一般可用各种类型热量计直接实验测定。例如，在 298K 及 100kPa 时，将相当于 1mol $H_2SO_4(l)$溶于不同量(n_A)的水中，(n_B = 1mol)$H_2SO_4(l) + n_A H_2O = H_2SO_4(aq, m_B)$，实验测得其摩尔溶解焓列于表 4-1 中。

表 4-1 298K 及 100kPa 时 $H_2SO_4(l)$溶于水中的摩尔溶解焓

n_A/n_B	n_B/n_A	$m_B/(mol \cdot kg^{-1})$	$\Delta_{sol}H_m / (kJ \cdot mol^{-1})$
0.5	2.0	111.1	−15.73
1.0	1.0	55.56	−28.07
1.5	0.67	37.04	−36.90
2.0	0.50	27.78	−41.92
5.0	0.20	11.11	−58.03
10.0	0.10	5.556	−67.03
20.0	0.05	2.778	−71.50
50.0	0.02	1.111	−73.35
100	0.01	0.5556	−73.97
1000	0.001	0.0556	−78.58
10000	0.0001	0.0056	−87.07
100000	0.00001	0.0006	−93.64
∞			−96.16

资料来源：Moore. Physical Chemistry. 5th ed. 1972，65.

表中数据既可按$\Delta_{sol}H_m$-n_A/n_B方式作图，也可按$\Delta_{sol}H_m$-m_B(相当于$\Delta_{sol}H_m$-n_B/n_A)方式作图，结果如图4-2所示。从图中可见，物质的摩尔溶解焓与所形成的溶液组成(或浓度)有关，但一般不具备线性关系。两种作图方式都可进行适当外推得到无限稀释时的摩尔溶解焓，称为物质的标准摩尔溶解焓$\Delta_{sol}H_m^{\ominus}$。例如，298K时$H_2SO_4$(l)的标准摩尔溶解焓为$-96.16$ kJ·mol^{-1}。一定温度下物质的标准摩尔溶解焓大多采用这种方法得到。

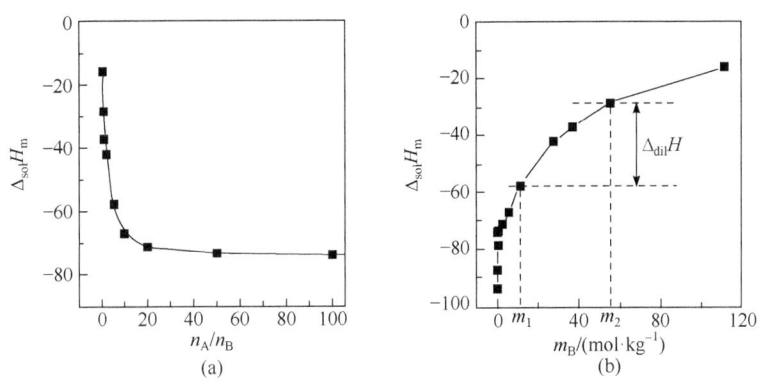

图4-2　298K时H_2SO_4(l)在水中的摩尔溶解焓

微分溶解焓是指在恒温恒压下向确定浓度的溶液中加入dn_B溶质时所产生的微量热效应，即$\left(\dfrac{\partial \Delta_{sol}H}{\partial n_B}\right)_{T,p,n_A}$。这是一个偏微分量，其值可由图4-2(b)中曲线的斜率求得，其物理意义可以理解为：恒温恒压下在大量给定浓度的溶液中加入1mol溶质时所产生的热效应。

稀释焓(也称积分稀释焓)$\Delta_{dil}H$是指在恒温恒压下将一定量的溶剂(n_A)加到一定量的溶液中，使之从浓度m_2稀释至m_1时所产生的热效应。其值可由实验直接测定，也可由溶解焓测定结果进行换算，见图4-2(b)。

微分稀释焓是指在恒温恒压下向确定浓度的溶液中加入dn_A溶剂时所产生的微量热效应，即$\left(\dfrac{\partial \Delta_{sol}H}{\partial n_A}\right)_{T,p,n_B}$。这也是一个偏微分量，其值可由图4-2(a)中曲线的斜率求得，其物理意义可以理解为：恒温恒压下在大量给定浓度的溶液中加入1mol溶剂时所产生的热效应。

4.2.5 摩尔反应焓与温度及压力的关系

对单一的化学反应系统，其摩尔反应焓Δ_rH_m与温度及压力有关，而标准摩尔反应焓$\Delta_rH_m^{\ominus}$只与温度有关。在各种手册上一般只能查到各物质在298K下的标准生成焓、标准燃烧焓等热化学数据，从而能直接计算298K下的标准摩尔反应焓$\Delta_rH_m^{\ominus}$(298K)。如何利用298K下的标准数据来计算其他温度和压力下的摩尔反应焓？需要知道摩尔反应焓与温度和压力的关系。

1. 摩尔反应焓Δ_rH_m与压力p的关系

由式(4-5)可得

$$\left(\frac{\partial \Delta_r H_m}{\partial p}\right)_T = \sum \nu_B \left(\frac{\partial H_B'}{\partial p}\right)_T = \sum \nu_B \left[V_B' - T\left(\frac{\partial V_B'}{\partial T}\right)_p\right] = \Delta_r \left[V - T\left(\frac{\partial V}{\partial T}\right)_p\right]_m \quad (4\text{-}19a)$$

式中，V_B'为组分B的偏摩尔体积；V为化学反应系统的总体积。将式(4-19a)积分可得

$$\Delta_r H_m(T,p) = \Delta_r H_m^\ominus(T) + \int_{p^\ominus}^{p} \Delta_r \left[V - T\left(\frac{\partial V}{\partial T}\right)_p\right]_m dp \tag{4-19b}$$

显然，对理想气体反应，$\Delta_r H_m(T,p) = \Delta_r H_m^\ominus(T)$，即摩尔反应焓与压力无关；对凝聚相反应，反应体积随温度变化不大，且反应前后体积变化不大，故$\Delta_r H_m(T,p) \approx \Delta_r H_m^\ominus(T)$；对实际气体反应，需要知道气体的物态方程，由式(4-19b)求$\Delta_r H_m(T,p)$。

2. 摩尔反应焓$\Delta_r H_m$与温度T的关系——基尔霍夫公式

基尔霍夫(Kirchhoff)公式本质上是由恒压热容的定义衍生而来，是该定义在化学反应及相变化过程中的具体应用。

1) 微分形式

对不做非体积功的化学反应系统的某过程，由式(4-5)有$\Delta_r H_m = \sum \nu_B H_B'$，所以

$$\left(\frac{\partial \Delta_r H_m}{\partial T}\right)_p = \sum \nu_B \left(\frac{\partial H_B'}{\partial T}\right)_p = \sum \nu_B C_{p,B}' = \Delta_r C_{p,m} \tag{4-20a}$$

式(4-20a)为基尔霍夫公式的微分形式。该式表明化学反应热效应随温度的变化率等于该反应的摩尔恒压热容。

需要特别注意的是，反应的摩尔恒压热容为$\Delta_r C_{p,m} = \sum \nu_B C_{p,B}'$，其中，$C_{p,B}'$是指反应系统中各组分的偏摩尔恒压热容，这种数据非常缺乏，因此在实际运算中，一般用各物质的摩尔恒压热容$C_{p,m}(B)$来近似代替其偏摩尔恒压热容。

(1) 若$\Delta_r C_{p,m} = 0$，即$(\partial \Delta_r H_m/\partial T)_p = 0$，则$\Delta_r H_m$不随温度变化而变化，为定值。

(2) 若$\Delta_r C_{p,m} > 0$，即$(\partial \Delta_r H_m/\partial T)_p > 0$，则$\Delta_r H_m$随温度升高而增加。对吸热效应，$\Delta_r H_m > 0$，温度上升，吸热量增加；对放热反应，$\Delta_r H_m < 0$，温度上升，放热量减小。

(3) 若$\Delta_r C_{p,m} < 0$，即$(\partial \Delta_r H_m/\partial T)_p < 0$，则结果恰好与(2)相反。

2) 定积分式

式(4-20a)在温度T_1与T_2间定积分可得

$$\Delta_r H_m(T_2) = \Delta_r H_m(T_1) + \int_{T_1}^{T_2} \Delta_r C_{p,m} dT \tag{4-20b}$$

式(4-20b)为基尔霍夫公式的积分形式。因为一般在手册上可查得298K、$p^\ominus$下的数据，故通常取$T_1 = 298K$。在压力不很高的情况下，忽略压力对热效应的影响，可得

$$\Delta_r H_m(T_2) = \Delta_r H_m^\ominus(298K) + \int_{298K}^{T_2} \Delta_r C_{p,m} dT \tag{4-20c}$$

【例4-1】 试计算反应$C(石墨) + O_2(g) == CO_2(g)$在1150K的摩尔反应焓。

解 此题可直接用式(4-20c)计算。先从热力学数据表查出相关数据，并计算得

$$\Delta_r H_m^\ominus(298K) = \Delta_f H_m^\ominus(CO_2, g, 298K) = -393.51 \text{kJ} \cdot \text{mol}^{-1}$$

$$\Delta_r C_{p,m}/(\text{J} \cdot \text{K}^{-1} \cdot \text{mol}^{-1}) = -10.259 + 4.425 \times 10^{-3} T + 24.754 \times 10^{-5} T^{-2}$$

所以 $\Delta_r H_m(1150K) = \Delta_r H_m(298K) + \int_{298K}^{1150K} \Delta_r C_{p,m} dT$

$$= -393510 \text{J} \cdot \text{mol}^{-1} + \int_{298K}^{1150K} (-10.259 + 4.425 \times 10^{-3} T + 24.754 \times 10^{-5} T^{-2}) dT$$

$$= -393.37 \text{kJ} \cdot \text{mol}^{-1}$$

可见，无相变的化学反应，其摩尔反应焓受温度的影响较小。

3) 不定积分式

先求出$\Delta_r C_{p,m}$与T的函数关系式，再代入式(4-20a)不定积分式得

$$\Delta_r H_m(T) = \Delta H_0 + \int \Delta_r C_{p,m} dT = \Delta H_0' + T\Delta a + \frac{1}{2}T^2 \Delta b - T^{-1}\Delta c \tag{4-20d}$$

式中，ΔH_0、$\Delta H_0'$为积分常数，不要理解为绝对零度时的反应焓。

4) 包含相变的反应焓

应用基尔霍夫公式时，要注意参加反应的物质可能在温度变化区间出现相变，这时应将相变焓考虑进来；同时由于物质的聚集状态不同，其恒压热容与温度的函数关系式也不相同。因此，在出现相变的情况下计算反应焓时，要根据相变温度划分温度区间分段进行计算。例如，某一化学反应在 T_1 温度下的摩尔反应焓为$\Delta_r H_m(T_1)$，在另一温度 T_2 下的摩尔反应焓为$\Delta_r H_m(T_2)$，而在温度 T_1 至 T_2 之间有某一参与反应的物质发生相变，则

$$\Delta_r H_m(T_2) = \Delta_r H_m(T_1) + \int_{T_1}^{T_{相}} \Delta_r C_{p,m}(1)dT \pm \Delta_{trs}H_m + \int_{T_{相}}^{T_2} \Delta_r C_{p,m}(2)dT \tag{4-21}$$

式中，$\Delta_r C_{p,m}(1)$及$\Delta_r C_{p,m}(2)$分别为相变前后反应体系的摩尔反应恒压热容；$\Delta_{trs}H_m$为该物质的摩尔相变热。例如，相变为蒸发过程，则相变焓为蒸发热$\Delta_{vap}H_m$。

【例 4-2】 求反应 $2H_2(g) + O_2(g) = 2H_2O(l)$在 800K 及标准压力下的摩尔反应焓。

解 在 800K 下，水已气化为水蒸气。可设计如下途径，计算反应在 800K 下的反应焓。

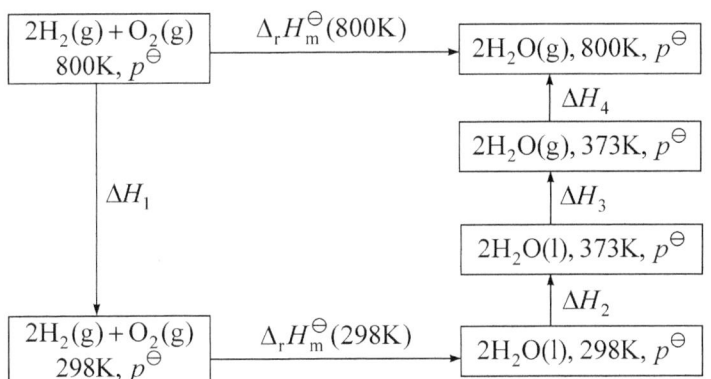

其中：$\Delta H_1 = \int_{800K}^{298K} [2C_{p,m}(H_2,g) + C_{p,m}(O_2,g)]dT$，$\Delta H_2 = \int_{298K}^{373K} 2C_{p,m}(H_2O,l)dT$

$\Delta H_3 = 2\Delta_{vap}H_m(H_2O,l,373K) = 81.42 kJ \cdot mol^{-1}$，$\Delta H_4 = \int_{373K}^{800K} 2C_{p,m}(H_2O,g)dT$

$\Delta_r H_m^{\ominus}(298K) = 2\Delta_f H_m^{\ominus}(H_2O,l,298K) = -571.66 kJ \cdot mol^{-1}$

查表得各物质的恒压热容数据，代入上述各式，可得

$$\Delta_r H_m^{\ominus}(800K) = \Delta H_1 + \Delta_r H_m^{\ominus}(298K) + \Delta H_2 + \Delta H_3 + \Delta H_4 = -493.2 kJ \cdot mol^{-1}$$

计算表明，当参加反应的物质发生相态变化时，反应焓随温度的变化较为明显。

4.2.6 非等温反应

以上所讨论的都是等温反应，即反应过程中所释放(或吸收)的热量能及时逸散(或供给)，

系统始终态处于相同温度。但在实际反应中，系统始、终态的温度并不相等。对于非等温反应的相关计算，一般要用到基尔霍夫公式。

1. 一般非等温反应

对如下恒压反应，$aA(T_1,p) + dD(T_2,p) = xX(T_3,p) + yY(T_3,p)$，当各物质在反应系统温度变化范围内没有相变时，则可设计如图 4-3 所示的过程进行计算。

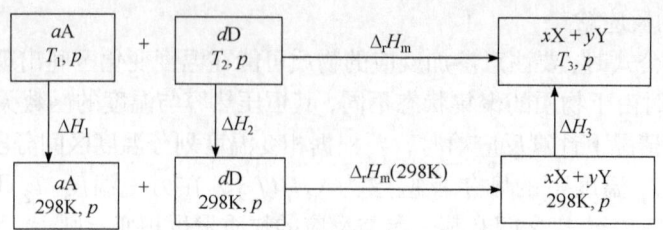

图 4-3　一般非等温反应的热化学计算

根据图 4-3，有

$$\Delta_r H_m = \Delta H_1 + \Delta H_2 + \Delta H_3 + \Delta_r H_m(298K)$$
$$= \int_{T_1}^{298K} aC_{p,m}(A)dT + \int_{T_2}^{298K} dC_{p,m}(D)dT + \int_{298K}^{T_3}\left[xC_{p,m}(X) + yC_{p,m}(Y)\right]dT + \Delta_r H_m(298K)$$

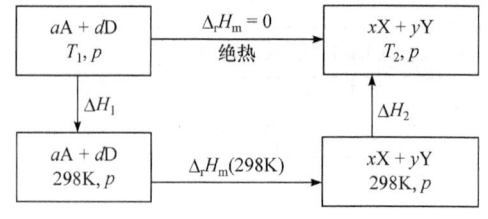

图 4-4　绝热反应终态温度的估算

2. 绝热反应终态温度计算

非等温反应的一种极端情况是反应完全在绝热条件下进行，如气焊时的燃烧及绝热性能良好的容器中的反应等，就是在近似于绝热条件下的反应。恒压绝热反应终态温度的计算可按图 4-4 进行。

因 $\Delta H_m = \Delta H_1 + \Delta_r H_m(298K) + \Delta H_2 = 0$，而

$$\Delta H_1 = \int_{T_1}^{298K}\left[\sum \nu_B C_{p,m}(B)\right]_{反应物} dT, \quad \Delta H_2 = \int_{298K}^{T_2}\left[\sum \nu_B C_{p,m}(B)\right]_{产物} dT$$

将 T_1 和热容数据代入上式就可以求出终态温度 T_2，若在温度变化范围内存在物质的相变，则应考虑相变热的贡献；若反应物质过量，或有惰性物质存在于反应体系中，此时也应考虑它们的吸热、放热情况。

【例 4-3】　设有一种常压、温度为 673K、组成 $SO_2(g)$10.5%(体积分数，下同)、$O_2(g)$7.8%、$N_2(g)$81.7%的混合气体，将其流入绝热良好的 SO_3 转化器中，试估算 $SO_2(g)$转化率约为 90%时，转化器出口气体的温度。

解　(1) 以 1mol $SO_2(g)$为基准，出、入口体系中各反应物质的量计算如下：

	$SO_2(g)$	+	$1/2 O_2(g)$	=	$SO_3(g)$	$N_2(g)$
流入：	1		7.8/10.5 = 0.743		0	81.7/10.5 = 7.781
流出：	1−0.9 = 0.1		0.743−0.45 = 0.293		0.9	7.781

因在常压及较高的温度下，各种气体均可视为理想气体，则混合过程的焓变为零。

(2) 估算转化器出口气体的温度 T。图 4-4 所示的过程对本例的具体应用可表示为

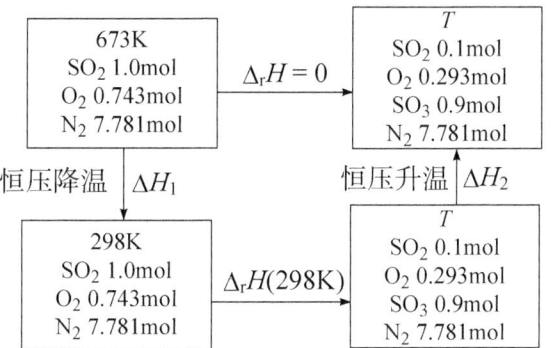

即假设先将三种气体分别恒压可逆降温至 298K，在 298K 下使 SO_2 氧化为 SO_3，然后将产物恒压可逆升温至 T。由于绝热，故

$$\Delta_r H = \Delta H_1 + \Delta_r H(298K) + \Delta H_2 = 0$$

$$\Delta H_1 = \int_{673K}^{298K} \left[C_{p,m}(SO_2,g) + 0.743 C_{p,m}(O_2,g) + 7.781 C_{p,m}(N_2,g) \right] dT$$

查表代入计算可得 $\Delta H_1 = -107.24 \text{kJ}$，$\Delta_r H(298K) = -89.02 \text{kJ}$

$$\Delta H_2 = 281.57T + 29.84 \times 10^{-3} T^2 + 12.83 \times 10^5 T^{-1}$$

则可得方程 $29.846 \times 10^{-3} T^2 + 281.57 T + 12.83 \times 10^5 T^{-1} - 287160 = 0$

用解析法可近似求得 $T = 924.4 \text{K}$。

工业生产中，常用接触法将含 $SO_2(g)$ 的炉气制成硫酸。由于 $SO_2(g)$ 转换为 $SO_3(g)$ 的反应放热效应较大，会使转化过程升温。然而制酸工艺要求转化温度维持在 400℃ 左右，故在生产实践中常以对流换热的方法向外散热。此例的计算方法将为换热设备的设计提供气态产物可能达到的温度数据，可供设计参考。

4.3 化学反应系统的基本方程及判据

包含化学反应的系统必是组成可变的系统。根据其特点(见 4.1.2 小节)可知，化学反应系统仍然符合第 2 章中的组成可变系统的基本方程，即式(2-34)各式。但由于化学反应遵循计量原理，可使描述体系状态的变量数大大减少。

4.3.1 化学反应系统的基本方程

若封闭系统中只有一个化学反应，用 $dn_B = \nu_B d\xi$ 代入式(2-34)有

$$dU = TdS - pdV + \left(\sum \nu_B \mu_B \right) d\xi \tag{4-22a}$$

$$dH = TdS + Vdp + \left(\sum \nu_B \mu_B \right) d\xi \tag{4-22b}$$

$$dG = -SdT + Vdp + \left(\sum \nu_B \mu_B \right) d\xi \tag{4-22c}$$

$$dA = -SdT - pdV + \left(\sum \nu_B \mu_B \right) d\xi \tag{4-22d}$$

以上各式就是含一个独立化学反应的封闭系统的基本方程。由此四式可得

$$\sum \nu_B \mu_B = \left(\frac{\partial U}{\partial \xi} \right)_{S,V} = \left(\frac{\partial H}{\partial \xi} \right)_{S,p} = \left(\frac{\partial A}{\partial \xi} \right)_{T,V} = \left(\frac{\partial G}{\partial \xi} \right)_{T,p} = \Delta_r G_m \tag{4-23a}$$

式(4-23a)的负值本质上就是相应条件下的化学反应推动力,德唐德(De Donder)最先将其称之为化学反应亲和势(affinity of chemical reaction),可用符号 D 表示,即

$$D = -\sum \nu_B \mu_B = -\Delta_r G_m$$
$$= -\left(\frac{\partial U}{\partial \xi}\right)_{S,V} = -\left(\frac{\partial H}{\partial \xi}\right)_{S,p} = -\left(\frac{\partial A}{\partial \xi}\right)_{T,V} = -\left(\frac{\partial G}{\partial \xi}\right)_{T,p} \tag{4-23b}$$

化学反应亲和势是化学反应系统的强度性质,其主要作用是使基本方程更简洁。对含一个独立化学反应的封闭系统,其基本方程可写为

$$dU = TdS - pdV - Dd\xi \tag{4-24a}$$

$$dH = TdS + Vdp - Dd\xi \tag{4-24b}$$

$$dG = -SdT + Vdp - Dd\xi \tag{4-24c}$$

$$dA = -SdT - pdV - Dd\xi \tag{4-24d}$$

对含 R 个独立化学反应的封闭系统,各自的反应进度分别为 ξ_1、ξ_2、$\cdots$、ξ_R,各自的化学反应亲和势分别为 D_1、D_2、$\cdots$、D_R,则相应的基本方程为

$$dU = TdS - pdV - \sum D_\rho d\xi_\rho \tag{4-25a}$$

$$dH = TdS + Vdp - \sum D_\rho d\xi_\rho \tag{4-25b}$$

$$dG = -SdT + Vdp - \sum D_\rho d\xi_\rho \tag{4-25c}$$

$$dA = -SdT - pdV - \sum D_\rho d\xi_\rho \tag{4-25d}$$

4.3.2 化学反应方向及平衡条件

对含单一化学反应的系统,有 $dG = -SdT + Vdp - Dd\xi$,根据恒温恒压下吉布斯自由能减少原理,有

$$dG_{T,p} = -Dd\xi \leqslant 0 \ (\text{“} < 0\text{”}\ \text{表示自动的方向,“} = 0\text{”}\ \text{表示达到平衡})$$

结合式(4-6),将上式转化为对化学反应方向及平衡的判据,即

$$\left(\frac{\partial G}{\partial \xi}\right)_{T,p} = \Delta_r G_m = \sum \nu_B G'_B = \sum \nu_B \mu_B = -D \leqslant 0 \tag{4-26}$$

式中,不等号表明反应正向自动,等号表明反应达到平衡。式(4-26)是判断化学反应方向及讨论化学平衡问题的基础,也表明可以用多种形式讨论反应的方向和限度问题,但常用的是 $\Delta_r G_m$,或 $\sum \nu_B \mu_B$。

需要注意的是,在化学反应过程中,方向性与反应进度有关。恒温恒压时,反应系统的 G 随反应进度 ξ 的变化曲线都具有最低点,示意图如图 4-5 所示。

在最低点左侧,$(\partial G/\partial \xi)_{T,p} < 0$,$\Delta_r G_m < 0$,$D > 0$,推动力大于零,反应正向自动进行;

在最低点右侧,$(\partial G/\partial \xi)_{T,p} > 0$,$\Delta_r G_m > 0$,

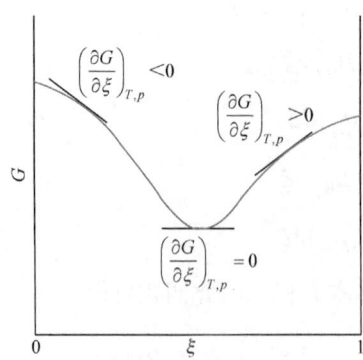

图 4-5 恒温恒压时反应系统 G 与反应进度 ξ 的关系

$D<0$，推动力小于零，反应逆向自动进行；

在最低点时，$(\partial G/\partial \xi)_{T,p}=0$，$\Delta_r G_m = 0$，$D=0$，推动力等于零，反应达到平衡。

4.4 化学反应等温方程与标准平衡常数

4.4.1 气相化学反应平衡

1. 气相反应等温方程

若有各组分皆为气体的反应：$dD + eE \rightleftharpoons gG + hH$，则参与反应的各物质化学势为 $\mu_B = \mu_B^\ominus + RT\ln\dfrac{f_B}{p^\ominus} = \mu_B^\ominus + RT\ln\dfrac{p_B\gamma_B}{p^\ominus}$，（注意：若为理想气体，$f_B = p_B$，$\gamma_B = 1$），将其代入式(4-26)，有

$$\Delta_r G_m = \sum \nu_B \mu_B^\ominus + RT \sum \nu_B \ln\left(\frac{f_B}{p^\ominus}\right) = \Delta_r G_m^\ominus + RT\ln\left[\left(\frac{f_G^g f_H^h}{f_D^d f_E^e}\right)(p^\ominus)^{-\sum \nu_B}\right] \quad (4\text{-}27)$$

令
$$Q_f^\ominus = \left(\frac{f_G^g f_H^h}{f_D^d f_E^e}\right)(p^\ominus)^{-\sum \nu_B} \quad (4\text{-}28a)$$

$Q_f^\ominus$ 称为标准逸度商，量纲为一。若为理想气体，称为标准压力商：

$$J_p^\ominus = \left(\frac{p_G^g p_H^h}{p_D^d p_E^e}\right)(p^\ominus)^{-\sum \nu_B} \quad (4\text{-}28b)$$

随着反应的进行，各组分逸度 f_B 在不断变化，因此 $Q_f^\ominus$ 值也将不断变化。当反应达到平衡时，体系中各物质的逸度不再变化，此时的标准逸度商 $(Q_f^\ominus)_{eq}$ 值也必为一常数，称为标准平衡常数，或热力学平衡常数，记为 $K_f^\ominus$，也是量纲为一的量，即

$$K_f^\ominus = \left(Q_f^\ominus\right)_{eq} = \left[\left(\frac{f_G^g f_H^h}{f_D^d f_E^e}\right)(p^\ominus)^{-\sum \nu_B}\right]_{eq} \quad (4\text{-}29a)$$

由于反应平衡时有 $\Delta_r G_m = 0$，根据式(4-27)有

$$\ln K_f^\ominus = -\frac{\sum \nu_B \mu_B^\ominus}{RT} = -\frac{\Delta_r G_m^\ominus}{RT} \quad (4\text{-}29b)$$

式(4-29b)也表明反应的标准平衡常数只是温度的函数。

这样，式(4-27)又可写为

$$\Delta_r G_m = \Delta_r G_m^\ominus + RT\ln Q_f^\ominus = -RT\ln K_f^\ominus + RT\ln Q_f^\ominus \quad (4\text{-}30a)$$

对理想气体，则为

$$\Delta_r G_m = \Delta_r G_m^\ominus + RT\ln J_p^\ominus = -RT\ln K_p^\ominus + RT\ln J_p^\ominus \quad (4\text{-}30b)$$

式(4-27)及式(4-30)都称为气相化学反应的等温方程式，可以用来判断在一定温度下反应的方向和限度。当 $Q_f^\ominus < K_f^\ominus$ 时，$\Delta_r G_m < 0$，反应自发向右进行；当 $Q_f^\ominus > K_f^\ominus$ 时，$\Delta_r G_m > 0$，反应

自发向左进行；当 $Q_f^\ominus = K_f^\ominus$ 时，$\Delta_r G_m = 0$，反应达到平衡。化学反应的等温方程式还告诉人们：在一定温度下，通过改变各组分逸度的大小，从而改变标准逸度商 $Q_f^\ominus$，有可能使反应向着需要的方向进行。

2. 气相反应平衡常数表达式

气相反应达到平衡时，反应的标准逸度商 $(Q_f^\ominus)_{eq}$ 即为其标准平衡常数，如式(4-29a)所示。在讨论平衡常数表达式时，略去关于平衡的下标，但要注意，其逸度、逸度因子、分压、摩尔分数、浓度等都是指平衡时的值。

考虑到逸度与分压及逸度因子的关系，$f_B = p_B \gamma_B$，有

$$K_f^\ominus = \left(\frac{f_G^g f_H^h}{f_D^d f_E^e}\right)(p^\ominus)^{-\sum \nu_B} = \left(\frac{p_G^g p_H^h}{p_D^d p_E^e}\right)(p^\ominus)^{-\sum \nu_B} \times \left(\frac{\gamma_G^g \gamma_H^h}{\gamma_D^d \gamma_E^e}\right) \tag{4-31a}$$

令
$$K_p = \frac{p_G^g p_H^h}{p_D^d p_E^e} \tag{4-31b}$$

及
$$K_\gamma = \frac{\gamma_G^g \gamma_H^h}{\gamma_D^d \gamma_E^e} \tag{4-31c}$$

K_p 称为经验平衡常数，其量纲取决于 $\sum \nu_B$ 的大小，当 $\sum \nu_B = 0$ 时，K_p 为量纲为一的量，当 $\sum \nu_B \neq 0$ 时，K_p 为非量纲为一的量；K_γ 称为逸度因子平衡常数，是量纲为一的量。

这样，式(4-31a)也可表示为

$$K_f^\ominus = K_p K_\gamma (p^\ominus)^{-\sum \nu_B} \tag{4-31d}$$

$K_f^\ominus$ 只与温度 T 有关；但由于 K_γ 与温度及压力有关，所以 K_p 也与温度及压力有关。对于理想气体，$K_\gamma = 1$，即逸度等于分压，标准逸度商等于标准压力商，则

$$K_f^\ominus = K_p^\ominus = \left(\frac{p_G^g p_H^h}{p_D^d p_E^e}\right)(p^\ominus)^{-\sum \nu_B} = K_p (p^\ominus)^{-\sum \nu_B} \tag{4-31e}$$

因为 $K_p^\ominus$ 只与温度 T 有关，所以理想气体反应的 K_p 也只与温度 T 有关。

对于理想气体反应，还有其他几种经验平衡常数表达式。

1) 用摩尔分数表示的平衡常数 K_x

因为 $p_B = p x_B$，所以

$$K_p = \frac{p_G^g p_H^h}{p_D^d p_E^e} = \frac{(p x_G)^g (p x_H)^h}{(p x_D)^d (p x_E)^e} = \left(\frac{x_G^g x_H^h}{x_D^d x_E^e}\right) p^{\sum \nu_B} = K_x p^{\sum \nu_B} \tag{4-31f}$$

可见，虽然理想气体反应的 K_p 只与温度 T 有关，但其 K_x 与温度及压力有关。

2) 用物质的量浓度表示的平衡常数 K_c

对于理想气体，有 $p_B = cRT$，所以

$$K_p = \frac{p_G^g p_H^h}{p_D^d p_E^e} = \left(\frac{c_G^g c_H^h}{c_D^d c_E^e}\right)(RT)^{\sum \nu_B} = K_c (RT)^{\sum \nu_B} \tag{4-31g}$$

可见，K_c 也只与温度有关。

4.4.2 凝聚相化学反应平衡

1. 液相反应等温式

若有液相反应：$dD + eE \Longrightarrow gG + hH$，且各组分都采用活度定义 I，则参与反应的各物质化学势为：$\mu_B = \mu_B^*(T,p) + RT\ln a_B$，其中 $\mu_B^*(T,p)$ 为纯组分 B 的化学势。将其代入式(4-26)有

$$\Delta_r G_m = \sum \nu_B \mu_B = \sum \nu_B \mu_B^*(T,p) + RT \sum \nu_B \ln a_B \tag{4-32a}$$

因为

$$\mu_B^*(T,p) = \mu_B^*(T,p^\ominus) + \int_{p^\ominus}^{p} V_{m,B} dp$$

所以

$$\sum \nu_B \mu_B^*(T,p) = \sum \nu_B \mu_B^*(T,p^\ominus) + \int_{p^\ominus}^{p} V_{m,B} dp$$

通常 p 与 $p^\ominus$ 相差不大，且纯液态组分的摩尔体积也不大，则

$$\int_{p^\ominus}^{p} V_{m,B} dp \approx 0$$

于是有

$$\sum \nu_B \mu_B^*(T,p) = \sum \nu_B \mu_B^*(T,p^\ominus)$$

式中，$\mu_B^*(T,p^\ominus)$ 是纯物质 B 处于标准压力下的化学势，只与温度有关，也可记为 $\mu_B^{*\ominus}(T)$。这样式(4-32a)就变为

$$\Delta_r G_m = \sum \nu_B \mu_B^{*\ominus}(T) + RT \sum \nu_B \ln a_B \tag{4-32b}$$

令

$$\sum \nu_B \ln a_B = \ln J_a \quad 即 \quad J_a = \frac{a_G^g a_H^h}{a_D^d a_E^e} \tag{4-32c}$$

J_a 称为活度商。当反应达到平衡时，活度商有定值。

令

$$\sum (\nu_B \ln a_B)_{eq} = \ln K_a \tag{4-32d}$$

K_a 是以活度表示的标准平衡常数。

反应达到平衡时，$\Delta_r G_m = 0$，所以

$$\ln K_a = -\frac{\sum \nu_B \mu_B^{*\ominus}(T)}{RT} = -\frac{\Delta_r G_m^\ominus(T)}{RT} \tag{4-32e}$$

式(4-32e)表明以活度表示的标准平衡常数 K_a 只是温度的函数。严格地说，K_a 与温度和压力有关，只是忽略了压力的影响。

于是式(4-32b)可写为

$$\Delta_r G_m = -RT \ln K_a + RT \ln J_a \tag{4-32f}$$

式(4-32b)及式(4-32f)都是液相反应的等温式。

若各组分都采用活度定义 II，不难得出液相反应的等温式为以下四式的任一种：

$$\left.\begin{aligned}\Delta_r G_m &= -RT\ln K_{a,x} + RT\ln J_a, \quad a_B = \gamma_x \cdot x_B, \quad K_{a,x} = K_{\gamma,x} K_x \\ \Delta_r G_m &= -RT\ln K_{a,m} + RT\ln J_a, \quad a_B = \gamma_m \cdot \frac{m_B}{m^{\ominus}}, \quad K_{a,m} = K_{\gamma,m} K_m \left(m^{\ominus}\right)^{-\sum \nu_B} \\ \Delta_r G_m &= -RT\ln K_{a,c} + RT\ln J_a, \quad a_B = \gamma_c \cdot \frac{c_B}{c^{\ominus}}, \quad K_{a,c} = K_{\gamma,c} K_c \left(c^{\ominus}\right)^{-\sum \nu_B} \\ \Delta_r G_m &= -RT\ln K_{a,w} + RT\ln J_a, \quad a_B = \gamma_w \cdot \frac{w_B}{w^{\ominus}}, \quad K_{a,w} = K_{\gamma,w} K_w \left(w^{\ominus}\right)^{-\sum \nu_B}\end{aligned}\right\} \quad (4\text{-}33)$$

式(4-33)中各标准平衡常数 $K_{a,x}$、$K_{a,m}$、$K_{a,c}$、$K_{a,w}$ 都近似只与温度有关。

2. 液相反应的平衡常数

液相反应系统中的各组分因采用不同的活度定义，其活度值也不相同，因而造成其平衡常数值也不同。所以需明确所用活度定义后，再根据式(4-32d)或式(4-33)计算和表达。

液相反应的平衡常数也常用经验平衡常数表示，如 $K_x = \dfrac{x_G^g x_H^h}{x_D^d x_E^e}$、$K_m = \dfrac{m_G^g m_H^h}{m_D^d m_E^e}$、$K_c = \dfrac{c_G^g c_H^h}{c_D^d c_E^e}$、$K_w = \dfrac{w_G^g w_H^h}{w_D^d w_E^e}$ 等。

3. 凝聚相化学反应

凝聚相反应各组分间若形成液态溶液或固态溶液，则其等温式及平衡常数按式(4-32f)或式(4-33)处理。若各组分间不形成溶液，而以纯态物质参与反应，则各组分的活度 $a_B = 1$，由式(4-32b)可知：$\Delta_r G_m = \sum \nu_B \mu_B^{*\ominus}(T) = \Delta_r G_m^{\ominus} \neq 0$，该反应的 $\Delta_r G_m$ 永不为零，即永远不能达到平衡，反应就有可能进行到底。所以，对于互不相溶的纯态凝聚相物质间的反应，不能达平衡，也就没有平衡常数可言。

4.4.3 多相化学反应平衡

设有多相化学反应 $d\text{D}(s) + e\text{E}(g) \rightleftharpoons g\text{G}(l) + h\text{H}(g)$，且气相当作理想气体，忽略压力对凝聚态的影响，则有

$$\mu_D = \mu_D^{*\ominus}(T) + RT\ln a_D, \quad \mu_G = \mu_G^{*\ominus}(T) + RT\ln a_G$$

$$\mu_E = \mu_E^{\ominus}(T) + RT\ln \frac{p_E}{p^{\ominus}}, \quad \mu_H = \mu_H^{\ominus}(T) + RT\ln \frac{p_H}{p^{\ominus}}$$

所以

$$\Delta_r G_m = \sum \nu_B \mu_B^{\ominus}(T) + RT\ln \frac{a_G^g \left(p_H / p^{\ominus}\right)^h}{a_D^d \left(p_E / p^{\ominus}\right)^e}$$

或

$$\Delta_r G_m = \sum \nu_B \mu_B^{\ominus}(T) + RT\ln J^{\ominus} \quad (4\text{-}34\text{a})$$

则标准平衡常数

$$K^{\ominus} = \left[\frac{a_G^g \left(p_H / p^{\ominus}\right)^h}{a_D^d \left(p_E / p^{\ominus}\right)^e}\right]_{eq} \quad (4\text{-}34\text{b})$$

等温式为

$$\Delta_r G_m = -RT\ln K^{\ominus} + RT\ln J^{\ominus} \quad (4\text{-}34\text{c})$$

(1) 若凝聚相为纯物质(不形成溶液)，$a_D = 1$，$a_G = 1$，则

$$J^{\ominus} = \left(\frac{p_H^h}{p_E^e}\right)(p^{\ominus})^{e-h} = J_p^{\ominus}(g)$$

所以
$$\Delta_r G_m = \sum \nu_B \mu_B^{\ominus}(T) + RT \ln J_p^{\ominus}(g)$$

平衡时
$$\left[\left(\frac{p_H^h}{p_E^e}\right)(p^{\ominus})^{e-h}\right]_{eq} = K_p^{\ominus}(g)$$

此时反应的标准平衡常数和标准商中只含气体物质项。因此等温方程式为

$$\Delta_r G_m = -RT \ln K_p^{\ominus}(g) + RT \ln J_p^{\ominus}(g)$$

也就是式(4-30b)。

(2) 若凝聚相形成溶液，反应的平衡按式(4-34a)处理。

4.4.4 凝聚相纯物质的分解压

由 4.4.3 小节的讨论可知，凝聚相为纯物质的多相反应，凝聚相纯物质的量对平衡常数 $K_p^{\ominus}(g)$ 无影响，$K_p^{\ominus}(g)$ 只与气相物质的量有关，前面所讨论的有关气相化学平衡的结论，均适用于此类多相反应。在化工、冶金等行业中，金属氧化物、硫化物、卤化物及碳酸盐等纯化合物加热分解产生气体的分解反应，就属于这类反应。

由纯凝聚态化合物分解达到平衡时，分解所产生的气体产物总压，称为该化合物的分解压。分解压是纯凝聚态化合物的一种强度性质，气相物质没有分解压的概念。例如：

对于反应 $CaCO_3(s) \rightleftharpoons CaO(s) + CO_2(g)$，某温度下达到分解平衡后，$K_p = p_{CO_2}$，所以，$CaCO_3(s)$ 的分解压为 $p_{分} = p_{CO_2} = K_p$。

对于反应 $Mo_2N(s) \rightleftharpoons 2Mo(s) + 1/2\, N_2(g)$，某温度下达到分解平衡后，$K_p = p_{N_2}^{1/2}$，所以 $Mo_2N(s)$ 的分解压为 $p_{分} = p_{N_2} = K_p^2$。

对于反应 $(NH_4)_2CO_3(s) \rightleftharpoons 2NH_3(g) + H_2O(g) + CO_2(g)$，某温度下达到分解平衡后 $K_p = p_{NH_3}^2 p_{H_2O} p_{CO_2}$，所以 $(NH_4)_2CO_3(s)$ 的分解压为 $p_{分} = p_{NH_3} + p_{H_2O} + p_{CO_2} = (64K_p)^{1/4}$。

可见，物质的分解压与平衡常数呈比例关系，因此，在一定温度下，化合物的分解压为定值，与纯凝聚态纯物质的量无关。分解压的大小表明了化合物的稳定程度，分解压越大，化合物越易分解。将气体产物的实际压力与该温度条件下的分解压相比，就能判断化合物的稳定性。例如，金属氧化物按下式分解：

$$Me_xO_y(s) \rightleftharpoons xMe(s) + (y/2)O_2(g)$$

$$K_p = \left(p_{O_2}^{y/2}\right)_{eq} = p_{分}^{y/2}, \quad K_p^{\ominus} = \left(\frac{p_{分}}{p^{\ominus}}\right)^{y/2}$$

根据等温方程式(4-30b)得

$$\Delta_r G_m = -RT \ln K_p^{\ominus} + RT \ln J_p^{\ominus}$$
$$= -\frac{y}{2} RT \ln \frac{p_{分}}{p^{\ominus}} + \frac{y}{2} RT \ln \frac{p_{O_2}}{p^{\ominus}} = \frac{y}{2} RT \ln \frac{p_{O_2}}{p_{分}} \quad (4\text{-}35)$$

当 $p_{O_2} > p_\text{分}$ 时，$\Delta_r G_m > 0$，反应逆向自动，即金属被氧化；

当 $p_{O_2} < p_\text{分}$ 时，$\Delta_r G_m < 0$，反应正向自动，即金属氧化物分解。

分解压与温度的关系式可根据实验数据确定。例如，实验测定的 $CaCO_3(s)$ 的分解压与温度的关系式为 $\ln(p_{CO_2}/p^\ominus) = -20517/T + 17.34$。空气中的 $CO_2(g)$ 的分压约为 30.4Pa，代入可得 $T = 806K$，这就是 $CaCO_3(s)$ 在大气中开始热分解的温度。工业生产中常将石灰石加热至其分解压 $p_{CO_2} = 101325Pa$ 时的温度 ($T \approx 1183K$)，此时，石灰石才会显著分解(冶金行业中称此温度为化学沸腾温度)。

必须注意，分解压与平衡常数的区别。同一物质的分解反应，反应方程式的写法不同，平衡常数值不同，但分解压相同。

4.4.5 优势区图

对于反应物及产物中至少有一种气相物质的多相反应，一定温度下达平衡后，气相组分的量之间必互呈确定的关系。例如，硫化铁矿的焙烧反应

$$3FeS(s) + 5O_2(g) \rightleftharpoons Fe_3O_4(s) + 3SO_2(g)$$

有

$$K_p = \frac{p_{SO_2}^3}{p_{O_2}^5} \tag{4-36a}$$

上式取对数得

$$\lg p_{SO_2} = \frac{1}{3}\lg K_p + \frac{5}{3}\lg p_{O_2} \tag{4-36b}$$

式(4-36b)表明，在一定温度下，将 $\lg p_{SO_2}$ 对 $\lg p_{O_2}$ 作图可得一条直线，也就是上述反应的平衡线。当气相组成变化时可由该线判断反应平衡移动的方向。硫化铁矿焙烧是一个复杂反应系统，其中包括许多可能的与组分 $O_2(g)$ 或 $SO_2(g)$ 有关的反应，将所有这些可能的反应的平衡线绘于同一图中，就得到 Fe-O-S 系统的优势区图，如图 4-6 所示。

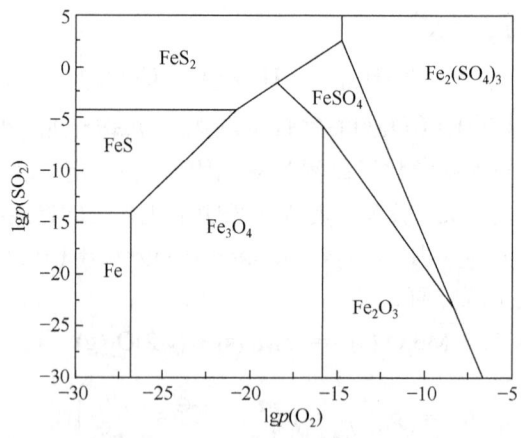

图 4-6　800K 时 Fe-O-S 系统优势区图

图 4-6 中每条直线均表示一个多相化学平衡，每个区域表示一定的气相组成范围内能够稳定存在的固相。所以这种图称为优势区图[或称凯洛格(Kellogg)图]。冶金领域中 Cu、Fe、Pb 等金属的 Me-S-O 系统的优势区图，对硫化矿焙烧具有重要的指导作用。

4.4.6 压力及惰性气体对化学平衡的影响

1. 压力对化学平衡的影响

除标准平衡常数外，还有各种经验平衡常数。在一定温度下，改变反应系统的压力，通常平衡组成会发生变化，即平衡点会移动。此时与压力有关的平衡常数值也会改变，与压力无关的平衡常数值则不会改变。

对理想气体反应，标准平衡常数和各经验平衡常数的关系可总结为

$$K_p^\ominus = K_p \left(p^\ominus\right)^{-\sum \nu_B} = K_x \left(\frac{p}{p^\ominus}\right)^{\sum \nu_B} = K_c^\ominus \left(\frac{c^\ominus RT}{p^\ominus}\right)^{\sum \nu_B} = K_c \left(\frac{RT}{p^\ominus}\right)^{\sum \nu_B}$$

则

$$\left(\frac{\partial \ln K_p^\ominus}{\partial p}\right)_T = \left(\frac{\partial \ln K_p}{\partial p}\right)_T = \left(\frac{\partial \ln K_x}{\partial p}\right)_T + \frac{\sum \nu_B}{p} = \left(\frac{\partial \ln K_c^\ominus}{\partial p}\right)_T = \left(\frac{\partial \ln K_c}{\partial p}\right)_T$$

因 $\left(\frac{\partial \ln K_p^\ominus}{\partial p}\right)_T = 0$，所以有 $\left(\frac{\partial \ln K_p}{\partial p}\right)_T = 0$、$\left(\frac{\partial \ln K_c^\ominus}{\partial p}\right)_T = 0$ 及 $\left(\frac{\partial \ln K_c}{\partial p}\right)_T = 0$，但是

$$\left(\frac{\partial \ln K_x}{\partial p}\right)_T = -\frac{\sum \nu_B}{p} = -\frac{\Delta_r V_m}{RT} \tag{4-37a}$$

式(4-37a)表明，恒温下 K_x 随压力而改变，即平衡组成随压力而变化。当 $\sum \nu_B < 0$ 时，$\left(\frac{\partial \ln K_x}{\partial p}\right)_T > 0$，$K_x$ 随压力的增加而增加；若 $\sum \nu_B > 0$，则 K_x 随压力的增加而减小。总之，压力增加时，平衡向体积缩小的方向移动。

对溶液相的反应，若忽略压力对反应的影响，则 K_a 与压力无关。当压力的影响不能忽略时，则

$$\left(\frac{\partial \ln K_a}{\partial p}\right)_T = -\frac{\Delta_r V_m}{RT} \tag{4-37b}$$

式中，$\Delta_r V_m$ 为反应的摩尔体积，应从各组分的偏摩尔体积求得，但有时近似用各组分的摩尔体积求得 $\Delta_r V_m^*$。所以升高压力对 $\Delta_r V_m^* < 0$ 的反应有利，降低压力对 $\Delta_r V_m^* > 0$ 的反应有利，压力对 $\Delta_r V_m^* = 0$ 的反应近似无影响。

2. 惰性气体对化学平衡的影响

惰性气体的存在并不影响平衡常数的大小，却能影响气相反应中的平衡组成，即可使平衡发生移动。在实际生产过程中，原料气中常混有不参与反应的惰性气体。例如，在合成氨的原料气中常含有 $Ar(g)$、$CH_4(g)$ 等气体；在 $SO_2(g)$ 的转化反应中，通入空气，其中的 $N_2(g)$ 不参与反应，就成为该反应系统中的惰性气体。这些惰性气体虽然不参与反应，却常影响平衡的移动。

当反应系统总压一定时，惰性气体加入本质上就会起稀释作用，与减少反应系统压力的效应相同。因为平衡时

$$K_p = K_x(p)^{\sum \nu_B} = \frac{x_G^g x_H^h \cdots}{x_D^d x_E^e \cdots}(p)^{\sum \nu_B} = \frac{n_G^g n_H^h \cdots}{n_D^d n_E^e \cdots} \left(\frac{p}{\sum n_B}\right)^{\sum \nu_B}$$

式中，n_B 为平衡后各组分的物质的量；$\sum n_B$ 为物质的量的总值，对于 $\sum \nu_B > 0$ 的反应，若添加惰性气体，$\sum n_B$ 增大，$\left(\dfrac{p}{\sum n_B}\right)^{\sum \nu_B}$ 项减小。为了维持 K_p 不变(定温下 K_p 有定值)，则 $\left(\dfrac{n_G^g n_H^h \cdots}{n_D^d n_E^e \cdots}\right)$ 项应增大，即反应向右移动。例如，乙苯脱氢制苯乙烯，在反应系统中通入水蒸气，可增加乙苯的转化率。反之，对于 $\sum \nu_B < 0$ 的反应，若添加惰性气体，则反应向左移动。

又如，在合成氨反应中，原料气常循环使用，当其中的 Ar(g) 及 $CH_4(g)$ 等惰性气体积累过多时，就会影响反应产率。因此每隔一定时间，就要对原料气进行处理(如放空、同时补充新鲜气或设法回收有用的惰性气体)。

【例 4-4】 常压下乙苯脱氢制苯乙烯的反应，已知 873K 时 $K_p^{\ominus} = 0.178$。若原料气中乙苯和水蒸气的物质的量比为 1∶9，求乙苯的最大转化率。若不添加水蒸气，则乙苯的转化率为多少？

解 在 873K 和标准压力 $p^{\ominus}$ 下，通入乙苯和水蒸气的物质的量比为 1∶9，并设 x 为乙苯转化掉的分数

	$C_6H_5C_2H_5(g)$	$\rightleftharpoons$	$C_6H_5C_2H_3(g)$ +	$H_2(g)$	$H_2O(g)$
反应前各物质的量/mol	1		0	0	9
平衡后各物质的量/mol	1−x		x	x	9

平衡后总物质的量 $\sum n_B = 1 - x + x + x + 9 = 10 + x$

所以
$$K_p^{\ominus} = K_x \left(\dfrac{p}{p^{\ominus}}\right)^{\sum \nu_B} = \dfrac{x^2}{1-x}\left(\dfrac{p/p^{\ominus}}{\sum n_B}\right)^{\sum \nu_B}$$

因反应体系压力为 $p = p^{\ominus}$，且 $\sum \nu_B = 1$，所以

$$K_p^{\ominus} = \dfrac{x^2}{1-x}\left(\dfrac{1}{10+x}\right) = 0.178$$

解得 $x = 0.728$，即转化率 $\alpha = 0.728$。

若不加水蒸气，则平衡后总物质的量 $\sum n_B = 1 - x + x + x = 1 + x$

$$K_p^{\ominus} = \dfrac{x^2}{1-x^2} = 0.178$$

解得 $x = 0.389$，转化率 $\alpha = 0.389$。

显然，加入水蒸气后，能使苯乙烯的转化率从 0.389 增加到 0.728。

在系统压力恒定的条件下，加入惰性气体，使反应体系总物质的量增加，因而使参与反应气体的分压降低，其效果与减压相同。例 4-4 中，因 $\sum \nu_B > 0$，所以加入水蒸气或降低系统压力都可提高反应转化率。

4.4.7 标准摩尔反应吉布斯自由能

化学反应的标准摩尔反应吉布斯自由能 $\Delta_r G_m^{\ominus}$ 是指参与反应的各组分都处于标准态时发生 1mol 反应($\xi = 1$mol)所引起反应系统吉布斯自由能的变化。它出现在前面已讨论的各类化学反应等温式中(第一项)，直接与化学反应标准平衡常数相联系，只与温度有关；其大小既能影

响反应的方向,也决定了反应所能达到的最高限度。所以在研究化学反应及其平衡时,$\Delta_r G_m^\ominus$ 有特别重要的作用。

1. 标准摩尔反应吉布斯自由能的求算

要获得某反应的标准摩尔反应吉布斯自由能 $\Delta_r G_m^\ominus$,一般来说有如下几种方法。

1) 从标准生成吉布斯自由能 $\Delta_f G_m^\ominus$ 计算

若能从手册中查得某温度下参与反应各组分的标准生成吉布斯自由能 $\Delta_f G_m^\ominus(B)$,则可按式(4-15b)计算 $\Delta_r G_m^\ominus(T)$。

2) 熵法计算

化学反应的标准摩尔反应熵为

$$\Delta_r S_m^\ominus(T) = \sum \nu_B S_m^\ominus(B) \tag{4-38}$$

式中,$S_m^\ominus$ 为各组分的标准摩尔熵。298K 某些物质的标准摩尔熵可从数据手册中查得。

因此若能求得反应的 $\Delta_r H_m^\ominus(T)$ 及反应的 $\Delta_r S_m^\ominus(T)$,则

$$\Delta_r G_m^\ominus(T) = \Delta_r H_m^\ominus(T) - T \Delta_r S_m^\ominus(T) \tag{4-39}$$

3) 自由能函数法计算

首先介绍自由能函数的概念。对某物质 B,有 $G_m^\ominus(T) = H_m^\ominus(T) - TS_m^\ominus(T)$,即

$$\frac{G_m^\ominus(T) - H_m^\ominus(T)}{T} = -S_m^\ominus(T)$$

在上式两边同加一项 $\dfrac{H_m^\ominus(T) - H_m^\ominus(T_r)}{T}$ 得

$$\frac{G_m^\ominus(T) - H_m^\ominus(T_r)}{T} = -S_m^\ominus(T) + \frac{H_m^\ominus(T) - H_m^\ominus(T_r)}{T} \tag{4-40a}$$

定义自由能函数

$$\Phi(T) = \frac{G_m^\ominus(T) - H_m^\ominus(T_r)}{T} \tag{4-40b}$$

则

$$\Phi(T) = -S_m^\ominus(T) + \frac{H_m^\ominus(T) - H_m^\ominus(T_r)}{T} \tag{4-40c}$$

自由能函数 $\Phi(T)$ 是物质的一种强度性质,其量纲与熵的量纲相同。上式中,T_r 为参考温度,通常取 $T_r = 298K$,或 $T_r = 0K$。

若取 $T_r = 298K$,则自由能函数为

$$\Phi(T) = -S_m^\ominus(T) + \frac{H_m^\ominus(T) - H_m^\ominus(298K)}{T} \tag{4-40d}$$

某些热力学数据手册中直接列有部分物质在不同温度下的自由能函数 $\Phi(T)$,或列有部分物质在不同温度下的 $[H_m^\ominus(T) - H_m^\ominus(298K)]$ 值,可计算 $\Phi(T)$。

若取 $T_r = 0K$,则自由能函数为

$$\Phi^0(T) = -S_m^\ominus(T) + \frac{H_m^\ominus(T) - H_m^\ominus(0K)}{T} \tag{4-40e}$$

某些热力学数据手册中直接列有部分物质在不同温度下的 $\Phi^0(T)$,或列有部分物质在不同

温度下的[$H_m^\ominus(T) - H_m^\ominus(0K)$]值，也可计算$\Phi^0(T)$。

不难得出两种参考温度下自由能函数的关系为

$$\Phi^0(T) = \Phi(T) + \frac{H_m^\ominus(298K) - H_m^\ominus(0K)}{T} \tag{4-40f}$$

从各物质的自由能函数即可计算反应的自由能函数变化$\Delta_r\Phi(T)$

$$\Delta_r\Phi(T) = \sum \nu_B \Phi(B,T) \tag{4-41a}$$

因为$\Delta_r\Phi(T) = \Delta_r\left(\dfrac{G_m^\ominus(T) - H_m^\ominus(298K)}{T}\right) = \dfrac{\Delta_r G_m^\ominus(T)}{T} - \dfrac{\Delta_r H_m^\ominus(298K)}{T}$，所以

$$\Delta_r G_m^\ominus(T) = \Delta_r H_m^\ominus(298K) + T\Delta_r \Phi(T) \tag{4-41b}$$

4) 从标准平衡常数计算

某些反应的标准平衡常数易于实验测定或易于求得，则根据$\Delta_r G_m^\ominus(T) = -RT\ln K^\ominus$，即可计算标准摩尔反应吉布斯自由能。有了一些反应的$\Delta_r G_m^\ominus(T)$，可以通过代数运算求得另一些反应的$\Delta_r G_m^\ominus(T)$。

5) 电化学方法

通过电化学方法将反应设计成电池，并测量电池的标准电动势$E^\ominus$，则$\Delta_r G_m^\ominus(T) = -zFE^\ominus$。该内容将在电化学部分讨论。

6) 统计热力学方法

由物质的微观数据，用统计热力学方法也可计算简单分子间反应的$\Delta_r G_m^\ominus(T)$。

2. 标准摩尔反应吉布斯自由能的作用

标准摩尔反应吉布斯自由能$\Delta_r G_m^\ominus(T)$的作用主要为：

(1) 计算标准平衡常数。若已知某反应的$\Delta_r G_m^\ominus(T)$，根据$\Delta_r G_m^\ominus(T) = -RT\ln K^\ominus$，可求得该反应的标准平衡常数，从而讨论反应的平衡问题。

(2) 从一些反应的$\Delta_r G_m^\ominus(T)$，计算另一些反应的$\Delta_r G_m^\ominus(T)$。

(3) 利用$\Delta_r G_m^\ominus(T)$可以大致估计反应的方向。$\Delta_r G_m^\ominus(T)$可以用于判断在标准状态下反应的方向。但通常情况下，反应不处于标准态，这时只能从化学反应等温式如$\Delta_r G_m = \Delta_r G_m^\ominus + RT\ln J^\ominus$等，用$\Delta_r G_m$才能判断反应的方向。但若$\Delta_r G_m^\ominus(T)$的绝对值很大，则$\Delta_r G_m^\ominus(T)$的正负号基本决定了$\Delta_r G_m$的正负号，这时用$\Delta_r G_m^\ominus(T)$可大致判断反应的方向。例如，298K时，反应 Zn(s) + 1/2 O_2(g) = ZnO(s)，$\Delta_r G_m^\ominus(T) = -319.1$ kJ·mol^{-1}，根据$\Delta_r G_m = \Delta_r G_m^\ominus + RT\ln(p_{O_2}/p^\ominus)^{-1/2}$，可求得氧的平衡分压为$p_{O_2} = 32.4 \times 10^{-108}$Pa，即欲使反应不能正向进行，则需将Zn(s)保存在氧的分压小于32.4×10^{-108}Pa的环境中，但是这很难办到。

4.5 温度对化学平衡的影响——化学反应等压方程

4.5.1 温度对标准摩尔反应吉布斯自由能的影响

将第2章中的吉布斯-亥姆霍兹方程[式(2-14)]用于化学反应有

$$\left(\frac{\partial(\Delta_r G_m/T)}{\partial T}\right)_p = -\frac{\Delta_r H_m}{T^2} \quad \text{或} \quad \left(\frac{\partial(\Delta_r A_m/T)}{\partial T}\right)_V = -\frac{\Delta_r U_m}{T^2} \tag{4-42}$$

对标准状态下的反应有

$$\left(\frac{\partial(\Delta_r G_m^\ominus/T)}{\partial T}\right)_p = -\frac{\Delta_r H_m^\ominus}{T^2} \quad \text{或} \quad \left(\frac{\partial(\Delta_r A_m^\ominus/T)}{\partial T}\right)_V = -\frac{\Delta_r U_m^\ominus}{T^2} \tag{4-43a}$$

在恒压条件下积分式(4-43a)，便得到反应的 $\Delta_r G_m^\ominus$ 随 T 变化的关系式

$$\frac{\Delta_r G_m^\ominus}{T} = -\int \frac{\Delta_r H_m^\ominus}{T^2} dT + I \quad \text{或} \quad \Delta_r G_m^\ominus = -T\int \frac{\Delta_r H_m^\ominus}{T^2} dT + IT \tag{4-43b}$$

式中，I 为积分常数。显然 $\Delta_r G_m^\ominus$ 取决于反应的 $\Delta_r H_m^\ominus$ 随温度 T 的变化。

若反应的 $\Delta_r C_{p,m} = 0$，即 $\Delta_r H_m^\ominus$ 是与温度无关的常数，则式(4-43b)的结果为 $\Delta_r G_m^\ominus = \Delta_r H_m^\ominus + IT$，与 $\Delta_r G_m^\ominus = \Delta_r H_m^\ominus - T\Delta_r S_m^\ominus$ 比较可知，这时积分常数 I 就相当于 $-\Delta_r S_m^\ominus$。

若 $\Delta_r C_{p,m} = \Delta a + (\Delta b)T + (\Delta c)T^{-2}$，先代入基尔霍夫公式(4-20d)得

$$\Delta_r H_m^\ominus = \Delta H_0 + (\Delta a)T + \frac{1}{2}(\Delta b)T^2 - (\Delta c)T^{-1}$$

再将上式代入式(4-43b)积分得

$$\Delta_r G_m^\ominus = \Delta H_0 + (\Delta a)T\ln T - \frac{1}{2}(\Delta b)T^2 - \frac{1}{2}(\Delta c)T^{-1} + IT \tag{4-43c}$$

其积分常数 I 由某温度下已知 $\Delta_r G_m^\ominus$ 求出。式(4-43c)的计算烦琐，使用不便，故在化工、冶金等领域的应用中，常将式(4-43c)的结果用回归分析方法简化成直线方程 $\Delta_r G_m^\ominus = A + BT$ 使用。当下很多热力学计算软件也是这样简化处理。

【例 4-5】 已知反应 $2Cu(s) + 1/2\, O_2(g) = Cu_2O(s)$，在 298K 时，$\Delta_r H_m^\ominus = -167500 \text{J}\cdot\text{mol}^{-1}$，$\Delta_r G_m^\ominus = 144800 \text{J}\cdot\text{mol}^{-1}$，各物质恒压热容如下：

$$C_{p,m}(Cu,s) = (22.64 + 6.28\times10^{-3}T)\text{J}\cdot\text{mol}^{-1}\cdot\text{K}^{-1} \quad (298\sim1356\text{K})$$

$$C_{p,m}(Cu_2O,s) = (62.34 + 23.85\times10^{-3}T)\text{J}\cdot\text{mol}^{-1}\cdot\text{K}^{-1} \quad (298\sim1200\text{K})$$

$$C_{p,m}(O_2,g) = (29.69 + 4.18\times10^{-3}T - 1.67\times10^5 T^{-2})\text{J}\cdot\text{mol}^{-1}\cdot\text{K}^{-1} \quad (298\sim3000\text{K})$$

求该反应的 $\Delta_r G_m^\ominus$ 与温度的关系式。

解 由题给反应式可以计算出

$$\Delta_r C_{p,m} = C_{p,m}(Cu_2O,s) - 2C_{p,m}Cu,s - C_{p,m}(O_2,g)/2$$
$$= (2.08 + 9.2\times10^{-3}T + 0.835\times10^5 T^{-2})\text{J}\cdot\text{mol}^{-1}\cdot\text{K}^{-1} \quad (298\sim1200\text{K})$$

$$\Delta_r H_m^\ominus = \int \Delta_r C_{p,m} dT + \Delta H_0 = (\Delta H_0 + 2.08T + 4.6\times10^{-3}T^2 - 0.835\times10^5 T^{-1})\text{J}\cdot\text{mol}^{-1}$$

当 $T = 298$K 时，$\Delta_r H_m^\ominus = -167500 \text{J}\cdot\text{mol}^{-1}$，代入上式求得积分常数 $\Delta H_0 = -168248 \text{J}\cdot\text{mol}^{-1}$，所以

$$\Delta_r H_m^\ominus(T) = (-168248 + 2.08T + 4.6\times10^{-3}T^2 - 0.835\times10^5 T^{-1})\text{J}\cdot\text{mol}^{-1}$$

代入式(4-43b)积分得

$$\Delta_r G_m^\ominus(T) = (-168248 + 2.08T\ln T - 4.6\times10^{-3}T^2 - 4.175\times10^4 T^{-1} + IT)\text{J}\cdot\text{mol}^{-1}$$

当 $T=298$K 时，$\Delta_r G_m^\ominus(298\text{K}) = 144800$J·mol^{-1}，代入上式求得积分常数 $I=92.38$J·mol^{-1}·K^{-1}，所以

$$\Delta_r G_m^\ominus(T) = (-168248 + 2.08T\ln T - 4.6\times10^{-3}T^2 - 4.175\times10^4 T^{-1} + 92.38T)\text{J}\cdot\text{mol}^{-1}$$

从恒压热容适应的温度范围可知，此结果所适用的温度范围为 298～1200K。

4.5.2 化学反应的等压方程式

将 $\Delta_r G_m^\ominus(T) = -RT\ln K^\ominus$ 代入式(4-43a)得

$$\left(\frac{\partial \ln K^\ominus}{\partial T}\right)_p = \frac{\Delta_r H_m^\ominus}{RT^2} \quad \text{或} \quad \left(\frac{\partial \ln K^\ominus}{\partial T}\right)_V = \frac{\Delta_r U_m^\ominus}{RT^2} \tag{4-44a}$$

式(4-44a)称为化学反应的等压(或等容)方程式，又称范特霍夫(van't Hoff)方程，表明在恒压条件下，化学反应标准平衡常数与温度的关系。对于吸热反应，$\Delta_r H_m^\ominus > 0$，则$(\partial K^\ominus/\partial T)_p > 0$，随着温度升高，$K^\ominus$增大，反应向产物增多的方向移动。对于放热反应，$\Delta_r H_m^\ominus < 0$，则$(\partial K^\ominus/\partial T)_p < 0$，随着温度升高，$K^\ominus$减小，反应向产物减少的方向移动，阻碍温度上升；降低反应温度，化学平衡向放热方向移动，阻碍温度降低。对式(4-44a)积分，可得出反应的平衡常数随温度变化的具体关系式。

(1) 若反应的 $\Delta_r C_{p,m} = 0$，即 $\Delta_r H_m^\ominus$ 是与温度无关的常数，则式(4-44a)的不定积分为

$$\ln K^\ominus = -\frac{\Delta_r H_m^\ominus}{RT} + C \quad \text{或} \quad \lg K^\ominus = -\frac{\Delta_r H_m^\ominus}{2.303RT} + B \tag{4-44b}$$

即 $\ln K^\ominus$(或 $\lg K^\ominus$)对 $1/T$ 呈线性关系。因此，可由平衡实验数据作 $\ln K^\ominus$-$1/T$ 图，得如图 4-7 所示的直线，由直线的斜率可求得反应的标准摩尔反应焓 $\Delta_r H_m^\ominus$。这种情况下得到的 $\Delta_r H_m^\ominus$ 值是在该温度范围内的平均值。在温度变化不大的范围内，式(4-44b)适用于大多数的化学反应。

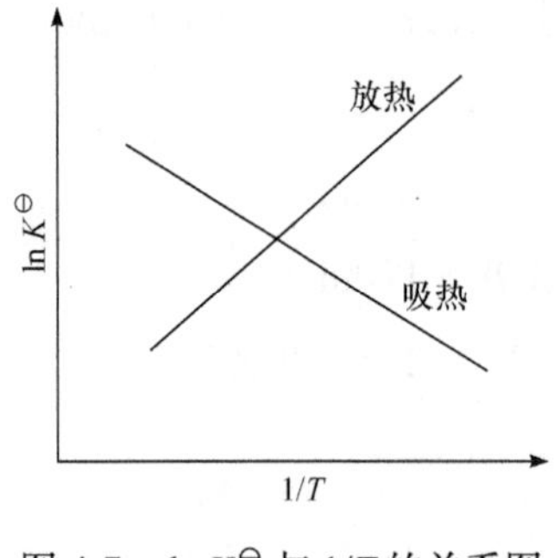

$\Delta_r H_m^\ominus$ 为常量的情况下，式(4-44a)的定积分为

$$\ln\left(\frac{K_2^\ominus}{K_1^\ominus}\right) = -\frac{\Delta_r H_m^\ominus}{RT}\left(\frac{1}{T_2} - \frac{1}{T_1}\right) \tag{4-44c}$$

图 4-7 $\ln K^\ominus$ 与 $1/T$ 的关系图

(2) 若 $\Delta_r C_{p,m} = \Delta a + (\Delta b)T + (\Delta c)T^{-2}$，则代入式(4-44a)，不定积分可得

$$\ln K^\ominus = -\frac{\Delta H_0}{RT} + \frac{\Delta a}{R}\ln T + \frac{\Delta b}{2R}T + \frac{\Delta c}{2R}T^{-1} + I \tag{4-44d}$$

式(4-44)都可称为化学反应等压方程，体现了反应的标准平衡常数随温度的变化关系。其中式(4-44b)及式(4-44c)具有更重要的实用意义。

【例 4-6】 反应 $COCl_2(g) \rightleftharpoons CO(g) + Cl_2(g)$，在 373K 时，$K_p^\ominus = 8\times10^{-9}$，$\Delta_r S_m^\ominus =$

$125.5\text{J}\cdot\text{mol}^{-1}\cdot\text{K}^{-1}$。试计算：

(1) 373K，总压为 200kPa 时，$COCl_2(g)$ 的离解度；

(2) 373K 时反应的标准恒压热效应；

(3) 总压为 200kPa 时，欲使反应的离解度达到 0.1%，反应温度应为多少？设反应的 $\Delta_r C_{p,m} = 0$。

解 设 $COCl_2(g)$ 的离解度为 α，依题意有

$$COCl_2(g) = CO(g) + Cl_2(g)$$

$t = 0$ 时　　　　　　　1　　　　　0　　　0

平衡时　　　　　　　$1-\alpha$　　　α　　α

则平衡时体系内物质总量：$\sum n_B = 1 + \alpha$，且 $\sum \nu_B = 1$。

因为

$$K_p^{\ominus} = K_x \left(\frac{p}{p^{\ominus}}\right)^{\sum \nu_B} = \left(\frac{\alpha^2}{1-\alpha^2} \times \frac{p}{p^{\ominus}}\right)$$

所以

$$\alpha = \left(\frac{p^{\ominus} K_p^{\ominus}}{p + p^{\ominus} K_p^{\ominus}}\right)^{1/2}$$

(1) 将 $K_p^{\ominus} = 8 \times 10^{-9}$，$p = 200\text{kPa}$ 代入上式得 $\alpha = 6.3 \times 10^{-5}$。

(2) 因为 $\Delta_r G_m^{\ominus} = -RT \ln K_p^{\ominus}$，即 $\Delta_r G_m^{\ominus}(373\text{K}) = 57.82\text{kJ}\cdot\text{mol}^{-1}$，所以

$$\Delta_r H_m^{\ominus}(373\text{K}) = \Delta_r G_m^{\ominus}(373\text{K}) + T\Delta_r S_m^{\ominus}(373\text{K}) = 104.6\text{kJ}\cdot\text{mol}^{-1}$$

(3) 欲使离解度达到 $\alpha' = 0.1\%$，则对应的标准平衡常数应为 $K_{p,2}^{\ominus} = \dfrac{\alpha'^2}{1-\alpha'^2} \times \dfrac{p}{p^{\ominus}} = 2 \times 10^{-6}$，

因 $\Delta_r H_m^{\ominus}$ 为常数，故由等压方程式 $\ln\left(\dfrac{K_{p,2}^{\ominus}}{K_{p,1}^{\ominus}}\right) = -\dfrac{\Delta_r H_m^{\ominus}}{RT}\left(\dfrac{1}{T_2} - \dfrac{1}{T_1}\right)$ 得 $T_2 = 446\text{K}$。

4.6 反应偶合与同时平衡

4.6.1 反应偶合

一定温度和压力下，对一个不能发生的化学反应($\Delta_r G_m > 0$)，在另一个化学反应($\Delta_r G_m \ll 0$)的影响下，可以促使其发生，这种现象称为化学反应的偶合。

根据化学反应系统的热力学基本方程，在一定温度及压力下，对含 R 个独立化学反应的封闭系统，其自发的方向及平衡的条件是

$$dG_{T,p} = -\sum D_\rho d\xi_\rho \leqslant 0 \tag{4-45}$$

这种情况下，允许某些反应的推动力 D_ρ 小于零，但只要总体满足式(4-45)，系统中所有反应都能自动进行，这就是化学反应偶合的热力学原理。

反应的偶合是有条件的，特别是其中一种物质必须是两个反应共同涉及的，即某反应的产物之一是另一个反应的反应物之一，共同涉及的物质称为偶合物质或偶合剂。偶合不是任意与万能的，通过这种偶合剂的联系必不可少。

如有反应① $a\text{A} + d\text{D} = x\text{X} + y\text{Y}$ $\Delta_r G_{m,1} > 0$
② $x\text{X} + f\text{F} = h\text{H} + i\text{I}$ $\Delta_r G_{m,2} < 0$

从热力学角度看，单从反应①得不到所需产物 Y，但将反应①和反应②偶合构成反应③：

③ $a\text{A} + d\text{D} + f\text{F} = h\text{H} + i\text{I} + y\text{Y}$ $\Delta_r G_{m,3} = \Delta_r G_{m,1} + \Delta_r G_{m,2}$

若 $\Delta_r G_{m,3} < 0$，则由偶合反应③有可能得到产物 Y。

将两个反应偶合在一起，系统中并不一定存在两个独立的反应①和反应②，实际上已成为包含反应③的新反应系统，其反应的机理必定与原单独存在的两个反应不同。

偶合反应在生产过程中有重要的应用。冶金领域中的 $Al_2O_3(s)$、$MgO(s)$、$TiO_2(s)$、$SiO_2(s)$ 等氧化物的氯化反应都可在固体炭存在的条件下实现。例如，在 1000K 及标准压力下，$MgO(s)$ 直接氯化制备氯化镁的反应：

① $2MgO(g) + 2Cl_2(g) = 2MgCl_2(l) + O_2(g)$，$\Delta_r G_{m,1}^{\ominus} = 203.1 \text{kJ} \cdot \text{mol}^{-1}$

表明该条件下不可能用氯化法直接制取 $MgCl_2(l)$，但同样条件下的反应：

② $2C(s) + O_2(g) = 2CO(g)$，$\Delta_r G_{m,2}^{\ominus} = -416.1 \text{kJ} \cdot \text{mol}^{-1}$

若（反应① + 反应②）/2，则得反应

③ $MgO(s) + Cl_2(g) + C(s) = MgCl_2(l) + CO(g)$，$\Delta_r G_{m,3}^{\ominus} = (\Delta_r G_{m,1}^{\ominus} + \Delta_r G_{m,2}^{\ominus})/2 = -106.5 \text{kJ} \cdot \text{mol}^{-1}$

表明在 1000K 及标准压力下，反应③能自动进行，并且已在工业上得到应用。

又如，以丙烯为原料制备丙烯腈。若按照反应：

$$CH_2{=}CH{-}CH_3(g) + NH_3(g) = CH_2{=}CHCN(g) + 3H_2(g)$$

则丙烯腈的产率极低。但将该反应与水的生成反应：

$$H_2(g) + 1/2 O_2(g) = H_2O(g) \quad \Delta_r G_m^{\ominus}(298K) = -228.59 \text{kJ} \cdot \text{mol}^{-1}$$

偶合得到

$$CH_2{=}CH{-}CH_3(g) + NH_3(g) + 3/2 O_2(g) = CH_2{=}CHCN(g) + 3H_2O(g)$$

则丙烯腈的产率可以达到很高的水平。当前制取丙烯腈最经济的方法就是基于此反应。

反应偶合在生命过程中更为常见，如生命体内三磷酸腺苷(ATP)的水解与葡萄糖($C_6H_{12}O_6$)酵解中的某些步骤就属于反应偶合。

4.6.2 同时平衡及其计算

在封闭系统中若包含两个及两个以上的独立反应，则系统达到平衡后，其中的所有反应都必达到平衡，这就是同时平衡。

同时平衡组成计算的关键是要列出某些同时参与几个反应的组分在几个平衡间的关系，然后就是数学上的问题了。

仍以水煤气生产系统为例，因 $S = 5$，$M = 3$，故 $R = 2$，选择反应①和反应②为独立反应，其反应进度分别为 ξ_1 和 ξ_2，则平衡时体系中各物质量有如下关系：

	①	$CH_4(g)$	+	$H_2O(g)$	=	$CO(g)$	+	$3H_2(g)$
$t = 0$		a		b		0		0
$t = t_e$		$a - \xi_1$		$b - \xi_1 - \xi_2$		$\xi_1 - \xi_2$		$3\xi_1 + \xi_2$
	②	$CO(g)$	+	$H_2O(g)$	=	$CO_2(g)$	+	$H_2(g)$
$t = 0$		0		b		0		0
$t = t_e$		$\xi_1 - \xi_2$		$b - \xi_1 - \xi_2$		ξ_2		$3\xi_1 + \xi_2$

所以平衡时体系中物质总量 $n = \sum n_B = a + b + 2\xi_1$

若控制平衡时体系总压 $p = p^\ominus$，则 $K_p^\ominus = K_x \left(p/p^\ominus\right)_{eq}^{\sum \nu_B} = K_x$，于是有

$$K_1^\ominus = \frac{(\xi_1 - \xi_2)(3\xi_1 + \xi_2)^3}{(a - \xi_1)(b - \xi_1 - \xi_2)} \tag{4-46a}$$

$$K_2^\ominus = \frac{\xi_2(3\xi_1 + \xi_2)}{(\xi_1 - \xi_2)(b - \xi_1 - \xi_2)} \tag{4-46b}$$

温度一定时，标准平衡常数可由实验测定或根据 $\Delta_r G_m^\ominus = -RT \ln K_p^\ominus$ 计算而得。于是式(4-46a)和式(4-46b)中只有 ξ_1 和 ξ_2 两个未知数，而 $\xi_1 = a - n_{CH_4}$，因此一定有 $0 < \xi_1 < a$；又因 $\xi_2 = \xi_1 - n_{CO}$，所以有 $0 < \xi_2 < \xi_1$。以这两个不等式的限制条件进行试插解联立方程式(4-46a)和式(4-46b)，可求出 ξ_1 和 ξ_2 的值。或按方程式(4-46a)和式(4-46b)，分别以 ξ_1 对 ξ_2 作图。两条曲线的交点坐标就是要求的 ξ_1 和 ξ_2，从而求得各物质的平衡组成。

对于独立反应数大于 2 的复杂反应系统，同时平衡的计算更复杂，此处不予讨论。

复习思考题

1. 在一个玻璃瓶中发生如下反应：$H_2(g) + Cl_2(g) \rightleftharpoons 2HCl(g)$，反应前后 T、p、V 均未发生变化，设所有气体都可看作理想气体，因为理想气体的 $U = f(T)$，所以该反应的 $\Delta U = 0$，这样判断错在哪里？
2. 在指定温度及标准压力下，各不同元素的稳定单质其熵的绝对值都相等，对吗？将它们全部规定为零是可行的吗？
3. 反应 $N_2(g) + 3H_2(g) \rightleftharpoons 2NH_3(g)$，以 $N_2 : H_2 = 1 : 3$ 的投料比通过合成塔，在压力为 p、温度为 T_1 时，测得反应热为 $\Delta_r H_1$，保持压力不变，温度升高到 T_2 时，测得反应热为 $\Delta_r H_2$。用基尔霍夫公式计算发现计算值与实验值不符，是什么原因？
4. 反应的 $\Delta_r G_m$ 与 $\Delta_r G_m^\ominus$ 有什么不同？用 $\Delta_r G_m$ 及 $\Delta_r G_m^\ominus$ 判断化学反应进行的方向有什么不同？
5. "因 $\Delta_r G_m^\ominus = -RT \ln K^\ominus$，可见 $\Delta_r G_m^\ominus$ 就是反应处于平衡时的吉布斯自由能变化。"这种说法对吗？为什么？
6. 平衡常数变了，平衡是否一定移动？平衡发生了移动，平衡常数是否一定改变？
7. 什么是标准平衡常数 $K^\ominus$？"标准平衡常数数值上总是等于 1"的说法对吗？$K^\ominus$ 值能否根据某温度、任一压力下反应达平衡时各气体的分压按 $\prod p_B^{\nu_B}$ 计算？
8. 对于一个化学反应，当人为地改变反应体系中各反应物及生成物所取的标准状态时，反应的 $\Delta_r G_m$、$\Delta_r G_m^\ominus$ 及 $K^\ominus$ 有无变化？为什么？
9. 为什么有纯凝聚相参加的反应，其平衡数表示式中没有凝聚相物质的平衡分压出现？
10. 下列碳的不完全燃烧反应为

$$2C(g) + O_2(g) \rightleftharpoons 2CO(g) \quad \Delta_r G_m^\ominus = (-232600 - 167.8T) \text{J} \cdot \text{mol}^{-1}$$

当升高温度时，$\Delta_r G_m^\ominus$ 变得更负，从而使 $K^\ominus$ 更大，反应就更完全，对吗？
11. 在 $H_2S(g)$ 气体中加入较多的 $NH_3(g)$，系统中可能有下列两个反应存在：
    (1) $NH_3(g) + H_2S(g) \rightleftharpoons NH_4HS(g)$
    (2) $NH_3(g) + H_2S(g) \rightleftharpoons NH_4HS(s)$
    当达到平衡时，两反应的 $\Delta_r G_m^\ominus$、$\Delta_r G_m$ 是否相等？
12. 反应 $CO_2(g) + C(s) \rightleftharpoons 2CO(g)$ 是气体物质的量增加的反应，反应向右进行时，压强会增大。这就不是恒温恒压条件下的反应了，是否还能用等温方程式计算 $\Delta_r G_m$ 并用以判定反应的方向呢？

13. 在相同温度下，下列两反应的平衡常数是否相同？([C]表示溶解在铁液中的碳)

$$C(石墨) + CO_2(g) \Longleftrightarrow 2CO(g)$$

$$[C] + CO_2(g) \Longleftrightarrow 2CO(g)$$

14. 工业上制取水煤气的反应为：$C(s) + H_2O(g) \Longleftrightarrow CO(g) + H_2(g)$。已知 $\Delta_r H_m^\ominus = 133.5 \text{kJ} \cdot \text{mol}^{-1}$，设在673K时达到平衡，试讨论下列因素对平衡的影响：(1)提高反应温度；(2)增加系统的压力；(3)增加水蒸气的分压；(4)增加碳的量；(5)加入氮气。

15. 已知理想气体反应：$A(g) \Longleftrightarrow 2B(g)$，在298.15K，$K_p^\ominus = 0.027$，问：(1)在298.15K、100kPa下，等物质的量的A、B混合时反应的方向如何？(2)欲使反应反方向进行，保持其他条件不变，只改变压强，则压强应控制在什么范围内？(3)保持温度、压力不变，只改变浓度，欲使反应向(1)的逆方向进行，浓度应控制在什么范围？

16. 含有 O_2、SO_2、SO_3、S_2、SO 的气体混合物与 $FeS_2(s)$、$Fe_2O_3(s)$ 平衡，写出所有可能的化学反应，确定独立反应数并写出一组独立化学反应。

17. 已知反应 $2Cl_2(g) + 2H_2O(g) \Longleftrightarrow 4HCl(g) + O_2(g)$，$\Delta_r H_m^\ominus > 0$，达到平衡后，下列左边的操作(其他条件不变)对右边的物理量有什么影响？

    (1) 增大容器体积：$n(H_2O,g)$；
    (2) 加入氧气：$n(H_2O,g)$、$n(O_2)$、$n(HCl,g)$；
    (3) 减小容器体积：$n(Cl_2,g)$、$K^\ominus$、$p(Cl_2,g)$；
    (4) 升高温度：$K^\ominus$、$p(HCl,g)$；
    (5) 加入氮气：$n(HCl,g)$；
    (6) 加入正催化剂：$n(HCl,g)$。

18. 已知850℃时反应 $CaCO_3(s) \Longleftrightarrow CaO(s) + CO_2(g)$ 的 $K^\ominus = 0.498$，密闭条件下，下列情况哪些有可能建立平衡？

    (1) 只有 $CaCO_3(s)$ 和 $CaO(s)$；
    (2) 只有 $CaCO_3(s)$ 和 $CO_2(10^4 \text{Pa})$；
    (3) 只有 $CaCO_3(s)$ 和 $CO_2(10^5 \text{Pa})$；
    (4) 只有 $CaO(s)$ 和 $CO_2(10^4 \text{Pa})$；
    (5) 只有 $CaO(s)$ 和 $CO_2(10^5 \text{Pa})$。

19. 反应 $A(s) + 4B(g) \Longleftrightarrow 3C(s) + 4D(g)$ 在密闭容器中 $\Delta_r H_m^\ominus < 0$，达到平衡后，若单独发生下列情况，$K^\ominus$ 将如何变化？

    (1) 加入 $A(s)$；
    (2) 增加总体积；
    (3) 加入不与A、B、C、D反应的气体E；
    (4) 升高温度。

习　题

1. 假设下列所有反应物和产物均为298K时的状态，哪一个反应的 $\Delta_r H_m$ 和 $\Delta_r U_m$ 有较大的差别？指出哪个反应的 $\Delta_r H_m > \Delta_r U_m$，哪个反应的 $\Delta_r H_m < \Delta_r U_m$。

    (1) 蔗糖($C_{12}H_{22}O_{11}$)的完全燃烧；
    (2) 萘被氧气完全氧化成苯二甲酸[$C_6H_4(COOH)_2$]；
    (3) 乙醇的完全燃烧；
    (4) $PbS(s)$ 与 O_2 完全氧化成 $PbO(s)$ 和 $SO_2(g)$。

2. 已知反应：

    (1) $C(金刚石) + O_2(g) \Longleftrightarrow CO_2(g)$；$\Delta_r H_m^\ominus (298K) = -395.4 \text{kJ} \cdot \text{mol}^{-1}$

(2) C(石墨) == C(金刚石); $\Delta_r H_m^\ominus$ (298K) = 1.90kJ·mol^{-1}

求反应 C(石墨) + O_2(g) == CO_2(g)的 $\Delta_r H_m^\ominus$ (298K)。

答案: –393.5kJ·mol^{-1}。

3. 利用标准摩尔生成焓数据,计算下列反应的 $\Delta_r H_m^\ominus$ (298K)。

(1) CO(g) + H_2O(g) == CO_2(g) + H_2(g)

(2) $CaCO_3$(s) == CaO(s) + CO_2(g)

(3) CaO(s) + 3C(石墨) == CaC_2(s) + CO(g)

(4) Fe_2O_3(s) + CO(g) == CO_2(g) + 2FeO(s)

(5) 2H_2S(g) + SO_2(g) == 3S(s) + 2H_2O(g)

答案: –41.2kJ·mol^{-1}, 178.3kJ·mol^{-1}, 464.8kJ·mol^{-1}, –2.8kJ·mol^{-1}, –145.6kJ·mol^{-1}。

4. 已知PbO(s)在291K(18℃)的标准摩尔生成焓为–219.5kJ·mol^{-1},在291~473K 之间 Pb(s)、O_2(g)及PbO(s)的平均恒压热容分别为 0.134J·kg^{-1}、0.900J·kg^{-1} 和 0.218J·kg^{-1},计算PbO(s)在473K时的标准摩尔生成焓。

答案: –218.4kJ·mol^{-1}。

5. 已知 298K 时无水 $CuSO_4$(s) 在水中溶解时放热 66.107kJ·mol^{-1},而 $CuSO_4$·5H_2O(s)溶解时吸热 11.506kJ·mol^{-1},求 298K 时反应 $CuSO_4$(s) + 5H_2O(l) == $CuSO_4$·5H_2O(s)的恒压热效应。

答案: ΔH = –77.613kJ·mol^{-1}。

6. 热量计内盛水 50mol,温度为 293.15K。加入同温度 1mol 的固体 KCl(s),当盐与水混合后温度降低到 288.26K。已知热量计的恒压热容为 75.91J·K^{-1},此 KCl 水溶液的恒压比热为 3.482J·K^{-1}·g^{-1},固体 KCl(s) 的恒压比热为 0.06945J·K^{-1}·g^{-1}。求 KCl(s) 在 293.15K 时的溶解焓及 288.26K 时的溶解焓。

答案: 293.15K 时,ΔH = 16.98kJ·mol^{-1}; 288.26K 时,ΔH = 19.06kJ·mol^{-1}。

7. 已知 H_2(g) + I_2(s) == 2HI(g)在291K 时的 $\Delta_r H_m^\ominus$ = 49.45kJ·mol^{-1}; I_2(s)的熔点是 386.5K,其熔化焓为 1.674 × 10^{4}J·mol^{-1}; I_2(l)的沸点是 457.3K,其气化焓为 4.268 × 10^{4}J·mol^{-1}; I_2(l)及 I_2(g)的平均摩尔恒压热容分别为 55.65J·K^{-1}·mol^{-1}、62.67J·K^{-1}·mol^{-1} 及 36.86J·K^{-1}·mol^{-1}; H_2(g)及 HI(g)的平均摩尔恒压热容分别为 29.03J·K^{-1}·mol^{-1}及29.35J·K^{-1}·mol^{-1}。试计算反应 H_2(g) + I_2(g) == 2HI(g)在473K时的摩尔反应焓。

答案: –103.94kJ·mol^{-1}。

8. 在 1000K、101.325kPa 时,反应 2SO_3(g) == 2SO_2(g) + O_2(g)的 K_c = 3.54mol·m^{-3}。

(1) 求此反应的 K_p 和 K_x;

(2) 求反应 SO_3(g) == SO_2(g) + 1/2 O_2(g)的 K_p 和 K_c。

答案: (1) K_p = 29.43kPa, K_x = 0.29; (2) K_p = 171.6(kPa)$^{0.5}$, K_c = 1.88(mol·m^{-3})$^{0.5}$。

9. 在一定温度和容积的容器中,充入 1mol H_2 和 3mol I_2,设平衡后有 x mol HI 生成。若再加入 2mol H_2,则平衡后 HI 的物质的量为 2x mol。计算 K_p 值。

答案: K_p = 4。

10. 将含有 50% CO、25% CO_2、25% H_2(均为摩尔分数)的混合气体通入 1173K 的炉子中,总压为 202.65kPa。计算平衡气相的组成。已知反应 CO_2(g) + H_2(g) == H_2O(g) + CO(g)在1173K时,K_p = 1.22。

答案: H_2O% = 6.97%; CO% = 56.97%; CO_2% = H_2% = 18.03%。

11. PCl_5 的分解反应为 PCl_5(g) == PCl_3(g) + Cl_2(g),在 523.2K、101.325kPa 下反应达到平衡后,测得平衡混合物的密度为 2.695kg·m^{-3}。计算: (1) PCl_5(g)的离解度; (2) 该反应的 K_p; (3) 反应的 $\Delta_r G_m^\ominus$。

答案: (1) α = 0.8, (2) K_p = 1.778, (3) $\Delta_r G_m^\ominus$ = –2502J·mol^{-1}。

12. 将 1mol SO_2 与 1mol O_2 的混合气,在 101.325kPa 及 903K 下通过盛有铂丝的玻璃管,控制气流速率使反应达到平衡,产生的气体急剧冷却并用 KOH 吸收 SO_2 和 SO_3,最后测得余下的氧气在 101.325kPa、273.15K 下体积为 13.78L。计算反应 SO_2(g) + 0.5O_2(g) == SO_3(g)在903K时的 $\Delta_r G_m^\ominus$ 及 $K_p^\ominus$。

答案: –12.7kJ·mol^{-1}; 5.434。

13. 某气体混合物含 H_2S 的体积分数为 51.3%,其余是 CO_2,在 298K 和 101.325kPa 下,将 1.75L 此混合气体通入 623K 的管式高温炉中进行反应,然后迅速冷却。当反应后气体通过盛有 $CaCl_2$ 的干燥管(吸收水气)

时，该管的质量增加了 34.7mg。求反应 $H_2S(g) + CO_2(g) \rightleftharpoons COS(g) + H_2O(g)$ 在 623K 的平衡常数 $K_p^\ominus$。

答案：3.25×10^{-3}。

14. (1) 在 $0.5dm^3$ 的容器中，盛有 1.588g 的 N_2O_4 气体，在 298K 部分分解：$N_2O_4(g) \rightleftharpoons 2NO_2(g)$，平衡时压强为 101.325kPa，求分解反应的 $K_p^\ominus$；

(2) 在 50662.5Pa 下，N_2O_4 的离解度为多少？

(3) 离解度为 0.1 时的压强应为多少？

答案：(1) 0.1403，(2) 0.256，(3) 351.843kPa。

15. 在 1393K 时用 H_2 还原 FeO(s)，平衡时的混合气体中 H_2 摩尔分数为 0.54，求 FeO 的分解压。已知在 1393K，反应 $2H_2O(g) \rightleftharpoons 2H_2(g) + O_2(g)$ 的 $K_p^\ominus = 3.4 \times 10^{-13}$。

答案：2.5×10^{-8}Pa。

16. 在真空的容器中放入固态的 $NH_4HS(s)$，于 298K 下分解为 $NH_3(g)$ 和 $H_2S(g)$，平衡时容器内的压强为 66662Pa。(1) 当放入 $NH_4HS(s)$ 时容器中已有 39993Pa 的 $H_2S(g)$，求平衡时容器中的压强。(2) 容器中原有 6666Pa 的 $NH_3(g)$，需加多大压强的 $H_2S(g)$，才能开始形成 $NH_4HS(s)$？

答案：(1) 77739Pa，(2) 大于 166667Pa。

17. 298K 时，$NH_4HS(s)$ 与 $NH_2(CH_3)_2HS(s)$ 的分解压分别为 36680Pa 和 11044Pa，计算在容器中一同投入这两种硫化物后，298K 时反应系统的压力。

答案：38309Pa。

18. 将 10g $Ag_2S(s)$ 与 $1.0dm^3$ H_2(890K，101kPa) 接触，直至反应平衡。已知此反应在 890K 时的平衡常数 $K_p^\ominus = 0.278$。计算：(1) 平衡时 $Ag_2S(s)$ 和 Ag(s) 的质量；(2) 平衡气相混合物的组成。

答案：(1) $W_{Ag_2S} = 9.3g$，$W_{Ag} = 0.64g$，(2) $H_2S(g)$摩尔分数 21.8%，$H_2(g)$ 78.2%。

19. 反应 $MgO(s) + H_2O(g) \rightleftharpoons Mg(OH)_2(s)$，$\Delta_r G_m^\ominus /(J \cdot mol^{-1}) = -46024 + 100.4T$，问：

(1) 在 293K、相对湿度 64% 的空气中 MgO(s) 是否会水解成 $Mg(OH)_2(s)$？

(2) 在 298K 时，为避免 MgO(s) 的水解，允许的最大相对湿度为多少？已知 298K 时水的饱和蒸气压为 2338Pa。

答案：(1) 会，(2) 4.8%。

20. (1) 计算 1000K 时，反应 $FeO(s) + CO(g) \rightleftharpoons Fe(s) + CO_2(g)$ 的标准平衡常数。

已知反应：　　　$FeO(s) + H_2(g) \rightleftharpoons Fe(s) + H_2O(g)$，$\Delta_r G_m^\ominus = 13180 - 7.74T$(J·mol^{-1})

$CO_2(g) + H_2(g) \rightleftharpoons CO(g) + H_2O(g)$，$\Delta_r G_m^\ominus = 35982 - 32.63T$(J·mol^{-1})

(2) 如果薄钢板在 1000K 下于含有 10% CO、2% CO_2 和 88% N_2(均为体积分数)的气氛中退火，是否会生成 FeO(s)？

答案：(1) $K_p^\ominus = 0.778$，(2) 不会。

21. 反应器中盛有 Sn(l) 及 $SnCl_2(l)$，相互溶解度可以忽略，在 900K 通入总压为 101.325kPa 的 H_2-Ar 混合气体。H_2 与 $SnCl_2(l)$ 发生反应，实验测出逸出反应器的气体组成是 50% H_2、7% HCl、43% Ar(均为体积分数)，在反应器中气相与液相是否达到平衡？

已知：　　　$H_2(g) + Cl_2(g) \rightleftharpoons 2HCl(g)$　　　$\Delta_r G_m^\ominus = -188289 - 13.134T$(J·mol^{-1})

$Sn(l) + Cl_2(g) \rightleftharpoons SnCl_2(l)$　　　$\Delta_r G_m^\ominus = -333062 + 118.4T$(J·mol^{-1})

答案：$\Delta_r G_m < 0$，或 $J_p < K_p^\ominus$，所以未达平衡。

22. 已知 298K 时气相异构化反应，正戊烷(g) $\rightleftharpoons$ 异戊烷(g) 的 $K_p^\ominus = 13.24$。液态正戊烷和异戊烷的蒸气压与温度的关系可分别用下列两式表示：

正戊烷：$\lg(p/p^\ominus) = 5.977 + 1065/(T-41)$

异戊烷：$\lg(p/p^\ominus) = 5.915 + 1020/(T-40)$

式中，T 为热力学温度；p 的单位为 kPa。假定形成的液态溶液为理想溶液，计算 298K 时液相异构反应的 K_x。

答案：9.86。

23. 在1113K 及 101.325kPa 时，含 85.4% Fe(摩尔分数)的 Fe-Ni 合金与由 57.5% H_2 和 42.5% H_2O 组成的气体混合物平衡时，合金中的铁比镍氧化得快，其反应为

$$Fe(合金中，s) + H_2O(g) = FeO(s) + H_2(g) \quad \Delta_r G_m^{\ominus} = (-13180 + 7.74T) \text{ J} \cdot \text{mol}^{-1}$$

假定所生成的 FeO(s) 不熔于铁合金中，计算合金中铁的活度及活度因子。

答案：$a_{Fe} = 0.826$，$\gamma_{Fe} = 0.967$。

24. 在 1200K，液态 PbO(l) 的分解压 p_{O_2} 为 3.881×10^{-4}Pa。在 1200K，液态纯 Pb(l) 与液态熔体 PbO-SiO_2 平衡时氧的分压为 9.707×10^{-5}Pa，求氧化物熔体中 PbO 的活度。

答案：0.5。

25. 298K 时将 1mol 乙醇与 0.091mol 乙醛混合，所得溶液的体积为 0.063dm^3，当反应达到平衡时 90.72% 的乙醛已按下式进行反应：

$$2C_2H_5OH(l) + CH_3CHO(l) = CH_3CH(OC_2H_5)_2(l) + H_2O(l)$$

(1) 计算反应平衡常数(设溶液为理想溶液)；
(2) 若溶液用 0.300dm^3 惰性溶剂冲稀，乙醛作用的百分数为多少？

答案：(1) $K_c = 7.236 \times 10^{-2} \text{dm}^3 \cdot \text{mol}^{-1}$，(2) 70.3%。

26. 在 1000K 时，SO_2 氧化为 SO_3 的平衡常数 $K_p^{\ominus} = 1.85$。(1) 设平衡时氧的分压为 30397.5Pa，物质的量之比 n_{SO_3}/n_{SO_2} 为多少？(2) 若氧分压为 30397.5Pa 的平衡混合物压缩，使总压增加一倍，对 n_{SO_3}/n_{SO_2} 值有什么影响？(3) 若在上述平衡混合物中通入氮气，使总压加倍，对 n_{SO_3}/n_{SO_2} 值又有什么影响？

答案：(1) $n_{SO_3}/n_{SO_2} = 1.013$，(2) $n_{SO_3}/n_{SO_2} = 1.433$，(3) 没有影响。

27. 反应 $CaF_2(s) + H_2O(g) = CaO(s) + 2HF(g)$ 在 900K 的 $K_p^{\ominus} = 1.834 \times 10^{-11}$，在 1000K 的 $K_p^{\ominus} = 7.495 \times 10^{-10}$。若反应的 $\Delta_r H_m^{\ominus}$ 在 900~1000K 可视为常数，求：(1) 此温度区间 $\Delta_r G_m^{\ominus}$ 与 T 的关系式；(2) $\Delta_r H_m^{\ominus}$ 与 $\Delta_r S_m^{\ominus}$。

答案：(1) $\Delta_r G_m^{\ominus} = (277627-102.9T) \text{J} \cdot \text{mol}^{-1}$，(2) $\Delta_r H_m^{\ominus} = 277.63 \text{kJ} \cdot \text{mol}^{-1}$，$\Delta_r S_m^{\ominus} = 102.9 \text{J} \cdot \text{K}^{-1} \cdot \text{mol}^{-1}$。

28. 固态 HgO(s) 在 298K 的标准生成焓为 $-90.21 \text{kJ} \cdot \text{mol}^{-1}$，固态 HgO(s)、液态 Hg(l) 和气态 O_2(g) 在 298K 的标准熵分别为 $73.22 \text{J} \cdot \text{mol}^{-1} \cdot \text{K}^{-1}$、$77.41 \text{J} \cdot \text{mol}^{-1} \cdot \text{K}^{-1}$ 和 $205.03 \text{J} \cdot \text{mol}^{-1} \cdot \text{K}^{-1}$。假设 $\Delta_r H_m^{\ominus}$ 和 $\Delta_r S_m^{\ominus}$ 不随温度而变化，估算固态 HgO(s) 在标准压强下分解为 Hg(l) 和 O_2(g) 的温度。

答案：845.5K。

29. 潮湿的 Ag_2CO_3(s) 在 383K 时于空气流中干燥，为防止其分解，空气中 CO_2 的分压应为多少？已查得有关热力学数据如下：

物质	$S_m^{\ominus}/(\text{J} \cdot \text{mol}^{-1} \cdot \text{K}^{-1})$	$\Delta_f H_m^{\ominus}/(\text{kJ} \cdot \text{mol}^{-1})$	$C_{p,m}/(\text{J} \cdot \text{mol}^{-1} \cdot \text{K}^{-1})$
Ag_2CO_3(s)	167.4	−501.66	109.6
Ag_2O(s)	121.75	−30.54	65.7
CO_2(g)	213.68	−393.51	37.6

答案：应大于 1545Pa。

30. 反应 $3CuCl(g) = Cu_3Cl_3(g)$ 的 $\Delta_r G_m^{\ominus}$ 与 T 的关系式为 $\Delta_r G_m^{\ominus} = -528858 - 52.34T \lg T + 438.0T (\text{J} \cdot \text{mol}^{-1})$。求：(1) 在 2000K 时此反应的 $\Delta_r H_m^{\ominus}$ 和 $\Delta_r S_m^{\ominus}$；
(2) 在 2000K、101.325kPa 反应平衡混合物中 Cu_3Cl_3 的摩尔分数。

答案：(1) $\Delta_r H_m^{\ominus}$ (2000K) = $-483.4 \text{kJ} \cdot \text{mol}^{-1}$，$\Delta_r S_m^{\ominus}$ (2000K) = $-242.5 \text{J} \cdot \text{K}^{-1} \cdot \text{mol}^{-1}$；(2) $x = 0.305$。

31. 甲醇合成反应：$CO(g) + 2H_2(g) = CH_3OH(g)$，$\Delta_r G_m^{\ominus} = -90642 + 221.3T (\text{J} \cdot \text{mol}^{-1})$，同时存在一个重要的副反应：$CH_3OH(g) + H_2(g) = CH_4(g) + H_2O(g)$，$\Delta_r G_m^{\ominus} = -115508 - 6.7T (\text{J} \cdot \text{mol}^{-1})$。若无高选择性催化剂存在，在 700K 进行上述反应，此系统平衡时产物是什么？提高反应体系的压强对此体系有什么影响？

答案：平衡产物：CH_4(g)，H_2O(g)；增压有利于反应。

32. 将组成为 30% CO、10% CO$_2$、10% H$_2$ 和 50% N$_2$(均为体积分数)混合气体置于 1200K 的反应器中，当反应器内总压为 101.325kPa 时，气体混合物的平衡组成为多少？已知：

$$C(s) + 1/2\ O_2(g) \rightleftharpoons CO(g) \qquad \Delta_r G_m^\ominus = -111713 - 87.86T\ (J \cdot mol^{-1})$$

$$C(s) + O_2(g) \rightleftharpoons CO_2(g) \qquad \Delta_r G_m^\ominus = -394133 - 0.84T\ (J \cdot mol^{-1})$$

$$H_2(g) + 1/2\ O_2(g) \rightleftharpoons H_2O(g) \qquad \Delta_r G_m^\ominus = -246438 - 54.39T\ (J \cdot mol^{-1})$$

答案：H$_2$O：2.4%，H$_2$：7.6%，CO：32.4%，CO$_2$：7.6%，N$_2$：50%。

33. 600K 时，由 CH$_3$Cl(g) 和 H$_2$O(g) 反应生成 CH$_3$OH(g)，但 CH$_3$OH(g) 可继续分解为 (CH$_3$)$_2$O(g)，即下列平衡同时存在：

(1) CH$_3$Cl(g) + H$_2$O(g) $\rightleftharpoons$ CH$_3$OH(g) + HCl(g)；(2) 2CH$_3$OH(g) $\rightleftharpoons$ (CH$_3$)$_2$O(g) + H$_2$O(g)。

已知 600K 时 $K_{p,1}^\ominus = 0.00154$，$K_{p,2}^\ominus = 10.6$，现以等物质的量的 CH$_3$Cl(g) 和 H$_2$O(g) 开始反应，求 CH$_3$Cl(g) 的转化率。

答案：4.8%。

34. 1375K 时，将含有 21.35% CO、77.95% CO$_2$、0.7% N$_2$(均为摩尔分数)的混合气体，以 0.172dm^3 · min^{-1}(相对于 273K)的速率通过焙烧着的 ZnO 固体块。由实验可知，每分钟固体 ZnO 的质量减少 0.00549g(因还原成 Zn 蒸气)，实验压强是 101325Pa。求反应 ZnO(s) + CO(g) $\rightleftharpoons$ Zn(g) + CO$_2$(g) 在 1375K 的 $K_p^\ominus$。

答案：$K_p^\ominus = 0.03210$。

35. 若在抽空的容器中放入足够量的固体碘化铵，并加热到 675.5K，开始时仅有氨和碘化氢生成，并且压强在 94030Pa 时停留一定时间保持不变，但是碘化氢会渐渐地分解为 H$_2$ 和 I$_2$。已知 675.5K 纯 HI 的离解度为 21.5%，若容器中一直有固体碘化铵存在，求最后的平衡压强。

答案：106.13kPa。

36. 一个可能大规模制 H$_2$ 的方法是使 CH$_4$ 和 H$_2$O 的混合气体通过热的催化床。设用 H$_2$O 和 CH$_4$ 的物质的量比为 5：1 的混合气，T = 873K，p = 101.325kPa，若只有下列反应发生：

(1) CH$_4$(g) + H$_2$O(g) $\rightleftharpoons$ CO(g) + 3H$_2$(g)　　$\Delta_r G_{m,1}^\ominus = 4435\ J \cdot mol^{-1}$

(2) CO(g) + H$_2$O(g) $\rightleftharpoons$ CO$_2$(g) + H$_2$(g)　　$\Delta_r G_{m,2}^\ominus = -6633\ J \cdot mol^{-1}$

求干燥平衡气体(除去 H$_2$O 气后的气体)的组成。

答案：CH$_4$，5.9%；H$_2$，77.2%；CO，5.9%；CO$_2$，14.9%。

37. 铁和水蒸气按反应 Fe(s) + H$_2$O(g) $\rightleftharpoons$ FeO(s) + H$_2$(g) 达到平衡，在 T_1 = 1298K，p_1 = 101.325kPa 平衡时，p_{H_2} = 56.929kPa，p_{H_2O} = 44.396kPa；而在 T_2 = 1173K，p_2 = 101.325kPa 平衡时，p_{H_2} = 59.995kPa，p_{H_2O} = 41.33kPa。已知纯水蒸气在 1000K 的分解百分数为 6.46×10^{-5}%，求 1000K 时反应 2FeO(s) $\rightleftharpoons$ 2Fe(s) + O$_2$(g) 的平衡氧压。

答案：3.29×10^{-15}Pa。

38. 已知反应①CO$_2$(g) + C(s) $\rightleftharpoons$ 2CO(g) 在 T = 1073K 达平衡时，总压力为 260.405kPa，含 CO$_2$ 26.4%；T = 1473K 达平衡时，总压强为 233.048kPa，含 CO$_2$ 6.92%。而反应②2CO$_2$(g) $\rightleftharpoons$ 2CO(g) + O$_2$(g)，在 1173K 时的 $K_p^\ominus = 1.25 \times 10^{-16}$。已知固体炭在 1173K 时的燃烧焓为 $\Delta_c H_m^\ominus = -392\ kJ \cdot mol^{-1}$。计算反应②在 1173K 时的 $\Delta_r H_m^\ominus$ 及 $\Delta_r S_m^\ominus$。

答案：$\Delta_r H_m^\ominus = 447.8\ kJ \cdot mol^{-1}$，$\Delta_r S_m^\ominus = 77.31\ J \cdot K^{-1} \cdot mol^{-1}$。

39. 在 1500K 下 ZnO(s) 和 ZnS(s) 与 H$_2$S(g)、H$_2$O(g)、H$_2$(g) 气氛反应达平衡后有 p_{H_2O} = 50663Pa 及 p_{H_2} = 4266Pa。计算在此气氛中 O$_2$(g)、H$_2$S(g)、S$_2$(g) 和 Zn(g) 的平衡分压。已知：

$$2H_2(g) + O_2(g) \rightleftharpoons 2H_2O(g) \qquad \Delta_r G_{m,1}^\ominus = (-499200 + 114.2T)\ J \cdot mol^{-1}$$

$$2Zn(g) + O_2(g) \rightleftharpoons 2ZnO(s) \qquad \Delta_r G_{m,2}^\ominus = (-921740 + 394.6T)\ J \cdot mol^{-1}$$

$$2H_2(g) + S_2(g) \rightleftharpoons 2H_2S(g) \qquad \Delta_r G_{m,3}^\ominus = (-180300 + 90.7T)\ J \cdot mol^{-1}$$

$$2Zn(g) + S_2(g) == 2ZnS(s) \qquad \Delta_r G_{m,4}^{\ominus} = (-733870 + 378.2T) \text{ J} \cdot \text{mol}^{-1}$$

答案：$p_{O_2} = 5.45 \times 10^{-5}$Pa，$p_{Zn} = 7893$Pa，$p_{S_2} = 26.4$Pa，$p_{H_2S} = 406.1$Pa。

40. 在 1223K、101325kPa 下，与固态纯 γ-Fe(s) 和 FeO(s) 平衡的气体混合物含 64% H_2(g) 和 36% H_2O(g)；在相同的压强和温度下，与 Fe-Ni 合金(81% Fe，摩尔分数)及纯 FeO(s) 平衡的气体分别含 59% 和 41% H_2O(g)。求固态合金中 Fe 的活度及活度因子，并计算 1223K 时反应 Fe(Fe-Ni 合金) + H_2O(g) == FeO(s) + H_2(g) 的 $\Delta_r G_m^{\ominus}$。

答案：$a_{Fe} = 0.8095$，$\gamma_{Fe} = a_{Fe}/x_{Fe} = 0.9994$，$\Delta_r G_m^{\ominus} = -5850$J·mol^{-1}。

第 5 章 相平衡热力学及相图

系统中的物质从一个相转移到另一个相的过程称为相变过程。相变化达平衡后就称系统达到了相平衡。物质的相变过程是自然界及工业生产中普遍存在的过程,如实际生产中经常遇到的结晶、升华、蒸发、冷凝、溶解、熔化等都是重要的相变过程。相变过程中,不会产生新物质,也不会改变系统中物质的总量。虽然相变过程从形式上来看各种各样,但它们都能用"相律"统一研究处理。由于多相系统的变化都比较复杂,其规律一般不易用函数形式表达,因此常用相图表示。相图一般是指由实验所得的数据绘制出的系统的状态与温度、压力、组成之间相互关系的图形。从相图可以直接了解各个变量之间的关系,了解在给定条件下相变的方向与限度。

本章将学习相律和相图科学的基本原理与方法,重点讨论二组分系统的相图,简单介绍典型的三组分系统相图。

5.1 相 律

相律是确定多相平衡系统的独立组分数、相数及可独立变化的强度性质数目之间关系的规律。1878 年由吉布斯建立,是物理化学中最具普遍性的规律之一。

在引出相律之前,需要先介绍相、组分数、自由度等重要的基本概念。

5.1.1 相数与组分数

1. 相与相数

相就是系统中物理、化学性质完全均匀的部分。多相系统中相与相之间有明显的分界面,越过此界面,从宏观的角度来看,系统的物理性质和(或)化学性质会发生突变。

多相平衡系统中相的数目称为相数,用符号 Φ 表示。一般来说,纯物质系统的相数容易判断。对于混合物来说,如果混合物是气体,则无论多少种气体混合在一起,只要没有人为的因素隔开它们,都只有一个气相,因为气体都是能自动混合均匀的。不同液体间相互溶解的情况决定它们共存的相数:若能相互完全溶解,则为一个液相,否则有几个液层就有几个液相。固体与液体在一起能共存几个相,也要看相互溶解的情况。至于固体与固体混合在一起,则通常有几种固体就有几个固相,除非能形成固态溶液(或称固溶体)。固体物质如果有几种不同的晶型,则通常也是有几种晶型就有几个固相。

无气相的系统或者是不用考虑气相的系统,一般称为凝聚系统。相数 $\Phi \geqslant 2$ 的系统,一般称为多相系统。

2. 组分和组分数

1) 物种与物种数

物种是用物理或化学方法能够单独分离得到的物质。系统中所含物质种类的数目称为物种数，用符号 S 表示。对某种离子，一般不作为一个物种来考虑。

2) 组分与组分数

存在于同一个系统中的化学物质之间一般是有相互关联的，因此在一个平衡系统中并不一定需要用到所有物质的组成才能描述整个系统的组成。足以表示系统中所有各相组成所需的最少物种数，称为独立组分数或简称组分数，用符号 C 表示。

应该注意物种数与组分数是两个不同的概念。系统中每一种化学物质不管是单质还是化合物，都称为物种，当这些物质之间不存在化学反应或浓度限制条件时，系统的物种数与组分数是相同的。如果系统中某些物质之间存在化学反应，物种数与组分数就不相同。例如，由 $HI(g)$、$H_2(g)$ 和 $I_2(g)$ 三种物质构成的系统中，存在下列化学平衡：

$$2HI(g) \rightleftharpoons H_2(g) + I_2(g)$$

系统中 $S=3$，但是 $C=2$，因为这三个物质中的任意一个在平衡时的含量，可以由其他两个组分的含量通过平衡常数获得。

此外在某些情况下，还有一些特殊的浓度限制条件。假设上述系统中起始不存在 $I_2(g)$ 和 $H_2(g)$，二者都是由 $HI(g)$ 分解得到的，则按照化学反应式，$I_2(g)$ 和 $H_2(g)$ 的物质的量之比为 1:1，这个系统的组分数为 $C=1$。

系统的组分数与物种数的普遍关系为

$$C = S - R - b \tag{5-1}$$

式中，R 为独立的化学反应数目；b 为独立的浓度限制条件数目。注意浓度限制条件需在同一相中才有效。对复杂的反应系统，根据式(4-3)，若系统的物种数为 S，构成该 S 种物质的元素数为 M，当 $S>M$ 时，系统中的独立反应数为 $R=S-M$。例如，在水煤气生产系统中，主要包含 $H_2O(g)$、$C(s)$、$CO(g)$、$CO_2(g)$ 和 $H_2(g)$ 五种物质，$R=2$，若没有组分的浓度限制，则组分数 $C=3$。

组分数 $C=1$ 的系统称为单组分系统；$C=2$ 的系统称为二组分系统；$C=3$ 的系统称为三组分系统。$C \geq 2$ 的系统称为多组分系统。

【例 5-1】 在一抽空的密闭容器中放入过量的碳酸氢铵 $NH_4HCO_3(s)$，加热时可发生下列分解反应：

$$NH_4HCO_3(s) \rightleftharpoons NH_3(g) + CO_2(g) + H_2O(g)$$

求该系统的组分数。

解 已知该系统 $R=1$；$S=4$。

反应的三种产物均为气相，达平衡时三者的浓度相等：$c(NH_3) = c(CO_2) = c(H_2O)$。因此，$C = S - R - b = 4 - 1 - 2 = 1$。

5.1.2 自由度

自由度就是在确定(或描述)平衡系统状态时，所需最少的强度因素的数目，也就是独立变量数，用符号 f 表示。这些因素的数值在一定范围内可以任意地改变而不会引起相数的改变。例如，对液态水，$f=2$，两个量(温度与压力)就可描述其状态，反过来说，温度和压力都必须被指定，水的状态才能确定；当水与水蒸气两相平衡时，$f=1$，指定了温度就不必再指定压力，压力即平衡蒸气压由温度决定；反之，指定了压力，温度就不能任意指定，而只能由平衡系统本身决定。

5.1.3 相律推导

若某多组分多相平衡系统中有 S 个物种及 Φ 个相，假设平衡时 S 个物种分布于每个相之中，则描述每一个相的状态需$(S+2)$个变量(温度、压力及 S 个浓度项)，系统中有 Φ 个相，故描述系统的状态总共需 $\Phi(S+2)$ 个变量。毫无疑问，这些变量中很多都是相互关联的，每一个关联式都会使总变量数减少一个。那么，有多少个关联式呢？

(1) 平衡时各相温度相等，即 $T^{\mathrm{I}} = T^{\mathrm{II}} = \cdots = T^{\Phi}$，共有$(\Phi-1)$个关联式；

(2) 平衡时各相压力相等，即 $p^{\mathrm{I}} = p^{\mathrm{II}} = \cdots = p^{\Phi}$，共有$(\Phi-1)$个关联式；

(3) 平衡时任一物种在各相的化学势相等，即

$$\mu_1^{\mathrm{I}} = \mu_1^{\mathrm{II}} = \cdots = \mu_1^{\Phi}$$

$$\mu_2^{\mathrm{I}} = \mu_2^{\mathrm{II}} = \cdots = \mu_2^{\Phi}$$

$$\vdots$$

$$\mu_S^{\mathrm{I}} = \mu_S^{\mathrm{II}} = \cdots = \mu_S^{\Phi}$$

共有 $S(\Phi-1)$ 个关联式；

(4) 浓度用摩尔分数表示，每一相存在一个关联式：$\sum x_i = 1$，共有 Φ 个关联式；

(5) 平衡时系统中的独立反应数为 R，并有 b 个浓度限制条件，共有$(R+b)$个关联式。

因此，总关联式的数目为

$$2(\Phi-1) + S(\Phi-1) + R + b + \Phi = \Phi(S+2) - (S-R-b) + \Phi - 2 = \Phi(S+2) - C + \Phi - 2$$

独立变量数就等于总变量数减去变量间关联式的总个数，因此自由度为

$$f = \Phi(S+2) - \Phi(S+2) + C - \Phi + 2$$

即

$$f = C - \Phi + 2 \tag{5-2a}$$

式(5-2a)就是相律的表达式。式中的数字"2"专指温度和压力这两个变量。若指定了温度或压力的其中一个，则式(5-2a)变成

$$f^* = C - \Phi + 1 \tag{5-2b}$$

若温度和压力同时被指定，则式(5-2a)变成

$$f^* = C - \Phi \tag{5-2c}$$

以上 f^* 称为条件自由度。

对于式(5-2a)，还需注意以下两点：

(1) 在上述推导中，曾假定每一相中都含有 S 个物种，但实际上，当一相或几相中不含某一种(或几种)物质时，相律的形式不变。

(2) 如果除了温度和压力外，在某些特殊场合，系统还受到其他因素如磁场、电场、重力场等的影响，则式(5-2a)中的"2"应该根据具体的影响因素写成 n，即

$$f = C - \Phi + n \tag{5-2d}$$

【例 5-2】 指出下列平衡系统的自由度：

(1) $NH_4Cl(s)$部分分解为 $NH_3(g)$ 和 $HCl(g)$ 达平衡；

(2) 若在(1)系统中额外加入少量 $NH_3(g)$；

(3) 在标准压力下，水与水蒸气平衡。

解 (1) $S = 3$，$R = 1$，$b = 1$，$\Phi = 2$，$f = (3-1-1)-2 + 2 = 1$；

(2) $S = 3$，$R = 1$，$b = 0$，$\Phi = 2$，$f = (3-1-0)-2 + 2 = 2$；

(3) $S = 1$，$R = 0$，$b = 0$，$\Phi = 2$，$f^* = 1-2 + 1 = 0$。

5.2 纯物质单组分系统相平衡热力学

单组分系统 $C = 1$，可以是只含一种物质的系统(纯物质系统)，也可能是含有多种物质的系统(见例 5-2)。本节所讨论的系统专指纯物质单组分系统。

5.2.1 克拉佩龙方程

纯物质在两相平衡时的温度与压力之间具有确定的函数关系，这可以从热力学原理得到。

设在一定的温度 T 及压力 p 条件下，某一纯物质的 α 与 β 两相达到平衡：

$$\alpha \, 相 \rightleftharpoons \beta \, 相$$

此时 $\Delta G_{T,p} = 0$，即

$$G_m^\alpha = G_m^\beta$$

式中，G_m^α 和 G_m^β 分别表示该纯物质处于 α 相和 β 相时的摩尔吉布斯自由能。当系统的温度由 T 变至 $(T + dT)$ 时，为了建立新的平衡，压力会相应地从 p 变至 $(p + dp)$，两相的摩尔吉布斯自由能也分别变至 $(G_m^\alpha + dG_m^\alpha)$ 和 $(G_m^\beta + dG_m^\beta)$，平衡时有

$$G_m^\alpha + dG_m^\alpha = G_m^\beta + dG_m^\beta$$

因为 $G_m^\alpha = G_m^\beta$，所以有 $dG_m^\alpha = dG_m^\beta$，即

$$-S_m^\alpha dT + V_m^\alpha dp = -S_m^\beta dT + V_m^\beta dp$$

所以，压力的改变值 dp 与温度的改变值 dT 之间的关系为

$$\frac{dp}{dT} = \frac{S_m^\alpha - S_m^\beta}{V_m^\alpha - V_m^\beta} = \frac{\Delta S_m}{\Delta V_m} = \frac{\Delta H_m}{T \Delta V_m} \tag{5-3}$$

式中，S_m^α 和 S_m^β 分别为纯物质在 α 相和 β 相的摩尔熵值；V_m^α 和 V_m^β 分别为 α 相和 β 相的摩尔体积；ΔH_m 为物质由 α 相变化到 β 相的焓变化值(摩尔相变焓)。式(5-3)称为克拉佩龙(Clapeyron)方程，适用于纯物质的任何两相平衡。

将克拉佩龙方程用于固-液两相平衡时，可将式(5-3)写成

$$\frac{dp}{dT} = \frac{\Delta_{fus} H_m}{T \Delta_{fus} V_m} \quad 或 \quad \frac{dT}{dp} = \frac{T \Delta_{fus} V_m}{\Delta_{fus} H_m} \tag{5-4a}$$

式中，$\Delta_{fus} H_m$ 为物质的摩尔熔化焓；$\Delta_{fus} V_m$ 为固体变成液体的摩尔体积变化。当温度变化范围不很大时，$\Delta_{fus} H_m$ 和 $\Delta_{fus} V_m$ 均可近似地看成常数，将上式积分，可得纯物质的熔点随压力的变化关系为

$$\ln \frac{T_2}{T_1} = \frac{\Delta_{fus} V_m}{\Delta_{fus} H_m} (p_2 - p_1) \tag{5-4b}$$

【例 5-3】 273.15K 和 101.325kPa 下,冰和水的密度分别是 916.8kg·m⁻³ 和 999.9kg·m⁻³,冰的熔化焓为 6025J·mol⁻¹。计算：(1) 冰的熔点随压力的变化率；(2) 近似估算压力为 151.99 × 10³kPa 时冰的熔点。

解 (1) 因为 $\Delta_{fus}V_m = (1/999.9 - 1/916.8) \times 18 \times 10^{-3} = -1.632 \times 10^{-6} (m^3 \cdot mol^{-1})$，所以

$$\frac{dT}{dp} = 273.15 \times \frac{-1.632 \times 10^{-6}}{6025} = -7.396 \times 10^{-8} K \cdot Pa^{-1}$$

(2) 因为 $\ln\frac{T_2}{273.15} = -\frac{1.632 \times 10^{-6}}{6025}(151.99 \times 10^3 - 101.325) \times 10^3$，所以

$$T_2 = 262.1K$$

5.2.2 克拉佩龙-克劳修斯方程

对于气相与凝聚相之间的两相平衡(气-液,气-固),气相的摩尔体积一般远大于凝聚相的摩尔体积,故凝聚相摩尔体积可以忽略不计,而且假设气体为理想气体,此时,克拉佩龙方程可写成

$$\frac{dp}{dT} = \frac{\Delta_{trs}H_m}{TV_m(g)} = \frac{\Delta_{trs}H_m p}{RT^2}$$

或者写成

$$\frac{d\ln(p/p^\ominus)}{dT} = \frac{\Delta_{trs}H_m}{RT^2} \tag{5-5a}$$

式(5-5a)称为克拉佩龙-克劳修斯(Clapeyron-Clausius)方程,其中 $\Delta_{trs}H_m$ 为摩尔气化焓或摩尔升华焓。

当温度变化范围不大时,可将 $\Delta_{trs}H_m$ 看成常数,则：

(1) 将式(5-5a)在温度 T_1 和 T_2 之间定积分,与之平衡的压力(饱和蒸气压)相应地从 p_1 变到 p_2,可得

$$\ln\frac{p_2}{p_1} = \frac{\Delta_{trs}H_m}{R}\left(\frac{1}{T_1} - \frac{1}{T_2}\right) \tag{5-5b}$$

(2) 将式(5-5a)进行不定积分,可得

$$\ln\frac{p}{p^\ominus} = -\frac{\Delta_{trs}H_m}{RT} + I \tag{5-5c}$$

式中,I 为积分常数。由式(5-5c)可见,当纯物质的气-液(或气-固)两相平衡时,$\ln p$ 与 $1/T$ 呈直线关系,直线的斜率为 $-\frac{\Delta_{trs}H_m}{R}$，由此斜率即可求出该物质的摩尔气化焓(或摩尔升华焓)$\Delta_{trs}H_m$。

若温度变化范围比较大或需精确计算时,则应考虑相变焓随温度的变化关系,即应先根据基尔霍夫定律得出 $\Delta_{trs}H_m$ 与温度 T 的关系,再代入式(5-5a)进行积分。

工业生成及设计中常采用安托万(Antoine)经验公式进行计算：

$$\lg\frac{p}{p^\ominus} = \frac{-B}{t+C} + A \tag{5-6}$$

式中,t 为摄氏温度,A、B、C 为与物质性质有关的常数,其值可从有关手册中查得。此式计

算方便,尤其在高温范围内有较多的应用。

此外,当工作中需要而又缺乏液体的摩尔气化焓数据时,常用一些经验性规则进行近似估算。常用的有特鲁顿(Trouton)规则,其内容为:对于正常液体(非极性液体,液体分子之间不缔合),其摩尔气化焓 $\Delta_{vap}H_m$ 与其正常沸点 T_b 之间有以下近似关系:

$$\frac{\Delta_{vap}H_m}{T_b} \approx 88 \text{J} \cdot \text{K}^{-1} \cdot \text{mol}^{-1} \tag{5-7}$$

【例 5-4】 已知水的摩尔气化焓是 $40.67 \text{kJ} \cdot \text{mol}^{-1}$,101.325kPa 下水的沸点为 373.15K。试计算:(1) 压力为 60kPa 时水的沸点;(2) 298.15K 时水的饱和蒸气压。

解 (1) 由 $\ln\frac{60}{101.325} = \frac{40670}{8.314}\left(\frac{1}{373.15} - \frac{1}{T_2}\right)$ 得

$$T_2 = 358.8\text{K}$$

(2) 由 $\ln\frac{p_2}{101.325} = \frac{40670}{8.314}\left(\frac{1}{373.15} - \frac{1}{298.15}\right)$ 得

$$p_2 = 3.746\text{kPa}$$

5.2.3 凝聚相纯物质蒸气压与外压的关系

在讨论纯物质两相平衡(液-气或固-气)的蒸气压时,液体或固体所受的外压即为平衡时该物质蒸气的压力。如果液面上有空气存在(设空气不溶于此液体中),则其所受的外压应是大气的压力。也可以通过某种机械装置仅使液体受到某外压 p_w 的作用。这时即使温度不变,但因外压 p_w 变化,液体的吉布斯自由能会相应地发生变化,从而液体与其蒸气的平衡也会受到影响。

前面已指出,在无其他惰性气体(或称局外气体)存在时,在一定的温度和外压(这时 p_w 就是此温度下该物质的蒸气压 p_g,即 $p_w = p_g$)下两相平衡时,蒸气相的摩尔吉布斯自由能 $G_m(g)$ 应与液相的摩尔吉布斯自由能 $G_m(l)$ 相等,即 $G_m(g) = G_m(l)$。若液面上有局外气体(如空气)存在,则外压由 p_w 变至 $(p_w + dp_w)$,因而液体的蒸气压也会由 p_g 改变至 $(p_g + dp_g)$,在新的条件下建立新的平衡,即

$$G_m(g) + dG(g) = G_m(l) + dG(l)$$

或 $$dG(g) = dG(l)$$

恒温下,则有 $$V_m(g)dp_g = V_m(l)dp_w$$

若气相为理想气体,则有

$$RT d\ln\frac{p_g}{p^\ominus} = V_m(l)dp_w \tag{5-8a}$$

若液体的体积随压力的变化可忽略,对上式进行定积分得 $\int_{p_g}^{p'_g} d\ln\frac{p_g}{p^\ominus} = \frac{V_m(l)}{RT}\int_{p_g}^{p_w} dp_w$,则

$$\ln\frac{p'_g}{p_g} = \frac{V_m(l)}{RT}(p_w - p_g) \tag{5-8b}$$

式中，p'_g 表示有惰性气体时总压为 p_w 的条件下该液体的饱和蒸气压。

由式(5-8b)可见，凝聚相纯物质的饱和蒸气压会随外压的增加而增大，但其变化通常很小。例如，在 298K 时，外压增加到 $100p^\ominus$ 时，纯水饱和蒸气压仅增加约 7.6%。因此对于外压不是特别大的系统，外压对蒸气压的影响一般可忽略不计。

5.2.4 纯物质系统相图

影响纯物质系统相平衡的强度性质为温度和压力。根据相律，当系统只存在一个相时，$f=2$，即在一定范围内可同时改变温度和压力而保持原相态存在。若为两相平衡，$\Phi=2$，则 $f=1$，即在一定范围内只能改变温度(或压力)，另一变量压力(或温度)应有相应的确定值。当 $\Phi=3$，$f=0$ 时，温度和压力皆有确定值，改变其中任何一个都会导致三相平衡被破坏，从而使系统的相数减少。将纯物质系统的这种相平衡与强度性质之间的关系表示在 p-T 图中，即为纯物质系统相图。准确可靠的相图只有通过实验测定。

1. 水的相图

将水的各种相平衡实验数据画在 p-T 图中，可得图 5-1 所示水的相图示意图。

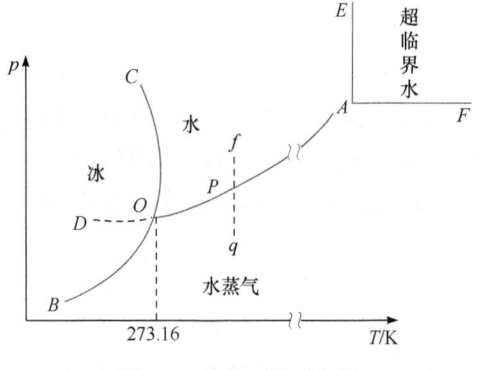

图 5-1 水的相图示意图

(1) 图 5-1 中 AO、BO、CO 三条曲线交于点 O，将平面划分为三个区域 AOC、BOC 和 AOB，这三个区域分别是水、冰和水蒸气的单相区。在单相区内，$\Phi=1$，$f=2$，即温度和压力可以在该区域内任意变动，而不会导致原有的相消失或新相生成，需同时指定温度和压力这两个变量，系统的状态才能完全确定。

(2) 图中的 OA、OB、OC 三条实线都是两相平衡线，$\Phi=2$，$f=1$，温度与压力之间的关系符合克拉佩龙方程。其中 OA 线是气-液平衡线，线上每一点都代表一定温度下水的蒸气压或一定外压下水的沸点。OA 线不能任意延伸，它终止于临界点 A。临界点的温度为 647K，对应的压力为 2.2×10^4kPa，超过临界温度及临界压力时，系统会变成超临界状态。在超临界状态下，气、液两相的差别消失，它既具有类似液体的密度，又具有气体的黏度和扩散能力。超临界状态的物质具有异于常规状态的性质，在许多领域的应用已引起人们的注意。

OB 线是冰的饱和蒸气压曲线(升华线)，它表示冰和水蒸气两相平衡。OB 线理论上可延长至绝对零度附近。AO 的延长线 OD 是过冷水与蒸气的两相平衡线，它在 OB 线之上，表明其蒸气压比同温度下处于稳定状态的冰的蒸气压大，因此过冷水是一个不稳定的亚稳系统。如果沿着 AO 线控制实验条件，将水缓慢冷却，可使水在 0℃以下不结冰，即为过冷水；如果将冰缓慢地加热升温，其终止点在 O 点，实验证明并不存在过热的冰。

OC 线是冰的熔点与外压的关系曲线，称为熔点曲线，在此曲线上是冰与水的两相平衡。从图 5-1 中可以看出 OC 线的斜率为负值，表明当压力增高时冰的熔点将降低，这是因为冰的密度比水的密度小，这与大多数其他物质不同。OC 线也不能向上无限延伸，大约到压力为 2.03×10^8Pa(约 2000 倍大气压)时，可出现不同结构的冰，使这部分相图变得很复杂。

在任一分界线上的点,如 P 点,在该点可能有三种情况:①从 f 点起,在恒温下使压力降低,在无限接近于 P 点之前,气相尚未生成,系统仍是单一液相;②当有气相出现,系统是气-液两相平衡;③当液体全部变为蒸气,P 点成为气相区的边界点。在 P 点虽有上述三种情况,但通常只关注相的变化过程,所以常以第二种情况来代表边界上的相变过程。

(3) 图中三条曲线的交点 O 称为三相点,它严格地确定了系统在气、液、固三相平衡时的条件。水的三相平衡点的温度是 273.16K,压力是 610.6Pa。

需要特别注意水的三相点与水的冰点的差别:水的三相点是纯水的气、液、固三相平衡点,而水的冰点是在水中溶有空气而且外压为 101.325kPa 时,水的固相与液相的两相平衡点,对应的温度为 273.15K。

水的冰点温度比水的三相点温度低了 0.01K,有两个因素:一是水中溶有空气,形成稀溶液,以致水的冰点比三相点降低了约 0.00242K(凝固点降低效应);二是三相点时系统的蒸气压是 610.6Pa,而冰点时系统的压力是 101325Pa,由于压力的增加又使冰点下降了 0.00747K,所以,水的冰点比三相点下降了(0.00242 + 0.00747) = 0.01K,即水的冰点为 273.15K。

在低于三相点的压力下,液相不复存在,系统以固相或气相存在,或以固-气两相平衡共存。

对于纯物质系统,如果在一般温度和压力下只出现一种固体的晶形,则都具有类似于水的相图的基本图形,最大的差异是固-液平衡线的斜率:一般物质的斜率为正值,即压力增大,熔点升高,其原因是固态熔化成液态后,体积一般略有增加。如果物质在固态时存在两种或两种以上的晶形,如单质硫有单斜硫和斜方硫两种晶形,加上液态硫及气态硫共有四种相态,由于纯物质系统最多只能三相共存,因此在硫的相图中会出现四个三相点。但是无论具体相图如何,纯物质系统相图中各点、线、面的分析方法均相同。

2. 二氧化碳的相图

二氧化碳的相图如图 5-2 所示。与水的相图相似,图中有 $CO_2(g)$、$CO_2(l)$ 和 $CO_2(s)$ 的三个单相区;有三条两相平衡线,OC 线是 CO_2 的气-液两相平衡线,OA 线是 CO_2 的气-固两相平衡线,OB 线是 CO_2 的固-液两相平衡线,其斜率为正;三条线交于三相点 O,其温度为 216.7K,压力为 518kPa。由于该三相点的温度低于常温,而压力又高于大气压,因此在常温、常压下只看到二氧化碳的气态,而在低温下只看到它的固态,很难看到它的液态,除非加压到 518kPa 以上。所以将 $CO_2(s)$ 称为干冰,干冰在常温、常压下总是直接升华为 $CO_2(g)$,而见不到它熔化为 $CO_2(l)$。

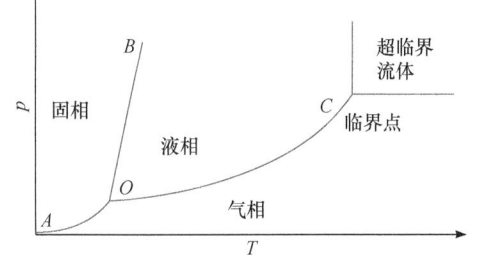

图 5-2 CO_2 的相图示意图

图 5-2 中 C 点为二氧化碳的临界点,温度为 304K,压力为 7400kPa。这个温度和压力在工业上都比较容易实现,所以超临界二氧化碳流体较易制备。另外,由于它具有对有机物的溶解能力强、选择性好、毒性低、可在接近室温下操作等优点,在超临界萃取和反应中有较广泛的应用。

5.3 相 变 类 型*

实验中发现物质的相变存在不同的类型。在以上各节所讨论的相变过程(如蒸发、熔化、升华等),其主要特征是两相平衡时的化学势相等,但相变时系统有明显的体积变化、熵变化

及焓变化等。例如,对于纯物质系统,存在下述大家熟知的关系:

$$\left(\frac{\partial \mu}{\partial T}\right)_p = -S_m \quad \text{及} \quad \left(\frac{\partial \mu}{\partial p}\right)_T = V_m$$

通常情况下的相变过程存在焓的突变、体积的突变等,即 $\Delta V_m \neq 0$,$\Delta H_m \neq 0$。这表明化学势的一级偏微商所代表的性质不等于零(由于相变过程中 $\Delta H_m \neq 0$,$\Delta H_m = T\Delta S_m$,所以 $\Delta S_m \neq 0$),这类相变常称为一级相变。这类相变过程中温度与压力的关系可用克拉佩龙方程描述:

$$\frac{dp}{dT} = \frac{\Delta H}{T\Delta V}$$

人们发现,另有一类相变并不表现出体积、熵、焓等的改变,即在相变时化学势、体积、焓、熵等保持不变,但恒压热容 C_p、压缩系数 κ、膨胀系数 α 等性质在相变点会发生变化,例如:

$$\left(\frac{\partial^2 \mu}{\partial p^2}\right)_T = \left(\frac{\partial V_m}{\partial p}\right)_T = -V_m\kappa$$

$$\left(\frac{\partial^2 \mu}{\partial T^2}\right)_p = -\left(\frac{\partial S_m}{\partial T}\right)_p = -\frac{C_{p,m}}{T}$$

$$\left(\frac{\partial^2 \mu}{\partial T \partial p}\right)_T = \left(\frac{\partial V_m}{\partial T}\right)_p = V_m\alpha$$

这表明化学势的二级偏微商所代表的性质在此类相变时会发生突变。为与前一类相变区别,通常把这类相变称为二级相变。

二级相变在低温凝聚相中有较多存在。例如,氦在低温下存在两种液态间的二级相变,其相图如图 5-3 所示。

两种液氦的恒压热容随温度的变化关系如图 5-4 所示。两相的恒压热容在二级相变温度处 (T_λ) 表现为不连续且不相等。固态氯化铵在 242.7K 左右存在两种固相间的二级相变,固态的甲烷、硫化氢、硫酸盐、磷酸盐、硝酸盐等均观察到这类相变。二级相变时没有相变热,也无密度变化,但其 C_p-T、κ-T 及 α-T 曲线均表现不连续且不相等,通常又称 λ 相变。

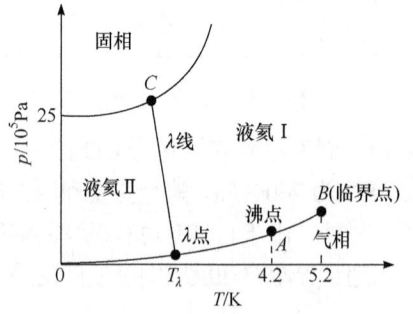

图 5-3　^{4}He 的相图示意图

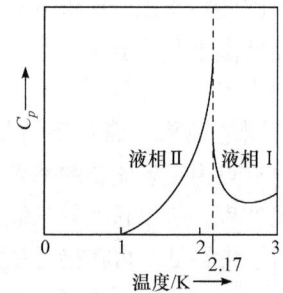

图 5-4　液体 ^{4}He 的 C_p-T 图示意图

在二级相变过程中,$\Delta H = 0$,$\Delta V = 0$,克拉佩龙方程不再适用。描述二级相变中温度与压力变化之间的关系常用埃伦菲斯特(Ehrenfest)方程。

当两相在 p、T 情况下达到二级相变平衡时,$V_1 = V_2 = V$;在 $(p+dp)$、$(T+dT)$ 情况下达平

衡时，应有 $V_1 + dV_1 = V_2 + dV_2$，即 $dV_1 = dV_2$。因为 V 是 T、p 的函数，所以

$$dV_1 = \left(\frac{\partial V_1}{\partial T}\right)_p dT + \left(\frac{\partial V_1}{\partial p}\right)_T dp = \alpha_1 V_1 dT - \kappa_1 V_1 dp$$

$$dV_2 = \left(\frac{\partial V_2}{\partial T}\right)_p dT + \left(\frac{\partial V_2}{\partial p}\right)_T dp = \alpha_2 V_2 dT - \kappa_2 V_2 dp$$

因为 $dV_1 = dV_2$，所以等式右边相等，整理后可得

$$\frac{dp}{dT} = \frac{\alpha_2 - \alpha_1}{\kappa_2 - \kappa_1} \tag{5-9a}$$

同样，二级相变两相平衡时，$dS_1 = dS_2$

$$dS_1 = \left(\frac{\partial S_1}{\partial T}\right)_p dT + \left(\frac{\partial S_1}{\partial p}\right)_T dp = \frac{C_{p,1}}{T} dT - \alpha_1 V_1 dp$$

$$dS_2 = \left(\frac{\partial S_2}{\partial T}\right)_p dT + \left(\frac{\partial S_2}{\partial p}\right)_T dp = \frac{C_{p,2}}{T} dT - \alpha_2 V_2 dp$$

所以整理后可得

$$\frac{dp}{dT} = \frac{C_{p,2} - C_{p,1}}{TV(\alpha_2 - \alpha_1)} \tag{5-9b}$$

式(5-9a)和式(5-9b)都称为埃伦菲斯特方程。

5.4 二组分系统的气-液平衡

对于二组分系统，$f = 2 - \Phi + 2 = 4 - \Phi$，系统至少有一相，这时 $f = 3$，因此描述二组分系统的相平衡需用三维坐标，即温度、压力和组成。这种立体图的绘制和使用都不方便，因而通常采用固定一个变量的平面图来表示，如恒温下的蒸气压-组成图或恒压下的沸点-组成图。

因为两种气相总能完全互溶，所以二组分的气-液平衡相图的特征主要与两个组分在液相的相互溶解度有关，本节只讨论液相能完全互溶的二组分系统气-液平衡相图。

5.4.1 蒸气压-组成平衡图

1. 理想溶液的蒸气压-组成图

理想溶液的组分 A 和 B 均符合拉乌尔定律，故在一定温度下，溶液的蒸气总压与溶液组成的关系[式(3-8)]为

$$p = p_A^* x_A + p_B^* x_B = p_A^*(1 - x_B) + p_B^* x_B = p_A^* + (p_B^* - p_A^*) x_B$$

上式表明二组分理想溶液的蒸气总压 p 与液相组成的关系，在蒸气压-组成图上是一条直线，称为液相线。

若溶液的蒸气压不是特别大，通常可将气相视为混合理想气体，所以

$$y_B = \frac{p_B}{p} = \frac{p_B^* x_B}{p_A^*(1 - x_B) + p_B^* x_B}$$

即
$$x_B = \frac{p_B^* y_B}{p_B^* - (p_B^* - p_A^*) y_B} \quad (5\text{-}10)$$

故溶液总蒸气压 p 与气相组成 y_B 的关系为

$$p = \frac{p_A^* p_B^*}{p_B^* - (p_B^* - p_A^*) y_B} \quad (5\text{-}11)$$

式(5-11)表明了溶液的蒸气总压 p 与气相组成的关系,在蒸气压-组成图上应是一条曲线,称为气相线。

把一定温度下的液相线和气相线绘在同一个图中,就得到二组分理想溶液的蒸气压-组成图,如图 5-5 所示。

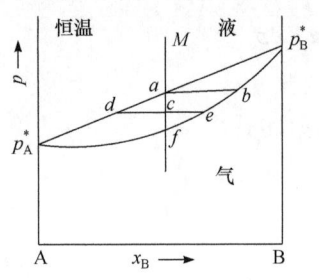

图 5-5 理想溶液的蒸气压-组成图

由式(5-10)可得 $y_B / x_B = p_B^* / p$,因为蒸气压 $p = p_A + p_B = p_A^* x_A + p_B^* x_B$,所以 p 总是介于 p_A^* 与 p_B^* 之间,可见,当 $p_B^* > p_A^*$ 时,$y_B / x_B > 1$,即 $y_B > x_B$。这表明当理想溶液气-液两相平衡时,较高蒸气压的组分 B 在气相中的含量要大于它在液相中的含量;较低蒸气压的组分 A 在气相中的含量则小于它在液相中的含量。

图 5-5 中液相线和气相线把图面分成三个区域:液相线以上为液相区,气相线以下为气相区,两线之间为气-液两相平衡共存区,两个相的组成可分别由气相线及液相线上两个相应的相点读出。通常把表示平衡时多组分系统的总组成及压力(或温度)在相图中的状态点称为系统点,把表示平衡各相的组成及压力(或温度)在相图中的状态点称为相点。当系统处于单相区时,系统的总组成与相的组成是相同的。当系统在两相区时(如图 5-5 中 c 点),系统成两相平衡,形成两个相点(如图 5-5 中 d 点和 e 点)。可以看出,此时系统的总组成与两个相的组成都不相同。两平衡相点的连接线称为结线(如图 5-5 中的 de 线)。由相律 $f^* = 2 - \Phi + 1 = 3 - \Phi$ 可知,在恒温下气-液两相平衡时,$f^* = 1$,若指定压力,两平衡相的组成即随之确定;相反,若指定平衡相的组成,则平衡时的压力也会随之确定。

利用图 5-5 可以解释系统的相态随压力及组成的变化。图 5-5 中系统点 M 的相态为液相,随着压力的降低,系统点 M 逐渐垂直下移。当压力降至 a 点时,系统内将出现气相,其组成为 b 点所对应,从此系统点进入两相区。随着压力的继续降低,液相从 a 点沿液相线变化,气相从 b 点沿气相线变化。当系统变至 c 点时,相应地液相变至 d 点,与之平衡的气相则变至 e 点。当系统点变至 f 点时,液相即将消失,系统几乎全部蒸发成气相。当压力低于 f 点时,系统内只有气相存在。

2. 实际溶液的蒸气压-组成图

实际溶液对理想溶液的偏差程度不同,其蒸气压-组成图会出现不同的形状。其液相线已不是直线,气相线也不符合式(5-11)。三种典型的实际溶液的蒸气压-组成图如图 5-6(a)、(b)、(c)所示。

其中,图 5-6(a)属于正偏差不大的系统,如 $TiCl_5$-$SiCl_4$ 系。图 5-6(b)属于正偏差很大的系统,如 CH_3OH-C_6H_6 系,在此类蒸气压-组成图中,蒸气压会出现一个极大值,液相线和气相线在此极大值处相切,在此处有 $x_B = y_B$,但此浓度限制不在同一相中。图 5-6(c)属于负偏差很

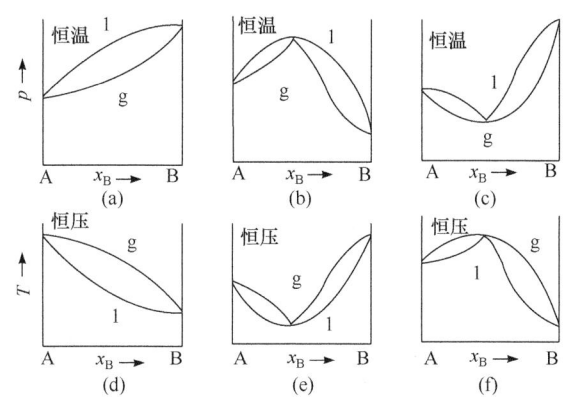

图 5-6 实际溶液的蒸气压-组成和沸点-组成示意图

大的系统,如 H_2O-HCl 系,蒸气压会出现一个极小值,液相线和气相线在此极小值处相切,同样有 $x_B = y_B$。

5.4.2 沸点-组成图及分馏原理

1. 沸点-组成图

当溶液的蒸气压等于外压时所对应的温度,即为溶液的沸点。显然,溶液的沸点与溶液的组成有关,其关系图即称为沸点-组成图。在一定压力下,由实验测定不同浓度的溶液在沸腾时液气两相的组成,便可绘出沸点-组成图。沸点-组成图也可以利用不同温度下的蒸气压-组成数据绘出。

对于理想溶液,其沸点-组成图大致如图 5-6(d)所示,气相线在液相线之上,与蒸气压-组成图中的位置相反。两条线都是曲线。

二组分实际溶液的沸点-组成图如图 5-6 中(d)、(e)、(f)所示,其中图 5-6(d)是对理想溶液偏差不大的系统。由于 $p_B^* > p_A^*$,因此 B 的沸点较 A 为低。在 101.325kPa 下,$TiCl_5$-$SiCl_4$ 系统的沸点-组成图即属于此类相图。若实际溶液对理想溶液的偏差很大,其蒸气压-组成图上出现了极大值或极小值,则其沸点-组成图上必然会相应地出现最低点或最高点,如图 5-6(e)和(f)所示。通常将沸点-组成图上的最低点称为最低恒沸点,沸点-组成图上的最高点称为最高恒沸点。在最低恒沸点和最高恒沸点处,系统的气相组成与液相组成相等,即 $x_B = y_B$,其数值称为恒沸组成,具有该组成的混合物称为恒沸混合物。对于这类相图的分析,与简单的相图完全一样,只要把相图设想是从恒沸点组成的地方为界,分成两边,看成是两个简单相图的组合即可。

注意,在最高恒沸点或最低恒沸点处,相律的形式有变化。因为在最高(或最低)恒沸点存在一个变量间的关联式,即 $x_B = y_B$,这在相律推导时并没有考虑进来。而考虑这个关联式之后,相律的形式应该为:$f = C - \Phi + 1$。因此,在图 5-6(b)、(c)、(e)、(f)中相应的最高(或最低)点,有:$C = 2$,$\Phi = 2$,$f^* = 0$。

2. 分馏原理

蒸馏与分馏是分离液体混合物的重要方法,在生产与研究中应用广泛。

如图 5-7,若原始溶液的组成为 x_1,加热到 T_1 时开始沸腾,此时共存气相的组成为 a。由于气相中含沸点较低的组分较多,一旦有气相生成,液相的组成就会沿着 a→b 这条曲线向上变化,相应的沸点也会升高。当温度升高到 T_2 时,共存气相的组成为 b',溶液的组成为 b。根据需要可以用不同的接收器接收不同温度区间的馏分,因此这种简单蒸馏只能按不同沸程,即按不同的沸点范围收集若干份馏出液,或除去原溶液中的不挥发性杂质,粗略地把二组分系统相对分离。

要使混合液达到较好的分离,需要采用分馏(或称为精馏)的方法。分馏实际上是多次简单蒸馏的组合。

如果将图 5-8 中组成为 x 的溶液在恒压下加热,当温度升到 T_3 时,系统处在两相区,平衡共存的气相组成为 y_3,液相组成为 x_3。

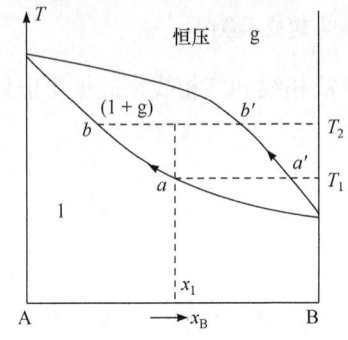
图 5-7 蒸馏原理示意图

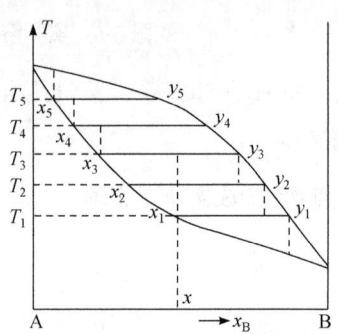
图 5-8 分馏原理示意图

(1) 将组成为 y_3 的气相冷却到温度 T_2,这时该原来的气相系统处于两相区,会部分冷凝变成两相:组成为 y_2 的气相和组成为 x_2 的液相,此时组成为 y_2 的气相中含有的低沸点组分 B 比原来系统中的 y_3 要多;再把组成为 y_2 的气相冷却到温度 T_1,则气相又会部分冷凝变成两相:组成为 y_1 的气相和组成为 x_1 的液相,此时组成为 y_1 的气相中含有的低沸点组分 B 比原来系统中的 y_2 要多。由于气相点的变化不断向组分 B 移动,理论上来说,经过多次的部分冷凝之后,气相的组成就应该无限地接近于低沸点的纯组分 B。

(2) 将组成为 x_3 的液相继续加热到温度 T_4,这时该原来的液相系统处于两相区,会部分气化变成两相:组成为 y_4 的气相和组成为 x_4 的液相,此时组成为 x_4 的液相中含有的高沸点组分 A 比原来系统中的 x_3 要多;再把组成为 x_4 的液相升温到温度 T_5,则液相又会部分气化变成两相:组成为 y_5 的气相和组成为 x_5 的液相,此时组成为 x_5 的液相中含有的高沸点组分 A 比原来系统中的 x_4 要多。由于液相点的变化不断向组分 A 移动,理论上来说,经过多次的部分气化之后,液相的组成就应该无限地接近于高沸点的纯组分 A。

根据上面的讨论,对于完全互溶的二组分系统,通过这样一连串的部分气化与部分冷凝操作后,都能在气相中浓集低沸点组分,在液相中浓集高沸点组分,从而将混合物 A、B 完全分离。

在生产及研究中,这种操作都在分馏柱或分馏塔中连续进行。分馏塔的温度从塔底到塔顶逐渐降低,塔底(又称塔釜)的温度最高,塔顶的温度最低。原料经预热从塔的中间部位投入,在分馏塔内的塔板上多次反复进行部分气化和部分冷凝,最后在塔顶收集低沸点的组分,在塔底收集到高沸点的组分。

对于具有最高或最低恒沸点的二组分溶液,采用分馏方法只能得到一个纯组分和一个恒沸混合物,而不能同时从塔顶和塔底得到纯 B 和纯 A。

5.4.3 杠杆规则

由蒸气压-组成图可见,在两相区内当压力改变时,系统的总组成和总数量不变,气液两相的组成和相对量却随压力而改变。同样,在沸点-组成图的两相区内,当温度改变时,系统的总组成和总数量不变,气液两相的组成和相对量则随温度而改变。

在如图 5-9 所示的沸点-组成图中,当温度为 T_1 时,设系统处于两相平衡区内的 O 点,呈气-液两相平衡,气相的相点为 M,物质的量为 n_g mol,组分 B 的摩尔分数为 x_1;液相的相点为 N,物质的量为 n_l mol,组分 B 的摩尔分数为 x_2。

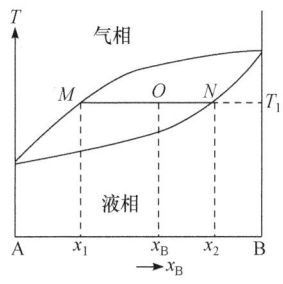

图 5-9 杠杆规则示意图

因为组分 B 存在于气液两相中,所以 B 的总物质的量等于它分布在气液两相中的物质的量之和,即

$$n_t x_B = n_g x_1 + n_l x_2 \quad 且 \quad n_t = n_g + n_l$$

所以
$$(n_g + n_l) x_B = n_g x_1 + n_l x_2$$

即
$$n_l (x_B - x_2) = n_g (x_1 - x_B)$$

由图 5-9 中可见:$(x_B - x_2) = \overline{ON}$,$(x_1 - x_B) = \overline{OM}$,所以

$$n_l \cdot \overline{ON} = n_g \cdot \overline{OM} \tag{5-12}$$

即可以将 MN 线段当作以 O 为支点的杠杆,液相的物质的量乘以 $\overline{ON}$ 等于气相的物质的量乘以 $\overline{OM}$,这个关系称为杠杆规则。

杠杆规则具有普遍意义,对于多组分系统的任意两相平衡区都适用。相图的组成用质量分数(或百分数)表示时,杠杆规则同样适用,只需将公式中气、液两相物质的量改为质量即可。用杠杆规则算出气、液两相的量,再根据气液两相各自的组成,可分别计算出气、液两相中组分 A、B 的量。

5.5 二组分系统的液-液平衡

两组分若能在全部浓度范围内互溶(称之为完全互溶),则形成单相溶液。但两种液体在一定温度下混合时有可能完全不互溶,则呈两相;也可能只在一定组成范围内相互溶解形成单相溶液,而在另外的组成范围只能部分互溶,分层形成两个液相。后者称为液态部分互溶系统,具体例子有水-苯胺、水-苯酚及水-正丁醇等系统。

5.5.1 二组分液态部分互溶系统的液-液平衡相图

因为压力对凝聚相的影响比较小,一般可忽略,因此对液态部分互溶系统通常只讨论其恒压下的温度-组成图。

水-苯酚双液系统在恒压下的温度-组成图如图 5-10 所示。图中的封闭曲线就是二组分相互溶解度曲线。在较低温下,若系统位于溶解度曲线外,则是单相。若系统点在溶解度曲线内,则水和苯酚部分互溶,分为两层,一层是水中饱

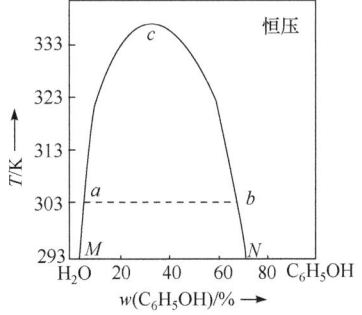

图 5-10 水-苯酚的溶解度曲线

和了苯酚，另一层是苯酚中饱和了水。溶解度曲线的左半支就是苯酚在水中的溶解度曲线，右半支是水在苯酚中的溶解度曲线。温度增加，苯酚在水中的溶解度沿 Mac 曲线逐渐上升，水在苯酚中的溶解度沿 Nbc 曲线逐渐上升。在 c 点以上的温度，水与苯酚能以任意比例互溶。c 点对应的温度称为会溶温度或临界溶解温度。

图 5-10 可直观表示系统状态的变化。例如，在温度 303K 时，将苯酚逐渐滴加到水中，系统的状态会沿着虚线所示的方向从左到右逐渐变化。在不大的浓度范围内，苯酚完全溶解于水，系统为单一液相；当苯酚的浓度加大到 a 点时，溶液出现分层，继续加入苯酚，则达到两液相平衡，一个相的组成由 a 点给出，另一个相的组成由 b 点给出。a 与 b 这两个平衡共存的液相互称为共轭溶液，其组成就是该温度下水和苯酚的相互溶解度。在不断加入苯酚的过程中，系统点会沿虚线从左到右移动，到达 b 点时，液相 a 消失，系统开始呈单一液相。进一步增加苯酚，系统点将向右离开 b，系统成为水在苯酚中的不饱和溶液。无论系统点在 ab 水平连线上如何移动，共轭液层 a 和 b 均有不变的组成，只是两液层的相对数量会随系统点的改变而改变，其具体数值可根据杠杆规则进行计算。

具有最高临界温度的系统较多，如水-苯胺、苯胺-己烷、二硫化碳-甲醇等系统。

也有一些部分互溶的双液系当温度降低时，相互溶解度反而增大，当温度降到足够低时，可以完全互溶。在此温度以下，两种液体可以按任意比例互溶，此温度称为最低临界溶解温度或最低会溶温度。例如，水-三乙基胺系统的相图便是如此。

也有这样的系统，在温度-组成图上既有最高临界溶解温度，也有最低临界溶解温度。例如，水-烟碱系统在 333K 以下能以任意比例互溶，333K 以上就分为两个液层，而超过 483K 又成为一个均匀液相。这种系统的相图有完全封闭式的溶解度曲线。

还有一些系统不具有会溶温度，即两液体在它们存在的温度范围内一直彼此部分互溶。例如，水-乙醚系统就没有会溶温度。

5.5.2 二组分液态完全不互溶系统的沸点-组成图及水蒸气蒸馏

如果两种液体的性质差异很大，它们之间的相互溶解度很小而可以忽略，这样的系统就是完全不互溶的双液系统，如水-烷烃、水-芳香烃及水-二硫化碳等系统。这类系统在一定压力下的沸点-组成图如图 5-11 所示。

图 5-11 中，$T_{b,A}^*$ 及 $T_{b,B}^*$ 分别为 A(l) 及 B(l) 的沸点。在 GEH 线对应的温度以下，二组分液态为完全不互溶的两相，将这两相加热到 GEH 线对应的温度时，无论两相的相对数量如何，体系都会沸腾，此温度为两液体的共沸点。$T_{b,A}^*ET_{b,B}^*$ 线是混合体系的沸点随组成的变化，体系的沸点小于任一纯组分的沸点。

若两种液体 A 和 B 组成完全不互溶的双液系统，则无论其相对数量如何，溶液上面的蒸气压就等于个别液体单独存在时的蒸气压之和，即 $p = p_A^* + p_B^*$。

利用共沸点低于每一种纯液体沸点的原理，可以将不溶于水的某高沸点液体和水一起蒸馏，使两液体在低于 373K 的温度下共沸，馏出物经冷凝成不互溶的两相而容易分开，这样即达到了分离提纯某高沸点液体的目的。这种方法称为水蒸气蒸馏。

以水-氯苯系统为例，各纯组分及混合系统的饱和蒸气随温度的变化关系如图 5-12 所示。

常压下，水的沸点为 373.15K，氯苯的沸点为 403.15K，两者的共沸点为 364.15K。因此，在氯苯中通入 373.15K 的水蒸气，即可使水和氯苯共沸。蒸气相经冷凝后除去水层即可得氯苯。

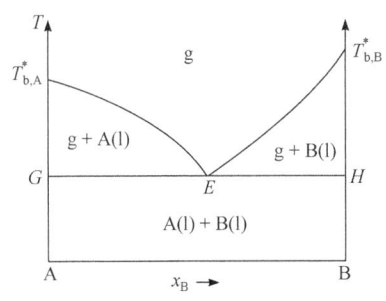
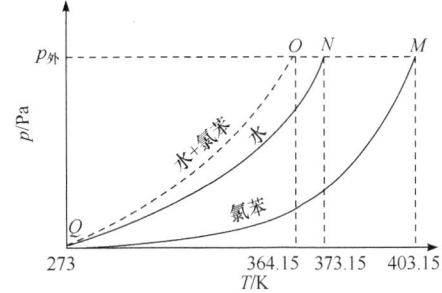

图 5-11　完全不互溶双液系的沸点-组成图　　　图 5-12　水-氯苯的蒸气压曲线

在馏出物中水和氯苯(B)的质量比可通过下面的方法求出。

将蒸出的蒸气看成是理想气体，则在气相中水与有机物 B 的物质的量比为

$$\frac{n_{H_2O}}{n_B} = \frac{p^*_{H_2O}}{p^*_B} = \frac{W_{H_2O}/M_{H_2O}}{W_B/M_B}$$

即

$$\frac{W_{H_2O}}{W_B} = \frac{p^*_{H_2O} M_{H_2O}}{p^*_B M_B} \tag{5-13}$$

式中，W_{H_2O}/W_B 常称为水蒸气消耗系数，即蒸出单位质量的有机物所需水蒸气的量。与水相比，有机物的蒸气压虽然较低，但是有机物的摩尔质量较大，蒸气压与摩尔质量的乘积不会太小，因此水蒸气消耗系数一般不会太大。

5.6　二组分系统的固-液平衡

凝聚系统的相图通常只讨论恒定压力下的温度-组成图。根据液相和固相的相互溶解情况，二组分系统的液-固平衡相图具有多种类型，包括：二组分在液态有完全互溶和部分互溶的情况；二组分在固态有完全不互溶、部分互溶和完全互溶的情况；二组分有不生成化合物、生成稳定化合物以及生成不稳定化合物的情况等。

5.6.1　简单共晶型相图及热分析法绘制相图

生成简单共晶的二组分系统属于液态完全互溶、固态完全不互溶的凝聚系统。

1. 热分析法绘制相图

热分析法是绘制固-液平衡相图最常用的实验方法之一。其基本原理为：将具有确定组成的系统自较高温度缓慢而均匀冷却时，测定其温度-时间变化曲线(称为冷却曲线或步冷曲线)，如果系统不发生相变化，则温度将随时间均匀地变化；当系统在某温度下发生相变时，相变热会使冷却曲线在该温度处出现转折或停顿。因此根据一系列的冷却曲线，即可得到不同组成所对应的相变温度，从而绘出系统的温度-组成图。

以 Cd-Bi 二组分系统为例，不同组成下的冷却曲线及相应相图如图 5-13 所示。图 5-13(a) 中左起第一条冷却曲线为液态纯 Cd 的冷却曲线，曲线发生水平停顿的温度即为纯 Cd 的熔点温度 594K，因是恒压下纯物质两相平衡，$f = 1-2+1 = 0$，故在液态 Cd 的凝固过程中温度不

变，直到全部凝固成固态 Cd 后，纯固相的温度才会下降，冷却曲线又出现均匀的斜线段。据此将纯 Cd 的熔点标记在温度-组成图[图 5-13(b)]中，同样可确定纯 Bi 的熔点为 544K。

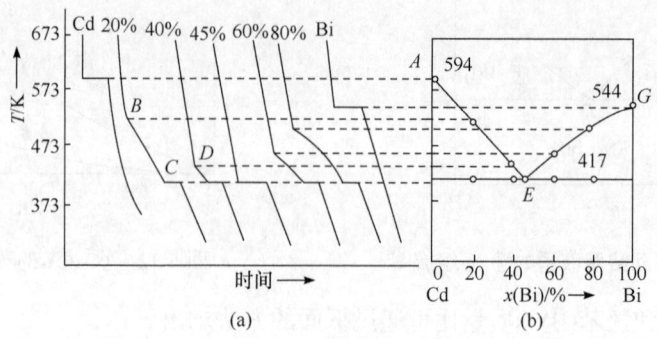

图 5-13 Cd-Bi 系统的冷却曲线与温度-组成相图

对 20% Bi(摩尔分数)的系统冷却时，因溶液的凝固点下降，开始析出固体纯 Cd 的温度低于纯 Cd 的凝固点，故冷却曲线在 B 点出现转折，Cd 的析出使液相组成开始改变，Cd 含量减小，Bi 含量增大，溶液的凝固点进一步下降。这时 $f^* = 2-2+1 = 1$，温度伴随浓度变化而连续降低，即曲线在 B 点转折之后又连续下降。当温度降至 417K 时，液相对 Bi 和 Cd 同时达到饱和，固体 Bi 和 Cd 同时析出，此时 $f^* = 2-3+1 = 0$，系统温度和液相组成均不能改变，因此冷却曲线从 C 点开始出现水平段。水平段结束时说明液相已全部凝固，温度才又继续下降。对 40% Bi 的系统，其冷却曲线与 20% Bi 的类似，只是开始析出固体纯 Cd 的温度进一步降低，因而曲线出现转折的 D 点温度要比 B 点低。

对 45% Bi 的系统，其冷却曲线没有转折点，只有水平线段。这说明凝固过程一开始就是固体纯 Cd 和纯 Bi 同时析出，即三相平衡($f^* = 0$)，此时温度为 417K、液相组成为 45% Bi 且在凝固过程中均保持不变。此三相平衡的温度和液相组成，也就是 20% Bi 系统和 40% Bi 系统的冷却曲线水平段的温度和组成。只有待液相完全凝固后，温度才继续下降。

对 80% Bi 系统及 60% Bi 系统，其冷却曲线均各有一个转折点和一个水平线段，只是在此转折点析出的固相是纯 Bi 而不是纯 Cd。所有冷却曲线的水平线段都一样，均为三相平衡，同时析出 Bi 和 Cd，液相的组成 45% Bi 及温度 417K 均保持不变。

由各冷却曲线转折点和水平线段获得温度和组成数据，将开始析出纯 Cd 的各点连成一线(AE 线)，将开始析出纯 Bi 的各点也连成一线(GE 线)，同时将三相平衡的各点连成一直线，即可得 Cd-Bi 系相图，如图 5-13(b)所示。

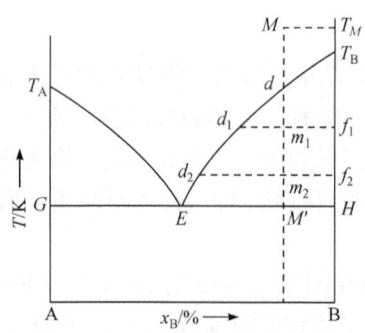

图 5-14 简单共晶二组分系统相图

2. 简单共晶型二组分系统相图

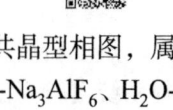

以上 Cd-Bi 二组分系统相图属于简单共晶型相图，属于这种类型的还有 Pb-Sb、LiCl-KCl、Al_2O_3-Na_3AlF_6、H_2O-$NaNO_3$、萘-苯等系统。这类相图的特点可用图 5-14 所示的 A-B 系统相图来说明。

图 5-14 中，T_AE 是液态混合物开始析出固相纯 A 时组成与温度的关系曲线，也就是固相纯 A 与熔液两相平衡线；T_BE 则是熔液相开始析出固相纯 B 时组成与温度的关系曲线，也就是固相纯 B 与熔液两相平衡线。在这两条线之上，

系统只有一个液相存在,所以这两条线通常称为液相线。两液相线相交于 E 点,在 E 点,固相纯 A 和纯 B 同时自熔液中析出,故称共晶点或低共熔点。E 点对应的温度称为共晶温度(T_E),E 点对应的组成称为共晶组成。当系统处于共晶温度时,无论其组成为多少,系统都处于固相纯 A、固相纯 B 及熔液相三相平衡,所以 GEH 是一条三相平衡线(两个端点除外)。温度低于 T_E,液相消失,只有 A 和 B 两个纯固相,因此 GEH 又称固相线。

整个图面被液相线和固相线分成四个相区:①液相线 $T_A E T_B$ 以上的部分为熔液单相区;②固相线 GEH 以下为 A(s)和 B(s)两相区;③$GET_A G$ 区为 A(s)和熔液两相区;④$HT_B EH$ 区为 B(s)和熔液两相区。

为进一步理解相图的意义,现选择某组成的系统来分析其冷却过程。设有一系统位于图 5-14 中的 M 点,温度为 T_M、组成为 75% B(摩尔分数),此时系统为液相,$f^* = 2-1+1 = 2$。当系统从 M 点冷却至 d 点时,开始析出纯 B 固体,其 $f^* = 2-2+1 = 1$,此时系统的温度及各相的组成只能改变其中之一,即降低温度时,液相组成将沿 dE 线变化。例如,当系统的温度降至 m_1 点的温度时,液相点由 d 移至 d_1,固相点至 f_1,两相的相对量可由杠杆规则计算。温度降至 T_E 时,液相点移至 E,系统点落在 EH 线上(图 5-14 中 M'),处于三相平衡:

$$l_{(E)} \xrightleftharpoons[\text{加热}]{\text{冷却}} A_{(G)} + B_{(H)}$$

一般将此平衡称为共晶反应。这时 $f^* = 2-3+1 = 0$,即温度和组成皆为定值。可见对于某简单共晶二组分系统,其三相点的温度和液相组成是其特征值。例如,Pb-Sb 系的共晶点为 513K、13% Sb(摩尔分数)。当共晶反应结束后,温度才能继续降低。低于共晶温度时,系统点进入固相纯 A 和纯 B 的共存区,自由度 $f^* = 2-2+1 = 1$,温度的变化不会破坏两固相共存。

3. 水盐二组分系统

水-盐二组分系统的相图一般通过测定盐的溶解度得到。例如,测定$(NH_4)_2SO_4$水溶液在不同浓度时的冰点以及不同温度下$(NH_4)_2SO_4$饱和水溶液的浓度,便可绘制出 H_2O-$(NH_4)_2SO_4$ 系统的固-液平衡相图,如图 5-15 所示。

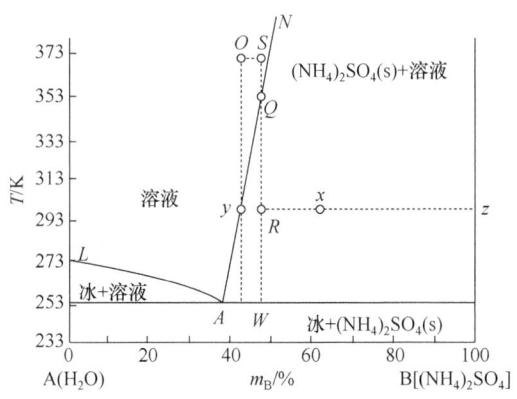

图 5-15 H_2O-$(NH_4)_2SO_4$ 系统的固-液平衡相图

图 5-15 中 AN 是$(NH_4)_2SO_4(s)$的溶解度曲线,LA 是水的冰点下降曲线,在 A 点(254K),冰、$(NH_4)_2SO_4(s)$以及具有 A 点组成的溶液三相共存。当溶液组成在 A 点左边时,冷却后先析出冰;而在 A 点右边时,冷却后先析出$(NH_4)_2SO_4(s)$;当溶液的组成恰好在 A 点时,冷却后,冰和$(NH_4)_2SO_4(s)$同时析出。

按照形成共晶点的组成来配制相应的水-盐溶液,即可获得具有较低冷冻温度的冷却液。例如,在生产实际中,常以 $CaCl_2$ 水溶液作为冷冻循环液,因为其共晶温度为218.7K。

水-盐系统相图也可用于指导重结晶法提纯无机盐。例如,要获得较纯的$(NH_4)_2SO_4(s)$,可采用以下操作:①先将粗盐溶解在热水中,其浓度必须控制在 A 点组成的右边但又要在 AN 线的左边的这一块区域内,如图 5-15 中的 S 点(363K, 47.5%);②过滤除去不溶性杂质;③冷却,到达 Q 点时即开始有$(NH_4)_2SO_4(s)$析出,但此时固体量很少。继续冷却到 R 点,过滤,即得到较纯$(NH_4)_2SO_4(s)$,其质量可通过杠杆规则求出。

5.6.2 生成化合物的二组分系统相图

某些二组分系统的两个组分之间可能生成化合物,且组分在液相时均完全互溶,在固相时均完全不互溶。这类系统的相图又可分为生成稳定化合物和生成不稳定化合物两种类型。

1. 生成稳定化合物

若两个组分之间生成的化合物一直到其熔点以下都能稳定存在,且化合物熔化时所生成的液相与化合物的组成相同,则称此化合物为稳定化合物。$CaCl_2$-KCl 二元系统即属于这类系统,其相图如图 5-16 所示。

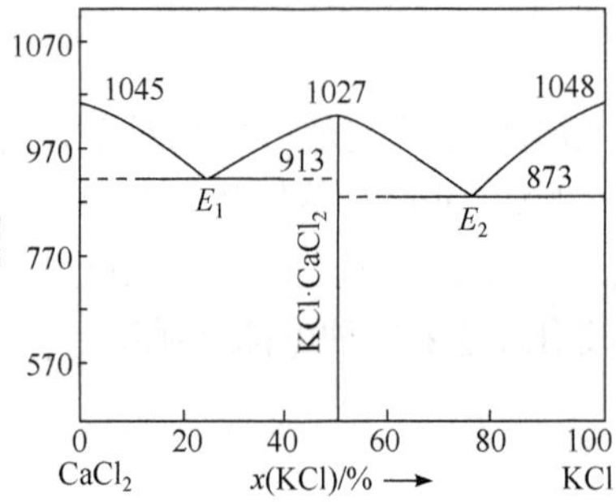

图 5-16 中 $CaCl_2(s)$ 的熔点 1045K,KCl(s)的熔点为 1048K,两者能生成稳定化合物 $KCl \cdot CaCl_2(s)$,其熔点为 1027K,组成为 50% KCl(摩尔分数)。稳定化合物的生成将相图分成两个简单共晶二组分系统。化合物的液相线与 $CaCl_2(s)$ 的液相线相交于 E_1,即 $CaCl_2$-$KCl \cdot CaCl_2$ 的共晶点(26% KCl,913K)。化合物的液相线与 KCl(s)的液相线交于点 E_2,即 $KCl \cdot CaCl_2$-KCl 系的共晶点(75% KCl,873K)。

图 5-16 $CaCl_2$-KCl 二组分系统相图

生成一种稳定化合物的二组分系统相图可看成是由两个简单共晶二组分系统相图组合而成。如果某二组分系统的两个组分之间可生成一种以上的稳定化合物,则其相图也可看作由相应的几个简单共晶相图组合而成,同样可用前述的识图方法来理解与分析这类二组分系统相图。

2. 生成不稳定化合物

如果二组分系统的两个组分 A、B 之间形成的固态化合物 C(s)在其熔点温度以下就会分解为熔化物和一个固相 C_1,固相 C_1 可以是 A、B 或者是另一个新的化合物,因此熔化后液相的组成与原来固态化合物 C 的组成不同,因此 C(s)称为不稳定化合物。$NaCl$-$BeCl_2$ 系统即属于此类系统,其相图如图 5-17 所示。

图 5-17 中化合物 $BeCl_2 \cdot 2NaCl(s)$没有熔点,它在 583K 时分解成 NaCl(s)和组成为 38% $BeCl_2$ 的液相l(相点为 P),即发生下列反应:

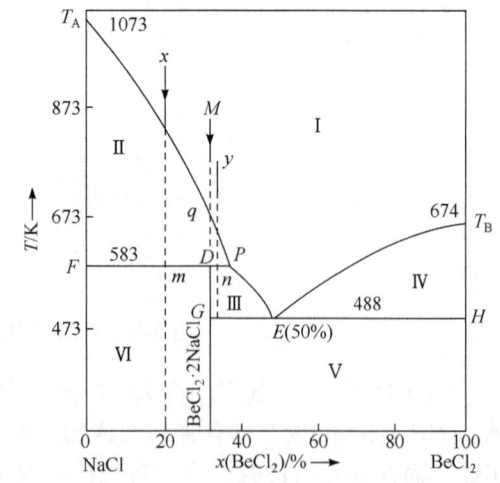

图 5-17 $NaCl$-$BeCl_2$ 二组分系统相图

$$\text{BeCl}_2 \cdot 2\text{NaCl(s)} \underset{\text{冷却}}{\overset{\text{加热}}{\rightleftharpoons}} \text{NaCl(s)} + l_{(P)}$$

高于 583K 时此化合物不再存在，与液相共存的固相为 NaCl(s)，也就是说，析出 NaCl(s) 的液相线一直延伸到 P 点。P 点是 T_AP 和 PE 两条液相线的交点，所以它是与两固相 NaCl(s)、$\text{BeCl}_2 \cdot 2\text{NaCl(s)}$ 平衡的液相的组成点。

图 5-17 中 E 为共晶点。组成位于 P 点以右的系统可近似看作简单共晶二组分系统类型，PE 线是不稳定化合物 $\text{BeCl}_2 \cdot 2\text{NaCl(s)}$ 的液相线。

对于组成位于 P 点以左的系统，其相变可包含以下三种情况。

(1) 组成恰与不稳定化合物组成相同的系统点 M，当其冷却至液相线上的 q 点时，开始析出纯 NaCl(s)；继续降温，NaCl(s) 不断析出，而液相的组成则沿液相线向 P 点变化；当液相变至 P 点时，系统温度为 T_P，出现三相平衡：

$$l_{(P)} + \text{NaCl(s)} \underset{\text{加热}}{\overset{\text{冷却}}{\rightleftharpoons}} \text{BeCl}_2 \cdot 2\text{NaCl(s)}$$

此时 $f^* = 2 - 3 + 1 = 0$，系统温度及各相组成皆一定，相应的冷却曲线在 T_P 温度出现水平停顿。由于 M 点的组成恰为不稳定化合物的组成，因此液相 $l_{(P)}$ 和 NaCl(s) 将同时耗尽，变成固相不稳定化合物。此三相平衡转变可认为是先析出的一种固相与其周围的液相起作用而形成一种新的固相，故常称此转变为包晶转变(或包晶反应)，P 点称为包晶点。反之，将不稳定化合物加热，则在包晶温度时会分解出组成不同于原化合物组成的液相，故不稳定化合物又称为异分化合物。包晶温度又称为转熔温度。

(2) 组成在 FD 范围内的系统点 x，其冷却过程的特征在温度降至 T_P 以前与系统 M 点相同。在温度 T_P 时发生包晶反应，温度和各相组成均不变，这意味着 $l_{(P)}$ 和 NaCl(s) 是以一定的比例关系相互作用的。根据杠杆规则可知，因系统 x 中 BeCl_2 的含量低于系统 M，因而当系统 x 的包晶反应结束时，液相消耗完，仍有 NaCl(s) 剩余，系统变成两个固相共存，即进入Ⅵ区，$f^* = 2 - 2 + 1 = 1$，温度又继续降低。

(3) 组成在 DP 范围内的系统 y，温度在 T_P 以上时冷却过程与 M、x 相同。至温度 T_P 时发生包晶反应。因系统 y 中 BeCl_2 的含量高于化合物的组成，故包晶反应结束时 NaCl(s) 耗尽，尚有剩余的液相与化合物固相共存。系统进入两相区Ⅲ内，$f^* = 1$，温度继续降低，化合物不断析出，液相点相应地沿 PE 线下移。温度降至 T_E 时，液相点到达 E 点，系统点落在 GEH 线上，发生共晶反应：

$$l_{(E)} \underset{\text{加热}}{\overset{\text{冷却}}{\rightleftharpoons}} \text{BeCl}_2\text{(s)} + \text{BeCl}_2 \cdot 2\text{NaCl(s)}$$

反应结束时，液相消失，余下 $\text{BeCl}_2\text{(s)}$ 和 $\text{BeCl}_2 \cdot 2\text{NaCl(s)}$ 两固相共存，系统进入区域Ⅴ内。

生成不稳定化合物的二组分系统的相图被三条液相线和两条三相平衡线划分为六个相区：图 5-17 中Ⅰ为液相区，Ⅱ、Ⅲ、Ⅳ为液相分别与 NaCl(s)、$\text{BeCl}_2 \cdot 2\text{NaCl(s)}$、$\text{BeCl}_2\text{(s)}$ 共存的两相平衡区；Ⅴ为 $\text{BeCl}_2 \cdot 2\text{NaCl(s)}$ 与 $\text{BeCl}_2\text{(s)}$ 两固相平衡区，Ⅵ为 NaCl(s) 和 $\text{BeCl}_2 \cdot 2\text{NaCl(s)}$ 两固相平衡区。

5.6.3 生成固溶体的二组分系统相图

1. 形成完全互溶固溶体的二组分系统

如果两组分的液相能完全互溶，固相也能完全互溶，则从液相中析出的固相就不是纯组

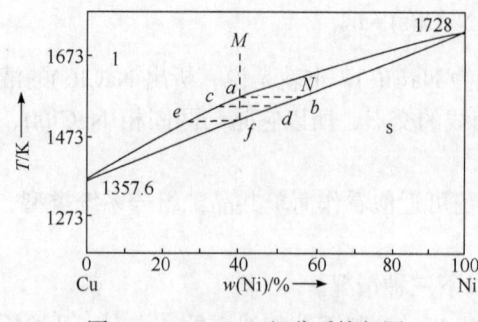

图 5-18 Cu-Ni 二组分系统相图

分，而是固体溶液(固溶体)。图 5-18 所示的 Cu-Ni 系统相图即属于这种类型。

此类相图被液相线和固相线分成三个相区，液相线以上为液相区，固相线以下为固相区，两曲线之间为液固两相平衡区。任何组成的 Cu-Ni 合金熔体，其冷却曲线都没有水平停顿，只有两个转折点，分别相应于开始凝固温度和凝固结束温度。例如，图 5-18 中 M 点的熔体冷却时，到达液相线上的 a 点，开始析出组成为 b 的固溶体。温度继续降低，系统点进入两相区，不断析出固溶体，液相组成沿 ace 变化，固溶体组成沿 bdf 变化，液固两相的相对量可由杠杆规则计算。两相区的自由度 $f=1$，即指定温度时液相和固相具有相应的组成；指定一个相的组成时，则另一相的组成和系统温度也都相应地具有一定的值。当温度低于 f 点的温度时，液相已全部凝固成固溶体。任一组成的 Cu-Ni 合金熔体，开始凝固的温度均高于纯 Cu 熔点而低于纯 Ni 熔点。

此类相图与两组分系统的气-液平衡的沸点-组成图(图 5-6)相似。同样，形成完全互溶固溶体的二组分系统，也有类似于具有最低(或最高)恒沸点的相图。例如，KCl-NaCl 二组分系统、NaCl-LiCl 二组分系统均有最低熔点，所以有色冶金中常选这些盐的混合物作为熔盐电解的电解质以降低电解温度，提高电能效率。

2. 形成部分互溶固溶体的二组分系统

这类系统的特征是两组分液相能完全互溶，但固相只能部分互溶。部分互溶固溶体中，通常把以 A 为主、溶有少量 B 者称为 α 固溶体，以 B 为主、溶有少量 A 者称为 β 固溶体。这类系统中的三相平衡必定是 α 固溶体、β 固溶体及液相呈三相平衡，但这三相之间可能是共晶转变，也可能是包晶转变。

1) 共晶型

当两组分的熔点相差不太大时，容易出现此类相图。例如，Ag-Cu 系统，其相图如图 5-19 所示。

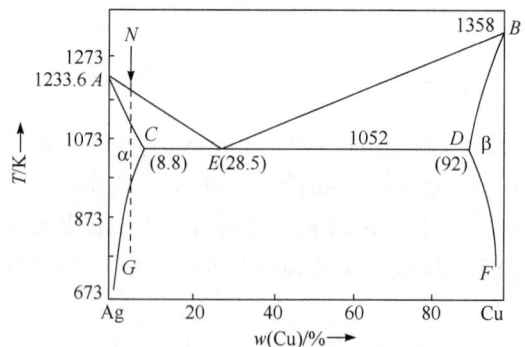

图 5-19 Ag-Cu 二组分系统相图

图 5-19 中 ACG 线为 Cu(s)溶于 Ag(s)中形成 α 固溶体的溶解度曲线，BDF 线为 Ag(s)溶于 Cu(s)中形成 β 固溶体的溶解度曲线。对于相互溶解度较小的部分互溶固溶体二组分系统，α 和

β 的单相区都较为窄小。可以设想当 ACG 线和 BDF 线分别与两纵轴重叠时,α 和 β 实际上变成两个纯固相,这时部分互溶固溶体共晶型相图就变成了简单共晶型相图,所以这两种相图的特征基本相同,不同点只是此处的 AE 线是 α 固溶体的液相线而不是纯 Ag(s) 的液相线,BE 线是 β 固溶体的液相线而不是纯 Cu(s) 的液相线。共晶温度下三相平衡为

$$l_{(E)} \underset{\text{加热}}{\overset{\text{冷却}}{\rightleftharpoons}} \alpha_{(C)} + \beta_{(D)}$$

三相的组成均为定值。

在图 5-19 中,组成在 CD 范围内的系统的冷却过程,与简单共晶型相图的情况相似,只是当共晶反应结束后,系统为 α 和 β 两个固溶体平衡共存;随着温度降低,α 和 β 的组成分别沿 CG 和 DF 线变化。对于组成在 C 点以左的系统,如图中系统点 N,冷却至液相线 AE 时会析出 α 固溶体,而冷却至固相线 AC 的相应点时液相会消失,然后系统进入 α 单相区内。继续降温,系统最终会进入 (α + β) 两相区。

2) 包晶型

两组分的熔点相差较大时,容易出现此类相图。例如,Pt-Ag 系统的相图如图 5-20 所示。

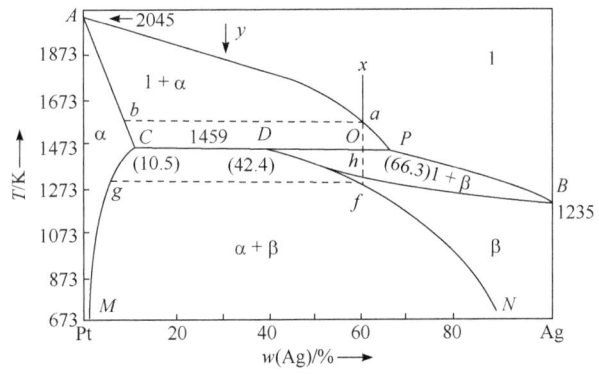

图 5-20 Pt-Ag 二组分系统相图

图 5-20 中,开始析出 α 固溶体和 β 固溶体的液相线分别为 AP 和 PB,凝固结束的固相线分别为 AC、CD 和 DB。CDP 线为液相与 α 和 β 三相平衡线。Pt(s) 和 Ag(s) 在固溶体中的溶解度线分别为 CM 和 DN。这些曲线将相图分为六个相区,各区的稳定相已标明于图中。

(1) 组成在 DP 范围内的系统冷却时的变化情况:以系统点 x 为例,当其冷却至 a 点时,开始析出组成为 b 的 α 固溶体,系统点进入两相区内 ($f^* = 1$),随着温度降低,液相组成沿 aP 线变化,α 固溶体的组成沿 bC 线变化。系统点到达 DP 线时,液相点为 P(66.3% Ag),α 相点为 C(10.5% Ag),温度为 1459K;同时与液相 P 平衡的还有组成由 D 点表示的 β 固溶体(含 42.4% Ag)。因此,系统点处在 DP 线时应为三相平衡 ($f^* = 0$,温度和三个相的组成均为确定值),此时系统发生包晶转变:

$$l_{(P)} + \alpha_{(C)} \underset{\text{加热}}{\overset{\text{冷却}}{\rightleftharpoons}} \beta_{(D)}$$

包晶转变结束时,α 相消失,剩余的液相与 β 相共存,即系统点进入 DPB 两相区。继续冷却时,液相组成沿 PB 线变化,与其平衡的 β 相组成沿 DB 线变化。当系统点到达 h 点时,液相全部凝固,从此进入 β 单相区内。温度降至 f 点时,β 固溶体达到饱和,故又从中析出组成为 g 的 α 相,系统变成 α 与 β 两相平衡。再继续降温,α 和 β 相的组成分别沿 gM 线及 fN 线变化。

(2) 组成在 CD 范围内的系统冷却时的变化情况,可由图中系统点 y 的变化来说明:在包

晶温度(1459K)以上时,其冷却过程基本上与系统点 x 的冷却过程相同;但包晶转变结束时,液相消失,剩余的 α 相与 β 相共存,系统进入(α + β)两相区。

5.6.4 液态部分互溶二组分系统相图

实际上很多二组分系统在液相都是部分互溶,其液相部分的溶解度曲线如前所述(图 5-10)。随着温度降低,某些液态部分互溶的溶解度曲线可能与析出固相的液相线相交,出现两液相与固相平衡的现象。而二组分的固相又有可能出现完全互熔、部分互熔及完全不互熔三种情况,所以液态部分互溶的二组分系统的固-液平衡相图一般比较复杂。最简单的就是二组分液态部分互溶而固态完全不互溶的系统,其相图示意图如图 5-21 所示。

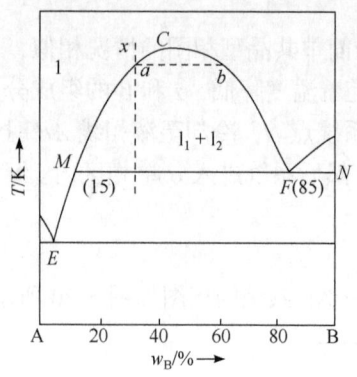

图 5-21　偏晶型二组分系统固-液相图

如果设想图 5-21 中双液相区不存在,该系统即变成简单共晶二组分系统。但实际上由于双液相区的存在,析出固体 B 的液相线变成了不连续的曲线,所以除了与双液相区关联的部分以外,其他部分与图 5-14 中对应的情况相似。

在图 5-21 中,对于组成在 MF 曲线范围内的系统 x 冷却时,在 MCF 线上 a 处发生液相分层,出现液相 l_1 及 l_2,系统进入双液相区;温度继续下降,液相 l_1 的组成沿 aM 变化,l_2 的组成沿 bF 变化。温度降至 T_F 时,l_1 相点为 M,l_2 相点为 F,系统点处在 MF 线上,因固体纯 B 的析出而出现三相平衡:

$$l_{(F)} \xrightleftharpoons[\text{加热}]{\text{冷却}} l_{(M)} + B(s)$$

此时 $f^* = 2 - 3 + 1 = 0$,即温度和三相的组成皆为确定值。液相 $l_{(F)}$ 在转变为 $l_{(M)}$ 的同时还析出 B(s),故常称此转变为偏晶转变或偏晶反应,T_F 称为偏晶温度。当偏晶反应进行到液相 $l_{(F)}$ 耗尽时,系统进入[l + B(s)]两相区内,$f^* = 1$。温度继续降低时,液相组成沿 ME 线变化。当系统温度降至 T_E(共晶温度)时,发生共晶反应 $l_{(E)} \rightleftharpoons A(s) + B(s)$;共晶转变结束时,系统为 A(s) 和 B(s) 两固相的混合物。

5.6.5 区域熔炼

20 世纪 50 年代以来,由于尖端技术的不断发展,对高纯度材料的需求日益增大。例如,作为半导体材料的锗和硅,要求纯度达 8 个 9 以上。这样高的纯度用一般的方法往往很难达到。1952 年发展起来的区域熔炼为提纯、制备高纯度金属及材料提供了一个有效又易行的方法。

图 5-22 是二组分固相部分互熔或完全互熔系统 T-x 相图的放大示意图。其中 A 是目标组分,组分 B 为杂质。由于微量杂质的存在,A 的熔点会发生变化,熔点可以降低[图 5-22(a)],也可以升高[图 5-22(b)]。图中上方是熔融液相区,下方是固相区,中间是固-液两相平衡区,杂质在固-液两相中的浓度不同。用 c_s 和 c_l 分别表示杂质 B 在固相和液相中的浓度,则

$$K_s = c_s / c_l$$

式中,K_s 称为分凝系数。显然,在图 5-22(a)中,$K_s < 1$;而在图 5-22(b)中,$K_s > 1$。

先讨论 $K_s < 1$ 的情况。将相当于图 5-22(a)中 P 点的金属放在水平的管式炉中,管外绕以可移动的加热环(图 5-23)。先将加热环放在最左端,使该区的金属全部熔化成液态,然后将加

热环缓慢向右移动，熔化区也慢慢随之向右移动。在加热环左端原先熔化的金属就渐渐再凝固，此时所析出的固相中杂质 B 的含量(N 点)就比原来的金属中少。在再凝固区与熔化区的界面上，杂质在液相的浓度要比在固相中大，所以随着熔化区向右端移动，杂质也向右移动。当加热环移到最右端后，再把它重新放到最左端，重新使最左端的固体熔化，同样使加热环右移，这样在最左端析出的固体中杂质的含量又少了一些。如此多次重复上述手续，就像一把扫帚一样，最后能使杂质集中到最右端，而在最左端则得到极纯的金属。

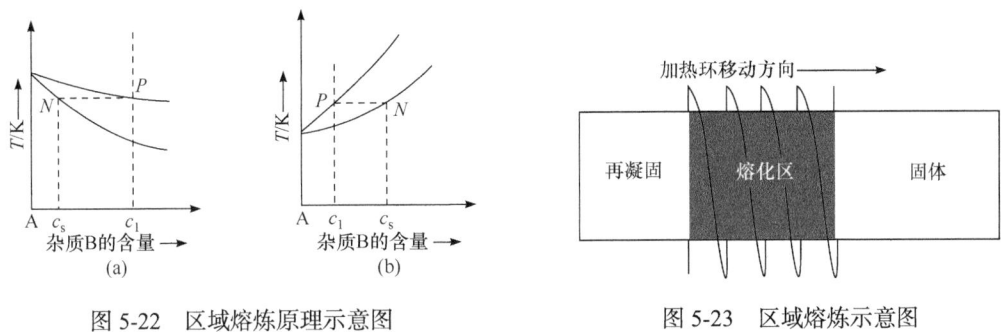

图 5-22　区域熔炼原理示意图　　　　图 5-23　区域熔炼示意图

对于 $K_s>1$ 的系统，情况相反，杂质会在头部(最左端)集中，而尾部为极纯的金属。

5.7　三组分系统相图简介

5.7.1　三组分系统相图的组成表示法

对三组分系统，其自由度为 $f=3-\Phi+2=5-\Phi$，所以三组分系统最多可有 5 相平衡共存，最大自由度为 4。要完整地表示三组分系统相图，需用四维坐标，这在实际应用中不方便也不现实。对于凝聚系统，通常可忽略压力的影响，故 $f^*=4-\Phi$，自由度最大为 3，即可以用三维坐标表示系统的相图。通常用平面等边三角形表示系统的组成，用垂直于底平面的轴表示温度。

等边三角形可以同时表示出三个组分(A、B、C)的组成，示意图如图 5-24 所示。三角形的三个顶点各代表一个纯组分。三角形的三条边分别代表 A 和 B、B 和 C、C 和 A 组成的二组分系统的组成(质量分数或摩尔分数)。三角形内的任意一点都表示一个三组分系统的组成。例如，图 5-24 中 P 点的组成，可通过 P 点作平行于三边的直线，分别交三条边于 a、b、c 三点，则 $Pa+Pb+Pc=AB=BC=AC$，显然，$Pa=Cb$ 为 A 的组成，$Pb=Ac$ 为 B 的组成；$Pc=Ba$ 为 C 的组成。

等边三角形的几何特性使得用等边三角形表示三组分系统组成时具有下列特点。

1) 等含量规则

在平行于等边三角形任一边的直线上，所有各点都含有等量的与直线相对的顶点所代表的组分。例如，图 5-25 中，de 线上各点上 A 的组成相同。

2) 定比例规则

在等边三角形中，顶点与对边上任意一点连线上的所有各点，所含其余两顶点组分的组成之比为定值。例如，图 5-25 中，Af 线上各点上 B 和 C 的组成之比相同，且等于 $\overline{Bf}/\overline{fC}$。

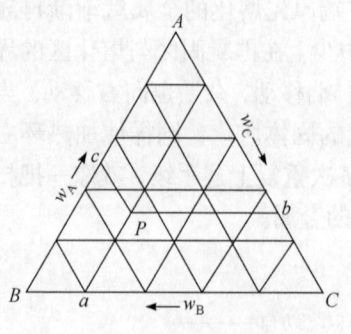
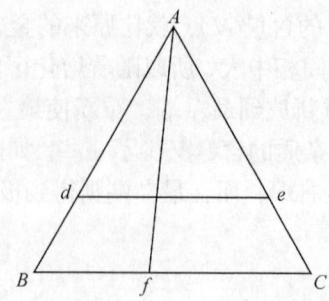
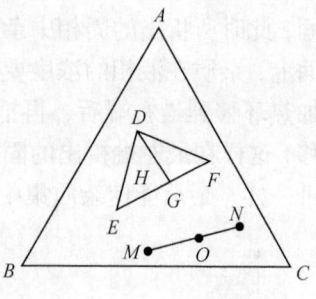

图 5-24　三组分系统组成表示法　　图 5-25　等边三角形的特点　　图 5-26　三组分系统的杠杆规则及重心规则

3) 杠杆规则

在如图 5-26 所示的三组分系统中，若 M 和 N 两系统构成一个新系统，该新系统 O 一定在直线 MN 之上，其具体位置可由杠杆规则确定，即 $W_M : W_N = \overline{ON} : \overline{MO}$。

4) 重心规则

在三组分系统中(图 5-26)，由 D、E、F 三个系统所构成的新系统 H，一定位于三角形 DEF 的质量重心处。可用杠杆规则先求 E 和 F 构成的系统 G，再在 DG 上求出 D 和 G 构成的系统 H。

5.7.2　部分互溶三液体系统的溶解度图

三种液体混合构成的系统，其三种液体之间，可以有一对部分互溶、二对部分互溶及三对部分互溶的系统几种情况。

1. 有一对部分互溶的系统

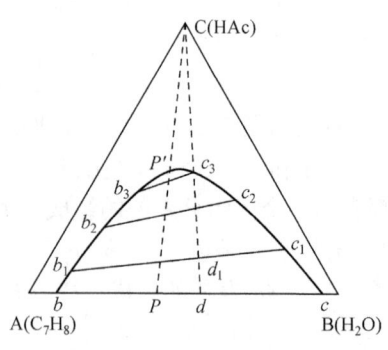

图 5-27　定温下水-乙酸-氯仿三液系统的相图

定温下，三种液体混合形成三组分系统，如甲苯(A)-水(B)-乙酸(C)三组分系统，只有甲苯(A)与水(B)部分互溶，而水与乙酸以及甲苯与乙酸可以任意比例互溶，其三组分溶解度示意图如图 5-27 所示。图中溶解度曲线是一条帽形曲线，可认为是在乙酸存在时，甲苯与水的相互溶解度曲线。帽形线外的区域是三种液体完全互溶的单相区，帽形线内是部分互溶的两相区。

图 5-27 中的底边相当于甲苯与水的二组分体系统。b 点代表被水饱和的甲苯层，而 c 点代表被甲苯饱和的水层，这是一对共轭溶液。对于组成为 d 的二组分体系统，会分为 b、c 两个液层。若在系统 d 中加入乙酸，则系统点将沿虚线 dC 进入帽形区内，随着乙酸的加入，使此共轭溶液的相互溶解度加大。由于加入的乙酸在甲苯层中和在水层中不是等量分配，而是在液层 c_1 中的溶入量比在液层 b_1 中的溶入量大，因此连接线 b_1c_1 并不平行于 AB 底边。由于组分 C 的加入，当新的系统点位置为 d_1 时，两个共轭液层 b_1 与 c_1 的相对量同样可按杠杆规则进行计算。

继续加入乙酸，则在图中可以画出一系列的连接线，两液层的组成和相对数量不断变化。当乙酸的加入量使系统点达到 c_3 时，系统点恰好与帽形曲线相交，此时 b_3 相的量趋近于零，当系统越过此点时，b_3 相消失，系统成为单相。

若系统点从点 P 开始，逐渐加入与 A、B 都完全互溶的组分 C，可以看出，随着乙酸的加入，连接线越来越短，两个液层的组成逐渐靠近，最后缩为一点 P'，此时两个液层的组成完全相同，系统成为均匀的液相。这种由两个共轭溶液变成一个三组分溶液的 P' 点称为临界点或等温会溶点。临界点不一定是最高点，超过该点系统不再分层。

一般来说，相互溶解度随着系统温度升高而增加，因此当温度升高时相图中帽形区面积将缩小，而降低温度时，帽形区将扩大。其相图属于这种类型的还有乙酸-氯仿-水、乙醇-苯-水等系统。

这类相图是液-液萃取的理论基础。液-液萃取过程可用图 5-28 所示的相图来解释。

图 5-28 中，B 为被萃取组分，初始为存在于溶剂 A 中、浓度为 F 的二组分系统。S 为萃取剂，与被萃物 B 完全互溶，与溶剂 A 不溶或微溶。在原料液 F 中加萃取剂 S，则系统点将沿 FS 的连线而向 S 点移动。加入适量萃取剂 S 之后，系统点进入到二相区，系统将分为平衡共存的两层(共轭溶液)，设其位置为 M_1，此时是组成为 R_1 的萃余相与组成为 E_1 的萃取相平衡共存，将萃余相与萃取相分离。对萃取相再采用适当的方法(如蒸馏等)即可得到纯组分 B。对于萃余相 R_1，再加入萃取剂 S，则系统点会沿着 R_1S 的连线向 S 的方向移动，又进入两相区，设新的系统点为 M_2，平衡时系统仍然分为组成为 R_2 的萃余相和组成为 E_2 的萃取相，同样再将这两层分离；再将萃余相 R_2 中加入萃取剂 S，系统点又会沿着 R_2S 的连线向 S 的方向移动到 M_3，系统分为组成分别为 R_3 的萃余相及组成为 E_3 的萃取相，如此继续萃取，料液中所含被萃取物 B 的量逐渐向 R 靠近，最后萃余相中含 B 的量接近于零。

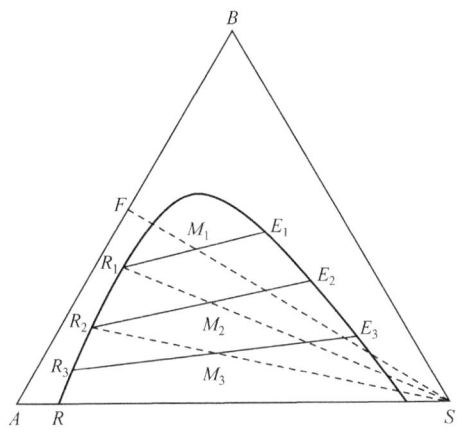

图 5-28　萃取过程示意图

工业上萃取过程都在萃取塔中进行。利用萃取剂与料液能分层的特点，将密度大的液体体系(料液或萃取剂)从塔的上端输入，密度小的液体从塔的下端输入，三组分在塔中充分对流进行传质，最后轻的液体从塔的上端溢出，重的液体从塔的底部排出，实际上在塔中进行的就是一个连续多级的萃取过程。

2. 有两对部分互溶的系统

有两对部分互溶液体的系统，如乙烯腈(A)-水(B)-乙醇(C)三组分系统，定温下的溶解度示意图如图 5-29 所示。

图 5-29 中，有两个两相区，相应各相的组成可从相应连接线上读出。在两个区域以外，系统均为单相区。当温度降低时，不互溶区域逐渐扩大，最后可互相叠合，如图 5-30 所示。在 abdc 区，系统分为两相，其余区域为单相。

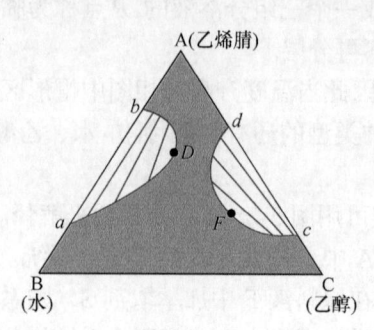

图 5-29　有两对部分互溶系统的相图

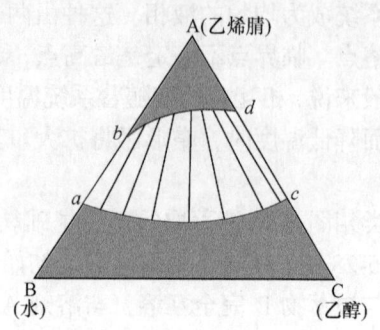

图 5-30　两个不混溶区的重叠

3. 有三对部分互溶的系统

有三对部分互溶液体的系统，如乙烯腈(A)-水(B)-乙醚(C)三组分系统，定温下溶解度示意图如图 5-31 所示。

图 5-31 中，有三个两相区，相应各相的组成可从相应连接线上读出。在三个两相区域以外，系统为完全互溶的单相。当温度降得足够低时，三个不互溶区域逐渐扩大，最后可互相叠合，如图 5-32 所示。在图 5-32 中，区域 1 是单相区，区域 2 是两相区，中间区域 3 是三液相共存的三相区。三个液相的组成分别由 D、E、F 三点确定，因为在三相平衡时，$f^* = 0$，三个相的组成不能改变，但三个相的相对数量根据系统点 P 的位置不同而改变。若系统处于 P 点，连接 E 与 P 并延长至 G，连接 F 与 P 并延长至 H，则三个相的相对质量之比，仍可使用杠杆规则，即

$$\frac{W(D,l)}{W(E,l)} = \frac{HE}{DH} \quad 及 \quad \frac{W(D,l)}{W(F,l)} = \frac{GF}{DG}$$

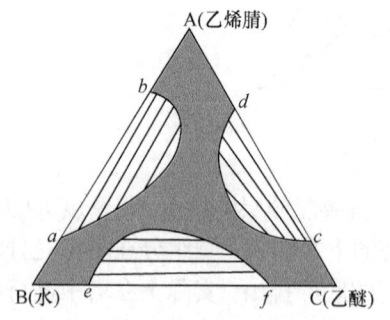

图 5-31　有三对部分互溶系统的相图

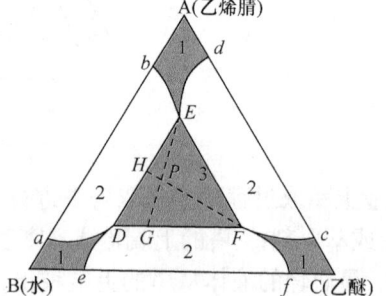

图 5-32　三个不混溶区的重叠

5.7.3　水盐三组分系统相图简介

最简单的水盐三组分系统为水与具有一种共同离子的两种盐并在结晶时不析出复盐或水合

物的系统。例如，NaCl-KCl-H$_2$O 系统在 298K 时的相图如图 5-33 所示。图中 a 点代表 KCl 在纯水中的溶解度，26.4% KCl(质量分数，后同)；b 代表 NaCl 在纯水中的溶解度，26.5% NaCl。在 298K，向饱和 KCl 水溶液中添加纯 NaCl，饱和溶液的浓度沿 aE 线变化，若向饱和 NaCl 水溶液中添加纯 KCl，则饱和溶液的浓度沿 bE 线变化。因此可认为 aE 和 bE 分别为 KCl 和 NaCl 的溶解度曲线。E 点称为共饱点，即 KCl 和 NaCl 同时在溶液中饱和 (11.7% KCl，20.4% NaCl)。

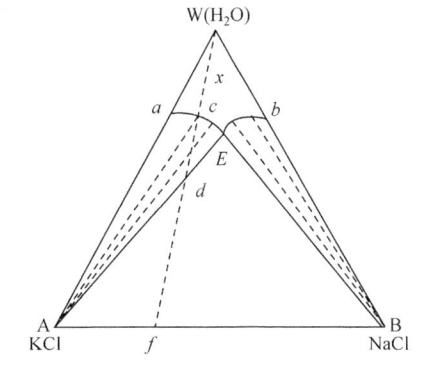

图 5-33 298K 时 NaCl-KCl-H$_2$O 系统溶解度图

图 5-33 中 $WaEb$ 区为不饱和溶液的单相区，AEa 区为固体纯 KCl 与其饱和溶液的两相平衡区，BEb 为固体纯 NaCl 与其饱和溶液的两相平衡区，AEB 区则为固体纯 KCl、纯 NaCl 与组成为 E 的饱和溶液的三相平衡区。

当不饱和溶液 x 等温蒸发时，随着溶液中水分的减少，溶液的组成沿 xc 向 c 点变化，在 c 点开始析出 KCl 晶体，从此溶液组成沿 cE 向 E 点变化，系统点则进入 AEa 两相区沿 cd 向 d 点变化。当溶液组成为 E 时，系统点自 d 开始进入 AEB 三相区，NaCl 晶体析出，这时自由度为零。当系统点到达 f 时，溶液中的水已蒸发完，剩下固体 KCl 和 NaCl 的混合物。显然，向固体混合盐逐渐加水的过程就是上述蒸发过程的逆过程。

如果把几个不同温度的溶解度曲线画在同一张图中，就得到三元水盐系的多温相图。利用溶解度多温图可以看出蒸发或溶解过程中系统的相变情况以及相变与温度的关系。在加热或冷却时，系统的组成不变，但溶解度曲线的位置改变，从而使系统点所对应的相点改变，即改变了系统的相平衡。例如，图 5-34 为 KNO$_3$-NaNO$_3$-H$_2$O 三组分系统的溶解度图，其中线 $BF_{25}E_{25}$ 和 $CF_{25}D_{25}$ 所示为 298K 时的曲线，线 $BF_{100}E_{100}$ 和 $CF_{100}D_{100}$ 所示为 373K 时的曲线。这类相图是无机盐提取及纯化工艺设计和计算的基础。

图 5-35 表示 A-B-H$_2$O 系统中有一种二元水合物 A·nH$_2$O 生成的溶解度图。图中 D 为该二元水合物的组成点，在一定温度下固态纯 D 的溶解度为 a，固态纯 B 的溶解度为 b。E 和 F 都是共饱点。其余分析与图 5-33 类似。

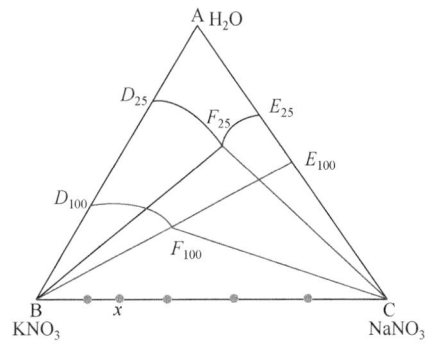

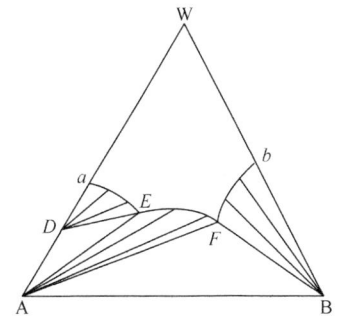

图 5-34 KNO$_3$-NaNO$_3$-H$_2$O 系统溶解度图　　图 5-35 A-B-H$_2$O 系统溶解度图

KCl-MgCl$_2$-H$_2$O 系统有 MgCl$_2$·6H$_2$O 和 KCl·MgCl$_2$·6H$_2$O 两种水合物生成，溶解度图更复杂。

5.7.4 形成简单共晶三组分系统的固-液平衡相图*

通常，三组分系统可认为包含相互影响的三个二组分系统，因而三组分系统相图的复杂程度取决于其中三个二组分系统相图的类型及特点。若构成三组分系统的三个二组分系统均为简单共晶二组分系统，则此三组分系统即为简单共晶三组分系统相图。这也意味着该三组分系统各组分之间在液态时完全互溶，在固态时完全不互溶。

1. 立体图

在一定压力下，Bi-Sn-Pb 三组分系统的固-液平衡相图如图 5-36 所示。图中三个侧面均为简单共晶二组分系统，共晶点分别是：Pb-Sn 系在 e_1 点(455K, 62% Sn)，Sn-Bi 系在 e_2 点(406K, 57% Bi)，Bi-Pb 系在 e_3 点(401K, 45% Pb)。无论 Pb-Sn 系中系统点的组成为何值，当固体纯 Pb 和 Sn 与液相三相平衡共存时，此液相点一定在 e_1 点。如果仍维持此三相平衡，而向液相中(即向 Pb-Sn 合金熔体中)加入 Bi，并溶于此液相中，则 $f^* = 3-3+1 = 1$，表明在此 Pb-Sn 合金熔体中溶入 Bi 后，系统的温度及液相组成之中有一个可独立地变化。降低温度，液相组成随之改变。两纯固相的相点均沿纯 Pb 和纯 Sn 的纵坐标下移，液相组成点从 e_1 开始沿 e_1e 线变化。若指定温度(如 423K)，则平衡三相的组成皆为一定，系统点处在三平衡相点连成的三角形重心之上。当温度降至 369K 时，液相组成移至 e 点，这时 Bi 在液相中达到饱和，因而在析出固体纯 Pb 及 Sn 的同时还会析出固态 Bi，此时系统达到四相平衡共存，$f^* = 3-4+1 = 0$，即 e 点的温度和组成皆为定值(369K、33% Pb、16% Sn、51% Bi)。

同理，从另外两个二组分系统共晶点出发也可说明曲线 e_2e 和 e_3e 的意义。这三条曲线都是两固相与液相平衡时液相组成随温度变化的曲线，称为二元共晶线。此三条二元共晶线相交于 e 点，e 点称为三元共晶点。

在 Pb-Sn 二组分系统中与固体 Pb 平衡的液相点在液相线 $T_{Pb}e_1$ 上，在维持固体 Pb 与液相平衡的条件下，加入 Bi 并溶解在液相中，液相点进入组成三角形范围内，在空间产生曲线移动。整个液相线 $T_{Pb}e_1$ 移动则形成一个曲面，该曲面即为 $T_{Pb}e_1ee_3$，称为析 Pb 液相面。曲面上任一点代表的液相皆与固体 Pb 平衡，$f^* = 3-2+1 = 2$，故液相面又称初晶面。

同理，$T_{Sn}e_1ee_2$ 为析 Sn 液相面，$T_{Bi}e_2ee_3$ 为析 Bi 液相面。简单共晶三组分系统有三个液相面，它们彼此相交，故得三条交线(e_1e、e_2e 和 e_3e)，即前已述及的三条二元共晶线。因二元共晶线同时位于两个初晶面上，所以二元共晶线上的液相同时与两种固相平衡，$f^* = 3-3+1 = 1$。三条二元共晶线交于三元共晶点 e，又称最低共熔点。在低于 e 点的温度下，系统为三组分的固态三相平衡共存。

2. 投影图

立体图虽然直观，但不易确切标明各点位置，使用不方便，因此常把立体相图投影在底面上形成投影图。将图 5-36 变成投影图，结果如图 5-37 所示。等边三角形的顶点为各纯组分的投影，每边为二组分系统的投影，二元共晶点 e_1、e_2、e_3 的投影为 E_1、E_2、E_3。三条二元共晶线的投影分别为 E_1E、E_2E 和 E_3E。三个液相面的投影为 PbE_1EE_3、BiE_2EE_3 和 SnE_1EE_2。E 为三元共晶点 e 的投影。

3. 冷却过程

考察液态合金 x 系统的冷却过程(图 5-36)，冷却时系统点沿 xX 下降至液相面上的 f 点时

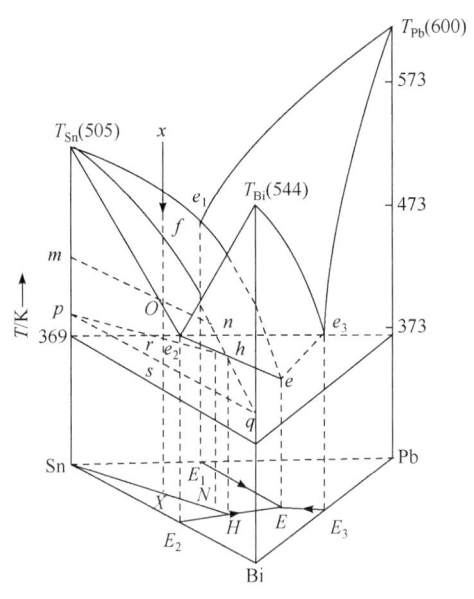
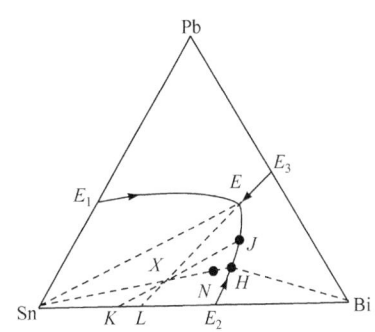

图 5-36 Bi-Sn-Pb 系统立体相图　　图 5-37 Bi-Sn-Pb 系统投影图

析出固体 Sn，两相平衡，$f^*=2$。因纯 Sn 不断析出，故液相组成向背离 Sn 轴的方向变化，但是液相中含 Pb 和 Bi 的量的比值不变。反映在投影图(图 5-37)上，液相点从 X 点开始沿 SnX 的延长线变化。温度降至 T_O 时，系统在 O 点，由 O 向 Sn 轴作水平线，交点为固相点 m，延长 mO 直线与液相面相交于 n(投影 N)为液相点。继续降温，液相点沿 fn 线变化到达 e_2e 上的 h 点(投影 H)时，开始析出固相 Bi。此时由 h 向 Sn 轴作水平线得交点 p，为 Sn 固相点。由 h 向 Bi 轴作水平线得交点 q，为 Bi 固相点。连接 pq，△hpq 为平衡的三个相相点构成的三角形(即投影图上的△SnHBi)，称为结线三角形，从此开始三相平衡，$f^*=1$，直到液相点沿 he 变化到达 e 为止。在温度 T_e(369K)时，再析出固体 Pb，开始三元共晶过程。

$$l_{(e)} \underset{\text{加热}}{\overset{\text{冷却}}{\rightleftharpoons}} Pb(s) + Sn(s) + Bi(s)$$

这时 $f^*=0$，温度及各相组成均一定，直到液相全部凝固为止。低于温度 T_e，只有三个固相共存，故 e 所在的水平面称为固相面。

在投影图 5-37 上可以看出，随着温度降低，液相组成沿 XH 变化。至 H 点时开始三相平衡。Bi 的析出使固相总组成点离开 Sn 向 Bi 点变化，液相点在 J 时，固相总组成由 Sn 点移至 K，液相点到达 E 时，固相总组成移至 L，开始析出固相 Pb，Pb 的析出使固相总组成点由 L 点进入三角形内，向着 X 点移动，到达 X 时，最后一滴液相消失。

X 点位于初晶面 SnE_1EE_2 区内，因而首先析出的固相是 Sn，在投影图上连直线 SnE，X 点在 SnEE_2 区内，不在 SnEE_1 区内，因而二次结晶析出的是固体 Bi 而不是 Pb。

随着三相平衡过程的进行，在立体图上的结线三角形逐渐下移，它在随降温而下移的同时还由小变大，在温度 T_e，结线三角形最大并落在固相面上。固相 Sn、Bi 和液相三相平衡区在空间是这样构成的，它是由一点在 Sn 轴上、一点在 Bi 轴上、一点在 e_2e 上构成的结线三角形，从 e_2 点开始(实际这时三点均在 Sn-Bi 二组分系统固相线上)，由小变大最后落在固相面上，从而在空间形成一个楔形体区域。同理，会有一个(l+Bi+Pb)的楔形区和一个(l+Sn+Pb) 的楔形区。

在液相面以下、固相面以上的空间里"挖掉"上述三个楔形区，剩下的就是三个形状相似的两相区。

4. 等温截面图

图 5-38 所示为 Bi-Sn-Pb 系统在 423K 的等温截面图，也就是用一个平面在 423K 处水平地截断立体图(图 5-36)所得到的断面图。该平面与液相面的交线为 Ma、Mb 和 cd，称为等温线，分别为固相 Pb、Sn 和 Bi 与液相两相平衡时，液相点所在的曲线。M 点为等温截面与二次结晶线 e_1e 的交点。把 M 点与三角形顶点 Pb 和 Sn 连接起来，截面上出现五个相区。$aMbcd$ 为液相区，$aPbM$、$bSnM$ 和 $cBid$ 为三个液固平衡区，$PbMSn$ 为固相 Pb、Sn 与液相三相平衡区，这三相在 423K 的结线三角形就是△$PbMSn$。

5. 等温线投影图

若用不同的等温面去截立体图，将每个等温面与液相面相交的曲线都投影在投影图上，得到如图 5-39 所示的等温线投影图。对于组成一定的三组分系统，可以方便地从这种投影图上读出它的初晶温度，如熔体 N 是在 443K 开始析出固体纯 Bi。文献中的三组分系统相图通常都是这种标有等温线的投影图。

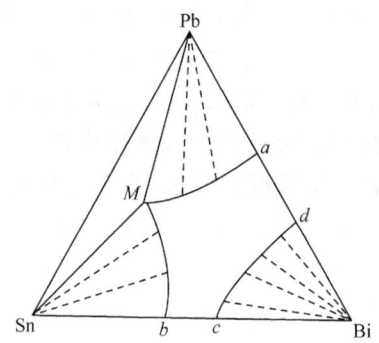
图 5-38　Bi-Sn-Pb 系统在 423K 时的等温截面图

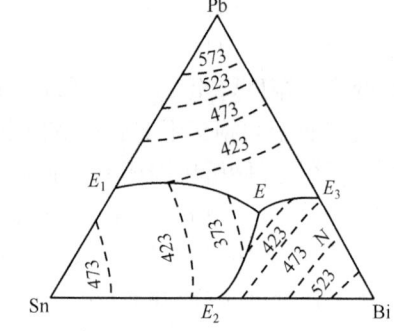
图 5-39　Bi-Sn-Pb 系统相图

复习思考题

1. 什么是独立组分数？独立组分数与物种数有哪些区别和联系？
2. 以 NaCl 和水构成的系统为例，说明系统的物种数可以随考虑问题的出发点和处理方法而有所不同，但独立组分数却不受影响。
3. 在下列物质共存的平衡系统中，有几个独立反应？写出反应式。
   (1) $C(s)$、$CO(g)$、$CO_2(g)$、$H_2(g)$、$H_2O(l)$、$O_2(g)$；
   (2) $C(s)$、$CO(g)$、$CO_2(g)$、$Fe(s)$、$FeO(s)$、$Fe_3O_4(s)$、$Fe_2O_3(s)$。
4. "单组分系统的相数一定少于多组分系统的相数，一个平衡系统的相数最多只有气、液、固三相。"该说法正确吗？为什么？
5. 水和水蒸气在 363K 平衡共存，若保持温度不变，将体积增大一倍，蒸气压将如何改变？
6. 什么是自由度？自由度是否等于系统状态的强度变量数？如何理解自由度为零的状态？
7. 将 $CaCO_3$ 置于密闭真空容器中加热，以测定其分解压，$CaCO_3$ 的用量是否需精确称量？若 $CaCO_3$ 量过少可能会发生什么现象？
8. I_2 在水和 CCl_4 间的分配平衡，当无固态 I_2 存在时，其自由度为多少？

9. 二液体组分若形成恒沸混合物，试讨论在恒沸点时组分数、相数和自由度各为多少。

习　题

1. 指出下列平衡系统的物种数、组分数、相数和自由度。
   (1) Ca(OH)$_2$(s)与 CaO(s)、H$_2$O(g)呈平衡状态。
   (2) CaSO$_4$(s)与其饱和水溶液达平衡。
   (3) 在标准压力下，水与水蒸气平衡。
   (4) 由 Fe(s)、FeO(s)、C(s)、CO(g)、CO$_2$(g)组成的平衡系统。
   (5) 由 Fe(s)、FeO(s)、Fe$_3$O$_4$(s)、CO(g)、CO$_2$(g)组成的平衡系统。
   答案：(1) 3,2,3,1；(2) 2,2,2,2；(3) 1,1,2,0；(4) 5,3,4,1；(5) 5,3,4,1。

2. 固体 NH$_4$HS(s)和任意量的 H$_2$S(g)及 NH$_3$(g)气体混合物组成的系统达到平衡：
   (1) 求该系统组分数和自由度；
   (2) 若将 NH$_4$HS(s)放在一抽空容器内分解，平衡时，其组分数和自由度又为多少？
   答案：(1) 2,2；(2) 1,1。

3. 已知 Na$_2$CO$_3$(s)和 H$_2$O(l)可形成的水合物有三种：Na$_2$CO$_3$·H$_2$O(s)、Na$_2$CO$_3$·7H$_2$O(s)和 Na$_2$CO$_3$·10H$_2$O(s)。
   (1) 在 101325Pa 下，与 Na$_2$CO$_3$ 水溶液及冰平衡共存的含水盐最多可有几种？
   (2) 在 293.15K 时，与水蒸气平衡共存的含水盐最多可有几种？
   答案：(1) 1 种；(2) 2 种。

4. 固态氨的饱和蒸气压与温度的关系可表示为 $\ln(p/p^{\ominus}) = 4.707 - 767.3/T$，液体氨的饱和蒸气压与温度的关系可表示为 $\ln(p/p^{\ominus}) = 3.983 - 626.0/T$。求：
   (1) 三相点的温度及压力；
   (2) 三相点时的蒸发焓、升华焓和熔化焓。
   答案：(1) $T = 195.2$K，$p = 2.17p^{\ominus}$；(2) 5.20kJ·mol^{-1}，6.38kJ·mol^{-1}，1.17kJ·mol^{-1}。

5. 溜冰鞋下面的冰刀与冰接触的地方，长度为 7.62×10^{-2}m，宽度为 2.45×10^{-5}m，(1) 若某人体重为 60kg，此人施加于冰的压力为多少？(2) 在该压力下冰的熔点为多少？已知冰的熔化焓为 6010J·mol^{-1}，冰和水的密度分别是 920kg·m^{-3} 和 1000kg·m^{-3}。
   答案：(1) 157.6×10^3kPa；(2) 262.2K。

6. 根据下列数据，画出 HAc 的相图(示意图)。
   (1) 固体 HAc 的熔点为 16.6℃，此时的饱和蒸气压为 120Pa。
   (2) 固体 HAc 有 α、β 两种晶型，这两种晶型的密度都比液体大，α 晶型在低压下是稳定的。
   (3) α 晶型和 β 晶型与液体成平衡的温度为 55.2℃，压力为 2×10^8Pa。
   (4) α 晶型和 β 晶型的转化温度(α 和 β 的平衡温度)随压力的降低而降低。
   (5) HAc 的正常沸点为 118℃。

7. 在标准压力下，不同组成的丙酮-氯仿溶液的沸点及相应气相组成数据如下：

t/℃	56.0	59.0	62.5	65.0	63.5	61.0
x(丙酮, l)	0.00	0.20	0.40	0.65	0.80	1.00
y(丙酮, g)	0.00	0.11	0.31	0.65	0.88	1.00

   (1) 画出此系统的 T-x 相图。
   (2) 将 4mol 氯仿与 1mol 丙酮的混合物蒸馏，当溶液沸点上升到 60℃时，整个馏出物的组成约为多少？
   (3) 将(2)中所给溶液进行精馏，能得到什么物质？若将 4mol 丙酮与 1mol 氯仿的混合物进行精馏，又能得到什么物质？氯仿与丙酮的混合物能否用精馏法同时得到纯氯仿和纯丙酮？
   答案：(2) $x_{丙酮} \approx 0.12$；(3) 纯氯仿；恒沸混合物；不能。

8. 标准压力下，水-正丁醇系统的溶解度图如图 5-40 所示。在 293K 时向 100g 水中缓慢滴加正丁醇，根据相图求：

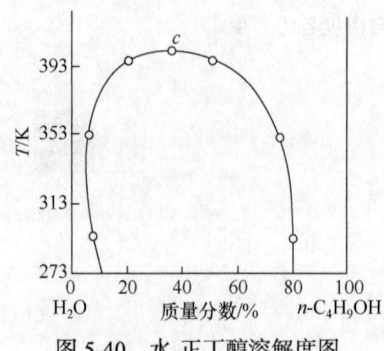

图 5-40 水-正丁醇溶解度图

(1) 系统开始变浑浊时，加入的正丁醇质量；
(2) 正丁醇的加入量为 25g 时，两共轭液层的组成和数量；
(3) 至少应加入多少克正丁醇才能使水层消失？
(4) 若加入正丁醇 25.0g，并将此溶液加热至 353K，两共轭液层的质量比；
(5) 若将(4)中的混合液在常压下一边搅拌一边加热，将在什么温度下系统由浑浊变清澈？

答案：(1) 约 8.7g；(2) 组成：水层约 8%、醇层约 82%；数量：水层 104.7g，醇层 20.3g；(3) 约 456g；(4) 水层量/醇层量 = 11/3；(5) 约 395K。

9. H_2O-NaCl 二组分系统，在 252K 时有一个低共熔点，此时冰、$NaCl \cdot 2H_2O(s)$ 与浓度为 22.3%(质量分数，下同)的 NaCl 水溶液共存。在 264K 时不稳定化合物 $NaCl \cdot 2H_2O$ 分解，生成无水 NaCl(s) 和 27% 的 NaCl 水溶液。已知无水 NaCl(s) 在水中的溶解度受温度的影响不大(当温度升高时，溶解度略有增加)。

(1) 绘制相图，并指出各相区的状态。
(2) 在冰-水平衡系中加入固态 NaCl 作制冷剂，可获得最低温度为多少？
(3) 若有 1.00kg 含 28% 的 NaCl 溶液由 433K 冷却到 263K，在此过程中最多能析出多少克纯 NaCl(s)？

答案：(1) 252K；(2) 约 13.7g。

10. 由一系列不同组成的 Sb-Cd 系统的步冷曲线得到下列数据：

w(Cd)(质量分数)/%	0	20	37.5	47.5	50	58.3	70	90	100
t(开始凝固的温度)/℃	—	550	460	—	419	—	400	—	—
t(全部凝固的温度)/℃	630	410	410	410	410	439	295	295	321

(1) 根据上述数据画出 Sb-Cd 系统的相图，并标出各区域存在的相和自由度。
(2) 将 1kg 含 Cd 为 80%(质量分数)的熔液由高温冷却，刚到 295℃时，系统中有哪两个相存在？两相的质量各有多少？

答案：(2) $Cd_3Sb_2(s)$ 和低共熔液两个相，分别为 0.315kg 和 0.685kg。

11. 金属 A 和 B 的熔点分别是 623K 和 553K，热分析指出，在 473K 时有三相共存，其中一相是含 30% B 的熔化物，其余两相分别是含 20% B 和 25% B 的固溶体。冷却到 423K 时又呈现三相共存，分别是含 55% B 的熔化物、含 35% B 和 80% B 的两个固溶体。根据以上数据绘制出该合金系统的相图，并指出各相区的相。

12. 由一系列不同组成的 Ni-Cu 系统的步冷曲线可得如下数据。

Ni 的质量分数/%	0	10	40	70	100
开始结晶的温度/K	1356	1413	1543	1648	1725
结晶结束的温度/K	1356	1373	1458	1583	1725

(1) 绘制相图，并指出各部分存在的相。
(2) 现有含 50% Ni 的合金，使之从 1673K 冷却到 1473K。在什么温度开始有固体析出？此时析出的固相组成为多少？最后一滴熔化物凝结时的温度是多少？此时液态熔化物的组成为多少？
(3) 把浓度为 30% Ni 的合金 0.25kg 冷却到 1473K 时，Ni 在熔化物和固溶体中的数量各为多少？

答案：(2) 在 1573K 处开始析出固体，固体组成为 71% Ni。最后一滴熔化物凝结时温度为 1480K，液态组成为 28%Ni。(3) 熔化物中约 40g，固溶体中约 35g。

13. Mg(熔点 924K)和 Zn(熔点 692K)的相图具有两个低共熔点，一个为 641K(3.2% Mg，质量分数，下同)，另一个为 620K(49% Mg)，在熔点曲线上有一个最高点 863K(15.7% Mg)。

(1) 绘制出系统的 T-x 相图，并指明各区的相。

(2) 分别指出含 80% Mg 和 30% Mg 的两个混合物系统从 973K 冷却到 573K 的步冷过程中的相变,并根据相律予以说明。

(3) 画出含 49% Mg 的熔化物自 800K 开始的步冷曲线草图。

14. 指出图 5-41 中各二组分凝聚系统相图中各区的相状态及自由度。

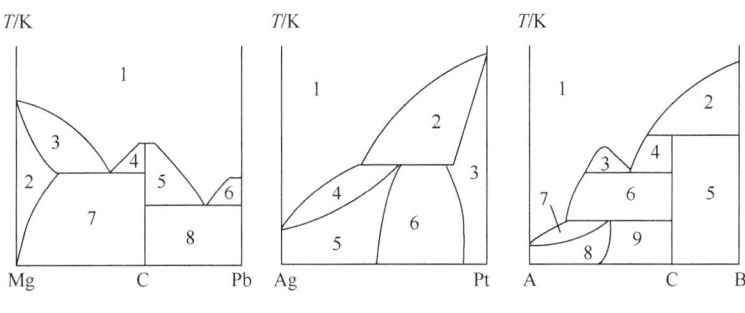

图 5-41

15. A 和 B 能形成两种化合物 A_2B 和 AB_2,A 的熔点比 B 低,A_2B 的相合熔点介于 A、B 熔点之间,AB_2 的不相合熔点介于 A 和 A_2B 的熔点之间。

(1) 画出 T-x 相图;

(2) 注明各相区状态。

16. Mg 的熔点为 923K,$MgNi_2$ 的熔点为 1418K,Ni 的熔点为 1725K,Mg_2Ni 无熔点,但在 1043K 分解成 $MgNi_2$ 及含 Ni 50%的液体,在 783K(含 Ni 25%)及 1353K(含 Ni 89%)有两个低共熔点,各固相互不相溶。画出 Mg-Ni 系统相图(各组成均为质量分数)。

第6章　统计热力学基础

热力学的研究方法是宏观唯象的方法，其任务及目的是通过实验与观察，从系统整体表现出的宏观现象研究系统的宏观性质及其变化规律。人们早已认识到，物质系统的宏观性质取决于其微观结构及性质，但热力学无法给出这种宏观性质与微观性质之间的联系。统计热力学是联系宏观性质与微观性质的桥梁。

6.1　概　论

6.1.1　统计热力学的研究目的

近代科学的成就表明，宏观物质系统都是按照一定的规律由大量的微观粒子所组成的，这些分子或原子水平上的微观粒子又都具有各自的微观性质，如质量、电荷、转动惯量、振动频率、能量、粒子间的作用力等，这些微观粒子的力学行为服从量子力学规律。

物质系统的宏观性质与组成该系统的粒子的性质有何联系？统计力学就是在探索这一基本问题中发展起来的一门科学。统计力学的基本观点认为，物质的宏观性质是相应的微观量的统计平均值，它的主要任务及目的是根据粒子的性质及力学运动规律，采用概率统计的方法阐明并推断物质的宏观性质及其规律性。

因此，统计力学是联系系统的微观性质与宏观性质的桥梁，从这个意义上说，统计力学可称为统计热力学，其作用如表 6-1 所示。

表 6-1　体系的微观性质与宏观性质的联系

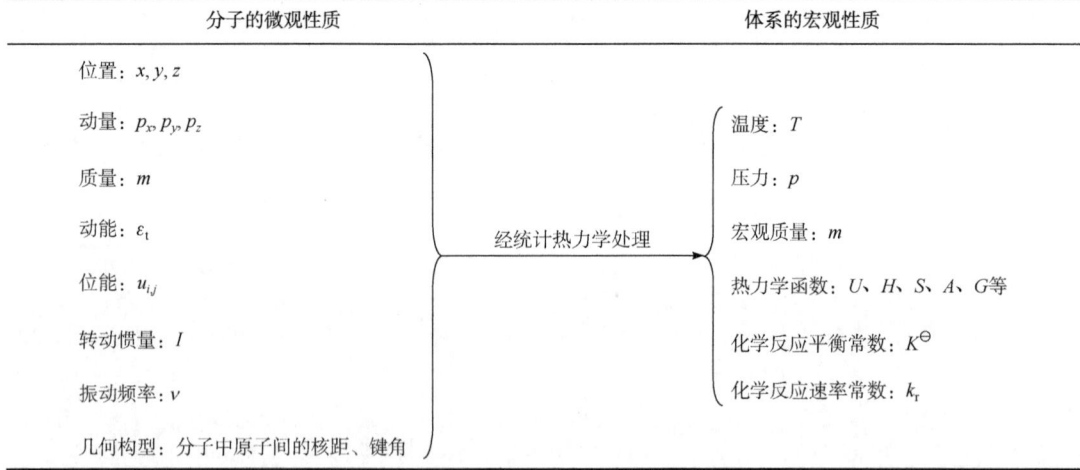

人们依据粒子所遵循的不同力学规律，相应地建立了经典统计力学及量子统计力学；又根据系统所处平衡态还是非平衡态，相应地建立了平衡态统计力学及非平衡态统计力学。本章所涉及内容为经典平衡态统计热力学的基础。

6.1.2 统计热力学的研究对象

统计热力学研究的对象是由大量粒子组成，且处于热力学平衡状态的系统。粒子是指系统中的分子、原子、电子等微观粒子。

根据粒子之间有无相互作用，通常将系统分为两类：

(1) 独立粒子系统：粒子之间的相互作用十分微弱，可以忽略不计，每个粒子都是独立的，如理想气体。

(2) 相依粒子系统(简称相依子系统)：粒子之间存在不可忽略的相互作用，在这种情况下，每个粒子不能被看作是彼此独立的，如实际气体。

根据粒子之间彼此可否分辨又将系统分为两类：

(1) 定位(或称定域子)系统：在某些条件下，系统中的粒子可以认为它们彼此之间能够分辨，如晶体中的粒子只能在固定的晶格位置上振动，可以想象给予每个粒子编号而加以区别，所以晶体可看成定位系统。

(2) 非定位(或称离域子)系统：气体分子由于相互碰撞而处于混乱运动之中，它们彼此之间无法区别，且彼此等同。由这样的粒子组成的系统称为非定位系统。

当粒子数相同时，定位系统与非定位系统的微观状态数不同。定位系统由于粒子彼此可以区分，其微观状态数比非定位系统大很多。例如，三个不同颜色的球的排列方式有 $3!=6$ 种，而三个颜色相同的球，其排列方式只有一种。

近独立离域子系统也被视为不可分辨的等同粒子系统，如理想气体、电子气、光气等"粒子气"，统计热力学将这些"粒子气"分为玻尔兹曼气体(经典气体)和量子气体两类，而量子气体中粒子服从玻色-爱因斯坦量子分布的系统被称为玻色子系统，服从费米-狄拉克分布的系统被称为费米子系统。

(1) 玻色子，量子态填充不受泡利原理限制，即每个量子态所能容纳的粒子数没有限制，如光子，所含电子、中子和质子的总数为偶数的原子或分子。

(2) 费米子，量子态填充受泡利原理限制，即每个量子态只能容纳一个粒子，如所含电子、中子和质子的总数为奇数的原子或分子。

6.1.3 统计热力学的基本假设

当组成系统的粒子数 N、系统的能量 U 和体积 V 一定时，系统会出现若干种分布。每一种分布都有与之相对应的微观状态数 t_i，不同分布所对应的微观状态数不同。系统的总微观状态数 Ω 为各种分布的微观状态数的总和，即 $\Omega=\sum t_i$。再根据 $S=k\ln\Omega$ 即可求得系统的熵 S。

从热力学知识可知，系统的熵 S 是变量 U、V、N 的函数(特性函数)，所以系统的总微观状态 Ω 也是变量 U、V、N 的函数。对热力学参数 U、V、N 确定的粒子系统，求出其总微观状态数 Ω，即可求得其他热力学函数。

统计热力学有一个基本假定：对于 U、V 和 N 一定，且总微观状态数为 Ω 的宏观系统，任何一个可能出现的微观状态都具有相同的数学概率，即 $P=1/\Omega$。这一假设也称为等概率原理。但因不同分布所具有的微观状态数不同，不同分布出现的概率 $P_x=t_x/\Omega$ 不相同。而微观状态数最多的玻尔兹曼分布出现的概率最大。在统计运算中就用玻尔兹曼分布的微观状态数 t_m 的对数代替总微观状态数 Ω 的对数，即 $\ln t_m \approx \ln\Omega$。

6.2 玻尔兹曼分布

6.2.1 粒子分布

粒子分布是指在满足宏观体系性质的条件下，微观粒子按一定的方式分配在各能量区间和空间位置的状态。

对于分子、原子等微观粒子，在某一特定的量子状态中，其能量只能取特定的分立值 ε_1, ε_2, $\cdots$, ε_i，这种能量分立值 ε_i 称为能级。微观粒子总是在不停地运动中，并相互交换能量，一般情况下，N 个粒子不可能处在同一能级上，而是呈现不同的分布方式。例如，在某一瞬间，有 N_1 个粒子处在 ε_1 能级上、N_2 个粒子处在 ε_2 能级上、N_i 个粒子处在 ε_i 能级上等，而在另一瞬间，有 N_1' 个粒子处在 ε_1 能级上、N_2' 个粒子处在 ε_2 能级上、N_i' 个粒子处在 ε_i 能级上等，即

能级：ε_1, ε_2, ε_3, $\cdots$, ε_i

一种分布方式：$N_1, N_2, N_3, \cdots, N_i$

另一种分布方式：$N_1', N_2', N_3', \cdots, N_i'$

……

这种粒子按能级进行不停分配的方式，称为粒子分布。

实际上，每一个能级还可能存在若干个不同的量子状态(微观状态)。将某能级可能具有的微观状态数称为该能级的简并度(也称退化度或统计权重)，用符号 g_i 表示。若某能级只可能存在一个量子状态，则该能级简并度为 1。

6.2.2 玻尔兹曼分布的计算及特点

1. 定域子系统的粒子分布及微观状态数

对于粒子之间作用力可以忽略的独立子系统(如理想气体)，其分布必须满足两个基本条件：

$$\sum N_i = N \quad 及 \quad \sum N_i \varepsilon_i = U \tag{6-1}$$

如果能级简并度 $g_i \neq 1$，即分布在能级 ε_i 上的 N_i 个粒子中的任何一个粒子都有 g_i 种构型，则 N_i 个粒子就有 $g_i^{N_i}$ 种构型，设 N 个定域粒子系统的能级分别为 ε_1, ε_2, $\cdots$, ε_i，各能级的简并度分别为 $g_1, g_2, \cdots, g_i$，某一种分布方式是各能级上的粒子数为 $N_1, N_2, \cdots, N_i$，则实现此种任意分布的微观状态数 t_x 为

$$t_x = \frac{N!}{\prod N_i!} \prod g_i^{N_i} \tag{6-2a}$$

系统的总微观状态数为

$$\Omega(U, N, V) = \sum t_x = \sum N! \prod \frac{g_i^{N_i}}{N_i!} \tag{6-2b}$$

2. 离域子系统的粒子分布及微观状态数

对于离域子系统，因为粒子不可分辨，所以粒子在每个能级上的分布只涉及能级分布数和

能级简并度 g_i 的排列，即一个能级分布只有一种微观状态与之对应，因此其构型数比定域子系统要少很多。

设系统由 N 个粒子组成，系统的各能级为 $\varepsilon_1, \varepsilon_2, \cdots, \varepsilon_i$，能级简并度为 $g_1, g_2, \cdots, g_i$，能级分布数为 $N_1, N_2, \cdots, N_i$，则其分布不仅要满足 $\sum N_i = N$ 和 $\sum N_i \varepsilon_i = U$，还要考虑各量子态容纳粒子限制情况。

(1) 若各量子态中可容纳的粒子数不受泡利原理限制，如玻色子系统，则某能级上的微观状态数相当于将 N_i 个不可区分的粒子不受限制地放在有 g_i 个可区分的格子中，所产生的构型数为

$$\frac{(N_i + g_i - 1)!}{N_i!(g_i - 1)!}$$

因此，这种分布所对应的微观状态数为

$$t_x = \prod \frac{(N_i + g_i - 1)!}{N_i!(g_i - 1)!} \tag{6-3}$$

(2) 若各量子态中可容纳的粒子数受到泡利原理限制，如费米子系统，各量子态中只能容纳一个粒子，则某能级上的微观状态数相当于将 N_i 个不可区分盛有一个粒子的盒子与 $(g_i - N_i)$ 个不可区分的空盒子排成一排，所产生的构型数为

$$\frac{g_i!}{N_i!(g_i - N_i)!}$$

则这种分布所对应的微观状态数为

$$t_x = \prod \frac{g_i!}{N_i!(g_i - N_i)!} \tag{6-4}$$

在温度较高时，由于能级间隔较小，量子效应不显著，则分布在各能级上的粒子数 N_i 通常比简并度 g_i 小得多，即 $N_i \ll g_i$，则 $(N_i + g_i - 1) \approx g_i$，$(g_i - N_i + 1) \approx g_i$。在此条件下式(6-3)和式(6-4)可分别简化为同一结果：

$$\frac{(N_i + g_i - 1)!}{N_i!(g_i - 1)!} = \frac{(N_i + g_i - 1)(N_i + g_i - 2) \cdots g_i(g_i - 1)}{(N_i - 1)(N_i - 2) \cdots 1 \times (g_i - 1)!} \approx \frac{g_i^{N_i}}{N_i!}$$

及

$$\frac{g_i!}{N_i!(g_i - N_i)!} = \frac{g_i(g_i - 1) \cdots (g_i - N_i + 1)(g_i - N_i)!}{N_i!(g_i - N_i)!} \approx \frac{g_i^{N_i}}{N_i!}$$

所以

$$t_x = \prod \frac{g_i^{N_i}}{N_i!} \tag{6-5a}$$

则

$$\Omega(U, N, V) = \sum t_x = \sum \prod \frac{g_i^{N_i}}{N_i!} \tag{6-5b}$$

式(6-2b)和式(6-5b)分别为定域子系统和离域子系统总微观状态数的基本公式。

3. 微观状态数最大的分布与玻尔兹曼分布

若能计算出系统的总微观状态数 Ω，即可求出熵函数 S。但由于粒子运动的多样性，实际上并不能按式(6-2b)和式(6-5b)精确计算出系统总微观状态数，而是作近似计算。

前已指出当粒子数为 N、总能量为 U、体积为 V 的系统可以呈现出很多种分布，每一种分布所对应的微观状态数不同，其中一定有某一种分布的微观状态数最大，将其记为 t_m。这种具有最大微观状态数的分布称为最概然分布。

设总微观状态数为 Ω 的系统共有 n 种分布，若每种分布的微观状态数都用 t_m 代替，则一定存在 $t_m \leqslant \Omega \leqslant nt_m$ 的关系。两边取对数后得 $\ln t_m \leqslant \ln \Omega \leqslant \ln t_m + \ln(n)$，由于 $n \ll t_m$，故有

$$\ln \Omega \approx \ln t_m \tag{6-6}$$

式(6-6)表明，微观状态数最多的分布所具有的微观状态数 t_m 可以通过对数的方式替代系统的总微观状态数。对 t_m 及 Ω 取对数是为了数学上的方便，且取对数后，函数的极值点不受影响。

宏观系统都含有大量微观粒子，因此系统微观状态数计算式中的数字通常很大，如 $N!$、$N_i!$ 等，需要使用斯特林(Stirling)公式，即当 N 足够大时，有

$$\ln(N!) = N \ln N - N \tag{6-7}$$

微观状态数的计算式(6-2a)和式(6-5a)不仅涉及大数的运算问题，而且是有条件限制的大数的运算，需要采用拉格朗日(Lagrange)待定系数法进行条件极值点运算。

将式(6-2a)取对数后得

$$\ln t_x = \ln(N!) + \sum N_i \ln g_i - \sum \ln(N_i!)$$

再由斯特林公式得

$$\ln t_x = N \ln N - N + \sum N_i \ln g_i - \sum N_i \ln N_i + \sum N_i$$

可见，取对数后仍然存在 $\ln t_x$ 是 N_i 的单调函数。也就是说，任意分布的微观状态数 t 的对数 $\ln t$ 都是 N_i 的单值函数，即 $\ln t = f(N_1, N_2, \cdots, N_i)$，且 t 有极大值时，$\ln t$ 必有极大值。求 $\ln t$ 极值的必要条件是其一阶微分等于零，即

$$\mathrm{d}\ln t = \sum \left(\frac{\partial \ln t}{\partial N_i}\right) \mathrm{d}N_i = 0$$

而 $\dfrac{\mathrm{d}\ln t}{\mathrm{d}N_i} = \ln g_i - \ln N_i$，则得

$$\mathrm{d}\ln t = \sum_i (\ln g_i - \ln N_i) \mathrm{d}N_i = 0 \tag{6-8}$$

同时，$\ln t$ 极值存在还必须满足式(6-1a)和式(6-1b)两个基本条件，即式(6-8)中的 $\mathrm{d}N_i$ 并不是任意的，而是受到以下两个方程的限制：

$$\mathrm{d}N = \sum \mathrm{d}N_i = 0, \quad \mathrm{d}U = \sum \varepsilon_i \mathrm{d}N_i = 0$$

这表明 $\mathrm{d}N_i$ 中的各量不能任意取值。采用拉格朗日未定乘数求出条件极值，即引入两个待定系数 α 和 β，分别乘以上两个限制条件微分式，得

$$\alpha \sum \mathrm{d}N_i = 0 \tag{6-9a}$$

$$\beta \sum \varepsilon_i \mathrm{d}N_i = 0 \tag{6-9b}$$

将式(6-8)、式(6-9a)、式(6-9b)相加得

$$\sum (\ln g_i - \ln N_i + \alpha + \beta \varepsilon_i) \mathrm{d}N_i = 0 \tag{6-10}$$

式(6-10)中，因 $dN_i \neq 0$，则只有其系数为零时才成立，即

$$\ln g_i - \ln N_i + \alpha + \beta\varepsilon_i = 0$$

则可得
$$N_i = e^\alpha g_i e^{\beta\varepsilon_i} \tag{6-11}$$

因此满足式(6-11)的 N_i 可以使式(6-8)中的 $\ln t$ 达到极值，同时又满足式(6-9a)及式(6-9b)。也就是说，满足式(6-11)的这种分布的微观状态数(t_m)最大，这种分布称为玻尔兹曼分布(也称麦克斯韦-玻尔兹曼统计)。

由 $\sum_i N_i = N$，可得 $e^\alpha \sum_i g_i e^{\beta\varepsilon_i} = N$，即 $e^\alpha = \dfrac{N}{\sum_i g_i e^{\beta\varepsilon_i}}$，将其代入式(6-11)得

$$N_i = \frac{g_i}{e^{-\alpha-\beta\varepsilon_i}} = N\frac{g_i e^{\beta\varepsilon_i}}{\sum g_i e^{\beta\varepsilon_i}} \tag{6-12a}$$

式(6-12a)是定域子系统及经典离域子系统的微观状态数最大时的粒子分布，也称最概然(可几)分布。

对离域子系统中的玻色子和费米子，同样采用拉格朗日待定系数法处理可得

玻色-爱因斯坦统计
$$N_i = \frac{g_i}{e^{-\alpha-\beta\varepsilon_i} - 1} \tag{6-12b}$$

费米-狄拉克统计
$$N_i = \frac{g_i}{e^{-\alpha-\beta\varepsilon_i} + 1} \tag{6-12c}$$

玻色-爱因斯坦统计和费米-狄拉克统计被统称为量子统计，相应地将麦克斯韦-玻尔兹曼统计称为经典统计。当 $e^{-\alpha-\beta\varepsilon_i} \gg 1$ 时，$e^{-\alpha-\beta\varepsilon_i} \pm 1 \approx e^{-\alpha-\beta\varepsilon_i}$，此时玻色-爱因斯坦统计和费米-狄拉克统计都转化成玻尔兹曼统计。实验表明，在温度不太低、系统密度不太大、粒子质量不太小的条件下，一般的系统都能满足 $e^{-\alpha-\beta\varepsilon_i} \gg 1$ 的要求。不能满足 $e^{-\alpha-\beta\varepsilon_i} \gg 1$ 条件的系统则不能用经典统计进行处理，如光子气体、1K 附近的 ^{4}He 等服从玻色-爱因斯坦统计，金属或半导体中的电子则服从费米-狄拉克统计。

4. 粒子配分函数的定义

可以证明(证明略)：式(6-12a)中，$\beta = -\dfrac{1}{kT}$，k 为玻尔兹曼常量。因此，式(6-12a)可写为

$$N_i = N\frac{g_i e^{-\varepsilon_i/kT}}{\sum g_i e^{-\varepsilon_i/kT}}$$

式中的指数项 $g_i e^{-\varepsilon_i/kT}$ 通常称为玻尔兹曼因子。

定义粒子的配分函数 q 为

$$q = \sum g_i e^{-\varepsilon_i/kT} \tag{6-13}$$

配分函数 q 是量纲为一的量，其实质是系统中一个粒子的所有可能状态的玻尔兹曼因子($e^{-\varepsilon_i/kT}$)求和，因此又称为状态和。

有了配分函数的概念，式(6-12a)进一步可写成

$$N_i = \frac{N}{q} g_i e^{-\varepsilon_i/kT} \quad \text{或} \quad \frac{N_i}{N} = \frac{g_i e^{-\varepsilon_i/kT}}{q} \tag{6-14}$$

及
$$\frac{N_i}{N_j} = \frac{g_i e^{-\varepsilon_i/kT}}{g_j e^{-\varepsilon_j/kT}} \tag{6-15}$$

另外，由式(6-13)可见，配分函数 q 是系统温度 T 和粒子所处能级 ε_i 的函数；根据量子力学原理，独立子系统的能级 ε_i 是体积 V 的函数。所以通常 q 是系统宏观性质 T 和 V 的函数，即 $q = q(T,V)$。

粒子能级 ε_i 的绝对值无法确定。为了计算配分函数，一般采用各能级的相对值，这就与能量标度零点的选择有关。其选择方法有两种，第(Ⅰ)种是将粒子处于基态时的能量作为零点，即将粒子在基态时的能量取为零，$\varepsilon_{0,j} = 0$；第(Ⅱ)种是选定一个公共零点，此时各粒子在基态的能量就不为零。两种选择方法得到的能级的能量值关系为

$$\varepsilon_{i,j}^{(\text{Ⅱ})} = \varepsilon_{i,j}^{(\text{Ⅰ})} + \varepsilon_{0,j} \tag{6-16}$$

式中，下标 i 表示不同能级，下标 j 表示不同种类的粒子。

对单一种类的粒子系统，一般采用第(Ⅰ)种方法，配分函数 q 用式(6-13)计算。对含多种类粒子的系统(如化学反应系统)，需采用第(Ⅱ)种方法，配分函数 q' 与 q 的关系为

$$q' = \sum g_i \exp\left(-\frac{\varepsilon_i + \varepsilon_0}{kT}\right) = q \exp\left(-\frac{\varepsilon_0}{kT}\right) \tag{6-17}$$

能量标度零点的选择方式不同，配分函数的值不同，但不影响玻尔兹曼分布，即不影响能级分布数 N_i。

配分函数在统计热力学中有极其重要的作用，系统的各种热力学性质都可以用配分函数 q 来表示，而统计热力学的根本任务就是通过配分函数来计算系统的热力学函数。

5. 玻尔兹曼分布的特点

1) 最概然(可几)分布

根据等概率原理，某种分布出现的数学概率 $P_i = t_i/\Omega$。显然，微观状态数最大(t_m)的分布的数学概率在所有分布中也最大。在统计力学中将数学概率最大，且在 $N \to \infty$ 时，微观状态数的对数趋近于系统总微观状态数(Ω)的对数($\ln t_m \approx \ln \Omega$)的分布称为最概然分布。前面已经证明玻尔兹曼分布是微观状态数最多的分布，玻尔兹曼分布是否也是最概然分布？

设有 N 个粒子组成定域子系统，这 N 个粒子分布在属于同一能级的两个简并量子状态 A 和 B 上，若分配在量子态 A 上的粒子数为 M，则分配在 B 上的粒子数为 $(N-M)$，该种分布的微观状态数为

$$t_M = \frac{N!}{M!(N-M)!}$$

系统的总微观状态为
$$\Omega = \sum_{M=0}^{N} t_M = \sum_{M=0}^{N} \frac{N!}{M!(N-M)!}$$

根据数学中的二项式定理得
$$(x+y)^N = \sum_{M=0}^{N} \frac{N!}{M!(N-M)!} \cdot x^M \cdot y^{N-M} = \sum_{M=0}^{N} t_M \cdot x^M \cdot y^{N-M}$$

令 $x = y = 1$，得

$$2^N = \sum_{M=0}^{N} \frac{N!}{M!(N-M)!} = \sum_{M=0}^{N} t = \Omega \tag{6-18}$$

式(6-18)的结果可以理解为：N 个定域子系统中的一个粒子有两种分布方式，另一个粒子的分布方式也有两种，且不受其他粒子分布状态影响。因此，N 个定域子在同一能级的两个简并量子状态 A 和 B 上的总分布方式 $\Omega = 2 \times 2 \times 2 \times \cdots = 2^N$。当 $M = (N-M) = \frac{1}{2}N$ 时，二项式的级数展开式中系数达到最大，这就相当于最概然分布的微观状态数，即

$$t_m = \frac{N!}{(N/2)!(N/2)!} \tag{6-19a}$$

对上式引用斯特林公式得

$$\ln t_m = \ln \sqrt{\frac{2}{\pi N}} + N \ln 2 \tag{6-19b}$$

当 $N = 10^{24}$ 时，代入上式可得

$$\ln t_m = \frac{1}{2} \ln \left(\frac{2}{\pi \times 10^{24}} \right) + 10^{24} \ln 2 \approx 10^{24} \ln 2 = \ln 2^N = \ln \Omega$$

由此可见，在 N 足够大时，微观状态数最大的分布所包含的微观状态数 t_m 与系统总微观状态数 Ω 之间确实存在 $\ln t_m \approx \ln \Omega$ 的关系(注意，并不是存在 $t_m \approx \Omega$ 的关系)，所以，微观状态数最大的分布就是最概然分布，或者说，玻尔兹曼分布就是最概然分布。

2) 系统的平衡分布

式(6-19)给出了最概然分布的微观状态数，而且是 N 个定域子在同一能级的两个简并量子状态 A 和 B 上平均分配的微观状态数，因为此时有 $M = N - M = \frac{1}{2}N$，所以微观状态数最多的分布就是平均分布，而系统达到平均分布就意味着系统达到了平衡，故最概然分布就是平衡分布，或者说，玻尔兹曼分布就是平衡分布。

3) 撷取最大项法

在统计热力学中，对大量粒子所构成的系统，在保证误差最小的条件下，以微观状态数最多的分布代替系统的总分布的方法称为撷取最大项法。

由式(6-18)和式(6-19)可知，最概然分布(平均分布)的数学概率为

$$P(N/2) = \frac{t_m}{\Omega} = \sqrt{\frac{2}{\pi N}}$$

当 $N = 10^{24}$ 时，$P(N/2) = 8 \times 10^{-13}$，从这个值来看，即便是最概然分布，其出现的数学概率也非常小。那么，最概然分布是否足以代表系统的一切分布？

设有某种分布 M，与最概然分布数 $N/2$ 有一微小的偏差 m，该种分布的数学概率为

$$P(M) = P\left(\frac{N}{2} \pm m\right) = \frac{t\left(\frac{N}{2} \pm m\right)}{\Omega} = \frac{N!}{2^N \left(\frac{N}{2} - m\right)! \left(\frac{N}{2} + m\right)!}$$

运用斯特林公式处理可得

$$P\left(\frac{N}{2}\pm m\right)=\sqrt{\frac{N}{2\pi\left(\frac{N}{2}-m\right)\left(\frac{N}{2}+m\right)}}\times\frac{1}{\left(1-\frac{2m}{N}\right)^{\frac{N}{2}-m}\left(1+\frac{2m}{N}\right)^{\frac{N}{2}+m}}$$

因为 $m \ll \frac{N}{2}$,所以 $\frac{N}{2}\pm m \approx \frac{N}{2}$, $\ln\left(1\pm\frac{2m}{N}\right)\approx\pm\frac{2m}{N}-\frac{1}{2}\left(\frac{2m}{N}\right)^2$,代入上式,进一步简化后得

$$P\left(\frac{N}{2}\pm m\right)=\sqrt{\frac{2}{\pi N}}\times\exp\left(-\frac{2m^2}{N}\right) \tag{6-20}$$

令 $y=m\sqrt{\frac{2}{N}}$,并取 $m=2\sqrt{N}$,通过积分变换等数学处理可得到

$$\begin{aligned}\sum_{(-m+N/2)}^{(m+N/2)}P(M)&=\int_{-m}^{m}P\left(\frac{N}{2}-m\right)\mathrm{d}m=\int_{-m}^{m}P\left(\frac{N}{2}+m\right)\mathrm{d}m\\&=\int_{-2\sqrt{N}}^{2\sqrt{N}}\sqrt{\frac{2}{\pi N}}\exp\left(-\frac{2m^2}{N}\right)\mathrm{d}m=\int_{-2\sqrt{2}}^{2\sqrt{2}}\frac{1}{\sqrt{\pi}}\exp(-y^2)\mathrm{d}y\end{aligned} \tag{6-21}$$

式(6-21)代表了某一能态的粒子数处于 $\left(\frac{N}{2}-2\sqrt{N}\right)\sim\left(\frac{N}{2}+2\sqrt{N}\right)$ 间隔内所有分布的概率之和。

由误差函数 $\mathrm{erf}(x)=\int_{-y}^{y}\frac{1}{\sqrt{\pi}}\exp(-y^2)\mathrm{d}y$,当 $y=2\sqrt{2}$ 时,得 $\mathrm{erf}(x)=0.99993$,即 $\sum_{(-m+N/2)}^{(m+N/2)}P(M)=0.99993$。此结果说明,当 $N=10^{24}$ 时,在 $5\times10^{23}\pm2\times10^{12}$ 的狭小区间内,各种分布的概率和趋近于体系所有分布的总概率。也可以说,在 $5\times10^{23}\pm2\times10^{12}$ 范围内的分布的微观状态数 $t\left(\frac{N}{2}\pm2\sqrt{N}\right)$ 与最概然分布的微观状态数 $t\left(\frac{N}{2}\right)$ 没有实质性差别,即最概然分布实际上包括在其附近出现的微小偏离的分布情况,故最概然分布足以代表平衡系统的所有分布。

将不同的 N 值代入式(6-18)和式(6-19)进行计算,其结果列于表 6-2。

表 6-2 不同 N 值下 Ω 与 t_m 的比值关系

N	Ω	t_m	t_m/Ω	$\ln t_m/\ln\Omega$
500	2^{500}	$2^{500}\times3.568\times10^{-2}$	3.568×10^{-2}	0.9904
5.0×10^5	2^{500000}	$2^{500000}\times1.128\times10^{-3}$	1.128×10^{-3}	0.99998
6.0×10^{23}	$2^{6.0\times10^{23}}$	$2^{6.0\times10^{23}}\times1.030\times10^{-12}$	1.030×10^{-12}	约为 1

由表 6-2 中数据可见,采用撷取最大项法用最概然分布代替系统总分布时,不能直接以 t_m 代替 Ω,而是以 $\ln t_m$ 代替 $\ln\Omega$。由于在统计热力学的各种数学处理中,凡涉及微观状态数的地方都只需用 $\ln\Omega$,所以,这种替代不仅表明最概然分布的微观状态数可以代表系统的总分布的微观状态数,而且说明了其代表的方式。

6.3 独立子系统的热力学性质

前已指出,系统的熵 $S=k\ln\Omega=k\ln t_m$。依据此式,结合表征粒子微观性质的配分函数 q,

可得独立子系统的各热力学函数的表达式。

6.3.1 独立定域子系统热力学函数的表达式

1. 熵 S 的表达式

由式(6-2a)和式(6-14)得

$$t_m = N!\prod \frac{g_i^{N_i}}{N_i!} = N!\prod \frac{g_i^{N_i}}{(N_i/e)^{N_i}} = N!\prod \left(\frac{q}{N}e^{\frac{\varepsilon_i}{kT}}e\right)^{N_i} = N!\frac{q^N}{N!}e^{\frac{U}{kT}} = q^N e^{\frac{U}{kT}}$$

所以
$$S = k\ln t_m = k\ln q^N + \frac{U}{T} = Nk\ln q + \frac{U}{T} \tag{6-22}$$

2. 热力学能 U 的表达式

将式(6-14)代入 $U = \sum N_i \varepsilon_i$，得

$$U = \sum \left(\frac{Ng_i e^{\beta\varepsilon_i}}{q}\right)\varepsilon_i = \frac{N}{q}\sum g_i \varepsilon_i e^{\beta\varepsilon_i} = \frac{N}{q}\left(\frac{\partial q}{\partial \beta}\right)_{N,V} = N\left(\frac{\partial \ln q}{\partial \beta}\right)_{N,V} = NkT^2\left(\frac{\partial \ln q}{\partial T}\right)_{N,V} \tag{6-23}$$

3. 亥姆霍兹自由能 A 及压力的表达式

将式(6-22)代入 $A = U - TS$，得

$$A = -NkT\ln q \tag{6-24}$$

ε_i 与体积有关，所以 q 与温度及体积有关，因此在 N 一定时，式(6-24)所表达的 A 是特性函数。其他热力学函数可以从 A 的表达式得到。例如，由热力学基本方程可知 $p = -\left(\frac{\partial A}{\partial V}\right)_{N,T}$，将 A 的表达式代入得

$$p = NkT\left(\frac{\partial \ln q}{\partial V}\right)_{N,T} \tag{6-25}$$

4. 焓 H 的表达式

因为 $H = U + pV$，且 $p = NkT\left(\frac{\partial \ln q}{\partial V}\right)_{N,T}$，所以

$$H = NkT\left[\left(\frac{\partial \ln q}{\partial \ln T}\right)_{N,V} + \left(\frac{\partial \ln q}{\partial \ln V}\right)_{N,T}\right] \tag{6-26}$$

5. 吉布斯自由能 G 的表达式

因为 $G = H - TS$，所以

$$G = -NkT\left[\ln q - \left(\frac{\partial \ln q}{\partial \ln V}\right)_{N,T}\right] \tag{6-27}$$

系统的其他热力学函数都可通过配分函数表达。若将上述诸式中的 N 用阿伏伽德罗常量

L 代替，就得到独立定域子系统的摩尔热力学函数表达式。

6.3.2 独立离域子系统热力学函数的表达式

采用与上面相同的方法，可以得到以粒子配分函数 q 表示的独立离域子系统所有热力学函数表达式。

1. 熵 S 的表达式

依据式(6-5a)和式(6-14)有

$$S = k\ln t_m = k\ln\left(\prod_i \frac{g_i^{N_i}}{N!}\right) = k\ln\left(\frac{q^N}{N!}e^{\frac{U}{kT}}\right)$$

即

$$S = k\ln\frac{q^N}{N!} + \frac{U}{T} = Nk\ln\frac{q\mathrm{e}}{N} + \frac{U}{T} \tag{6-28}$$

2. 热力学能 U 的表达式

因独立离域子系统同样符合玻尔兹曼分布公式(6-14)及 $U = \sum N_i\varepsilon_i$，所以其热力学能 U 与独立定域子系统相同，即式(6-23)：

$$U = NkT^2\left(\frac{\partial\ln q}{\partial T}\right)_{N,V}$$

3. 亥姆霍兹自由能 A 的表达式

将式(6-28)代入 $A = U - TS$，得

$$A = U - TS = -NkT\ln\frac{q\mathrm{e}}{N} \tag{6-29}$$

4. 吉布斯自由能 G 的表达式

$$G = A + pV = -NkT\ln\frac{q\mathrm{e}}{N} + NkT\left(\frac{\partial\ln q}{\partial\ln V}\right)_{N,T} = -NkT\left[\ln\frac{q\mathrm{e}}{N} - \left(\frac{\partial\ln q}{\partial\ln V}\right)_{N,T}\right] \tag{6-30}$$

5. 焓 H 的表达式

由 $H = G + TS$，得

$$\begin{aligned}H &= -NkT\ln\frac{q\mathrm{e}}{N} + NkT\left(\frac{\partial\ln q}{\partial\ln V}\right)_{N,T} + \left[NkT\ln\frac{q\mathrm{e}}{N!} + NkT^2\left(\frac{\partial\ln q}{\partial T}\right)_{N,V}\right] \\ &= NkT\left[\left(\frac{\partial\ln q}{\partial\ln V}\right)_{N,T} + \left(\frac{\partial\ln q}{\partial\ln T}\right)_{N,V}\right]\end{aligned} \tag{6-31}$$

独立离域子系统的其他热力学性质也可由特性函数 A，即式(6-29)表达出来。

对独立定域子系统及独立离域子系统的部分热力学函数的统计表达式列于表6-3。

表 6-3 热力学函数的统计表达式

热力学量	定域子系统	独立离域子系统
A	$-kT\ln q^N = -NkT\ln q$	$-kT\ln\dfrac{q^N}{N!} = -NkT\ln\dfrac{q\mathrm{e}}{N}$
U	$NkT^2\left(\dfrac{\partial \ln q}{\partial T}\right)_{N,V}$	$NkT^2\left(\dfrac{\partial \ln q}{\partial T}\right)_{N,V}$
S	$Nk\ln q + \dfrac{U}{T}$	$Nk\ln\dfrac{q\mathrm{e}}{N} + \dfrac{U}{T}$
p	$NkT\left(\dfrac{\partial \ln q}{\partial V}\right)_{N,T}$	$NkT\left(\dfrac{\partial \ln q}{\partial V}\right)_{N,T}$
H	$NkT\left[\left(\dfrac{\partial \ln q}{\partial \ln T}\right)_{N,V} + \left(\dfrac{\partial \ln q}{\partial \ln V}\right)_{N,T}\right]$	$NkT\left[\left(\dfrac{\partial \ln q}{\partial \ln T}\right)_{N,V} + \left(\dfrac{\partial \ln q}{\partial \ln V}\right)_{N,T}\right]$
G	$-NkT\left[\ln q - \left(\dfrac{\partial \ln q}{\partial \ln V}\right)_{N,T}\right]$	$-NkT\left[\ln\dfrac{q\mathrm{e}}{N} - \left(\dfrac{\partial \ln q}{\partial \ln V}\right)_{N,T}\right]$
C_V	$2NkT\left(\dfrac{\partial \ln q}{\partial T}\right)_{N,V} + NkT^2\left(\dfrac{\partial^2 \ln q}{\partial T^2}\right)_{N,V}$	$2NkT\left(\dfrac{\partial \ln q}{\partial T}\right)_{N,V} + NkT^2\left(\dfrac{\partial^2 \ln q}{\partial T^2}\right)_{N,V}$

从表 6-3 可得以下几点结论。

(1) 无论是定域子系统还是离域子系统,其 U、H、p、C_V 等函数的表达式相同;只在 S、A、G 等函数的表达式上相差一些常数项。

(2) 定域子系统与离域子系统的差别来源于离域子的不可分辨性。

(3) 所有热力学函数都可用配分函数表达出来。由于配分函数就是有效量子状态数,因此可以说,系统的热力学性质是由系统量子态的多样性决定的。

需要注意的是,配分函数 q 与能量标度零点的选择有关,将式(6-17)代入上述各宏观性质的统计表达式,所得结果表明:系统的 U、H、A 及 G 等函数的数值会受到能量标度零点选择的影响,但 C_V、p 及 S 等函数的数值不受影响。

6.4 配分函数的计算

本节的配分函数只针对独立粒子系统。对相倚粒子系统的统计处理需用统计系综法,本书未涉及这方面的内容,有兴趣者请参阅相关文献。

6.4.1 配分函数的分解

一个粒子的运动可以分解为彼此独立的各种运动形式,如体系内分子的整体运动(称为平动)、分子在整体运动的同时还围绕质心进行转动、分子中由化学键联系着的原子之间发生振动。此外,还有电子运动和原子核运动。一般情况下,原子核始终处于基态保持不变,绝大多数分子的电子运动也都处于基态,不易激发。平动和粒子间的相互作用通常称为粒子的外部运动,而其他发生在粒子的内部运动统称为内部运动。

由于粒子各种运动形式是彼此独立的,因此粒子的能量也可看作各种运动形式能量之和,包括平动能 $\varepsilon_{\mathrm{t},i}$、转动能 $\varepsilon_{\mathrm{r},i}$、振动能 $\varepsilon_{\mathrm{v},i}$、电子能 $\varepsilon_{\mathrm{e},i}$、核自旋能 $\varepsilon_{\mathrm{n},i}$ 等,即

$$\varepsilon_i = \varepsilon_{t,i} + \varepsilon_{r,i} + \varepsilon_{v,i} + \varepsilon_{e,i} + \varepsilon_{n,i} = \varepsilon_{t,i} + \varepsilon_{in,i} \tag{6-32}$$

与上述能量相对应的简并度为

$$g_i = g_{t,i} g_{r,i} g_{v,i} g_{e,i} g_{n,i} = g_{t,i} g_{in,i} \tag{6-33}$$

配分函数为

$$q = \sum g_i \exp\left(-\frac{\varepsilon_i}{kT}\right) = \sum g_{t,i} g_{r,i} g_{v,i} g_{e,i} g_{n,i} \exp\left(-\frac{\varepsilon_{t,i} + \varepsilon_{r,i} + \varepsilon_{v,i} + \varepsilon_{e,i} + \varepsilon_{n,i}}{kT}\right)$$

即粒子的配分函数等于粒子各独立运动的配分函数之积:

$$q = q_t q_r q_v q_e q_n \tag{6-34}$$

其中

$$q_t = \sum g_{t,i} \exp\left(-\frac{\varepsilon_{t,i}}{kT}\right), \quad q_r = \sum g_{r,i} \exp\left(-\frac{\varepsilon_{r,i}}{kT}\right), \quad q_v = \sum g_{v,i} \exp\left(-\frac{\varepsilon_{v,i}}{kT}\right)$$

$$q_e = \sum g_{e,i} \exp\left(-\frac{\varepsilon_{e,i}}{kT}\right), \quad q_n = \sum g_{n,i} \exp\left(-\frac{\varepsilon_{n,i}}{kT}\right)$$

式(6-34)表明,粒子的总配分函数可分解为粒子各种运动相对应的配分函数。

配分函数的可分解性,决定了粒子的各种运动形式对系统的热力学函数均有独立的贡献。例如,粒子的平动对熵的贡献可称为平动熵,相应的也有转动熵、振动熵、电子熵和核自旋熵,而系统的熵就等于各种运动形式熵的总和。对于独立离域子系统,由式(6-28)可得

$$S = Nk + Nk \ln\frac{q_t q_r q_v q_e q_n}{N} + NkT\left[\frac{\partial \ln(q_t q_r q_v q_e q_n)}{\partial T}\right]_{N,V}$$

可分解为

$$S = \left[Nk + Nk\ln\frac{q_t}{N} + NkT\left(\frac{\partial \ln q_t}{\partial T}\right)_{N,V}\right] + \left[Nk\ln\frac{q_r}{N} + NkT\left(\frac{\partial \ln q_r}{\partial T}\right)_{N,V}\right]$$

$$+ \left[Nk\ln\frac{q_v}{N} + NkT\left(\frac{\partial \ln q_v}{\partial T}\right)_{N,V}\right] + \left[Nk\ln\frac{q_e}{N} + NkT\left(\frac{\partial \ln q_e}{\partial T}\right)_{N,V}\right]$$

$$+ \left[Nk\ln\frac{q_n}{N} + NkT\left(\frac{\partial \ln q_n}{\partial T}\right)_{N,V}\right]$$

即

$$S = S_t + S_r + S_v + S_e + S_n \tag{6-35}$$

注意:式(6-35)中,只有 S_t 包含了与配分函数无关的项 Nk,而其他运动的熵贡献则不包含此项。

6.4.2 平动配分函数

根据量子力学理论,在体积为 V,边长为 a、b、c 的矩形盒势箱内,一个质量为 m 的三维平动子的能级公式为

$$\varepsilon_t = \frac{h^2}{8m}\left(\frac{n_x^2}{a^2} + \frac{n_y^2}{b^2} + \frac{n_z^2}{c^2}\right) \tag{6-36}$$

式中,h 为普朗克常量;n_x、n_y、n_z 分别为 x、y、z 轴上的平动量子数,其值是从 1 到无穷的正

整数，即平动能是量子化的。粒子的平动配分函数为

$$q_t = \sum g_{t,i} \exp\left(-\frac{\varepsilon_{t,i}}{kT}\right) \tag{6-37a}$$

即

$$q_t = \sum_{n_x=1}^{\infty}\sum_{n_y=1}^{\infty}\sum_{n_z=1}^{\infty} \exp\left[-\frac{h^2}{8mkT}\left(\frac{n_x^2}{a^2}+\frac{n_y^2}{b^2}+\frac{n_z^2}{c^2}\right)\right] \tag{6-37b}$$

$$= \sum_{n_x=1}^{\infty}\exp\left(-\frac{h^2}{8mkT}\frac{n_x^2}{a^2}\right) \times \sum_{n_y=1}^{\infty}\exp\left(-\frac{h^2}{8mkT}\frac{n_y^2}{b^2}\right) \times \sum_{n_z=1}^{\infty}\exp\left(-\frac{h^2}{8mkT}\frac{n_z^2}{c^2}\right)$$

在式(6-37b)中是对所有的 n_x、n_y、n_z 求和，它已经包含了全部可能的微观状态，因此就不再出现 $g_{t,i}$ 项了。式(6-37b)中的三项相当于3个等同一维平动子的配分函数，因此，只要求解其中一项即可。令 $\alpha_a^2 = \frac{h^2}{8mkTa^2}$，当 $\alpha_a^2 \ll 1$ 时，可将求和改为积分，即

$$q_x = \sum_{n_x=1}^{\infty}\exp(-\alpha_a^2 n_x^2) = \int_0^{\infty}\exp(-\alpha_a^2 n_x^2)\mathrm{d}n_x = \frac{\sqrt{\pi}}{2\alpha_a}$$

即

$$q_x = a\left(\frac{2\pi mkT}{h^2}\right)^{\frac{1}{2}}$$

上式导出的前提是 $\alpha_a^2 \ll 1$，实际上，该条件很容易满足。例如，He 原子是除 H 原子以外质量最小的原子，其相对原子质量为 4.003，则一个 He 原子的质量为 $m = 6.65 \times 10^{-27}$ kg，设矩形盒势箱的 a 边长为 0.01m，当 $T = 300$K 时有 $\alpha_a^2 = \frac{h^2}{8mkTa^2} = 1.95 \times 10^{-17}$。

同理可得

$$q_y = b\left(\frac{2\pi mkT}{h^2}\right)^{\frac{1}{2}}, \quad q_z = c\left(\frac{2\pi mkT}{h^2}\right)^{\frac{1}{2}}$$

故平动配分函数为

$$q_t = q_x q_y q_z = abc\left(\frac{2\pi mkT}{h^2}\right)^{\frac{3}{2}} = V\left(\frac{2\pi mkT}{h^2}\right)^{\frac{3}{2}} \tag{6-38}$$

可见，平动配分函数与系统的温度及体积有关。

【例 6-1】 计算 298.15K，标准压力 $p^{\ominus}$ 下，1mol N_2 的平动配分函数 q_t 值。

解 N_2 的摩尔质量为 $2 \times 14.008 \times 10^{-3}$ kg·mol^{-1}，故一个 N_2 分子质量为

$$m = 2 \times 14.008 \times 10^{-3}/6.023 \times 10^{23} = 4.652 \times 10^{-26}\text{(kg)}$$

1mol N_2 的体积为 $\quad V = 0.0224 \times 298.15/273.15 = 0.02445 \text{(m}^3\text{)}$

代入数据于 $q_t = V\left(\frac{2\pi mkT}{h^2}\right)^{\frac{3}{2}}$ 中，得

$$q_t = 3.51 \times 10^{30}$$

6.4.3 转动配分函数

对于双原子以及多原子分子，除了分子质心的整体平动外，其内部运动中还有转动和振

动。这两种运动互有影响，为了便于讨论，把转动视为刚性转子绕质心的转动，把振动看作线性谐振子，二者彼此独立。根据量子理论，转动能级公式为

$$\varepsilon_r = J(J+1)\frac{h^2}{8\pi^2 I}, \quad J = 0, 1, 2, \cdots \quad (6\text{-}39)$$

式中，J为转动量子数；I为转动惯量。

对双原子分子，$I = \dfrac{m_1 m_2}{m_1 + m_2} r^2$，其中$m_1$和$m_2$分别为两原子的质量。$r$为两原子核间的距离。由于转动运动的角动量在空间是量子化的，故能级简并度$g_r = 2J+1$，转动配分函数为

$$q_r = \sum_{J=0}^{\infty}(2J+1)\exp\left[-\frac{J(J+1)h^2}{8\pi^2 IkT}\right]$$

令

$$\Theta_r = \frac{h^2}{8\pi^2 Ik} \quad (6\text{-}40)$$

Θ_r称为转动特征温度，具有温度的量纲，则

$$q_r = \sum_{J=0}^{\infty}(2J+1)\exp\left[-\frac{J(J+1)\Theta_r}{T}\right] \quad (6\text{-}41)$$

一些气体的转动特征温度列于表6-4。

表6-4 常见双原子分子 Θ_r、Θ_v、I、r 和 ν_0 值

分子	转动特征温度 Θ_r/K	振动特征温度 $\Theta_v \times 10^{-3}$/K	转动惯量 $I \times 10^{46}$/(kg·m²)	核间距 r/nm	基态振动频率 $\nu_0 \times 10^{-12}$/s^{-1}
H$_2$	85.4	6.10	0.0460	0.0742	131.8
N$_2$	2.86	3.34	1.394	0.1095	70.75
O$_2$	2.07	2.23	1.953	0.1207	47.38
CO	2.77	3.07	1.449	0.1128	65.05
NO	2.42	2.69	1.643	0.1151	57.09
HCl	15.2	4.4	0.2645	0.1275	80.63
HBr	12.1	3.7	0.331	0.1414	79.44
HI	9.0	3.2	0.431	0.1604	69.22
I$_2$	0.107	0.308	75.01	0.2668	6.42

式(6-41)的求和比较复杂，根据Θ_r与T的相对大小可以分为以下三种情况处理。

(1) 通常温度下，即有$T \gg \Theta_r$，此时可用积分代替求和(一般当T大于转动特征温度5倍以上时就能满足这个条件)。若令$x = J(J+1)$，则$\mathrm{d}x = (2J+1)\mathrm{d}J$，将其代入式(6-41)得

$$q_r = \int_0^{\infty}(2J+1)\exp\left[-\frac{J(J+1)\Theta_r}{T}\right]\mathrm{d}J = \int_0^{\infty}\exp\left(-\frac{x\Theta_r}{T}\right)\mathrm{d}x$$

即

$$q_r = \frac{T}{\Theta_r} = \frac{8\pi^2 kTI}{h^2} \quad (6\text{-}42\mathrm{a})$$

式(6-42a)只适合于异核双原子分子。对于同核双原子分子，每转动180°分子位形就重复一次，也就是说，每转动一周，同核双原子分子的微观状态就要重复2次，故其转动配分函数

还要除以2。或者写成

$$q_r = \frac{8\pi^2 kTI}{\sigma h^2} = \frac{T}{\sigma \Theta_r} \tag{6-42b}$$

式中，σ 称为对称数，是刚性转子转动一周后不可分辨的几何位置数。对于异核双原子分子，$\sigma = 1$；对于同核双原子分子，$\sigma = 2$。

对于线形多原子分子，其配分函数与式(6-42b)相同。对于非线形多原子分子，绕质心的转动有三个方向，可以证明(证明略)其配分函数为

$$q_r = \frac{8\pi^2 (2\pi kT)^{3/2}}{\sigma h^3} (I_x I_y I_z)^{1/2} \tag{6-42c}$$

式中，I_x、I_y、I_z 分别为分子在 x、y、z 三个轴上的转动惯量。

(2) 当 $T > \Theta_r$ 时，一般是很低的温度，此时可用欧勒-麦克劳林级数展开式处理，得

$$q_r = \frac{T}{\sigma \Theta_r}\left[1 + \frac{1}{3}\left(\frac{\Theta_r}{T}\right) + \frac{1}{15}\left(\frac{\Theta_r}{T}\right)^2 + \cdots\right] \tag{6-43}$$

(3) 当 $T \ll \Theta_r$ 时，一般是极低温度，此时只能严格地按照式(6-41)进行加和计算。

【例 6-2】 计算 298.15K 下，NO 的转动配分函数 q_r，已知核距 $r = 1.151 \times 10^{-10}$ m。

解 因氮原子及氧原子的质量分别为 2.326×10^{-26} kg 及 2.657×10^{-26} kg，则

$$I = \frac{m_1 m_2}{m_1 + m_2} r^2 = 1.643 \times 10^{-46} \text{ kg} \cdot \text{m}^2$$

所以

$$q_r = \frac{8\pi^2 kTI}{h^2} = 121.6$$

可见，转动配分函数 q_r 值比平动配分函数 q_t 值小得多，因此转动对热力学函数的贡献较平动的小。

6.4.4 振动配分函数

根据量子力学理论，一维谐振子的振动能级为

$$\varepsilon_v = (v + \frac{1}{2})h\nu, \quad v = 0, 1, 2, 3, \cdots \tag{6-44}$$

式中，v 为振动量子数；ν 为振动频率，经典振动频率 $\nu = \frac{1}{2\pi}\sqrt{\frac{f}{m}}$，其中 f 为弹力常数。当 $v = 0$ 时，$\varepsilon_{v,0} = \frac{1}{2}h\nu$，称为零点振动能(或基态振动能)；而振动能级都是非简并的，即 $g_v = 1$，故振动配分函数为

$$q_v = \sum_{v=0}^{\infty} \exp\left(-\frac{\varepsilon_{v,i}}{kT}\right) = \sum_{v=0}^{\infty} \exp\left[-\frac{\left(v+\frac{1}{2}\right)h\nu}{kT}\right]$$

即

$$q_v = \exp\left(-\frac{h\nu}{2kT}\right) + \exp\left(-\frac{3h\nu}{2kT}\right) + \exp\left(-\frac{5h\nu}{2kT}\right) + \cdots$$

令

$$\Theta_v = \frac{h\nu}{k} \tag{6-45}$$

Θ_v 称为振动特征温度，一些气体的振动特征温度见表 6-4。所以有

$$q_v = \exp\left(-\frac{\Theta_v}{2T}\right)\left[1 + \exp\left(-\frac{\Theta_v}{T}\right) + \exp\left(-\frac{2\Theta_v}{T}\right) + \cdots\right] \tag{6-46}$$

在通常温度时，一般都有 $\Theta_v/T \gg 1$，即 $\exp(-\Theta_v/T) \ll 1$，则式(6-46)可写成

$$q_v = \frac{\exp\left(-\dfrac{\Theta_v}{2T}\right)}{1 - \exp\left(-\dfrac{\Theta_v}{T}\right)} \tag{6-47a}$$

若选择振动基态为能量零点，则一维谐振子的配分函数为

$$q_v' = \frac{1}{1 - \exp\left(-\dfrac{\Theta_v}{T}\right)} \tag{6-47b}$$

对多原子分子的振动，还需要考虑分子的运动自由度，即考虑描述分子在空间位形所必需的独立坐标数目。决定一个原子在空间的位置需要三个坐标(x、y、z)，故由 n 个原子组成的分子(n 个原子若视为彼此独立的)则需要 $3n$ 个坐标，即分子的总自由度数为 $3n$。但因一个分子为一整体，其质心的平动只有 3 个自由度，其他$(3n-3)$个自由度则为分子的内部运动自由度，即转动和振动自由度。对于线形分子只有两个转动自由度，故振动自由度为$(3n-5)$，而非线形分子有 3 个转动自由度，则振动自由度数为$(3n-6)$。因此，线形分子的振动配分函数为

$$q_v = \prod_{i=1}^{3n-5} \frac{\exp(-h\nu/2kT)}{1 - \exp(-h\nu/kT)} \tag{6-48a}$$

非线形分子的振动配分函数为

$$q_v = \prod_{i=1}^{3n-6} \frac{\exp(-h\nu/2kT)}{1 - \exp(-h\nu/kT)} \tag{6-48b}$$

同样，也可选择振动基态为能量零点，求出相应的 q_v'。

在极高温度时或振动特征温度比较低的分子，有 $kT \gg h\nu$，将式(6-46)展开，整理后得

$$q_v = \frac{kT}{h\nu} = \frac{T}{\Theta_v} \tag{6-49}$$

【例 6-3】 计算 300K 下 NO 气体的振动配分函数 q_v。已知 NO 的 $\Theta_v = 2690$K。

解 根据式(6-47a)可得

$$q_v = \frac{\exp\left(-\dfrac{\Theta_v}{2T}\right)}{1 - \exp\left(-\dfrac{\Theta_v}{T}\right)} = \frac{\exp\left(-\dfrac{2690}{2 \times 300}\right)}{1 - \exp\left(-\dfrac{2690}{300}\right)} = 0.011$$

由例 6-3 可见，振动配分函数的值一般比较小。又如，对振动特征温度较低的固体碘，因其 $\Theta_v = 310$K，则在常温 300K 下，其振动配分函数也只有 $q_v = 0.926 \approx 1$。这表明，与平动、转动相比，振动对热力学函数值的贡献更小。

6.4.5 电子配分函数

由于原子中所有电子的总角动量取决于角量子数 j，而角动量的空间量子化是简并的，每个 j 有 $(2j+1)$ 个简并态。因此，电子配分函数为

$$q_e = \sum (2j+1) \exp\left(-\frac{\varepsilon_{e,i}}{kT}\right)$$

在一般温度条件下，电子的能级间隔都很大，第一激发态与基态能级差通常约为 $400 \text{kJ} \cdot \text{mol}^{-1}$，所以，电子运动一般都处于基态，而很难跃迁到激发态，故在考虑电子配分函数时通常只需考虑其基态。电子配分函数为

$$q_e = \sum (2j+1) \exp\left(-\frac{\varepsilon_{e,i}}{kT}\right) \approx (2j+1) \exp\left(-\frac{\varepsilon_{e,0}}{kT}\right) \tag{6-50a}$$

若取基态能量为能量标度的零点，即 $\varepsilon_{e,0} = 0$，则

$$q_e = g_{e,0} = 2j+1 \tag{6-50b}$$

式中，$g_{e,0}$ 可通过原子光谱实验确定。大多数分子或稳定离子的电子基态是非简并的(无未成对电子)，即 $g_{e,0}=1$。但 O_2 和 NO 是例外，因为 O_2 分子中含有两个未成对电子，分子中总自旋量子数 $j = \frac{1}{2} + \frac{1}{2} = 1$，所以，$O_2$ 的基态电子配分函数为 $q_e = g_{e,0} = 2 \times j + 1 = 3$；而 NO 含有一个未成对电子，$j = \frac{1}{2}$，所以 $g_{e,0} = 2 \times j + 1 = 2$。更特别的是，NO 的基态与第一激发态的能级差较小，$\Delta_0^1 \varepsilon_e \approx 0.015 \text{eV}$，约为 $2.4 \times 10^{-21} \text{J}$，因此对 NO 而言，在常温条件下还必须考虑第一激发态电子对配分函数的贡献，结果为

$$q_e = g_{e,0} + g_{e,1} \exp\left(\frac{-\varepsilon_{e,1}}{kT}\right) = 2 + 2\exp\left(\frac{-2.4 \times 10^{-21}}{1.38 \times 10^{-23} \times 300}\right) = 2 + 1.12 = 3.12$$

6.4.6 核配分函数

原子核运动的能级间隔特别大，其特征温度达到了 10^{10} 量级。在通常的化学反应中，原子核总是处于基态，除非系统发生核反应。所以核运动只需考虑其基态，其配分函数为

$$q_n = g_{n,0} \exp\left(-\frac{\varepsilon_{n,0}}{kT}\right) \tag{6-51a}$$

若将核运动基态能级选为能量零点，则

$$q_n = g_{n,0} \tag{6-51b}$$

即核配分函数与其基态简并度相等。由于原子核在最低能级基态时存在自旋作用，而核自旋将产生自旋磁场，且将与外磁场发生相互作用，在空间量子化效应的作用下，原子核在空间有不同的取向，即原子核的能级是简并的。设核自旋量子数为 s，原子或单原子分子的基态简并度为 $(2s+1)$；对多原子分子 $(n>1)$，整个分子的核能级简并度为 $\prod_1^n (2s+1)$。此外，核自旋量子数 s 与体系的温度、压力无关，即核配分函数 q_n 或 $\ln q_n$ 与体系的温度、压力无关，则 $\ln q_n$ 对温度或压力微商时等于零，因此，q_n 对 U、H、p 等热力学函数没有贡献，但对 S、A、G 等热

力学函数有一定贡献。热力学函数应用时更关注的是其变化量(如 ΔG)，而反应前后原子核运动不发生改变，核运动的影响被这个差值消除了，因此一般情况下可以不考虑 q_n 对热力学函数的贡献。

6.5 配分函数的应用

6.5.1 单原子理想气体的热力学性质

单原子理想气体属于独立离域子系统，分子内部没有振动和转动，且电子运动及核运动都处于基态，可用前述相应的配分函数求得其热力学函数。

1. 亥姆霍兹自由能 A

根据式(6-29)，有

$$\begin{aligned} A &= -kT \ln \frac{q^N}{N!} = -kT \ln (q_n)^N - kT \ln (q_e)^N - kT \ln \frac{(q_t)^N}{N!} \\ &= -kT \ln \left[g_{n,0} \exp \left(-\frac{\varepsilon_{n,0}}{kT} \right) \right]^N - kT \ln \left[g_{n,0} \exp \left(-\frac{\varepsilon_{n,0}}{kT} \right) \right]^N \\ &\quad - NkT \ln \frac{(2\pi mkT)^{3/2}}{h^3} - NkT \ln V + NkT \ln N - NkT \\ &= (N\varepsilon_{n,0} + N\varepsilon_{e,0}) - NkT \ln(g_{n,0} g_{e,0}) \\ &\quad - NkT \ln \frac{(2\pi mkT)^{3/2}}{h^3} - NkT \ln V + NkT \ln N - NkT \end{aligned} \tag{6-52}$$

式中，第一项是核及电子处于基态时的能量，若以基态为能量零点，则该项为零；第二项是与核及电子运动简并度有关的项。在讨论系统的热力学变量时，这两项都是常量，都可以消去。

2. 熵

将式(6-52)代入 $S = -\left(\dfrac{\partial A}{\partial T} \right)_V$ 得

$$S = Nk \ln(g_{n,0} g_{e,0}) + Nk \left[\ln \frac{(2\pi mkT)^{3/2}}{h^3} + \ln V - \ln N + \frac{3}{2} \ln T + \frac{5}{2} \right] \tag{6-53a}$$

若忽略核及电子运动对熵的贡献，单原子理想气体的熵全部来自于平动运动的贡献，即

$$S = Nk \left[\ln \frac{(2\pi mkT)^{3/2}}{h^3} + \ln V - \ln N + \frac{3}{2} \ln T + \frac{5}{2} \right] \tag{6-53b}$$

对 1mol 单原子理想气体有

$$S_m = R \ln \left[\frac{(2\pi mkT)^{3/2}}{L h^3} V_m \right] + \frac{5}{2} R \tag{6-53c}$$

式(6-53)各式都称为沙克尔-特鲁德(Sackur-Tetrode)公式，可用来计算单原子理想气体的熵。

3. 热力学能

将式(6-52)及式(6-53a)代入 $U = A + TS$ 得

$$U = (N\varepsilon_{n,0} + N\varepsilon_{e,0}) + \frac{3}{2}NkT \tag{6-54a}$$

或由式(6-23)得

$$U = NkT^2\left(\frac{\partial \ln q}{\partial T}\right)_{N,V} = \frac{3}{2}NkT \tag{6-54b}$$

式(6-54a)与式(6-54b)两者并不矛盾，若以核及电子的基态为能量零点，式(6-54a)变为式(6-54b)。

4. 状态方程式

将式(6-52)代入 $p = -\left(\frac{\partial A}{\partial V}\right)_{N,T}$ 得

$$p = \frac{NkT}{V}$$

用统计热力学的方法可以很方便地导出理想气体的状态方程。上式不仅只对单原子理想气体适用，对双原子及多原子的理想气体也适用。

5. 化学势

将式(6-52)及 $p = \frac{NkT}{V}$ 代入 $\mu = \left(\frac{\partial A}{\partial N}\right)_{T,V}$ 得

$$\mu = (\varepsilon_{n,0} + \varepsilon_{e,0}) - kT\ln(g_{n,0}g_{e,0}) - kT\ln\frac{(2\pi mkT)^{3/2}}{h^3} - kT\ln(kT) - kT + kT\ln p \tag{6-55a}$$

对 1mol 理想气体

$$\mu = (E_{n,0} + E_{e,0}) - RT\ln(g_{n,0}g_{e,0}) - RT\ln\frac{(2\pi mkT)^{3/2}}{h^3} - RT\ln(RT) - RT + RT\ln p \tag{6-55b}$$

若气体的压力为标准压力，标准态的化学势为

$$\mu^{\ominus} = (E_{n,0} + E_{e,0}) - RT\ln(g_{n,0}g_{e,0}) - RT\ln\frac{(2\pi mkT)^{3/2}}{h^3} - RT\ln(RT) - RT + RT\ln p^{\ominus} \tag{6-55c}$$

上式的右边各项都只是温度的函数，所以标准态的化学势只与温度有关，一般写为 $\mu^{\ominus}(T)$。将式(6-55a)与式(6-55c)相减得

$$\mu = \mu^{\ominus}(T) + RT\ln\left(\frac{p}{p^{\ominus}}\right)$$

这就是纯理想气体化学势的表达式。从统计热力学的角度，可以看出 $\mu^{\ominus}(T)$ 包含哪些项[式(6-55c)]。

6.5.2 恒容热容的计算

1. 气体的恒容热容

因为 $C_V = \left(\frac{\partial U}{\partial T}\right)_{N,V}$，根据式(6-23)可得体系的恒容热容为

$$C_V = 2NkT\left(\frac{\partial \ln q}{\partial T}\right)_{N,V} + NkT^2\left(\frac{\partial^2 \ln q}{\partial T^2}\right)_{N,V} \tag{6-56}$$

由于电子运动和核运动通常处于基态，它们对配分函数的贡献在对温度的微商中被消除，气体的恒容热容只需考虑平动、振动和转动三种运动的贡献，即

$$C_V = C_{V,t} + C_{V,r} + C_{V,v} \tag{6-57}$$

将平动配分函数表达式(6-38)代入式(6-56)得平动运动的贡献：

$$C_{V,t} = 2NkT \times \frac{3}{2T} - NkT^2 \times \frac{3}{2} \times \frac{1}{T^2} = \frac{3}{2}Nk$$

单原子的气体只需考虑分子平动运动，所以对于单原子理想气体，有 $C_{V,m} = \frac{3}{2}R$。

对于双原子分子，将转动配分函数表达式(6-42b)代入式(6-56)中，得

$$C_{V,r} = 2NkT \times \frac{1}{T} - NkT^2 \times \frac{1}{T^2} = Nk$$

对于双原子气体的振动，在通常温度时，根据式(6-47b)，有 $q_v = 1$，则 $C_{V,v} = 0$；在极高温度时，$q_v = \frac{kT}{h\nu}$，则 $C_{V,v} = Nk$。

因此，对于双原子分子的理想气体，在通常温度时有

$$C_V = C_{V,t} + C_{V,r} + C_{V,v} = \frac{3}{2}Nk + Nk + 0 = \frac{5}{2}Nk$$

即

$$C_{V,m} = \frac{5}{2}R$$

2. 晶体的恒容热容

爱因斯坦首先将量子力学理论用于处理晶体热容，处理的前提是将晶体中的粒子在晶格上的运动视为简谐振动。即把由 N 个原子所构成的晶体看成是由 $3N$ 个一维谐振子所构成的体系，每个原子的振动不仅频率相同，而且相互独立。按能量均分原则，粒子的每个自由度具有的能量相等，一维谐振子的热力学能为 $U = NkT^2\left(\frac{\partial \ln q}{\partial T}\right)_{N,V}$，而晶体中振动的原子有三个自由度，而且晶体中没有平动和转动，同时电子和核都处于基态而不用考虑，所以，在晶格上做谐振动的原子的热力学能为 $U = 3NkT^2\left(\frac{\partial \ln q}{\partial T}\right)_{N,V}$。又因为一维谐振子的振动配分函数为 $q_v = \frac{1}{1-\exp(-\Theta_v/T)}$，故其恒容热容为

$$C_V = \left(\frac{\partial U}{\partial T}\right)_V = 3Nk\left(\frac{\Theta_v}{T}\right)^2 \frac{\exp(\Theta_v/T)}{\left[\exp(\Theta_v/T)-1\right]^2} \tag{6-58}$$

式中，$\Theta_v = h\nu/k$，为晶体中原子的振动特征温度，也称为爱因斯坦特征温度。可见，晶体的 C_V 随温度而变。

在式(6-58)中，若令 $\dfrac{\Theta_v}{T}=x$，且 $N=L$，有

$$C_{V,m}=3Rx^2\dfrac{e^x}{(e^x-1)^2} \tag{6-59}$$

(1) 当温度足够高时，$x=\dfrac{\Theta_v}{T}\to 0$，$e^x\approx 1+x$，有

$$C_{V,m}=3R(1+x)=3R\left(1+\dfrac{\Theta_v}{T}\right)\approx 3R$$

表明恒容热容为一常数，这就是杜隆-珀蒂(Dulong-Petit)定律。

(2) 当温度很低或趋于 0K 时，$x=\dfrac{\Theta_v}{T}\to\infty$，$\dfrac{x^2 e^x}{(e^x-1)^2}\approx\dfrac{x^2}{e^x}\approx 0$，有

$$\lim_{T\to 0}C_{V,m}=0$$

在较高温及极低温下，爱因斯坦模型结果都与实验结果吻合，但在中间温度时，理论曲线与实验曲线有差别，而且不能解释在 $T<40$K 的低温范围内热容与 T^3 成正比(这个关系常简称为立方定律)，这是因为爱因斯坦模型所做的"粒子振动频率相同"的假设与实际不符。

1912 年，德拜改进了爱因斯坦模型，认为 N 个原子所构成的晶体是由 $3N$ 个一维谐振子构成的体系，但每个原子的振动频率 ν 是按照一定的分布方式分布在某一范围内，且有一极大值 ν_D，称为德拜频率。由此导出德拜热容公式

$$C_V\approx 3Nk\cdot\left[4D(u)-\dfrac{3u}{e^u-1}\right] \tag{6-60}$$

其中，$D(u)=\dfrac{3}{u^3}\int_0^u\dfrac{x^3 dx}{e^x-1}$，称为德拜热容函数，$x=h\nu/kT$，$u=\Theta_D/T=h\nu_D/kT$，$\Theta_D$ 称为德拜特征温度。在高温下，即 $T\gg\Theta_D$ 时，式(6-60)可转化为 $C_V=3Nk$；在低温下，当 $T\ll\Theta_D$ 时，式(6-60)可转化为

$$C_V=\dfrac{14}{5}\times\pi^4 Nk\cdot\left(\dfrac{T}{\Theta_D}\right)^3 \quad \text{或} \quad C_{V,m}=\dfrac{12}{5}\times\pi^4 R\cdot\left(\dfrac{T}{\Theta_D}\right)^3 \tag{6-61}$$

式(6-61)表明，在较低温度下晶体的热容 C_V 与温度 T 的立方成正比，因此式(6-61)称为低温下晶体的德拜热容立方定律。

德拜热容公式与实验结果吻合度更高，如图 6-1 所示。

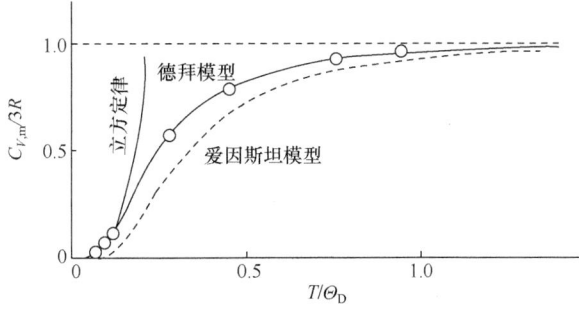

图 6-1　晶体热容量子理论计算结果与实验结果比较

6.5.3 化学反应平衡常数的统计热力学计算

以气相反应为例，若为混合理想气体系统，则属于独立离域子系统。由化学势的定义式 $\mu_i(T,p) = \left(\dfrac{\partial G}{\partial N_i}\right)_{T,p}$ 和吉布斯自由能的统计表达式(6-30)得

$$\mu(T,p) = \left(\frac{\partial G}{\partial N}\right)_{T,p} = -kT\left[\ln\frac{q\mathrm{e}}{N} - \left(\frac{\partial \ln q}{\partial \ln V}\right)_{N,T}\right] = -kT\ln\frac{q}{N} \tag{6-62}$$

对反应系统中的任一组分 j 有 $\mu_j = -kT\ln\dfrac{q_j}{N_j}$。

因为化学反应系统为多组分系统，而各物质的配分函数与能量标度的零点选择有关，因此需要选择公共能量零点，各物质粒子的配分函数用式(6-17)表示，有

$$q_{0,j} = q_j \exp\left(-\frac{\varepsilon_{0,j}}{kT}\right)$$

对于理想气体反应 $\qquad a\mathrm{A} + b\mathrm{B} \Longleftrightarrow x\mathrm{X} + y\mathrm{Y}$

一般可选择组分(A、B、X 和 Y)分子均离解成基态的原子，且彼此相距无限远时的能量作为体系的公共能量标度零点，则组分(A、B、X 和 Y)分子的基态能量为 $\varepsilon_{0,j}$，且为负值。设 A、B、X 和 Y 分子在基态下(0K 时)的离解能分别为 $D_{0,\mathrm{A}}$、$D_{0,\mathrm{B}}$、$D_{0,\mathrm{X}}$ 和 $D_{0,\mathrm{Y}}$，离解吸热取正值，各反应物分子的基态能量 $\varepsilon_{0,j}$ 可表示为

$$\varepsilon_{0,j} = -D_{0,j} \quad (j\text{ 代表 A、B、X 和 Y})$$

此时公共能量标度零点下各组分的基态能量 $\varepsilon_{0,j}$ 与离解能的关系如图 6-2 所示。

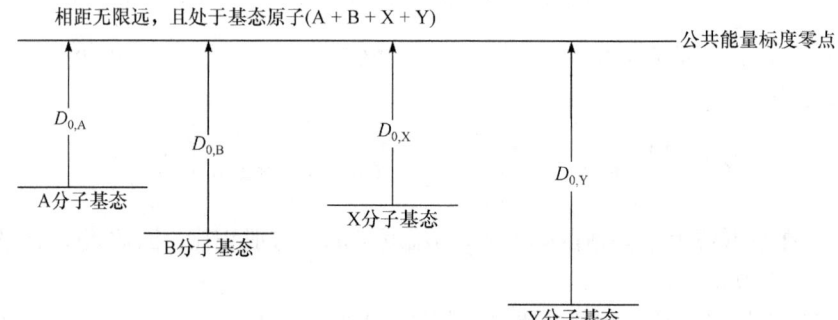

图 6-2　系统公共能量标度零点选择示意图

因此，对化学反应系统按上述方式确定公共能量标度零点，在计算各组分的配分函数时，可用 $D_{0,j}$ 代替 $\varepsilon_{0,j}$，即式(6-17)变为

$$q_{0,j} = q_j \exp\left(\frac{D_{0,j}}{kT}\right) \tag{6-63}$$

各反应组分的化学势可表示为

$$\mu_j = -kT\ln\frac{q_{0,j}}{N_j} = -kT\ln\frac{q_j}{N_j} + \varepsilon_{0,j} = -kT\ln\frac{q_j}{N_j} - D_{0,j}$$

化学反应达平衡时有 $\sum \nu_j \mu_j = 0$，即

$$\sum \nu_j \ln\left(\frac{q_{0,j}}{N_j}\right)_{eq} = 0$$

或直接表示为

$$\sum \nu_j \ln\left(\frac{q_{0,j}}{N_j}\right) = 0$$

反应的平衡常数 K_n 可表示为

$$K_n = \prod_j \left(N_j^{\nu_j}\right)_{eq} = \prod_j \left(q_{0,j}^{\nu_j}\right) = \exp\left(\frac{-\sum \nu_j \varepsilon_{0,j}}{kT}\right) \prod_j \left(q_j^{\nu_j}\right) = \exp\left(\frac{\sum \nu_j D_{0,j}}{kT}\right) \prod_j \left(q_j^{\nu_j}\right)$$

即

$$K_n = \exp\left(\frac{-\Delta \varepsilon_0}{kT}\right) \prod_j \left(q_j^{\nu_j}\right) = \exp\left(\frac{\Delta D_0}{kT}\right) \prod_j \left(q_j^{\nu_j}\right) \tag{6-64}$$

式中，K_n 为温度及体积的函数，即 $K_n = K_n(T,V)$；$\Delta \varepsilon_0 = \sum \nu_j \varepsilon_{0,j}$；$\Delta D_0 = \sum \nu_j D_{0,j}$。

可见，用统计力学的方法求平衡常数需要有反应系统中各组分在平衡时的分子配分函数 q_j 和参照公共能量零点的能量差 $\Delta \varepsilon_0$ 或 ΔD_0。前面已说明，q_j 可以分解成分子的各种运动形态所对应的配分函数，然后结合相应的光谱数据进行求算，一般比较准确；而 $\Delta \varepsilon_0$ 或 ΔD_0 值的获得通常是由离解能或量热的方法获得，其准确度较低。可以说，用统计力学方法求算化学反应平衡常数的误差主要来源于 $\Delta \varepsilon_0$ 或 ΔD_0 值的求得。

由式(6-64)可以分别导出以物质的量浓度 c、摩尔分数 x、压力 p 来表示的平衡常数及标准平衡常数 $K_p^\ominus$ 的表达式

$$K_c = \prod_j c_j^{\nu_j} = \prod_j \left(\frac{N_j}{LV}\right)^{\nu_j} = \exp\left(\frac{-\Delta \varepsilon_0}{kT}\right) \prod_j \left(\frac{q_j}{LV}\right)^{\nu_j} \tag{6-65}$$

式中，$\dfrac{q_j}{V}$ 为单位体积的配分函数，只是温度的函数。因此，K_c 只是温度的函数，即 $K_c = K_c(T)$。

$$K_p = \prod_j p_j^{\nu_j} = \prod_j \left(\frac{N_j kT}{V}\right)^{\nu_j} = \exp\left(\frac{-\Delta \varepsilon_0}{kT}\right) \prod_j \left(\frac{q_j kT}{V}\right)^{\nu_j} \tag{6-66a}$$

$$K_p^\ominus = \prod_j \left(\frac{p_j}{p^\ominus}\right)^{\nu_j} = \prod_j \left(\frac{N_j kT}{Vp^\ominus}\right)^{\nu_j} = \exp\left(\frac{-\Delta \varepsilon_0}{kT}\right) \prod_j \left(\frac{q_j kT}{Vp^\ominus}\right)^{\nu_j} \tag{6-66b}$$

同样，式中 $\dfrac{q_j}{V}$ 为单位体积的配分函数，只是温度的函数。因此，K_p 及 $K_p^\ominus$ 都只是温度的函数。

$$K_x = \prod_j x_j^{\nu_j} = \prod_j \left(\frac{N_j kT}{Vp}\right)^{\nu_j} = \exp\left(\frac{-\Delta \varepsilon_0}{kT}\right) \prod_j \left(\frac{q_j kT}{Vp}\right)^{\nu_j} \tag{6-67}$$

显然，K_x 为温度及压力的函数，即 $K_x = K_x(T,p)$。

各种平衡常数之间存在下列关系：

$$K_p^\ominus = K_c \left(\frac{kT}{p^\ominus}\right)^{\Delta\nu_j} = K_x \left(\frac{p}{p^\ominus}\right)^{\Delta\nu_j} = K_n \left(\frac{kT}{p^\ominus V}\right)^{\Delta\nu_j}$$

当 $\Delta\nu_j = 0$ 时，有 $K_p^\ominus = K_c = K_x = K_n$。

【例 6-4】 求反应 $H_2(g) + I_2(g) \Longrightarrow 2HI(g)$ 在 298K 和 800K 下的标准平衡常数 $K_p^\ominus$，下表列出了相关的实验数据。

物质	$M/(g \cdot mol^{-1})$	Θ_r/K	Θ_v/K	$D_0/(10^{-19}J)$
$H_2(g)$	2.016	87.5	5986	7.171
$I_2(g)$	253.81	0.054	306.8	2.470
$HI(g)$	127.91	9.43	3209	4.896

解 该反应为等分子反应，即 $\Delta\nu_j = 0$，$\Delta D_0 = 2D_{0,HI} - D_{0,H_2} - D_{0,I_2} = 1.51 \times 10^{-20}$J，因此可得

$$K_p^\ominus = K_n = \frac{q_{HI}^2}{q_{H_2} q_{I_2}} \exp\left(\frac{1094.2}{T}\right)$$

本题不考虑核及电子运动。计算时，根据配分函数的可分解性，将上式中的配分函数积分解为平动、转动及振动项的积，即

$$\frac{q_{HI}^2}{q_{H_2} q_{I_2}} = \left(\frac{q_{t,HI}^2}{q_{t,H_2} q_{t,I_2}}\right) \left(\frac{q_{r,HI}^2}{q_{r,H_2} q_{r,I_2}}\right) \left(\frac{q_{v,HI}^2}{q_{v,H_2} q_{v,I_2}}\right) = f_t f_r f_v$$

其中，平动项为 $f_t = \dfrac{q_{t,HI}^2}{q_{t,H_2} q_{t,I_2}} = \left(\dfrac{M_{HI}^2}{M_{H_2} M_{I_2}}\right)^{3/2} = 180.81$，此项与温度无关。

计算转动项：对 $I_2(g)$，可认为 $T \gg \Theta_{r,I_2}$，用式(6-42b)，即 $q_{r,I_2} = \dfrac{T}{2\Theta_{r,I_2}}$。对 $H_2(g)$ 及 $HI(g)$，都不满足 $T \gg \Theta_r$ 的条件，需用式(6-43)，即

$$q_{r,H_2} = \frac{T}{2\Theta_{r,H_2}} \left[1 + \frac{1}{3}\frac{\Theta_{r,H_2}}{T} + \frac{1}{15}\left(\frac{\Theta_{r,H_2}}{T}\right)^2\right]$$

及

$$q_{r,HI} = \frac{T}{\Theta_{r,HI}} \left[1 + \frac{1}{3}\frac{\Theta_{r,HI}}{T} + \frac{1}{15}\left(\frac{\Theta_{r,HI}}{T}\right)^2\right]$$

代入数据可得

$$f_r(298K) = \frac{q_{r,HI}^2}{q_{r,H_2} q_{r,I_2}} = 0.1926$$

$$f_r(800K) = \frac{q_{r,HI}^2}{q_{r,H_2} q_{r,I_2}} = 0.2065$$

计算振动项：对 $H_2(g)$ 及 $HI(g)$，可认为 $\dfrac{\Theta_v}{T} \gg 1$，用式(6-47b)，即 $q_v = \dfrac{1}{1 - \exp(-\Theta_v/T)}$。298K 时，$q_{v,H_2} \approx 1$，$q_{v,HI} \approx 1$；800K 时，$q_{v,H_2} \approx 1$，$q_{v,HI} = 1.0184$。

对 $I_2(g)$，298K 或 800K 时，都不满足 $\frac{\Theta_v}{T} \gg 1$，故需用式(6-46)并取振动基态为零，即 $q_v = 1 + \exp\left(\frac{-\Theta_v}{T}\right) + \exp\left(\frac{-2\Theta_v}{T}\right) + \exp\left(\frac{-3\Theta_v}{T}\right) + \exp\left(\frac{-4\Theta_v}{T}\right) + \cdots$。在 298K 时，$q_{v,I_2} = 1.5462$（取 5 项）；在 800K 时，$q_{v,I_2} = 3.1076$（取 12 项）。所以，$f_v(298K) = \frac{q_{v,HI}^2}{q_{v,H_2}q_{v,I_2}} = 0.6467$，$f_v(800K) = \frac{q_{v,HI}^2}{q_{v,H_2}q_{v,I_2}} = 0.3337$。从 $K_p^\ominus = f_t f_r f_v \exp\left(\frac{1094.2}{T}\right)$ 得 $K_p^\ominus(298K) = 885.6$ 及 $K_p^\ominus(800K) = 48.9$。

用热力学方法得到的文献值分别为 $K_p^\ominus(298K) = 877.8$ 及 $K_p^\ominus(800K) = 49.3$。

6.5.4 正规溶液的统计热力学处理

液体不同于气体和晶体，但从粒子的运动特征来看，液体粒子与晶体粒子更接近一些，因此，为研究溶液建立了似晶格模型。模型假设形成溶液的溶质和溶剂分子大小、形状相近，这样溶液中某分子周围与之紧邻的分子个数与其在纯态时相同，且溶液中各个分子周围与之紧邻的分子个数也应该相同。将一个分子周围与之紧邻的分子个数拟称为"配位数"，记为 z。

在确定的温度、压力条件下，组分 B 和组分 D 混合形成溶液时，分子间的相互作用能会随之变化。相互作用能是指将构成溶液的分子从相距无限远处推至溶液状态下所处的位置时所消耗的能量，分别以 ω_{BB}、ω_{DD} 和 ω_{BD} 代表 B-B、D-D 和 B-D 分子对的相互作用能，则 N_B 个纯 B 分子所构成的 B-B 分子对有 $\frac{1}{2}N_B$ 个，对应的相互作用能为 $U_B = \frac{1}{2}N_B\omega_{BB}$；$N_D$ 个纯 D 分子所构成的 D-D 分子对有 $\frac{1}{2}N_D$ 个，对应的相互作用能为 $U_D = \frac{1}{2}N_D\omega_{DD}$；形成溶液后，若溶液中 B-D 分子对的数目为 N_{BD} 个，则由 N_B 个 B 分子和 N_D 个 D 分子所构成的溶液中，B-B 分子对有 $\frac{1}{2}(N_B - N_{BD})$ 个，D-D 分子对有 $\frac{1}{2}(N_D - N_{BD})$ 个，溶液中分子间的相互作用能为

$$U = \frac{1}{2}(N_B - N_{BD})\omega_{BB} + \frac{1}{2}(N_D - N_{BD})\omega_{DD} + N_{BD}\omega_{BD}$$

$$U = \frac{1}{2}N_B\omega_{BB} + \frac{1}{2}N_D\omega_{DD} + N_{BD}\left(\omega_{BD} - \frac{1}{2}\omega_{BB} - \frac{1}{2}\omega_{DD}\right)$$

即
$$U = U_B + U_D + N_{BD}w_{BD} \tag{6-68}$$

式中，w_{BD} 为拆开一个 B-B 分子对和一个 D-D 分子对，形成两个 B-D 分子对时，能量变化值的一半，可称为 B-D 分子对的结合能。显然，溶液分子间的相互作用能 U 将随着溶液中 B-D 分子对的数目 N_{BD} 不同而不同，N_{BD} 又与溶液中组元 B 和 D 的组成有关。

平衡条件下，在溶液某位置 f 点找到 B 的概率等于 B 在溶液中的组成 $x_B = \frac{N_B}{N_B + N_D}$，在相邻位置 $(f+1)$ 处找到 D 的概率等于 D 在溶液中的组成 $x_D = \frac{N_D}{N_B + N_D}$，又因 B-D 分子对与 D-B 分子对是不可区别的，在位置相邻的 $(f, f+1)$ 处找到 B-D 对的概率为 $2x_A x_B$。因此溶液中 B-D 对

的总数为 $N_{BD} = \dfrac{zN_B N_D}{N_B + N_D}$，代入式(6-68)得

$$U = U_B + U_D + \frac{zN_B N_D}{N_B + N_D} w_{BD}$$

溶液中组元的分布达到平衡分布，其简并度为 $g = \dfrac{(N_B + N_D)!}{N_B! N_D!}$，故此二元溶液体系的配分函数为

$$q = g\exp\left(-\frac{U}{kT}\right) = \frac{(N_B + N_D)!}{N_B! N_D!} \exp\left[-\frac{U_B + U_D + zN_B N_D w_{BD}/(N_B + N_D)}{kT}\right]$$

所以二元溶液体系的亥姆霍兹自由能为

$$A = -kT \ln q = -kT\left[\ln g - \frac{U_B + U_D + zN_B N_D w_{BD}/(N_B + N_D)}{kT}\right]$$

$$A = U_B + U_D - kT \ln \frac{(N_B + N_D)!}{N_B! N_D!} + \frac{zN_B N_D w_{BD}}{N_B + N_D}$$

同理，形成溶液之前，纯 B 和纯 D 的亥姆霍兹自由能分别为

$$A_B = U_B - kT \ln \frac{N_B!}{N_B!} = U_B, \quad A_D = U_D - kT \ln \frac{N_D!}{N_D!} = U_D$$

因此，形成该二元溶液体系的亥姆霍兹自由能变化量为

$$\Delta_{mix} A = kT \ln\left[\frac{N_B! N_D!}{(N_B + N_D)!}\right] + \frac{zN_B N_D w_{BD}}{N_B + N_D}$$

结合斯特林公式可得

$$\Delta_{mix} A = kT(N_B \ln x_B + N_D \ln x_D) + z(N_B + N_D) x_B x_D w_{BD}$$

即

$$\Delta_{mix} A_m = RT(x_B \ln x_B + x_D \ln x_D) + zL x_B x_D w_{BD}$$

与式 $\Delta A = \Delta U - T\Delta S$ 对比可得

$$\Delta_{mix} U_m = zL x_B x_D w_{BD}$$

$$\Delta_{mix} S_m = R(x_B \ln x_B + x_D \ln x_D)$$

由于正规溶液的模型假设形成溶液组分的分子大小、形状相近，溶液中各分子的"配位数" z 相同。因此，正规溶液的 $\Delta_{mix} V = 0$，再由 $G = A + pV$ 和 $H = U + pV$ 可推知

$$\Delta_{mix} G_m = \Delta_{mix} A_m = RT(x_B \ln x_B + x_D \ln x_D) + zL x_B x_D w_{BD}$$

$$\Delta_{mix} H_m = \Delta_{mix} U_m = zL x_B x_D w_{BD}$$

所以，正规溶液的超额热力学函数分别为

$$S_m^E = \Delta_{mix} S_m - \Delta_{mix} S_m^{id} = 0, \quad H_m^E = zL x_B x_D w_{BD}$$

$$G_m^E = zL x_B x_D w_{BD} = H_m^E = RT(x_B \ln \gamma_B + x_D \ln \gamma_D)$$

可见，正规溶液对理想溶液的偏差来自于超额焓，本质上来自于相互作用能 w_{BD}，偏差的宏观表现就是存在热效应，$\Delta_{mix} H \neq 0$。由上式可得

$$zx_B x_D w_{BD} = kT(x_B \ln\gamma_B + x_D \ln\gamma_D)$$

而 $x_A x_B = x_A^2 x_B + x_B^2 x_A$，代入上式，比较等式两边的物理量可得

$$\ln\gamma_B = x_D^2 \frac{zw_{BD}}{kT}, \quad \ln\gamma_D = x_B^2 \frac{zw_{BD}}{kT}$$

可见，正规溶液对拉乌尔定律产生的偏差取决于相互作用能 w_{BD} 和溶液浓度 x_i。

复习思考题

1. 什么是微观状态？此概念有什么意义？
2. 简并度能否作为容纳相同能量粒子的房间数理解？
3. 分子配分函数一般只考虑平动配分函数、转动配分函数和振动配分函数，而不考虑电子配分函数，试说明原因。
4. 在相空间中求配分函数有什么优点？所得结果与一般无异，是巧合吗？
5. 晶体中一个粒子的振动为什么能当作三个单个谐振子看待？
6. 统计热力学研究的主要研究对象是什么？
7. 玻尔兹曼分布的微观状态数为什么能代替体系总的微观状态数？
8. 定域子体系的微观状态数为什么比离域子体系的微观状态数大得多？
9. 纯物质的完整晶体的总的微观状态数 Ω 在温度 $T \to 0K$ 时为多少？
10. 什么是转动的对称因子 σ？下列分子的转动对称因子各为多少？
    (1) H_2；(2) HBr；(3) H_2O；(4) 邻二溴苯；(5) 对二溴苯。
11. 量子效应显著的粒子退化为经典粒子的条件是什么？如果从简并度 g_i 与 N_i 考虑会有什么结果？
12. 统计热力学研究的基本方法是什么？
13. 配分函数与热力学函数联系的桥梁是什么？
14. 在一个双原子分子的气体体系中，对压力有影响的是什么配分函数？
15. 当温度趋于绝对零度 0K 时，玻尔兹曼分布的形式如何？
16. 能量分布是什么意思？
17. 共同能量零点标度不同对热力学函数有无影响？哪些没有影响？

习　题

1. 设有一定域子体系，由三个单维谐振子组成，体系的能量为 $\frac{11}{2}h\nu$，三个谐振子在三个固定的位置上振动，求体系可能出现几种分布和体系总的微观状态数。
   答案：4，15。

2. (1) 设有三个穿绿色、两个穿灰色和一个穿蓝色制服的军人一起列队，有多少种队列方式？现设穿绿色制服的有三种肩章，并任取其一种佩戴，穿灰色制服的有两种肩章，而穿蓝色制服的有四种肩章，列出求队形数目的公式。
   (2) 证明含有 N 个粒子的定域子体系，某种分布的微观状态数为
   $$t_x = N! \prod \frac{g_i^{N_i}}{N_i!} \quad (g_i \text{ 为相应的简并度})$$

3. 设有一圆柱形铁皮筒，体积为 $V_0 = \pi R^2 l = 1.00 dm^3$。铁皮面积为 $A = 2\pi R^2 + 2\pi R l$，铁皮面积为最小时，圆柱半径 R 和高 l 之间有什么关系？至少需要消耗多少铁皮？
   答案：$l = 2R$，$10.215 dm^2$。

4. 当热力学体系的熵函数增加 $0.1484 J\cdot K^{-1}$ 时，体系微观状态数增加多少？
   答案：3.03×10^{23}。

5. 证明玻尔兹曼分布的微观状态公式为 $\ln t_m = \ln\left[q^N \exp\left(\dfrac{U}{kT}\right)\right]$，其中 $q = \sum g_i \exp\left(-\dfrac{\varepsilon_i}{kT}\right)$，$U = \sum N_i \varepsilon_i$，并证明能量零点的选择不影响上式的结果。

6. 用配分函数表示单原子理想气体的吉布斯自由能 G 和焓 H。

7. 证明双原子分子 $U_r = NkT$ 和 $U_v = NkT$。

8. 计算 298.15K 和 101325Pa 下，1mol 氮的转动熵。已知 $I_{N_2} = 13.9 \times 10^{-47} kg \cdot m^2$。

   答案：$41.07 J \cdot K^{-1} \cdot mol^{-1}$。

9. HD 的 $\Theta_r = 66K$，计算 30K 和 40K 的平均转动能，并估算在 35K 转动能对热容的贡献。

   答案：$249.42 J \cdot mol^{-1}$，$332.56 J \cdot mol^{-1}$，$290.99 J \cdot mol^{-1}$，R。

10. 计算双原子分子 CO 在 101325Pa、400K 时的 $C_{V,m}$ 值，并将实验值 $21.109 J \cdot mol^{-1} \cdot K^{-1}$ 与计算结果进行比较。已知：CO 的 $\Theta_v = 3070K$，$\Theta_r = 2.77K$。

    答案：$21.021 J \cdot K^{-1} \cdot mol^{-1}$。

11. 计算 101325Pa、298K 时 SO_2 分子内部转动对热力学函数的贡献。已知各方向上的转动惯量为 $I_x = 1.386 \times 10^{-46} kg \cdot m^2$，$I_y = 8.143 \times 10^{-46} kg \cdot m^2$，$I_z = 9.529 \times 10^{-46} kg \cdot m^2$，设 SO_2 为线形分子。

    答案：$G_r = A_r = -21.490 kJ \cdot mol^{-1}$，$S_r = 84.586 J \cdot K^{-1} \cdot mol^{-1}$，$H_r = U_r = 3.716 kJ \cdot mol^{-1}$，$C_{p,r} = C_{V,r} = 1.5R$。

12. 若一个粒子的能级 ε_i 的有效状态数与该粒子有效状态数和之比等于 2×10^{-16}，则体系中 N 个粒子在能级 ε_i 出现的概率为多少？

    答案：2×10^{-16}。

13. 已知反应 $H_2(g) + D_2(g) = 2HD(g)$ 的 $\Delta_r U_m^{\ominus}(0K) = 65404 J \cdot mol^{-1}$，在 300K 时有关数据如下：

物质	$m \times 10^{27}/kg$	$I \times 10^{47}/(kg \cdot m^2)$
$H_2(g)$	3.345	0.458
$HD(g)$	6.689	0.613
$D_2(g)$	5.018	0.919

   求此反应在 300K 时的 K_c。

   答案：3.28。

14. 在海平面的大气组成以体积分数记为 N_2 78%、O_2 21%，其余气体为 0.01%，假定大气柱在整个高度内的平均温度为 220K，求三种气体在海拔 10km、60km、500km 处的分压。已知空气的相对分子质量为 28.959。

    答案：17.4kPa，3.8kPa，978.8Pa； 9.6Pa，0.72Pa，2.6×10^{-3}Pa； 2.1×10^{-28}Pa，1.2×10^{-33}Pa，2.9×10^{-44}Pa。

15. 根据 $U = NkT^2\left(\dfrac{\partial \ln q}{\partial T}\right)_{N,V}$ 及各种运动的配分函数 q_t，q_r，q_v，求 2mol 双原子分子组成的理想气体系统的 $C_{p,m}$。

    答案：$9R$。

16. 用配分函数计算 $I_2(g) = 2I(g)$ 的 K_p。已知 I_2 的转动惯量 $I_{I_2} = 742.6 \times 10^{-47} kg \cdot m^2$，振动频率 $\nu = 21367 m^{-1}$，离解能 $D_{I_2} = 148.45 kJ \cdot mol^{-1}$，根据光谱数据得 $q_e = 4$。将计算结果与实验值比较可得出什么结论？

    答案：4.603×10^{-25}。

第7章 化学反应动力学基础

研究任何一个化学反应,尤其将其应用于生产实践时,都会涉及两个根本的问题:一是反应的方向及在指定条件下进行的最大限度;二是在指定条件下反应进行的快慢(速率)及历程(机理)。前者是化学热力学的研究范畴,后者是化学动力学的研究范畴。因此,化学反应动力学是研究化学反应速率及机理的科学,是物理化学的重要组成部分。

7.1 化学反应动力学概述

7.1.1 化学反应动力学的任务

如果一个反应在热力学上判断为不可能发生,当然就不需要再考虑其速率及机理问题。但若一个反应在热力学上判断为可能发生,则如何使这个反应能以一定的速率进行,就成为主要问题。平衡态热力学只研究讨论化学反应从给定始态过渡到给定终态的可能性,完全不涉及化学反应所经由的途径及中间步骤,因此用热力学的方法只能判断化学反应进行的方向和限度,解决反应的可能性问题,却不能揭示反应的机理,不能预言反应的速率,即不能解决反应的现实性问题。

例如,下面三个化学反应在 298K、$p^\ominus$ 下:

① $H_2(g) + 0.5O_2(g) == H_2O(l)$ $\quad\quad\quad\quad \Delta_r G_m^\ominus = -237.2 \text{kJ} \cdot \text{mol}^{-1}$

② $NO(g) + 0.5O_2(g) == NO_2(g)$ $\quad\quad\quad\quad \Delta_r G_m^\ominus = -34.85 \text{kJ} \cdot \text{mol}^{-1}$

③ $0.5N_2(g) + 1.5H_2(g) == NH_3(g)$ $\quad\quad\quad\quad \Delta_r G_m^\ominus = -16.63 \text{kJ} \cdot \text{mol}^{-1}$

根据热力学原理,在指定条件下,上述三个反应都可以从左向右进行,且反应①发生的趋势比反应②、反应③大很多。但是实际上反应①在上述条件下几乎观察不到水的生成;相反,反应②的速率却非常快,NO(g) 遇到氧气立刻变成红棕色的 $NO_2(g)$;反应③的速率也很慢。因此,上述三个反应在热力学角度都可进行,但反应①和反应③在动力学角度是不利的。改变外界条件,可以改变其动力学上不利的情况。例如,在反应①的氢、氧混合物中加入火花或者催化剂(如铂黑),或者把它们加热到 800℃ 以上,反应速率会变得很快,能在瞬间完成,以至于发生爆炸;如果将反应③的混合气体中加入铁网作催化剂,并升温至 450℃,生成氨气的速率也会大大提高。

从上述例子可以看出,如果一个反应只是热力学上有利,而在动力学上不利,则该反应还是不能真正实现。因此,化学反应动力学的研究具有非常重要的意义。

又如,卤化氢在 700K 以上的气相制备,对氯、溴、碘来说,其计量方程式及实验测定的反应速率与反应组分浓度的函数关系(速率方程)分别为

① $H_2(g) + Cl_2(g) == 2HCl(g)$ $\quad\quad\quad\quad r_1 = kc_{H_2}\sqrt{c_{Cl_2}}$

② $H_2(g) + Br_2(g) == 2HBr(g)$ $\quad\quad\quad\quad r_2 = \dfrac{kc_{H_2}\sqrt{c_{Br_2}}}{1+\dfrac{k'c_{HBr}}{c_{Br_2}}}$

③ $H_2(g) + I_2(g) \rightleftharpoons 2HI(g)$ $r_3 = kc_{H_2}c_{I_2}$

计量方程式如此相似的化学反应，为什么其速率会有不同的规律性？这是因为反应的机理不同。因此，要真正掌握反应速率的特征和规律性，就必须研究反应的机理。物质的结构决定物质的性质，反应速率及机理一定与参与反应的物质的结构密切相关。因此，化学反应动力学的重要任务之一就是揭示分子的结构与其反应性能之间的关系。

综上所述，化学反应动力学的基本任务就是研究化学反应进行的速率以及反应条件(如浓度、压力、温度、辐射、介质、催化剂等)对反应速率的影响；揭示化学反应的机理(反应历程)；研究物质的结构和反应能力之间的关系。其最终目的是更深入了解并进而控制化学反应速率，以满足生产和科学研究的需要。

7.1.2 化学反应动力学的发展概况

早在18世纪就有人类研究化学反应速率与反应物浓度关系的记录，但在很长一段时间内，这类研究是孤立的、零散的。化学反应动力学作为一门相对独立的学科得以发展，至今只有一百多年，且主要经历了下面三个重要的发展阶段。

(1) 宏观反应动力学阶段，大体上是从19世纪末至20世纪初。这一阶段研究的对象是总包反应(宏观反应)，主要通过改变温度、压力、浓度等宏观条件，研究外界条件对反应速率的影响。该阶段的主要成就之一是提出了质量作用定律，使化学反应动力学开始了定量的、系统的研究；而阿伦尼乌斯(Arrhenius)公式的提出及其对活化能这个重要概念的合理分析与解释，为化学反应动力学的理论研究奠定了坚实的基础，对化学反应动力学的发展具有重要的意义。

(2) 元反应动力学阶段，大体上是从20世纪初至20世纪50年代。在宏观反应动力学研究成果的基础上，科学家们开始尝试从理论上阐述反应动力学规律。随着反应速率的简单碰撞理论和过渡态理论的出现，以及对链反应的发现与研究，化学反应动力学的研究由宏观动力学向微观动力学过渡，研究的对象也由总包反应深入到组成总包反应的基本步骤即基元反应。

(3) 微观反应动力学阶段。20世纪50年代以后，随着快速测量技术的提高、分子束散射和激光技术的问世以及发展应用、计算机技术的应用等，化学反应动力学取得了全面发展。例如，应用闪光光解技术，可以观测到极短寿命自由基的存在；随着时间分辨率提高到10^{-15}s的数量级，可以研究极快速反应的动力学；飞秒激光器的研制成功，使人类观测到了化学键在原子尺度上的振动；分子束和激光技术的发展和应用，促成了分子反应动态学(或称微观反应动力学)的建立，使化学家能够深入到研究态-态反应的层次，即研究由不同量子态的反应物转化为不同量子态的产物的速率及反应的细节，从而可以直接获得反应过程中的微观信息，使化学反应动力学的研究进入到一个崭新的阶段。

百余年来化学反应动力学的发展很快，但是也应指出，化学反应动力学所形成的理论尚不完善，要从定量的角度说明或解决化学反应的动力学问题还有待人类继续不断地努力。

7.1.3 化学反应动力学的基本概念

1. 化学反应速率

在包含化学反应的系统中，随着反应的进行，反应物的量随时间增加而减少，产物的量随时间增加而增加。为了描述反应的进展情况，可以用某反应物组分的量随时间的减少来表示，也可用某产物组分的量随时间的增加来表示。例如，对恒容条件下的某均相反应，其反应速率可表示(定义)为：$r_B = \pm \frac{1}{V}\frac{dn_B}{dt} = \pm \frac{dc_B}{dt}$，当 B 为产物组分时取正号，B 为反应物组分时取负号。但由于反应物和产物的化学计量系数不一定相同，因而选择的组分 B 不同，反应的速率也会不同。

对某化学反应，其反应进度(ξ)的数值只有一个，因此采用反应进度随时间的变化率来表示反应速率则不会产生这样的矛盾。对于任意反应

$$a\text{A} + d\text{D} \Longrightarrow e\text{E} + f\text{F} \tag{7-1}$$

或写为

$$0 = \sum_B \nu_B \text{B}$$

式中，ν_B 为 B 的化学计量系数，对于产物为正，对于反应物为负。

化学反应速率 r 定义为：单位体积中反应进度随时间的变化率，即

$$r = \frac{1}{V}\frac{d\xi}{dt} \tag{7-2a}$$

式中，V 为时间 t 时反应系统的体积。因为 $d\xi = \frac{dn_B}{\nu_B} = -\frac{dn_A}{a} = -\frac{dn_D}{d} = \frac{dn_E}{e} = \frac{dn_F}{f}$，所以反应速率 r 也可写为

$$r = \frac{1}{V}\frac{d\xi}{dt} = \frac{1}{\nu_B} \cdot \frac{dn_B}{Vdt} \tag{7-2b}$$

若反应式(7-1)为恒容条件下的均相反应，则反应速率可具体写为

$$r = \frac{1}{\nu_B} \cdot \frac{dc_B}{dt} = -\frac{1}{a} \cdot \frac{dc_A}{dt} = -\frac{1}{d} \cdot \frac{dc_D}{dt} = \frac{1}{e} \cdot \frac{dc_E}{dt} = \frac{1}{f} \cdot \frac{dc_F}{dt} \tag{7-2c}$$

或写为

$$r = \frac{r_B}{\nu_B} = \frac{r_A}{a} = \frac{r_D}{d} = \frac{r_E}{e} = \frac{r_F}{f} \tag{7-2d}$$

也就是说，具体表示反应速率还是要选择某确定组分，并用 r_B 表示，但 r_B 与反应速率 r 之间有确定的比例关系。

另外，根据实际需要，与物质的量呈线性相关的物理量(如气体的压力、溶液的电导等)随时间的变化率都可以作为反应速率的定义。

2. 反应速率的测定

测定反应速率是化学反应动力学研究最基本的步骤。根据上述反应速率的定义，要测定反应速率，首先要测定出不同时刻某反应组分的量(浓度)，得到组分的量(浓度 c)随时间 t 的变化曲线(通常称为动力学曲线)，在某时刻 t 该曲线的斜率就是该反应的速率。在具体研究过程中，常通过与反应组分的量(浓度)相关的物理量测定来确定反应的速率。

反应开始($t = 0$)时的速率一般称为反应的初速，反应初速是动力学研究中的一个重要参数。因为有些反应随着时间的延长，副反应增多，所以反应的初速数据比较准确。对于一般的反应而言，由于反应过程中反应物浓度不断下降，反应速率会随时间增加而减慢，所以反应的初速一般有最大值。

测定反应的动力学曲线的方法有很多。依测量技术不同可分为化学法和物理法两类。化学法是在不同的反应时刻取出少量的反应混合物样品，立即使反应停止(如可采取突然降温、冲

稀、加入阻化剂或移走催化剂的方法)，直接用化学方法分析样品中指定组分的浓度。此法的优点是能直接测定各时刻浓度的绝对值，但操作烦琐，且有时没有合适的方法使反应终止。物理法是在反应过程中用仪器监测某一个与浓度呈线性关系的物理量的变化，从而获得反应过程中某一物种的浓度随时间的变化。常用作监测的物理量有压力、体积、电导率、折光度、旋光度、电动势、黏度等。用物理法跟踪浓度变化的好处是迅速且方便，对反应系统不产生干扰，可在反应容器中进行连续测定，易于实现自动记录。但需注意所选用的物理量须与待测物种的浓度呈线性关系，并且不受其他物质的干扰。

依反应器不同又可分为静态法和流动法。静态法就是将反应物混合在静置的容器中使其发生反应，这适合于较慢的化学反应。流动法所用的反应器是开放的(如一根细长的管子)，反应物连续地自反应器的一端以很高的流速进入，产物则连续地自反应器另一端流出，用物理法测定反应管不同距离的反应组分浓度，也可获得动力学曲线。流动法适合于研究较快速的反应。

3. 基元反应、总包反应、反应机理

一般的化学反应计量方程式只代表反应前后的物料平衡关系，并不代表反应的实际历程。例如，氢与碘化合生成碘化氢的气相反应，其计量方程式写为 $H_2(g) + I_2(g) = 2HI(g)$，它只表示反应物和产物的数量关系，并不代表一个 $H_2(g)$ 分子与一个 $I_2(g)$ 分子直接碰撞生成两个 $HI(g)$ 分子。

由反应物微粒直接碰撞生成产物微粒的反应称为基元反应；由两个或两个以上基元反应构成的反应称为总包反应或复杂反应，也称为非基元反应；而一个化学反应所包含的基元反应按序排列的集合就称为该反应的反应机理。例如，上述碘化氢气相合成是一个非基元反应，它是通过下面三个基元反应逐步实现的，即该反应的反应机理为

① $I_2 = 2I \cdot$

② $2I \cdot = I_2$

③ $2I \cdot + H_2 = 2HI$

反应机理中的反应①、反应②、反应③都是由反应物微粒直接反应生成产物微粒的基元反应。

4. 反应速率方程

很多外在因素(如浓度、压力、温度、辐射、介质、催化剂等)可以影响化学反应速率，通常将这些因素分为两类：一是浓度(物质的量)因素；二是除浓度以外的其他所有因素。第二类因素中尤以温度的影响最为显著。

在第二类因素不变的条件下，反应速率 r 与各反应组分浓度的函数关系式为 $r = f(c)$，称为反应的速率方程或微分速率方程。

非基元反应速率方程的具体形式目前只能通过动力学实验确定，其形式随反应的不同而不同。其大致可分为两种：一种为幂函数形式，即反应速率正比于各反应组分浓度幂的乘积，但各浓度幂指数不一定等于计量方程中相应物质的系数，如前述 $HCl(g)$ 及 $HI(g)$ 的生成反应的速率方程；另一种为非幂函数形式，如前述 $HBr(g)$ 的生成反应的速率方程。

5. 质量作用定律与基元反应速率方程

19 世纪中期，古德贝格(Guldberg)和瓦格(Waage)在总结大量前人工作基础上并结合他们

自己的实验结果，提出："化学反应速率与反应物的有效质量成正比(这里的质量其原意是指浓度)。"这个规律称为质量作用定律。随着学科的发展，该定律得到了进一步完善，现在为："基元反应的速率与各反应物浓度幂的乘积成正比，且浓度幂指数等于基元反应方程中各相应反应物的计量系数。"

例如，对基元反应 $a\text{A} + d\text{D} \Longrightarrow e\text{E} + f\text{F}$，由质量作用定律可直接写出其速率方程：

$$r = k c_\text{A}^a c_\text{D}^d$$

式中，比例系数 k 称为反应速率常数。

6. 反应级数与反应分子数

1) 反应级数

速率方程中函数 $f(c)$ 的形式随反应的不同而异，大多数反应的速率方程具有幂函数的形式。在这种具有幂函数形式的速率方程中，各物质浓度幂中的指数称为该物质的反应级数，所有物质的级数之和称为该反应的总级数或反应级数。

例如，对于反应 $a\text{A} + b\text{B} \Longrightarrow x\text{X} + y\text{Y}$，若实验测得其速率方程为

$$r = f(c) = k c_\text{A}^\alpha c_\text{B}^\beta c_\text{X}^\gamma c_\text{Y}^\delta \tag{7-3}$$

式中，α、β、γ 及 δ 分别被称为反应对于 A、B、X 及 Y 组分的级数；而 $n = \alpha + \beta + \gamma + \delta$ 称为反应(总)级数。可见，反应级数与反应组分的计量系数并无直接联系，反应级数也与反应写法无关。对于大多数反应，一般有 $\gamma \approx 0$ 及 $\delta \approx 0$，即反应速率只与反应物的浓度有关，而与产物的浓度无关；但对一些复杂反应，产物的浓度也可以出现在速率方程中。

反应级数是实验测定结果，可以是正整数、零，也可以是分数或负数。动力学研究中，通常按反应级数将反应分为零级反应($n = 0$)、一级反应($n = 1$)、二级反应($n = 2$)、三级反应($n = 3$)、分数级数反应等。反应级数还可能因反应条件不同而发生变化。例如，蔗糖的水解反应，已测得反应速率方程为 $r = k c_{蔗糖} c_{水}$，这是一个二级反应；但是当水大大过量时，反应表现为一级，称为准一级反应。

对于不具有幂函数形式速率方程的反应，如 $\text{H}_2(\text{g}) + \text{Br}_2(\text{g}) \Longrightarrow 2\text{HBr}(\text{g})$，则没有反应级数的概念。这类反应一般称为无确定级数反应。

2) 反应分子数

化学反应发生的必要条件之一是，反应物粒子(分子、离子、自由基或自由原子等)之间要有碰撞。能够导致反应发生所需要的最少碰撞粒子数称为反应分子数。显然，反应分子数的概念只对基元反应才有意义，其值等于基元反应中各反应物的计量系数之和。反应分子数也只能是正整数。常见的反应分子数有 1、2 和 3。

反应分子数为 1 的反应称为单分子反应，多见于分解反应或异构化反应，如 $\text{C}_2\text{H}_5\text{Cl} \Longrightarrow \text{C}_2\text{H}_4 + \text{HCl}$。

反应分子数为 2 的反应称为双分子反应，大多数基元反应是双分子反应，如氯化氢气相合成中的 $\text{Cl}\cdot + \text{H}_2 \Longrightarrow \text{HCl} + \text{H}\cdot$、$\text{H}\cdot + \text{Cl}_2 \Longrightarrow \text{HCl} + \text{Cl}\cdot$ 等。

三分子反应非常少见(是否存在尚有争议)，一般只出现在有自由基或自由原子参与的反应中，如 $\text{Cl}\cdot + \text{Cl}\cdot + \text{M} \Longrightarrow \text{Cl}_2 + \text{M}$。更多个分子同时碰撞的概率几乎为零，故目前尚未发现更多分子数的反应。

7. 反应速率常数

在幂函数形式速率方程中，如式(7-3)，比例系数 k 称为反应速率常数，它是各反应物都为单位浓度时的反应速率，其数值与除浓度以外的其他所有反应条件(影响反应速率的第二类因素，如温度、溶剂、催化剂、反应容器等)有关。只有当各影响因素都不变化时，k 才是一个常数。

反应速率常数 k 是化学动力学研究中非常重要的物理量，其量纲与反应的级数有关。因此，从反应速率常数的量纲就能得到该反应的级数方面的信息。

7.2 化学反应动力学方程及反应级数的确定

在反应进行过程中，反应物浓度随时间的增加而减小，产物浓度随时间的增加而增大。反应系统中某组分的浓度(量)随时间变化的关系式为 $c_B = f(t)$，称为反应的动力学方程。反应的动力学方程可由相应的速率方程积分求得，故也可称动力学方程为积分速率方程。

只有对具有幂函数型速率方程且幂指数为简单整数的反应，才有可能从微分速率方程积分运算得到其动力学方程。本节主要讨论这类具有简单级数的反应速率方程及动力学方程。

7.2.1 一级反应

一级反应的反应速率与反应物浓度的一次方成正比。若有一级反应为 A ═══ P，其速率方程为

$$r = r_A = -\frac{dc_A}{dt} = k_1 c_A \tag{7-4a}$$

这种类型的一级反应可称为纯一级反应。式中，c_A 为反应物 A 的浓度。设反应刚开始，即 $t = 0$ 时反应物的初始浓度为 $c_{A,0}$，则有

$$\int_{c_{A,0}}^{c_A} -\frac{dc_A}{c_A} = \int_0^t k_1 dt$$

可得

$$\ln \frac{c_{A,0}}{c_A} = k_1 t \tag{7-4b}$$

也可写为

$$c_A = c_{A,0} \exp(-k_1 t) \tag{7-4c}$$

若令 $y = \dfrac{c_{A,0} - c_A}{c_{A,0}}$ (反应物的转化率)，则有

$$\ln \frac{1}{1-y} = k_1 t \tag{7-4d}$$

反应物浓度降低至初始浓度的一半所对应的时间，称为反应的半衰期，用 $t_{1/2}$ 表示。从式(7-4d)可得

$$t_{1/2} = \frac{\ln 2}{k_1} = \frac{0.693}{k_1} \tag{7-4e}$$

一级反应具有如下特点：

(1) 速率常数 k_1 的单位为时间单位的倒数([时间]$^{-1}$，如 s^{-1})，与所用浓度单位无关。

(2) $\ln c_A$ 与 t 呈线性关系，由直线的斜率可求出 k_1。

(3) 一级反应的半衰期与其速率常数成反比，与反应物的初始浓度无关。

(4) 一级反应的反应物浓度 c_A 随时间 t 呈指数性衰减，只有当 $t \to \infty$ 时，才有 $c_A = 0$，因此，一级反应需无限长时间才能完成。

实践中一级反应的例子很多，以下各类反应都是 $r_A = k_1 c_A$ 的纯一级反应：

(1) 大多数的热分解反应，如 $N_2O_5(g) = N_2O_4(g) + 1/2\ O_2(g)$。

(2) 某些有机物分子的重排反应，如顺丁烯二酸转变为反丁烯二酸。

(3) 一般放射性元素的衰变反应，如 $Ra = Rn + \alpha$。

(4) 许多物质在水溶液中的水解反应为一级反应或准一级反应，如蔗糖的水解。

【**例 7-1**】 乙烷裂解制取乙烯的反应 $C_2H_6(g) = C_2H_4(g) + H_2(g)$ 为一级反应，已知 1073K 时的速率常数 $k = 3.43 \text{s}^{-1}$，试求当乙烷的转化率为 50% 和 75% 时分别需要多长时间。

解 乙烷转化 50% 所需的时间(半衰期)为

$$t_{1/2} = \frac{\ln 2}{k} = \frac{0.6932}{3.43} = 0.202(\text{s})$$

乙烷转化 75% 所需的时间为

$$t_{0.25} = \frac{1}{k} \ln \frac{1}{1-y} = \frac{1}{3.43} \ln \frac{1}{1-0.75} = 0.404(\text{s})$$

7.2.2 二级反应

二级反应的反应速率与反应物浓度的二次方成正比。若反应速率只与一种反应物浓度的平方成正比，这种反应称为纯二级反应；若反应速率与两种反应物浓度的一次方的乘积成正比，则称为混二级反应。

1. 纯二级反应

1) 反应类型 $A = P$

这类纯二级反应的速率方程为

$$r = r_A = -\frac{dc_A}{dt} = k_2 c_A^2 \tag{7-5a}$$

积分上式可得

$$\frac{1}{c_A} - \frac{1}{c_{A,0}} = k_2 t \tag{7-5b}$$

同样，若令 $y = \dfrac{c_{A,0} - c_A}{c_{A,0}}$ (反应物的转化率)，则有

$$\frac{y}{1-y} = c_{A,0} k_2 t \tag{7-5c}$$

所以，半衰期为

$$t_{1/2} = \frac{1}{c_{A,0} k_2} \tag{7-5d}$$

2) 反应类型 $2A = P$

这类纯二级反应的速率方程为

$$r = \frac{r_A}{2} = -\frac{1}{2}\frac{dc_A}{dt} = k_2 c_A^2 \tag{7-6a}$$

积分上式可得

$$\frac{1}{c_A} - \frac{1}{c_{A,0}} = 2k_2 t \tag{7-6b}$$

同样，若反应物的转化率为 y，则有

$$\frac{y}{1-y} = 2c_{A,0}k_2 t \tag{7-6c}$$

所以，半衰期为

$$t_{1/2} = \frac{1}{2c_{A,0}k_2} \tag{7-6d}$$

上述两类纯二级反应都具有如下特征：

(1) 速率常数 k_2 的单位为[浓度·时间]$^{-1}$，与浓度和时间的量纲都有关。
(2) $1/c_A$ 与时间 t 呈线性关系，由直线的斜率可求出 k_2。
(3) 半衰期与反应物的初始浓度 $c_{A,0}$ 成反比，与其速率常数成反比。
(4) 无限长时间反应完全。

【例 7-2】 气相中的 1,3-丁二烯的二聚反应为二级反应，简写为 $2A \rightleftharpoons B$，式中 A 代表丁二烯，B 代表其二聚体，即 3-乙烯基环己烯。下表前两列给出了反应在 860K 下，不同时刻测得的反应系统总压力 p_T。

$10^{-3}t/s$	p_T/kPa	$(2p_T - p_{A,0})$/kPa	$10^6 k_p/(kPa^{-1} \cdot s^{-1})$
0	84.54	84.54	
1.20	74.54	64.54	1.53
2.40	68.49	52.44	1.51
3.60	64.51	44.49	1.48
4.80	61.65	38.76	1.46
6.00	59.35	34.17	1.46
7.20	57.62	30.70	1.44
8.40	56.06	27.58	1.46
10.80	53.88	23.21	1.45
13.20	52.50	20.46	1.40
15.60	50.78	17.03	1.51

求其速率常数 k_p 和 k_c。(k_p 为反应速率以反应物压力对时间的变化率表示的速率常数，k_c 为反应速率以反应物浓度对时间的变化率表示的速率常数)

解 对于题给二级反应 $2A \rightleftharpoons B$，若反应开始前，B 组分的量为零，则组分量用浓度和用压力表示的动力学方程分别为 $\frac{1}{c_A} - \frac{1}{c_{A,0}} = 2k_2 t$ 及 $\frac{1}{p_A} - \frac{1}{p_{A,0}} = 2k_p t$。

对气相反应系统，容易测定反应系统的总压 p_T(或者总压 p_T 的变化)。因 $p_B = (p_{A,0} - p_A)/2$，故系统总压为 $p_T = p_A + p_B = (p_{A,0} + p_A)/2$，即 $p_A = 2p_T - p_{A,0}$，其结果列于上表第三列；再根据上述动力学方程计算可得 k_p 值，列于上表第四列，平均值为 1.47×10^{-6} kPa$^{-1} \cdot$ s^{-1}。

若为理想气体反应，则 $c_A = \frac{p_A}{RT}$，因此有 $-\frac{dc_A}{dt} = -\frac{1}{RT}\frac{dp_A}{dt}$。显然，$k_p = \frac{k_c}{RT}$，可求得 k_c 的

平均值为 $1.051 \times 10^{-2} \text{mol}^{-1} \cdot \text{dm}^3 \cdot \text{s}^{-1}$。

2. 混二级反应

混二级反应的计量方程式一般可写为 $A + F = P$，其速率方程为

$$r = -\frac{dc_A}{dt} = -\frac{dc_F}{dt} = k_2 c_A c_F \tag{7-7a}$$

当 A 和 F 的初始浓度相同，即 $c_{A,0} = c_{F,0}$ 时，式(7-7a)还原为式(7-5a)，相应结果与纯二级反应相同。

当 $c_{A,0} \neq c_{F,0}$ 时，为了对上式积分，必须找出变量 c_A 和 c_F 之间的关系，这可以从计量方程得到。

设 t 时产物的浓度为 x，则有 $c_A = c_{A,0} - x$，$c_F = c_{F,0} - x$，故式(7-7a)可写成：

$$\frac{dx}{dt} = k_2(c_{A,0} - x)(c_{F,0} - x)$$

运用初始条件 $t = 0$，$x = 0$，对上式积分，可得

$$\frac{1}{c_{A,0} - c_{F,0}} \ln \frac{c_{F,0}(c_{A,0} - x)}{c_{A,0}(c_{F,0} - x)} = k_2 t \tag{7-7b}$$

当 $c_{A,0} \neq c_{F,0}$ 时，混二级反应具有如下特点：

(1) 与纯二级反应相同，速率常数 k_2 的单位为[浓度·时间]$^{-1}$。

(2) $\ln \dfrac{c_{A,0} - x}{c_{F,0} - x}$，即 $\ln \dfrac{c_A}{c_F}$ 与时间 t 呈线性关系，直线的斜率为 $(c_{A,0} - c_{F,0})k_2$。

(3) 这类反应无半衰期概念；但对每种物质可应用半衰期的概念，每种物质的半衰期不同。

对于混二级反应，如果两种反应物的计量系数不相等，则在控制两反应物的初始浓度之比与各自的计量系数之比相等的情况下，其速率方程可简化为纯二级反应。若两种反应物的计量系数不相等，且两反应物的初始浓度之比与其计量系数之比也不相等，则积分过程较为烦琐，此处不予讨论。

实践中二级反应的例子非常多。纯二级反应的例子有：部分气相中的热分解反应，如 $2NO_2(g) = 2NO(g) + O_2(g)$；离子的分解反应，如 $2ClO^-(aq) = 2Cl^-(aq) + O_2(g)$；有机物的二聚反应，如 $2C_2H_4(g) = (C_2H_4)_2(g)$。混二级反应更为普遍，大量的双分子基元反应、溶液中的许多有机化学反应，如加成、取代、消除、酯化和皂化反应等，都是混二级反应。

【例 7-3】 对于乙酸乙酯皂化反应，在 298K 时，初始反应物乙酸乙酯(A)及氢氧化钠(F)的浓度分别为 $4.86 \times 10^{-3} \text{mol} \cdot \text{dm}^{-3}$ 及 $9.8 \times 10^{-3} \text{mol} \cdot \text{dm}^{-3}$。不同反应时间 t 下氢氧化钠的浓度列于下表：

t/s	0	178	273	531	866	1918	2401
$10^3 c_F/(\text{mol} \cdot \text{dm}^{-3})$	9.8	8.92	8.64	7.92	7.24	6.03	5.74

按二级反应确定其速率常数 k_2。

解 因 $c_{A,0} \neq c_{F,0}$，故该反应的动力学方程为 $\dfrac{1}{c_{A,0} - c_{F,0}} \ln \dfrac{c_{F,0} c_A}{c_{A,0} c_F} = k_2 t$。且 $c_A = (c_{A,0} - c_{F,0})$

$+c_F$，然后以 $\ln\dfrac{c_{F,0}c_A}{c_{A,0}c_F}$ 对 t 作图，可得一直线，直线的斜率为 $(c_{A,0}-c_{F,0})k_2 = -0.527$，从而求得反应速率常数 $k_2 = 0.107 (\text{mol}\cdot\text{dm}^{-3})^{-1}\cdot\text{s}^{-1}$。

【例 7-4】 氯化醇和碳酸氢钠反应制取乙二醇：

$$\text{CH}_2\text{OHCH}_2\text{Cl(A)} + \text{NaHCO}_3\text{(F)} =\!=\!= \text{CH}_2\text{OHCH}_2\text{OH} + \text{NaCl} + \text{CO}_2$$

已知该反应的速率方程为 $-\dfrac{dc_A}{dt} = kc_Ac_F$，355K 时测得反应的速率常数 $k = 5.20\,\text{mol}^{-1}\cdot\text{dm}^3\cdot\text{h}^{-1}$。试计算：

(1) 若溶液中氯乙醇、碳酸氢钠的初始浓度相同，$c_{A,0} = c_{F,0} = 1.20\,\text{mol}\cdot\text{dm}^{-3}$，氯乙醇转化 99.7% 需多长时间？

(2) 若溶液中氯乙醇和碳酸氢钠的初始浓度分别为 $c_{A,0} = 1.20\,\text{mol}\cdot\text{dm}^{-3}$，$c_{F,0} = 1.50\,\text{mol}\cdot\text{dm}^{-3}$，氯乙醇转化 99.7% 需多长时间？

解 (1) 由速率方程可知反应为二级反应，且两反应物初始浓度相同，故

$$t_1 = \frac{1}{k}\left(\frac{1}{c_A} - \frac{1}{c_{A,0}}\right) = \frac{1}{5.20}\left[\frac{1}{(1-99.7\%)\times 1.20} - \frac{1}{1.20}\right] = 53.26(\text{h})$$

(2) 因为两反应物初始浓度不同，故

$$t_2 = \frac{1}{k(c_{A,0}-c_{F,0})}\ln\frac{c_{F,0}c_A}{c_{A,0}c_F} = \frac{1}{5.20\times(1.20-1.50)}\ln\frac{1.50\times(1-99.7\%)\times 1.20}{1.20\times(1.50-1.20\times 99.7\%)} = 2.70(\text{h})$$

7.2.3 三级反应和零级反应

1. 纯三级反应

纯三级反应中，最简单的类型为 $A =\!=\!= P$，速率方程为

$$r = r_A = -\frac{dc_A}{dt} = k_3 c_A^3 \tag{7-8a}$$

积分上式可得

$$\frac{1}{c_A^2} - \frac{1}{c_{A,0}^2} = 2k_3 t \tag{7-8b}$$

半衰期为

$$t_{1/2} = \frac{3}{2c_{A,0}^2 k_3} \tag{7-8c}$$

若纯三级反应为 $2A =\!=\!= P$ 或 $3A =\!=\!= P$ 等类型，处理方式与此类似。
纯三级反应都具有如下特征：
(1) 速率常数 k_3 的单位为 [浓度]$^{-2}\cdot$[时间]$^{-1}$，与浓度和时间的单位都有关。
(2) $\dfrac{1}{c_A^2}$ 与时间 t 呈线性关系，由直线的斜率可求 k_3。
(3) 半衰期与反应物的初始浓度平方($c_{A,0}^2$)成反比，与其速率常数成反比。
(4) 无限长时间反应完全。

2. 混三级反应

实际中的三级反应比较少。液相中的三级反应举例如下：

$$2H^+ + (aq) + 3I^-(aq) + H_2O_2(aq) =\!\!= 2H_2O(l) + I_3^-(aq)$$

其速率方程为 $r = kc_{H^+}c_{I^-}c_{H_2O_2}$，属于混三级反应。

气相中的三级反应多为 $2A + B =\!\!= P$ 这种类型。例如，几个涉及 NO 分子的反应：

$$2NO(g) + O_2(g) =\!\!= 2NO_2(g)$$

$$2NO(g) + Cl_2(g) =\!\!= 2NOCl(g)$$

$$2NO(g) + Br_2(g) =\!\!= 2NOBr(g)$$

其速率方程为 $r = kc_A^2 c_B$，也属于混三级反应。

另外，自由原子或简单自由基的复合反应也属于这种类型。这种复合反应需要一个具有化学惰性的第三体分子 M 的存在，以便转移两个互相碰撞的自由原子复合时放出的巨大能量，以产生稳定的分子。例如，$Cl· + Cl· + M =\!\!= Cl_2(g) + M$。这种混三级反应实际上为准二级反应。

若控制反应物的初始浓度之比等于其计量系数之比，则混三级反应都可简化为最简单类型的纯三级反应，$A =\!\!= P$。

若反应物的初始浓度之比不等于其计量系数之比，则混三级反应速率方程的积分就比较复杂。例如，若有下列混三级反应

$$
\begin{array}{cccc}
 & 2A & + \quad B & =\!\!= \quad P \\
t = 0 & c_{A,0} & c_{B,0} & 0 \\
t = t & c_{A,0} - x & c_{B,0} - x/2 & x/2
\end{array}
$$

如果该反应的速率方程为 $r = kc_A^2 c_B$，则有

$$r = -\frac{1}{2}\frac{dc_A}{dt} = \frac{1}{2}\frac{dx}{dt} = k(c_{A,0} - x)^2 (c_{B,0} - x/2)$$

这个微分式的积分也是相当复杂的。

3. 零级反应

零级反应是指反应速率与反应物浓度无关，通常也有纯零级反应和混零级反应之分。但对纯零级反应，其速率方程为

$$r = -\frac{dc_A}{dt} = k_0 c_A^0 = k_0 \tag{7-9a}$$

积分上式，可得

$$c_{A,0} - c_A = k_0 t \tag{7-9b}$$

半衰期为

$$t_{1/2} = \frac{c_{A,0}}{2k_0} \tag{7-9c}$$

零级反应都具有如下特征：

(1) 速率常数 k_0 的单位为[浓度]·[时间]$^{-1}$，与浓度和时间的单位都有关。
(2) 反应物浓度 c_A 与时间 t 呈线性关系，由直线的斜率可求 k_0。
(3) 半衰期与反应物的初始浓度 $c_{A,0}$ 成正比，与其速率常数成反比。
(4) 有限时间内 ($t = c_{A,0}/k_0$) 反应完全。

实践中真正的纯零级反应并不多见，已知的零级反应中最常见的是在表面上发生的多相反应。例如，氧化亚氮在铂丝上的分解反应 $2N_2O =\!\!= 2N_2 + O_2$、高压下氨在钨丝上的分解反

应 $2NH_3 \rightleftharpoons N_2 + 3H_2$ 等。这些反应之所以是零级的，其原因在于它们都是只有在金属催化剂表面上才能进行的反应；当金属表面已被气体分子所饱和时，再增加气相物质的浓度(压力)也不能改变表面上反应物的浓度，因此反应速率就不再依赖于气相的浓度，表现为零级反应。

7.2.4 纯 n 级反应及简单级数反应的特征比较

反应类型为 $A \rightleftharpoons P$ 的纯 $n(n \neq 1)$ 级反应，其速率方程为

$$r = r_A = -\frac{dc_A}{dt} = k_n c_A^n \tag{7-10a}$$

积分上式，可得

$$\frac{1}{c_A^{n-1}} - \frac{1}{c_{A,0}^{n-1}} = (n-1)k_n t \tag{7-10b}$$

半衰期为

$$t_{1/2} = \frac{2^{n-1} - 1}{(n-1)k_n c_{A,0}^{n-1}} \tag{7-10c}$$

纯 $n(n \neq 1)$ 级反应的特征可自行总结。

为了便于查阅与比较，将前述几种具有简单级数反应的速率方程及其特征一并列入表 7-1 中。人们常根据这些特征来判别或确定反应的级数。

表 7-1 简单级数反应的速率方程及特征

级数	反应类型	速率方程	动力学方程	半衰期 $t_{1/2}$	速率常数 k 的单位
0	$A \rightleftharpoons P$	$-\dfrac{dc_A}{dt} = k_0$	$c_{A,0} - c_A = k_0 t$	$\dfrac{c_{A,0}}{2k_0}$	[浓度]·[时间]$^{-1}$
1	$A \rightleftharpoons P$	$-\dfrac{dc_A}{dt} = k_1 c_A$	$\ln\dfrac{c_{A,0}}{c_A} = k_1 t$	$\dfrac{\ln 2}{k_1}$	[时间]$^{-1}$
2	$A \rightleftharpoons P$	$-\dfrac{dc_A}{dt} = k_2 c_A^2$	$\dfrac{1}{c_A} - \dfrac{1}{c_{A,0}} = k_2 t$	$\dfrac{1}{k_2 c_{A,0}}$	[浓度]$^{-1}$·[时间]$^{-1}$
2	$A + F \rightleftharpoons P$	$-\dfrac{dc_A}{dt} = k_2 c_A c_F$	$\ln\dfrac{c_{F,0} c_A}{c_{A,0} c_F} = (c_{A,0} - c_{F,0})k_2 t$	对 A 和 F 不同	[浓度]$^{-1}$·[时间]$^{-1}$
3	$A \rightleftharpoons P$	$-\dfrac{dc_A}{dt} = k_3 c_A^3$	$\dfrac{1}{c_A^2} - \dfrac{1}{c_{A,0}^2} = 2k_3 t$	$\dfrac{3}{2k_3 c_{A,0}^2}$	[浓度]$^{-2}$·[时间]$^{-1}$
n*	$A \rightleftharpoons P$	$-\dfrac{dc_A}{dt} = k_n c_A^n$	$\dfrac{1}{c_A^{n-1}} - \dfrac{1}{c_{A,0}^{n-1}} = (n-1)k_n t$	$\dfrac{2^{n-1}-1}{(n-1)k_n c_{A,0}^{n-1}}$	[浓度]$^{1-n}$·[时间]$^{-1}$

* $n \neq 1$。

7.2.5 反应级数的确定方法

在化学动力学研究中，不同时刻反应物(或产物)的浓度一般可由实验直接测定。从这些实验数据确定反应的速率方程，关键是确定反应的级数。确定反应级数的方法主要有以下几种。

1. 微分法

若反应为纯 n 级反应，且反应速率方程为

$$r = -\frac{dc_A}{dt} = k_n c_A^n$$

上式两端取对数得
$$\ln r = \ln k_n + n \ln c_A^n \tag{7-11}$$

可见，$\ln r$ 与 $\ln c_A$ 呈线性关系，直线的斜率为 n，截距为 $\ln k_n$。

在由实验所测定的 c_A-t 图上，在不同浓度处作曲线的切线，见图 7-1(a)，切线斜率的绝对值即为该处的反应速率 r，再将浓度 c_A 及其对应的反应速率分别取对数，作 $\ln r$-$\ln c_A$ 图，见图 7-1(b)，由直线的斜率和截距就可分别求出反应级数 n 和速率常数 k_n。

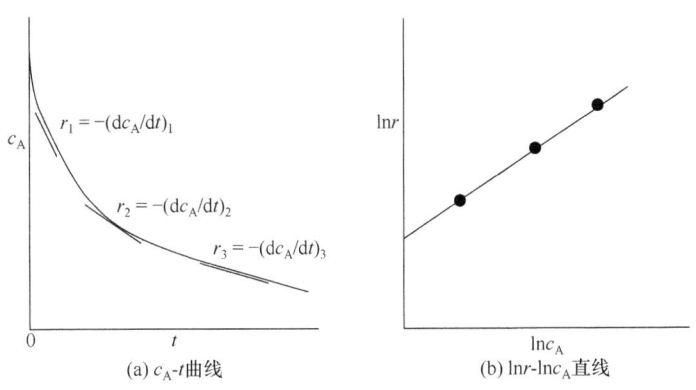

图 7-1 微分法确定反应级数

有时反应产物对反应速率有影响，为了排除这种干扰，可采用初始速率法(又称初始浓度法)。对若干个不同反应物初始浓度 $c_{A,0}$ 的系统进行实验，分别作出其 c_A-t 曲线，在每条曲线的初始浓度 $c_{A,0}$ 处求相应斜率(切线)，其绝对值即为初始速率 r_0，然后作 $\ln r_0$-$\ln c_{A,0}$ 图，由图中直线的斜率和截距可分别求出 n 和 k_n。

用微分法确定反应级数，不仅适用于整数级数的反应，也适用于分数级数的反应。

2. 积分法

利用反应的动力学方程及其特征来确定反应级数的一类方法称为积分法，具体包括尝试法和半衰期法。

(1) 尝试法：将恒温下不同时刻的反应物浓度数据代入各简单级数反应的动力学方程中，计算速率常数 k，若用某个方程计算出的各组数据的 k 值为一常数，则此方程所代表的级数即为所求级数。或将一组恒温下不同时刻的反应物浓度数据用各简单级数反应的动力学方程的线性形式作图，若能得到直线，则相应方程所代表的级数即为所求级数。尝试法简单方便，一组实验数据就可进行尝试，但不适合于较慢反应及分数级数的反应。

(2) 半衰期法：因为纯 $n(n \neq 1)$ 级反应的半衰期为
$$t_{1/2} = \frac{2^{n-1} - 1}{(n-1)k_n c_{A,0}^{n-1}} = \frac{K}{c_{A,0}^{n-1}}$$

将上式取对数得
$$\ln t_{1/2} = (1-n) \ln c_{A,0} + \ln K \tag{7-12}$$

采用不同的初始浓度进行反应测定其半衰期，得到一系列初始浓度与半衰期的数据，按式 (7-12) 作图，应为一条直线，直线斜率等于 $(1-n)$。

3. 孤立法

若对反应速率有影响的反应物不止一种，且其速率方程有幂函数形式：$r = kc_A^\alpha c_B^\beta c_X^\gamma \cdots$，要分别确定各组分的级数，就要采用孤立法(或称隔离法)，也有两种方式。

(1) 为了确定 α，可使 A 的初始浓度远小于其他各组分的初始浓度(如相差 20 倍以上)，反应过程中其他各组分浓度基本不变，速率方程实际上简化为 $r = k'c_A^\alpha$，也就是一个纯 α 级的反应，再用前述微分法或积分法确定 α。同样的方式可分别确定 β 及 γ，从而确定反应的总级数。

(2) 为了确定 α，在保持其他组分的初始浓度不变的情况下，使 A 组分的初始浓度有规律地(如成倍数)改变，根据反应速率与 A 组分浓度的关系，确定 α。同样的方式可分别确定 β 及 γ。

以上所讨论的各种确定级数的方法都只适用于速率方程为幂函数的反应。对于具有非幂函数形式速率方程的反应，其动力学参数的确定就比较困难，通常采用数值计算法。

7.3 典型复杂反应的动力学分析

实际化学反应一般是由若干个基元反应组成的复杂反应。由于组成复杂反应的基元反应之间的组合方式不同，或反应速率的控制步骤不同，复杂反应的动力学规律也不相同。基元反应组合成复杂反应的简单且基本方式主要有三种：对峙反应、平行反应、连续反应(也称连串反应)。

7.3.1 对峙反应

正、逆两个方向都能进行的反应称为对峙反应或对行反应。从热力学的角度来说，任何反应都不能完全进行到底，都是对峙反应。

设有下列正、逆方向都是基元反应的对峙反应：

$$a\text{A} + d\text{D} \underset{k_r}{\overset{k_f}{\rightleftharpoons}} g\text{G} + h\text{H}$$

正向反应速率为 $r_+ = k_f c_A^a c_D^d$，逆向反应速率为 $r_- = k_r c_G^g c_H^h$。随着反应的进行，反应物浓度下降，r_+ 减慢；同时产物浓度上升，r_- 加快。当 $r_+ = r_-$ 时，反应达到化学平衡，即

$$k_f \left(c_A^a c_D^d\right)_{eq} = k_r \left(c_G^g c_H^h\right)_{eq}$$

所以
$$\frac{k_f}{k_r} = \left(\frac{c_G^g c_H^h}{c_A^a c_D^d}\right)_{eq} = K_c \tag{7-13}$$

式中，K_c 为化学反应平衡常数，在化学热力学中已讨论过。所以，从动力学观点来看，化学平衡不是化学反应的终止，而是正、逆向反应的速率相等，是一种动态平衡；经验平衡常数 K_c 等于正、逆向反应的速率常数之比。

有些化学反应的平衡常数很大，即其逆向反应的速率常数很小，与正向反应速率常数相比可以忽略不计。对于这类反应，动力学上往往作为"单向反应"来处理，7.2 节所讨论的各简单级数的反应就属于此种情况。

1. 1-1 型对峙反应的动力学处理

最简单的对峙反应是正、逆反应都为一级的对峙反应，表示为

$$A \underset{k_{-1}}{\overset{k_1}{\rightleftharpoons}} D$$

则正反应速率为 $r_+ = k_1 c_A$，逆反应速率为 $r_- = k_{-1} c_D$，总反应速率为正、逆反应速率之差：

$$-\frac{dc_A}{dt} = r_+ - r_- = k_1 c_A - k_{-1} c_D \tag{7-14a}$$

若反应物 A 的初始浓度为 $c_{A,0}$，产物 D 的初始浓度为零，则在任意时刻均有 $c_D = c_{A,0} - c_A$，代入式(7-14a)，得

$$-\frac{dc_A}{dt} = k_1 c_A - k_{-1}(c_{A,0} - c_A) = (k_1 + k_{-1})c_A - k_{-1} c_{A,0} \tag{7-14b}$$

积分式(7-14b)可得

$$\ln \frac{k_1 c_{A,0}}{(k_1 + k_{-1})c_A - k_{-1} c_{A,0}} = (k_1 + k_{-1})t \tag{7-15a}$$

或

$$c_A = \frac{c_{A,0}}{k_1 + k_{-1}}\left[k_{-1} + k_1 e^{-(k_1 + k_{-1})t}\right] \tag{7-15b}$$

而

$$c_D = c_{A,0} - c_A = \frac{k_1 c_{A,0}}{k_1 + k_{-1}}\left[1 - e^{-(k_1 + k_{-1})t}\right] \tag{7-15c}$$

由式(7-15b)可知，随着反应时间延长，反应物浓度 c_A 不可能降为零，故产物浓度 c_D 也不可能达到 A 物质的初始浓度。以 c_A 和 c_D 分别对时间 t 作图，可得如图 7-2 所示的曲线。

由图 7-2 可见，当反应时间足够长时，反应趋于平衡，c_A 和 c_D 分别趋于一定值 $c_{A,e}$ 和 $c_{D,e}$。这是对峙反应一个重要的动力学特征。

根据式(7-13)可得 $\dfrac{c_{D,e}}{c_{A,e}} = \dfrac{k_1}{k_{-1}} = K_c$，再根据物料平衡关系可得 $c_{D,e} = c_{A,0} - c_{A,e}$，将其代入式(7-15a)，整理后得

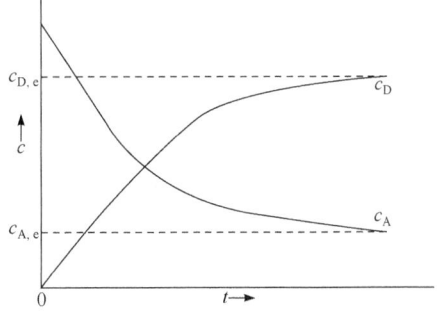

图 7-2 对峙反应的 c_A 和 c_D 与 t 的关系

$$\ln \frac{c_{A,0} - c_{A,e}}{c_A - c_{A,e}} = (k_1 + k_{-1})t \tag{7-16a}$$

或

$$\frac{c_{D,e}}{c_{A,0}} \ln \frac{c_{A,0} - c_{A,e}}{c_A - c_{A,e}} = k_1 t \tag{7-16b}$$

及

$$\frac{c_{A,e}}{c_{A,0}} \ln \frac{c_{A,0} - c_{A,e}}{c_A - c_{A,e}} = k_{-1} t \tag{7-16c}$$

因此，通过相关的动力学测定，就可根据式(7-16b)及式(7-16c)分别确定正、逆向反应的速率常数。

2. 2-2 型对峙反应的动力学处理

正、逆向反应都是二级的对峙反应为 2-2 型对峙反应，如乙酸乙酯的皂化反应。若将 2-2 型对峙反应写成以下一般形式，并假设反应开始时只有反应物 A 及 B，初始浓度分别为 $c_{A,0}$ 和

$c_{B,0}$，在 t 时刻，产物 E 及 F 的浓度都为 x，则有

$$A + B \underset{k_{-2}}{\overset{k_2}{\rightleftharpoons}} D + E$$

$t = 0$	$c_{A,0}$	$c_{B,0}$	0	0
$t = t$	$c_{A,0}-x$	$c_{B,0}-x$	x	x
$t = \infty$	$c_{A,0}-x_e$	$c_{B,0}-x_e$	x_e	x_e

当初始浓度 $c_{A,0} = c_{B,0}$ 时，该反应的速率方程可写为

$$\frac{dx}{dt} = k_2(c_{A,0}-x)^2 - k_{-2}x^2 = k_2(c_{A,0}-x)^2\left[1-\frac{k_{-2}x^2}{k_2(c_{A,0}-x)^2}\right] \tag{7-17}$$

达到平衡时，有 $K = \dfrac{k_2}{k_{-2}} = \dfrac{x_e^2}{(c_{A,0}-x_e)^2}$，代入式(7-17)，并利用初始条件 $t=0$、$x=0$，积分可得动力学方程：

$$k_2 t = \frac{\sqrt{K}}{2c_{A,0}}\ln\left[\frac{c_{A,0}+(\beta-1)x}{c_{A,0}-(\beta+1)x}\right] \tag{7-18}$$

式中，$\beta^2 = 1/K$。通过相关的动力学测定，就可根据式(7-18)确定正向反应的速率常数，再根据平衡浓度数据确定逆向反应的速率常数。

3. 对峙反应的特征

各类对峙反应的主要特征为：
(1) 净速率为正、逆向反应速率之差。
(2) 达到平衡后，反应的净速率等于零。
(3) 正、逆向速率常数之比等于其平衡常数，$K = k_f / k_r$。
(4) 经足够长时间后，反应达平衡，各组分的浓度为定值。

4. 弛豫法原理

一级对峙反应的动力学方程式(7-16a)可写成

$$\ln\frac{c_{A,0}-c_{A,e}}{c_A - c_{A,e}} = kt \tag{7-19a}$$

或

$$c_A - c_{A,e} = (c_{A,0}-c_{A,e})\exp(-kt) \tag{7-19b}$$

式中，$k = (k_1 + k_{-1})$。与单向一级反应的动力学方程式(7-4b)、式(7-4c)进行对比，可以发现：它们有相似的形式，不同之处只在于当 $t\to\infty$ 时，一级对峙反应的反应物浓度 $c_A \to c_{A,e}$，而单向一级反应的 $c_A \to 0$。所以一级对峙反应就是趋向平衡过程的单向一级反应。

对于快速反应，难以用通常的静态法进行研究。前已述及，任何一个反应严格来讲都是对峙反应。

对于快速对峙反应，可以使反应系统在固定的外界条件下先达到平衡，然后给系统一个扰动(如使温度或压力的突然改变)，系统将偏离平衡态，扰动结束后，系统又将恢复平衡。系统这种偏离后又恢复平衡的过程称为弛豫过程。通过测量弛豫时间，并由此确定正向及逆向反应速率常数，这种动力学实验研究方法称为弛豫法。

由动力学方程可知,一级对峙反应的弛豫过程也是一级的,即弛豫是按指数衰变规律进行的。弛豫速率常数 $k_R = k_1 + k_{-1}$,$\tau_R = \dfrac{1}{k_R} = \dfrac{1}{k_1 + k_{-1}}$ 称为弛豫时间。

对于在某温度 T 及某压力 p 下已达平衡的一级对峙反应($A \rightleftharpoons D$)系统,A 的浓度为 $c_{A,e}$。如果给系统一个扰动,如在 1~5μs 的时间内使反应系统的温度升高 5K,反应系统中物质的浓度将偏离原平衡,A 的浓度达到 $c'_{A,0}$。在扰动结束弛豫开始时(计为 $t=0$)A 与平衡浓度的偏差为

$$\Delta_0 = c'_{A,0} - c_{A,e}$$

在弛豫过程中,时间为 t 时 A 与平衡浓度的偏差为

$$\Delta = c_A - c_{A,e}$$

于是,根据式(7-19a)有

$$\ln \Delta = \ln \Delta_0 - kt = \ln \Delta_0 - \frac{t}{\tau_R} \tag{7-20}$$

式中,$\tau_R = \dfrac{1}{k} = \dfrac{1}{k_1 + k_{-1}}$,因具有时间单位,故称为弛豫时间。

根据实验测定的 Δ,再按式(7-20),以 $\ln \Delta$ 对 t 作图,则从斜率可求出 τ_R,再配合以平衡常数 K 的测定,即可分别求出 k_1 和 k_{-1} 的值。

对一级对峙反应,其弛豫过程也是一级反应这个结论严格正确;对于非一级对峙反应,当扰动很小时,弛豫过程可近似为一级反应,可参考下面的例题。

【例 7-5】 乙酸的电离为 1-2 级对峙反应:$CH_3COOH \underset{k_{-2}}{\overset{k_1}{\rightleftharpoons}} CH_3COO^- + H^+$。试导出该反应的弛豫时间 τ 与正、逆反应速率常数 k_1、k_{-2} 之间的关系式。

解 将反应方程式写成一般的形式:

$$A \underset{k_{-2}}{\overset{k_1}{\rightleftharpoons}} B + D$$

设 $c_{A,e}$、$c_{B,e}$ 和 $c_{D,e}$ 分别为 A、B、D 在原条件下的平衡浓度,Δ 为条件改变后 t 时刻 A 所反应掉的浓度(因为条件改变而产生的浓度扰动),则

$$c_A = c_{A,e} - \Delta$$
$$c_B = c_{B,e} + \Delta$$
$$c_D = c_{D,e} + \Delta$$

$$-\frac{dc_A}{dt} = \frac{d\Delta}{dt} = k_1 c_A - k_{-2} c_B c_C = k_1(c_{A,e} - \Delta) - k_{-2}(c_{B,e} + \Delta)(c_{C,e} + \Delta)$$
$$= -\left[k_1 + k_{-2}(c_{B,e} + c_{C,e})\right]\Delta - k_{-2}\Delta^2$$

其中,$k_1 c_{A,e} - k_{-2} c_{B,e} c_{C,e} = 0$(平衡时正、逆反应速率相等)。当 Δ 很小时,Δ^2 可忽略,故

$$\frac{d\Delta}{dt} = -\left[k_1 + k_{-2}(c_{B,e} + c_{C,e})\right]\Delta = -k\Delta$$

或

$$-\frac{d\Delta}{dt} = \left[k_1 + k_{-2}(c_{B,e} + c_{C,e})\right]\Delta = k\Delta$$

式中

$$k = k_1 + k_{-2}(c_{B,e} + c_{C,e})$$

$$\tau = \frac{1}{k} = \frac{1}{k_1 + k_{-2}(c_{B,e} + c_{C,e})}$$

由例 7-5 可以看出，对 1-2 级对峙反应，当反应系统的扰动微小时，Δ 的高次方项可以忽略，系统向平衡态的弛豫过程可近似为一级反应过程。对于其他级数的对峙反应，如 2-1 级、2-2 级等，忽略 Δ 的高次项，也都可以近似得到其弛豫过程为一级反应过程，只是弛豫时间的表达式各不相同而已。

7.3.2 平行反应

一种或多种相同反应物能同时进行几个不同但相互独立的反应，这种反应组合称为平行反应，其中的每一个独立反应都称为一个支反应。一般可将生成目标产物的支反应或者速率最快的支反应称为主反应，其余的支反应都称为副反应。例如，乙醇的脱水和脱氢反应就是平行反应。

$$C_2H_5OH \begin{array}{c} \xrightarrow{k_1} C_2H_4 + H_2O \\ \xrightarrow{k_2} CH_3CHO + H_2 \end{array}$$

平行反应中各支反应的级数可以相同，也可以不同。支反应级数相同的平行反应，数学处理比较简单；若平行反应中各支反应的级数不相同，则数学处理比较复杂。本节只讨论支反应级数相同的平行反应。

对于平行一级反应：

$$A \begin{array}{c} \xrightarrow{k_1} X \\ \xrightarrow{k_2} Y \end{array}$$

两个支反应的速率方程分别为

$$\frac{dc_X}{dt} = k_1 c_A \tag{7-21a}$$

$$\frac{dc_Y}{dt} = k_2 c_A \tag{7-21b}$$

反应物 A 的总消耗速率为二者之和，即

$$r = -\frac{dc_A}{dt} = (k_1 + k_2)c_A = kc_A \tag{7-21c}$$

可见总反应速率方程为一级反应速率方程，其中表观速率常数 $k = k_1 + k_2$ 是各支反应速率常数之和。对式(7-21c)积分得

$$c_A = c_{A,0} e^{-kt} \quad \text{或} \quad \ln \frac{c_{A,0}}{c_A} = kt = (k_1 + k_2)t$$

将 c_A 的表达式分别代入各支反应速率方程，整理后积分，得

$$c_X = \frac{k_1}{k} c_{A,0} \left(1 - e^{-kt}\right) \tag{7-22a}$$

$$c_Y = \frac{k_2}{k} c_{A,0} \left(1 - e^{-kt}\right) \tag{7-22b}$$

可见，t 时刻各产物浓度之比等于各支反应速率常数之比，即有

$$\frac{c_X}{c_Y} = \frac{k_1}{k_2}$$

两个都是二级反应的平行反应的例子，如氯苯的氯化，可得邻位和对位的两种二氯苯产物，反应可简单表示为

$$A + B \begin{array}{c} \xrightarrow{k_1} P_1 \\ \xrightarrow{k_2} P_2 \end{array}$$

设两反应物的初始浓度分别为 a 及 b，开始时无产物存在，在 t 时刻两产物的浓度分别为 x_1 及 x_2，并令 $x = x_1 + x_2$，则两个支反应的速率方程分别为

$$r_1 = \frac{dc_{P_1}}{dt} = \frac{dx_1}{dt} = k_1 c_A c_B = k_1 (a-x)(b-x) \tag{7-23a}$$

$$r_2 = \frac{dc_{P_2}}{dt} = \frac{dx_2}{dt} = k_2 c_A c_B = k_2 (a-x)(b-x) \tag{7-23b}$$

反应的总速率为二者之和，即

$$r = r_1 + r_2 = \frac{dx}{dt} = (k_1 + k_2) c_A c_B = (k_1 + k_2)(a-x)(b-x) \tag{7-23c}$$

当 $a = b$ 时，将式(7-23c)积分，得

$$\frac{x}{a(a-x)} = (k_1 + k_2) t \tag{7-24a}$$

当 $a \neq b$ 时，将式(7-23c)积分，得

$$\frac{1}{a-b} \ln \frac{b(a-x)}{a(b-x)} = (k_1 + k_2) t \tag{7-24b}$$

平行反应的特点有：

(1) 平行反应的总反应速率是各支反应速率之和。

(2) 各支反应级数相同的平行反应，其速率方程及动力学方程与同级的简单反应相似，只是速率常数为各支反应速率常数之和。

(3) 各支反应级数相同的平行反应，若各产物的初始浓度为零，则反应任意时刻各产物浓度之比等于各支反应速率常数之比。

(4) 因为改变速率常数的比值就可以改变产物量之比，故主、副反应可通过控制条件来调节。一般常采用改变反应温度或添加催化剂的方法，使副反应降到最低限度。例如，升高温度相对有利于活化能大的反应，降低温度相对有利于活化能小的反应。

7.3.3 连续反应

一个反应要经历几个连续的中间步骤，并且前一步的产物是后一步的反应物，这样的反应称为连续反应。比较简单的连续反应为两步一级连续反应

各步的速率方程分别为

$$A \xrightarrow{k_1} B \xrightarrow{k_2} P$$

$$-\frac{dc_A}{dt} = k_1 c_A \tag{7-25a}$$

$$\frac{dc_B}{dt} = k_1 c_A - k_2 c_B \tag{7-25b}$$

$$\frac{dc_P}{dt} = k_2 c_B \tag{7-25c}$$

将式(7-25a)积分，得

$$c_A = c_{A,0} e^{-k_1 t} \tag{7-26}$$

将式(7-26)代入式(7-25a)，得 $\dfrac{dc_B}{dt} = k_1 c_{A,0} e^{-k_1 t} - k_2 c_B$。解此一次常系数线性微分方程，得

$$c_B = \frac{k_1}{k_2 - k_1} c_{A,0} \left(e^{-k_1 t} - e^{-k_2 t} \right) \tag{7-27}$$

终产物 P 的浓度可由物料平衡关系求得

$$c_P = c_{A,0} - c_A - c_B = c_{A,0} \left(1 - \frac{k_2 e^{-k_1 t} - k_1 e^{-k_2 t}}{k_2 - k_1} \right) \tag{7-28}$$

将式(7-26)、式(7-27)及式(7-28)作 c-t 曲线，可得如图 7-3 所示的曲线。由图可见，c_A-t 为单调下降，c_P-t 为单调上升，中间物 B 的浓度随时间的变化先上升后下降，存在浓度的极大值。

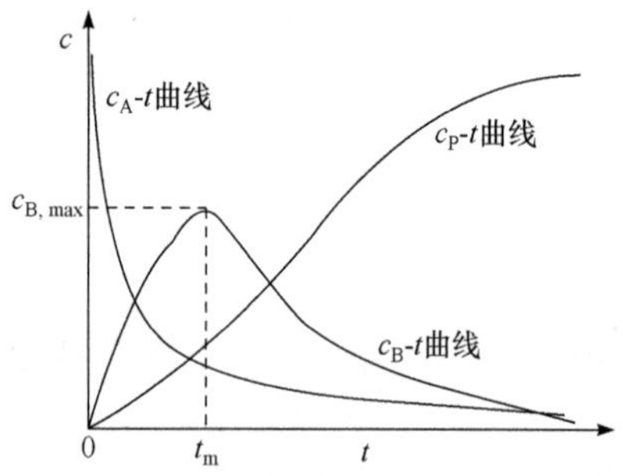

将式(7-27)对 t 微分，令其等于零，即可求此极值：

$$\frac{dc_B}{dt} = \frac{k_1}{k_2 - k_1} c_{A,0} \left[k_2 \exp(-k_2 t) - k_1 \exp(-k_1 t) \right] = 0$$

故

$$k_2 \exp(-k_2 t) = k_1 \exp(-k_1 t)$$

两边同时取对数，并整理，可得 $t_{max} = \dfrac{\ln(k_2 / k_1)}{k_2 - k_1}$。将其代入式(7-27)可得

图 7-3 连续反应中物质浓度与时间关系曲线

$$c_{B,max} = c_{A,0} \left(\frac{k_1}{k_2} \right)^{\frac{k_2}{k_2 - k_1}} \tag{7-29}$$

由此可见，t_{max} 及 $c_{B,max}$ 的数值与 k_2/k_1 比值密切相关。随着 k_2/k_1 的增大，c_B 越来越小，$c_{B,max}$ 也变小，而 $c_{B,max}$ 出现的时间越来越早。若 $k_2 \gg k_1$，则 $c_{B,max} \to 0$，表明中间物 B 很活泼，它一旦由第一步反应生成，就会立即由第二步反应消耗，中间物 B 的浓度随时间的变化率也近似为零，即 $\dfrac{dc_B}{dt} \approx 0$，这一结论正是复杂反应动力学研究中稳态近似处理法的依据。另外，当 $k_2 \gg k_1$ 时，$-\dfrac{dc_A}{dt} \approx \dfrac{dc_P}{dt} = k_1 c_{A,0} e^{-k_1 t}$，表明产物的生成速率由第一步即慢步骤所决定。若 $k_1 \gg k_2$，则 $c_{B,max} \to c_{A,0}$，$c_A \approx 0$，表明原始反应物 A 在很短的时间内就几乎全部转化为中间

物 B，总反应速率就只能由第二步(慢步骤)的速率决定。

7.3.4 复杂反应的动力学近似处理方法

从上面的讨论可以看出，就算是对于比较简单的一级两步连续反应，要得到中间物 B 的浓度，也需要解微分方程。对于许多复杂的连续反应来说，如果中间物不止一种，各物质的系数不都是 1，则从数学上严格求解许多联立的微分方程，从而求出反应过程中出现的各个中间物种的浓度将十分困难，有时甚至是不可行的，因此需要采用近似处理，近似处理的方法有两种。

1. 速控步骤近似法

复杂反应的机理大多是由一系列连续反应和对峙反应所构成的。若连续反应中各步反应的速率相差很大，则总反应的速率取决于最慢一步的速率(见 7.2 节的分析)，最慢的一步称为速控步骤。

若能找出(或已知)复杂反应中的速控步骤，则总反应的速率就近似等于该速控步骤的速率，这就是速控步骤近似法。采用该近似法的条件是其他所有步骤(包括对峙反应)的速率都要大大快于速控步骤的速率。

【例 7-6】 实验测得反应 $H_2 + I_2 \rightleftharpoons 2HI$ 的速率方程为 $r = kc_{H_2}c_{I_2}$。设反应机理为

$$I_2 \underset{k_2}{\overset{k_1}{\rightleftharpoons}} 2I \cdot \quad (快)$$

$$H_2 + 2I \cdot \xrightarrow{k_3} 2HI \quad (慢)$$

试由上述机理推导反应速率方程，检验该假设机理是否合理。

解 总反应速率等于慢步骤的速率，故

$$r = k_3 c_{H_2} c_{I\cdot}^2$$

式中涉及活泼中间物组分 I 原子的浓度。快速的对峙反应意味着快速地达到平衡，即有

$$\frac{c_{I\cdot}^2}{c_{I_2}} = \frac{k_1}{k_2}$$

即

$$c_{I\cdot}^2 = \frac{k_1}{k_2} c_{I_2}$$

代入上式得

$$r = k_3 c_{H_2} c_{I\cdot}^2 = \frac{k_1 k_3}{k_2} c_{H_2} c_{I_2} = k c_{H_2} c_{I_2}$$

此结果与实验速率方程相符，表明假设机理合理。

2. 稳态近似法

以比较简单的连续反应为例

$$A \xrightarrow{k_1} B \xrightarrow{k_2} P$$

严格而论，稳态应该是 A、B、P 的浓度均不随时间而变化的状态。显然，这只有在不断地引

入 A、移走 P 的开放系统中才有可能实现。对于封闭的反应系统，A 和 P 都不可能达到稳态。但反应进行一段时间后，中间组分 B 有可能达到近似的稳态。当中间组分 B 的生成速率与消耗速率相差甚微，即 $\dfrac{dc_B}{dt} \approx 0$ 时，c_B 随时间的变化可以忽略不计，B 的浓度基本不变从而达到稳态。由前述的"单向连串反应"中已经得到结论，当 $k_2 \gg k_1$ 时即可满足 $\dfrac{dc_B}{dt} \approx 0$ 的条件。

中间组分的生成与消耗速率近似相等，其净生成速率等于零，这种处理方法称为稳态近似法。运用该法，不需求解复杂微分方程即可求出中间组分的浓度，并由此推导出总反应的速率方程。通常当中间组分是自由基、自由原子或者处于高度激发态的分子，其反应活性特别强并因而以极小浓度存在时，即可采用稳态近似法。

在其他书中还有第三种近似方法，即平衡态近似法。其实，平衡态近似法并不是一种独立的近似方法，而是稳态近似法进一步近似的一个特例。

对于某复杂反应 A + B ⇌ P，假设其反应机理为

① $\quad A \underset{k_2}{\overset{k_1}{\rightleftharpoons}} X$

② $\quad X + B \xrightarrow{k_3} P$

其中，X 是活泼中间组分。

最终产物 P 的生成速率可表示总反应速率，由反应机理可知：

$$\frac{dc_P}{dt} = k_3 c_B c_X \tag{7-30}$$

平衡态近似法是认为对峙反应能快速(比生成产物的速率要快很多)达到平衡，并有

$$c_X = \frac{k_1 c_A}{k_2} \tag{7-31}$$

上式代入式(7-30)，得结果为

$$\frac{dc_P}{dt} = \frac{k_1 k_3 c_A c_B}{k_2} \tag{7-32}$$

这就是平衡态近似法的结果。

因为 X 是活泼中间组分，所以其浓度可由稳态近似求出，即

$$\frac{dc_X}{dt} = k_1 c_A - k_2 c_X - k_3 c_B c_X = 0$$

所以

$$c_X = \frac{k_1 c_A}{k_2 + k_3 c_B} \tag{7-33}$$

将其代入式(7-30)，得

$$\frac{dc_P}{dt} = \frac{k_1 k_3 c_A c_B}{k_2 + k_3 c_B} \tag{7-34}$$

显然，稳态近似法与平衡态近似法的结果并不一致。

若 $k_2 \gg k_3 c_B$，则式(7-34)即变为式(7-32)，也就是说，稳态近似法的结果进一步近似，就得到平衡态近似法的结果。因此，平衡态近似法只是稳态近似法的一个特例，而不是与之并列的

一种近似方法。

稳态近似法的适用条件是中间组分(X)的寿命短、消耗快,也就是 $k_2 + k_3c_B \gg k_1$。当 $k_2 \gg k_3c_B$ 时(维持平衡的条件),也必有 $k_2 \gg k_1$(这是快速建立平衡的条件)。

7.3.5 链反应

在热、光、辐射下或使用其他手段使反应引发,它便能通过活性组分(自由基或原子)相继发生一系列的连续反应,像链条一样使反应自动发展下去,这类反应称为链反应。许多有机化合物的燃烧、不饱和烃的聚合等都与链反应有关。

1. 链反应的基本步骤

所有的链反应都包含以下三个基本步骤。

1) 链引发

链引发是产生活性组分的过程,这一过程所需的活化能较大,在 $200 \sim 400 \text{kJ} \cdot \text{mol}^{-1}$ 之间。反应物分子需要获得足够的能量才能产生活性组分。获得能量的方式通常为加热、光照或其他高能辐射。加入化学引发剂也可产生活性组分。化学引发剂是较易产生自由基的物质,如碱金属、卤素、有机氮化合物和过氧化物等。

例如,H_2 与 Cl_2 气相合成 HCl 的反应是一个链反应,光照、加热(300℃)或加入钠蒸气都可以产生氯自由基 $Cl \cdot$,从而引发这一反应

$$Cl_2 \xrightarrow{h\nu} 2Cl \cdot$$

$$Cl_2 + M(\text{高能}) \longrightarrow 2Cl \cdot + M(\text{低能})$$

$$Cl_2 + Na \cdot \longrightarrow Cl \cdot + NaCl$$

式中,M 为系统中存在的各种组分或材料,如 Cl_2、H_2、其他分子或反应器壁等。

2) 链传递

活性组分非常不稳定,一经生成就立刻同其他物质发生反应,反应中又可产生新的活性组分,如此连续循环进行,构成了链传递过程。例如

$$Cl \cdot + H_2 \longrightarrow HCl + H \cdot$$

$$H \cdot + Cl_2 \longrightarrow HCl + Cl \cdot$$

链传递是链反应中最活跃的过程,是链反应的主体。链传递反应的活化能很小,一般小于 $40 \text{kJ} \cdot \text{mol}^{-1}$,因而这一过程进行得较快。

3) 链终止

链终止是活性组分变为一般分子而失活的过程,是链反应的最后阶段。

活性组分具有很高的化学活性,它们可以相互结合成稳定的分子,而将能量传递给系统中其他分子或以光量子的形式放出。例如,在 H_2 和 Cl_2 的气相反应中,下述反应可使链终止

$$2Cl \cdot + M(\text{低能}) \longrightarrow Cl_2 + M(\text{高能})$$

有时链反应的终止过程发生在容器壁上,此时容器壁分子就相当于上述反应中的 M 分子。链终止反应的活化能很小或为零,所以反应速率常数很大;但由于链终止反应多为三分子反应,又因为活性组分在系统中的浓度很低,所以反应的速率却很小,使链传递过程得以顺利进行。

2. 直链反应

根据链的传递方式，可将链反应分为直链反应和支链反应两种。

在链传递过程中，如果一个活性组分消耗，并只产生一个新的活性组分，这样的链反应就称为直链反应。$Br_2 + H_2 = 2HBr$ 是一个研究得较清楚的直链反应，反应机理为

链引发：① $\quad\quad\quad\quad\quad Br_2 \xrightarrow{k_1} 2Br\cdot$

链传递：② $\quad\quad\quad\quad\quad Br\cdot + H_2 \xrightarrow{k_2} H\cdot + HBr$

③ $\quad\quad\quad\quad\quad H\cdot + Br_2 \xrightarrow{k_3} Br\cdot + HBr$

④ $\quad\quad\quad\quad\quad H\cdot + HBr \xrightarrow{k_4} Br\cdot + H_2$

$\quad\quad\quad\quad\quad\quad\quad\quad\quad\vdots$

链终止：⑤ $\quad\quad\quad\quad\quad 2Br\cdot \xrightarrow{k_5} Br_2$

总反应速率可用产物的生成来表示：

$$\frac{dc_{HBr}}{dt} = k_2 c_{Br\cdot} c_{H_2} + k_3 c_{H\cdot} c_{Br_2} - k_4 c_{H\cdot} c_{HBr} \tag{7-35}$$

根据稳态近似法，可得

$$\frac{dc_{Br\cdot}}{dt} = 2k_1 c_{Br_2} - k_2 c_{Br\cdot} c_{H_2} + k_3 c_{H\cdot} c_{Br_2} + k_4 c_{H\cdot} c_{HBr} - 2k_5 c_{Br\cdot}^2 = 0 \tag{7-36a}$$

$$\frac{dc_{H\cdot}}{dt} = k_2 c_{Br\cdot} c_{H_2} - k_3 c_{H\cdot} c_{Br_2} - k_4 c_{H\cdot} c_{HBr} = 0 \tag{7-36b}$$

联立式(7-36a)和式(7-36b)，可求得

$$c_{Br\cdot} = \sqrt{\frac{k_1 c_{Br_2}}{k_5}} \tag{7-37a}$$

$$c_{H\cdot} = \frac{k_2 c_{H_2} \sqrt{\frac{k_1 c_{Br_2}}{k_5}}}{k_3 c_{Br_2} + k_4 c_{HBr}} \tag{7-37b}$$

将式(7-37a)和式(7-37b)代入式(7-35)可得

$$\frac{dc_{HBr}}{dt} = \frac{2k_2 \sqrt{\frac{k_1 c_{Br_2}}{k_5}} \times c_{H_2}}{1 + \frac{k_4 c_{HBr}}{k_3 c_{Br_2}}} \tag{7-38a}$$

若令 $2k_2(k_1/k_5)^{1/2} = k$ 及 $k_4/k_3 = k'$，则上式化为

$$\frac{dc_{HBr}}{dt} = \frac{k c_{H_2} \sqrt{c_{Br_2}}}{1 + \frac{k' c_{HBr}}{c_{Br_2}}} \tag{7-38b}$$

与玻登斯坦(Bodenstein)等获得的实验速率方程完全一致。

3. 支链反应

如果在链传递过程中，消耗一个活性组分可产生两个或两个以上的新活性组分，这样的链

反应就称为支链反应。由于反应速率随活性组分的数目增加而急剧增大，支链反应往往会导致爆炸。

支链爆炸的一个特点是，确定温度下只在一定的压力范围内方可发生爆炸，在此压力范围之外，反应可以平稳地进行。这是因为支链反应在链传递的过程中，活性组分的数量会不断增加，若此时相应的活性组分消耗速率较生成速率小，则活性组分浓度将迅速上升，使总反应速率急增，从而导致爆炸发生；而如果活性组分的消耗较快，则反应可以平稳进行。

以反应 $2H_2 + O_2 = 2H_2O$ 为例，其反应机理较为复杂，与支链反应及直链反应都有关：

链引发： ① $H_2 \longrightarrow 2H\cdot$

直链反应： ② $H\cdot + O_2 + H_2 \longrightarrow H_2O + OH\cdot$

③ $OH\cdot + H_2 \longrightarrow H_2O + H\cdot$

$\vdots$

支链反应： ④ $H\cdot + O_2 \longrightarrow OH\cdot + O\cdot$

⑤ $O\cdot + H_2 \longrightarrow OH\cdot + H\cdot$

$\vdots$

链在气相中终止： ⑥ $2H\cdot + M \longrightarrow H_2 + M$

⑦ $OH\cdot + H\cdot + M \longrightarrow H_2O + M$

链在器壁上终止： ⑧ $H\cdot +$ 器壁 $\longrightarrow$ 销毁

⑨ $OH\cdot +$ 器壁 $\longrightarrow$ 销毁

考虑最简单的支链反应：$A = P$。假设其反应机理为

链引发： $A \xrightarrow{k_1} R\cdot$

链传递： $A + R\cdot \xrightarrow{k_2} P + \alpha R\cdot$

链终止： $R\cdot \xrightarrow{k_g}$ 气相中销毁

$R\cdot \xrightarrow{k_w}$ 碰撞器壁销毁

式中，α 为每一次链传递中所产生的自由基数。利用稳态法处理有

$$\frac{dc_{R\cdot}}{dt} = k_1 c_A - k_2 c_A c_{R\cdot} + \alpha k_2 c_A c_{R\cdot} - k_w c_{R\cdot} - k_g c_{R\cdot} = 0$$

解得

$$c_{R\cdot} = \frac{k_1 c_A}{k_2 c_A (1-\alpha) + k_w + k_g} \tag{7-39}$$

反应速率以产物的生成速率计，有

$$r = \frac{dc_P}{dt} = k_2 c_A c_{R\cdot} = \frac{k_1 k_2 c_A^2}{k_2 c_A (1-\alpha) + k_w + k_g} \tag{7-40}$$

由式(7-40)可知，若支链分支增长迅速，即 α 增大到使 $k_2 c_A (1-\alpha) = -(k_w + k_g)$，则反应速率 $r \to \infty$，此时将会发生支链爆炸；若支链反应的链较易终止，即碰撞器壁销毁和气相中销毁的速率较大，使 $k_2 c_A (1-\alpha) \ll (k_w + k_g)$，则反应速率 r 为有限值，反应能平稳进行而不发生爆炸。

由于碰撞器壁销毁速率和气相中销毁速率与系统的压力有关，因此，支链爆炸只可能在一定压力范围内发生，也就是形成爆炸界限。例如，H_2 和 O_2 的反应，实验表明当 $n(H_2)/n(O_2) = 2$ 时，在 773K 下，其爆炸界限如图 7-4 所示。

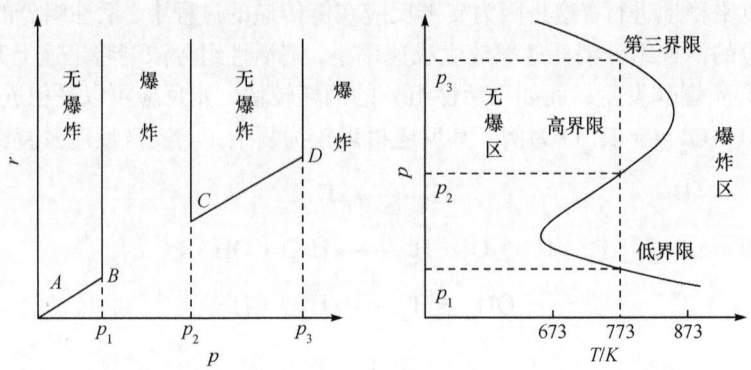

图 7-4　氢氧(2∶1)混合气体的爆炸界限与温度及压力的关系

由图 7-4 可见，支链反应爆炸发生在低界限(p_1)与高界限(p_2)之间。压力低于 p_1 或在 $p_2 \sim p_3$ 之间，反应可以平稳进行，不发生爆炸；而压力高于 p_3 后，则又将发生爆炸。p_3 被称为第三爆炸界限，此时的爆炸不属于支链反应爆炸，而是热爆炸。其他温度也有类似的情况，只是温度越高，爆炸界限越宽，而且上限对温度更为敏感，下限则受反应容器的大小、形状、器壁表面性质等因素的影响。

爆炸界限产生的原因仍可由式(7-40)解释。因为器壁销毁与粒子向器壁的扩散有关，降低压力，粒子运动自由度增大，有利于分子向器壁扩散，使自由基在器壁上的销毁速率增大，即 k_w 增大致使 r 趋于有限、平稳；在高压下，自由基的销毁则主要是其在气相中与惰性分子的碰撞所致。当压力增加，系统中粒子密度增加，加大了自由基与惰性分子的碰撞机会，从而增大了气相销毁的速率，即 k_g 增大致使 r 趋于有限、平稳，这就是爆炸的高界限；产生自由基需要能量，销毁自由基放出能量，而升高温度有利于自由基的增殖，因此高界限对温度非常敏感；当压力很高时，气体密度太大，大量的热难以及时散发，从而引起热爆炸，这就是第三界限。

7.4　温度对反应速率的影响

前面所讨论的速率方程体现了在确定温度下组分浓度对反应速率的影响。但对大多数反应来说，温度的影响更为显著。温度对反应速率的影响实质上就是对速率常数的影响。

7.4.1　温度对速率常数的影响

1. 范特霍夫近似规则

人们早就发现，反应速率常数与反应体系的温度密切相关。历史上，范特霍夫(van't Hoff)曾根据实验事实总结出一个近似规律，即温度每升高 10K，反应速率常数增加 2～4 倍，用公式表示为

$$\frac{k_{T+10K}}{k_T} = 2 \sim 4 \tag{7-41}$$

这个规律有时称为范特霍夫近似规则，可用于进行粗略的估算。

2. 阿伦尼乌斯公式

阿伦尼乌斯根据大量实验数据的分析推理,参照对峙反应经验平衡常数与其正、逆向反应速率常数的关系及范特霍夫等压方程式的形式,提出了反应速率常数与温度关系的经验公式:

$$k = A\mathrm{e}^{-\frac{E_a}{RT}} \tag{7-42a}$$

或写为

$$\ln k = \ln A - \frac{E_a}{RT} \tag{7-42b}$$

式中,A 为指前因子,其单位与 k 的单位一致;E_a 具有能量的单位,是某种特殊性质的能量,称为表观活化能(通常简称为活化能)。对于大多数化学反应,其 E_a 大于零,所以随着温度升高,一般反应速率会加快。

阿伦尼乌斯认为,并非反应物分子的每一次直接接触(或碰撞)都能发生反应,只有能量足够高的分子之间的直接碰撞才能发生反应,那些能量高到能发生反应的分子称为活化分子。由非活化分子变成活化分子所需的平均能量称为(表观)活化能。而且他最初认为活化能和指前因子只与反应本性有关而与温度无关。

若假定 E_a 及 A 与温度无关,则得到阿伦尼乌斯公式的微分形式

$$\frac{\mathrm{d}\ln k}{\mathrm{d}T} = \frac{E_a}{RT^2} \tag{7-43}$$

假定 E_a 也与温度无关,则式(7-43)进行定积分,可得

$$\ln\frac{k_2}{k_1} = -\frac{E_a}{R}\left(\frac{1}{T_2} - \frac{1}{T_1}\right) \tag{7-44}$$

以上相关各式都称为阿伦尼乌斯公式,体现了反应速率常数与温度的关系。

7.4.2 温度对反应速率的影响类型

由于实际的化学反应大多是较为复杂的总包反应,其反应速率常数与温度的关系大多比较复杂。实践表明,反应速率常数(k)与温度(T)的关系大致有如图 7-5 所示的几种情形。

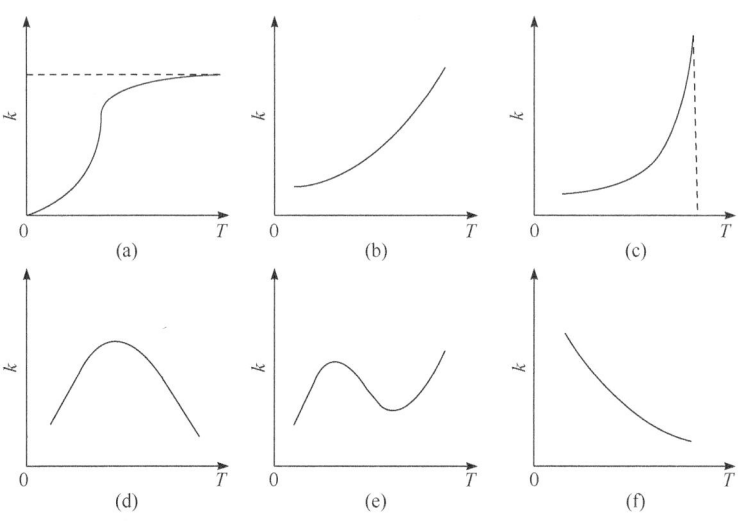

图 7-5 速率常数 k 与温度 T 的关系

图 7-5(a)是假定活化能及指前因子为常数并根据阿伦尼乌斯公式得到的在全温度范围内的 S 形曲线,当 $T\to 0$ 时,$k\to 0$;当 $T\to\infty$ 时,k 趋于定值,实验上一般难以得到这种全温度范围内的 S 形曲线。由于一般实验都是在常温的有限温度区间内进行,若反应符合阿伦尼乌斯公式,则所得曲线由(b)表示,它实际上是(a)在有限温度范围内的一部分,(b)曲线最为常见。(c)曲线一般是总包反应中含有爆炸型的反应,在较低温度时,反应速率较慢,基本符合阿伦尼乌斯公式;但当温度升高到某一临界值时,反应速率迅速增大趋于无限,以致引起爆炸。(d)曲线常在一些受吸附步骤控制的多相催化反应中出现,在温度不太高时,反应速率随温度的升高而增加,但达到某一温度后,反应速率随之下降,这可能是高温对催化剂的不利影响所致;一些酶催化反应也属于这种类型,因为当温度升高到一定程度时,会使酶的活性丧失。在碳的氢化反应中观察到了(e)曲线的类型,当温度升高时可能有副反应发生而复杂化,也可能是总包反应中出现了(d)类型的反应所致。(f)曲线属于反常情况,反应速率随温度的升高而下降,一氧化氮被氧化为二氧化氮就属于这一类型。

7.4.3 反应活化能的意义及作用

1. 活化能的物理意义

阿伦尼乌斯当初其实并没有对活化能给出明确的定义。只有对于基元反应,反应活化能才能赋予较明确的物理意义。

分子相互作用的首要条件是它们必须接触(或碰撞)。分子彼此碰撞的频率一般很高,但不是所有的碰撞都有效,只有其中少数能量较高的分子碰撞后才能发生反应。托雷曼(Tolman)用统计平均的概念对基元反应的活化能进行了明确的定义:活化分子的平均能量与反应物分子的平均能量之差,称为反应的活化能。

$$E_a = \bar{E}_{R^*} - \bar{E}_R \tag{7-45}$$

设基元反应为 R ⇌ P,反应物 R 必须获得能量 E_a,变成活化状态的 R^*,才能越过能垒变成产物 P,如图 7-6 所示。也就是说基元反应的活化能具有能垒的物理意义。同理,对逆向基元反应,P 必须获得 E_a' 的能量,才能越过能垒变成 R。

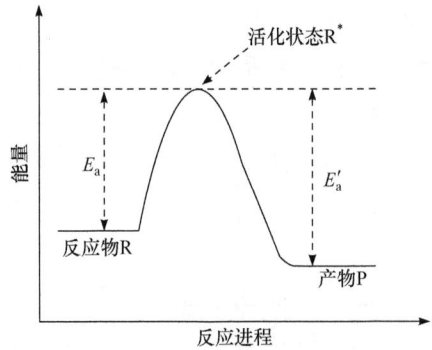

图 7-6 基元反应活化能示意图

对于非基元反应,因为反应物分子活化后并不一定直接变成产物,所以其活化能就没有图 7-6 中那样明确的物理意义。它实际上是组成该总包反应的各个基元反应活化能的特定组合,因此总包反应的 E_a 也称为表观活化能。例如,反应 $H_2 + I_2$ ⇌ $2HI$ 的机理包含三个基元反应(参见例 7-6),总包反应速率常数与各基元速率常数的关系为 $k = \dfrac{k_1 k_3}{k_2}$,即有

$$k = \frac{A_1 A_3}{A_2} \exp\left[-\frac{(E_{a,1} + E_{a,3} - E_{a,2})}{RT}\right] = A \exp\left(-\frac{E_a}{RT}\right)$$

可见,此总包反应的表观活化能为 $E_a = E_{a,1} + E_{a,3} - E_{a,2}$,表观指前因子为 $A = \dfrac{A_1 A_3}{A_2}$。

表观活化能虽无明确的物理意义,但仍可认为是阻碍反应进行的一个能量因素。

2. 活化能值的计算

要获得较准确的反应的表观活化能，只能通过实验测定。先实验测定不同温度下反应的速率常数，然后根据式(7-42b)，以 $\ln k$ 对 $1/T$ 作图，得到一条直线，从直线的斜率及截距，可分别确定 E_a 及 A。化学反应的活化能 E_a 值一般在 $40 \sim 400 \text{kJ} \cdot \text{mol}^{-1}$ 之间。

除实验测定外，还提出了一些估算基元反应活化能的方法，一般是从基元反应所涉及的断裂化学键的键能来估算。包括：①某键断裂形成两个原子或自由基的反应，$Cl-Cl \longrightarrow 2Cl \cdot$，其活化能近似等于该键能；②有自由基参与并有新键生成的反应，$H \cdot + Cl-Cl \longrightarrow H-Cl + Cl \cdot$，其活化能约为断裂键键能的 5.5%；③有新键生成、无自由基参与的反应，$A-A + B-B \longrightarrow 2(A-B)$，其活化能约为断裂键键能总和的 30%；④自由基的复合反应，$2Cl \cdot \longrightarrow Cl-Cl$，其活化能为零。这种估算比较粗糙，只能作为参考。

3. 活化能的作用

由式(7-42a)可见，在相同的指前因子 A 和温度 T 的情况下，活化能越大的反应，其速率越小，即反应越难进行。因此，活化能的大小可作为反应进行的难易程度的一种度量。活化能的稍微变化也会引起反应速率较大的变化。例如，催化剂可以改变反应的表观活化能，从而改变反应的速率。

另外，活化能的大小还决定了温度对反应速率的影响程度，且有两方面的指导作用：

(1) 对给定某反应来说，在较低温度范围内，速率对温度的变化更为敏感。

假设某反应的活化能 $E_a = 80 \text{kJ} \cdot \text{mol}^{-1}$，在 $T_1 = 300\text{K}$ 的基础上，根据式(7-44)可知需升温到 $T_2 = 307\text{K}$，即可使速率常数增加一倍；而在 $T_1 = 1000\text{K}$ 的基础上，需升温至 $T_2 = 1078\text{K}$，才可使速率常数增加一倍。因此，温度越低，速率对温度的变化越敏感。

(2) 对同时存在的活化能不同的几个反应，较低温度有利于活化能较小的反应，较高温度有利于活化能较大的反应。

若一个反应的速率常数及活化能为 k_1 及 $E_{a,1}$，第二反应的速率常数及活化能为 k_2 及 $E_{a,2}$，由式(7-42)可得 $\dfrac{\text{d} \ln(k_2/k_1)}{\text{d}T} = \dfrac{E_{a,2} - E_{a,1}}{RT^2}$。显然，若 $E_{a,2} > E_{a,1}$，则温度升高，比值 k_2/k_1 增大，即在较高温度时，活化能大的反应其速率常数增加得更快。

4. 活化能与温度的关系

实践表明，在较宽的温度内，或对于一些较复杂的反应，$\ln k$ 对 $1/T$ 作图得到的往往是曲线而不是直线，这表明活化能与温度有关。

常将速率常数与温度的关系修正为

$$k = A_0 T^m \exp\left(-\frac{E_0}{RT}\right) \tag{7-46a}$$

或

$$\ln k = \ln A_0 + m \ln T - \frac{E_0}{RT} \tag{7-46b}$$

式中，A_0、m 及 E_0 是与温度无关但需要由实验确定的参数。

因为活化能可按阿伦尼乌斯公式进行定义，即 $E_a = RT^2 \dfrac{\text{d} \ln k}{\text{d}T}$。将式(7-46a)代入，可得

$$E_a = E_0 + mRT \tag{7-47}$$

式(7-47)实质上是一个经验关系式,通常 m 值比较小

【例 7-7】 已知溴乙烷的分解反应为一级反应,活化能 $E_a = 229.3 \text{kJ} \cdot \text{mol}^{-1}$,650K 时的速率常数 $k = 2.14 \times 10^{-4} \text{s}^{-1}$。现欲使此反应在 30.0min 内完成 90%,应将温度控制为多少?

解 利用已知的 E_a 和 k 值,可以求算指前因子 A:

$$A = k e^{E_a/RT} = 2.14 \times 10^{-4} e^{229.3 \times 10^3/(8.314 \times 650)} = 5.73 \times 10^{14} (\text{s}^{-1})$$

故该反应速率常数 k 与温度 T 的关系式为

$$k/\text{s}^{-1} = 5.73 \times 10^{14} e^{-\frac{229.3 \times 10^3}{8.314 T}}$$

一级反应的动力学方程式为

$$\ln \frac{c_{A,0}}{c_A} = kt$$

所以有

$$\ln \frac{1}{1-0.9} = 5.73 \times 10^{14} e^{-\frac{229.3 \times 10^3}{8.314 T}} \times 30.0 \times 60$$

可得

$$T = 678.6 \text{K}$$

7.5 反应速率理论简介

阿伦尼乌斯根据实验结果从宏观上总结出了化学反应的动力学规律。人们希望从理论上对这些规律加以解释,并预测化学反应的速率。早期的反应速率理论往往与解释及完善阿伦尼乌斯公式有关。

7.5.1 简单碰撞理论

1918 年,路易斯(Lewis)等在阿伦尼乌斯提出的活化能概念的基础上,结合气体分子动理论,建立了气相反应的简单碰撞理论(simple collision theory,SCT)。

对于气相双分子反应 $A + B \rightleftharpoons P$,简单碰撞理论有如下两点基本假设:

(1) 两个反应物分子 A 和 B 必须经过碰撞才能发生反应,但不是每次碰撞都能发生反应。

(2) 分子的平动能符合玻尔兹曼分布,相互碰撞的一对分子在质心连线上的相对平动能必须足够高,并超过某一临界值 E_c 才能发生反应。这样的分子称为活化分子,活化分子的碰撞称为有效碰撞。

根据以上基本假设,只要计算出分子在单位时间、单位体积内发生的有效碰撞次数就可以求算出化学反应速率。

若反应系统中 A 和 B 的分子数分别为 N_A 和 N_B、单位体积中 A 和 B 的分子数分别为 n_A 和 n_B,则有 $n_A = N_A/V$、$n_B = N_B/V$ 及 $c_A = n_A/L$、$c_B = n_B/L$。令单位时间单位体积内分子的碰撞总次数为 Z_{AB},称为碰撞频率,其中有效碰撞所占的比例称为有效碰撞分数,用 q 表示,则反应速率可表示为

$$-\frac{dn_A}{dt} = Z_{AB} q \tag{7-48a}$$

用浓度表示则为

$$-\frac{dc_A}{dt} = -\frac{1}{L}\frac{dn_A}{dt} = \frac{Z_{AB}q}{L} \tag{7-48b}$$

碰撞理论就是要由气体分子动理论计算出碰撞频率 Z_{AB} 和有效碰撞分数 q，从而求出反应速率和速率常数。

1. 碰撞频率的计算

碰撞频率 Z_{AB} 和有效碰撞分数 q 都与分子的形状及分子之间的相互作用有关。为简化计算，在简单碰撞理论中做了如下假设：

(1) 分子为简单的刚性球体。
(2) 分子之间除了在碰撞的瞬间外，没有其他相互作用。
(3) 在碰撞的瞬间，两个分子的中心距离等于它们的半径之和。

这样的分子模型称为硬球分子模型。

根据气体分子动理论(详细参见相关教材或文献)，运动着的 A 和 B 分子在单位时间内的碰撞频率为

$$Z_{AB} = \pi d_{AB}^2 \sqrt{\frac{8RT}{\pi \mu_M}} n_A n_B = L^2 \pi d_{AB}^2 \sqrt{\frac{8RT}{\pi \mu_M}} c_A c_B \tag{7-49a}$$

式中，d_{AB} 为 A、B 分子的半径之和；πd_{AB}^2 称为碰撞截面；$\mu_M = \dfrac{M_A M_B}{M_A + M_B}$ 为折合质量。

若系统中只有一种分子 A，则同种分子的碰撞频率为

$$Z_{AA} = 2\pi d_{AA}^2 \sqrt{\frac{RT}{\pi M_A}} n_A^2 = 2L^2 \pi d_{AA}^2 \sqrt{\frac{RT}{\pi M_A}} c_A^2 \tag{7-49b}$$

式中，d_{AA} 为两个 A 分子的半径之和，即 A 的直径；M_A 为 A 分子的摩尔质量。

2. 有效碰撞分数 q 的计算

从统计热力学可知，多原子分子的能量不仅有平动能还有其他能，特别是分子内原子之间的相互作用能——化学键能。对大多数在平均能量值附近或比平均能量值低的分子来说，由于碰撞得并不剧烈，不足以引起分子中化学键的松动和断裂，因此不能引起反应，碰撞后随即分开，这种碰撞称为弹性碰撞或无效碰撞。只有那些平动能量值足够高的气体分子，碰撞较为剧烈，才有可能松动和破坏旧的化学键而变为产物分子，这种碰撞就称为有效碰撞。有效碰撞时，A 和 B 两个分子在化学键方向上的相对平动能超过某一数值时才能发生反应(旧键断裂，新键形成)，这一数值称为化学反应的临界能或阈能，用 ε_c 表示，则 $\varepsilon_c L = E_c$。不同的反应有不同的临界能值。

根据玻尔兹曼能量分布定律可知，能量在 E_c 以上的分子数占总分子数的比例为

$$q = \exp\left(-\frac{E_c}{RT}\right) \tag{7-50}$$

3. 反应速率常数 k 的求算

对于 A+B ══ P 的双分子反应，将式(7-49a)和式(7-50)代入式(7-48b)，可得反应速率方程：

$$-\frac{dc_A}{dt} = -\frac{dc_B}{dt} = \frac{Z_{AB}q}{L} = L\pi d_{AB}^2 \sqrt{\frac{8RT}{\pi\mu_M}} \exp\left(-\frac{E_c}{RT}\right) c_A c_B \tag{7-51}$$

将式(7-61)与由质量作用定律所得的双分子反应速率方程即式(7-7a)相比较

$$-\frac{dc_A}{dt} = kc_A c_B$$

可得碰撞理论的双分子反应的速率常数计算公式为

$$k = L\pi d_{AB}^2 \sqrt{\frac{8RT}{\pi\mu_M}} \exp\left(-\frac{E_c}{RT}\right) \tag{7-52a}$$

或者写成

$$k = Z_0 T^{\frac{1}{2}} \exp\left(-\frac{E_c}{RT}\right) \tag{7-52b}$$

$$\ln k = \ln Z_0 + \frac{1}{2}\ln T - \frac{E_c}{RT} \tag{7-52c}$$

式中，$Z_0 = L\pi d_{AB}^2 \sqrt{\frac{8R}{\pi\mu_M}}$，是一个与温度 T 无关的常数。

应用式(7-51)及式(7-52)时，注意各物理量的单位应采用 SI 单位，所得 k 的单位是 $(\text{mol}\cdot\text{m}^{-3})^{-1}\cdot\text{s}^{-1}$。

同理，对于 A+A══P 的双分子反应，将式(7-49b)和式(7-50)代入式(7-48b)，可得反应速率方程：

$$-\frac{dc_A}{dt} = \frac{Z_{AA}q}{L} = 2L\pi d_{AA}^2 \sqrt{\frac{RT}{\pi M_A}} \exp\left(-\frac{E_c}{RT}\right) c_A^2 \tag{7-53}$$

将式(7-53)与由质量作用定律所得的双分子反应速率方程 $-\frac{dc_A}{dt} = kc_A^2$ 比较，可得

$$k = 2L\pi d_{AA}^2 \sqrt{\frac{RT}{\pi M_A}} \exp\left(-\frac{E_c}{RT}\right) \tag{7-54}$$

4. 与阿伦尼乌斯公式比较

由碰撞理论所得反应速率常数的计算公式见式(7-52a)，即

$$k = L\pi d_{AB}^2 \sqrt{\frac{8RT}{\pi\mu_M}} \exp\left(-\frac{E_c}{RT}\right) = A\exp\left(-\frac{E_c}{RT}\right)$$

此式与阿伦尼乌斯公式的形式完全相同，其中，$A = L\pi d_{AB}^2 \sqrt{\frac{8RT}{\pi\mu_M}}$，这也是常将 A 称为频率因子的原因。但 E_c 与阿伦尼乌斯活化能 E_a 有所不同，将式(7-52b)代入 $E_a = RT^2 \frac{d\ln k}{dT}$，可得两者的关系：

$$E_a = E_c + \frac{1}{2}RT \tag{7-55}$$

从碰撞理论可以推导出阿伦尼乌斯公式，并能解释阿伦尼乌斯公式中的指前因子 A 及活化能 E_a 实际上都是与温度有关的量。

【例 7-8】 已知碘化氢分解反应 $2HI \rightleftharpoons H_2 + I_2$ 的临界能 $E_c = 183.92\text{kJ} \cdot \text{mol}^{-1}$，HI 的分子直径 d 为 $3.5 \times 10^{-10}\text{m}$，摩尔质量为 $127.9 \times 10^{-3}\text{kg} \cdot \text{mol}^{-1}$。试由碰撞理论计算在不同温度下 HI 分解的速率常数 k 并与下列实验数据相比较。

T/K	556	666	781
$k/(\text{mol}^{-1} \cdot \text{m}^3 \cdot \text{s}^{-1})$	3.52×10^{-10}	2.20×10^{-7}	3.95×10^{-5}

解 根据碰撞理论，对同种双分子之间的反应，其速率常数计算公式为

$$k = 2L\pi d_{AA}^2 \sqrt{\frac{RT}{\pi M_A}} \exp\left(-\frac{E_c}{RT}\right)$$

代入题给数据，可计算得到不同温度下的速率常数，如下表所示。

T/K	556	666	781
$k/(\text{mol}^{-1} \cdot \text{m}^3 \cdot \text{s}^{-1})$	2.61×10^{-10}	2.04×10^{-7}	2.94×10^{-5}

从数量级上来看，计算结果与实验值基本接近。

5. 碰撞理论的局限

碰撞理论对于反应究竟是如何进行的提供了一个简明而清晰的物理图像，较好地解释了阿伦尼乌斯公式。但碰撞理论本身存在很大的缺陷，主要有以下两个方面：

(1) 碰撞理论不能计算或预测临界能 E_c 的大小，因而也就不能完全从理论上计算速率常数，这就使该理论失去了从理论上预示速率常数 k 的意义。

(2) 在碰撞理论中曾假设反应物分子是个无内部结构的硬球；除了碰撞的瞬间，反应物分子之间无相互作用。这个假定也过于简单，而不能适用于实际反应。

碰撞理论虽能计算频率因子 A，但只对那些反应物分子结构比较简单的反应，理论计算值与实验值比较符合；对较为复杂的反应，理论计算值与实验测定值有较大的偏差。为此，人们常引入一个校正因子 P 以修正这种偏差，即

$$P = \frac{A_{\exp}}{A_{\text{cal}}} = \frac{A_{\exp}}{L\pi d_{AB}^2 \sqrt{\frac{8RT}{\pi \mu_M}}} \tag{7-56}$$

式中，P 称为概率因子(或空间因子、方位因子)，其数值一般在 $10^{-9} \sim 1$ 之间。概率因子有较大变化范围的原因就在于硬球碰撞模型过于简单。

7.5.2 过渡态理论

1935 年以后，埃林(Eyring)、波兰尼(Polanyi)等在统计力学和量子力学发展的基础上提出了反应速率的过渡态理论(transition state theory，TST)。过渡态理论的基本假设如下：

(1) 反应系统的势能是原子间相对位置的函数。

(2) 在由反应物生成产物的过程中，分子要经历一个价键重排的过渡阶段。处于这一过渡阶段的分子称为活化络合物。

(3) 活化络合物的势能高于反应物或产物的势能。此势能是反应进行时必须克服的势垒，但它又较其他任何可能的中间态的势能低。

(4) 活化络合物与反应物分子处于某种平衡状态，总反应速率取决于活化物的分解速率。

在这些假设的基础上,过渡态理论提出了计算反应速率常数的方法,原则上只需知道分子的某些基本性质,如振动频率、质量、核间距等,即可计算反应速率,故该理论又称为绝对反应速率理论。

1. 势能面和过渡态理论中的活化能

过渡态理论在描述反应究竟如何进行时,采用了一个物理模型,即反应系统的势能面。由于势能面的求得需要求解量子力学方程,是一项相当复杂的工作,故此处只做定性的描述。

考虑单原子分子 X 与双原子分子 BE 的反应,过渡态理论认为反应过程为

$$BE + X \rightleftharpoons BEX^{\neq} \longrightarrow B + EX$$

当 X 原子接近 BE 分子时,逐渐使 BE 间的键减弱,同时逐渐形成 EX 间的新键,此时构成一个松散的三原子体,即活化物 $BEX^{\neq}$,这时 BE 键尚未完全断开,EX 键也未完全形成,因此该活化物很不稳定,一方面可能是 EX 键断开又回到始态,另一方面可能是 BE 键断裂生成产物。原子间这种相互作用的过程就表现为原子间势能的变化,因为势能 u 是原子核间距 r 的函数。对于上述反应系统,系统的势能 u 是三个原子的两两核间距的函数,即

$$u(r) = u(r_{BE}, r_{EX}, r_{BX}) \tag{7-57a}$$

而 r_{BE}、r_{EX} 和 r_{BX} 之间构成一定的角度 θ,如图 7-7 所示。

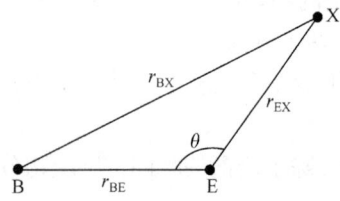

图 7-7 三原子系统的核间距

也可用 θ 作为变量代替 r_{BX}:

$$u(r) = u(r_{BE}, r_{EX}, \theta) \tag{7-57b}$$

要用图形描述上述系统的势能变化,需要四维空间坐标,这比较难。因此通常是固定 θ 值($\theta = 180°$ 为最佳成键状态),使势能函数简化为 $u(r) = u(r_{BE}, r_{EX})$,即可用三维图形描述。势能函数在三维空间构成的曲面称为势能面,如图 7-8 所示。该立体图看起来也很不方便,因此通常将势能面投影到 r_{BE} 和 r_{EX} 所构成的平面上,得到如图 7-9 所示的投影图,一般也称为势能面。

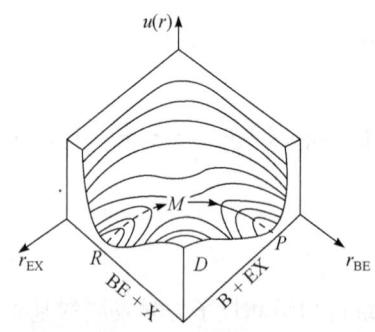

图 7-8 BE + X ⇌ B + EX 反应的势能面示意图

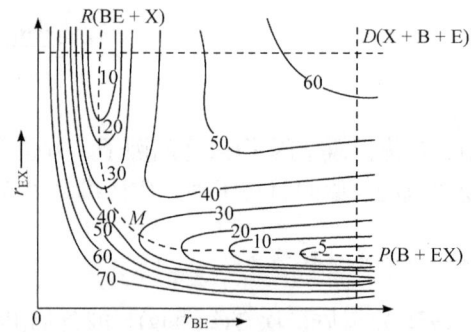

图 7-9 势能面投影图

图 7-9 中 R 点代表反应系统的始态($r_{EX} = \infty$,$r_{BE} = r_{BE}^0$),此时系统的势能较低,R 点位于谷底;P 点代表系统的终态($r_{EX} = r_{EX}^0$,$r_{BE} = \infty$),此时系统的势能也较低,P 点也处于谷底;D 点代表三个孤立的原子($r_{BE} = r_{EX} = \infty$),此时系统的势能较高,D 点位于峰顶;图中其他任意一点都对应着一种三原子构型体(r_{EX} 和 r_{BE} 均有一定值)。

若要在势能面上寻找一条能耗最低的反应途径(R 点→P 点),那一定是 RMP 所代表的路

径，称为反应坐标。M 点是反应坐标上的最高点，它代表了活化物 $BEX^{\neq}$ 的能量状态，但它又较其他任何可能的中间态的势能低。反应过程中，系统势能的变化可通过势能剖面图更清楚地表示，如图 7-10 所示。

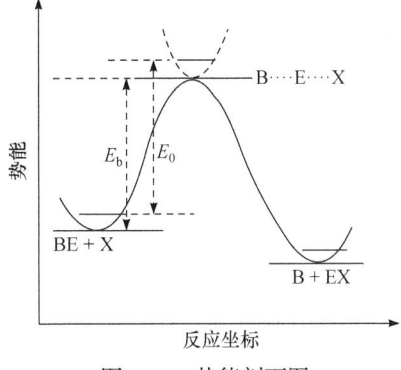

图 7-10 势能剖面图

图 7-10 表明，从反应物 BE + X 到产物 B + EX 走的是能量最低通道，但必须越过势能垒 E_b。这个势能垒是活化络合物与反应物最低势能之差，该势能垒的存在说明了反应活化能的实质。E_0 是活化络合物与反应物零点能之差，E_0 与 E_b 是两个不同的概念，但一般相差不大，两者的关系为

$$E_0 = E_b + \left(\frac{1}{2}h\nu_0^{\neq} - \frac{1}{2}h\nu_0^{R}\right)$$

式中，$\nu_0^{\neq}$ 和 ν_0^{R} 分别为活化络合物和反应物的基态振动频率。

2. 过渡态理论中的反应速率常数

过渡态理论认为，反应物分子必须发生有效碰撞(接触)才能发生反应。对于双分子反应 BE + X ⇌ B + EX 来说，BE 分子与 X 分子的有效碰撞是通过 B、E、X 三个原子的几何构型(或相对位置)的连续变化来实现的，其中有一个势能最高的构型，即活化络合物(或称过渡态)$[B\cdots E\cdots X]^{\neq}$。活化络合物不稳定，它一方面与反应物快速建立热力学平衡，一方面又沿反应坐标的方向振动分解为产物。反应过程可表示为

$$BE + X \rightleftharpoons [B\cdots E\cdots X]^{\neq} \longrightarrow B + EX$$

活化络合物分解为产物的步骤就是速控步骤，该步骤的速率就是总反应的速率。

活化络合物 $[B\cdots E\cdots X]^{\neq}$ 的一次不对称伸缩振动即可使其分解为产物，若以 $\nu^{\neq}$ 表示这种不对称伸缩振动频率，则分解速率为

$$r = -\frac{dc_{EX}}{dt} = -\frac{dc_{BEX^{\neq}}}{dt} = \nu^{\neq} c_{BEX^{\neq}} \tag{7-58a}$$

因活化络合物与反应物分子 BE、X 之间形成快速平衡，故有 $\dfrac{c_{BEX^{\neq}}}{c_{BE}c_X} = K_c^{\neq}$，将其代入上式得

$$r = -\frac{dc_{EX}}{dt} = \nu^{\neq} K_c^{\neq} c_{BE} c_X \tag{7-58b}$$

式中，$K_c^{\neq}$ 可称为反应活化平衡常数。因此，反应的速率常数为

$$k = \nu^{\neq} K_c^{\neq} \tag{7-59}$$

这就是过渡态理论的反应速率常数的表达式。式中的 $K_c^{\neq}$ 只能用统计热力学的方法计算。

根据统计热力学原理，活化平衡常数可用下式计算：

$$K_c^{\neq} = \frac{c_{BEX^{\neq}}}{c_{BE}c_X} = \frac{q^{\neq}}{q_{BE}q_X} = \frac{f^{\neq}}{f_{BE}f_X}\exp\left(-\frac{E_0}{RT}\right) \tag{7-60}$$

式中，q 为不包括体积项 V 的分子总配分函数；f 为不包括零点能和体积项 V 的分子配分函

数；E_0 为活化络合物零点能与反应物零点能之差。若将过渡态配分函数 $f^{\neq}$ 中对应于不对称伸缩振动的配分函数 $\left[1-\exp\left(-\dfrac{h\nu^{\neq}}{k_\mathrm{B}T}\right)\right]^{-1}$ 再分离出来，则有

$$f^{\neq} = f'^{\neq}\left[1-\exp\left(-\dfrac{h\nu^{\neq}}{k_\mathrm{B}T}\right)\right]^{-1} \tag{7-61a}$$

式中，k_B 为玻尔兹曼常量；$f'^{\neq}$ 为不包括零点能、体积项 V 及不对称伸缩振动项的过渡态的配分函数。由于不对称伸缩振动不稳定，其频率比一般的振动频率低，即 $h\nu^{\neq} \ll k_\mathrm{B}T$，因此有 $\left[1-\exp\left(-\dfrac{h\nu^{\neq}}{k_\mathrm{B}T}\right)\right]^{-1} \approx \dfrac{k_\mathrm{B}T}{h\nu^{\neq}}$，则式(7-61a)为

$$f^{\neq} = \dfrac{k_\mathrm{B}T}{h\nu^{\neq}} f'^{\neq} \tag{7-61b}$$

将式(7-61b)代入式(7-60)后，再代入式(7-59)

$$k = \nu^{\neq} K_c^{\neq} = \dfrac{k_\mathrm{B}T}{h} \dfrac{f'^{\neq}}{f_\mathrm{BE} f_\mathrm{X}} \exp\left(-\dfrac{E_0}{RT}\right) \tag{7-62a}$$

式(7-62)就是用统计热力学计算过渡态理论的速率常数的公式。该式可以推广使用于其他类型的基元反应，一般写为

$$k = \dfrac{k_\mathrm{B}T}{h} \dfrac{f'^{\neq}}{\prod\limits_{\mathrm{B}} f_\mathrm{B}} \exp\left(-\dfrac{E_0}{RT}\right) \tag{7-62b}$$

式中，$\prod\limits_{\mathrm{B}} f_\mathrm{B}$ 为所有反应物种 B 的配分函数的连乘积。

原则上，在准确描绘势能面的基础上(为了确定 E_0)，只要知道了分子的质量、转动惯量、振动频率等微观物理量(有些可从光谱数据获得)，就可用统计热力学的方法计算配分函数，进而根据式(7-62a)或式(7-62b)计算反应的速率常数。因此过渡态理论又被称为绝对反应速率理论。

3. 过渡态理论速率常数的热力学表达

过渡态理论的速率常数的统计热力学表达式为式(7-62a)。式中除了常数外的其余部分仍相当于平衡常数的表示形式，只是活化络合物的配分函数中扣除了一个振动配分函数，若将其称为表观活化平衡常数 $K_c'^{\neq}$，即

$$K_c'^{\neq} = \dfrac{f'^{\neq}}{f_\mathrm{BE} f_\mathrm{X}} \exp\left(-\dfrac{E_0}{RT}\right) \tag{7-63}$$

则式(7-62a)可写成

$$k = \dfrac{k_\mathrm{B}T}{h} K_c'^{\neq} \tag{7-64a}$$

注意表观活化平衡常数 $K_c'^{\neq}$ 与前述活化平衡常数 $K_c^{\neq}$ 的差别。但这种差别对相应过程的吉布斯自由能变不会造成太大的误差，因此，可以直接用活化平衡常数 $K_c^{\neq}$ 代替式(7-64a)中的表

观活化平衡常数 $K_c'^{\neq}$。即(7-62a)近似变为

$$k = \frac{k_B T}{h} K_c^{\neq} \tag{7-64b}$$

生成活化络合物过程的标准热力学函数中，重点考虑以浓度为标度的标准活化吉布斯自由能 $\Delta_r^{\neq} G_m^{\ominus}(c^{\ominus})$、标准活化焓 $\Delta_r^{\neq} H_m^{\ominus}(c^{\ominus})$ 及标准活化熵 $\Delta_r^{\neq} S_m^{\ominus}(c^{\ominus})$，其中，$\Delta_r^{\neq} G_m^{\ominus}(c^{\ominus})$ 直接与标准活化平衡常数 $K_c^{\neq\ominus}$ 相关联

$$-RT \ln K_c^{\neq\ominus} = \Delta_r^{\neq} G_m^{\ominus}(c^{\ominus}) \tag{7-65}$$

活化平衡常数 $K_c^{\neq}$ 与标准活化平衡常数 $K_c^{\neq\ominus}$ 之间的关系为

$$K_c^{\neq\ominus} = K_c^{\neq} \left(c^{\ominus}\right)^{n-1} \tag{7-66}$$

式中，n 为活化过程中所有反应物计量系数之和。因此有

$$K_c^{\neq} = \left(c^{\ominus}\right)^{1-n} K_c^{\neq\ominus} = \left(c^{\ominus}\right)^{1-n} \exp\left[-\frac{\Delta_r^{\neq} G_m^{\ominus}(c^{\ominus})}{RT}\right] \tag{7-67}$$

将其代入式(7-64b)得

$$k = \frac{k_B T}{h} \left(c^{\ominus}\right)^{1-n} \exp\left[-\frac{\Delta_r^{\neq} G_m^{\ominus}(c^{\ominus})}{RT}\right] \tag{7-68a}$$

$$k = \frac{k_B T}{h} \left(c^{\ominus}\right)^{1-n} \exp\left[-\frac{\Delta_r^{\neq} H_m^{\ominus}(c^{\ominus})}{RT}\right] \exp\left[\frac{\Delta_r^{\neq} S_m^{\ominus}(c^{\ominus})}{R}\right] \tag{7-68b}$$

式(7-68a)和式(7-68b)就是过渡态理论的速率常数的热力学表达式。这种表达式主要具有理论方面的作用，但如果能计算(如量子化学方法)得到相应活化过程的标准热力学函数，则有可能计算反应速率常数。

4. 过渡态理论中的活化能及指前因子

过渡态理论也能解释阿伦尼乌斯公式。

将式(7-62a)代入活化能的定义式 $E_a = RT^2 \left(\dfrac{d\ln k}{dT}\right)$ 可得

$$E_a = E_0 + mRT \tag{7-69}$$

式中，m 包含了普适项 $\dfrac{k_B T}{h}$ 及配分函数中所有与温度有关的因子。对一定的反应系统，m 有定值。

将式(7-64b)两边取对数，并对温度求导数，可得

$$\left(\frac{\partial \ln k}{\partial T}\right)_V = \frac{1}{T} + \left(\frac{\partial \ln K_c^{\neq}}{\partial T}\right)_V$$

根据化学平衡中的范特霍夫公式 $\left(\dfrac{\partial \ln K_c^{\neq}}{\partial T}\right)_V = \dfrac{\Delta_r^{\neq} U_m^{\ominus}(c^{\ominus})}{RT^2}$，可得

$$E_a = RT + \Delta_r^{\neq} U_m^{\ominus}(c^{\ominus}) = RT + \Delta_r^{\neq} H_m^{\ominus}(c^{\ominus}) - \Delta(pV)_m \tag{7-70a}$$

式中，$\Delta(pV)_m$ 为反应进度为 1mol 时，由反应物形成活化络合物时系统 pV 的变化值。对凝聚相反应，$\Delta(pV)_m$ 很小，所以

$$E_a = RT + \Delta_r^{\neq} H_m^{\ominus}(c^{\ominus}) \tag{7-70b}$$

对理想气体反应，$\Delta(pV)_m = RT\sum \nu_B$，其中 $\sum \nu_B$ 为形成活化络合物时所有气体物质的计量系数之和。因此有

$$E_a = RT + \Delta_r^{\neq} H_m^{\ominus}(c^{\ominus}) + (1 - \sum \nu_B)RT \tag{7-70c}$$

从式(7-70b)及式(7-70c)可见，在温度不太高时，将 E_a 与 $\Delta_r^{\neq} H_m^{\ominus}(c^{\ominus})$ 看成相等也不会引起太大的误差。

将式(7-70b)代入式(7-68b)并注意到 $1 - \sum \nu_B = n$，可得

$$k = \frac{k_B T}{h} e^n \left(c^{\ominus}\right)^{1-n} \exp\left[\frac{\Delta_r^{\neq} S_m^{\ominus}(c^{\ominus})}{R}\right] \exp\left[-\frac{E_a}{RT}\right] \tag{7-71}$$

与阿伦尼乌斯公式比较即得指前因子的表达式为

$$A = \frac{k_B T}{h} e^n \left(c^{\ominus}\right)^{1-n} \exp\left[\frac{\Delta_r^{\neq} S_m^{\ominus}(c^{\ominus})}{R}\right] \tag{7-72}$$

式(7-72)表明，指前因子 A 除了与温度有关外，还与形成过渡态的熵变有关。

5. 过渡态理论的优缺点

过渡态理论的优点是：①形象地描绘了基元反应进展的过程；②原则上可以从原子结构的光谱数据及势能面的计算来求反应的速率常数；③对阿伦尼乌斯公式的指前因子做了理论说明，认为它与活化熵有关；④形象地说明了反应为什么需要活化能及反应遵循的能量最低原理。

过渡态理论的缺点是引进的平衡假设及速控步骤的假设并不能符合所有的实验事实；对复杂的多原子反应，计算其势能面比较困难。

7.5.3 单分子反应理论

实践中存在较多的具有 A ⇌ P 形式的单分子反应，如某些分子的(热)分解反应或异构化反应。对这种形式的单分子反应研究表明：①许多气相单分子反应在高压下为一级，而在低压下为二级；②多数反应的活化能大于 $150 \text{kJ} \cdot \text{mol}^{-1}$。这些实验事实难以用简单碰撞理论解释，因为碰撞理论认为这种形式的单分子反应(同种分子的碰撞)也为二级反应。为了解释上述实验事实，林德曼(Lindemann)等于 1922 年提出了单分子反应理论。

该理论认为：①单分子反应也是经过碰撞(与相同分子间或与其他惰性分子)获得足够能量而达到活化状态；②活化分子并不立即分解，而是要经过一个分子内部能量的传递过程，以便将能量集聚到待破裂键上，即存在一段停滞时间(time lag)；③在停滞时间内，活化分子可能进行反应，也可能去活化再变为普通分子，且活化与去活化能快速建立平衡；④活化分子分解为产物的过程为速控步骤。

若总反应为 A ⇌ P，则其机理可表示为

① $A + A \underset{k_{-1}}{\overset{k_1}{\rightleftharpoons}} A^* + A$

② $A^* \xrightarrow{k_2} P$

其中，A*为活化分子。采用稳态法处理：

$$\frac{dc_{A^*}}{dt} = k_1 c_A^2 - k_{-1} c_A c_{A^*} - k_2 c_{A^*} = 0$$

可得

$$c_{A^*} = \frac{k_1 c_A^2}{k_2 + k_{-1} c_A}$$

所以，总反应速率为

$$r = \frac{dc_P}{dt} = k_2 c_{A^*} = \frac{k_1 k_2 c_A^2}{k_2 + k_{-1} c_A} \tag{7-73}$$

对于某些气相反应：①在高压下，c_A 较大，分子互碰机会多，去活化速率较快，即有 $k_2 \ll k_{-1} c_A$，此时，式(7-73)近似为 $r = \frac{k_1 k_2 c_A}{k_{-1}} = k c_A$，反应表现为一级反应。②在低压下，由于分子互碰而去活化的机会相对较少，即有 $k_2 \gg k_{-1} c_A$，此时，式(7-73)近似为 $r = k_1 c_A^2$，反应表现为二级反应。③介于一级反应与二级反应所对应的压力区间为过渡区，例如，环丙烷转化为丙烯的反应及偶氮甲烷的分解反应就是如此。

林德曼单分子反应理论能定性地解释上述实验事实，但在定量上与实验结果有偏差。20世纪50年代，Marcus 将 RRK(Rice-Ramsperger-Kassel)单分子反应理论与过渡态理论结合，提出了 RRKM 理论，该理论将林德曼单分子反应理论的机理修正为

① $A + A \underset{k_{-1}}{\overset{k_1}{\rightleftharpoons}} A^* + A$

② $A^* \xrightarrow{k_2(E^*)} A^{\neq} \xrightarrow{k^{\neq}} P$

其中，A*为 A 与 A 碰撞生成的活化分子，但 A*要转变为产物，必须再多吸收一些能量，使其转变成过渡态的构型 $A^{\neq}$，这种富能的过渡态构型才能克服分子势能垒(E_b)而分解为产物。林德曼理论中的停滞时间就相当于 A*向 $A^{\neq}$ 的转变过程。RRKM 理论的关键在于计算 k_2 值，k_2 是能量 E^* 的函数。当 $E^* < E_b$ 时，$k_2 = 0$；当 $E^* > E_b$ 时，k_2 才具有确定值。对过渡态构型采用稳态法处理：

$$\frac{dc_{A^{\neq}}}{dt} = k_2 c_{A^*} - k^{\neq} c_{A^{\neq}} = 0$$

有

$$k_2 = \frac{k^{\neq} c_{A^{\neq}}}{c_{A^*}} \tag{7-74}$$

式(7-74)是 RRKM 理论计算 k_2 值的出发点。假定 k_2 值与时间及活化方式无关，分子内部能量传递比 A*分解的速率快得多，然后采用统计力学的方法计算 k_2 值。对某些单分子反应，这样计算的 k_2 值较好地符合实验结果。

7.6 液相反应和多相反应动力学分析

化学反应可分为单相反应和多相反应两类；单相反应常见的有气相反应和液相反应两种情况。前面所讨论的反应动力学理论多适宜于气相反应。本节将简要介绍液相反应及多相反应动力学。

7.6.1 液相反应动力学分析

有人估计，约 90%的单相反应是在溶液中进行的。液相反应与气相反应的根本差别就是溶剂分子的存在。反应物分子被大量的溶剂分子所包围，且溶剂分子与反应物分子相距较近，相互作用力将显著存在，因此研究溶剂对化学反应的影响就成为液相反应动力学的主要内容。

研究溶剂的影响(溶剂效应)可以有两种方法：一是把溶液中的反应与气相中的同一反应进行比较，从而观察溶剂效应。但既能在溶液中进行，也能在气相中进行的反应并不常见。二是在不同的溶剂中比较同一个反应进行的速率，从而比较出溶剂的影响。

溶剂对反应的影响可分为物理效应和化学效应两类。物理效应包括溶剂的传质(如质子传递)、传能(如消耗自由基复合的过剩能)、酸碱性、极性等因素对反应的影响。化学效应主要包括溶剂的催化作用及溶剂分子参与反应。这两类影响并非决然分开，而往往是并存的。

1. 影响溶液反应速率的主要溶剂因素

溶剂分子与反应物分子之间必然存在某些相互作用。大多数情况下溶剂必然对液相反应速率产生影响。这些影响主要包括以下几个方面。

1) 溶剂极性的影响

实验表明，如果产物的极性大于反应物的极性，则在极性溶剂中的反应速率比在非极性溶剂中的大；反之，如果产物的极性小于反应物的极性，则在极性溶剂中的反应速率比在非极性溶剂中的小。

2) 溶剂介电常数的影响

对于离子或极性分子之间的反应，溶剂的介电常数将影响离子或极性分子之间的引力或斥力，从而影响其反应速率。溶剂的介电常数越大，溶液中离子之间的相互作用力就越小，因此，对同种电荷离子之间的反应，溶剂的介电常数越大，反应速率也越大；反之，对异种电荷离子之间的反应或对离子和极性分子之间的反应，溶剂的介电常数越大，反应速率越小。

3) 溶剂化的影响

一般来说，反应物及产物在溶液中都有可能不同程度地溶剂化。这些溶剂化物若与任一种反应分子生成不稳定的中间化合物而使活化能降低，则可使反应加速。若反应物分子的溶剂化程度更高，一般会使反应减慢。若活化络合物及产物的溶剂化程度更高，则一般会使反应加速。

4) 溶液离子强度的影响

在稀溶液中，当反应物为带电离子时，溶液整体的离子强度会显著影响反应速率，也就是说，第三种电解质的存在对于反应速率有影响，这种影响也称为原盐效应。

设有溶液中的反应为：$A + B \rightleftharpoons (AB)^{\neq} \longrightarrow P$，其中 $(AB)^{\neq}$ 为活化络合物。根据过渡态理论计算速率常数的公式(7-64b)，有

$$k = \frac{RT}{Lh} K_c^{\neq}$$

在通常的浓度范围内，应该考虑活度而不是浓度，也就是说，上式中应该用活度平衡常数 $K_a^{\neq}$ 而非浓度平衡常数 $K_c^{\neq}$。但两者之间的关系为 $K_a^{\neq} = K_c^{\neq} \cdot \dfrac{\gamma_{(AB)^{\neq}}}{\gamma_A \gamma_B}$。因此速率常数应为

$$k = \frac{RT}{Lh} K_a^{\neq} \frac{\gamma_A \gamma_B}{\gamma_{(AB)^{\neq}}} = k_0 \frac{\gamma_A \gamma_B}{\gamma_{(AB)^{\neq}}} \tag{7-75}$$

式中，k_0 相当于各反应组分的活度因子皆为 1 时反应的速率常数，这实际上就是对应溶液无限稀释的状态。考虑到活化络合物本身浓度极小(应有 $\gamma_{(AB)^{\neq}}=1$)，将德拜-休克尔极限公式应用于式(7-75)，可得

$$\lg k = \lg k_0 + 2z_A z_B A\sqrt{I} \tag{7-76}$$

式中，z_A、z_B 分别为反应物 A、B 的离子电荷数；I 为溶液的离子强度；k_0 为离子强度为零时(无限稀释时)的速率常数。因此根据式(7-76)作 $\lg(k/k_0)$-$\sqrt{I}$ 图，应得一条直线，如图 7-11 所示。

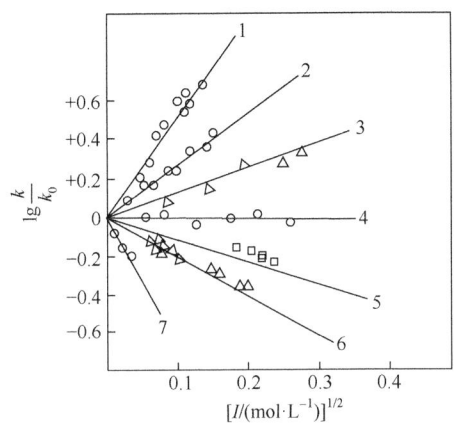

图 7-11 离子强度对反应速率的影响

图中反应：1. $[Co(NH_3)_5Br]^{2+} + Hg^{2+} + H_2O \longrightarrow [Co(NH_3)_5H_2O]^{3+} + HgBr^+$；
2. $S_2O_8^{2-} + 3I^- \longrightarrow I_3^- + 2SO_4^{2-}$；3. $[O_2N-NCO_2Et]^- + OH^- \longrightarrow N_2O + CO_3^{2-} + EtOH$；
4. $C_{12}H_{22}O_{11}(蔗糖) + H_2O \xrightarrow{H^+} C_6H_{12}O_6(葡萄糖) + C_6H_{12}O_6(果糖)$；5. $H_2O_2 + 2H^+ + 2Br^- \longrightarrow 2H_2O + Br_2$；6. $[Co(NH_3)_5Br]^{2+} + OH^- \longrightarrow [Co(NH_3)_5OH]^{2+} + Br^-$；7. $Fe^{2+} + [Co(C_2O_4)_3]^{3-} \longrightarrow Fe^{3+} + [Co(C_2O_4)_3]^{4-}$

图 7-11 中的直线斜率的大小及正负号与反应物的电价有关：当 A、B 离子同号时，直线斜率为正，速率常数随离子强度增大而增加；A、B 离子异号时，直线斜率为负，速率常数随离子强度增大而降低；当 A、B 之中有一个是中性分子时，速率常数与离子强度无关。在离子强度不太大时，实验结果较好地符合这种理论推论。

2. 笼效应

若溶剂只是作为惰性的碰撞背景，并不产生上述溶剂效应，则该液相反应的动力学特征与其在气相中反应的动力学特征相似，可以用简单碰撞理论解释。

通常液相中分子间距比分子直径小，故被溶剂分子所包围的反应物分子必须具有足够高的能量，才能克服斥力从溶剂分子的间隙中穿过。也就是说，反应物分子 A 相当于被困在一个由溶剂分子所织成的"笼"中，如图 7-12 所示。

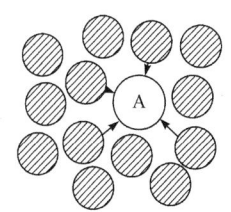

图 7-12 分子笼

由于热运动，分子 A 将在"笼"中做一系列的反射运动。因为笼中分子运动自由程很小，当分子 A 撞到某一面"笼壁"时，就会由于斥力作用而反弹到另一"笼壁"，如此反复碰撞，直到分子 A 有能力从"笼壁"的缝隙中钻出来，才结束分子 A 在该"笼"中的运动。这种笼中分子的系列反射运动可视为分子 A 的一种振动，称为"笼效应"。出笼分子 A 经扩散又将进

入另一个笼中，这种扩散是随机的，因此分子 A 在笼间的跳跃也是随机的。当反应物分子 A 和 B 随机地跳入同一笼中时，A 与 B 就将在该笼中发生反复碰撞，将 A 与 B 的一次这种随机相遇称为一次偶遇，A 与 B 称为一个偶遇对。在一次偶遇中，偶遇对 A：B 可能发生化学反应生成产物 P，也可能不发生反应，分别逃逸出分子笼。但无论怎样，偶遇对都能维持一定的时间，可以看成化学反应的一种暂态中间物，故反应 A + B ⇌ P 可分解为如下基元步骤：

$$A + B \underset{k_{-d}}{\overset{k_d}{\rightleftharpoons}} A:B$$

$$A:B \overset{k_r}{\longrightarrow} P$$

式中，k_d 为扩散过程的速率常数；k_{-d} 为偶遇对离解过程的速率常数；k_r 为偶遇对的反应速率常数。假定经过一定时间，偶遇对的浓度达到了稳态，则

$$\frac{dc_{A:B}}{dt} = k_d c_A c_B - k_{-d} c_{A:B} - k_r c_{A:B} = 0$$

故

$$c_{A:B} = \frac{k_d}{k_{-d} + k_r} c_A c_B$$

总反应速率为

$$r = \frac{dc_P}{dt} = k_r c_{A:B} = \frac{k_r k_d}{k_{-d} + k_r} c_A c_B \tag{7-77}$$

总反应速率常数为

$$k = \frac{k_r k_d}{k_{-d} + k_r} \tag{7-78a}$$

(1) 若 $k_{-d} \gg k_r$，即化学反应是速控步骤，式(7-78a)变为

$$k \approx \frac{k_r k_d}{k_{-d}} = K_d k_r \tag{7-78b}$$

式中，K_d 为偶遇对形成的平衡常数。这时偶遇对的平衡基本上不受化学反应的影响，总反应的速率取决于偶遇对的化学反应的速率。一般称这时的反应是受活化控制或动力学控制，其反应的活化能多在 80kJ·mol⁻¹ 以上。

(2) 如果化学反应速率非常快，即 $k_r \gg k_{-d}$，则

$$k = \frac{k_r k_d}{k_{-d} + k_r} \approx k_d \tag{7-78c}$$

即此时扩散成为速控步骤，反应速率完全由扩散速率决定。这是因为既然化学反应是快速步骤，则 B 分子一扩散到 A 的周围就立刻被反应了，因此在 A 分子的周围会产生 B 的浓度梯度，与 A 发生反应的 B 浓度与体相中的 B 浓度有差别，从而需要考虑扩散动力学。一般称这时的反应是扩散所控制的。对于多数有机溶剂中的反应，其扩散控制反应的活化能一般为 10kJ·mol⁻¹ 左右。

根据总包反应表观活化能的大小，可大致判断反应是属于何种步骤所控制的。

(3) 若 k_r 与 k_{-d} 相差不大，则称反应为混合控制。

笼效应减少了远距离反应物分子 A、B 间的碰撞数，但在"偶遇"中又增加了偶遇对 A、B 间的碰撞数，故与气相中相比，总碰撞数改变并不太大。在溶剂分子与反应物间无特别作用的情况下，液相反应与其气相反应相似，可以用简单碰撞理论计算其动力学参数；但对溶剂效应显著的液相反应，碰撞理论不适用，通常采用过渡态理论来处理。

7.6.2 多相反应动力学分析

参与反应的各组分处于不同相中的反应称为多相反应。

1. 多相反应的基本步骤

由于反应组分处于不同相中,因此多相反应都发生在相界面处。为了完成在相界面上的反应,反应组分必然要经历一系列物理和化学步骤。多相反应的基本步骤包括:

(1) 反应物粒子从其原相内向相界面处扩散。
(2) 反应物粒子在相界面处发生初步的相互作用,如固-气反应中,气体分子要被固体吸附在固-气界面上。
(3) 反应物粒子在相界面上按一定的反应历程进行化学反应。
(4) 产物粒子从相界面上脱离,如解吸。
(5) 产物粒子从相界面处向确定相内扩散迁移。

上述各步骤中,(1)、(2)、(4)、(5)均为物理步骤,只有(3)为化学步骤,多相反应的总速率取决于其中最慢一步的速率。一般来说,(2)、(4)多为快步骤,而(1)、(5)为扩散过程。所以,多相反应可分为活化控制和扩散控制两类。但实际上,多相反应的这两种速控类型通常是出现于同一反应的不同阶段,即条件不同,反应的速控步骤也可能不同。若扩散为速控步骤,则反应处于扩散区;若化学反应为速控步骤,则反应处于动力学区;若扩散速率与化学反应速率相近,则反应处于过渡区,为扩散和化学反应混合控制。

2. 多相反应速率的扩散理论

多相反应为扩散控制(扩散为速控步骤)时,反应速率与扩散速率相等,可根据扩散理论来计算。

以固体在溶液中的溶解为例,如 ZnO 在 H_2SO_4 溶液中的溶解,一旦 ZnO 被 H_2SO_4 溶解,在固-液界面处,H_2SO_4 被消耗,使得其浓度从相界面到溶液本体是逐渐增大的,形成反应物的扩散层;而产物 $ZnSO_4$ 是可溶性的,故其浓度从相界面到溶液本体是逐渐减小的,形成产物的扩散层,这种浓度分布如图 7-13 所示。扩散层厚度与物质本性、反应温度和搅拌强度等因素有关。

扩散层内某组分浓度随距相界面距离的变化率为浓度梯度 $\dfrac{dc}{dx}$,若在单位时间内通过某截面 A_s 的物质的量为 n mol,则通过该截面的流量 J 为

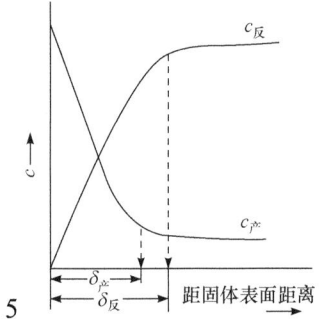

图 7-13 浓度分布图

$$J = \frac{dn}{dt} = -DA_s \frac{dc}{dx} \tag{7-79}$$

式中,D 为扩散系数,负号表示扩散方向与浓度梯度方向相反。一般反应速率是以单位时间内反应物的浓度变化表示的,故扩散速率又可表示为

$$r_d = \frac{1}{V} \cdot \frac{dn}{dt} = \frac{dc}{dt} = -\frac{DA_s}{V}\frac{dc}{dx} \tag{7-80a}$$

若扩散层内浓度分布为线性,则 $\dfrac{dc}{dx} = \dfrac{\Delta c}{\delta}$,其中,$\delta$ 为扩散层厚度,Δc 为扩散层两侧的浓度差,

故扩散速率又可表达为

$$r_d = -\frac{DA_s}{V}\frac{\Delta c}{\delta} \tag{7-80b}$$

当反应是受反应物组分扩散控制时，由于反应速率 $r = -\dfrac{\mathrm{d}n}{\mathrm{d}t}$，因此有 $r = -r_d$。多相反应速率就可用式(7-80a)或式(7-80b)的负值表示，由上述速率方程可知：

(1) 多相反应速率 r 与反应的相界面积 A_s 成正比。显然，当固体反应物的比表面积越大时，反应速率也越快。因此，实际生产中，固体物料总要进行破碎或细磨。

(2) 多相反应速率 r 与扩散层厚度 δ 成反比。加大反应物间的相对运动可以减小扩散层厚度，故常用搅拌或固体流态化技术来强化生产过程。

(3) 多相反应速率 r 与反应物在扩散层两边的浓度差 Δc 成正比，$\Delta c = c - c_s$。当相界面处的浓度 c_s 趋向于零时，反应速率就近似地与反应物在本体相内的浓度 c 成正比。为获得较大的反应速率，可适当地提高反应物的浓度或不断地取走产物，以提高扩散层两边的浓度差。

(4) 多相反应速率 r 与扩散系数 D 成正比。扩散系数与物质本性及温度有关。一般而言，温度升高 10K，D 值增加至原来的 1.2～1.4 倍。应用阿伦尼乌斯公式，可求得扩散活化能：

$$\ln\frac{D_2}{D_1} = \frac{E_d(T_2 - T_1)}{RT_2T_1} \tag{7-81}$$

一般扩散活化能 E_d 的数值不大，所以温度对扩散控制的多相反应速率的影响，小于对化学反应控制(一般化学反应的活化能为 40～400kJ·mol^{-1})的多相反应。而某些在低温条件下为化学反应控制的多相反应，在高温时则可能转变为扩散控制。

若产物为不溶性产物，则会在相界面处形成产物膜。当膜结构疏松或有裂缝时，反应物能通过缝隙继续向反应相界面扩散，使反应继续进行，只是此时扩散阻力加大了，从而影响反应速率；若膜结构很致密，则将完全阻碍作用物的扩散，使反应终止。

3. 多相反应速率的吸附理论

有较多理论或模型可用于讨论受界面化学反应控制的多相反应，其中较为常用的有多相反应吸附理论。

吸附理论认为，只有被相界面吸附的分子才能在相界面发生反应，且反应在吸附平衡条件下进行，界面反应是速控步骤；界面反应速率与相界面上被吸附的反应物浓度之间遵循质量作用定律。若界面反应为一级反应，则反应速率可为

$$r = k_s A_s c_s \tag{7-82}$$

若界面反应为二级反应，则反应速率可为

$$r = k_s A_s c_s^2 \quad \text{或} \quad r = k_s A_s c_{s,1} c_{s,2} \tag{7-83}$$

式中，k_s 为界面化学反应速率常数；A_s 为相界面面积。

如何根据反应系统的特征来表达相界面上某反应组分的浓度 c_s，往往是吸附理论应用的关键。例如，对固-气多相反应，在界面上气体反应物的浓度或可根据朗缪尔(Langmuir)吸附等温式(详见第 11 章)进行表达。

4. 金属氧化动力学

金属氧化是典型的固-气相反应。在含氧的空气中，固态金属与氧气反应生成金属氧化物

膜，附着在金属表面。随着时间的延长，氧化膜逐渐加厚。若以 y 表示金属表面上单位面积的氧化膜的厚度，则氧化速率为

$$r = \frac{dy}{dt} = k_s c_s \tag{7-84}$$

式中，k_s 为界面化学反应速率常数；c_s 为氧化膜内侧(金属表面层)的氧气浓度。若要金属氧化反应能够持续进行，氧气必须通过氧化膜扩散到金属表面，这就使得氧化膜两侧的氧气浓度必然会不相等。已知氧气的表面浓度为 c_s，假设气相中氧气浓度为 c_0，且金属表面积不变，则氧气的扩散速率为

$$r_d = k_d \frac{c_0 - c_s}{y} \tag{7-85}$$

式中，k_d 为与扩散系数有关的常数；y 为氧化膜厚度，相当于扩散层厚度。当金属氧化达到稳态时，扩散速率与界面反应速率相等，即

$$k_s c_s = k_d \frac{c_0 - c_s}{y}$$

由此可得

$$c_s = \frac{k_d c_0}{k_d + k_s y}$$

故反应速率为

$$r = \frac{dy}{dt} = k_s c_s = k_s \frac{k_d c_0}{k_d + k_s y}$$

两边同时积分

$$\int_0^y \left(\frac{k_d}{k_s} + y \right) dy = \int_0^t k_d c_0 dt$$

得

$$\frac{k_d}{k_s} y + \frac{1}{2} y^2 = k_d c_0 t \tag{7-86a}$$

(1) 当氧化膜很薄时，y^2 项很小，可忽略，有

$$y = k c_0 t \tag{7-86b}$$

此时膜厚 y 与时间 t 呈线性关系，称为金属的线性氧化阶段，此时金属的氧化只与界面反应速率常数 k_s 有关。这是因为膜薄，扩散阻力小，整个反应的速率由界面反应所控制。另外，对多孔质的氧化膜产物，因为膜是多孔性的，扩散性能好，所以即便膜较厚时，式(7-86b)仍适用。

(2) 对于厚而致密的氧化膜，y^2 项远大于 y 项时，式(7-86a)可简化为

$$y^2 = 2 k_d c_0 t \tag{7-86c}$$

此时膜厚度与时间呈抛物线关系，因为膜厚，氧气不易扩散，所以扩散成为速控步骤。

在中间阶段，反应可能就由扩散和界面反应混合控制。

金属氧化只是多相反应中固-气反应的一种类型，其他各种类型的多相反应大多可采用相应的经验或理论模型进行动力学处理，有兴趣者请参阅相关文献。

7.7 催化反应动力学基础

催化反应在现代工业及科学研究中有着广泛的应用，但由于涉及的问题比较复杂而具体，

催化理论的进展落后于生产实际。

7.7.1 催化相关概念

1. 催化作用及催化剂

人们在实践中早已发现,某些物质或材料加到反应系统中,可使反应的速率显著变化,而其自身在反应前后的数量和化学组成不变,这种现象称为催化作用;而加到反应系统中产生催化作用的物质或材料,称为催化剂。一般将能加速反应的催化剂称为正催化剂,简称催化剂;而将减慢反应的催化剂称为负催化剂,或称阻化剂。负催化作用有时也具有积极的意义,如橡胶的防老化、金属的防腐蚀、燃烧作用中的防爆震等。

若反应的产物之一能对反应起催化作用,这称为自催化作用。反应系统中一些偶然的杂质、尘埃或反应容器壁等,也可能具有催化作用。例如,在200℃玻璃容器中进行溴与乙烯的气相加成反应中,玻璃容器壁就具有催化作用。

2. 催化作用的分类

根据反应组分及催化剂相态的异同,常将催化作用分为均相(单相)催化和非均相(复相)催化两类。均相催化是指催化剂与反应组分都在处于同一相(气相或液相);非均相催化则是指催化剂与反应组分不在同一相,主要见于固相催化剂催化气相或液相反应。酶的粒径大小在 $10 \sim 100 nm$ 之间,酶催化反应(反应物和产物多为液相)可视为介于均相催化和非均相催化之间的一类。

均相催化因为催化剂与反应物分子有充分的接触,往往具有较高的催化活性及选择性,缺点在于催化剂难以重复使用且难以与反应系统分离。相比之下,非均相催化因为催化剂与反应物分子的接触不够充分,催化动力学更为复杂,往往催化活性及选择性较差,优点是催化剂易于与反应系统分离以便重复使用。

3. 催化作用的基本特征

(1) 催化剂不影响化学平衡。催化剂不能改变反应系统中反应物和产物的状态,所以根据热力学原理,催化作用不会改变系统状态函数的变化量,如 $\Delta_r G_m^\ominus$、$\Delta_r H_m^\ominus$ 等,也不会改变反应平衡常数。催化剂能改变化学反应的速率,却不影响化学平衡,即催化剂可以改变达到平衡所需的时间,但不会引起平衡点的移动。根据对峙反应的速率常数与平衡常数的关系 $K_c = k_+ / k_-$,可以推知催化对正、逆向反应的速率常数的影响程度应该相同,这一结论对基元反应完全正确;但对复杂反应,虽然平衡常数不会改变,由于正、逆向反应机理可能不同,即速控步骤可能不同,因此,同一催化剂对正、逆向反应的催化效果会有所不同。

(2) 催化剂加速反应的本质是改变了反应历程,使反应的表观活化能显著降低。

(3) 催化剂在反应前后化学性质不会改变,但物理形态有可能变化,如粉化等。

(4) 催化剂有特殊的选择性。不同类型的反应需要不同的催化剂,同样的反应物若采用不同的催化剂,产物也可能不同。例如,乙醇的分解在不同催化剂上能得到不同的产品:在 $623 \sim 633K$ 的 Al_2O_3 上得到 $C_2H_2 + H_2O$;在 $473 \sim 523K$ 的金属 Cu 上得到 $CH_3CHO + H_2$;在 $673 \sim 723K$ 的 $ZnO\text{-}Cr_2O_3$ 上得到 $CH_2 = CH-CH = CH_2 + H_2O$ 等。

(5) 某些反应的速率和催化剂的量(浓度)成正比,这可能是催化剂参与反应形成了中间化合物。

(6) 少量杂质常可显著影响催化剂的作用。这些杂质既可成为助催化剂也可成为催化剂的毒物。

4. 催化作用的一般机理

上述催化作用特征中已提及,催化剂加速反应的本质是改变了反应历程,降低了反应的表观活化能。

设有化学反应 A+D ⇌ P,未使用催化剂时,其活化能为 E_1;在有催化剂 K 存在时,反应途径改变,其反应历程可以描述为

$$A + K \underset{k_{-2}}{\overset{k_2}{\rightleftharpoons}} M \quad (\text{正反应活化能为} E_2, \text{逆反应活化能为} E_{-2})$$

$$M + D \xrightarrow{k_3} P + K \quad (\text{活化能为} E_3)$$

式中,M 为反应物与催化剂生成的中间产物。相应的反应历程及活化能的变化如图 7-14 所示。

若后一步骤为速控步骤,则可用平衡态近似法求出中间产物的浓度

$$K_c = \frac{k_2}{k_{-2}} = \frac{c_M}{c_A c_K} \quad \text{即} \quad c_M = \frac{k_2}{k_{-2}} c_A c_K$$

产物 P 的生成速率为

$$\frac{dc_P}{dt} = k_3 c_M c_D = \frac{k_2 k_3}{k_{-2}} c_K c_A c_D = k c_A c_D$$

式中,$k = \frac{k_2 k_3}{k_{-2}} c_K$ 为表观速率常数,故该催化反应的表观活化能为

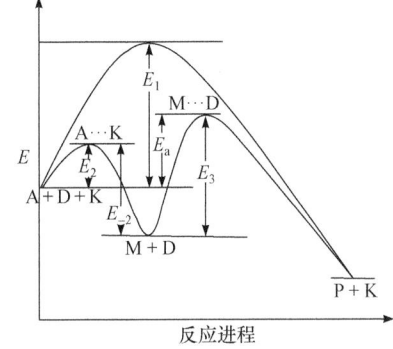

图 7-14 催化作用中的活化能变化示意图

$$E_a = RT^2 \frac{d\ln k}{dT} = E_2 + E_3 - E_{-2}$$

催化剂能改变反应速率最主要的原因是改变了反应历程,从而改变了反应的表观活化能,所以大大加快了反应速率。表 7-2 比较了一些催化反应和非催化反应的活化能。

表 7-2 催化反应和非催化反应的活化能

反应	非催化 E_a/(kJ·mol^{-1})	催化 E_a/(kJ·mol^{-1})	催化剂
$2HI \rightleftharpoons H_2 + I_2$	181	105	Au
$2H_2O \rightleftharpoons 2H_2 + O_2$	245	136	Pt
蔗糖在盐酸溶液中的分解反应	107	39	转化酶
$2SO_2 + O_2 \rightleftharpoons 2SO_3$	251	63	Pt
$N_2 + 3H_2 \rightleftharpoons 2NH_3$	335	167	Fe-Al$_2$O$_3$-K$_2$O

某些催化反应,表观活化能降低得不多,反应速率却改变很大;还发现同一反应使用不同催化剂时,表观活化能相差不大,而反应速率相差很大。这种情况可用活化熵的改变来解释:如果活化熵改变较大,相当于指前因子改变较大,这也可以显著改变反应速率。

7.7.2 均相催化

1. 酸碱催化

酸碱催化是均相催化中研究得最多、应用得最广泛的一类催化反应，许多离子型有机反应，如酯的水解、醇醛缩合、脱水、水合、聚合、烷基化等反应，大多可被酸或碱所催化。

酸、碱催化反应一般被解释为经过了离子型的中间化合物，可表示为

$$S(反应物) + HA(酸催化剂) \longrightarrow SH^+ + A^-$$

$$SH^+ + A^- \longrightarrow 产物 + HA$$

或

$$S(反应物) + B(碱催化剂) \longrightarrow S^- + HB^+$$

$$S^- + HB^+ \longrightarrow 产物 + B$$

因此，酸、碱催化的本质在于催化剂分子与反应物分子发生质子转移的中间步骤。

在酸催化时，酸失去质子的趋势可用其离解常数 K_a 来衡量：

$$HA + H_2O \rightleftharpoons H_3O^+ + A^- \qquad K_a = \frac{c_{H_3O^+} c_{A^-}}{c_{HA}}$$

因此，酸催化反应的速率常数 k_a 应与酸的离解常数 K_a 成比例。实验表明两者有如下关系：

$$k_a = G_a K_a^\alpha \tag{7-87a}$$

或

$$\ln k_a = \ln G_a + \alpha \ln K_a \tag{7-87b}$$

式中，G_a、α 均为经验常数，取决于反应的种类及条件。

同理，在碱催化时，碱得到质子的趋势可用其离解常数 K_b 来衡量：

$$B + H_2O \rightleftharpoons BH^+ + OH^- \qquad K_b = \frac{c_{BH^+} c_{OH^-}}{c_B}$$

因此，碱催化反应的速率常数 k_b 也应与碱的离解常数 K_b 成比例：

$$k_b = G_b K_b^\beta \tag{7-88a}$$

或

$$\ln k_b = \ln G_b + \beta \ln K_b \tag{7-88b}$$

式中，G_b、β 也均为经验常数，取决于反应的种类及条件。

式(7-87a)及式(7-88a)有时称为布朗斯特(Brønsted)关系式，式中的 α、β 均为正值，且均介于 $0 \sim 1$ 之间。

2. 络合催化

在反应过程中，催化剂与反应基团直接形成中间配合物，使反应基团活化，称为络合催化。对均相络合催化的研究有助于认识非均相催化活性中心的本质及催化作用的一般机理。

络合催化的机理一般可表示为

$$\underset{\text{空位中心}}{\text{—M—Y}} + X \xrightleftharpoons{\text{配位}} \text{—M—Y} \atop X \xrightleftharpoons{\text{插入反应}} \underset{\text{空位中心}}{\text{—M—X—Y}} \xrightarrow{\text{重排}} \underset{\text{空位中心}}{\text{—M—Y}} + P$$

式中，M 代表起催化剂作用的中心金属原子；Y 代表某个配体基团，可以是催化剂自带的，也可能是在反应过程中生成的；X 代表反应物分子。

首先反应分子与配位数不饱和的配合物直接配位，然后配体(反应分子 X)随即转移插入相邻的 M—X 键中形成 M—X—Y 键，插入反应又使空位中心恢复，然后又可重新进行配位和插入反应。这种"空位中心"被认为和固体催化剂的"表面活性中心"具有相同的作用，因此常用来解释一般的催化活性机理。

3. 自催化反应与化学振荡

自催化作用的概念前已述及。油脂腐败、橡胶及塑料制品的老化变质均属包含链反应的自催化反应，其特点是反应开始有一诱导期，随着反应产物的积累，反应速率随时间递增；经一最大值后，随着反应物的消耗，反应速率下降。自催化反应多见于均相催化。

对于自催化反应，预先添加少量产物，可以缩短诱导期；及时补充反应物或移走产物，均可维持反应速率。

实践证明，少量的抑制剂就能有效地抑制自催化反应，但当抑制剂消耗完后，自催化反应仍能继续。

反应系统中某些组分(主要是中间产物)的量(或浓度)随时间(或空间)发生周期性变化的现象称为化学振荡。化学振荡是非平衡、非线性化学动力学研究领域的一个重要的分支。自催化反应并不必然导致化学振荡，但发生化学振荡必须有自催化反应的存在。产生化学振荡必须满足三个条件：①系统必须远离平衡态；②反应系统必须是开放系统；③系统中必须存在自催化反应。

化学振荡可产生于均相系统，也可产生于非均相系统。1958 年别诺索夫(Belousov)首次发现，在以金属铈离子作催化剂时，柠檬酸被 $HBrO_3$ 氧化可呈现化学振荡。柴波廷斯基(Zhabotinskii)等相继发现有些反应系统可呈现空间有序。在这之后又发现了一批溴酸盐的类似反应，人们将此类反应统称为 B-Z 反应。

具体的 B-Z 反应的例子有：先将一定量的丙二酸及硝酸铈铵溶于一定浓度的硝酸溶液中，开始溶液为黄色，几分钟后变清，这种颜色的变化是由四价铈 Ce^{4+} 的浓度减小而三价铈 Ce^{3+} 的浓度增大，即比值 $c_{Ce^{4+}}/c_{Ce^{3+}}$ 减小所致。在溶液变清之后加入一定量的 NaBr，则溶液的颜色就会在无色和黄色之间振荡(实际上就是比值 $c_{Ce^{4+}}/c_{Ce^{3+}}$ 大小的振荡)，且溶液中的溴离子的浓度 c_{Br^-} 也同步振荡。一定时间后振荡消失，在丙二酸的量有保证的基础上，再加入 NaBr 又能产生振荡。

关于 B-Z 反应的机理，虽然已进行了大量的研究，提出了一些反应机理，但总的来说还需要做进一步的研究。

7.7.3 非均相催化

非均相催化主要是指催化剂为固相而反应组分为气相或液相的反应。

1. 固相催化剂的组成

实际的固体催化剂大多由多种物质或材料组成，通常包括：直接起催化作用的主要活性组分，或称主催化剂；有利于活性组分充分分散并适合于产品加工成形的载体物质；能提高主催化剂性能的辅助组分，或称助催化剂。

2. 催化剂的活性

催化剂的催化能力通常用催化活性 a 表示，催化活性可根据不同的场合进行定义。工业上催化活性 a 一般定义为单位时间、单位质量(或体积)的催化剂所产生的产物质量，即

$$a = \frac{W_{产物}}{tV_{催化剂}} \quad 或 \quad a = \frac{W_{产物}}{tW_{催化剂}}$$

而在研究工作中，催化活性 a 可定义为单位表面催化剂上的反应速率常数 $a = k/A_s$，或是单位面积催化剂在单位时间内的反应产物质量。

催化活性的大小主要取决于主催化剂的分散程度，因此，主催化剂的纳米化甚至原子化是当今催化研究领域的主要方向。

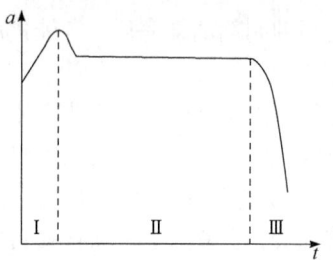

图 7-15　催化活性与时间关系的示意图

催化剂只具有有限的使用寿命。催化剂在使用过程中其活性会下降直至失效。催化活性 a 随时间的变化关系如图 7-15 所示。

其寿命大致可分为三段：
Ⅰ段：催化剂成熟期，活性达到最大值；
Ⅱ段：催化剂稳定期，其长度为催化剂的寿命；
Ⅲ段：催化剂失活(老化)，活性迅速下降。

催化剂的失活通常与催化剂表面发生熔融、重结晶及其他减小其比表面积的因素有关。

3. 非均相催化反应的动力学

非均相催化属于多相反应，因此其反应动力学除遵循多相反应规律外，还具有催化反应的一般规律。但关于非均相催化反应动力学，目前尚无成熟的理论，较为普遍被接受的是活性中心吸附理论。

该理论认为，起催化作用的只是催化剂表面的活性中心，这种活性中心易吸附反应物分子形成吸附活化物，吸附活化物的形成大大降低了反应活化能，故反应被加速。

例如，对反应 A + D ⇌ P，一种可能的情形是 A 和 D 同时被吸附在两相邻的活性中心上，然后变为产物，可表示为

$$\begin{array}{ccccc}
& & & & A\cdots D \\
& & & & \vdots\ \ \vdots \\
A(g) + D(g) & + & \overset{\vdots\ \ \vdots}{-S-S-} & \longrightarrow & -S-S- \\
\text{作用物} & & \text{催化剂上活性中心} & & \text{吸附活化物(过渡态)} \\
& & & & \vdots\ \ \vdots \\
& & & & -S-S- + \text{产物}
\end{array}$$

另一种可能的情形是反应物之一(如 A)先被吸附在活性中心上形成活化物，再与另一反应物反应形成产物，表示为

$$A(g) + D(g) + \ —\!\!\overset{\vdots}{S}\!\!— \longrightarrow —\!\!\overset{\vdots}{S}\!\!\overset{A}{—} + D(g)$$

$$—\!\!\overset{\vdots}{S}\!\!— + \text{产物} \longleftarrow —\!\!\overset{\vdots}{S}\!\!\overset{\overset{A}{\downarrow}}{\underset{A\cdots D}{—}}$$

7.7.4 酶催化

在生物体内进行的各种复杂反应基本上都是酶催化反应，如蛋白质、脂肪、碳水化合物的合成、分解等。酶催化也称生物催化。绝大多数已知的酶本身也是一种蛋白质，相对分子质量在 $10^4 \sim 10^6$ 之间，其质点大小在 $10 \sim 100 \mathrm{nm}$ 之间，因此，酶催化反应可以看作介于均相催化和非均相催化之间、具有其特殊性的一类催化反应，既可以看成是反应物(在酶催化领域常称为底物)与酶形成了中间化合物，也可以看成是在酶的表面先吸附了底物，而后再进行反应。

1. 酶催化反应的特点

(1) 高选择性。一般一种酶只对一种反应或一类反应具有催化活性。
(2) 极高的催化效率。酶催化反应效率是一般催化反应效率的 $10^8 \sim 10^{10}$ 倍，甚至更高。
(3) 温和的反应条件。酶催化一般在常温常压条件下进行。
(4) 复杂的反应机理。酶反应速率受 pH、温度及离子强度的影响较大。

尽管人们尝试合成一些类似酶的催化剂，但其效率与天然酶无法相比，这也从一个方面表现出酶催化机理的复杂性。

2. 酶催化反应的机理及速率方程

酶催化反应动力学极为复杂。实践表明，酶催化反应速率与酶、底物、温度、pH 及干扰物质等因素有关。在一定温度下，大多数的酶催化反应速率 r 随底物浓度 c_S 的变化关系具有如图 7-16 所示的典型曲线。

米恰利(Michaelis)和门顿(Menten)先后研究了一些酶催化反应动力学，提出了酶催化反应机理，即 Michaelis-Menten 机理：酶 E 与底物 S 先形成中间化合物 ES，并快速达到平衡，中间化合物 ES 再进一步分解为产物 P，并释放出酶 E。可表示为

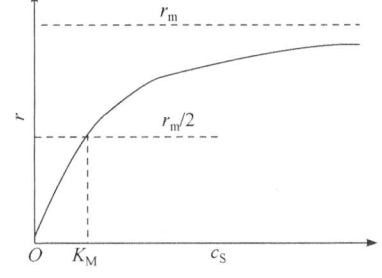

图 7-16 典型的酶催化反应速率与底物浓度的关系

$$S + E \underset{k_{-1}}{\overset{k_1}{\rightleftharpoons}} ES \overset{k_2}{\longrightarrow} P + E$$

其中，中间化合物 ES 为活性组分，可用稳态法处理；ES 分解为产物 P 为慢步骤，控制整个反应的速率。

对中间物 ES 采用稳态近似处理：

$$\frac{dc_{ES}}{dt} = k_1 c_E c_S - k_{-1} c_{ES} - k_2 c_{ES} = 0$$

所以有

$$c_{ES} = \frac{k_1 c_E c_S}{k_{-1} + k_2} = \frac{c_E c_S}{K_M} \tag{7-89a}$$

式中,$K_M = \dfrac{k_{-1}+k_2}{k_1}$ 称为米氏(Michaelis)常数。该常数实质上是中间化合物 ES 的不稳定常数,即相当于反应 $ES \rightleftharpoons S+E$ 的平衡常数。式(7-89a)也称为米氏公式。

若令酶的原始浓度为 $c_{E,0}$,反应达稳态后,它的一部分变成中间化合物 ES,另一部分仍处于游离态,则游离态酶的浓度为 $c_E = c_{E,0} - c_{ES}$,将其代入式(7-89a)则有

$$c_{ES} = \dfrac{c_{E,0} c_S}{K_M + c_S} \tag{7-89b}$$

反应速率可表示为

$$r = \dfrac{dc_P}{dt} = k_2 c_{ES}$$

将米氏公式代入后得

$$r = k_2 c_{ES} = \dfrac{k_2 c_{E,0} c_S}{K_M + c_S} \tag{7-90a}$$

式(7-90a)即为酶催化反应的速率方程,此式能较好地解释图 7-16 中的曲线。

可以看出:①当底物浓度 c_S 很小时,$r \approx \dfrac{k_2 c_{E,0} c_S}{K_M}$,反应速率与底物浓度 c_S 成正比,对底物表现为一级反应。②当底物浓度 $c_S \to \infty$ 时,反应速率 r 趋于最大值 r_m,且 $r_m = k_2 c_{E,0}$,表明最大反应速率取决于酶初始浓度而与底物浓度无关。

由式(7-90a)可见,当 $r = r_m / 2 = k_2 c_{E,0} / 2$ 时,有 $c_S = K_M$,也就是说,当反应速率达到最大速率的一半时,底物的浓度 c_S 就等于米氏常数 K_M。将式(7-90a)整理重排后可得

$$\dfrac{1}{r} = \dfrac{K_M}{k_2 c_{E,0}} \dfrac{1}{c_S} + \dfrac{1}{k_2 c_{E,0}} = \dfrac{K_M}{r_m} \dfrac{1}{c_S} + \dfrac{1}{r_m} \tag{7-90b}$$

式(7-90b)提供了根据实验数据确定 r_m 及 K_M 的方法:将 $1/r$ 对 $1/c_S$ 作图,从直线的斜率和截距联立可求得 r_m 及 K_M。

除温度、pH、离子强度、溶剂等因素外,能参与酶催化反应的外加组分能显著降低酶催化反应速率,这种现象称为酶的抑制作用。酶的抑制机理对生理及医药等领域的研究具有重要的意义。

酶的抑制作用有很多种,其中一种为竞争性抑制作用。这类抑制剂与底物的分子结构及大小相似,它也可占据酶的活性位置,因而与底物发生竞争。若以 I 代表抑制剂,机理可表示为

$$S + E \underset{k_{-1}}{\overset{k_1}{\rightleftharpoons}} ES \overset{k_2}{\longrightarrow} P + E$$

$$I + E \underset{k_{-3}}{\overset{k_3}{\rightleftharpoons}} EI$$

显然

$$c_E = c_{E,0} - c_{ES} - c_{EI} \tag{7-91}$$

令 $K_M = \dfrac{c_E c_S}{c_{ES}}$ 及 $K_I = \dfrac{c_E c_I}{c_{EI}}$,则有 $c_E = \dfrac{K_M c_{ES}}{c_S}$ 及 $c_{EI} = \dfrac{c_E c_I}{K_I}$,将其代入式(7-91)可得

$$c_{ES} = \dfrac{c_{E,0}}{\dfrac{K_M}{c_S} + 1 + \dfrac{K_M c_I}{K_I c_S}}$$

则反应速率为
$$r = k_2 c_{ES} = \frac{k_2 c_{E,0}}{\dfrac{K_M}{c_S} + 1 + \dfrac{K_M c_I}{K_I c_S}} \tag{7-92}$$

这就是竞争性抑制的速率方程。当底物浓度 $c_S \to \infty$ 时，反应速率 r 趋于最大值 r_m，且 $r_m = k_2 c_{E,0}$，这与没有抑制时相同。

7.8 光化学反应

只有在光的作用下才能进行的反应，或者由于化学反应产生的激发态粒子跃迁到基态发出光辐射的反应都称为光化学反应。光化学现象虽早为人们所知，但光化学成为化学领域的一个分支学科大致是 20 世纪 60 年代的事，光化学是化学和物理发展的一门交叉学科。光化学反应通常包括：原子或分子的光电离和光解离、光异构化、被光活化的分子所参与的其他反应以及光敏化学反应等。

7.8.1 光化学基本概念

1. 光波及光量子

作为一种电磁辐射，光具有波动和微粒的二重性。光的波长是相邻的两个波峰之间的距离。可见光的波长范围为 400~750nm，紫外光波长为 150~400nm，近红外光的波长为 780~3000nm，光化学一般关注在 100~1000nm 的光波(包括紫外、可见和红外线)。

一个光子的能量 ε 为

$$\varepsilon = h\nu$$

而波长

$$\lambda = \frac{c}{\nu}$$

因此

$$\varepsilon = h\frac{c}{\lambda}$$

式中，h 为普朗克常量；ν 为频率；c 为光速。在光化学领域，有时也用波数 σ 即波长的倒数 $\left(\sigma = \dfrac{1}{\lambda}\right)$ 来表示光子的能量。

可以看出，随光波长的增大，光子的能量减小。由于红外光能量较低，往往不足以引发化学反应(但红外激光是可以引发化学反应的)，因此对光化学反应有效的光通常是可见光和紫外光。例如，$\lambda = 300\text{nm}$ 的紫外光，其频率为 $\nu = 1 \times 10^{15}\text{Hz}$，则 1mol 光子的能量为

$$E = L\varepsilon = 398.7 \text{kJ} \cdot \text{mol}^{-1}$$

破坏甲烷中的 C—H 键所需能量约为 $416 \text{kJ} \cdot \text{mol}^{-1}$，而 1mol 的氢燃烧后生成水的焓变约为 $242 \text{kJ} \cdot \text{mol}^{-1}$，因此，破坏分子中化学键所需能量与分子吸收光子时获得的能量通常在同一个数量级。

2. 光化学反应与热化学反应的区别

相对于光化学反应，普通的化学反应可称为热反应。其明显的区别是，在恒温恒压条件下，热反应总是自发地向系统吉布斯自由能降低的方向进行，而许多光化学反应(并非所有)却

能向吉布斯自由能增加的方向进行。例如，植物的光合作用：
$$CO_2(g) + H_2O(l) =\!\!=\!\!= 葡萄糖 + O_2(g)$$
以及在光的作用下氧转变为臭氧、氨的分解等反应。

从动力学的角度分析，光化学反应的活化能(通常为 $30kJ \cdot mol^{-1}$ 左右，小于一般热化学反应的活化能)来源于光子的能量，而热反应的活化能来源于分子碰撞。因此，温度对二者速率的影响程度不同，光化学反应速率受温度影响较小，而热反应速率受温度影响较大。但初始光化学过程的速率常数也随温度而变，且遵从阿伦尼乌斯方程，这与普通的化学反应一致。

对于光化学反应，系统吸收光子的能量成为激发态，由于激发态的寿命很短暂(约为 $10^{-1}s$)，其变化有两种可能：①进行后续的光化学反应；②自我衰变，或以辐射形式(荧光或磷光)，或以无辐射形式(内部转变或系间穿越)进行。这两种可能为竞争关系，只有在活化能较小的情况下，即反应速率快者才有优势，并按第一种可能进行光化学反应。这也是光化学反应活化能均较小的原因。而对于热化学反应，初始过程反应分子都处于基态，能量较低，活化能较高，因此反应速率相对较慢。

从上述分析可知，光化学反应和热化学反应之间的主要区别在于，光作用下的反应是激发态分子的反应，而热化学反应通常是基态分子的反应(也称为暗反应)。所以说，用"光催化"来描述光化学反应并不准确，因为光不应当与化学催化剂等效，真正的催化剂在反应结束时化学组成没有发生变化，而光化学反应中光是被吸收的；催化剂只能改变化学反应的动力学过程，从不改变热力学平衡本身，但事实是，许多光化学反应却能引起系统中吉布斯自由能至少是暂时的增加(如光合成)。可见，光化学反应的快速和催化剂作用下的化学反应加速，它们的相似是一种形式上的巧合，其本质不能比较。

3. 光化学反应的初级过程和次级过程

光化学反应由一系列过程组成，以吸收光子引发反应为开端，以生成稳定的产物告终，分为初级过程和次级过程。

反应物吸收光子的过程称为光化学反应的初级过程。吸收光子使分子或原子中的电子能态由基态跃迁到较高能量的激发态(右上角加*表示)，若光子能量很高也可使分子离解，这两种过程都是初级过程。例如

$$Hg(g) + h\nu \longrightarrow Hg^*(g)$$
$$Br_2(g) + h\nu \longrightarrow 2Br^*(g)$$

分子(或原子)吸收光子后，被激发到较高能级的激发态，处于激发态的分子(或原子)再进行的各种过程称为光化学反应次级过程。激发态分子若与其他分子、溶剂、杂质或器壁碰撞，放出能量(热交换)，导致失活，这种过程称为猝灭，猝灭会使得次级反应停止。激发态分子若进行辐射跃迁，直接回到基态时所发出的光称为荧光。因激发态寿命很短(一般只有约 $10^{-8}s$)，所以切断外加光源，荧光一般立即停止。但也有一些被光照射的物质在光源切断后仍可进行较长时间(几秒到几个月)的陆续辐射，这种光称为磷光。其原因是激发态分子跃迁回到基态时常需经过介稳状态。

激发态分子与其他分子碰撞也可能发生光化学反应，使分子分解、重排或与另一分子反应。例如

$$Hg^* + Tl \longrightarrow Hg + Tl^*$$

$$Hg^* + H_2 \longrightarrow Hg + 2H^*$$
$$Hg^* + O_2 \longrightarrow HgO + O^*$$

这些都是激发态分子(或原子)的次级过程。

4. 光化学反应速率及量子产率

为了表示光化学反应的速率，当然可以采用热化学反应中惯用的反应速率的表示方法。但光化学反应中最直观的速率表示方法是单位时间及单位体积内吸收了多少光子并引发了多少反应。

一般将单位时间及单位体积内所通过的光子数定义为光流子强度(简称光强)I，即

$$I = nc$$

式中，c 为光速；n 为光子密度(单位体积中的光子数)。因此，光流子强度 I 的物理意义是单位时间单位面积上流过的光子数，单位为(光子数·$m^{-2} \cdot s^{-1}$)。

为了衡量一个光量子引起指定的物理或化学过程的效率，在光化学中定义 ϕ 为一个过程的量子产率，定义如下：

$$\phi = \text{指定过程发生变化的反应物或产物的分子数/被吸收的光子数}$$
$$= \text{指定过程的反应速率/吸收光子速率} = r/I_a \tag{7-93}$$

式中，r 为指定过程的反应速率，可用任何化学动力学方法测量；I_a 为单位时间及单位体积内吸收的光子数，也就是吸光子速率，单位为(光子数·$m^{-2} \cdot s^{-1}$)，可用化学露光计或其他物理方法测量。因此，量子产率通常可由实验测定。

在光化学实验中，入射光(光强为 I_0)通常不会被全部吸收，而是有一部分透射(或反射)出去，因此有 $I_a = \alpha I_0$，其中 α 为吸收光占入射光的分数。

量子产率的定义针对的是某指定过程。光化学反应中大多包含初级过程及各种次级过程，这些反应(基元反应)过程的速率难以实验确定，因此，最常采用的是根据总反应确定总量子产率。总量子产率 ϕ 值可以小于 1，也可以大于 1，若引发一个链反应，ϕ 值甚至可达 10^6。

7.8.2 光化学基本定律

1. 光化学第一定律

只有被分子吸收的光才能引起分子的光化学反应。换言之，如有光化学反应发生，则引起反应的光一定是被分子吸收的部分，而不是被反射或被透射的部分。这个结论称为光化学第一定律。因为这是 19 世纪由格罗特斯 (Grotthus)和德拉波(Draper)总结的规律，所以也称为格罗特斯-德拉波定律。

该定律表明吸收光是光化学反应进行的必要条件，但并不是发生光化学反应的充分条件。光化学反应还与反应条件及光源、反应器材料等因素有关。

2. 光化学第二定律

在光化学反应的初级过程中，一个反应物分子吸收一个光子而被活化。这个结论称为光化学第二定律。因为这是 20 世纪初由斯塔克(Stark)和爱因斯坦(Einstein)提出的结论，故也称为斯塔克-爱因斯坦定律。该定律对光强度很大(如激光)及激发态分子寿命较长的情况不适用。

根据该定律，要活化 1mol 分子，需吸收 1mol 光子。将 1mol 光子的能量称为 1 爱因斯坦，用符号 u 表示，则

$$u = Lh\nu = \frac{Lhc}{\lambda} = \frac{0.1197}{\lambda} \text{J} \cdot \text{m} \cdot \text{mol}^{-1}$$

7.8.3 光化学反应动力学

1. 光化学速率方程

与热反应相比，光化学反应的速率公式较为复杂，其初级反应不仅与入射光的频率有关，还与光强度相关。要确定光化学反应的速率，首先要确定光化学反应历程，即要弄清初级反应，再确定次级反应包含哪几步等。

对于反应机理确定的光化学反应，可根据质量作用定律及适宜的近似处理方法得到其速率公式。以光化学反应 $A_2 \rightleftharpoons 2A$ 为例，设反应机理为

① $\quad A_2 + h\nu \xrightarrow{I_a} A_2^*$ （活化）初级过程

② $\quad A_2^* \xrightarrow{k_2} 2A$ （解离）次级过程

③ $\quad A_2^* + A_2 \xrightarrow{k_3} 2A_2$ （失活）次级过程

产物 A 的生成速率为

$$\frac{dc_A}{dt} = 2k_2 c_{A_2^*} \tag{7-94a}$$

初级过程的反应速率一般仅取决于入射光的强度，与反应物浓度无关。由于参与反应的物质一般总是过量，因此初级过程对反应物呈零级反应。由光化学第二定律可知，初级过程的反应速率即为吸收光子的速率 I_a（单位时间及单位体积中吸收光子的数目或爱因斯坦数）。因此，A_2^* 的生成速率就等于 I_a，而其消耗速率由反应②和反应③决定。对 A_2^* 采用稳态近似法处理，有

$$\frac{dc_{A_2^*}}{dt} = I_a - k_2 c_{A_2^*} - k_3 c_{A_2^*} c_{A_2} = 0$$

得

$$c_{A_2^*} = \frac{I_a}{k_2 + k_3 c_{A_2}}$$

将上式代入式(7-94a)，得

$$\frac{dc_A}{dt} = \frac{2k_2 I_a}{k_2 + k_3 c_{A_2}} \tag{7-94b}$$

所以该反应的量子产率为

$$\phi = \frac{r}{I_a} = \frac{\frac{1}{2}\frac{dc_A}{dt}}{I_a} = \frac{k_2}{k_2 + k_3 c_{A_2}} \tag{7-95}$$

【例 7-9】 对氯仿在光照射下的氯化反应：$CHCl_3 + Cl_2 + h\nu \longrightarrow CCl_4 + HCl$，测得其速率为 $\frac{dc_{CCl_4}}{dt} = kc_{Cl_2}^{1/2} I_a^{1/2}$。为解释此速率方程，提出了如下反应机理：

① $Cl_2 + h\nu \xrightarrow{I_a} 2Cl\cdot$

② $Cl\cdot + CHCl_3 \xrightarrow{k_2} \cdot CCl_3 + HCl$

③ $\cdot CCl_3 + Cl_2 \xrightarrow{k_3} CCl_4 + Cl\cdot$

④ $2\cdot CCl_3 + Cl_2 \xrightarrow{k_4} 2CCl_4$

试验证按此机理所导出的速率公式与实验所得速率方程的一致性。

解 反应③和反应④有 CCl_4 生成，因此

$$\frac{dc_{CCl_4}}{dt} = k_3 c_{\cdot CCl_3} c_{Cl_2} + 2k_4 c_{\cdot CCl_3}^2 c_{Cl_2} \tag{a}$$

反应过程中产生的自由基 $\cdot CCl_3$ 和 $Cl\cdot$ 做稳态近似法处理

$$\frac{dc_{\cdot CCl_3}}{dt} = k_2 c_{Cl\cdot} c_{CHCl_3} - k_3 c_{\cdot CCl_3} c_{Cl_2} - 2k_4 c_{\cdot CCl_3}^2 c_{Cl_2} = 0$$

$$\frac{dc_{Cl\cdot}}{dt} = I_a - k_2 c_{Cl\cdot} c_{CHCl_3} + k_3 c_{\cdot CCl_3} c_{Cl_2} = 0$$

上述两式相加得

$$c_{\cdot CCl_3} = \left(\frac{I_a}{k_4 c_{Cl_2}}\right)^{1/2} \tag{b}$$

将式(b)代入式(a)可得

$$\frac{dc_{CCl_4}}{dt} = k_3 \left(\frac{I_a c_{Cl_2}}{k_4}\right)^{1/2} + 2I_a = k I_a^{1/2} c_{Cl_2}^{1/2} + 2I_a \tag{c}$$

式中，$k = k_3 \left(\dfrac{1}{k_4}\right)^{1/2}$。一般情况下，光化学反应中反应物的浓度远大于吸收光子数，所以式(c)的第二项可以略去。因此可得

$$\frac{dc_{CCl_4}}{dt} = k I_a^{1/2} c_{Cl_2}^{1/2}$$

这与实验结果一致。

2. 温度对光化学反应速率的影响

温度对光化学反应速率的影响与热反应不同。通常的化学反应(热反应)温度系数较大，温度每增加 10K，反应速率增加 2~4 倍。而温度对光化学反应速率的影响一般不大(大多数光化学反应的温度系数接近于1)，这主要是因为光化学的初级反应与吸收光的强度有关，而大多数次级反应是含有原子、自由基以及它们与分子之间的相互作用，对这些反应来说，活化能一般很小或为零。但是也有一些光化学反应，如草酸钾和碘的反应，其温度系数为 3.2，接近于普通热反应。

另外，也有某些光化学反应，其温度系数为负值，这是由于有次级反应存在，总的速率常数可能包括中间步骤的速率常数或平衡常数。一个简单的例子是：若总的速率常数中包含着某一步骤的速率常数 k_1 和平衡常数 $K^\ominus$，并假设有如下关系：

则
$$k = k_1 K^{\ominus}$$
$$\frac{\mathrm{d}\ln k}{\mathrm{d}T} = \frac{\mathrm{d}\ln k_1}{\mathrm{d}T} + \frac{\mathrm{d}\ln K^{\ominus}}{\mathrm{d}T} = \frac{E_a}{RT^2} + \frac{\Delta_r H_m^{\ominus}}{RT^2} = \frac{E_a + \Delta_r H_m^{\ominus}}{RT^2}$$

如果 $\Delta_r H_m^{\ominus}$ 为负值，且其绝对值大于 E_a，则有 $\frac{\mathrm{d}\ln k}{\mathrm{d}T}<0$，即增加温度反应速率反而降低，苯的氯化反应就属于这一类型。

7.8.4 光化学平衡

在吸收光能的条件下，设反应物 A、B 进行如下反应：
$$A + B \xrightarrow{h\nu} C + D$$
若产物对光不敏感，则它们将按热反应方式回到原态，即

① $\quad\quad\quad\quad\quad\quad\quad\quad A + B \xleftrightarrow{h\nu} C + D$

正、逆向反应的速率相等时达到稳态，称为光稳定态，也就是达到光化学平衡。

在没有光的条件下，上述反应也能达到平衡，即

② $\quad\quad\quad\quad\quad\quad\quad\quad A + B \rightleftharpoons C + D$

则这样的平衡就是热力学平衡。光稳定态和热力学平衡态不一样，光稳定态的平衡常数(一般称为光化学平衡常数)与热力学平衡常数也不一样。如果反应①已达到平衡后，当切断光源，系统将重新按反应②建立平衡。

以蒽的双聚反应为例：$2C_{14}H_{10}(蒽) \xleftrightarrow{h\nu} C_{28}H_{20}(二聚体)$，将其简写为
$$2A \underset{k_{-1}}{\overset{I_a}{\rightleftharpoons}} A_2$$

正向反应速率 $\quad\quad\quad\quad\quad\quad\quad\quad r_+ = I_a$

逆向反应速率 $\quad\quad\quad\quad\quad\quad\quad\quad r_- = k_{-1} c_{A_2}$

平衡时，$r_+ = r_-$
$$I_a = k_{-1} c_{A_2} \quad 或 \quad c_{A_2} = I_a / k_{-1} \tag{7-96}$$

即平衡浓度 c_{A_2} 与吸收光的强度 I_a 成正比。当 I_a 一定时，则双蒽(二聚体)的浓度为一常数(光化学平衡常数)，而与反应物蒽的浓度无关。因此，光化学平衡常数在一定的光强度下为常数，光强度改变，它也随之而变。

也有些光化学反应，其正、逆向反应都对光敏感，例如
$$2SO_3 \underset{h\nu'}{\overset{h\nu}{\rightleftharpoons}} 2SO_2 + O_2$$

在热反应的情况下，大气压强及 900K 下，平衡时有 30% 的 SO_3 分解。但在光化学反应的情况下，大气压强及 318K 下，有 35% 的 SO_3 分解，而且当光强度一定时，温度在 323~1073K 的范围内，其光化学平衡常数都不会改变。

7.8.5 感光反应及化学发光

1. 感光反应

有些物质不能直接吸收某种波长的光而进行光化学反应，即对光不敏感。但如果在系统中

加入另外一种物质，它能吸收这样的辐射，然后把光能传递给反应物，使其发生反应，而本身在反应前后并不发生变化，这样的外加物质称为感光剂(或光敏剂)，这样的反应称为感光反应。

例如，已知 1mol $H_2(g)$ 分子的离解能为 $436kJ \cdot mol^{-1}$，而当波长为 253.7nm 时，1mol 光子的能量为 $u = 472 kJ \cdot mol^{-1}$，若用波长为 253.7nm 的紫外光照射 $H_2(g)$ 时，照理应该会使 $H_2(g)$ 分子离解，但实际上 $H_2(g)$ 分子并不离解。若在 $H_2(g)$ 中混入少量汞蒸气后，Hg(g)受光活化成为活性分子，它能使 $H_2(g)$ 分子立即离解，则 Hg(g)就是该反应的感光剂。该感光反应可定性表示为

$$Hg(g) + h\nu \longrightarrow Hg^*(g)$$
$$Hg^*(g) + H_2(g) \longrightarrow Hg(g) + H_2^*(g)$$
$$H_2^*(g) \longrightarrow 2H \cdot$$

另一常见的例子是植物的光合作用。$CO_2(g)$ 和 H_2O 都不能直接吸收太阳光(400～700nm)，而叶绿素能吸收阳光并使 $CO_2(g)$ 和 H_2O 反应合成糖类：

$$6CO_2(g) + 6H_2O \xrightarrow{h\nu} C_6H_{12}O_6 + 6O_2(g)$$

因此，叶绿素就是植物光合作用的感光剂。

卤化银能吸收自然光中的短波辐射(绿光、紫光、紫外光)而发生分解：

$$AgBr \xrightarrow{h\nu} Ag + Br^*$$

这个反应就是传统照相技术的基础。但卤化银不受长波辐射(红光、荧光)的影响，因此洗照片的暗房里可用红灯照明。如果在 AgBr 中加入某种染料(感光剂)，则它在红光下也会分解。

利用对不同波长的光敏感的感光反应，可以设计测定不同波长光强度的设备，这种设备称为化学露光计。例如，测定紫外光强度的二氧铀草酸盐露光计，仪器中含有一定浓度的 UO_2SO_4 和草酸溶液，其中 UO_2^{2+} 对紫外光敏感，它吸收紫外光变成激发态，并把能量传递给草酸分子促使其分解。根据草酸的分解量即可测得紫外光的强度。

2. 化学发光

化学反应进行时系统通常会以各种不同方式与外界交换能量。化学发光是指化学反应过程中系统以发光的形式向外界传递能量。化学发光可以看成是光化学反应的逆向过程，即化学反应过程中产生激发态分子，当这些激发态分子回到基态的同时放出光子。产生化学发光的温度一般在 800K 以下，因此有时又称为化学冷光。

例如，CO(g)燃烧时能形成激发态的 $CO_2^*(g)$ 和 $O_2^*(g)$，这些激发态分子能发出不同频率的光

$$CO_2^*(g) \longrightarrow CO_2(g) + h\nu$$
$$O_2^*(g) \longrightarrow O_2(g) + h\nu'$$

其他如细菌对朽木的氧化、萤火虫发光以及黄磷发光等都属于化学发光。

不同的化学发光系统能产生不同频率(波长)的光。在化学反应动态学研究中，可以通过这种不同频率的光辐射了解能量在初生态产物中的分布。

复习思考题

1. 判断下列说法是否正确。

(1) 反应级数等于分子数。
(2) 反应级数不一定是简单的正整数。
(3) 具有简单级数的反应是基元反应。
(4) 不同的反应若具有相同的级数形式，一定具有相同的反应机理。
(5) 反应的分子数只能是正整数，一般不会大于 3。
(6) 某化学反应的反应式为 A + B ⟶ C，该反应为双分子反应。
(7) 总级数为零的零级反应一定不是基元反应。
(8) 若某化学反应由一系列的基元反应所组成，则该化学反应的速率是各基元反应速率的代数和。
(9) 一个化学反应进行完全所需的时间是其半衰期的 2 倍。
(10) 若反应 A + B ⟶ Y + Z 的速率方程为 $r = c_A^{1.3} c_B^{0.7}$，则该反应是二级反应，且肯定不是双分子反应。
(11) 对于一般服从阿伦尼乌斯公式的化学反应，温度越高，反应速率越快，因此升高温度有利于生成更多的产物。

2. 化学反应速率如何表示？如何测定？

3. 某反应物消耗掉 50% 和 75% 时所需的时间分别为 $t_{1/2}$ 和 $t_{1/4}$，若反应对该反应物分别是一级、二级和零级，则 $t_{1/2}/t_{1/4}$ 的比值分别是多少？

4. 什么是速控步骤？什么是速控步骤近似法？

5. 连续反应 A ⟶ B ⟶ C，两个速率常数分别是 $k_1 = 0.8\text{s}^{-1}$，$k_2 = 16.5\text{s}^{-1}$，中间物浓度达到极大值的时间是多少？

6. 某平行反应包含两个基元步骤 ①A ⟶ B 和 ②A ⟶ C，其速率常数分别为 $k_1 = 2.00\text{s}^{-1}$，$k_2 = 5.00\text{s}^{-1}$，反应到第 2s 和第 12s 时，两种产物浓度的比值 c_B/c_C 分别是多少？

7. 什么是链反应？链反应有哪几种类型？如何解释支链反应引起爆炸的高界限和低界限？

8. 活化能的物理意义是什么？化学反应的活化能如何测定？

9. 有两个独立的化学反应，其活化能 $E_{a,1} > E_{a,2}$，温度对哪个反应的速率影响更大？若两个反应的指前因子相等，哪个反应的速率常数更大？

10. 合成氨的反应是一个放热反应，降低反应温度有利于提高平衡转化率，但实际生产中为什么选取 450～550℃ 的较高温度？

11. 碰撞理论与过渡态理论的基本要点分别是什么？它们各有什么不完善的地方？

12. 对于下述几个反应，增加溶液的离子强度，是否会影响反应的速率常数？(指出增大、减小或不变)

(1) $S_2O_8^{2-} + 2I^- \longrightarrow I_2 + 2SO_4^{2-}$；

(2) 蔗糖在酸性条件下的水解；

(3) $[Co(NH_3)_5Br]^{2+} + OH^- \longrightarrow [Co(NH_3)_5OH]^{2+}Br^-$。

13. 非均相反应的速率与哪些因素有关？

14. 在非均相反应动力学中如何应用扩散理论及吸附理论？

15. 什么是催化作用？什么是均相催化和非均相催化？催化剂为什么可以加快化学反应的速率？催化剂是否会影响化学平衡？

16. 光化学反应有什么特点？与普通反应(热反应)有什么差别？

习 题

1. 以氨的分解反应 $2NH_3 \rightleftharpoons N_2 + 3H_2$ 为例，导出反应进度的增加速率 $\dfrac{d\xi}{dt}$ 与 $\dfrac{dn_{NH_3}}{dt}$、$\dfrac{dn_{N_2}}{dt}$、$\dfrac{dn_{H_2}}{dt}$ 之间的关系，并说明何者用于反应速率时与选择哪种物质无关。

答案：$\dfrac{d\xi}{dt} = -\dfrac{1}{2}\dfrac{dn_{NH_3}}{dt} = -\dfrac{1}{3}\dfrac{dn_{H_2}}{dt} = \dfrac{dn_{N_2}}{dt}$；$\dfrac{d\xi}{dt}$。

2. 甲醇的合成反应为 $CO + 2H_2 \rightleftharpoons CH_3OH$，已知 $\dfrac{dc_{CH_3OH}}{dt} = 2.44\,\text{mol}\cdot\text{dm}^{-3}\cdot\text{h}^{-1}$，则 $-\dfrac{dc_{CO}}{dt}$ 及 $-\dfrac{dc_{H_2}}{dt}$ 分别为多少？

答案：$2.44\,\text{mol}\cdot\text{L}^{-1}\cdot\text{h}^{-1}$，$2.44\,\text{mol}\cdot\text{L}^{-1}\cdot\text{h}^{-1}$。

3. N_2O_5 的分解反应 $N_2O_5 = 2NO_2 + 1/2 O_2$ 是一级反应，已知某温度下该反应的速率常数为 $4.8 \times 10^{-4} s^{-1}$。求：
   (1) 反应的半衰期；
   (2) 若反应在密闭容器中进行，反应开始时容器中只充有 N_2O_5，其压力为 66.66kPa，反应开始后 10s 及 10min 时的压力。
   答案：(1) 1444s；(2) 67.13kPa，91.68kPa。

4. 测定某陨石时发现每克该陨石中含有 ^{238}U 6.3×10^{-8}g，^4He 20.77×10^{-6}cm³(标准状态下)。已知 ^{238}U 的衰变为一级反应 $^{238}U = ^{206}Pb + 8^4He$，其衰变的半衰期为 4.51×10^9a，求该陨石的年龄。
   答案：2.36×10^9a。

5. 303K 时甲酸甲酯在 85%的碱性溶液中水解，其速率常数为 $4.53 mol^{-1} \cdot dm^3 \cdot s^{-1}$。
   (1) 若酯和碱的浓度均为 $1.00 \times 10^{-3} mol \cdot dm^{-3}$，求反应的半衰期；
   (2) 若两种反应物的浓度，一种减半，另一种加倍，求量少者消耗一半所需的时间。
   答案：(1) 220.8s；(2) 82.4s。

6. 乙酸乙酯(A)与 NaOH(B)的皂化反应为二级反应，速率方程为 $r = kc_A c_B$。在 291K 时测得如下实验数据，其中 V 为滴定 100mL 样品溶液所需浓度为 $0.056 mol \cdot dm^{-3}$ 的 HCl 溶液的体积，求反应的速率常数。

t/min	0	4.89	10.37	28.18	∞
V/mL	47.65	38.92	32.62	22.58	11.48

答案：$2.40 mol^{-1} \cdot dm^3 \cdot min^{-1}$。

7. 在 1100K 时测得 NH_3 在 W 上发生催化反应的数据如下：

NH_3 的初始压力 p_0/Pa	35330	17332	7733
半衰期 $t_{1/2}$/min	7.6	3.7	1.7

(1) 证明该反应近似为零级反应；(2) 求速率常数 k_0。
答案：(2) $k_0 = 38.6 Pa \cdot s^{-1}$。

8. 二甲醚气相分解反应为：$CH_3OCH_3(A) = CH_4(B) + H_2(C) + CO(D)$。773K 时，将二甲醚充入真空反应器内，测量反应器内压力，数据如下：

t/min	6.5	13.0	26.5	52.6	∞
p_T/kPa	54.4	65.1	83.2	103.9	124.1

求反应级数 n。
答案：尝试法，$n = 1$。

9. 已知乙胺加热分解成氨和乙烯，计量方程式为：$C_2H_5NH_2(g) = NH_3(g) + C_2H_4(g)$。
   在 773K 及恒容条件下，在不同时刻测得的系统总压力的增加值 Δp 如下：

t/min	1	2	4	8	10	20	30	40
Δp/kPa	0.67	1.20	2.27	3.87	4.53	6.27	6.93	7.13

若反应开始时只含有乙胺，压力 $p_0 = 7.33$kPa，求该反应的级数和速率常数 k。
答案：尝试法，$n = 1$，$k = 0.0924 min^{-1}$。

10. 恒温恒容气相反应 $2A + 2B = L + M$ 的速率方程为 $r = k p_A^\alpha p_B^\beta$。实验测得如下数据：
    (1) $p_{A,0} = p_{B,0}$ 时

$p_{T,0}$/kPa	47.4	32.4
$t_{1/2}$/s	84	176

(2) $p_{A,0} \ll p_{B,0}$ 时

$p_{A,0}$/kPa	40	20.3
r_0/(kPa·s^{-1})	0.137	0.034

求级数 α 和 β。

答案：$\alpha = 2$，$\beta = 1$。

11. 在 1-1 级对峙反应 $A \underset{k_{-1}}{\overset{k_1}{\rightleftharpoons}} D$ 中，测得不同时刻 t 的产物 D 浓度 x 如下：

t/s	180	300	420	1440	∞
x/(mol·dm^{-3})	0.20	0.33	0.43	1.05	1.58

已知 A 的初始浓度为 $1.89\,\mathrm{mol \cdot dm^{-3}}$，计算正、逆反应的速率常数 k_1 和 k_{-1}。

答案：$k_1 = 6.36 \times 10^{-4}$，$k_{-1} = 1.25 \times 10^{-4}$。

12. 某金属的氧化反应服从下列抛物线方程式：$y^2 = k_1 t + k_2$，式中 y 是反应时间 t 时的金属氧化膜厚度，试确定该金属氧化反应的级数。

答案：-1 级。

13. 酸催化反应 $[Co(NH_3)_3F]^{2+} + H_2O \xrightarrow{H^+} [Co(NH_3)_3(H_2O)]^{3+} + F^-$ 可简写为 $A + H_2O \xrightarrow{H^+} B + D$。

若反应速率方程为 $r = k c_A^\alpha c_{H^+}^\beta$，在一定的温度及初始浓度条件下，测得的数据如下：

$c_{A,0}$/(mol·dm^{-3})	$c_{H^+,0}$/(mol·dm^{-3})	T/K	$t_{1/2}$/s^{-1}	$t_{3/4}$/s^{-1}
0.1	0.01	298	3600	7200
0.2	0.02	298	1800	3600
0.1	0.01	308	1800	3600

(1) 计算反应级数 α 及 β；
(2) 计算 298K 和 308K 时的速率常数 k；
(3) 计算活化能。

答案：(1) $\alpha = 1$，$\beta = 1$；(2) $0.0193\,\mathrm{mol^{-1} \cdot dm^3 \cdot s^{-1}}$，$0.0385\,\mathrm{mol^{-1} \cdot dm^3 \cdot s^{-1}}$；(3) $52.9\,\mathrm{kJ \cdot mol^{-1}}$。

14. 气相反应 $2NO + H_2 = N_2O + H_2O$ 的速率方程为 $r = k p_{NO}^\alpha p_{H_2}^\beta$，实验结果为

$p_{NO,0}$/kPa	80	80	1.3	2.6	80
$p_{H_2,0}$/kPa	1.3	2.6	80	80	1.3
$t_{1/2}$/s	19.2	19.2	830	415	10
T/K	1093	1093	1093	1093	1113

(1) 计算级数 α 及 β；(2) 计算活化能。

答案：(1) $\alpha = 2$，$\beta = 1$；(2) $322\,\mathrm{kJ \cdot mol^{-1}}$。

15. 某溶液中反应开始前含有氢氧化钠和乙酸乙酯的浓度均为 $0.01\,\mathrm{mol \cdot dm^{-3}}$，298K 时 10min 有 39% 的乙酸乙酯分解，308K 时 10min 有 55% 的酯分解。计算 293K 时，若要有 50% 的酯分解，需多长时间。

答案：22min。

16. 已知乙酸乙酯与氢氧化钠的皂化反应为二级反应，速率常数在 282.55K 时为 $3.27\,\mathrm{mol^{-1} \cdot dm^3 \cdot s^{-1}}$，287.55K 时为 $6.024\,\mathrm{mol^{-1} \cdot dm^3 \cdot s^{-1}}$。

(1) 计算活化能 E_a 及指前因子 A；

(2) 用以上两温度的数据计算范特霍夫经验公式中的温度系数γ;

(3) 如果乙酸乙酯和氢氧化钠的初始浓度均为 0.01 mol·dm^{-3}，计算 303.2K 时反应物消耗 90% 所需的时间。

答案：(1) $E_a = 82.5$ kJ·mol^{-1}，$A = 5.85 \times 10^{15}$ dm^3·mol^{-1}·s^{-1}；(2) 3.4 倍；(3) 25.2s。

17. 已知反应 A(g) $\rightleftharpoons$ B(g)+C(g) 在 298K 时，正、逆向反应的速率常数 k_f 和 k_r 分别为 0.2 s^{-1} 和 5.0×10^{-4} Pa^{-1}·s^{-1}，当温度上升到 310K 时，k_f 和 k_r 都增加到原来的 2 倍。

(1) 计算反应在 298K 时的平衡常数；

(2) 计算正、逆反应的活化能；

(3) 如果在 298K 反应开始时只有反应物 A(g)，其压力为 101.325kPa，计算当总压力增至 151.987kPa 时所需时间。

答案：(1) $K_p = 400$ Pa；(2) $E_1 = E_{-1} = 44.36$ kJ·mol^{-1}；(3) 3.5s。

18. 已知乙酸酐分解反应的半衰期与其初始浓度无关，反应的活化能 $E_a = 144.35$ kJ·mol^{-1}，557K 时反应的速率常数 $k = 3.3 \times 10^{-2}$ s^{-1}。(1) 指出反应级数；(2) 现要控制该反应在 20min 内转化率达到 95%，试确定反应温度应控制为多少。

答案：(1) 一级；(2) 514.5K。

19. 用温度跳跃技术测得水的离解反应 H$_2$O $\rightleftharpoons$ H$^+$ + OH$^-$ 在 298K 时的弛豫时间 $\tau = 37\mu$s，求该反应的正向和逆向反应速率常数 k_f 和 k_r。

答案：$k_f = 2.43 \times 10^{-5}$ s^{-1}，$k_r = 1.35 \times 10^{11}$ mol^{-1}·dm^3·s^{-1}。

20. 实验测得 N$_2$O$_5$ 在不同温度下的分解反应速率常数如下，试作图求算 N$_2$O$_5$ 分解反应的活化能。

T/K	273	298	318	338
k/min^{-1}	4.7×10^{-5}	2.0×10^{-3}	3.0×10^{-2}	3.0×10^{-1}

答案：103.7 kJ·mol^{-1}。

21. 甲烷的热分解反应由如下的 4 个基元反应所组成，试推导总反应的速率方程。

(1) CH$_4$ + M $\xrightarrow{k_1}$ ·CH$_3$ + H· + M

(2) ·CH$_3$ + CH$_4$ $\xrightarrow{k_2}$ C$_2$H$_6$ + H·

(3) H· + CH$_4$ $\xrightarrow{k_3}$ H$_2$ + ·CH$_3$

(4) ·CH$_3$ + H· + M $\xrightarrow{k_4}$ CH$_4$ + M

答案：$\dfrac{dc_{C_2H_6}}{dt} = \left(\dfrac{k_1 k_2 k_3}{k_4}\right)^{1/2} c_{CH_4}^{3/2}$。

22. N$_2$O$_5$ 的分解历程如下：

$$N_2O_5 \underset{k_2}{\overset{k_1}{\rightleftharpoons}} NO_2 + NO_3$$

$$NO_2 + NO_3 \xrightarrow{k_3} NO + O_2 + NO_2$$

$$NO + NO_3 \xrightarrow{k_4} 2NO_2$$

(1) 设 NO 和 NO$_3$ 是活泼中间物，用稳态假设导出 O$_2$ 的生成速率方程 r_a；

(2) 设反应 (k_3) 是速控步骤，用平衡假设求出反应速率方程 r_b；

(3) 什么情况下，$r_a = r_b$？

答案：(1) $r_a = \dfrac{dc_{O_2}}{dt} = k_3 c_{NO_2} c_{NO_3} = \dfrac{k_1 k_3}{2k_3 + k_2} c_{N_2O_5}$；(2) $r_b = \dfrac{dc_{O_2}}{dt} = k_3 c_{NO_2} c_{NO_3} = \dfrac{k_1 k_3}{k_2} c_{N_2O_5}$；(3) $k_2 \gg k_3$。

23. 乙炔气体的热分解是二级反应，其能发生反应的临界能为 190.4 kJ·mol^{-1}，分子直径为 0.5nm。试计算：

(1) 800K、101.325kPa 时单位时间、单位体积内的碰撞数；

(2) 上述反应条件下的速率常数；

(3) 上述反应条件下的初始反应速率。

答案：(1) $Z_{AA} = 3.7 \times 10^{34}$ m^{-3}·s^{-1}；(2) $k = 1.0 \times 10^{-4}$ m^3·mol^{-1}·s^{-1}；(3) $r_0 = 0.023$ mol·m^{-3}·s^{-1}。

24. 根据过渡态反应速率理论证明：n 分子气相反应 $A + D + \cdots \Longrightarrow [A-D\cdots]^{\neq} \longrightarrow P$ 的活化能为 $E_a = \Delta_r^{\neq} H_m^{\ominus} + nRT$。

25. 在无催化剂存在时，反应 $2HI \longrightarrow H_2 + I_2$ 的活化能为 $183.92 kJ \cdot mol^{-1}$，当用铂作催化剂时改变了反应历程，活化能降为 $104.50 kJ \cdot mol^{-1}$。若反应在 575K 时进行，求铂催化剂使此反应速率增加的倍数。

    答案：1.6×10^7 倍。

26. 高压下 N_2O_5 的分解为一级反应，其速率常数在 298K 时为 $3.35 \times 10^{-5} s^{-1}$，在 338K 时为 $4.80 \times 10^{-3} s^{-1}$，试求该分解反应的 $\Delta_r^{\neq} H_m^{\ominus}$ 和 $\Delta_r^{\neq} S_m^{\ominus}$。

    答案：$\Delta_r^{\neq} H_m^{\ominus} = 101.5 kJ \cdot mol^{-1}$，$\Delta_r^{\neq} S_m^{\ominus} = 143.8 J \cdot K^{-1} \cdot mol^{-1}$。

27. 碘原子在正己烷中的复合反应为扩散控制的反应，已知 298K 时正己烷的黏度 η 为 $3.26 \times 10^{-4} kg \cdot m^{-1} \cdot s^{-1}$，计算 298K 时碘原子的复合反应速率常数。

    答案：$k = 2.03 \times 10^3 mol^{-1} \cdot dm^3 \cdot s^{-1}$。

28. 某有机化合物 A 在 323K、酸催化下发生水解反应。当溶液的 pH = 5 时，$t_{1/2} = 69.3 min$；pH = 4 时，$t_{1/2} = 6.93 min$，且知在两个 pH 的各自条件下，$t_{1/2}$ 均与 A 的初始浓度无关。设反应的速率方程为 $-\dfrac{dc_A}{dt} = k c_A^{\alpha} c_B^{\beta}$，试求：

    (1) α、β 的值；
    (2) 323K 时的速率常数；
    (3) 323K 时，在 pH = 3 的水溶液中，A 水解 80% 所需时间。

    答案：(1) $\alpha = 1$，$\beta = 1$；(2) $k = 1 \times 10^3 mol^{-1} \cdot dm^3 \cdot min^{-1}$；(3) 1.61min。

29. 酶 E 作用在某一底物 S 上将产生氧气，反应机理可表达为

$$E + S \underset{k_{-1}}{\overset{k_1}{\rightleftharpoons}} ES \overset{k_2}{\longrightarrow} E + P$$

实验测得在底物的初始浓度不同时，氧气产生的初速率 r_0 数据如下：

$c_{S,0}/(mol \cdot dm^{-3})$	0.050	0.017	0.010	0.005	0.002
$10^{-6} r_0/(mol \cdot dm^{-3} \cdot min^{-1})$	16.6	12.4	10.1	6.6	3.3

试计算反应的米氏常数。

答案：$K_M = 101.3 mol \cdot dm^{-3}$。

第8章 电解质溶液

电化学主要是研究电能和化学能之间的相互转化及其规律的科学。

自 1791 年伽伐尼(L. Galvani)发现生物电现象(一般认为这是电化学的起源)以来,电化学研究得到了系统发展,目前已形成一门独立且内容广泛的科学。电化学主要以化学热力学及化学动力学为理论基础,但由于电化学研究方法和技术的特点,反过来又对化学热力学及化学动力学起到了促进作用。

电化学的主要研究内容大体分为:
(1) 电解质溶液性质及理论,如电导及电迁移性质、离子互吸理论等。
(2) 电化学平衡,如电极电势、电池电动势与热力学函数之间的关系等。
(3) 电极反应动力学,从动力学的角度阐明电极上所发生反应的细节。
(4) 实用电化学,电化学原理在各有关领域中的应用,如化学电源、电解工业等。

本书将简要讨论上述各部分内容,但着重于电化学中的基本原理和共同规律。

8.1 电化学基本装置和电解定律

8.1.1 原电池和电解池的定义

能导电的材料称为导电体,简称导体。导体大体上可分为两类,第一类导体是电子导体,如金属、石墨及某些金属化合物等,它是通过自由电子的定向运动而导电,在导电过程中自身不发生化学变化,温度升高时电阻增大,导电能力降低。第二类导体是离子导体,它依靠离子的定向运动(离子的定向迁移)而导电,如电解质溶液或熔融电解质等,温度升高时,导电能力增强。

若将两个第一类导体作为电极浸入溶液,使电极与溶液直接接触,则当电流流过溶液时,阳、阴离子分别向两极移动,并在两电极上分别有氧化还原反应发生,这种装置就是电池。若电池能自发地在两极上发生化学反应,并产生电流,此时化学能转化为电能,则该电池就称为原电池。若在两电极间加一个外加电源,使电流流入电池并迫使电池中发生化学变化,此时电能就转变为化学能,则该电池就称为电解池。

8.1.2 原电池和电解池的组成

电池都是由两个电极和电解质溶液组成,氧化或还原反应就分别发生在电极与电解质溶液接触的界面上。其组成示意图如图 8-1 所示。

无论是原电池还是电解池,在讨论其中的单个电极时,都将发生氧化作用的电极称为阳极,将发生还原作用的电极称为阴极,这是电化学中公认的规定。但物理学的规定又是将电势较低的电极称为负极,将电势较高的电极称为正极,电流总是由正极流向负极(电子的流向和电流的方向正好相反)。这两种规定往往在电化学中同时使用,需要明辨。

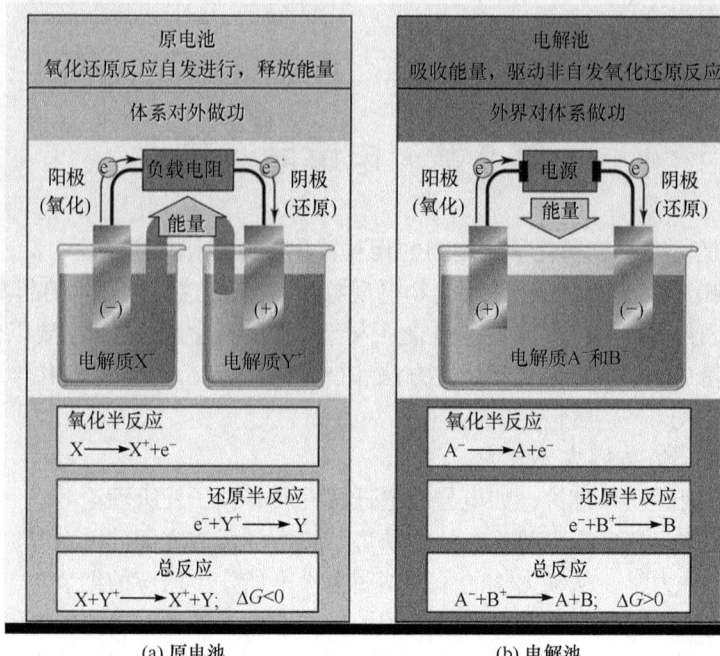

图 8-1 原电池与电解池示意图

在电解池中,与外加电源负极相接的电极接受电子,电势较低,发生还原反应,所以该电极是负极也是阴极;与外加电源正极相接的电极电势较高,发生氧化反应,所以该电极是正极也是阳极。在原电池中,如丹尼尔(Daniell)电池中,Zn 电极发生氧化反应是阳极,但它输出多余的电子,电势较低,所以又是负极;而 Cu 电极发生还原反应是阴极,但它接受电子,电势较高,所以又是正极。这些名称及作用可总结于表 8-1 中。

表 8-1 电池、电极名称和作用

电池名称	电极名称	电极电势	电极作用
原电池	正极(阴极)	电势高	还原作用
	负极(阳极)	电势低	氧化作用
电解池	阳极(正极)	电势高	氧化作用
	阴极(负极)	电势低	还原作用

当电池中(包括原电池和电解池)有电流通过时,第一类导体中的电子和第二类导体中的离子在电场的作用下都做定向移动。在电解质溶液(或熔融状态下的电解质或固态电解质)中电流的传导是通过离子的定向移动完成的,阴离子总是移向阳极(不一定是正极),而阳离子总是移向阴极(不一定是负极)。当阴、阳离子分别接近异性电极时,在电极与溶液接触的界面上分别发生电子的交换(离子或电极本身发生氧化或还原反应),整个电流在溶液中的传导是由阴、阳离子的移动而共同承担。

例如,采用惰性电极施加一定外电压电解 $CuCl_2$ 水溶液时

阳极(氧化作用) $2Cl^-(aq) = Cl_2(g) + 2e^-$

阴极(还原作用) $Cu^{2+}(aq) + 2e^- = Cu(s)$

而电解 Na_2SO_4 水溶液时

阳极 $\qquad 2OH^-(aq) \rightleftharpoons H_2O(l) + 1/2\, O_2(g) + 2e^-$

阴极 $\qquad 2H^+(aq) + 2e^- \rightleftharpoons H_2(g)$

在电解 Na_2SO_4 水溶液时，溶液中的阳离子 H^+ 较 Na^+ 更易在阴极放电，Na^+ 只是移向阴极，但并不在阴极放电。同样在阳极上起作用的是水溶液中的 OH^-，而不是 SO_4^{2-}，但 SO_4^{2-} 也移向阳极而参与导电。在电极上进行的反应与电解质的种类、溶剂的性质、电极材料、外加电源的电压、离子的浓度、温度等有关。例如，在电解 $CuCl_2$ 水溶液时若以 Cu 为电极，则在阳极可发生下述反应：

$$Cu \rightleftharpoons Cu^{2+}(aq) + 2e^-$$

可见，电解质溶液中的离子不仅在通电时起导电作用，还可能参与电化学反应。因此电化学的研究需要深入了解电解质溶液的性质。

8.1.3 法拉第电解定律

法拉第(M. Faraday)通过大量的电解实验研究，于 1833 年总结出电化学中最基本的定律，称为法拉第电解定律。该定律包括两方面的内容：①在电解过程中，电极上发生反应的物质的量与通入的电荷量成正比；②若将几个电解池串联，通入一定的电荷量后，在各电池的各电极上发生反应的物质的量都相等。法拉第电解定律实质上适用于任意电池的任意电极。

人们把 1mol 元电荷的电荷量称为法拉第常量，用 F 表示

$$F = Le = 6.022 \times 10^{23} \text{mol}^{-1} \times 1.6022 \times 10^{-19} \text{C} = 96485 \text{C} \cdot \text{mol}^{-1} \approx 96500 \text{C} \cdot \text{mol}^{-1}$$

式中，L 为阿伏伽德罗常量；e 为元电荷的电荷量。

电极反应一般可表示为

$$0 = \sum \nu_B B + \nu_e e^- \tag{8-1}$$

化学计量系数 ν_B 对反应物取负，对产物取正；电子计量系数 ν_e 对阳极反应取正，对阴极反应取负。

物质 B 在电极上的增量 Δn_B 与电子的增量 Δn_e 之间存在下列关系：

$$\frac{\Delta n_B}{\nu_B} = \frac{\Delta n_e}{\nu_e} \tag{8-2a}$$

设通过电极的电量为 Q，则有 $Q = eL\Delta n_e = F\Delta n_e$，代入上式可得

$$\Delta n_B = \frac{\nu_B Q}{\nu_e F} \tag{8-2b}$$

若物质 B 的摩尔质量为 M_B，则 B 的质量增加为

$$\Delta W_B = M_B \frac{\nu_B Q}{\nu_e F} \tag{8-2c}$$

对于电荷数为 z 的离子，电极反应中 $z = \nu_e / \nu_B$，所以

$$\Delta W_B = M_B \frac{Q}{zF} \tag{8-2d}$$

式(8-2)各式都是法拉第定律的数学表达式。

根据法拉第定律，在电池回路中串联一个电解池，根据该电解池阴极上析出金属的量即可确定通入电路的电量，这样串联的电解池称为电荷量计或库仑计。例如，采用 $AgNO_3$ 水溶液的银库仑计，阴极上每析出 0.107868kg 的银，表明通入的电量为 96485C。

法拉第定律是自然科学中最准确的定律之一。但在实际电解过程中，电极上常会发生副反应。例如，镀锌时，在阴极上除锌离子还原外，还可能发生氢离子的还原。因此一般析出一定质量的某种物质实际消耗的电量大于按法拉第定律所计算的理论值，二者之比称为电流效率，通常用百分数来表示。当析出一定量的某物质时：

$$电流效率 \eta = \frac{按法拉第定律计算所需理论电量}{实际所消耗的电量} \times 100\%$$

或者当通过一定电量后：

$$电流效率 \eta = \frac{电极产物的实际质量}{按法拉第定律计算应获得的产物质量} \times 100\%$$

在电解生产实际中，提高电流效率是一个永恒的课题。

【**例 8-1**】 需要在 $0.10 \times 0.10 m^2$ 的薄铜片两面镀上 5×10^{-5} m 厚的 Ni 层[镀液用 $Ni(NO_3)_2$ 水溶液]，假定镀层能均匀分布，用 2.0A 的电流强度得到上述厚度的镀层时需通电多长时间？设电流效率 η 为 96.0%。已知 Ni(s) 的密度是 $8.9 \times 10^3 kg \cdot m^{-3}$，Ni(s) 的摩尔质量为 $5.869 \times 10^{-2} kg \cdot mol^{-1}$。

解 电镀层中含 Ni 量为

$$n(Ni) = \frac{0.10 \times 0.10 m^2 \times 2 \times 5 \times 10^{-5} m \times 8.9 \times 10^3 kg \cdot m^{-3}}{5.869 \times 10^{-2} kg \cdot mol^{-1}} = 0.1516 mol$$

电极反应为
$$Ni^{2+}(aq) + 2e^- \rightleftharpoons Ni(s)$$

则
$$Q = \frac{n(Ni)zF}{\eta} = \frac{0.1516 mol \times 2 \times 96485 C \cdot mol^{-1}}{0.96} = 3.05 \times 10^4 C$$

$$t = \frac{Q}{I} = \frac{3.05 \times 10^4 C}{2.0 C \cdot s^{-1}} = 15250 s = 4.24 h$$

8.2 电解质溶液的电导

电解质溶液的电导是其重要的热力学性质之一。若无特别指明，本章所讨论的都是指电解质的水溶液。

8.2.1 电导率

电解质溶液与金属导体的导电机理虽不相同，但都遵循欧姆定律。对于长度为 l、截面积为 A_s 的均匀导体，其电阻为

$$R = \rho \frac{l}{A_s} \tag{8-3}$$

式中，ρ 为电阻率，$\Omega \cdot m$。

电解质溶液的导电能力常用电阻的倒数表示，称为电导，用符号 G 表示，量纲为 Ω^{-1}，简写为 S(西门子)。同样，电阻率的倒数称为电导率，用 κ 表示，即有

$$G = \kappa \frac{A_s}{l} \tag{8-4a}$$

可见电导率的物理意义就是1m长度、横截面积为1m²的导体所具有的电导，量纲为 $S \cdot m^{-1}$。

溶液电导(率)的测定实际上就是电阻(率)的测定，其测量原理与物理学上电桥法测电阻的原理类似。

电导池是电导测量时的必要装备。电导池可以设计成不同形状，一般是由具有固定面积(A_s)和距离(l)的两片铂片构成(为了增加有效面积，一般还在铂片镀上铂黑)。将待测溶液置于电导池中，用电桥法测定其电阻 R_X，即可得其电导，或由下式计算其电导率：

$$\kappa = \frac{1}{R_X} \frac{l}{A_s} \tag{8-4b}$$

对确定的电导池，式(8-4b)中 l/A_s 应为定值，称为电导池常数。但其中的 A_s 为有效面积，所以不能简单地按极距和电极的面积计算。通常是用已知电导率的溶液(标准溶液)，置入电导池，测其电阻，再计算出电导池常数。标准溶液常用不同浓度的 KCl 溶液，其在不同温度下的电导率列于表 8-2 中。

表 8-2 不同浓度的 KCl 溶液在不同温度下的电导率

KCl溶液浓度/(mol·dm⁻³)	每1000g水中KCl的质量/g	电导率κ/(S·m⁻¹)	
		291.15K	298.15K
1.0	76.925	9.822	11.18
0.10	7.4945	1.119	1.289
0.010	0.7477	0.1225	0.1411

【例 8-2】 在 298.15K 时将 0.010mol·dm⁻³ 的 KCl 溶液放入电导池中，测得其电阻为 150.0Ω。若用同一电导池充以 0.010mol·dm⁻³ 的 HCl 溶液，在 298.15K 时测得其电阻为 51.40Ω。求 0.010mol·dm⁻³ HCl 溶液的电导率。

解 从表 8-2 知 298.15K，0.010mol·dm⁻³ KCl 溶液的电导率 $\kappa = 0.1411 S \cdot m^{-1}$，所以

$$l/A_s = \kappa R = 0.1411 \times 150 = 21.165 (m^{-1})$$

因此，0.010mol·dm⁻³ HCl 溶液的电导率为

$$\kappa(HCl) = \frac{1}{R}\frac{l}{A_s} = \frac{21.165}{51.4} = 0.4118 (S \cdot m^{-1})$$

电导率与电解质本性、组成(浓度)、温度等因素有关。强电解质溶液的电导率随浓度的增加(导电离子数增多)而升高，但当浓度增加到一定程度后，正、负离子的相互作用力增大，使离子的运动速率降低，电导率反而下降。弱电解质的电导率随浓度的变化不显著，因为浓度增加使其电离度减小，溶液中离子数目变化不大[图8-2(a)]。

随着温度的升高，电解质溶液的电导率增加，其导电能力增强[图8-2(b)]。

8.2.2 摩尔电导率

电导率 κ 可以理解为单位长度(1m)、单位面积(1m²)导体的电导，即单位立方体中装满电解质溶液时所具有的电导。摩尔电导率 Λ_m 是指把含有 1mol 电解质的溶液置于相距为单位长度的

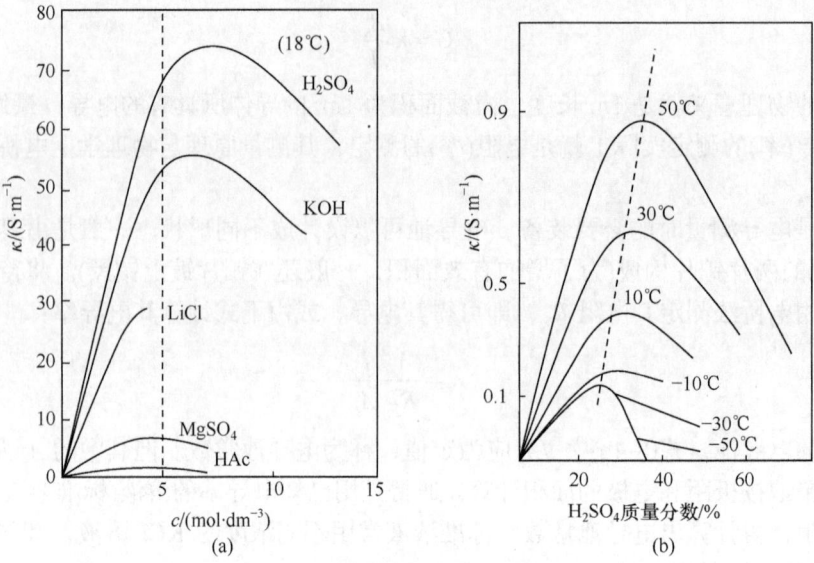

图 8-2 电导率与温度和浓度的关系

两平行电极之间时所具有的电导。若电解质溶液浓度为 $c(\text{mol} \cdot \text{m}^{-3})$，则含 1mol 电解质的溶液体积 V_m 应为 $1/c$，所以电解质的摩尔电导率与其电导率的关系为

$$\Lambda_m = \kappa V_m = \frac{\kappa}{c} \tag{8-5a}$$

式中，Λ_m 的量纲为 $S \cdot m^2 \cdot mol^{-1}$，浓度 c 的量纲为 $mol \cdot m^{-3}$。若浓度的量纲为 $mol \cdot dm^{-3}$，则式(8-5a)应写为

$$\Lambda_m = \frac{\kappa}{c} \times 10^{-3} \tag{8-5b}$$

因此，对一定浓度的电解质溶液，实验测定其电导率之后，即可根据式(8-5a)或式(8-5b)计算其摩尔电导率。例如，例 8-2 中，可求出 298K 时 $0.010 \text{mol} \cdot \text{dm}^{-3}$ HCl 溶液的 Λ_m 为 $4.118 \times 10^{-2} S \cdot m^2 \cdot mol^{-1}$。

还需特别注意：电解质溶液的摩尔电导率与电解质带电单元的选取有关，因此需标明其单元。通常与 1mol 电子的电量相当的粒子作为电解质的基本单元。这样，电解质的单元与其基本单元就是简单的倍数关系。例如，对电解质 $MgCl_2$，其基本单元为 $\frac{1}{2}MgCl_2$，因为该基本单元在水溶液中能电离产生 $\frac{1}{2}$ mol 的 Mg^{2+}，所带电量与 1mol 电子的电量相当，同样能电离产生 1mol 的 Cl^-，所带电量也与 1mol 电子的电量相当。电解质 $MgCl_2$ 的摩尔电导率表示为 $\Lambda_m(MgCl_2)$，而 $\frac{1}{2}MgCl_2$ 摩尔电导率表示为 $\Lambda_m(\frac{1}{2}MgCl_2)$，显然，$\Lambda_m(MgCl_2) = 2\Lambda_m(\frac{1}{2}MgCl_2)$。

一般基本单元的摩尔电导率能用来比较不同电解质的导电能力。

【例 8-3】 在 298K 时测得 $1.0 \text{mol} \cdot \text{dm}^{-1}$ 的 $MgCl_2$ 水溶液的电导率 κ 为 $25.8 S \cdot m^{-1}$，求 $\Lambda_m(\frac{1}{2}MgCl_2)$ 及 $\Lambda_m(MgCl_2)$。

解 按照摩尔电荷基本单元的规定，对于 $1.0 \text{mol} \cdot \text{dm}^{-1}$ 的 $MgCl_2$ 水溶液，在讨论摩尔电

导率时,应将其当作 2.0mol·dm^{-3} 的 $\frac{1}{2}$MgCl$_2$(阳、阴离子所带电量分别为 1F)看待。若在 298K 下测得该水溶液的电导率 κ 为 25.8S·m^{-1},则 $\frac{1}{2}$MgCl$_2$ 的摩尔电导率为

$$\Lambda_m(\tfrac{1}{2}\text{MgCl}_2) = \kappa \times 10^{-3}/c = 25.8\text{S}\cdot\text{m}^{-1} \times 10^{-3}/(2\text{mol}\cdot\text{m}^{-3}) = 0.0129\text{S}\cdot\text{m}^2\cdot\text{mol}^{-1}$$

而 MgCl$_2$ 的摩尔电导率为 $\Lambda_m(\text{MgCl}_2) = 2\Lambda_m(\tfrac{1}{2}\text{MgCl}_2) = 0.0258\text{S}\cdot\text{m}^2\cdot\text{mol}^{-1}$。

8.2.3 摩尔电导率与浓度的关系

在一定温度下,随着浓度的增加,电解质溶液的摩尔电导率一般会减小,其结果如图 8-3 所示。这可以认为是浓度增加使离子间的距离减小,离子间静电作用加强导致其移动速率减缓的结果。

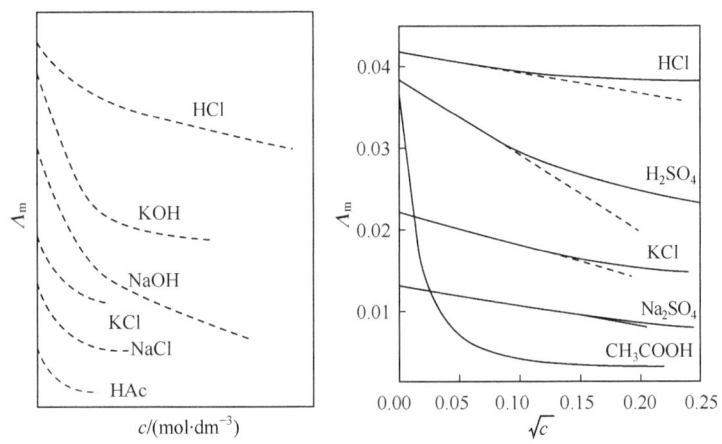

图 8-3 291K 时摩尔电导率与浓度的关系

从图 8-3 可见,对强电解质溶液,在浓度很稀时,Λ_m 与 $\sqrt{c}$ 差不多呈直线关系,通常在 0.001mol·dm^{-3} 以下有

$$\Lambda_m = \Lambda_\infty - A\sqrt{c} \tag{8-6}$$

式中,A 为与浓度无关的常数;Λ_∞ 为溶液趋于零时的摩尔电导率,称为极限摩尔电导率。在一定温度下将浓度较稀的强电解质溶液的摩尔电导率测定值 Λ_m 对 $\sqrt{c}$ 作图,所得直线部分外推,即可得其极限摩尔电导率 Λ_∞。

对弱电解质溶液,即便在浓度很小时,其 Λ_m 与 $\sqrt{c}$ 也不呈直线关系,这就意味着不可能用实验测定并外推的方法求得弱电解质的极限摩尔电导率 Λ_∞。

8.2.4 离子的摩尔电导率

强电解质在溶液中可认为完全电离,一般可表示为

$$M_{\nu_+}A_{\nu_-} = \nu_+ M^{z+} + \nu_- A^{z-}$$

实际上,溶液中的离子才对其电导有贡献,而且离子的摩尔电导率可定义为

$$\lambda_{m,+} = \kappa_+ / c_+, \quad \lambda_{m,-} = \kappa_- / c_- \tag{8-7}$$

电解质溶液的电导是正、负离子共同贡献的结果，故其电导率是正、负离子的电导率之和，$\kappa = \kappa_+ + \kappa_-$。因此，电解质溶液的摩尔电导率为

$$\Lambda_m = \frac{\kappa}{c} = \frac{1}{c}(\kappa_+ + \kappa_-) = \frac{1}{c}(c_+\lambda_{m,+} + c_-\lambda_{m,-})$$

而 $c_+ = \nu_+ c$，$c_- = \nu_- c$，所以

$$\Lambda_m = \nu_+ \lambda_{m,+} + \nu_- \lambda_{m,-} \tag{8-8}$$

式(8-8)只有在电解质完全电离的条件下才成立。所以对强电解质稀溶液也只是近似适用，对弱电解质溶液不适用。

8.2.5 离子独立移动定律

图 8-3 的结果还表明，溶液在无限稀释条件下电解质溶液的摩尔电导率 Λ_∞ 比任何其他浓度下的摩尔电导率都大，说明无限稀释时离子移动速率最快。在无限稀释时离子间的相互作用可忽略不计，离子的移动完全不受其他离子的影响，因此每种离子对电解质溶液的电导都有独立的贡献。

柯尔劳施(Kohlrausch)根据大量的实验数据分析发现了一个规律，即在无限稀释的溶液中，每种离子都是独立移动的，不受其他离子的影响，每种离子对 $\Lambda_{m,\infty}$ 都有恒定的贡献。这就是离子独立移动定律。实验证明，该定律对水溶液和非水溶液都成立。

对 1-1 价型电解质，用公式表示为

$$\Lambda_{m,\infty} = \lambda_{m,\infty,+} + \lambda_{m,\infty,-} \tag{8-9a}$$

对任意电解质 $M_{\nu_+}A_{\nu_-}$，有

$$\Lambda_{m,\infty} = \nu_+ \lambda_{m,\infty,+} + \nu_- \lambda_{m,\infty,-} \tag{8-9b}$$

式(8-9)中，$\lambda_{m,\infty,+}$、$\lambda_{m,\infty,-}$ 分别为正、负离子的极限摩尔电导率。表 8-3 列出了一些离子在 298K 水溶液中的极限摩尔电导率。

表 8-3 298K 时一些离子在水溶液中的极限摩尔电导率

正离子	$\lambda_{m,\infty,+} \times 10^4 / (\text{S}\cdot\text{m}^2\cdot\text{mol}^{-1})$	负离子	$\lambda_{m,\infty,-} \times 10^4 / (\text{S}\cdot\text{m}^2\cdot\text{mol}^{-1})$
H^+	349.82	OH^-	198.3
K^+	73.52	Br^-	78.4
NH_4^+	73.4	I^-	76.8
Ag^+	61.92	Cl^-	76.34
Na^+	50.11	NO_3^-	71.44
Li^+	38.66	ClO_3^-	68.0
$\frac{1}{2}Ba^{2+}$	63.64	HCO_3^-	44.5
$\frac{1}{2}Ca^{2+}$	59.50	CH_3COO^-	40.9
$\frac{1}{2}Mg^{2+}$	53.06	$\frac{1}{2}SO_4^{2-}$	79.8

根据离子独立移动定律，弱电解质 Λ_∞ 就可以间接地由几种强电解质的 Λ_∞ 求出，也可以直接由离子的极限摩尔电导率求得。例如，乙酸溶液的极限摩尔电导率为

$$\Lambda_\infty(\mathrm{CH_3COOH}) = \Lambda_\infty(\mathrm{CH_3COONa}) + \Lambda_\infty(\mathrm{HCl}) - \Lambda_\infty(\mathrm{NaCl})$$

或

$$\Lambda_\infty(\mathrm{CH_3COOH}) = \lambda_\infty(\mathrm{CH_3COO^-}) + \lambda_\infty(\mathrm{H^+})$$

8.3 离子电迁移率和离子迁移数

8.3.1 离子电迁移率

溶液中的正、负离子在电场作用下，彼此向相反的方向移动，从而共同完成导电任务。而离子的迁移速率与温度、浓度、两极端电压、极距及溶剂种类等因素有关。实验表明，在其他条件一定时，溶液中离子的迁移速率 r 与电势梯度 $\mathrm{d}U/\mathrm{d}l$ 成正比，即

$$r_+ = U_+ \frac{\mathrm{d}E}{\mathrm{d}l} \quad \text{及} \quad r_- = U_- \frac{\mathrm{d}E}{\mathrm{d}l} \tag{8-10}$$

式中，U_+、U_- 分别为正、负离子的电迁移率(淌度)，也就是单位电势梯度($1\mathrm{V \cdot m^{-1}}$)时离子的迁移速率，量纲为 $\mathrm{m^2 \cdot s^{-1} \cdot V^{-1}}$。

离子的电迁移率与离子本性、溶剂种类、温度和浓度等因素有关。表 8-4 列出了 298K 时一些离子在无限稀释水溶液中的电迁移率。

表 8-4　298K 时一些离子在无限稀释水溶液中的电迁移率

正离子	$U_{\infty,+} \times 10^8/(\mathrm{m^2 \cdot s^{-1} \cdot V^{-1}})$	负离子	$U_{\infty,+} \times 10^8/(\mathrm{m^2 \cdot s^{-1} \cdot V^{-1}})$
$\mathrm{H^+}$	36.20	$\mathrm{OH^-}$	20.50
$\mathrm{K^+}$	7.62	$\mathrm{Cl^-}$	7.91
$\mathrm{Na^+}$	5.20	$\mathrm{Br^-}$	8.12
$\mathrm{Li^+}$	3.88	$\mathrm{I^-}$	7.96
$\mathrm{Ag^+}$	6.42	$\mathrm{HCO_3^-}$	4.61
$\mathrm{Tl^+}$	7.44	$\mathrm{C_2H_3O_2^-}$	4.24
$\mathrm{Ca^{2+}}$	6.16	$\mathrm{C_3H_5O_2^-}$	4.11
$\mathrm{Ba^{2+}}$	6.59	$\mathrm{ClO_4^-}$	7.05
$\mathrm{Sr^{2+}}$	6.14	$\mathrm{SO_4^{2-}}$	8.27
$\mathrm{Mg^{2+}}$	5.50	$\mathrm{[Fe(CN)_6]^{3-}}$	10.40
$\mathrm{La^{3+}}$	7.21	$\mathrm{[Fe(CN)_6]^{4-}}$	11.40
		$\mathrm{NO_3^-}$	7.40

值得注意的是，$\mathrm{H^+}$ 和 $\mathrm{OH^-}$ 的电迁移率较其他离子来说特别大，这与水分子的结构密切相关。因为质子 $\mathrm{H^+}$ 是无核外电子的原子核，对电子有特别强的吸引作用，化合物分子中的未成键电子对同样能被质子所吸引，所以质子与水分子相遇即形成水合的 $\mathrm{H_3O^+}$。在电场作用下，

H⁺的迁移实际上是从一个水分子向具有一定方向性的相邻的其他水分子传递，这种传递可在相当长的距离内实现。这种迁移方式称为链式传递，或称为质子跃迁机理。如图8-4所示，这种迁移方式实际上只是 H_2O 分子的转向，所需能量要小得多，因此要比其他离子的迁移快得多。OH^-的迁移一般也用这种机理解释。

图 8-4　H^+的链式传递

8.3.2　离子电迁移率与摩尔电导率的关系

离子的摩尔电导率可由离子的电迁移率求得。

如图 8-5 所示的电迁移模型中，设两平行电极面积为 A、距离为 l，在其间装入浓度为 c 的 1-1 价型电解质溶液，假定电解质完全电离(浓度很小)，则正、负离子的浓度都为 c。

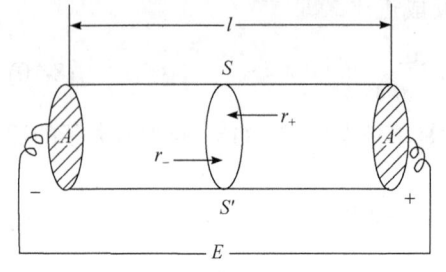

图 8-5　离子的电迁移

因正离子的迁移速率为 $r_+ = U_+ \dfrac{E}{l}$，故 t 时间内通过任意截面(SS')向阴极迁移的正离子量为 Ar_+tc mol，所迁移的电量为 $Q_+ = Ar_+tcF$，相应的电流为 $I_+ = Q_+/t$，即

$$I_+ = Q_+/t = Ar_+cF \tag{8-11a}$$

同理，对负离子有

$$I_- = Q_-/t = Ar_-cF \tag{8-11b}$$

总电量或电流为

$$I = Q/t = AcF\dfrac{E}{l}(U_+ + U_-) \tag{8-11c}$$

溶液的电导率为 $\kappa = G\dfrac{l}{A} = \dfrac{I}{E}\dfrac{l}{A}$，将式(8-11c)代入可得

$$\kappa = cF(U_+ + U_-)$$

所以

$$\Lambda_m = \dfrac{\kappa}{c} = F(U_+ + U_-) \tag{8-12a}$$

式(8-12a)在电解质完全电离的条件下才成立。若 1-1 价型电解质的电离度为 α，应有

$$\Lambda_m = \alpha F(U_+ + U_-) \tag{8-12b}$$

但在无限稀释时，肯定有

$$\Lambda_{m,\infty} = F(U_{\infty,+} + U_{\infty,-}) \tag{8-12c}$$

将式(8-12c)与式(8-9a)比较，即得

$$\lambda_{m,\infty,+} = FU_{\infty,+} \text{ 及 } \lambda_{m,\infty,-} = FU_{\infty,-} \tag{8-13a}$$

对任意价型电解质 $M_{\nu_+}A_{\nu_-}$，则有

$$\lambda_{m,\infty}(M^{z+}) = z_+FU_{\infty,+} \text{ 及 } \lambda_{m,\infty}(A^{z-}) = z_-FU_{\infty,+} \tag{8-13b}$$

这就是离子的极限摩尔电导率与离子的极限电迁移率之间的定量关系。

8.3.3 离子迁移数

当电流通过电解质溶液时，溶液中的正、负离子共同分担导电任务。由于各种离子的电迁移速率不同，所带电荷不等，因此它们在迁移电荷量时所分担的份额也不同。把某种离子 B 所运载的电流与总电流之比称为离子 B 的迁移数 t_B，即

$$t_B = \frac{I_B}{I} \tag{8-14}$$

因此，溶液中所有各种正、负离子的迁移数之和为 $\sum t_B = 1$。由于离子运载的电流与离子的迁移速率成正比，见式(8-11)，则在同样条件下，当溶液中仅含正、负离子各一种时，有

$$t_+ = \frac{r_+}{r_+ + r_-} = \frac{U_+}{U_+ + U_-}, \quad t_- = \frac{r_-}{r_+ + r_-} = \frac{U_-}{U_+ + U_-} \tag{8-15a}$$

及

$$\frac{t_+}{t_-} = \frac{U_+}{U_-} \tag{8-15b}$$

某种离子迁移数 t_B 与电解质本性、浓度及温度等因素有关。表 8-5 列出了 298K 时部分电解质水溶液中正离子的迁移数。

表 8-5 298K 时不同浓度的水溶液中正离子的迁移数

盐	浓度/(mol·dm⁻³)					
	0(外推)	0.01	0.02	0.05	0.1	0.2
HCl	0.8209	0.8251	0.8266	0.8292	0.8314	0.8337
LiCl	0.3364	0.3289	0.3261	0.3211	0.3166	0.3112
NaCl	0.3963	0.3918	0.3902	0.3876	0.3854	0.3621
KCl	0.4906	0.4902	0.4901	0.4899	0.4898	0.4894
KBr	0.4849	0.4833	0.4832	0.4831	0.4833	0.4887
KI	0.4892	0.4884	0.4883	0.4882	0.4883	0.4887
KNO$_3$	0.5072	0.5084	0.5087	0.5093	0.5103	0.5120
K$_2$SO$_4$	0.4790	0.4829	0.4848	0.4870	0.4890	0.4910
CaCl$_2$	0.4360	0.4264	0.4220	0.4140	0.4060	0.3953
LaCl$_3$		0.4625		0.4482	0.4375	

在溶液无限稀释时，将式(8-12c)及式(8-13a)代入式(8-15a)可得

$$t_{\infty,+} = \frac{\lambda_{m,\infty,+}}{\Lambda_{m,\infty}}, \quad t_{\infty,-} = \frac{\lambda_{m,\infty,-}}{\Lambda_{m,\infty}} \tag{8-16}$$

温度对离子迁移数的影响主要是改变离子的水合程度，一般当温度升高，正、负离子的迁移速率均加快，两者的迁移数趋于相等。

8.3.4 离子迁移数的测定

离子迁移数的测定方法主要有三种：希托夫(Hittorf)法、界面移动法和电动势法。其中希托夫法简单，界面移动法较精确，电动势法适用于较宽的浓度和温度范围。

1. 希托夫法

设想一个电解池，内装 18mol 1-1 价型电解质 MA 溶液(同时发生电极反应)，溶液被虚拟界面分成三部分，每部分均含 6mol MA。其示意图如图 8-6 所示。

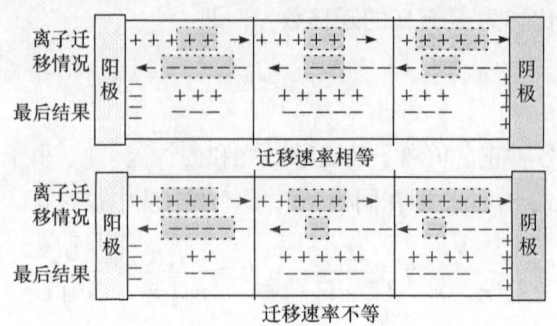

对1-1型电解质，惰性电极，$Q = 4F$，离子迁移现象

图 8-6 电解池中通电时离子数量变化示意图

若正离子的迁移速率是负离子的 3 倍，即 $U_+ = 3U_-$，则当有 4F 电量通过溶液时，在阳极必有 4mol A^- 被氧化，在阴极必有 4mol M^+ 被还原。同时，溶液中正、负离子各向两极迁移。若不考虑扩散和对流的影响，在两个虚拟界面处，必有 3mol M^+ 移向阴极，1mol A^- 移向阳极，结果中部溶液离子数量不变，而阳极区和阴极区内的离子数量均有所改变。显然，阳极区净减少的正离子数量 Δn_+ 等于移向阴极区的正离子数量；阴极区净减少的负离子数量 Δn_- 等于移向阳极区的负离子数量，故

$$t_+ = \frac{\Delta n_+}{\Delta n_+ + \Delta n_-}, \quad t_- = \frac{\Delta n_-}{\Delta n_+ + \Delta n_-}$$

因此，将实验装置设计成阴极管、中间管、阳极管三部分，各部分相对独立，但用活塞相连。通电结束后，关闭活塞，再分析测定阳极管或阴极管中离子数量的变化，即可求得离子的迁移数。若正、负离子除了发生迁移外，还参与了电极反应，在计算迁移数时还需考虑由于电极反应引起的电极区正、负离子浓度的变化。

【例 8-4】 在 298K，每 1kg 水溶液中含有 KCl 1.4941×10^{-3} kg，用两个 Ag/AgCl 电极进行电解，通电 23h 后，与电解池串联的铜库仑计有 4.728×10^{-5} kg Cu 沉积出来。停电后，取阴极区溶液称其质量为 0.12099kg，测得其中 KCl 浓度为每 1kg 溶液含 KCl 1.9404×10^{-3} kg。求 K^+ 和 Cl^- 的迁移数。

解 Cu 库仑计中阴极： $1/2\ Cu^{2+}(aq) + e^- \rightleftharpoons 1/2\ Cu(s)$

电路中通入的电量为

$$\Delta n_e\left(\frac{1}{2}Cu\right) = \frac{W}{M(Cu/2)} = \frac{4.728 \times 10^{-5} \text{kg}}{(63.55 \times 10^{-3}/2)\text{kg} \cdot \text{mol}^{-1}} = 1.488 \times 10^{-3} \text{mol}$$

电解后阴极区含 KCl： $(0.12099 \times 1.9404 \times 10^{-3})\text{kg} = 2.35 \times 10^{-4}\text{kg}$

含 H_2O： $0.12099\text{kg} - 2.35 \times 10^{-4}\text{kg} = 0.12076\text{kg}$

电解前在同量水中含 KCl： $0.12076\text{kg} \times \frac{1.4941 \times 10^{-3} \text{kg}}{1 - 1.4941 \times 10^{-3} \text{kg}} = 1.8069 \times 10^{-4} \text{kg}$

电解池阴极反应为 $AgCl(s) + e^- \rightleftharpoons Ag(s) + Cl^-(aq)$

电解前阴极区 KCl 的物质的量为

$$n_{前} = 1.8069 \times 10^{-4} \text{kg}/(74.55 \times 10^{-3} \text{kg} \cdot \text{mol}^{-1}) = 2.424 \times 10^{-3} \text{mol}$$

电解后阴极区 KCl 的物质的量为

$$n_{后} = 2.35 \times 10^{-4} \text{kg}/(74.55 \times 10^{-3} \text{kg} \cdot \text{mol}^{-1}) = 3.149 \times 10^{-3} \text{mol}$$

由于 K^+ 不参与电极反应,因此阴极区 KCl 量的增加皆因 K^+ 的迁入而引起

$$\Delta n_+ = n_{后} - n_{前} = (3.149 - 2.424) \times 10^{-3} \text{mol} = 7.25 \times 10^{-4} \text{mol}$$

所以,K^+ 迁移数为

$$t_+ = \Delta n_+/\Delta n_e = 7.25 \times 10^{-4} \text{mol}/(1.488 \times 10^{-3} \text{mol}) = 0.487$$

Cl^- 迁移数为

$$t_- = 1 - t_+ = 0.513$$

2. 界面移动法

界面移动法是直接测定溶液中离子的迁移速率(或淌度),因而此法能获得较为精确的结果。这种方法所使用的两种电解质溶液具有一种共同的离子,它们被小心地放在一个垂直的细管内,利用溶液密度的不同,使这两种溶液之间形成一个明显的界面(通常可以借助于溶液的颜色或折射率的不同使界面清晰可见),如图 8-7 所示。在管中先放入 $CdCl_2$ 溶液,然后再小心放入 HCl 溶液,形成 AA' 界面。在通电过程中,Cd 在阳极上溶解,$H_2(g)$ 在上面的阴极上放出,溶液中 H^+ 及 Cd^{2+} 皆向上移动,AA' 界面也上移;但由于 Cd^{2+} 的电迁移速率比 H^+ 小,所以 Cd^{2+} 跟在 H^+ 之后向上移动,也就是使界面由 AA' 移动到 BB'。根据管的横截面积、界面移动的距离及通过该电解池的电量,就可计算出 H^+ 的迁移数。

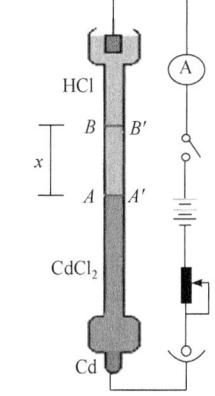

图 8-7 界面移动法测定迁移数的装置示意图

【例 8-5】 参阅图 8-7,设玻璃管的横截面积为 $1.0 \times 10^{-5} \text{m}^2$,HCl 的浓度为 $10.0 \text{mol} \cdot \text{m}^{-3}$,当通以 0.01A 的电流 200s 后,界面从 AA' 移到 BB',移动了 0.17m,求 H^+ 的迁移数。

解 在两个界面区间内的 H^+ 均通过 AA' 面上移。设这个区间的体积是 V,其中 H^+ 的个数为 cVL,所迁移的电荷量为

$$cVLz_+ e = z_+ cVF$$

经历时间 t 后通入的总电荷量为 It,根据迁移数的定义,得

$$t_+(H^+) = \frac{H^+ \text{所迁移的电量}}{\text{通过的总电量}} = \frac{z_+ cVF}{It}$$

$$= \frac{1 \times 10.0 \text{mol} \cdot \text{m}^{-3} \times (0.17 \times 1.0 \times 10^{-5} \text{m}^3) \times 96485 \text{C} \cdot \text{mol}^{-1}}{0.01 \text{C} \cdot \text{s}^{-1} \times 200\text{s}} = 0.82$$

注意,在此例中,$t_-(Cl^-) = 1 - t_+(H^+) - t_+(Cd^{2+})$。因为不能得到 Cd^{2+} 的迁移数 $t_+(Cd^{2+})$,所以也不能得到 Cl^- 的迁移数 $t_-(Cl^-)$。

8.3.5 电导测定的应用

电导测定在科学研究及工业生产中具有广泛的应用,此处仅择几例略述。

1. 检测水的纯度

水中的离子型杂质含量越高,其电导率κ越大。水本身有微弱的电离

$$H_2O \rightleftharpoons H^+ + OH^-$$

从理论上来说,纯水的κ应为$5.5 \times 10^{-6} S \cdot m^{-1}$(298K)。

普通蒸馏水的电导率κ约为$1 \times 10^{-3} S \cdot m^{-1}$;重蒸馏水(蒸馏水经KOH和$KMnO_4$溶液处理以除去$CO_2$及有机杂质,然后在石英器皿中重新蒸馏1~2次)和去离子水的κ值可小于$1 \times 10^{-4} S \cdot m^{-1}$;在半导体工业上或涉及使用电导测量的研究中,常需要高纯度的水,即所谓"电导水",要求水的κ值在$1 \times 10^{-4} S \cdot m^{-1}$以下。因此,只要测定水的电导率$\kappa$就可以知道其纯度是否符合要求。

2. 测定弱电解质的离解度和离解常数

在弱电解质溶液中,只有已离解的部分才能承担传递电荷量的任务。某弱电解质水溶液在一定温度下的离解平衡可表示为$HA \rightleftharpoons H^+ + A^-$,若其浓度为$c$(mol·m^{-3}),离解度为$\alpha$,则离解平衡时,$c_+ = c_- = \alpha c$。因此溶液的摩尔电导率为

$$\Lambda_m = \frac{\kappa}{c} = \frac{\kappa_+ + \kappa_-}{c} = \frac{\lambda_{m,+} c_+ + \lambda_{m,-} c_-}{c} = \alpha(\lambda_{m,+} + \lambda_{m,-}) \tag{8-17a}$$

在弱电解质浓度较小的情况下,其正、负离子的浓度也较小,因此可近似认为有

$$\lambda_{m,+} \approx \lambda_{m,\infty,+}, \quad \lambda_{m,-} \approx \lambda_{m,\infty,-}$$

将其代入式(8-17a)得

$$\alpha = \frac{\Lambda_m}{\lambda_{m,\infty,+} + \lambda_{m,\infty,-}} = \frac{\Lambda_m}{\Lambda_{m,\infty}} \tag{8-17b}$$

在已知其$\Lambda_{m,\infty}$的情况下,通过测定某弱电解质的摩尔电导率Λ_m,按式(8-17b)即可确定其离解度。

而弱电解质的离解平衡常数为

$$K = \frac{c\alpha^2}{1-\alpha} = \frac{\Lambda_m^2 c}{\Lambda_{m,\infty}(\Lambda_{m,\infty} - \Lambda_m)} \tag{8-18a}$$

上式也可以写为

$$\frac{1}{\Lambda_m} = \frac{1}{\Lambda_{m,\infty}} + \frac{c\Lambda_m}{K\Lambda_{m,\infty}^2} \tag{8-18b}$$

式(8-18)一般称为奥斯特瓦尔德(Ostwald)稀释定律。在稀溶液范围内,以$\frac{1}{\Lambda_m}$对$c\Lambda_m$作图得到一直线,截距为$\frac{1}{\Lambda_{m,\infty}}$,斜率为$\frac{1}{K\Lambda_{m,\infty}^2}$。原则上可由实验测定同时确定$K$和$\Lambda_{m,\infty}$。

3. 难溶盐的溶解度及溶度积

难溶盐如AgCl(s)、$BaSO_4$(s)、CaC_2O_4(s)等在水中溶解度很小,其浓度很难用普通滴定

分析法准确测定,但可以通过电导法来测定。以 AgCl(s)为例,先测定其饱和溶液的电导率 κ(sol),因溶液极稀,溶剂水的电导率不能忽略,需减去水的电导率才能得到溶液中 AgCl(aq) 的电导率:

$$\kappa(\text{AgCl}) = \kappa(\text{sol}) - \kappa(\text{H}_2\text{O})$$

然后根据 $\Lambda_m = \dfrac{\kappa(\text{AgCl})}{c(\text{AgCl})}$,由于溶液极稀,可以认为 $\Lambda_m \approx \Lambda_{m,\infty}$,从而求出 $c(\text{AgCl})$。

【例 8-6】 298K 时测得 BaSO_4(s)饱和水溶液的电导率为 $4.20 \times 10^{-4}\text{S} \cdot \text{m}^{-1}$,所用水的电导率为 $1.05 \times 10^{-4}\text{S} \cdot \text{m}^{-1}$,求 BaSO_4(s)在该温度下的溶解度和溶度积。

解
$$\kappa(\text{BaSO}_4) = \kappa(\text{sol}) - \kappa(\text{H}_2\text{O}) = 3.15 \times 10^{-4}\text{S} \cdot \text{m}^{-1}$$

$$\Lambda_m(\text{BaSO}_4) \approx \Lambda_{m,\infty}(\text{BaSO}_4) = 2\lambda_{m,\infty}\left(\frac{1}{2}\text{Ba}^{2+}\right) + 2\lambda_{m,\infty}\left(\frac{1}{2}\text{SO}_4^{2-}\right) = 2.868 \times 10^{-2}\text{S} \cdot \text{m}^2 \cdot \text{mol}^{-1}$$

所以
$$c(\text{BaSO}_4) = \frac{\kappa(\text{BaSO}_4)}{\Lambda_{m,\infty}(\text{BaSO}_4)} = 1.098 \times 10^{-2}\text{mol} \cdot \text{m}^{-3} = 1.098 \times 10^{-5}\text{mol} \cdot \text{dm}^{-3}$$

若取 $c^{\ominus} = 1\text{mol} \cdot \text{dm}^{-1}$,则
$$K_{sp}(\text{BaSO}_4) = \left(\frac{c}{c^{\ominus}}\right)^2 = 1.21 \times 10^{-10}$$

4. 电导测定的其他应用

利用滴定过程中溶液电导变化的转折来确定滴定终点的方法称为电导滴定。电导滴定在分析化学中有广泛的应用,尤其当溶液浑浊或有颜色而不能用指示剂时,此法就显得更为有效。

由于电解质溶液的电导与其浓度及温度等因素有关,因此,电导测定可用于化学反应速率的测定与研究,也可用于电解质溶液的蒸发及漏损等工艺过程的自动记录或自动控制。

8.4 电解质溶液的活度及活度因子

电解质完全或部分电离形成的电解质溶液中,由于正、负离子的共存及离子间的相互作用,其情况要比第 3 章中所讨论的非电解质溶液复杂得多。例如,电解质溶液同样具有依数性质,但不符合第 3 章中相关的依数性规律。电解质溶液具有其独特的性质。

8.4.1 强电解质溶液的离子平均活度

强电解质在溶液中可认为完全电离,故其热力学性质应由其离子的热力学性质来描述。即使在比较稀的溶液中,离子之间也有复杂的相互作用,必使其对理想溶液产生偏差,因此需用活度的概念讨论相关问题。但是,不可能存在单种离子的溶液,因而也就不可能由实验测出该种离子的活度。实际测定的电解质的活度本质上体现了正、负离子的平均贡献。

设有 1mol 的任意价型电解质 $\text{M}_{\nu_+}\text{A}_{\nu_-}$ 溶于水中,按下式全部电离

$$\text{M}_{\nu_+}\text{A}_{\nu_-} = \nu_+ \text{M}^{z+} + \nu_- \text{A}^{z-}$$

正、负离子的化学势表达式分别为

$$\mu_+ = \mu_+^{\ominus} + RT\ln a_+, \quad \mu_- = \mu_-^{\ominus} + RT\ln a_- \tag{8-19}$$

式中,a_+、a_- 分别为正、负离子的活度;$\mu_+^{\ominus}$、$\mu_-^{\ominus}$ 分别为正、负离子参考态的化学势。而溶液

中 $M_{\nu_+}A_{\nu_-}$ 的化学势为

$$\mu_B = \mu_B^\ominus + RT\ln a_B \tag{8-20}$$

式中，a_B 为电解质 $M_{\nu_+}A_{\nu_-}$ 的活度。由于溶液中并不存在 $M_{\nu_+}A_{\nu_-}$ 分子，因此其活度实质上是表观活度。

因电解质 $M_{\nu_+}A_{\nu_-}$ 的化学势与离子的化学势存在下列关系：

$$\mu_B = \nu_+\mu_+ + \nu_-\mu_-, \quad \mu_B^\ominus = \nu_+\mu_+^\ominus + \nu_-\mu_-^\ominus \tag{8-21}$$

所以有

$$\mu_B^\ominus + RT\ln a_B = \nu_+\mu_+^\ominus + \nu_-\mu_-^\ominus + RT\ln(a_+^{\nu_+}a_-^{\nu_-})$$

由上式可见

$$a_B = a_+^{\nu_+}a_-^{\nu_-} \tag{8-22}$$

式(8-22)表明，电解质 B 的活度能以离子的活度乘积形式出现。

由于单种离子不能独立存在于溶液中，单种离子的活度也不能测定，但电解质 B 的表观活度却能实验测定。因此定义离子平均活度为

$$a_\pm = (a_+^{\nu_+}a_-^{\nu_-})^{1/\nu} \tag{8-23}$$

式中，$\nu = \nu_+ + \nu_-$。比较式(8-22)和式(8-23)可得

$$a_B = a_\pm^\nu \tag{8-24}$$

因此式(8-20)也可写成

$$\mu_B = \mu_B^\ominus + \nu RT\ln a_\pm$$

8.4.2 离子平均活度因子

若组分浓度用质量摩尔浓度 m 表示，则溶液中离子的活度与活度因子的关系为

$$a_+ = \gamma_+\frac{m_+}{m^\ominus} \quad 及 \quad a_- = \gamma_-\frac{m_-}{m^\ominus} \tag{8-25}$$

式中，γ_+、γ_- 分别为正、负离子的活度因子；$m^\ominus = 1\text{mol}\cdot\text{kg}^{-1}$ 为溶液中离子参考态的质量摩尔浓度。尽管溶液中正、负离子的浓度便于确定，但其活度因子同样无法确定。

与离子平均活度的定义相似，还必须有离子平均活度因子及离子平均质量摩尔浓度的定义，分别为

$$\gamma_\pm = (\gamma_+^{\nu_+}\gamma_-^{\nu_-})^{1/\nu} \tag{8-26}$$

$$m_\pm = (m_+^{\nu_+}m_-^{\nu_-})^{1/\nu} \tag{8-27}$$

不难看出它们之间的关系为

$$a_\pm = \gamma_\pm\frac{m_\pm}{m^\ominus} \tag{8-28}$$

因为 $m_+ = \nu_+m$，$m_- = \nu_-m$，所以若已知溶液的浓度、电解质的价型，即可计算离子平均质量摩尔浓度。但离子平均活度或平均活度因子需由实验测定。

电解质溶液的平均活度(或平均活度因子)的测定方法与前述溶液活度(或活度因子)的测定方法基本相同，除了溶解度法、蒸气压法、凝固点降低法等方法之外，还有电动势法。表 8-6 列出了某些电解质溶液在不同浓度下的离子平均活度因子的数据。

表 8-6　298K 时某些强电解质的离子平均活度因子 $\gamma_\pm$

$m/(\text{mol} \cdot \text{kg}^{-1})$	0.001	0.005	0.01	0.05	0.1	0.5	1.0
HCl	0.9656	0.9285	0.9048	0.8404	0.7946	0.7571	0.8090
NaCl	0.965	0.927	0.902	0.819	0.778	0.682	0.658
KCl	0.965	0.927	0.902	0.816	0.769	0.651	0.606
NaOH	—	—	—	0.818	0.766	0.693	0.679
KOH	—	—	—	0.824	0.798	0.728	0.756
HBr	0.966	0.930	0.906	0.838	0.805	0.790	0.871
H_2SO_4	0.830	0.639	0.544	0.340	0.265	0.154	0.130
$CuSO_4$	0.74	0.53	0.41	0.20	0.16	0.0620	0.0423
$ZnSO_4$	0.700	0.477	0.387	0.202	0.150	0.063	0.044
$CdSO_4$	0.697	0.476	0.383	0.199	0.150	0.0615	0.0415
$FeCl_3$	0.80	0.65	0.59	0.47	0.41	0.35	0.42
$LaCl_3$	0.790	0.636	0.560	0.388	0.383	0.323	0.424
$La(NO_3)_3$	0.792	0.620	0.551	0.380	0.317	—	—

【例 8-7】　实验测得 298K 时 $0.050\text{mol} \cdot \text{kg}^{-1}$ H_2SO_4 水溶液的 $\gamma_\pm = 0.397$，$0.010\text{mol} \cdot \text{kg}^{-1}$ $K_3[Fe(CN)_6]$ 水溶液的 $\gamma_\pm = 0.571$，计算这两种溶液的 $a_\pm$。

解　H_2SO_4 属 1-2 价型电解质：$\nu_+ = 2$，$\nu_- = 1$，$\nu = 3$，所以

$$m_\pm = (m_+^2 m_-)^{1/3} = [(2m)^2 \times m]^{1/3} = 4^{1/3} m = 0.0794 \text{mol} \cdot \text{kg}^{-1}$$

$$a_\pm = \gamma_\pm \frac{m_\pm}{m^\ominus} = 0.0397 \times 0.0794 = 0.0315$$

$K_3[Fe(CN)_6]$ 属 1-3 价型电解质：$\nu_+ = 3$，$\nu_- = 1$，$\nu = 4$，所以

$$m_\pm = (m_+^3 m_-)^4 = [(3m)^3 \times m]^{1/4} = 27^{1/4} m = 0.0228 \text{mol} \cdot \text{kg}^{-1}$$

$$a_\pm = \gamma_\pm \frac{m_\pm}{m^\ominus} = 0.571 \times 0.0228 = 0.130$$

8.4.3　离子强度及其与平均活度因子的关系

从表 8-6 中可见，在稀溶液的范围内，电解质溶液的平均活度因子与溶液浓度及电解质的价型有关，但在同一浓度下，$\gamma_\pm$ 值与电解质的种类无关。1921 年，路易斯等从大量不同价型电解质的活度因子数值总结出一个经验规律，即在稀溶液中，电解质平均活度因子 $\gamma_\pm$ 与溶液中总的离子浓度和离子电价有关，而与离子的种类无关。同时，把离子电价与离子总浓度联系在一起，提出了离子强度(I)的概念，即

$$I = \frac{1}{2}(m_1 z_1^2 + m_2 z_2^2 + \cdots) = \frac{1}{2} \sum m_i z_i^2 \tag{8-29}$$

式中，z_i 为离子 i 的价数；m_i 为离子 i 的质量摩尔浓度，因此 I 与 m 的量纲相同。同时归纳出电解质活度因子与离子强度的经验关系为

$$\lg \gamma_\pm = -A' I^{1/2} \tag{8-30}$$

式中，A' 为与温度、离子价型有关而与浓度无关的常数。这个经验公式表明：在离子强度相同的

溶液中，离子价型相同的电解质的平均活度因子基本相等。离子强度I越小(浓度越低)，式(8-30)越正确，一般在$I<0.01\text{mol}\cdot\text{kg}^{-1}$的稀溶液范围内具有较好的适用性。这个结果后来被德拜(Debye)-休克尔(Hückel)理论所证实。

8.5 电解质溶液理论简介

电解质溶液的依数性如渗透压、沸点上升、凝固点下降等都比同浓度的非电解质的数值大得多。历史上范特霍夫曾经用一个系数(后称范特霍夫系数)来表示电解质溶液的依数性与非电解质相比所出现的偏差：

$$i = \frac{\Pi_{实验}}{\Pi_{计算}}$$

式中，Π为渗透压。1887年阿伦尼乌斯提出部分电离学说，用离解度(电离度)的概念来解释这种现象。但后来发现部分电离学说能较好地适用于弱电解质而不适用于强电解质。

X射线结构分析证明，许多盐类在固态时已呈离子晶格存在，因此当它分散在溶剂中时，一般会全部电离；正、负离子间的静电吸引力不容忽视；同时，盐类溶解时还应考虑溶剂对离子的作用等。部分电离学说不适用于强电解质溶液，就是由于忽略了这些因素。

8.5.1 德拜-休克尔离子互吸理论及极限定律

德拜和休克尔于1923年提出了强电解质溶液的理论，认为强电解质在低浓度溶液中完全电离，且强电解质与理想溶液的偏差主要因离子之间的静电引力所引起。因此他们的理论又称为离子互吸理论。

德拜-休克尔提出了离子氛的概念。从微观结构看，溶液中的所有离子都处于不停的热运动之中，并使离子趋向于均匀分布；而正、负离子间的异性相吸、同性相斥的静电作用，又使它们按一定的规则排列。若在体系中选择任意一个正离子为参考离子(称为中心离子)，静电作用则会使负离子靠近中心离子、其他正离子将远离中心离子，而离子的热运动又促使离子在溶液中均匀分布。只有溶液很稀时，离子间的距离较远，静电力才小于热运动作用力。由于中心离子对其他正离子的排斥和对负离子的吸引，平均统计地看，距中心离子越近，正离子出现的概率越小，负离子出现的概率越大，中心离子周围总的效果好像是被一层符号相反、大小相等的电荷所包围。这层电荷所构成的球壳称为离子氛或离子云，如图8-8所示。

在理解离子氛时，还应注意两点：一是溶液中任何离子都是等同的，它既是一个为离子氛所包围的中心离子，又是其他中心离子的离子氛的组成部分，同时为许多离子氛所共有；二是溶液中所有离子都在不停地运动，中心离子没有固定的位置，离子氛也没有固定的组成，离子氛中的离子不间断地与其他离子氛中的离子进行着交换。

德拜-休克尔理论包括以下基本假定：

(1) 电解质在稀溶液范围内完全电离，并形成非缔合式电解质溶液。

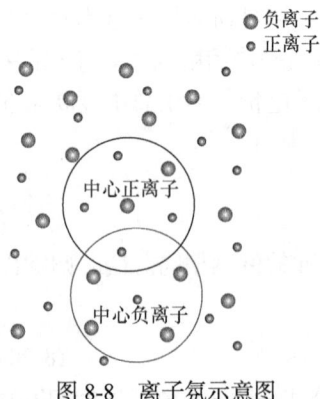

图8-8 离子氛示意图

(2) 离子之间的作用归结为中心离子和离子氛之间的作

用，这种作用只存在库仑引力，其作用能小于离子热运动的能量。

(3) 离子在静电引力下的分布遵循玻尔兹曼分布公式，并且电荷密度与电势之间的关系遵循泊松(Poisson)公式。

(4) 离子是带电的球体，离子电场具有球形对称性，离子不极化，在极稀溶液中可看成点电荷。

(5) 电解质对溶剂介电常数没有影响，可用纯溶剂的介电常数代替溶液的介电常数。

基于以上这些假定，可导出(参见其他文献)稀溶液中单种离子活度因子的计算公式：

$$\lg \gamma_i = -A z_i^2 I^{1/2} \tag{8-31}$$

在一定温度及确定溶剂下，式中 A 为定值，见表8-7。因单种离子活度因子无法由实验测定，所以还需将它变为平均活度因子的形式才具有实用价值。

表8-7　水溶液中德拜-休克尔极限公式中常数 A、B 值

温度 T/K	$A/[(\text{mol}\cdot\text{kg}^{-1})^{-1/2}]$	$B/[10^{10}(\text{mol}\cdot\text{kg}^{-1})^{-1/2}\cdot\text{m}^{-1}]$
0	0.4918	0.3248
288	0.5020	0.3273
298	0.5115 或 0.509*	0.3291
313	0.5262	0.3323
328	0.5432	0.3358
343	0.5625	0.3397

*298K，若用公式 $\lg \gamma_\pm = -A|z_+ z_-|\sqrt{I}$，则 A 为0.509。

根据平均活度因子的定义有

$$\gamma_\pm^{(\nu_+ + \nu_-)} = \gamma_+^{\nu_+} \gamma_-^{\nu_-}$$

取对数

$$(\nu_+ + \nu_-)\lg \gamma_\pm = \nu_+ \lg \gamma_+ + \nu_- \lg \gamma_-$$

将式(8-31a)代入，并应用电中性条件 $\nu_+ z_+ = |\nu_- z_-|$，可得

$$\lg \gamma_\pm = -A|z_+ z_-|\sqrt{I} \tag{8-32a}$$

式(8-32a)从理论上解释了路易斯经验公式(8-30)。对298.15K 的电解质水溶液，式(8-32a)常写为

$$\lg \gamma_\pm = -0.509|z_+ z_-|\sqrt{I}$$

若不把离子看作点电荷，而是当作具有一定半径的粒子，则可得到

$$\lg \gamma_\pm = \frac{-A|z_+ z_-|\sqrt{I}}{1 + aB\sqrt{I}} \tag{8-32b}$$

式中，a 为离子的平均有效直径，在温度及溶剂种类一定时，A、B 为常数，其值列于表8-7。

离子的平均有效直径一般为 3.5×10^{-10}m 左右，水溶液中，$aB\approx 1$，故式(8-32b)可近似为

$$\lg \gamma_\pm = \frac{-A|z_+ z_-|\sqrt{I}}{1 + \sqrt{I}} \tag{8-32c}$$

式(8-32)各式都称为德拜-休克尔极限定律，或称为极限公式。式(8-32a)一般适用于 $I<0.01\text{mol}\cdot\text{kg}^{-1}$，式(8-32b)一般适用于 $I<0.1\text{mol}\cdot\text{kg}^{-1}$。计算时应注意，$\gamma_\pm$、$z_+$、$z_-$ 针对的是某一电解质，而离子强度 I 则需考虑溶液中的所有电解质。

8.5.2 德拜-休克尔-昂萨格电导理论

1927年，昂萨格将德拜-休克尔理论应用到有外加电场作用的电解质溶液，把柯尔劳施对于摩尔电导率与浓度平方根呈线性相关的经验公式提高到理论阶段，对式(8-6)作出了理论解释，从而形成德拜-休克尔-昂萨格电导理论。

该理论认为，在无限稀释溶液中，离子间距离较大，库仑作用力可忽略不计，即认为中心离子不受离子氛的影响，这时溶液的摩尔电导率为$\Lambda_{m,\infty}$；但在一般情况下，离子氛的存在会影响中心离子的运动，使其在电场中迁移的速率降低，从而使摩尔电导率降为Λ_m。同时认为离子氛对中心离子运动的影响是由以下两个因素引起的：

(1) 弛豫效应：每个离子周围都有一个离子氛，在外电场作用下，正、负离子做反向迁移，原来的离子氛要拆散，新离子氛需建立，有一个时间差，称为弛豫时间。在弛豫时间内，离子氛会变得不对称，这种不对称的离子氛对中心离子的运动会产生阻力，称为弛豫力。该力使离子迁移速率下降，从而使摩尔电导率降低。

(2) 电泳效应：在外加电场作用下，溶剂化的中心离子与溶剂化的离子氛中的离子向相反方向移动，增加了黏滞力，阻碍了离子运动，从而使离子迁移速率及其摩尔电导率降低。这种影响称为电泳效应。

考虑到以上两种因素，可以推算出某一浓度时电解质的摩尔电导率与极限摩尔电导率的定量关系为

$$\Lambda_m = \Lambda_{m,\infty} - (p + q\Lambda_{m,\infty})\sqrt{c} \tag{8-33}$$

式中，p和q分别为电泳效应和弛豫效应引起的摩尔电导率的降低值。当温度、溶剂一定时，p和q有定值，故式(8-33)可写为

$$\Lambda_m = \Lambda_{m,\infty} - A\sqrt{c}$$

这就是式(8-6)。这个理论成功地解释了柯尔劳施经验公式。

8.5.3 其他电解质溶液理论

从理论上计算离子的平均活度或平均活度因子是电解质溶液理论发展的目的与方向。毫无疑问，德拜-休克尔理论达到了这一目的，但该理论只适合于非缔合的电解质稀溶液。

实际生产及研究中所涉及的大多是高浓度多组分的复杂电解质溶液。为了处理及讨论这类复杂溶液体系，后来又发展建立了许多电解质溶液理论，如离子缔合理论(N. J. Bjerrum, 1926年)、离子水化理论(R. A. Robinson 和 R. H. Stokes, 1948年)、微扰理论(R. W. Zwanzig, 1954年)、Pitzer离子相互作用理论(K. S. Pitzer, 1973年)等。这些理论基本上都是在德拜-休克尔理论的基础上进行相关的修正，推导得到包含一些经验参数的平均活度因子计算式，但其中的经验参数大多需要从相关实验结果拟合得到。欲知其详者，请参阅相关文献。

复习思考题

1. 电解质溶液的导电能力与哪些因素有关？为表示电解质溶液的导电能力，除电导率之外为什么还要提出摩尔电导率的概念？
2. 对于无限稀释的电解质溶液，为什么提出极限摩尔电导率的概念？$\Lambda_{m,\infty}$有什么意义？
3. 为什么强电解质和弱电解质溶液的极限摩尔电导率的测定方法不同？
4. 浓度为$0.01\text{mol} \cdot \text{dm}^{-3}$的$CH_3COOH$水溶液，其摩尔电导率$\Lambda_m(\text{HAc}) = \lambda_m(H^+) + \lambda_m(Ac^-)$，因此根据相同浓度下各电解质溶液的摩尔电导率，可按$\Lambda_m(\text{HAc}) = \Lambda_m(\text{HCl}) + \Lambda_m(\text{NaAc}) - \Lambda_m(\text{NaCl})$计算。这种计算是否正

确？为什么？
5. 在水溶液中，带有相同电荷数的离子，如 Li^+、Na^+、K^+…其离子半径依次增大。离子半径越大，其迁移速率应越小，离子摩尔电导率λ_∞也应越小。此按理应有 $\lambda_\infty(Li^+) > \lambda_\infty(Na^+) > \lambda_\infty(K^+) > \cdots$ 的顺序，但实验测得的值却正好相反，即 $\lambda_\infty(Li^+) < \lambda_\infty(Na^+) < \lambda_\infty(K^+) < \cdots$，这是什么原因？
6. 从离子的电导或离子淌度数据来看，H^+ 和 OH^- 在电场下的迁移速率都比其他离子大得多，怎样解释这个事实？
7. "既然离子迁移数与离子迁移的速率成正比，则当温度和浓度一定时，所有钠盐的水溶液中 Na^+ 的迁移数相同。"这种说法对吗？
8. "因为溶液是电中性的，溶液中正、负离子所带的总电量相等，所以正、负离子的迁移数也相等，$t_+ = t_-$。"这种说法对吗？
9. "在电极上发生反应的离子一定是在溶液中主要迁移电量的那种离子。"这种说法对吗？
10. 电解食盐时电解槽中阴极区溶液 $c(Na^+) = 5.75 \text{mol} \cdot \text{dm}^{-3}$，$c(H^+) = 4 \times 10^{-15} \text{mol} \cdot \text{dm}^{-3}$。溶液中迁移电量的阳离子主要是 H^+ 还是 Na^+？为什么？
11. 为什么讨论强电解质的活度时涉及电解质的离子平均活度 $a_\pm$？
12. 若已知盐在水溶液中的溶度积 K_{sp}，如何运用德拜-休克尔极限公式求得 1-1 型难溶盐在水中的溶解度？

习　题

1. 用铂电极电解氯化铜 $CuCl_2$ 水溶液，用 20A 的电流通电 15min 后，在阴极上能析出多少铜？在阳极上能析出多少立方分米的 300.15K、101.325kPa 的氯气？
   答案：5.928g；2.31dm³。

2. 电导池中装入 $0.02 \text{mol} \cdot \text{dm}^{-3}$ 的 KCl 水溶液，298K 时测得其电阻为 453Ω。已知 298K $0.02 \text{mol} \cdot \text{dm}^{-3}$ 溶液的电导率为 $0.2768 \text{S} \cdot \text{m}^{-1}$。在同一电导池中装入同样体积的浓度为 $0.55 \text{g} \cdot \text{dm}^{-3}$ 的 $CaCl_2$ 水溶液，测得电阻为 1050Ω。计算电导池常数、该 $CaCl_2$ 水溶液的电导率和摩尔电导率 $\Lambda_m\left(\frac{1}{2}CaCl_2\right)$。

   答案：$K_{cell} = 125.4 \text{m}^{-1}$，$\kappa(CaCl_2) = 0.1194 \text{S} \cdot \text{m}^{-1}$，$\Lambda_m\left(\frac{1}{2}CaCl_2\right) = 0.01194 \text{S} \cdot \text{m}^2 \cdot \text{mol}^{-1}$。

3. 在 298K，$H^+(aq)$ 和 $HCO_3^-(aq)$ 的离子极限摩尔电导率 $\lambda_\infty(H^+) = 3.4982 \times 10^{-2} \text{S} \cdot \text{m}^2 \cdot \text{mol}^{-1}$，$\lambda_\infty(HCO_3^-) = 4.45 \times 10^{-3} \text{S} \cdot \text{m}^2 \cdot \text{mol}^{-1}$。在同温度下测得 $0.0275 \text{mol} \cdot \text{dm}^{-3} H_2CO_3$ 溶液的电导率 $\kappa = 3.86 \times 10^{-3} \text{S} \cdot \text{m}^{-1}$，求 H_2CO_3 离解为 $H^+(aq)$ 和 $HCO_3^-(aq)$ 的离解度。
   答案：$\alpha = 3.56 \times 10^{-3}$。

4. 已知 291K 时 NaCl、NaOH 及 NH_4Cl 的极限摩尔电导率 $\Lambda_{m,\infty}$ 分别为 $1.086 \times 10^{-2} \text{S} \cdot \text{m}^2 \cdot \text{mol}^{-1}$、$2.172 \times 10^{-2} \text{S} \cdot \text{m}^2 \cdot \text{mol}^{-1}$ 及 $1.298 \times 10^{-2} \text{S} \cdot \text{m}^2 \cdot \text{mol}^{-1}$，291K 时 $0.1 \text{mol} \cdot \text{dm}^{-3}$ 及 $0.01 \text{mol} \cdot \text{dm}^{-3} NH_3 \cdot H_2O$ 的摩尔电导率 Λ_m 分别为 $3.09 \text{S} \cdot \text{cm}^2 \cdot \text{mol}^{-1}$ 和 $9.62 \text{S} \cdot \text{cm}^2 \cdot \text{mol}^{-1}$，利用上述实测数据求 $0.1 \text{mol} \cdot \text{dm}^{-3}$ 及 $0.01 \text{mol} \cdot \text{dm}^{-3} NH_3 \cdot H_2O$ 的离解常数 K_c。
   答案：$K_c = 1.70 \times 10^{-5} \text{mol} \cdot \text{dm}^{-3}$。

5. 在 298K 测得某电导池充以 $0.01 \text{mol} \cdot \text{dm}^{-3}$ KCl 溶液的电阻为 484Ω，用同一电导池充以不同浓度的 NaCl 水溶液，在 298K 测得电阻值如下：

浓度 $c/(\text{mol} \cdot \text{dm}^{-3})$	0.0005	0.0010	0.0020	0.0050
电阻 R/Ω	10910	5494	2772	1128.9

(1) 试计算表列不同浓度 NaCl 溶液的摩尔电导率；
(2) 以 Λ_m 对 c 作图，用外推法求 NaCl 溶液的极限摩尔电导率。
   答案：(2) $\Lambda_{m,\infty}(NaCl) = 0.0127 \text{S} \cdot \text{m}^2 \cdot \text{mol}^{-1}$。

6. 在 298K 时，浓度为 $0.100 \text{mol} \cdot \text{dm}^{-3}$ 的 NaCl 水溶液中，$Na^+(aq)$ 与 $Cl^-(aq)$ 的离子淌度分别为 $U_{Na^+} = 4.26 \times 10^{-8} \text{m}^2 \cdot \text{V}^{-1} \cdot \text{s}^{-1}$ 和 $U_{Cl^-} = 6.80 \times 10^{-8} \text{m}^2 \cdot \text{V}^{-1} \cdot \text{s}^{-1}$，求该溶液的摩尔电导率和电导率。

答案：$\Lambda_m(NaCl) = 0.0107 S \cdot m^2 \cdot mol^{-1}$，$\kappa(NaCl) = 1.067 S \cdot m^{-1}$。

7. 已知 298K 时 LiCl 的极限摩尔电导率为 $115.03 \times 10^{-4} S \cdot m^2 \cdot mol^{-1}$，其负离子极限迁移数为 0.6636，计算 Li^+ 和 Cl^- 的极限摩尔电导率和极限离子淌度。

答案：$\lambda_{m,\infty}(Li^+) = 38.70 \times 10^{-4} S \cdot m^2 \cdot mol^{-1}$，$\lambda_{m,\infty}(Cl^-) = 76.33 \times 10^{-4} S \cdot m^2 \cdot mol^{-1}$，$U_\infty(Cl^-) = 7.91 \times 10^{-8} m^2 \cdot V^{-1} \cdot s^{-1}$，$U_\infty(Li^+) = 4.01 \times 10^{-8} m^2 \cdot V^{-1} \cdot s^{-1}$。

8. 测得 298K 时 $0.01 mol \cdot dm^{-3}$ 的 $BaCl_2$ 水溶液的电导率为 $0.238 S \cdot m^{-1}$，此溶液中 Ba^{2+} 的迁移数为 0.4375，求此溶液中 Ba^{2+} 和 Cl^- 的淌度。

答案：$U_+ = 5.39 \times 10^{-8} m^2 \cdot V^{-1} \cdot s^{-1}$，$U_- = 6.94 \times 10^{-8} m^2 \cdot V^{-1} \cdot s^{-1}$。

9. 在迁移数测定管中，装入一定浓度的盐酸溶液，在两铂电极间电解一定时间，测得电解前阴极区含 Cl^- 0.2654g，电解后含 0.1362g，串联在电路中的库仑计铜片质量增加 0.6464g，计算 H^+ 和 Cl^- 的迁移数。

答案：$t_+ = 0.820$，$t_- = 0.180$。

10. 用铜电极电解 $CuSO_4$ 溶液(每 100g 溶液中含 10.06g $CuSO_4$)。通电一定时间后，测得银电量计析出 0.5008g 银，并测知阳极区溶液质量为 54.565g，其中含 $CuSO_4$ 5.726g。计算 $CuSO_4$ 溶液中离子的迁移数 t_+ 和 t_-。

答案：$t_+ = 0.289$，$t_- = 0.711$。

11. 在 298K 时，将浓度为 $33.27 \times 10^{-3} mol \cdot dm^{-3}$ 的 $CdCl_2$ 溶液注入毛细管中，再小心地注入 $73 \times 10^{-3} mol \cdot dm^{-3}$ 的 LiCl 溶液，使两种溶液间保持明显的分界面，通入 5.594mA 电流，3976s 后，界面向下移动的距离相当于 $1.002 cm^3$ 溶液在管中所占长度。求 Cd^{2+} 和 Cl^- 的迁移数。

答案：$t_+ = 0.434$，$t_- = 0.566$。

12. 在 298K 时 $SrSO_4$ 的饱和水溶液电导率 $1.482 \times 10^{-2} S \cdot m^{-1}$，纯水电导率为 $1.5 \times 10^{-4} S \cdot m^{-1}$。已知该温度下离子摩尔电导率 $\lambda_m\left(\frac{1}{2}Sr^{2+}\right) = 59.46 \times 10^{-4} S \cdot m^2 \cdot mol^{-1}$，$\lambda_m\left(\frac{1}{2}SO_4^{2-}\right) = 79.8 \times 10^{-4} S \cdot m^2 \cdot mol^{-1}$，计算 $SrSO_4$ 在水中的溶解度。

答案：$5.27 \times 10^{-4} mol \cdot dm^{-3}$。

13. 已知 298K 时 AgBr 的溶度积 $K_{sp} = 6.3 \times 10^{-13} mol^2 \cdot dm^{-6}$，纯水电导率为 $1.5 \times 10^{-4} S \cdot m^{-1}$，计算 298K 时 AgBr 饱和水溶液的电导率。

答案：$\kappa(AgBr) = 1.611 \times 10^{-4} S \cdot m^{-1}$。

14. 用德拜-休克尔极限公式计算 $0.002 mol \cdot dm^{-3}$ $MgCl_2$ 水溶液在 298K 时 Mg^{2+} 和 Cl^- 的活度因子及平均离子活度因子。

答案：$\gamma_+ = 0.6955$，$\gamma_- = 0.9132$，$\gamma_\pm = 0.834$。

15. 某水溶液中含有 $0.01 mol \cdot dm^{-3}$ 的 NaCl、$0.003 mol \cdot dm^{-3}$ 的 $NaSO_4$ 以及 $0.007 mol \cdot dm^{-3}$ 的 $MgCl_2$，计算该溶液在 298K 时其中各种离子的活度系数和各种盐的平均活度因子。

答案：一价离子，$\gamma_i = 0.823$；二价离子，$\gamma_i = 0.458$；对 NaCl，$\gamma_\pm = 0.823$；对 $MgCl_2$ 及 Na_2SO_4，$\gamma_\pm = 0.677$。

16. $AgBrO_3$ 在 298K 时的溶度积为 5.77×10^{-5}，试用德拜-休克尔极限公式分别计算它在纯水中和 $0.01 mol \cdot dm^{-3}$ $KBrO_3$ 水溶液中的溶解度(设在纯水中$\gamma_\pm = 1$)。

答案：$0.0076 mol \cdot dm^{-3}$；$0.0051 mol \cdot dm^{-3}$。

17. 298K 时 $Ba(IO_3)_2$ 在纯水中的溶解度为 $5.46 \times 10^{-4} mol \cdot dm^{-3}$，假定可以应用德拜-休克尔极限公式，计算该盐在纯水中的 K_{sp} 及在 $0.01 mol \cdot dm^{-3}$ $CaCl_2$ 水溶液中的溶解度。

答案：$K_{sp} = 4.9 \times 10^{-10}$，$c = 7.566 \times 10^{-4} mol \cdot dm^{-3}$。

18. 某温度下纯水的电导率为 $4.3 \times 10^{-5} S \cdot m^{-1}$，在同温度下加入 AgCl，达饱和后溶液的电导率为 $1.550 \times 10^{-4} S \cdot m^{-1}$。若在 $1V \cdot cm^{-1}$ 电场作用下，Ag^+ 和 Cl^- 在无限稀释溶液中的绝对速率分别为 $5.6 \times 10^{-6} cm \cdot s^{-1}$ 和 $6.8 \times 10^{-6} cm \cdot s^{-1}$，计算该温度下 AgCl 的溶度积。

答案：1.59×10^{-10}。

19. 某一元弱酸 HA 浓度为 $0.01 mol \cdot kg^{-1}$，在 298K 时测得摩尔电导率为 $5.201 \times 10^{-4} S \cdot m^2 \cdot mol^{-1}$。而 HA 的极限摩尔电导率为 $390.7 \times 10^{-4} S \cdot m^2 \cdot mol^{-1}$。试用德拜-休克尔极限公式计算该一元弱酸的离解常数 $K_a^{\ominus}$ (假设未离解弱酸的活度因子为1)。

答案：1.771×10^{-6}。

第 9 章 电化学反应热力学

将化学能转变成电能的装置称为电池,但习惯上称为原电池。将某化学反应设计成电池,其关键是必须给予适当的装置,使化学反应分别通过两电极上的反应来完成。根据热力学原理,在恒温恒压条件下系统发生可逆变化时,其吉布斯自由能减小值等于系统对外所做的最大非体积功。这种变化在电池中发生,则所做的最大非体积功就是最大电功。因此,热力学的理论可定量研究可逆条件下电池反应的有关问题。电池反应热力学的研究对设计新的化学电源具有重要的理论意义。本章重点讨论电池反应的热力学问题。

9.1 电极及电极电势

目前,在国内教材及文献中,"电位"和"电势"不分,都译于英文 potential。但有人认为应该进一步予以区分,即具有绝对意义的量为"电位",两点间的电位差(或电位降)为"电势"。

9.1.1 界面电势及电化学势

1. 单相物质系统的内电位

根据电学原理,将单位正电荷从真空中的无限远处移到物质相内某一位置所做的电功称为内电位(inner potential),用符号 φ 表示。内电位是带电的均相物质系统的重要性质。当单位电荷进入某一物质相内时,除了电学作用外,必然还存在化学作用(化学短程力、分子或原子的相互作用、界面上的氧化或还原反应等)。因此,单位电荷进入物质相内时,实际所做的功是电学作用和化学作用的共同结果,人们无法只测电学部分而不涉及化学作用部分。所以物质内某一点的内电位虽然有明确的物理意义,但不能测量。

内电位 φ 可以分为外电位(outer potential) ψ 和表面电位(surface potential) χ 两部分,如图 9-1 所示。外电位 ψ 是把单位正电荷从真空中的无限远处移到物体表面附近 A 处(大约离表面 10^{-4}m)所做的电功。因为 A 点尚在真空中,可认为还没有化学作用,外电位从理论上来讲可测量。把单位正电荷从 A 处通过界面移到物相内部所做的电功称为表面电位 χ。这一部分既有物理作用,也有化学作用,所以不可测量。因此,物质体相(α)的内电位 φ_α 是其外电位 ψ_α 和表面电位 χ_α 之和,即

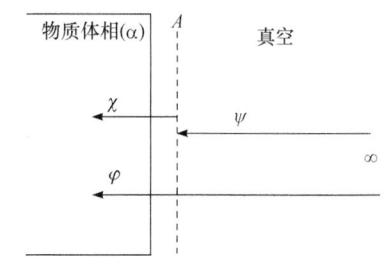

图 9-1 物质相的内电位、外电位及表面电位

$$\varphi_\alpha = \psi_\alpha + \chi_\alpha \tag{9-1}$$

内电位 φ_α、外电位 ψ_α 及表面电位 χ_α 是物质体相(α)系统的强度性质。

2. 界面电势

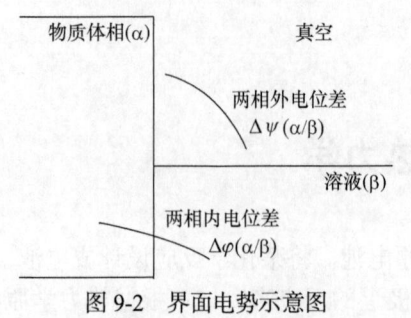

图 9-2 界面电势示意图

根据电学原理，将单位正电荷从物质相(α)内部通过两相界面移到另一物质相(β)内部所做的电功，就是两相的内电位差，可称为界面电势(有的教材也称为界面电势差)，表示为$\Delta\varphi(\alpha/\beta)$，如图 9-2 所示。

显然，界面电势$\Delta\varphi(\alpha/\beta)$实际上也包含两相的外电位差及两相的表面电位差两部分，即

$$\Delta\varphi(\alpha/\beta) = \varphi_\beta - \varphi_\alpha = (\psi_\beta + \chi_\beta) - (\psi_\alpha + \chi_\alpha) = \Delta\psi(\alpha/\beta) + \Delta\chi(\alpha/\beta) \tag{9-2}$$

式中，$\Delta\psi(\alpha/\beta)$为两相外电位差，原则上可测量；$\Delta\chi(\alpha/\beta)$为两相表面电位差，原则上不可测量。所以单一界面的界面电势$\Delta\varphi(\alpha/\beta)$不可测量。但由多个界面串联起来的电化学系统，只要两个终端是相同的物质，其表面电位差为零，即$\Delta\chi(\alpha/\alpha) = 0$，则两终端间的外电位差即与两终端间内电位差相等，测量电池电动势的原理即基于此。

根据规定，界面电势与书写的次序有关，即

$$\Delta\varphi(\alpha/\beta) = -\Delta\varphi(\beta/\alpha) \tag{9-3}$$

3. 电化学势*

对电化学均相系统(α)，其中某组分 B 的电化学势(electrochemical potential)$\mu_{B,\alpha}^e$定义为

$$\mu_{B,\alpha}^e = \left(\frac{\partial G_\alpha}{\partial n_{B,\alpha}}\right)_{T,p,n_{j\neq B}} = z_B F\varphi_\alpha + \mu_{B,\alpha} \tag{9-4}$$

式中，z_B为组分 B 的电价，可正可负；F为法拉第常量；$z_B F$即为1mol B 粒子的电荷量；φ_α为 α 相的内电位；$\mu_{B,\alpha}$为 B 组分在 α 相中的化学势。

根据电化学势的定义，常见粒子的电化学势分别为

(1) 对于溶液(假设为 β 相)中的正离子，如 Cu^{2+}，$\mu_{Cu^{2+},\beta}^e = \mu_{Cu^{2+},\beta} + 2F\varphi_\beta$。

(2) 对于溶液(假设为 β 相)中的负离子，如 Cl^-，$\mu_{Cl^-,\beta}^e = \mu_{Cl^-,\beta} - F\varphi_\beta$。

(3) 对于不带电 B 组分(假设为 α 相)，$\mu_{B,\alpha}^e = \mu_{B,\alpha}$。

(4) 对于导体(假设为 α 相)中的电子：$\mu_{e^-}^e = \mu_{e^-} - F\varphi_\alpha$。

这样，电化学均相系统(α)的热力学基本方程为

$$dG_\alpha = -S_\alpha dT + V_\alpha dp + \sum \mu_{B,\alpha}^e dn_{B,\alpha} = -S_\alpha dT + V_\alpha dp + \sum(z_B F\varphi_\alpha + \mu_{B,\alpha})dn_{B,\alpha} \tag{9-5}$$

若 B 粒子不带电，则$\mu_{B,\alpha}^e = \mu_{B,\alpha}$，式(9-5)就变成

$$dG_\alpha = -S_\alpha dT + V_\alpha dp + \sum \mu_{B,\alpha} dn_{B,\alpha}$$

这就是第 2 章中的普遍热力学基本方程。

对无电场的化学系统，在恒温恒压下，相(α 相和 β 相)平衡条件为$\mu_{B,\alpha} = \mu_{B,\beta}$；化学平衡条件为$\sum \nu_B \mu_B = 0$。而在电化学系统中，相(α 相和 β 相)平衡条件为

$$\mu_{B,\alpha}^e = \mu_{B,\beta}^e \tag{9-6a}$$

例如，恒温恒压下荷电粒子 B 在两相(α 相和 β 相)中达到两相平衡(如带电粒子在两溶液相中

的迁移)时有

$$z_B F \varphi_\alpha + \mu_{B,\alpha} = z_B F \varphi_\beta + \mu_{B,\beta}$$

电化学平衡条件为

$$\sum \nu_B \mu_B^e = 0 \tag{9-6b}$$

9.1.2 电极电势

1. 电极的构成及电极反应

将任意电子导体(如金属)插入电解质溶液(如水溶液,aq),就构成一个电极。例如,将金属锌(Zn)插入硫酸锌溶液[ZnSO$_4$(aq)]中,这就是 Zn 电极;将金属铜(Cu)插入硫酸铜溶液[CuSO$_4$(aq)]中,这就是 Cu 电极。

在电化学中,通常将电极反应写成还原反应的形式。例如,Zn 电极的电极反应为

$$Zn^{2+}(aq) + 2e^- = Zn(s)$$

对于任意电极,其电极反应可用下述通式表示:

$$Ox(氧化态) + ze^- = Re(还原态)$$

2. 电极的界面电荷分布及扩散双电层

将金属插入电解质溶液中,若金属带负电荷,则溶液中的负离子被金属所排斥,以致其在金属附近浓度较低;而正离子则会被吸引而集中在金属表面附近,这样金属表面的电荷层与附近溶液中多余的反号离子就形成了双电层。

由于离子的热运动,反号离子并不完全集中在金属表面附近的液层中,而是形成浓度梯度的分布,与金属靠得紧密的一层称为紧密层,其余扩散到溶液本体的一层称为扩散层,溶液本体没有正、负离子的分布不均匀而保持电中性。这样的界面电荷分布称为扩散双电层,其结构如图 9-3 所示。紧密层的厚度(d)一般只有 0.1nm 左右;扩散层的厚度(δ)与金属表面的电荷密度、溶液浓度及温度等因素有关,通常为 $10^{-10} \sim 10^{-6}$m。扩散双电层的这种电荷分布自然就会造成固液两相间的界面电势的分布,如图 9-4 所示。

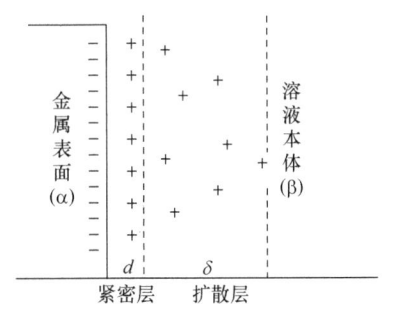

图 9-3 扩散双电层示意图

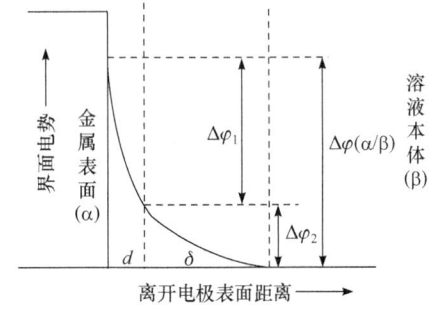

图 9-4 扩散双电层电势分布示意图

3. 电极电势及电极的能斯特方程

将金属(电子导体)插入电解质溶液中就构成了一个电极,同时形成了一个界面,并且在界面上发生还原或氧化反应。当电极达到电化学平衡时,其界面电势(两相的内电位差)就是该电

极的电极电势。因此电极电势有时也称为平衡电极电势或可逆电极电势。

对于电极反应： $M^{z+}(aq) + ze^- \rightleftharpoons M(\alpha)$

此时，电解质溶液可当作 β 相，而金属导体当作 α 相。注意，α 相中的金属原子可认为是不带电粒子。当达到电化学平衡时，两边的电化学势相等，即

$$\mu^e_{M^{z+}} + z\mu^e_{e^-} = \mu^e_{M,\alpha}$$

可表示为

$$\mu_{M^{z+}} + zF\varphi_\beta + z(\mu_{e^-} - F\varphi_\alpha) = \mu_M$$

因此有

$$\Delta\varphi(M^{z+}/M) = \varphi_\alpha - \varphi_\beta = \frac{z\mu_{e^-} + \mu_{M^{z+}} - \mu_M}{zF}$$

式中，μ_{e^-} 为电子的化学势；$\mu_{M^{z+}}$ 为 M^{z+} 在溶液相中的化学势；μ_M 为 M 在固相中的化学势。因为 $\mu_B = \mu_B^\ominus + RT\ln a_B$，所以有

$$\Delta\varphi(M^{z+}/M) = \varphi_\alpha - \varphi_\beta = \frac{z\mu_{e^-} + \mu_{M^{z+}}^\ominus - \mu_M^\ominus}{zF} + \frac{RT}{zF}\ln\frac{a_{M^{z+}}}{a_M}$$

即

$$\Delta\varphi(M^{z+}/M) = \varphi_\alpha - \varphi_\beta = \Delta\varphi^\ominus(M^{z+}/M) + \frac{RT}{zF}\ln\frac{a_{M^{z+}}}{a_M} \tag{9-7a}$$

式中，$\Delta\varphi(M^{z+}/M)$ 为电极的电极电势，由于是针对还原反应得到的结果，因此也称为还原电极电势；$\Delta\varphi^\ominus(M^{z+}/M)$ 称为电极的标准电极电势；$a_{M^{z+}}$ 为 M^{z+} 的活度；a_M 为 M 在固相(α)中的活度，若为纯金属 M，则 $a_M = 1$。由式(9-7a)可知，电极电势 $\Delta\varphi(M^{z+}/M)$ 的绝对值无法测定或计算的原因在于电极的标准电极电势 $\Delta\varphi^\ominus(M^{z+}/M)$ 的绝对值无法测定或计算。

对任意电极反应 Ox(氧化态) + $ze^- \rightleftharpoons$ Re(还原态)，则

$$\Delta\varphi(Ox/Re) = \Delta\varphi^\ominus(Ox/Re) + \frac{RT}{zF}\ln\frac{a_{Ox}}{a_{Re}} \tag{9-7b}$$

这就是电极的能斯特公式。

9.2 电池及电池电动势

9.2.1 电池的可逆充放电过程

电池由两个电极及相应的电解质溶液构成。无论电极还是电池，都是较为特殊的复杂热力学系统，其特点是：自发的电荷分离、形成界面电位差、超薄双电层(约 10^{-10}m)、超强电场(10^{10}V·m^{-1})及多相。

电池系统所进行过程分为可逆与不可逆。电池充、放电过程的本质是电池中的化学反应过程。以一定速率按确定方向进行的化学反应并不是可逆过程，无限缓慢的化学反应才可近似当作可逆过程处理。因此，电池以无限缓慢的速率(通过电池的电流 $I \to 0$)所进行的充、放电过程即可当作可逆过程，而电池以一定的速率(通过电池的电流不为零)进行的充、放电过程则为不可逆过程(这将在第 10 章讨论)。例如，常用的铅蓄电池：

$$PbO_2(s) + Pb(s) + 2H_2SO_4(aq) \underset{充电}{\overset{放电}{\rightleftharpoons}} 2PbSO_4(s) + 2H_2O(l)$$

若以无限缓慢的速率进行放电(原电池作用)或充电(电解池作用)，则可当作可逆过程处理。但若以一定的速率进行放电或充电，都不能当作可逆过程处理。

同样，对如图9-5所示的丹尼尔电池，以无限缓慢的速率进行放电时，也可近似当作可逆过程处理。但要注意，类似丹尼尔电池这类具有两种电解质溶液的电池在以无限缓慢的速率进行放电时，由于存在两种液相的交界面，在液-液界面上所进行的离子扩散总是不可逆过程，因此丹尼尔电池严格地说不可能进行可逆过程。

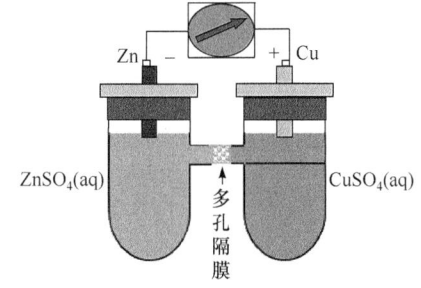

图9-5 丹尼尔电池示意图

9.2.2 电池写法

要画出如图9-5所示的电池装置并不容易。为书写方便，常采用简单的符号表示电池装置。通常规定：

(1) 用竖线"|"表示产生电位差的各相间界面。如图9-5中，锌片与硫酸锌溶液的界面用 $Zn(s)|ZnSO_4(aq)$ 或 $Zn(s)|Zn^{2+}(aq)$ 表示。两种溶液的界面，或同一溶液两种不同浓度之间的界面，也用竖线表示。例如，$ZnSO_4(aq)$ 与 $CuSO_4(aq)$ 之间的界面，表示为 $ZnSO_4(aq)|CuSO_4(aq)$。

(2) 将原电池中进行氧化反应的电极(负极)写在左边，进行还原反应的电极(正极)写在右边，电解质溶液置于两极之间。

(3) 注明温度和压力(若不注明，则认为是298.15K和101325Pa)；同时还要注明电极本性、组成及物态；对于气体电极除注明压力外，还应注明所用导体；电解质溶液要注明活度(或浓度)。

(4) 如果有盐桥，则溶液与溶液之间的界面用双竖线"‖"表示。

根据以上规定及惯例，图9-5所示的原电池装置便可简写成(注意盐的活度与离子的活度不相等)：

$$Zn(s)|ZnSO_4(a_B)|CuSO_4(a_A)|Cu(s)$$

或

$$Zn(s)|Zn^{2+}(a_2)|Cu^{2+}(a_1)|Cu(s)$$

由电池符号写出电池反应时，先分别写出左边电极(负极)所进行的氧化反应和右边电极(正极)所进行的还原反应，然后相加即得电池反应。

【**例9-1**】 写出下列原电池的电池反应：$Pt, H_2(g, 101325Pa)|HCl(a = 1)|AgCl(s), Ag(s)$

解 左边(负极) $\quad H_2(g, 101325Pa) = 2H^+(a_+) + 2e^-$

右边(正极) $\quad 2AgCl(s) + 2e^- = 2Ag(s) + 2Cl^-(a_-)$

电池反应 $\quad H_2(101325Pa) + 2AgCl(s) = 2Ag(s) + 2HCl(a = 1)$

对于例9-1中的电池，在写正极反应时，应注意到溶液中不大可能存在 $Ag^+(aq)$，故不会出现 $Ag^+(aq)$ 的还原反应。所以正极反应实际上是电极中的 $AgCl(s)$ 被还原为 $Ag(s)$。

如果要将化学反应设计成电池，设计方法是先找出化学反应中被氧化的物质作为电池的负极，被还原的物质作为电池的正极，然后按上述惯例写出电池符号。

【**例9-2**】 将下列化学反应设计成原电池：$Zn(s) + CuSO_4(a_A) = ZnSO_4(a_B) + Cu(s)$

解 在所给化学反应中，Zn(s)被氧化，为电池的负极：Zn(s) ⇌ $Zn^{2+}(a_2)$ + 2e⁻；而 Cu^{2+} 被还原，为电池的正极：$Cu^{2+}(a_1)$ + 2e⁻ ⇌ Cu(s)。注意离子的活度与电解质的活度不相同。所以电池符号为

$$Zn(s)|Zn^{2+}(a_2)||Cu^{2+}(a_1)|Cu(s)$$

或

$$Zn(s)|ZnSO_4(a_B)||CuSO_4(a_A)|Cu(s)$$

9.2.3 电池电动势

1. 电池中的相界面及界面电势

两个电极就能组成一个电池，但在电池研究和应用时，都包含着多个(两个以上)相界面，每个相界面具有相应的界面电势。电池由多个界面串联而成，通常包括以下几种界面。

1) 正极及负极的相界面

如 9.1.2 小节所述，正极及负极的相界面通常是固-液界面(但若为固态电解质，则为固-固界面)，其界面电势就是相应的电极电势，可由电极能斯特方程式(9-7)表达。电池中正极上进行还原反应，所以电极电势可表示为 $\Delta\varphi(M^{z+}/M)_+$；负极上进行氧化反应，所以电极电势应表示为 $\Delta\varphi(M/M^{z+})_-$。

2) 液体接界面

液体接界面是两种不同电解质的相界面。这种类型的界面，其界面电势称为液体接界电势，表示为 $\Delta\varphi(l_1/l_2)$。

3) 金属接触界面

在电池研究及应用需用金属导线与两极相连，这样就会出现不同金属间的接触界面。例如，图 9-5 所示电池的负极(Zn 极)与铜导线相连时，就会形成铜和锌的接触界面，这种界面电势称为金属接触电势，可表示为 $\Delta\varphi(M_1/M_2)$。

2. 电池电动势

电池由两个电极所构成，其中负极进行氧化反应，正极进行还原反应。当电池系统达到电化学平衡(不是化学平衡！)时，电池正极和负极间的电位差为电池电动势。也可以说，电池电动势是电池在可逆放电时(通过的电流趋于零)正极和负极间的电位差，用符号 E 表示。

电池由多个界面串联而成，所以电池电动势就等于各界面电势的代数和，也就是电池的开路电压，是实验可测量。"开路"的实质其一是测量时没有电流通过，其二是电池的两个终端相同。对丹尼尔电池，可表示为(Cu′ 即为铜导线)：

$$Cu' \mid Zn(s) \mid ZnSO_4(a_1) \mid CuSO_4(a_2) \mid Cu(s)$$
$$\Delta\varphi(M_1/M_2) \quad \Delta\varphi(M/M^{z+})_- \quad \Delta\varphi(l_1/l_2) \quad \Delta\varphi(M^{z+}/M)_+$$

电池电动势 E 为

$$E = \Delta\varphi(M^{z+}/M)_+ + \Delta\varphi(l_1/l_2) + \Delta\varphi(M/M^{z+})_- + \Delta\varphi(M_1/M_2) \tag{9-8a}$$

式(9-8a)中各项的绝对值虽无法测定，但电池电动势 E 可测量。

后面将会看到，液体接界电势可以设法降至很小(使用盐桥)或消除，金属接触电势一般也可忽略不计，因此式(9-8a)可简化为

$$E = \Delta\varphi(M^{z+}/M)_+ + \Delta\varphi(M/M^{z+})_- \tag{9-8b}$$

即
$$E = \Delta\varphi(M^{z+}/M)_+ - \Delta\varphi(M^{z+}/M)_- \tag{9-8c}$$

9.2.4 电池电动势的测定

1. 电池电动势的测定方法

电池的电动势是通过的电流无限小时电池两终端的电位差，所以电池电动势不能用普通伏特计测定。因为伏特计测量时有电流流过电池，其内阻将产生电压降 IR，故伏特计上的读数为电池的端电压，而不是电池的电动势。当有电流通过时，电池中两极的电势均会发生变化，这时电池两极的电位差就不是可逆电势，因此测量电池的电动势时应在无电流(或无限小的电流)通过电池的条件下进行。一般采用补偿法(或称对消法)测定电池的电动势，常用仪器为电位差计。其测量原理如图 9-6 所示。

图 9-6 中 E_w 为工作电池，R_c 为可变电阻，AB 为均匀的滑线电阻，R_s 为标准电阻，E_x 为待测电池，E_s 为标准电池(其电动势已知)。S_2 为双向开关，G 为检流计，C 为在均匀滑线电阻 AB 上可移动的接触点。从 C 在滑线电阻上的长度便可读出待测电池的电动势。

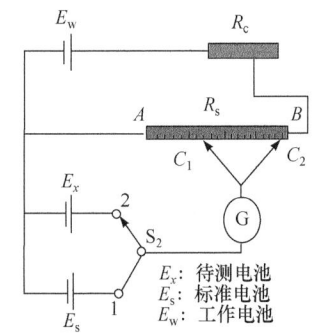

图 9-6 电池电动势的测量原理示意图

测量时，先将双向开关 S_2 搭到 "1" 的位置，接通标准电池，调节可变电阻 R_c，使检流计 G 指示为零，电流 I 在标准电阻 R_s 上产生的电压降 IR_s 与标准电池电动势 E_s 相等，这样 $IR_s = E_s$，即 $I = E_s/R_s$。这步操作的作用在于控制和校正通过均匀滑线电阻 AB 的工作电流 I 为一确定不变的值。调好后，不再改变 R_c。然后将双向开关 S_2 倒向 "2" 的位置，即接通待测电池，调节接触点 C_1，使检流计 G 指示为零，则工作电流 I 在均匀滑线电阻 AB 上产生的电压降 IR_x(或称补偿电压)恰与被测电池的电动势 E_x 相抵消，此时则有 $E_x = IR_x$ 或 $I = E_x/R_x$。由于工作电流在测量过程中保持不变，故

$$E_x/R_x = E_s/R_s \quad 或 \quad E_x = R_x E_s/R_s$$

由于电阻 AB 及标准电阻 R_s 都是均匀的电阻丝，因此 R_x 及 R_s 均可由电阻丝的长度确定。E_s 在确定的温度下为已知值，故在测出 R_x 及 R_s 之后即可求出待测电池的电动势 E_x 值。在实际测量中，均匀滑线电阻 AB 上所测出的 R_x 值已换算成相应的电动势数据，所以在电位差计上可直接读出 E_x 值。

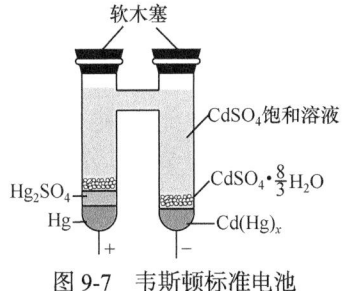

图 9-7 韦斯顿标准电池

2. 标准电池*

在电池电动势的测量中，需在线路中并联一个已知其电动势的标准电池，以校正和确定通过均匀滑线电阻 AB 中的电流 I。在实验中常采用的标准电池是韦斯顿(Weston)标准电池，它在一定温度下有稳定不变且很准确的电动势值。韦斯顿电池的结构如图 9-7 所示。其负极为镉汞齐(镉在汞中的熔液)，室温下，镉汞齐中镉含量为 0.05～0.14 时，系统处于熔

化物(镉汞齐)和固熔体的两相平衡区，正极为 Hg 与 Hg_2SO_4 的糊状物，糊状物下面放液汞作为导体。在糊状物和镉汞齐上面均放有 $CdSO_4 \cdot 8/3H_2O$ 的晶体和 $CdSO_4$ 的饱和溶液。韦斯顿电池可表示为

$$Cd(镉汞齐)|CdSO_4 \cdot 8/3H_2O\ 饱和溶液|Hg_2SO_4(s),Hg(l)$$

当电池放电时：

负极 $\qquad\qquad\qquad Cd(镉汞齐) == Cd^{2+}(aq) + 2e^-$

正极 $\qquad\qquad\qquad Hg_2SO_4(s) + 2e^- == 2Hg(l) + SO_4^{2-}(aq)$

电池反应 $\qquad\qquad Cd(镉汞齐) + Hg_2SO_4(s) == CdSO_4(s) + 2Hg(l)$

由于电池内为饱和的 $CdSO_4$ 溶液，故在反应过程中产生的 SO_4^{2-} 与 Cd^{2+} 实际上将形成 $CdSO_4 \cdot 8/3H_2O$ 的晶体，所以电池总反应为

$$Cd(镉汞齐) + Hg_2SO_4(s) + 8/3H_2O(l) == CdSO_4 \cdot 8/3H_2O(s) + 2Hg(l)$$

韦斯顿电池的电动势，在 293.15K 时，$E = 1.01845$V，在 298.15K 时，$E = 1.01832$V，在其他温度时，可由下式计算

$$E/V = 1.01845 - 4.05 \times 10^{-5}(T - 293.15) - 9.5 \times 10^{-7} \times (T - 293.15)^2 + 1 \times 10^{-8}(T - 293.15)^3$$

由于技术的进步，韦斯顿电池已基本没有了应用，但电池电动势测量原理并未改变。

9.3 电池反应热力学

9.3.1 摩尔反应吉布斯自由能与电池电动势的关系

热力学原理已经指出，在恒温恒压条件下，系统经历一可逆过程，其吉布斯自由能的减小等于对外所做的非体积功，即

$$\Delta G_{T,p} = W' \tag{9-9a}$$

若过程(或反应)是在电池中可逆地进行，则其所做的非体积功即为电功 $W' = -nEF$，其中负号表示电池对外输出电功。因此，式(9-9a)可改写为

$$\Delta G_{T,p} = -nEF \tag{9-9b}$$

式中，n 为电池输出元电荷的量(mol)；E 为电池的电动势(V)；F 为法拉第常量。若电池中的反应进度为 $\xi = 1$mol，则其吉布斯自由能变化值应为

$$(\Delta_r G_m)_{T,p} = -nEF/\xi = -zEF \tag{9-9c}$$

式中，z 为所写电极反应(氧化或还原)在反应进度为 1mol 时，反应式中电子的计量系数，单位为 1。

式(9-9c)是化学能与电能互相转变的定量关系式，揭示了化学能转变为电能的最高限度。显然，当电池中的化学能以不可逆的方式转变成电能时，两电极间的不可逆电势一定小于其可逆电动势 E。式(9-9c)中的 $\Delta_r G_m$ 值与 z 有关，即与反应式写法有关。例如

对反应①： $\qquad 1/2Cu(s) + Ag^+(aq) == 1/2Cu^{2+}(aq) + Ag(s) \qquad z = 1, \Delta_r G_{m,1} = -EF$

对反应②： $\qquad Cu(s) + 2Ag^+(aq) == Cu^{2+}(aq) + 2Ag(s) \qquad z = 2, \Delta_r G_{m,2} = -2EF$

若两反应式中各种离子浓度均相同，只有反应式量变化，则 $\Delta_r G_{m,2} = 2\Delta_r G_{m,1}$。

9.3.2 电池电动势与组分活度的关系

若有一化学反应在指定温度下按下列反应式进行：

$$aA(a_A) + dD(a_D) = xX(a_X) + yY(a_Y)$$

该反应的化学反应等温方程式为

$$\Delta_r G_m = \Delta_r G_m^\ominus + RT \ln \frac{a_X^x a_Y^y}{a_A^a a_D^d}$$

若将该反应在恒温恒压下设计成电池，则有 $\Delta_r G_m = -zEF$ 及 $\Delta_r G_m^\ominus = -zE^\ominus F$，将其代入化学反应等温方程式中，得

$$E = E^\ominus - \frac{RT}{zF} \ln \frac{a_X^x a_Y^y}{a_A^a a_D^d} \tag{9-10}$$

式(9-10)称为电池的能斯特公式，它表明了电池的电动势与参与电池反应各物质活度之间的关系。式中 $E^\ominus$ 为参加电池反应的各物质都处于标准态时的电动势，称为电池的标准电动势。由平衡常数 $K_a^\ominus$ 的关系式 $\Delta_r G_m^\ominus = -RT\ln K_a^\ominus$ 及 $\Delta_r G_m^\ominus = -zE^\ominus F$，容易得出

$$E^\ominus = -\frac{\Delta_r G_m^\ominus}{zF} = \frac{RT}{zF} \ln K_a^\ominus \tag{9-11}$$

因此，从电池的标准电动势可以计算反应的标准平衡常数，反之亦然。

在 298K 时，式(9-10)常简化为下式使用：

$$E = E^\ominus - \frac{0.05916}{z} \lg \frac{a_X^x a_Y^y}{a_A^a a_D^d}$$

【例 9-3】 试计算 298.15K 时电池：$Zn(s)|Zn^{2+}(a_2 = 7.34 \times 10^{-4})\|Cu^{2+}(a_1 = 0.047)|Cu(s)$ 的电动势。已知该温度下原电池的标准电动势为 1.100V。

解 电极反应为

负极　　　　　　$Zn(s) = Zn^{2+}(a_2 = 7.34 \times 10^{-4}) + 2e^-$

正极　　　　　　$Cu^{2+}(a_1 = 0.047) + 2e^- = Cu(s)$

电池反应　　　　$Zn(s) + Cu^{2+}(a_1) = Zn^{2+}(a_2) + Cu(s)$

由能斯特公式可得

$$E = E^\ominus - \frac{RT}{zF} \ln \frac{a_2 a_{Cu}}{a_1 a_{Zn}} = 1.100 - \frac{8.314 \times 298.15}{2 \times 96485} \ln \frac{7.34 \times 10^{-4}}{0.047} = 1.1534(V)$$

在计算过程中，因两极都是纯固态物质，故取 $a_{Cu} = 1$ 及 $a_{Zn} = 1$。

9.3.3 电池反应的 $\Delta_r S_m$ 和 $\Delta_r H_m$

1. 电池反应的 $\Delta_r S_m$

将式(9-9b)代入 $\Delta S = -\left(\frac{\partial \Delta G}{\partial T}\right)_p$，得

$$\Delta_r S_m = -\left(\frac{\partial \Delta_r G_m}{\partial T}\right)_p = zF\left(\frac{\partial E}{\partial T}\right)_p \tag{9-12}$$

式中，$(\partial E/\partial T)_p$ 为恒压下电池电动势随温度的变化率，称为电动势的温度系数。实验中只要测出电池在不同温度下的电动势 E 值，即可得出其温度系数，由式(9-12)便可计算电池反应的 $\Delta_r S_m$。

2. 电池反应的 $\Delta_r H_m$

对确定温度下的电池反应，因 $\Delta_r H_m = \Delta_r G_m + T\Delta_r S_m$，所以

$$\Delta_r H_m = -zEF + zFT\left(\frac{\partial E}{\partial T}\right)_p \tag{9-13}$$

因此，实验测得电动势 E 及其温度系数 $(\partial E/\partial T)_p$ 的值，根据式(9-13)便可计算电池反应的 $\Delta_r H_m$。

由于电化学测试技术日益进步，可以方便而精准地测定电池电动势。因此，常将化学反应设计成原电池，通过电动势的测定以确定对应的热力学量变，如 $\Delta_r G_m$、$\Delta_r H_m$、$\Delta_r S_m$ 等。

9.3.4 电池可逆放电时的热效应

在恒温下，电池可逆放电时的热效应为

$$Q_r = T\Delta_r S_m = zFT\left(\frac{\partial E}{\partial T}\right)_p \tag{9-14}$$

当 $(\partial E/\partial T)_p = 0$ 时，$Q_r = 0$，表明电池在恒温下可逆放电时，与环境无热交换；

当 $(\partial E/\partial T)_p > 0$ 时，$Q_r > 0$，表明电池在恒温下可逆放电时，要从环境吸热以维持恒温；

当 $(\partial E/\partial T)_p < 0$ 时，$Q_r < 0$，表明电池在恒温下可逆放电时，需向环境散热以维持恒温。

电池的实际使用过程都属于不可逆过程，因此，实际过程的热效应小于可逆过程的热效应，即 $Q < T\Delta_r S_m$。

【例 9-4】 已知电池 Ag(s)，AgCl(s)|KCl(a)|Hg$_2$Cl$_2$(s)，Hg(l)在 298.15K 时的电动势为 0.0455V，其温度系数为 3.38×10^{-4}V·K^{-1}，试计算电池反应的 $\Delta_r H_m$、$\Delta_r S_m$ 及可逆放电时的反应过程热 Q_r。

解 电极反应为

负极　　　　　　　　Ag(s) + Cl$^-$(aq) ══ AgCl(s) + e$^-$

正极　　　　　　　　1/2Hg$_2$Cl$_2$(s) + e$^-$ ══ Hg(l) + Cl$^-$(aq)

电池反应　　　　　　Ag(s) + 1/2Hg$_2$Cl$_2$(s) ══ AgCl(s) + Hg(l)

$z = 1$，则根据式(9-13)得

$\Delta_r H_m = -1 \times 96485 \times 0.0455 + 1 \times 96485 \times 298.15 \times 3.38 \times 10^{-4} = 5333$(J·mol^{-1})

根据式(9-12)和式(9-14)得

$\Delta_r S_m = 1 \times 96485 \times 3.38 \times 10^{-4} = 32.6$(J·K^{-1}·mol^{-1})

$Q_r = T\Delta_r S_m = 298.15 \times 32.6 = 9720$(J·mol^{-1})

9.4 相对电极电势及其应用

9.4.1 氢电极及相对电极电势

1. 氢电极及标准氢电极

氢电极由镀铂黑的铂片插入含有氢离子的溶液中，并不断以一定压力的纯氢气冲击铂片

所构成。其结构示意图如图9-8所示。

氢电极的电极反应可写为

$$2H^+(a_{H^+}) + 2e^- = H_2(g, p_{H_2})$$

根据式(9-7a),其电极电势为

$$\Delta\varphi(H^+/H_2) = \Delta\varphi^\ominus(H^+/H_2) + \frac{RT}{2F}\ln\frac{a_{H^+}^2}{p_{H_2}/p^\ominus} \qquad (9\text{-}15a)$$

在一定温度下,若氢气压力等于标准压力 $p^\ominus$,且氢离子活度等于1,则这样的氢电极就称为标准氢电极。由上式知,标准氢电极的电极电势即为其标准电极电势

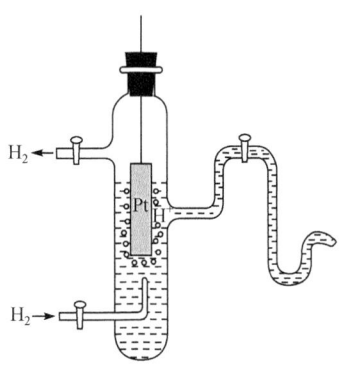

图 9-8 氢电极示意图

$$\Delta\varphi(H^+/H_2) = \Delta\varphi^\ominus(H^+/H_2) \qquad (9\text{-}15b)$$

2. 相对电极电势

原电池由两个相对独立的电极所组成,每个电极相当于一个"半电池"。由不同的电极可以组成各种各样的原电池。目前还不能测定或计算单个电极的电极电势,但可以测定两个电极的电极电势之差,即可测定电池电动势,见式(9-8c)。

在实际应用中,可以采用热力学的标准态法确定电极的相对电极电势。即将任意电极与某个选定的标准相比较,就可以得到任意电极的相对电极电势。IUPAC 于 1958 年规定这个标准就是标准氢电极。这个规定的实质就是标准氢电极的电极电势等于零,即 $\Delta\varphi^\ominus(H^+/H_2) = 0$。

对于任意给定的电极,使其与标准氢电极组成原电池:

标准氢电极‖给定电极

则此原电池的电动势就是给定电极的相对电极电势,仍简称电极电势,并用符号 $E(Ox/Re)$ 表示,即有

$$E = \Delta\varphi(Ox/Re) - \Delta\varphi^\ominus(H^+/H_2) = \Delta\varphi(Ox/Re) = E(Ox/Re) \qquad (9\text{-}16a)$$

3. 相对标准电极电势

对于任意给定电极,当其氧化态活度及还原态活度皆为1时,可称为标准给定电极。由式(9-7b)可知,此时其电极电势 $\Delta\varphi(Ox/Re)$ 即为标准电极电势 $\Delta\varphi^\ominus(Ox/Re)$。若将标准给定电极与标准氢电极组成原电池:

标准氢电极‖标准给定电极

则相应的电动势就是电池的标准电动势 $E^\ominus$,也就是给定电极的相对标准电极电势,用符号 $E^\ominus(Ox/Re)$ 表示,仍简称标准电极电势,即有

$$E^\ominus = \Delta\varphi^\ominus(Ox/Re) - \Delta\varphi^\ominus(H^+/H_2) = \Delta\varphi^\ominus(Ox/Re) = E^\ominus(Ox/Re) \qquad (9\text{-}16b)$$

标准电极电势 $E^\ominus(Ox/Re)$ 与电极反应的本性及温度有关。

因此,在以标准氢电极为相对标准的情况下,任意电极的能斯特方程为

$$E(\text{Ox/Re}) = E^{\ominus}(\text{Ox/Re}) + \frac{RT}{zF}\ln\frac{a_{\text{Ox}}}{a_{\text{Re}}} \tag{9-17}$$

由两个任意电极构成的电池,其电动势为

$$E = E(\text{Ox/Re})_+ - E(\text{Ox/Re})_- \tag{9-18a}$$

将式(9-17)代入上式,则有

$$E = E^{\ominus}(\text{Ox/Re})_+ - E^{\ominus}(\text{Ox/Re})_- - \frac{RT}{zF}\ln\frac{a_{\text{Ox},-}a_{\text{Re},+}}{a_{\text{Re},-}a_{\text{Ox},+}} = E^{\ominus} - \frac{RT}{zF}\ln\frac{a_{\text{Ox},-}a_{\text{Re},+}}{a_{\text{Re},-}a_{\text{Ox},+}} \tag{9-18b}$$

式(9-18b)就是电池的能斯特方程,与式(9-10)完全等价。

9.4.2 电极分类和常用电极的标准电极电势

1. 电极分类

电极主要由导体、反应组分、电解质溶液及适当的装置所组成。常用的电极一般有以下三种类型。

1) 第一类电极

这类电极是由金属(或组成电极的物质)插入含有此种金属离子(或此种物质的离子)的溶液中构成的,主要包括金属电极及气体电极(如氢电极、氧电极及卤素电极等)。金属电极通常表示为 M^{z+}/M,其电极反应(还原反应)为

$$M^{z+}(a_+) + ze^- \Longrightarrow M(s)$$

导体和反应组分为同一物质,如铜电极,$Cu^{2+}|Cu$。

由于气体不能导电,因此气体电极需一惰性金属(如铂)插入气流及溶液中作为导体。例如,氢电极表示为 $H^+(a_+)|H_2(g, p_{H_2})$, Pt,电极反应为

$$2H^+(a_+) + 2e^- \Longrightarrow H_2(g, p_{H_2})$$

又如,氯电极表示为 $Pt, Cl_2(g, p_{Cl_2})|Cl^-(a_-)$,电极反应为

$$Cl_2(g, p_{Cl_2}) + 2e^- \Longrightarrow 2Cl^-(a_-)$$

2) 第二类电极

这类电极是在金属表面覆盖一层该金属的难溶盐,然后将其浸入含该难溶盐阴离子的溶液中构成的,又称难溶盐电极(或称沉积物电极)。例如,银-氯化银电极,表示为 $Cl^-(a_-)|AgCl(s), Ag(s)$,电极反应为

$$AgCl(s) + e^- \Longrightarrow Ag(s) + Cl^-(a_-)$$

实验室广泛使用的甘汞电极属于第二类电极,其结构如图 9-9 所示。甘汞电极的底部装有少量液态汞,上部装有汞、甘汞(Hg_2Cl_2)及 KCl 溶液制成的糊状物,再注入 KCl 溶液,导体为插至底部的铂丝。可表示为 $Hg(l), Hg_2Cl_2(s)|KCl(a)$,电极反应为

$$Hg_2Cl_2(s) + 2e^- \Longrightarrow 2Hg(l) + 2Cl^-(a_-)$$

甘汞电极的电极电势与氯离子活度有关,即与所用 KCl 溶液浓

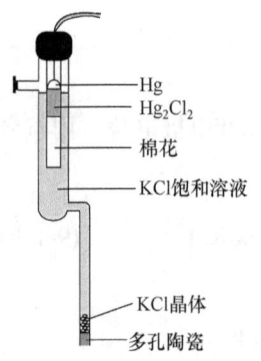

图 9-9 甘汞电极示意图

度有关。当 KCl 溶液浓度分别为饱和溶液、$c(KCl)=0.1\text{mol}\cdot\text{dm}^{-3}$ 及 $c(KCl)=1.0\text{mol}\cdot\text{dm}^{-3}$ 时，在 298.15K 下其电极电势分别为 0.2412V、0.2810V 及 0.3337V。

甘汞电极的电极电势稳定，制备容易，对使用条件的要求也不很苛刻。而标准氢电极的制作要求非常严格，难以应用。因此实际应用中常用甘汞电极来代替标准氢电极。

金属-难溶氧化物电极也属于第二类电极。例如，在金属锑棒上覆盖一层 Sb_2O_3，然后将其浸入含 H^+ 溶液中，便构成锑-氧化锑电极，可表示为 $H^+(a_+)|Sb_2O_3(s)$，$Sb(s)$，电极反应为

$$Sb_2O_3(s) + 6H^+(a_+) + 6e^- = 2Sb(s) + 3H_2O(l)$$

3) 第三类电极

这类电极又称氧化还原电极，是由惰性金属(如铂丝)插入含有两种价态的同种离子溶液中所构成的电极，惰性金属只起导体作用。例如，铁离子氧化还原电极，可表示为 $Fe^{3+}(a_1), Fe^{2+}(a_2)|Pt$，电极反应为

$$Fe^{3+}(a_1) + e^- = Fe^{2+}(a_2)$$

醌氢醌电极是氧化还原电极，可以作为测定溶液 pH 用的电极，常称为 pH 指示电极。

2. 常用电极的标准电极电势

对于任意给定电极，在一定温度下，其(相对)标准电极电势 $E^\ominus(Ox/Re)$ 为定值，一般可通过实验测定，或从相关手册中查得。表 9-1~表 9-3 中列出了部分电极在 298.15K 时水溶液中的标准电极电势值。

表 9-1 298.15K 时水溶液中某些电极的标准电极电势

电极	电极反应	$E^\ominus(Ox/Re)$	电极	电极反应	$E^\ominus(Ox/Re)$
Li^+/Li	$Li^+ + e^- = Li$	−3.045V	Cd^{2+}/Cd	$Cd^{2+} + 2e^- = Cd$	−0.4026V
Rb^+/Rb	$Rb^+ + e^- = Rb$	−2.925V	Tl^+/Tl	$Tl^+ + e^- = Tl$	−0.3363V
K^+/K	$K^+ + e^- = K$	−2.924V	Co^{2+}/Co	$Co^{2+} + 2e^- = Co$	−0.280V
Cs^+/Cs	$Cs^+ + e^- = Cs$	−2.923V	Ni^{2+}/Ni	$Ni^{2+} + 2e^- = Ni$	−0.230V
Ba^{2+}/Ba	$Ba^{2+} + 2e^- = Ba$	−2.90V	Sn^{2+}/Sn	$Sn^{2+} + 2e^- = Sn$	−0.1364V
Sr^{2+}/Sr	$Sr^{2+} + 2e^- = Sr$	−2.89V	Pb^{2+}/Pb	$Pb^{2+} + 2e^- = Pb$	−0.1263V
Ca^{2+}/Ca	$Ca^{2+} + 2e^- = Ca$	−2.76V	Fe^{3+}/Fe	$Fe^{3+} + 3e^- = Fe$	−0.036V
Na^+/Na	$Na^+ + e^- = Na$	−2.711V	H^+/H_2	$2H^+ + 2e^- = H_2$	−0.0000V
Mg^{2+}/Mg	$Mg^{2+} + 2e^- = Mg$	−2.375V	Cu^{2+}/Cu	$Cu^{2+} + 2e^- = Cu$	+0.3402V
Be^{2+}/Be	$Be^{2+} + 2e^- = Be$	−1.847V	$O_2/OH^-, H_2O$	$O_2 + 2H_2O + 4e^- = 4OH^-$	+0.401V
Al^{3+}/Al	$Al^{3+} + 3e^- = Al$	−1.662V	Cu^+/Cu	$Cu^+ + e^- = Cu$	+0.522V
Ti^{2+}/Ti	$Ti^{2+} + 2e^- = Ti$	−1.628V	I_2/I^-	$I_2(s) + 2e^- = 2I^-$	+0.535V
Zr^{4+}/Zr	$Zr^{4+} + 4e^- = Zr$	−1.529V	Hg_2^{2+}/Hg	$Hg_2^{2+} + 2e^- = 2Hg$	+0.7961V
V^{2+}/V	$V^{2+} + 2e^- = V$	−1.186V	Ag^+/Ag	$Ag^+ + e^- = Ag$	+0.7996V
Mn^{2+}/Mn	$Mn^{2+} + 2e^- = Mn$	−1.029V	Hg^{2+}/Hg	$Hg^{2+} + 2e^- = Hg$	+0.851V
Zn^{2+}/Zn	$Zn^{2+} + 2e^- = Zn$	−0.7628V	Br_2/Br^-	$Br_2 + 2e^- = 2Br^-$	+1.065V
Cr^{3+}/Cr	$Cr^{3+} + 3e^- = Cr$	−0.74V	$O_2/H^+, H_2O$	$O_2 + 4H^+ + 4e^- = 2H_2O$	+1.229V
S/S^{2-}	$S + 2e^- = S^{2-}$	−0.508V	Cl_2/Cl^-	$Cl_2 + 2e^- = 2Cl^-$	+1.3583V
Fe^{2+}/Fe	$Fe^{2+} + 2e^- = Fe$	−0.4402V	Au^{3+}/Au	$Au^{3+} + 3e^- = Au$	+1.420V

表 9-2 298.15K 下某些沉积物电极的标准电极电势

电极	电极反应	$E^{\ominus}$(Ox/Re)
SbO_2^-/Sb	$SbO_2^- + 2H_2O + 3e^- \rightleftharpoons Sb(s) + 4OH^-$	−0.66V
$SO_4^{2-}/PbSO_4(s),Pb$	$PbSO_4(s) + 2e^- \rightleftharpoons Pb(s) + SO_4^{2-}$	−0.356V
$I^-/AgI(s), Ag$	$AgI(s) + e^- \rightleftharpoons Ag(s) + I^-$	−0.1519V
$Cl^-/CuCl(s), Cu$	$CuCl(s) + e^- \rightleftharpoons Cu(s) + Cl^-$	+0.0137V
$Br^-/AgBr(s), Ag$	$AgBr(s) + e^- \rightleftharpoons Ag(s) + Br^-$	+0.0713V
$Cl^-/AgCl(s), Ag$	$AgCl(s) + e^- \rightleftharpoons Ag(s) + Cl^-$	+0.2223V
$Cl^-/Hg_2Cl_2(s), Hg$	$Hg_2Cl_2(s) + 2e^- \rightleftharpoons 2Hg(l) + 2Cl^-$	+0.2676V
$Pb^{2+}, H^+/PbO_2(s), Pb$	$PbO_2(s) + 4H^+ + 2e^- \rightleftharpoons Pb^{2+} + 2H_2O$	+1.46V
$SO_4^{2-}, H^+/PbSO_4(s), PbO_2(s)$	$PbO_2(s) + SO_4^{2-} + 4H^+ + 2e^- \rightleftharpoons PbSO_4(s) + 2H_2O$	+1.685V

表 9-3 298.15K 时某些离子氧化还原标准电极电势

电极	电极反应	$E^{\ominus}$(Ox/Re)
Ti^{3+}/Ti^{2+}	$Ti^{3+} + e^- \rightleftharpoons Ti^{2+}$	−2.0V
Cr^{3+}/Cr^{2+}	$Cr^{3+} + e^- \rightleftharpoons Cr^{2+}$	−0.41V
UO_2^{2+}/UO_2^+	$UO_2^{2+} + e^- \rightleftharpoons UO_2^+$	+0.05V
Sn^{4+}/Sn^{2+}	$Sn^{4+} + 2e^- \rightleftharpoons Sn^{2+}$	+0.15V
Cu^{2+}/Cu^+	$Cu^{2+} + e^- \rightleftharpoons Cu^+$	+0.158V
Fe^{3+}/Fe^{2+}	$Fe^{3+} + e^- \rightleftharpoons Fe^{2+}$	+0.770V
Co^{3+}/Co^{2+}	$Co^{3+} + e^- \rightleftharpoons Co^{2+}$	+1.808V
$S_2O_8^{2-}/SO_4^{2-}$	$S_2O_8^{2-} + 2e^- \rightleftharpoons 2SO_4^{2-}$	+2.00V

注:表中数据摘自 Weast R C, Handbook of Chem. and Phys., 63th ed, 1982-1983.

【例 9-5】 计算原电池 $Pb(s)|Pb^{2+}(a_1 = 0.02)\|Ag^+(a_2 = 0.1)|Ag(s)$ 在 298.15K 时的电动势 E、电池反应的 $\Delta_r G_m$ 及标准平衡常数 $K_a^{\ominus}$。

解 电极和电池反应:

负极　　　　　　　　$Pb(s) - 2e^- \rightleftharpoons Pb^{2+}(a_1 = 0.02)$

正极　　　　　　　　$2Ag^+(a_2 = 0.1) + 2e^- \rightleftharpoons 2Ag(s)$

电池反应　　　$Pb(s) + 2Ag^+(a_2 = 0.1) \rightleftharpoons Pb^{2+}(a_1 = 0.02) + 2Ag(s)$

由表 9-1 查得 $E^{\ominus}(Pb^{2+}/Pb) = -0.1263V$, $E^{\ominus}(Ag^+/Ag) = 0.7996V$,又已知各组分的活度,根据电极能斯特公式可求得:$E(Pb^{2+}/Pb) = -0.1766V$, $E(Ag^+/Ag) = 0.7404V$。所以

$$E = E(Ag^+/Ag) - E(Pb^{2+}/Pb) = 0.9710V$$

或直接用电池的能斯特公式(9-10)计算 E 也能得到相同结果,则 $\Delta_r G_m = -zEF = -187.4 kJ \cdot mol^{-1}$。因为 $E^{\ominus} = E^{\ominus}(Ag^+/Ag) - E^{\ominus}(Pb^{2+}/Pb) = 0.9259V$,所以 $\Delta_r G_m^{\ominus} = -zE^{\ominus}F = -178.7 kJ \cdot mol^{-1}$,则由 $\Delta_r G_m^{\ominus} = -RT\ln K_a^{\ominus}$,可得 $K_a^{\ominus} = 2.0 \times 10^{31}$。

【例 9-6】 试判断在 298.15K、标准状态下,亚铁离子能否使碘 $I_2(s)$ 还原为碘离子 $I^-(aq)$?

解 若 $Fe^{2+}(aq)$ 能使 $I_2(s)$ 还原成 $I^-(aq)$,则下列反应能自动向右进行:

$$2Fe^{2+}(a_1 = 1) + I_2(s) \rightleftharpoons 2I^-(a_3 = 1) + 2Fe^{3+}(a_2 = 1)$$

将此反应设计为电池:$Pt|Fe^{3+}(a_2 = 1), Fe^{2+}(a_1 = 1)\|I^-(a_3 = 1)|I_2(s), Pt$

由表 9-1 及表 9-3 查得 $E^{\ominus}(Fe^{3+}/Fe^{2+}) = 0.770V$, $E^{\ominus}(I_2/I^-) = 0.535V$,故此原电池的电动势为

$$E = E^\ominus(\text{I}_2/\text{I}^-) - E^\ominus(\text{Fe}^{3+}/\text{Fe}^{2+}) = -0.235\text{V}$$

$$\Delta_r G_m = \Delta_r G_m^\ominus = -zE^\ominus F = 453.5\text{kJ}\cdot\text{mol}^{-1}$$

因 $E<0$，即 $\Delta_r G_m >0$，故上述反应不能自动进行，表明题给条件下 $\text{Fe}^{2+}(\text{aq})$ 不能使 $\text{I}_2(\text{s})$ 还原为 $\text{I}^-(\text{aq})$。

9.4.3 电动势测定的应用

电动势测定的应用极为广泛，有些已在本章前几节中介绍过，如通过电动势测量确定反应的摩尔热力学量等，以下再列举数例。

1. 确定电解质溶液的平均活度因子

要确定某电解质溶液的平均活度因子，可设计一个含该溶液的电池(一般是单液电池)，测定其电动势，即可确定溶液的平均活度因子。例如，要确定 HCl 水溶液的平均活度因子，可设计以下电池：

$$\text{Pt, H}_2(\text{g}, p^\ominus)|\text{HCl}(m)|\text{Hg}_2\text{Cl}_2(\text{s}), \text{Hg}$$

该电池反应可写为 $\quad 1/2\,\text{H}_2(\text{g},p^\ominus) + 1/2\,\text{Hg}_2\text{Cl}_2(\text{s}) = \text{HCl}(m) + \text{Hg}(\text{l})$

电动势为

$$E = E^\ominus - \frac{RT}{F}\ln\frac{a_{\text{HCl}}a_{\text{Hg}}}{a_{\text{H}_2}^{1/2}a_{\text{Hg}_2\text{Cl}_2}^{1/2}}$$

若控制 $p_{\text{H}_2} = p^\ominus$，则 H_2 活度为 1；Hg_2Cl_2 及 Hg 均为纯物质，活度皆为 1。所以

$$E = E^\ominus - \frac{RT}{F}\ln a_{\text{HCl}} \tag{9-19a}$$

对于 1-1 价型电解质，$m_+ = m_- = m$，故

$$a_{\text{HCl}} = a_+ a_- = \gamma_+\left(\frac{m_+}{m^\ominus}\right)\gamma_-\left(\frac{m_-}{m^\ominus}\right) = \gamma_\pm^2\left(\frac{m}{m^\ominus}\right)^2$$

将其代入(9-19a)得

$$E = E^\ominus - \frac{2RT}{F}\ln\frac{m}{m^\ominus} - \frac{2RT}{F}\ln\gamma_\pm \tag{9-19b}$$

若已知甘汞电极的标准电极电势，就能求得上式中的 $E^\ominus$。在确定的 HCl 溶液浓度 m 下，测定电池电动势，即可根据式(9-19b)计算浓度为 m 的 HCl 溶液的平均活度因子 $\gamma_\pm$。

若甘汞电极的标准电极电势未知，也可通过电动势测定来确定。

对于 1-1 价型电解质，$m_+ = m_- = m = I$，根据德拜-休克尔公式，在 HCl 浓度很稀时，有

$$\ln\gamma_\pm = -A'|z_+z_-|\sqrt{I} = -A'\sqrt{m}$$

将其代入式(9-19b)得

$$E + \frac{2RT}{F}\ln\frac{m}{m^\ominus} = E^\ominus + \frac{2RTA'}{F}\sqrt{m} \tag{9-19c}$$

在低浓度范围内，改变 HCl 溶液的浓度，测定一系列电池的电动势，然后以 $\left(E+\dfrac{2RT}{F}\ln\dfrac{m}{m^\ominus}\right)$

对 $m^{1/2}$ 作图，近似得一直线，外推至 $m \to 0$，截距即为 $E^\ominus$，也就是甘汞电极的标准电极电势。

2. 难溶盐活度积的测定

难溶盐的活度积又称为溶度积，常用 $K_{sp}^\ominus$ 表示。以 AgCl(s) 为例说明如何用电化学方法测定或计算 K_{sp} 值。AgCl(s) 的溶解反应可表示为

$$\text{AgCl(s)} = \text{Ag}^+(a_+) + \text{Cl}^-(a_-) \qquad K_{sp}^\ominus = a_+ a_-$$

可设计电池为 $\qquad$ Ag(s)|Ag$^+$(a_+)||Cl$^-$(a_-)|AgCl(s), Ag(s)

负极(银电极) $\qquad$ Ag(s) $=$ Ag$^+$(a_+) + e$^-$

正极(银-氯化银电极) $\qquad$ AgCl(s) + e$^-$ $=$ Ag(s) + Cl$^-$(a_-)

电池反应 $\qquad$ AgCl(s) $=$ Ag$^+$(a_+) + Cl$^-$(a_-)

可见所设计的电池反应与 AgCl(s) 的溶解反应相符。实验测定或直接查表得到上述电池在 298K 时的标准电动势：

$$E^\ominus = E^\ominus(\text{Cl}^-/\text{AgCl, Ag}) - E^\ominus(\text{Ag}^+/\text{Ag}) = 0.2223 - 0.7996 = -0.5768(\text{V})$$

因为 $\qquad \Delta_r G_m^\ominus = -zE^\ominus F = -RT \ln K_{sp}^\ominus$

所以 $\qquad K_{sp}^\ominus = \exp\left(\dfrac{E^\ominus F}{RT}\right) = \exp\left(\dfrac{-0.5768 \times 96500}{8.314 \times 298}\right) = 1.76 \times 10^{-10}$

上述所设计的电池的 $E^\ominus$ 为负值，表明此电池反应不能自动正向进行，但对求得 AgCl(s) 的 $K_{sp}^\ominus$ 无任何影响。

用类似方法也可确定弱酸(或弱碱)的离解常数、水的离子积常数及相关配合物的稳定常数等。

3. 溶液 pH 的测定

IUPAC 对溶液的 pH 定义为

$$\text{pH} = -\lg a_{\text{H}^+} = -\lg(\gamma_{m,\text{H}^+} m_{\text{H}^+}) = -\lg(\gamma_{c,\text{H}^+} c_{\text{H}^+})$$

但在这个定义中包含了不能直接确定的单个离子的活度因子。为此，IUPAC 又定义了 pH 的操作定义，即先测出以下电池在某温度下的电动势 E_X

$$\text{参比电极|KCl 溶液|待测溶液 X|H}_2(\text{g}, p^\ominus), \text{Pt}$$

然后用标准溶液 S 替换待测溶液 X，再测出以下电池在同温度下的电动势 E_S

$$\text{参比电极|KCl 溶液|待测溶液 S|H}_2(\text{g}, p^\ominus), \text{Pt}$$

参比电极(如甘汞电极)和盐桥都相同。若标准溶液 S 的 pH 用 pH(S) 表示，待测溶液 X 的 pH 用 pH(X) 表示，它们之间的关系为

$$\text{pH(X)} = \text{pH(S)} + \dfrac{F(E_\text{S} - E_\text{X})}{2.303RT} \tag{9-20}$$

式(9-20)就是 pH 测定的操作定义。IUPAC 同时推荐了五种标准溶液的 pH(S)，可从相关手册中查得。

因氢电极制作要求苛刻、使用不便，在测定溶液 pH 时常用醌氢醌电极或玻璃电极代替上

述电池中的氢电极。

1) 醌氢醌电极

醌氢醌(s)实际上是等分子醌和氢醌组成的配合物,它在水中的溶解度很小,故可视其活度与浓度相等。醌氢醌溶解后存在下列离解平衡:

$$C_6H_4O_2 \cdot C_6H_4(OH)_2(aq) \rightleftharpoons C_6H_4O_2(aq) + C_6H_4(OH)_2(aq)$$
　　醌氢醌　　　　　　　　　醌　　　　　氢醌

将少量的醌氢醌加入含有 H^+ 的待测溶液中,使之成为饱和溶液,插入铂丝即成为醌氢醌电极。将其与参比电极(如饱和 KCl 的甘汞电极) 构成如下原电池:

$$Hg(l), Hg_2Cl_2(s)|KCl(饱和)\| H^+(a_{H^+})醌氢醌饱和溶液|Pt$$

醌氢醌电极为正极,其电极反应为

$$C_6H_4O_2(a_q) + 2H^+ + 2e^- \rightleftharpoons C_6H_4(OH)_2(a_{hq})$$

其电极电势为 $\quad E(\text{qhq}) = E^\ominus(\text{qhq}) - \dfrac{RT}{2F}\ln\dfrac{a_{hq}}{a_q a_{H^+}^2} = E^\ominus(\text{qhq}) - \dfrac{2.303RT}{F}\lg\dfrac{1}{a_{H^+}}$

在稀溶液中,氢醌的活度 a_{hq} 及醌的活度 a_q 分别等于它们的浓度,且两组分的浓度相等。已知 298K 时醌氢醌的标准电极电势 $E^\ominus(\text{qhq}) = 0.6994\text{V}$,故上式可写成(298K):

$$E(\text{qhq}) = 0.6994 - 0.05916\text{pH}$$

已知 298K 时饱和甘汞电极的电极电势 $E(\text{sce}) = 0.2412\text{V}$,故上述电池的电动势 E 为

$$E = E(\text{qhq}) - E(\text{sce}) = 0.4582 - 0.05916\text{pH}$$

即
$$\text{pH} = \dfrac{0.4582 - E}{0.05916} \tag{9-21}$$

测定上述原电池的电动势 E 后,按式(9-21)即可求出待测溶液的 pH。

醌氢醌电极使用简便,适用于酸性及中性溶液 pH 的测定。其缺点是不能重复使用,且对待测溶液有污染,不能用于 pH>8.5 的碱性溶液,待测溶液中不能含有强氧化剂或强还原剂以及对铂丝有毒害的物质(如砷等)。现在醌氢醌电极已基本没有实际应用价值。

2) 玻璃电极

现在广泛使用的氢离子选择电极是玻璃电极,其结构示意图如图 9-10 所示。

常用的玻璃电极一端为球泡状的敏感玻璃膜(其组成为 72% SiO_2、6.5% CaO 及 21.5% Na_2O),其管内装有浓度为 $0.1\text{mol}\cdot\text{kg}^{-1}$ 的 HCl 溶液和 Ag-AgCl 电极(作为内参比电极),玻璃电极的电极电势可用下式表示:

$$E(G) = a - b\text{pH} \tag{9-22}$$

式中,a、b 为常数,a 相当于是 $E^\ominus(G)$,即 pH=0 时的电极电势,b 相当于 $2.303RT/F$。测定溶液的 pH 时,将玻璃电极与参比电极(常用饱和甘汞电极)构成如下电池:

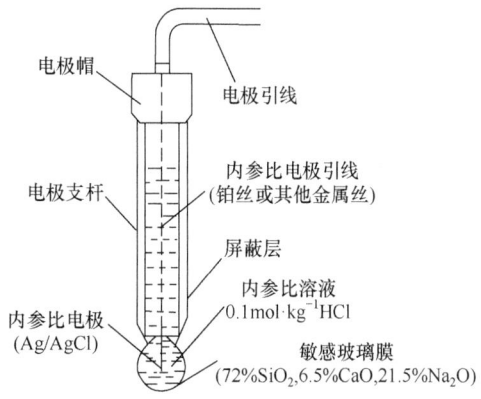

图 9-10 玻璃电极示意图

玻璃电极|待测溶液 pH(X)|饱和甘汞电极

则该电池的电动势为 $\qquad E = E(\text{sec}) - E(G) = E(\text{sec}) - a + b\text{pH}$

所以 $$\text{pH} = \frac{a + E - E(\text{sec})}{b} \tag{9-23}$$

玻璃电极不同，其电极常数 a 和 b 也不同，但可用已知 pH 的缓冲溶液进行校正得到。测定上述电池的电动势，即可由式(9-23)得到待测溶液的 pH。

由于玻璃电极中玻璃膜的电阻一般很大，通过的电流必定很小，一般的检流计检测不出，现在常用有高输入阻抗放大器的 pH 计进行溶液 pH 的测定。

玻璃电极不受待测溶液中的氧化剂、还原剂或某些有毒物质的影响，操作简便，也能用于测定 pH 较高的溶液，故在实验室及工业生产中得以广泛应用。其缺点是玻璃膜容易被破坏。

4. 电势滴定

在酸碱滴定中，被滴定组分的浓度随试剂滴入量而变化。例如，当加入的碱液接近滴定终点时，被测溶液的 pH 会发生突变，相应电池的电动势 E 也会发生突变，由此可以确定滴定的终点。这种电势滴定方法的主要优点是，可使滴定过程自动化，且不受溶液颜色或产生沉淀物的干扰，从而能快速、准确确定滴定终点，在物质分析领域具有广泛应用。

9.5 浓差电池和液体接界电势

9.5.1 浓差电池

以上所讨论的电池其电池反应都属于化学变化，故称这类电池为化学电池或化学电源。也有一些电池其电池反应仅仅是一种组分从高浓度(或高压力)状态向低浓度(或低压力)状态转移的物理变化，这类电池称为浓差电池。浓差电池包括电解质浓差电池及电极浓差电池两种类型。

1. 电解质浓差电池

这类浓差电池的电极反应物质相同，电极的组成也相同(或为纯物质)，只是电解质溶液的浓度不同。这类电池一般为双液电池。例如

$$\text{Ag(s)}|\text{AgNO}_3(m_1)\|\text{AgNO}_3(m_2)|\text{Ag(s)}$$

负极 $\qquad \text{Ag(s)} - e^- \rightleftharpoons \text{Ag}^+(a_1)$

正极 $\qquad \text{Ag}^+(a_2) + e^- \rightleftharpoons \text{Ag(s)}$

电池反应 $\qquad \text{Ag}^+(a_2) \rightleftharpoons \text{Ag}^+(a_1)$

注意，a_1 是浓度为 m_1 的 AgNO_3 溶液中(负极)Ag^+ 的活度，a_2 是浓度为 m_2 的 AgNO_3 溶液中(正极)Ag^+ 的活度。故

$$E = E_+ - E_- = E^{\ominus}(\text{Ag}^+/\text{Ag}) - \frac{RT}{F}\ln\frac{1}{a_2} - E^{\ominus}(\text{Ag}^+/\text{Ag}) + \frac{RT}{F}\ln\frac{1}{a_1}$$

即 $$E_c = -\frac{RT}{F}\ln\frac{a_1}{a_2} = \frac{RT}{F}\ln\frac{a_2}{a_1} \tag{9-24}$$

由式(9-24)可见，当 $a_2 > a_1$ 时，电动势 E 为正值。

2. 电极浓差电池

电极所用的材料相同，只是其中反应组分的活度不同的两个固溶体电极同时插入同一溶液中所构成的电池，称为电极浓差电池。这类电池一般为单液电池。例如

$$\text{Hg-Zn}(m_1)|\text{Zn}^{2+}(a)|\text{Hg-Zn}(m_2)$$

负极 $\quad\quad\quad\quad\quad\quad\quad\quad \text{Zn}(a_1) \Longrightarrow \text{Zn}^{2+}(a) + 2\text{e}^-$

正极 $\quad\quad\quad\quad\quad\quad\quad\quad \text{Zn}^{2+}(a) + 2\text{e}^- \Longrightarrow \text{Zn}(a_2)$

电池反应 $\quad\quad\quad\quad\quad\quad \text{Zn}(a_1) \Longrightarrow \text{Zn}(a_2)$

故

$$E_c = E_+ - E_- = \frac{RT}{2F}\ln\frac{a_1}{a_2} \tag{9-25}$$

若此浓差电池中某一电极的反应组分活度已知，通过测量浓差电池的电动势，即可求出另一电极中该反应组分的活度。

浓差电池的原理对于研究电极的浓差极化、极谱分析和金属腐蚀等问题具有极为重要的理论意义。

9.5.2 液体接界电势

在两种不同种类的电解液界面上或同种但浓度不同的电解液界面上都有液体接界电势产生，其产生原因已在前面讨论过，不再赘述。此处主要对液体接界电势的计算、减小或消除方法进行讨论。

1. 液体接界电势的计算

若有浓差电池

$$\text{Pt}, \text{H}_2(\text{g}, p^{\ominus}) |\text{HCl}(a_1)|\text{HCl}(a_2)| \text{H}_2(\text{g}, p^{\ominus}), \text{Pt}$$

在两种浓度的 HCl 溶液界面上，必定存在液体接界电势，这时电解质溶液中的阳、阴离子除因传输电流而发生运动外，还进行着由浓溶液向稀溶液的扩散，电池电动势则包括浓差电池电动势 E_c 和液体接界电势 E_j 两部分。

当液体接界电势可忽略时，浓差电池反应为：$\text{H}^+(a_{+,2}) \Longrightarrow \text{H}^+(a_{+,1})$，则浓差电动势为

$$E_c = -\frac{RT}{F}\ln\frac{a_{+,1}}{a_{+,2}} = \frac{RT}{F}\ln\frac{a_{+,2}}{a_{+,1}}$$

因单个离子的活度可用正负离子平均活度代替，所以

$$E_c = \frac{RT}{F}\ln\frac{a_{\pm,2}}{a_{\pm,1}}$$

当液体接界电势不可忽略时，假设 $a_2 > a_1$，则电池可逆地输出 1mol 电荷的电量时，在液体接界面上将有总共 1mol 离子(因是 1-1 价型电解质)通过，假定迁移数与溶液浓度无关，即有 t_+ mol H^+ 自左边溶液(a_1)迁向右边(a_2)，表示为 t_+ mol $\text{H}^+(a_{+,1}) = t_+$ mol $\text{H}^+(a_{+,2})$，所以正离子迁移电势可表示为

$$E_{j,+} = -\frac{RT}{F}\ln\left(\frac{a_{+,2}}{a_{+,1}}\right)^{t_+} = -t_+\frac{RT}{F}\ln\frac{a_{+,2}}{a_{+,1}} = -t_+\frac{RT}{F}\ln\frac{a_{\pm,2}}{a_{\pm,1}}$$

同时有 t_- mol Cl$^-$自右边溶液(a_2)迁向左边(a_1),可表示为 t_- mol Cl$^-$($a_{-,2}$) = t_-mol Cl$^-$($a_{-,1}$),则负离子迁移电势可表示为

$$E_{j,-} = -\frac{RT}{F}\ln\left(\frac{a_{-,1}}{a_{-,2}}\right)^{t_-} = t_-\frac{RT}{F}\ln\frac{a_{-,2}}{a_{-,1}} = t_-\frac{RT}{F}\ln\frac{a_{\pm,2}}{a_{\pm,1}}$$

总离子迁移电势,即液体接界电势为

$$E_j = E_{j,+} + E_{j,-} = (t_- - t_+)\frac{RT}{F}\ln\frac{a_{\pm,2}}{a_{\pm,1}} = (2t_- - 1)\frac{RT}{F}\ln\frac{a_{\pm,2}}{a_{\pm,1}} \tag{9-26}$$

当液体接界电势不可忽略时,上述浓差电池的总电动势即为

$$E = E_c + E_j = \frac{2t_-RT}{F}\ln\frac{a_{\pm,2}}{a_{\pm,1}} \tag{9-27}$$

对任意价型的同种电解质界面,$M_{\nu_+}A_{\nu_-}(a_1)|M_{\nu_+}A_{\nu_-}(a_2)$,其液体接界电势为

$$E_j = \left(\frac{t_-}{z_-} - \frac{t_+}{z_+}\right)\frac{RT}{F}\ln\frac{a_{\pm,2}}{a_{\pm,1}} \tag{9-28}$$

对任意价型的不同种电解质界面,液体接界电势的计算公式比较复杂,需具体问题具体分析。但从式(9-26)可见,两个溶液的活度相差越大,液体接界电势越大;同时如果两种离子的迁移数相差越大,液体接界电势也越大。还要注意,液体接界电势与浓差电池的电动势具有本质的不同。

2. 减少或消除液体接界电势的方法

有液体接界电势的电池必定存在浓差扩散问题,浓差扩散是不可逆过程,在有扩散过程存在时测得的电动势就不是可逆电动势,这样就失去了热力学意义。所以在实际工作中,应尽可能地减少或消除液体接界电势,常采用的方法如下。

1) 使用盐桥

电池中的两种电解质溶液一般用某种膜隔开(图 9-5),这样就有液体接界电势存在。盐桥一般采用 U 形玻璃管装入阳、阴离子运动速率极为接近的电解质溶液(常用饱和 KCl 溶液),用适量的琼胶凝成胶状固定于管中。如果使用盐桥连接两种电解质溶液,则原来一个液体接界面变成两个液体接界面。在盐桥与两种溶液的接界面处,由于 KCl 的浓度比两侧溶液中电解质的浓度大很多,所以两接界面主要是 K$^+$和 Cl$^-$向溶液中扩散。又由于 K$^+$及 Cl$^-$的迁移数几乎相等(t_+ = 0.496,t_- = 0.504),由式(9-26)可见,当 $t_+ \approx t_-$时,两个接界面的 E_j 值都会很小。例如,在电池 Pt,H$_2$(g,$p^\ominus$)|HCl(a_1)|HCl(a_2)|H$_2$(g,$p^\ominus$),Pt 中,若正极(右边)HCl 的浓度为 0.1mol·kg^{-1}、负极(左边)HCl 的浓度为 0.01mol·kg^{-1},其液体接界电势约为 36mV,使用饱和 KCl 盐桥后,两个液体接界面的接界电势之和约为 1.1mV。因此,使用盐桥能使液体接界电势降至最小。

必须指出,如果电解质溶液与 KCl 发生作用而形成气体产物或其他沉淀物,盐桥中的电解质就不用 KCl,而应采用其他阳、阴离子迁移速率相近的物质,如 NH$_4$NO$_3$ 溶液。由于盐桥中的阳、阴离子不断向两极溶液中扩散,即盐桥中电解质溶液的浓度在不断变化,所以盐桥使用一段时间后应及时更换。

2) 无迁移电池法

采用盐桥只能使液体接界电势降至一定的程度,但不能完全消除。若采用单液电池反向串联,则可达到完全消除液体接界电势的目的。

两个单液电池反向串联：

$$\text{Ag, AgCl}|\text{HCl}(a_1)|\text{H}_2(p_1), \text{Pt-Pt, H}_2(p_2)|\text{HCl}(a_2)|\text{AgCl, Ag}$$

左边电池反应为　　　$\text{Ag(s)} + \text{H}^+(a_{+,1}) + \text{Cl}^-(a_{-,1}) = \text{AgCl(s)} + 1/2\,\text{H}_2(p_1)$

右边电池反应为　　　$\text{AgCl(s)} + 1/2\,\text{H}_2(p_2) = \text{Ag(s)} + \text{H}^+(a_{+,2}) + \text{Cl}^-(a_{-,2})$

总电池反应为　　　　$\text{H}^+(a_{+,1}) + \text{Cl}^-(a_{-,1}) = \text{H}^+(a_{+,2}) + \text{Cl}^-(a_{-,2})$

或　　　　　　　　　$\text{HCl}(a_1) = \text{HCl}(a_2)$

显然这也是一种浓差电池,但不存在两种液体的界面,所以不存在液体接界电势。其电动势为

$$E_c = \frac{2RT}{F}\ln\frac{a_{\pm,1}}{a_{\pm,2}} = \frac{RT}{F}\ln\frac{a_1}{a_2} \tag{9-29}$$

9.6　电势-pH 图

前已指出,平衡电极电势的数值能反映出物质的氧化还原能力,故可用来判断电化学反应进行的方向及限度。对于有 H^+ 或 OH^- 参与的反应,显然其平衡电极电势还与溶液 pH 有关。若将有关电极反应的电极电势与溶液 pH 的函数关系曲线绘制在一张图上,能直观地从图上得出某一电化学系统中所发生的各种反应必须具备的条件,或者判断某些物质稳定存在的区域。这种以溶液的 pH 为横坐标,以有关电极反应的平衡电势为纵坐标所绘制的平衡图,称为电势-pH 图。因最早由比利时科学家保尔帕克斯(Pourbaix)等于 20 世纪 30 年代研究金属腐蚀时提出,所以又称保尔帕克斯图。这种平衡图已在电化学、无机化学、分析化学、冶金和地质等学科领域内得到广泛的应用。

9.6.1　电势-pH 图上曲线的类型

在金属与水组成的电化学系统中存在三类典型的反应,这三类反应的电极电势和溶液 pH 之间的关系分别讨论如下。

1. 有 H^+ 参与的电极反应(氧化还原反应)

以纯水为例讨论这类电极反应。在纯水系统中存在 OH^-、H^+ 及 H_2O 三种组分,故在纯水中可能发生两种电极反应。

反应①：　　　　$\text{O}_2(\text{g}, p_{\text{O}_2}) + 4\text{H}^+(\text{aq}) + 4\text{e}^- = 2\text{H}_2\text{O(l)}$

$$E(\text{O}_2/\text{H}^+,\text{H}_2\text{O}) = E^\ominus(\text{O}_2/\text{H}^+,\text{H}_2\text{O}) - \frac{RT}{4F}\ln\frac{a_{\text{H}_2\text{O}}^2}{a_{\text{H}^+}^4 \, a_{\text{O}_2}} \tag{9-30a}$$

在 298K 时,$E^\ominus(\text{O}_2/\text{H}^+, \text{H}_2\text{O}) = 1.229\text{V}$,且水的活度为 1；若 O_2 的平衡分压等于标准压力($p_{\text{O}_2} = p^\ominus$),上式可写成

$$E(O_2/H^+, H_2O) = 1.229 - 0.05916 \text{pH} \tag{9-30b}$$

将式(9-30b)绘制于图 9-11 所示的电势-pH 图中则为 a 线(或称氧线)。当 $p_{O_2} \ne p^\ominus$ 时，a 线的位置将有所变动。由式(9-30b)可见，当 $p_{O_2} > p^\ominus$ 时，a 线将向上平移；若 $p_{O_2} < p^\ominus$ 时，a 线向下平移。

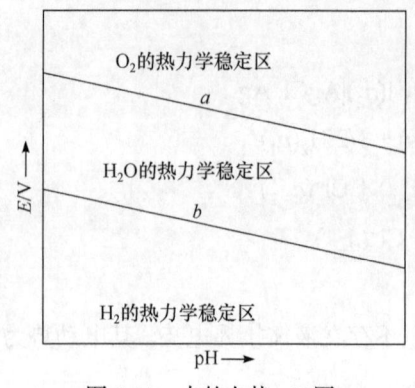

图 9-11 水的电势-pH 图

图 9-11 中 a 线是反应①的平衡线，线上每一点都对应不同 pH 的平衡电极电势。在 a 线以上的区域，表明平衡时的氧分压高于标准压力 ($p_{O_2} > p^\ominus$)，这时水要分解放出氧气以维持所需氧分压，因而 a 线以上为 O_2 稳定区域；在 a 线以下的区域，表明平衡时的氧分压低于标准压力 ($p_{O_2} < p^\ominus$)，这时反应有右移的趋势，使多余的氧还原成水，因而 a 线以下为 H_2O 稳定区域。

反应②： $2H^+(aq) + 2e^- \rightleftharpoons H_2(g)$

在 298K 时，当 H_2 的平衡分压等于标准压力 ($p_{H_2} = p^\ominus$) 时，有

$$E(H^+/H_2) = -0.05916 \text{pH} \tag{9-31}$$

式(9-31)可用图 9-11 中的 b 线表示(或称氢线)，也就是反应②的平衡线，线上每一点都对应于不同 pH 的平衡电极电势。与 a 线的讨论类似，在 b 线的下方是 H_2 的稳定区，在 b 线的上方是 H_2O 的稳定区。

总之，在这些平衡线的下方都是还原态组分的稳定区，在这些平衡线的上方为氧化态组分的稳定区。在线上任一点则表示氧化态及还原态组分平衡共存。在图 9-11 中，a 线与 b 线之间的区域为 H_2O 的热力学稳定区(或称为水的优势区)，在 a 线上方为 O_2 的热力学稳定区，在 b 线的下方为 H_2 的热力学稳定区。

2. 无 H^+ 参与的电极反应(氧化还原反应)

此类电极反应的电极电势与 pH 无关。例如，Fe-H_2O 系统中可能存在的反应之一：

$$Fe^{3+}(aq) + e^- \rightleftharpoons Fe^{2+}(aq)$$

其电极电势为 $E(Fe^{3+}/Fe^{2+}) = E^\ominus(Fe^{3+}/Fe^{2+}) - \dfrac{RT}{F}\ln\dfrac{a_{Fe^{2+}}}{a_{Fe^{3+}}}$

在 298K 时，$E^\ominus(Fe^{3+}/Fe^{2+}) = 0.770\text{V}$，若 Fe^{3+} 及 Fe^{2+} 的活度皆为 1，则

$$E(Fe^{3+}/Fe^{2+}) = E^\ominus(Fe^{3+}/Fe^{2+}) = 0.770\text{V}$$

这在电势-pH 图上可表示为一条平行于横轴的直线。

3. 有 H^+ 参与的非氧化还原反应

有 H^+ 参与的非氧化还原反应在一定温度下达到平衡时，其平衡常数为定值，但其平衡组成与 pH 有关。例如，在 Fe-H_2O 系统中能存在的反应：

$$Fe(OH)_2(s) + 2H^+(aq) \rightleftharpoons Fe^{2+}(aq) + 2H_2O(l) \qquad \Delta_r G_m^\ominus(298\text{K}) = 75.78\text{kJ} \cdot \text{mol}^{-1}$$

有
$$K_a^\ominus = a_{Fe^{2+}} / a_{H^+}^2$$

根据 $\Delta_r G_m^\ominus$ 求出 $K_a^\ominus$ 后，298K 时上式可写为

$$\lg a_{Fe^{2+}} = 13.27 - 2pH$$

若 $a_{Fe^{2+}} = 10^{-6}$，则 pH = 9.64。这在电势-pH 图中可表示为 pH = 9.64 处垂直于横轴的直线。

9.6.2 电势-pH 图的绘制

一般来说，绘制电势-pH 图可按以下步骤进行：

(1) 确定系统中可能存在的各种反应，包括各种电极反应及与 pH 有关的非氧化还原反应。

(2) 查出参与每一反应的各物质的热力学数据，计算反应的 $\Delta_r G_m^\ominus$ (或平衡常数)或标准电极电势 $E_i^\ominus$。

(3) 求出各反应的电极电势 E_i 与 pH 的关系式，或 pH 与某相关离子活度的关系式。

(4) 指定温度下，利用上述关系式算出指定离子活度或气相分压下各反应的 E_i 和 pH，然后将 E_i 对 pH 作图，即得指定离子活度或气体分压下的恒温电势-pH 图。

以 Fe-H_2O 系为例，该体系中可能存在的反应列于表 9-4 中。在 298K 时，相应的电极电势及平衡计算公式一并列于表 9-4 中。

表 9-4   298K 时 Fe-H_2O 系中的反应及电极电势 E_i 计算式

序号	电极反应	电极电势 E_i 或平衡常数计算式
(1)	$Fe^{3+}(aq) + e^- \rightleftharpoons Fe^{2+}(aq)$	$E_i = 0.77 - 0.05916 \lg(a_{Fe^{2+}}/a_{Fe^{3+}})$
(2)	$Fe^{2+}(aq) + 2e^- \rightleftharpoons Fe(s)$	$E_i = 0.4402 - 0.02958 \lg a_{Fe^{2+}}$
(3)	$Fe(OH)_3(s) + 3H^+(aq) + e^- \rightleftharpoons Fe^{2+}(aq) + 3H_2O(l)$	$E_i = 1.0568 - 0.01775 pH - 0.05916 \lg a_{Fe^{2+}}$
(4)	$Fe(OH)_3(s) + H^+(aq) + e^- \rightleftharpoons H_2O(l) + Fe(OH)_2(s)$	$E_i = 0.271 - 0.05916 pH$
(5)	$Fe(OH)_2(s) + 2H^+(aq) + 2e^- \rightleftharpoons Fe(s) + 2H_2O(l)$	$E_i = 0.045 - 0.05916 pH$
(6)	$Fe(OH)_3(s) + e^- \rightleftharpoons HFeO_2^-(aq) + H_2O(l)$	$E_i = -0.810 - 0.05916 \lg a_{HFeO_2^-}$
(7)	$HFeO_2^-(aq) + 3H^+(aq) + 2e^- \rightleftharpoons Fe(s) + 2H_2O(l)$	$E_i = 0.493 - 0.08874 pH + 0.02958 \lg a_{HFeO_2^-}$
(8)	$Fe(OH)_3(s) + 3H^+(aq) \rightleftharpoons Fe^{3+}(aq) + 3H_2O(l)$	$\lg a_{Fe^{3+}} = 4.84 - 3pH$
(9)	$Fe(OH)_2(s) + H_2O(l) \rightleftharpoons HFeO_2^-(aq) + H^+(aq)$	$\lg a_{HFeO_2^-} = -18.30 + pH$
(10)	$Fe(OH)_2(s) + 2H^+(aq) \rightleftharpoons Fe^{2+}(aq) + 2H_2O(l)$	$\lg a_{Fe^{2+}} = 13.29 - 2pH$
a	$2H^+(aq) + 2e^- \rightleftharpoons H_2(g)$	$E_i = 0.05916 pH$
b	$O_2(g) + 4H^+(aq) + 4e^- \rightleftharpoons 2H_2O(l)$	$E_i = 1.229 - 0.05916 pH$

在指定表中各反应式中各种离子的活度均为 10^{-6} 时，根据各计算公式即可绘制如图 9-12 所示的 Fe-H_2O 系电势-pH 图。

必须指出，图 9-12 中的各线都是表示在一定范围内各反应的平衡关系。如果超出一定范围，则平衡关系就不复存在，所以图中有关直线不能任意延伸。例如，线(1)就不能再向右任意延伸，因为再向右延伸就意味着 pH 超出一定范围，这时 Fe^{3+} 将水解成 $Fe(OH)_3(s)$。也不难得

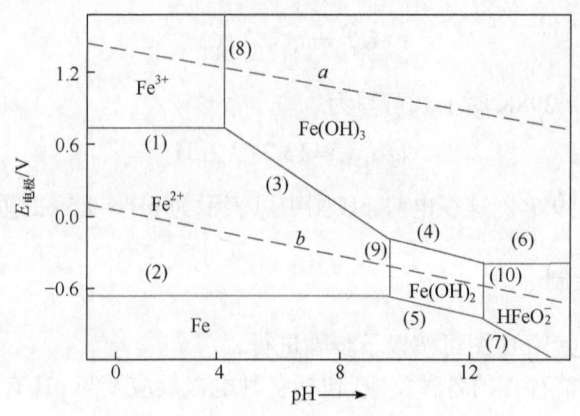

图 9-12 Fe-H$_2$O 系电势-pH 图

出, 图 9-12 中线(1)及线(8)所围的区域为 Fe^{3+}的热力学稳定区; 线(1)、线(3)、线(9)及线(2)所围的区域为 Fe^{2+}的热力学稳定区。同理也可确定 Fe(s)、Fe(OH)$_3$(s)、Fe(OH)$_2$(s)及 HFeO$_2^-$(aq)等组分的热力学稳定区。

9.6.3 电势-pH 图的简单应用

现以含 Fe^{2+}的 ZnSO$_4$ 水溶液的水解除铁为例来说明电势-pH 图的应用。从图 9-12 可知, 欲使溶液中 Fe^{2+}(aq)水解变成 Fe(OH)$_3$(s)沉淀分离, 需控制溶液的 pH 略大于图中线(10)的 pH, 才能使溶液中 Fe^{2+}水解沉淀, 并达到 $a_{Fe^{2+}} < 10^{-6}$。但在这种 pH 下, 溶液中的 Zn^{2+}(aq)也会水解生成 Zn(OH)$_2$(s)的沉淀(在 $a_{Zn^{2+}} = 1$ 时, Zn^{2+}水解沉淀的 pH 大约为 5.5), 这样将使一定量的锌离子进入沉淀渣中。为了不使 Zn^{2+}(aq)水解而尽可能使铁离子水解, 可先在酸性介质中通入空气使 Fe^{2+}(aq)氧化成 Fe^{3+}(aq), 然后控制较低的 pH(相对于 Fe^{2+}、Zn^{2+}水解 pH 而言), 即可使 Fe^{3+}(aq)很好地水解沉淀分离。这一措施可从电势-pH 图上得到指导。因为曲线(1)表示的 Fe^{2+}(aq)与 Fe^{3+}(aq)组成的氧化还原电极, 在酸性溶液中与氧电极(图 9-12 中线 a 表示)构成原电池时, 它是负极, 所以 Fe^{2+}(aq)在此条件下能被氧化成 Fe^{3+}(aq)。Fe^{3+}(aq)在溶液 pH 略大于线(8)的 pH 条件下即能很好地水解沉淀, 并使 $a_{Fe^{3+}} < 10^{-6}$。实际生产过程中常采用 MnO$_2$(s)作氧化剂, 其氧化速率更快。MnO$_2$(s)在酸性溶液中存在下列电极反应:

$$MnO_2(s) + 4H^+(aq) + 2e^- = Mn^{2+}(aq) + 2H_2O(l)$$

其电极电势 $E(Mn^{2+}/MnO_2) = 1.229 - 0.1183 \text{pH}$, 若将其绘制于图 9-12 中, 它的位置在线(1)之上, 故它可作为正极与线(1)所表示的电极构成原电池, 从而将 Fe^{2+}氧化成 Fe^{3+}, 然后水解沉淀而进入沉淀渣中。这就是湿法炼锌水解除铁的基本原理。

必须指出, 上述所讨论的电势-pH 图实质上是一种热力学平衡图, 实际体系常会偏离这种平衡, 同时也未考虑"局外物质"对平衡的影响, 这也是电势-pH 图的局限性。

9.7 化学电源

化学电源是将化学能转换为电能的实用装置, 其性能由一系列特征参数来表征, 它们主要包括:

(1) 电池电动势，或称开路电压，表示化学能转变为电能的最大限度。
(2) 电池内阻，包括欧姆电阻和极化电阻，电池内阻的存在使实际输出电压低于开路电压。
(3) 充放电行为，放电曲线越平坦性能越好，表明充放电库仑效率接近。
(4) 容量，一定放电条件下可从电池获得的电能，分为理论容量和实际容量。
(5) 比能量，单位质量或单位体积电池对外做功输出的电能。
(6) 储存性能，电池储存期间容量的下降率(自放电引起)。
(7) 循环寿命，对于二次电池，电池容量下降到某一规定值之前，能反复充放电的次数。

化学电源的品种繁多，按其使用特点大致可分为一次电池、二次电池(蓄电池)及燃料电池等三类。

9.7.1 一次电池

电池中的化学反应为单向反应，反应物在反应放电之后无法以充电的方式复原，因此电池只能一次性使用。最常见的一次电池是锌-锰干电池，可表示为

$$Zn(s)|NH_4Cl(aq) + ZnCl_2(aq)(20\%淀粉糊体)|MnO_2(s), C(s)$$

阳极为汞齐化的锌片，阴极为附着在碳棒上的 $MnO_2(s)$，电解液中加入淀粉使之成糊体以防止溢漏。阳极和阴极的放电反应比较复杂，可能为

负极 $\quad Zn(s) = Zn^{2+}(aq) + 2e^-$

$$Zn^{2+}(aq) + 2NH_4Cl(aq) = Zn(NH_3)_2Cl_2(aq) + 2H^+(aq)$$

正极 $\quad MnO_2(s) + H_2O(l) + e^- = MnOOH(s) + OH^-(aq)$

电池反应 $\quad Zn(s) + 2NH_4Cl(aq) + 2MnO_2(s) = Zn(NH_3)_2Cl_2(aq) + 2MnOOH(s)$

电池中还存在可能的副反应为

$$OH^-(aq) + NH_4^+(aq) = NH_3 \cdot H_2O(aq)$$

$$2NH_3(aq) + Zn^{2+}(aq) + 2Cl^-(aq) = Zn(NH_3)_2Cl_2(aq)$$

$$Zn^{2+}(aq) + 2OH^-(aq) = ZnO(s) + H_2O(l)$$

因此，这种电池无法重新充电。锌-锰干电池工作电压约为 1.6V，价格便宜，但能量密度不大，且锌汞齐及氨等组分会对环境造成污染。

9.7.2 二次电池

电池中的反应为对峙反应，可反复进行充、放电过程的电池为二次电池，也称为蓄电池。这类电池的充、放电反应虽为对峙反应，但因副反应的存在及大电流的充、放电过程，常会使充电效率下降，寿命缩短。

最经典实用的二次电池是铅酸蓄电池，属酸性蓄电池，其电解质溶液为硫酸(12.8%)，可表示为

$$Pb(s), PbSO_4(s)|H_2SO_4(12.8\%, aq)|PbSO_4(s), PbO_2(s), Pb(s)$$

电池反应为

$$Pb(s) + PbO_2(s) + 2H_2SO_4(aq) \underset{充电}{\overset{放电}{\rightleftharpoons}} 2PbSO_4(s) + 2H_2O(l)$$

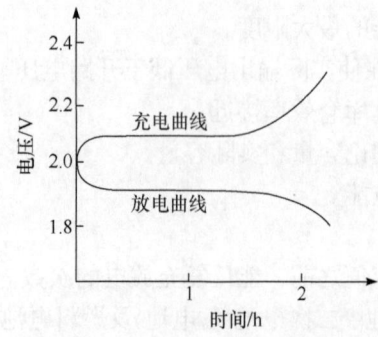

图 9-13 铅酸蓄电池的充放电曲线

铅酸蓄电池的工作电压约为2V，其充、放电曲线一般如图9-13所示。从图中可以看出充、放电过程并非完全对称。即使在不放电的情况下也可能有以下局部反应发生：

Pb 极　　Pb(s) + 2H$^+$(aq) $\Longrightarrow$ Pb^{2+}(aq) + H$_2$(g)

PbO$_2$ 极　　Pb(s) + PbO$_2$(s) + 2H$_2$SO$_4$(aq) $\Longrightarrow$ 2PbSO$_4$(s) + 2H$_2$O(l)

铅酸蓄电池的电极物质在储存过程中会自发消耗，故每隔一段时间，常需充电以使电极活性物质恢复。铅酸蓄电池价格低廉，比能量仅为 20～40W·h·kg^{-1}，且较为笨重。

锂离子电池从20世纪90年代开始得到迅速发展和应用，目前3C电子设备中锂离子电池普遍采用 LiCoO$_2$ 和石墨分别作为电池的正极和负极材料，电解液为非水性的有机类电解质。放电时电极反应如下：

正极　　　　　　　Li$_{1-x}$CoO$_2$(s) + xLi$^+$ + xe$^-$ $\Longrightarrow$ LiCoO$_2$(s)

负极　　　　　　　Li$_x$C(s) $\Longrightarrow$ xLi$^+$ + C(s) + xe$^-$

电池反应　　　　Li$_{1-x}$CoO$_2$(s) + Li$_x$C(s) $\underset{充电}{\overset{放电}{\rightleftharpoons}}$ LiCoO$_2$(s) + C(s)

在充电过程中，锂离子从 Li$_{1-x}$CoO$_2$(s)正极脱出，嵌入C(s)负极，锂离子的这种脱-嵌过程使系统获得能量；在放电过程中，锂离子从C(s)负极脱出，嵌入 Li$_{1-x}$CoO$_2$(s)正极，释放储存的能量。这种脱-嵌和嵌-脱的过程常被形象地称为摇椅式过程。

有人认为"锂离子电池本质上相当于锂离子的浓差电池"，这显然不对。因为锂离子的脱-嵌过程的始终态完全不同，可以认为锂离子是以不同的成键方式存在于正极和负极材料中，所以这种脱-嵌过程本质上是化学反应而非扩散过程，这从上述电池反应也能看出来。

锂离子电池是目前广泛使用的便携式化学电源，其进一步发展的关键在于高容量和高电势嵌锂的正负极材料的研发。

9.7.3　燃料电池

以燃料和氧化剂为原始能源材料，通过电化学反应将其化学能转变为电能的装置称为燃料电池。燃料电池的能量效率高，环境友好，可靠性高，而且燃料和氧化剂可源源不断地提供给电池的阳极和阴极，可作为一种不间断电源使用。

根据电解质类型，可将其分为碱性燃料电池、酸性燃料电池、熔融碳酸盐燃料电池和固体氧化物燃料电池。根据工作温度适应性又可分为低温燃料电池、中温燃料电池以及高温燃料电池等类型。

低温燃料电池通常以水为溶剂，酸或碱为电解质，阴极为氧电极或空气电极，阳极为氢电极或可溶于水的燃料如甲醇、肼或氨及金属等作为电极。为使反应稳定进行以维持一定的工作电流，常需在电极上应用某种催化剂，或使用多孔性电极以增加电极表面积。图9-14是一款氢-氧燃料电池示意图。

图9-14中阴极和阳极都由多孔性镍电极构成。电解质溶液为27%的 KOH 溶液。两电极间用隔膜(如离子交换树

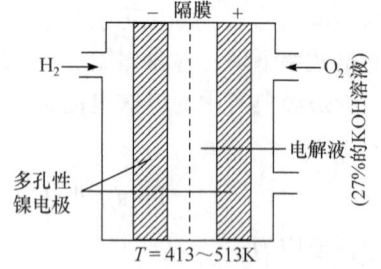

图 9-14　氢氧燃料电池示意图

脂隔膜)隔开。电极反应为

负极 $\quad 2H_2(g) = 4H^+(aq) + 4e^-$

正极 $\quad O_2(g) + 4H^+(aq) + 4e^- = 2H_2O(l)$

电池反应 $\quad 2H_2(g) + O_2(g) = 2H_2O(l)$

该电池在 298K 时的标准电动势为 1.229V，其理论电动势还取决于氢气和氧气的压力。该电池在常压下的实际工作电压为 1.0~1.1V。

目前燃料电池的成本仍比较昂贵，使用寿命较短，限制了其广泛应用。降低电池成本，尤其是寻找非稀贵金属催化剂是燃料电池走向大规模应用的必然选择。

复习思考题

1. "电极表面与电解质溶液之间的内电位差就是电极电势。"这种说法对吗？指出影响这种电位差的因素有哪些。
2. 为什么电极电势有正有负？实验能测到负的电池电动势或负的电极电势吗？
3. "$\Delta_r G_m^\ominus = -zFE^\ominus$(Ox/Re)，则 $\Delta_r G_m^\ominus$ 是电极反应在标准状态下的吉布斯自由能变化值。"这种说法对吗？
4. "若测出$(\partial E/\partial T)_p < 0$，由 $\Delta_r H_m = -zEF + zFT(\partial E/\partial T)_p$ 可知，$-\Delta_r H_m > zEF$，表明反应的热效应只有一部分转变为电功，其余部分仍以热的形式放出。说明在相同的始、终态间化学反应的 ΔH 比按电池反应进行的 ΔH 大。"这种说法对吗？为什么？
5. 为什么不能用一般的电压表测原电池的电动势？
6. "能斯特公式中右边第二项的活度是电池中化学反应平衡时各组分的活度。"这种说法对吗？为什么？
7. "$E^\ominus$(H$^+$/H$_2$) = 0，表示氢的标准电极电势绝对值为零，意味着标准氢电极与溶液相间的电势差为零。"这种说法对吗？为什么？
8. 电极电势 E(Ox/Re) 受哪些因素影响？由能斯特公式计算得出的电极电势是什么电势？它是否与电极反应的反应式计量数有关？
9. 有人说："凡 $E^\ominus$(Ox/Re) 为正的电极必为原电池的正极，$E^\ominus$(Ox/Re) 为负的电极必为负极。"这种说法对吗？
10. 输送 CuSO$_4$ 溶液时能否使用铁管？试说明原因。
11. 液体接界电势是怎样产生的？用盐桥能否完全消除液体接界电势？为什么？
12. "已知 $RT\ln K^\ominus = zFE^\ominus$，$E^\ominus$ 是电池反应达到平衡时的电动势。"这种说法对吗？为什么？
13. 试从图 9-12 粗略估计铁粉在多少 pH 下才能使溶液中的氢离子还原成 H$_2$(g)。
14. 试分别设计相应的原电池，以测出下列各种数据，并列出应测出的数据及计算公式。

    (1) H$_2$O(l) 的标准生成吉布斯自由能 $\Delta_f G_m^\ominus$；(2) 指定温度下某金属氧化物的 $\Delta_f G_m^\ominus$。

习 题

1. 写出下列原电池中各电极反应、电池反应及 E 的计算公式。

    (1) Pb(s), PbSO$_4$(s)|SO$_4^{2-}$(a_1) ‖Cu^{2+}(a_2)|Cu(s)

    (2) Pt, H$_2$(g, 101325Pa)|KOH(a)|O$_2$(g, 101325Pa), Pt

    (3) Pt, H$_2$(g, p)|H$^+$(a_1)|Sb$_2$O$_3$(s), Sb(s)

    (4) Ag(s), AgI(s)|I$^-$(a_1)‖Cl$^-$(a_2)|AgCl(s), Ag(s)

2. 试将下列化学反应设计成原电池。

    (1) Zn(s) + H$_2$SO$_4$(a_1) = ZnSO$_4$(a_2) + H$_2$(g, p)

    (2) Ni(s) + H$_2$O(l) = NiO(s) + H$_2$(g, p)

    (3) H$_2$(p_1) + $\frac{1}{2}$O$_2$(g, p_2) = H$_2$O(l)

    (4) H$_2$(g, p) + HgO(s) = Hg(l) + H$_2$O(l)

3. 工业上用铁屑加入硫酸铜溶液中以置换铜，试设计原电池；计算该反应在298K时的平衡常数，并说明此置换反应进行的完全程度。已知 $E^{\ominus}$ (Cu^{2+}/Cu) = 0.3402V， $E^{\ominus}$ (Fe^{2+}/Fe) = –0.4402V。

答案：2.4×10^{26}。

4. 试计算反应：$2Fe^{3+}(a_1) + 2Br^-(a_2) \rightleftharpoons 2Fe^{2+}(a_3) + Br_2(l)$ 在298K下的标准平衡常数。

答案：1.06×10^{-10}。

5. 在298K时，测得下列电池的 E 为 1.229V

$$Pt, H_2(g, p^{\ominus}) | H_2SO_4(0.01 mol \cdot kg^{-1}) | O_2(g, p^{\ominus}), Pt$$

已知 $\Delta_f H_m^{\ominus}(H_2O, l) = -285.83 kJ \cdot mol^{-1}$。试计算：(1)此电池的温度系数；(2)设反应热在此温度范围内为常数，求此电池在273K时的电动势。

答案：(1) $-8.5 \times 10^{-4} V \cdot K^{-1}$；(2) 1.2492V

6. 已知 $E^{\ominus}$ (Cu^{2+}/Cu) = 0.3402V， $E^{\ominus}$ (Cu^+/Cu) = 0.522V。(1)求 $E^{\ominus}$ (Cu^{2+}/Cu^+)；(2)在298K时，铜粉与含 $0.01 mol \cdot kg^{-1}$ 的 $CuSO_4$ 水溶液混合，计算平衡时 Cu^+ 的浓度。

答案：(1) $E^{\ominus}$ (Cu^{2+}/Cu^+) = 0.1584V；(2) $8.6 \times 10^{-5} mol \cdot kg^{-1}$。

7. 在298K时，将金属铁片和镉片分别插入下列溶液中构成原电池，何者为负极？
(1) 溶液中 Fe^{2+} 及 Cd^{2+} 的浓度均为 $0.1 mol \cdot kg^{-1}$；
(2) 溶液中含 Fe^{2+} 为 $0.1 mol \cdot kg^{-1}$，含 Cd^{2+} 为 $0.0036 mol \cdot kg^{-1}$。

答案：(1) 铁电极；(2) 镉电极。

8. 已知298.15K时 $E^{\ominus}$ (Pb^{2+}/Pb) = –0.1263V，$PbSO_4$ 的活度积 $K_{sp} = 1.66 \times 10^{-8}$，求 $E^{\ominus}$ (SO_4^{2-}/$PbSO_4$, Pb)值。

答案：–0.356V。

9. 在298K时，浓度为 $0.1 mol \cdot kg^{-1}$ 和 $0.01 mol \cdot kg^{-1}$ 的 $AgNO_3$ 溶液中 Ag^+ 的平均迁移数为0.467。计算下列电池在298K时的电动势及电池(2)的液体接界电势。

(1) $Ag(s) | AgNO_3(0.01 mol \cdot kg^{-1}, \gamma_{\pm,1} = 0.892) \| AgNO_3(0.1 mol \cdot kg^{-1}, \gamma_{\pm,2} = 0.733) | Ag(s)$；
(2) $Ag(s) | AgNO_3(0.01 mol \cdot kg^{-1}, \gamma_{\pm} = 0.892) \vdots AgNO_3(0.1 mol \cdot kg^{-1}, \gamma_{\pm} = 0.733) | Ag(s)$。

答案：(1) $E_c = 0.0541V$；(2) $E = 0.0577V$；$E_j = 0.0036V$。

10. 在298.15K时，测得下列电极反应的标准电极电势为 $E^{\ominus}$ [$Ag(NH_3)_2^+$/Ag] = –0.1263V。

$$[Ag(NH_3)_2]^+(aq) + e^- \rightleftharpoons Ag(s) + 2NH_3(aq)$$

已知银电极的标准电极电势为 $E^{\ominus}$ (Ag^+/Ag) = 0.7996V，求银氨配离子的不稳定常数。

答案：6.146×10^{-8}。

11. 设有 pH = 3 的硫酸亚铁溶液，试问用空气中的氧（$p_{O_2} = 21278.25 Pa$）能否使 $Fe^{2+}(aq)$ 氧化成 $Fe^{3+}(aq)$，当酸度增大时，对 $Fe^{2+}(aq)$ 氧化有利还是不利？已知：

$$O_2(g) + 4H^+(aq) + 4e^- \rightleftharpoons 2H_2O(l) \quad E^{\ominus}(O_2/H^+, H_2O) = 1.229V$$

$$Fe^{3+}(aq) + e^- \rightleftharpoons Fe^{2+}(aq) \quad E^{\ominus}(Fe^{3+}/Fe^{2+}) = 0.770V$$

答案：$a_{Fe^{3+}}/a_{Fe^{2+}} = 3.9 \times 10^4$，可使 $Fe^{2+}(aq)$ 氧化，并且酸度越大，氧化越完全。

12. 在298.15K时，原电池 $Cd(s) | CdCl_2(0.01 mol \cdot kg^{-1}) | AgCl(s), Ag(s)$ 的电动势为0.7585V，其标准电动势 $E^{\ominus}$ = 0.5732V。计算此 $CdCl_2$ 溶液中离子的平均活度系数 $\gamma_{\pm}$。

答案：$\gamma_{\pm} = 0.514$。

13. 在291K时，$m_2/m_1 = 10$ 的条件下对下列电池的电动势进行测定，得出平均值为0.029V。根据这些数据确定溶液中的亚汞离子是 Hg_2^{2+} 形态，还是 Hg^+ 形态存在。

$$Hg(l) | 硝酸亚汞(m_1), HNO_3(0.01 mol \cdot kg^{-1}) \| 硝酸亚汞(m_2), HNO_3(0.1 mol \cdot kg^{-1}) | Hg(l)$$

答案：Hg_2^{2+}。

14. 已知电池 Pt, $H_2(g, p^\ominus)$ |HCl(1mol·kg^{-1}, $\gamma_\pm = 0.809$) |AgCl(s), Ag(s)的电动势与温度的关系为：E/V = $0.160235 + 1.0023 \times 10^{-3}T - 2.541 \times 10^{-6}T^2$，求 298.15K 下，当 $z = 1$ 时电池反应的 $\Delta_r C_p$。

答案：$-196.68\text{J} \cdot \text{K}^{-1} \cdot \text{mol}^{-1}$。

15. 已知 298K 时，电池(1)为 Pt, $H_2(g, p^\ominus)$ |H_2SO_4(7mol·kg^{-1})|Hg_2SO_4(s), Hg(l)，其 $E_1 = 0.5655$V，$E_1^\ominus = 0.6152$V；电池(2)为 Pt, $H_2(g, p^\ominus)$ |H_2SO_4(7mol·kg^{-1})|$PbSO_4$(s), PbO_2(s)，其 $E_2 = 1.750$V，$E_2^\ominus = 1.6849$V。求 H_2SO_4(7mol·kg^{-1})溶液中水的活度。

答案：0.5476。

16. 在 298K 下，10mol·kg^{-1} 和 6mol·kg^{-1} 的 HCl 水溶液中 HCl 的分压分别为 560Pa 和 18.7Pa，求下列两电池的电动势差值。

(1) Pt, $H_2(g, p^\ominus)$ |HCl(10mol·kg^{-1})| $Cl_2(g, p^\ominus)$, Pt；

(2) Pt, $H_2(g, p^\ominus)$ |HCl(6mol·kg^{-1})| $Cl_2(g, p^\ominus)$, Pt。

答案：0.0873V。

17. 已知 298K 时，电池 Pt, $H_2(g, p^\ominus)$ |NaOH(aq)|HgO(s),Hg(l) 的标准电动势为 $E^\ominus = 0.9265$V；H_2O(l)的标准生成焓为 $\Delta_f H_m^\ominus$ (H_2O,l) = -285.83kJ·mol^{-1}；H_2O(l)、O_2(g) 及 H_2(g) 的标准摩尔熵 $S_m^\ominus$ 值分别为 69.91J·mol^{-1}·K^{-1}、205.04J·mol^{-1}·K^{-1} 及 130.68J·mol^{-1}·K^{-1}。计算 HgO(s)在 298K 时的分解压。

答案：3.5×10^{-16}Pa。

18. 在 298.15K 时，OH$^-$/Ag_2O, Ag 和 O_2/OH$^-$, H_2O, Pt 两电极的标准还原电势分别为 0.342V 和 0.401V。已知 298.15K 时 $\Delta_f H_m^\ominus$(Ag_2O,s) = -30.56kJ·mol^{-1}，且不随温度而变。求 Ag_2O(s)在大气中的分解温度(大气中 p_{O_2} = 21278.25Pa)。

答案：431.6K。

19. 已知电池 Pt, $H_2(g, p^\ominus)$ |HCl(m)|Hg_2Cl_2(s), Hg(l)在 298K 下，当 $m_1 = 10$mol·kg^{-1} 时，$E_1 = 0.0302$V；当 $m_2 = 0.1009$mol·kg^{-1} 时，$E_2 = 0.3989$V，而且 HCl(m_1)溶液上方 HCl(g)的平衡分压为 488Pa，计算 298K 时 HCl(m_2)溶液上方 HCl(g)的平衡分压。

答案：2.86×10^{-4}Pa。

第 10 章 电极反应动力学基础

电池中进行的电化学过程同时包含两个电极反应,即氧化反应和还原反应。电极反应本质上属于多相催化反应,其反应速率不仅与电极附近的反应组分活度(浓度)、电极材料以及电极的表面状态等因素有关,还与电极电势的大小有关。

电极反应的速率问题,即电极反应动力学行为,是电极过程研究领域最主要的任务。研究电极过程就是要探索电极反应的动力学规律及影响电极反应速率的诸多因素,为电化学过程的控制与高效利用提供依据。

10.1 电极反应过程

10.1.1 电极反应步骤

电极反应本质上属于多相催化反应,因此,从一般的多相反应规律考虑,电极反应是由下列一些基本步骤串联组成的:

(1) 反应物(或反应离子)组分向电极表面迁移,即液相中的传质步骤。

(2) 反应物(或反应离子)组分在电极表面吸附或在表面附近的液层中发生化学变化,称为"前置的"表面转化步骤。

(3) 反应物(或反应离子)组分在电极表面得到或失去电子形成产物,即电化学步骤。

(4) 电化学步骤的产物在电极表面脱附或在表面附近液层中发生化学变化,称为"随后的"表面转化步骤。

(5) 产物生成新相,如生成气泡或固态结晶物质,或产物自电极表面向溶液内部传递,即液相中的传质步骤。

显然以上步骤都有可能成为电极反应的速控步骤,研究电极过程的动力学规律必须弄清楚哪一步是决定电极反应速率的最慢步骤。即使对同一个电极反应,由于反应条件发生变化,也可能引起速控步骤发生变化。

10.1.2 电极反应速率的表示

根据法拉第电解定律,若通过电池(电解池或原电池)的电流强度为 I,则在 t 时间内电极上发生反应的物质的量为

$$n = \frac{It}{zF}$$

微分后得

$$\frac{dn}{dt} = \frac{I}{zF}$$

等式两边同除以电极面积 A_s,得

$$\frac{dn}{A_s dt} = \frac{I}{A_s zF} \tag{10-1a}$$

上式左边表示在单位时间单位电极表面上发生反应的物质的量的变化(取绝对值)，这符合多相反应速率的定义，因此电极反应的速率 r_ed 可表示为

$$r_\text{ed} = \frac{\mathrm{d}n}{A_\text{s}\mathrm{d}t} = \frac{I}{A_\text{s}zF} \tag{10-1b}$$

由于 $I/A_\text{s} = i$ 称为电流密度，因此在电化学中，可采用电流密度(单位电极面积的电流强度)来表示电极反应的速率 r_ed，即

$$i = zFr_\text{ed} = zF\frac{\mathrm{d}n}{A_\text{s}\mathrm{d}t} \tag{10-1c}$$

电极反应的速率是研究电极反应动力学最重要的指标，易于实验测定。

10.1.3 不可逆电极电势

第 9 章中所讨论的电池电动势及电极电势都是在通过电池及电极的净电流为零时所对应的电势，是可逆电势。

实际上，电极反应都是还原反应与氧化反应互成对峙的反应，表示为

$$\mathrm{M}^{z+}(\mathrm{aq}) + z\mathrm{e}^- \underset{i_\text{a}}{\overset{i_\text{c}}{\rightleftarrows}} \mathrm{M}(\mathrm{s})$$

其中，i_c 为还原反应的速率；i_a 为氧化反应的速率。当 $i_\text{c} = i_\text{a}$ 时，电极反应的净速率为零即电极上没有净电流通过，此时电极反应达到平衡(或称电化学平衡)，此时电极所对应的电势(E_B)就是可逆电极电势。这是一种动态平衡，因为平衡时氧化反应和还原反应并未停止，只是速率相等，即有

$$i_\text{c} = i_\text{a} = i^0$$

式中，i^0 为电极的交换电流密度，是建立电化学平衡快慢的度量，或偏离平衡后电极恢复平衡的难易程度的度量。一般对软金属如 Cu、Na、Ag、Hg 等，i^0 较大($10^2 \sim 10^3$ A·m^{-2})，建立平衡容易；对硬金属如 Fe、W、Ni 等，i^0 较小(约 10^{-4} A·m^{-2})，建立平衡较难。

在上面的电极反应中，若 $i_\text{c} \neq i_\text{a}$，则通过电极的净电流不为零，电极反应未达平衡(处于非平衡态)，即电极反应是以 $i = |i_\text{c} - i_\text{a}| > 0$ 的速率进行的不可逆过程。此时电极所对应的电势($E_\text{B,ir}$)为不可逆电极电势，其数值主要与通过电极的电流密度的大小有关。不可逆电极电势还有一些其他特定名称，如极化电势、析出电势及溶解电势等。

当电极上存在两个及以上电极反应时，电极建立平衡的依据仍然是净电流(净速率)为零，但此时各电极反应不一定达到平衡。例如，锌和硫酸锌溶液构成的锌电极上的主要反应为

$$\mathrm{Zn}^{2+}(\mathrm{aq}) + 2\mathrm{e}^- \underset{i_\text{a}}{\overset{i_\text{c}}{\rightleftarrows}} \mathrm{Zn}(\mathrm{s})$$

在锌电极上还可能存在的反应有

$$\mathrm{H}^+(\mathrm{aq}) + \mathrm{e}^- \underset{i_\text{a}^*}{\overset{i_\text{c}^*}{\rightleftarrows}} \frac{1}{2}\mathrm{H}_2(\mathrm{g})$$

在这种情况下，若 $i_\text{c}^* \neq i_\text{a}^*$，$i_\text{c} \neq i_\text{a}$，但 $i_\text{c} + i_\text{c}^* = i_\text{a} + i_\text{a}^*$，则表观上通过电极的电流为零，而锌电极反应的净速率为 $i = |i_\text{c} - i_\text{a}| \neq 0$，这时电极上对应的电极电势，就不是可逆电极电势。通常将这种电极电势称为混合电势或稳定电势。但当锌电极反应的交换电流密度 i^0(Zn)大大高于氢

在锌电极上的氢电极反应的交换电流密度 $i^0(H_2/Zn)$ 时,其混合电势可认为是锌电极的可逆电极电势。混合电势或稳定电势的概念常应用在金属腐蚀的研究中。

10.2 极化现象

当电极上有电流通过时,其不可逆电极电势偏离可逆电极电势的现象称为电极的极化现象。因为电解池和原电池中都是由两个电极所构成的,所以电解池和原电池在工作时都会发生极化现象。

10.2.1 分解电压

在电解池中欲使某电解质显著地进行电解反应所需的最小外加电压,称为该电解质的分解电压,以 $U_分$ 表示。分解电压值与电解质和溶剂的种类、浓度和温度有关,也与电极材料的本性有关。

电解质的分解电压可用图 10-1 所示的装置进行测定。

以 H_2SO_4 水溶液的分解电压测定为例。将两铂片为电极插入一定浓度的 H_2SO_4 水溶液中构成一个电解池,在逐渐增加外加电压(U)的同时测定通过电解池的电流(I),得到如图 10-2 所示的 I-U 曲线。

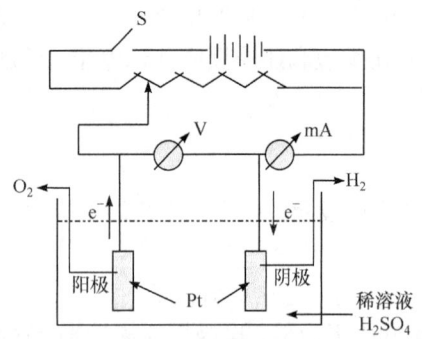
图 10-1 分解电压测定装置示意图

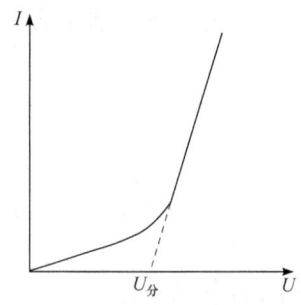
图 10-2 I-U 曲线

当有电流通过电解池时,在阴极(接外电源的负极)上就会析出氢,在阳极析出氧气。电极反应分别为

阳极 $\qquad H_2O(l) - 2e^- = 2H^+(aq) + 1/2 O_2(g)$

阴极 $\qquad 2H^+(aq) + 2e^- = H_2(g)$

当电极上产生的氧气及氢气的量(氧分压及氢分压)较小时,氧气及氢气吸附在电极上不析出。这实际上形成了氧电极和氢电极,并构成一个原电池,其电动势与电解池的外加电压的方向相反,相对于外加电压而言为反电动势。外加电压必须超过此反电动势,才可能使电解反应继续发生。随着外加电压的增加,电极上产物的量也增大,电流也慢慢增加;当产物(氧和氢)分压增大到足以成为气泡逸出时,电解就开始显著进行;以后再增加外加电压,电流就直线上升。把这个直线部分向前延长,使之与 U 轴相交,交点的电压值 $U_分$ 就是分解电压。表 10-1 是一系列电解质溶液的分解电压数据。

表 10-1　298K 时几种电解质水溶液(以一价离子计，浓度为 1mol·dm^{-3})的分解电压

电解质	实测分解电压/V	电解产物	理论分解电压(约值)/V
HNO_3	1.69	$O_2 + H_2$	1.23
H_2SO_4	1.67	$O_2 + H_2$	1.23
$NaOH$	1.69	$O_2 + H_2$	1.23
KOH	1.67	$O_2 + H_2$	1.23
HCl	1.31	$H_2 + Cl_2$	1.37
HI	0.52	$H_2 + I_2$	0.55
$NiCl_2$	1.85	$Ni + Cl_2$	1.64
$Cd(NO_3)_2$	1.98	$Cd + O_2$	1.25
$AgNO_3$	0.70	$Ag + O_2$	0.04
$Pb(NO_3)_2$	1.52	$Pb + O_2$	0.96
$CoSO_4$	1.92	$Co + O_2$	1.14
$NiSO_4$	2.09	$Ni + O_2$	1.10
$CdSO_4$	2.03	$Cd + O_2$	1.26
$CuSO_4$	1.49	$Cu + O_2$	0.51
$ZnSO_4$	2.55	$Zn + O_2$	1.60

由表 10-1 可见，前四种电解溶液有相同的产物和大致相同的分解电压，实际上都是水的电解。其理论分解电压约为 1.23V，实验测得的分解电压约为 1.70V。这是因为电解显著进行时，电解池的阳极和阴极都已产生了极化作用，偏离了平衡。显然，实验测得的分解电压值比其相应的理论分解电压值都要大，其根本原因就是极化。分解电压的测量及数值对生产及研究实际具有较重要的意义，但上述方法的测量精度一般较差。

10.2.2　超电势与极化曲线

为明确表示电极极化的程度，常将一定电流密度下的任意电极(B)的不可逆电极电势($E_{B,ir}$)与其可逆电极电势(E_B)之差称为超电势(或过电势)，以 η 表示。习惯上取 η 为正值，所以 η 值越大表示电极极化程度越高。

显然，电解池阳极发生极化时，会使阳极的不可逆电极电势较其可逆电极电势更大；阴极极化时，会使阴极的不可逆电极电势较其可逆电极电势更小。因此，阳极超电势(η_{ad})和阴极超电势(η_{cd})分别为

阳极
$$\eta_{ad} = E_{B,ir} - E_B \tag{10-2a}$$

阴极
$$\eta_{cd} = E_B - E_{B,ir} \tag{10-2b}$$

超电势的大小除取决于电极反应的本性等因素外，主要与通过电极的电流密度有关。实验上可以测定任意电极在不同电流密度下的实际电极电势，即不可逆电极电势，然后以电流密度 i 对不可逆电极电势 $E_{B,ir}$ 作图，可得如图 10-3 所示的极化曲线。从极化曲线就可确定相应电极在不同电流密度下的超电势。从图 10-3 可见，随着电流密度 i 的增大，阳极的不可逆电极电势增大，而阴极不可逆电极电势减小。

10.2.3　极化曲线的测定及应用

电极极化曲线测定大致有恒电流法及恒电位法两种方法。

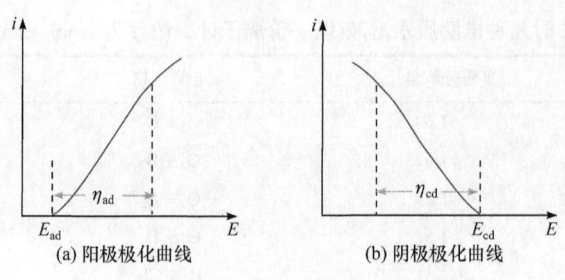

图 10-3 电极极化曲线示意图

1. 恒电流法

恒电流极化曲线测定装置如图 10-4 所示。为了测定单个电极在不同电流密度下的不可逆电极电势，一般采用三电极法，待测电极 A(面积已知)与辅助电极 B(一般用 Pt 片)组成电解池。当外电源于两极上施加一定电压，使电流通过电解池时，待测电极即被极化。待测电极与参比电极 C 通过鲁金(Luggin)毛细管盐桥组成原电池，用于测定待测电极的不可逆电极。鲁金毛细管尖端(直径约 1mm)尽量靠近待测电极表面，以减小溶液电阻所引起的电势降。

在不同的电流密度 i 下，对应地测出原电池的电动势，从而求得待测电极的不可逆电极电势 $E_{B,ir}$。将所测得的一系列不同电流密度 i 对应的不可逆电极电势 $E_{B,ir}$ 的数据作图，即得恒电流极化曲线，如图 10-5 所示。图中虚线表示单纯由浓差极化而导致的极化曲线，实线则表示单纯为电化学极化所形成的极化曲线，比较两曲线可以看出，当极化电流密度相同时，电化学极化程度更大。

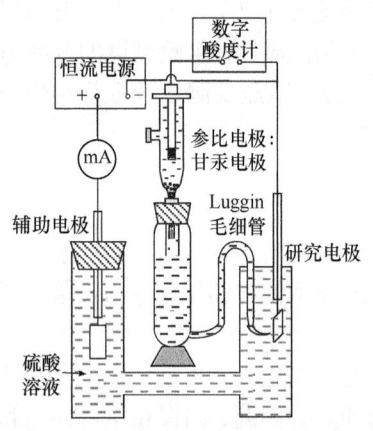

图 10-4 恒电流极化曲线测量装置

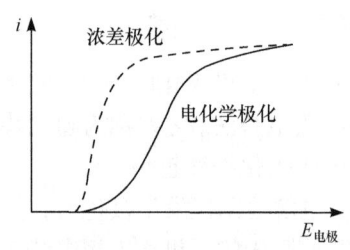

图 10-5 恒电流极化曲线

恒电流极化曲线数据主要用来求算电极反应的动力学参数。例如，对于电化学极化，根据其动力学公式，将极化曲线数据 η 对 $\lg i$ 作图或 $E_{B,ir}$ 对 $\lg i$ 作图均应为直线，由直线的斜率或截距可求出电极反应的动力学参数 i^0、α、β 及 z 等。

2. 恒电位法

恒电位法测定极化曲线的装置如图 10-6 所示。其中恒电位仪的作用就是将待测电极的电势 $E_{B,ir}$ 恒定在确定值，然后测定对应于该电势下通过的电流。

将一系列电势 $E_{B,ir}$ 和所对应的通过电极的电流密度 i 的数据作图，即得恒定电势极化曲线，如图 10-7 所示。

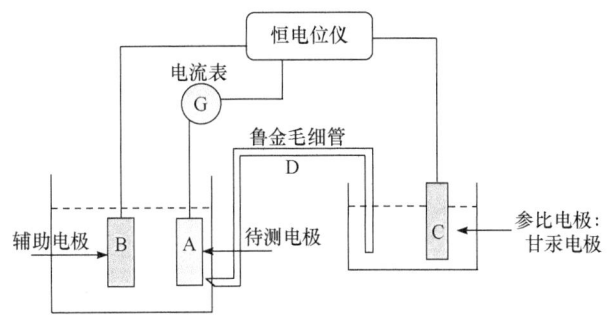

图 10-6 恒定电势极化曲线测定装置

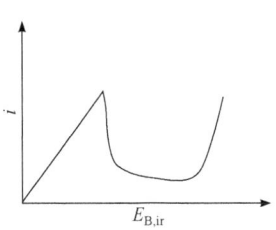

图 10-7 恒电势极化曲线图

由于恒定电位法能测得较完整的阳极极化曲线,因此在金属阳极溶解及钝化现象的研究中一般采用恒电位法测定极化曲线。

10.2.4 电解池与原电池的极化现象

在讨论单个电极的极化问题与超电势时,只需指明该电极是阳极还是阴极,而不必区分它们是在电解池中工作还是在原电池中工作,因为两种场合下的电极极化曲线均如图 10-3 所示,没有区别。但在研究由两个电极组成的电化学装置的两极电势差时,必须区分是电解池还是原电池。电解池和原电池的极化如图 10-8 所示。

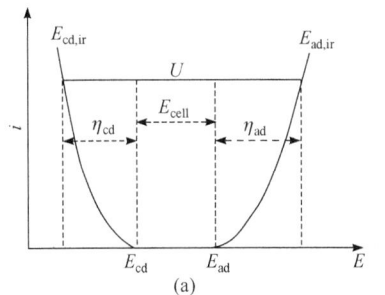
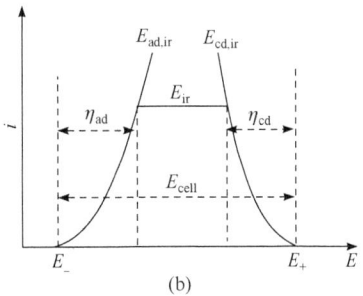

图 10-8 电解池和原电池的极化曲线

对于电解池,两极间的电势差与电流密度的关系如图 10-8(a)所示。当有限电流通过电解池时,两极间所需的外加电压 U 一定大于对应的反电池的可逆电动势 E_{cell},即

$$U = E_{cell} + \eta_{ad} + \eta_{cd} + IR$$

式中,IR 为通过电流 I 以克服电解池内阻 R 所必需的电压降。当 IR 可以忽略时,则有

$$U = E_{cell} + \eta_{ad} + \eta_{cd} = E_{ad} - E_{cd} + \eta_{ad} + \eta_{cd} = (E_{ad} + \eta_{ad}) - (E_{cd} - \eta_{cd})$$

即

$$U = E_{ad,ir} - E_{cd,ir} \tag{10-3}$$

式(10-3)表明,在电解池中,外加电压 U 必须达到一定值,才能使电解反应显著进行,此时外加电压与阳极和阴极的不可逆电极电势之差相等。

电解时,阴极发生还原反应,如金属或氢气等在阴极上的析出。在阴极上某组分开始显著发生还原反应(析出某物质)时的不可逆电极电势($E_{cd,ir}$)常称为某组分的析出电势;在阳极上某组分开始显著发生氧化反应(如某金属的溶解)时的不可逆电极电势($E_{ad,ir}$)常称为某组分的溶解电势。显然，理论析出电势及理论溶解电势就是相应电极的可逆电极电势。

析出电势和溶解电势都与电极反应本性、电极反应的各组分活度(或分压)、温度、电极材料性质等因素有关，其大小可用于判断电解时电极上优先发生的反应：在阴极上，析出电势越高的组分越先反应；在阳极上，溶解电势越低的组分越先反应。例如，某溶液中含有同样浓度的 Cu^{2+}(aq)和 Zn^{2+}(aq)，铜的析出电势高，锌的析出电势低，因此，电解时在阴极上应该是铜先析出，锌后析出。

由图 10-8(a)可见，电解池工作时，所通过的电流密度越大，即不可逆程度越高，两电极上所需要的外加电压越大，消耗掉的电功也就越多。

对于原电池，两电极间的电势差与电流密度的关系如图 10-8(b)所示。当有限电流通过电池时，电池的实际电势(也称端电压) E_{ir} 一定小于电池的可逆电动势 E_{cell}，即

$$E_{ir} = E_{cell} - (\eta_+ + \eta_- + IR)$$

式中，η_+ 和 η_- 分别为电池的正极超电势和负极超电势。需要注意的是：电池的正极上发生还原反应，本质上与电解池的阴极相同，故正极超电势实际上就是阴极超电势，$\eta_+ = \eta_{cd}$；同理，$\eta_- = \eta_{ad}$。IR 是克服电池内阻所必需的电势。当 IR 可以忽略时，可得

$$E_{ir} = E_{cell} - (\eta_+ + \eta_-) = E_+ - E_- - (\eta_+ + \eta_-) = E_+ - \eta_+ - (E_- - \eta_-)$$

即
$$E_{ir} = E_{+,ir} - E_{-,ir} = E_{cd,ir} - E_{ad,ir} \tag{10-4}$$

由图 10-8(b)可知电流密度越大，电池放电的不可逆程度越高，则电池的端电压越小，所输出的电功也就越少。

10.2.5 极化的种类

根据极化产生的原因，通常可以简单地把极化分为三类：电阻极化、浓差极化和电化学极化。相应的超电势分别称为电阻超电势、浓差超电势和电化学超电势。

1. 电阻极化

电池都具有一定的内阻，对电流通过产生阻力，此阻力效应就是电阻极化。为克服此阻力效应需要额外增加的电压就是电阻超电势，在数值上等于 IR。电阻极化一般不具有普遍意义，改善电极及电解质的导电性可使其尽量降低。

2. 浓差极化

在有限电流通过电极时，因反应组分扩散的迟缓性而导致电极表面组分浓度与溶液本体中浓度差发生变化，从而使电极电势与其可逆电极电势发生偏离的现象称为浓差极化。在电极反应进行时，如果电极反应的反应物或产物扩散传质慢，就会造成它们在电极表面(距电极表面($10^{-4} \sim 10^{-5}$ m 的区域内))的浓度 c_s 和在本体溶液(离电极较远的溶液)中的浓度 c 有差别。电流密度越大，该差值一般也越大。正是这种浓度差别造成了实际电极电势与可逆电极电势的差别。

3. 电化学极化

当有限电流通过电极时，若在电极上进行的电化学反应(氧化或还原)的活化能比较高，就会造成电化学反应步骤的迟缓性，从而使电极上带电程度与其在可逆条件下的带电程度不同，从而导致电极电势发生偏离。这种现象称为电化学极化。

在实际的电化学过程中，根据情况不同，可以呈现不同的极化。例如，加强搅拌可以大大降低浓差极化，而选择适当电极材料或改变电极表面状态则可以降低电化学极化。

10.3 浓差极化动力学

当电流通过电极时,电极反应的反应物如 M^{z+} 从溶液本体向电极表面输送(传质)主要有两种方式:①电迁移;②浓差扩散。在通过电极的电流达到稳定时,总的传质速率必等于电迁移速率和浓差扩散速率之和,即 $r = r_+ + r_d$,如果溶液中加入大量的不参与电极反应的支持电解质,则在传质过程中反应组分电迁移传质所占分量极小而忽略,则总传质速率主要取决于扩散传质,即 $r \approx r_d$。

10.3.1 扩散电流

浓差极化是由于扩散传质为慢步骤而引起,因此电极反应速率 $r_{ed} = r_d$。根据多相反应速率的扩散理论,扩散速率可表示为

$$r_d = \frac{dn}{A_s dt} = D\frac{c_0 - c_s}{\delta}$$

式中,D 为反应组分在扩散层中的扩散系数;δ 为扩散层厚度;c_s 为电极表面附近的反应组分浓度,其值主要取决于电化学反应阻力与扩散阻力的相对大小,电化学反应阻力越小,电化学反应进行得越快,c_s 的值就越小。

根据式(10-1c),通过电极的电流密度与 c_s 的关系式为

$$i = zFr_{ed} = zFr_d = \frac{zFdn}{A_s dt} = \frac{zFD(c_0 - c_s)}{\delta} \tag{10-5}$$

此式表明,电极反应的速率(电流密度)为扩散速率所控制,因而称为扩散电流。扩散电流与电极反应的反应物的本性、温度、溶液的搅拌情况有关。温度升高,扩散系数增大,激烈搅拌溶液,扩散层厚度变薄,都可以使扩散电流增大。

10.3.2 极限扩散电流

增加外加电压,可使电极表面的电化学反应更迅速地进行,从而使反应组分在表面的浓度 c_s 更低。当达到某一数值后,传输到电极表面附近的反应物会立即被消耗,因而 c_s 接近于零。此时 $c_0 - c_s = c_0$,扩散电流达到最大值,即

$$i_\infty = zFDc_0 / \delta \tag{10-6}$$

式中,i_∞ 为指定的 c_0 条件下,电极反应所能达到的最大速率,称为极限扩散电流。达到最大速率后,再进一步改变外加电压,如果不发生其他电极反应,则极限扩散电流的值也不改变。极限扩散电流可通过极化曲线进行确定,示意图如图 10-9 所示。

在温度、溶液的搅拌状况一定的条件下,极限扩散电流的值与溶液本体中反应组分的浓度成正比。这就是极谱定量分析的理论基础。

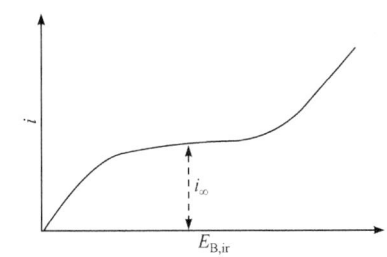

图 10-9 扩散电流及极限扩散电流示意图

10.3.3 浓差极化超电势与电流密度的关系

考虑某金属离子 $M^{z+}(aq)$ 在阴极上的还原。在一定的电流密度下，电极的浓差极化达到稳定状态后，电极表面附近的反应物 $M^{z+}(aq)$ 的浓度为 c_s，溶液的本体浓度为 c_0，则该电极的不可逆电极电势和可逆电极电势分别为

$$E_{B,ir} = E^{\ominus}(M^{z+}/M) - \frac{RT}{zF}\ln\frac{1}{c_s}, \quad E_B = E^{\ominus}(M^{z+}/M) - \frac{RT}{zF}\ln\frac{1}{c_0}$$

所以，浓差极化超电势 η_c 可表示为

$$\eta_c = E_B - E_{B,ir} = \frac{RT}{zF}\ln\frac{c_0}{c_s} \tag{10-7}$$

由式(10-5)和式(10-6)可得

$$\frac{i}{i_\infty} = \frac{zFD(c_0 - c_s)/\delta}{zFDc_0/\delta} = \frac{c_0 - c_s}{c_0}$$

即 $\dfrac{c_0}{c_s} = \dfrac{i_\infty}{i_\infty - i}$，代入式(10-7)得

$$\eta_c = \frac{RT}{zF}\ln\frac{i_\infty}{i_\infty - i} \tag{10-8a}$$

或

$$E_{B,ir} = E_B - \eta_c = E_B - \frac{RT}{zF}\ln\frac{i_\infty}{i_\infty - i} \tag{10-8b}$$

式(10-8a)和式(10-8b)分别为浓差超电势或不可逆电极电势与电流密度的关系，也是 $M^{z+}(aq)$ 在阴极上还原时的浓差极化动力学关系式。

由式(10-8a)和式(10-8b)可知：

(1) 在温度、溶液搅拌状况和溶液本体中反应物浓度等一定时，若以 η_c 或 $E_{B,ir}$ 对 $\ln\dfrac{i_\infty}{i_\infty - i}$ 作图，应得一直线，其斜率为 RT/zF。由直线的斜率可确定反应组分(粒子)所带的电荷数。

(2) 在电流密度很低时，式(10-8a)和式(10-8b)可写为

$$\eta_c = -\frac{RT}{zF}\ln\left(1 - \frac{i}{i_\infty}\right) = \frac{RT}{zF}\times\frac{i}{i_\infty}, \quad E_{B,ir} = E_B - \frac{RT}{zF}\times\frac{i}{i_\infty}$$

这表明，在低电流密度时，η_c 或 $E_{B,ir}$ 与 i 呈直线关系。

10.4 电化学极化动力学

电极反应也具有一定的活化能，而且电极反应的活化能还受电极电势的影响。若电化学步骤缓慢，并成为整个电极过程的速控步骤，则为电化学极化。应用化学动力学的理论并考虑到电化学反应的特点，可以从理论上研究电极过程的速率与机理间的关系，该门学科又称电极过程动力学。

10.4.1 电极反应的活化能

电极反应速率与温度、压力、组分活度(浓度)、介质等条件有关，更受电极电势的影响。

计算表明，电极电势改变 0.6V，电极反应速率可改变 10^5 倍，说明电极电势是电化学反应的主要推动力。

电极电势影响电极反应速率的根本原因在于电极表面的带电状况对反应系统势能的影响，从而改变电极反应的活化能。考虑以下电极反应

$$M^{z+}(aq) + ze^- \underset{\text{氧化}, i_a}{\overset{\text{还原}, i_c}{\rightleftharpoons}} M(s) \tag{10-9}$$

当电极表面电荷增多(对应电极电势减少)时，将会加快还原反应速率，相对地就会减慢氧化反应的速率，也就相当于降低了还原反应的活化能，同时升高了氧化反应活化能。

若用 E_c^0 和 E_a^0 分别表示无电极电势时还原反应和氧化反应的活化能，E_c 和 E_a 分别表示有电极电势存在时还原反应和氧化反应的活化能，则有(证明略，有兴趣者可参阅相关文献)

$$E_c = E_c^0 + \alpha z F E_{B,ir} \tag{10-10a}$$

$$E_a = E_a^0 - \beta z F E_{B,ir} \tag{10-10b}$$

式中，α 和 β 分别为还原反应及氧化反应的传递系数，体现了电极电势对还原活化能和氧化活化能影响大小的比例关系，显然它们都为正值且均小于 1，并有 $\alpha + \beta = 1$。

10.4.2 电化学极化超电势与电流密度的关系——塔费尔公式

实验发现，有气体参与的电极反应，其超电势都比较大，尤其是氢和氧析出的超电势更为显著。在消除了浓差极化以后，超电势的产生则应归结为电化学极化。例如，电解质水溶液体系电解时氢气在阴极上的析出，主要就是电化学极化。

1905 年，塔费尔(Tafel)通过实验总结出一个氢气析出的超电势与电流密度的经验公式，称为塔费尔公式。表明在浓差极化影响可以忽略的情况下(如在缓冲溶液或酸性溶液中)，当电流密度不太小时，氢超电势与电流密度的定量关系为

$$\eta = a + b\lg(i/[i]) \tag{10-11}$$

式中，$[i]$ 为 i 的单位，这样表示是为了使对数项为纯数，历史上极不严谨的情况下，塔费尔公式就表示为 $\eta = a + b\lg i$。a 和 b 在一定条件下为常数，a 相当于单位电流密度($i = 1\text{A} \cdot \text{cm}^{-2}$)时的超电势，其值与电极材料、电极表面状态、溶液组成及温度等因素有关；b 则基本与电极材料种类无关，约为 0.116V。

就氢的析出而言，按 a 值的大小，可将常用的电极材料大致分为三类：
(1) 高超电势金属($a \approx 1.0 \sim 1.5$V)，主要有 Pb、Cd、Hg、Tl、Zn、Ga、Bi、Sn 等；
(2) 中超电势金属($a \approx 0.5 \sim 0.7$V)，其中最主要的是 Fe、Co、Ni、Cu、W、Au 等；
(3) 低超电势金属($a \approx 0.1 \sim 0.3$V)，其中最重要的是 Pt 和 Pb 等铂族金属。

塔费尔公式虽然是根据氢超电势的数据总结得到，但后来从经验结果及理论研究都表明，在很多情况下该公式也适用于其他的受电化学反应步骤控制的电极反应，因而具有普遍意义。

10.4.3 塔费尔公式的理论推证*

迟缓放电理论基于电化学反应步骤为最慢步骤的观点，应用界面反应步骤为速控步骤的多相反应的速率方程式，可直接写出式(10-9)所对应的还原反应和氧化反应的速率公式

$$r_c = \frac{1}{A_s} \cdot \frac{dn(M^{z+})}{dt} = k_c' c_s(M^{z+}) \exp\left(\frac{-E_c}{RT}\right)$$

$$r_a = \frac{1}{A_s} \cdot \frac{dn(M)}{dt} = k_a' c_s(M) \exp\left(\frac{-E_a}{RT}\right)$$

以电流密度表示则为

$$i_c = zFr_c = zFk_c' c_s(M^{z+}) \exp\left(\frac{-E_c}{RT}\right)$$

$$i_a = zFr_a = zFk_a' c_s(M) \exp\left(\frac{-E_a}{RT}\right)$$

将式(10-10a)和式(10-10b)代入可得

$$i_c = zFk_c' c_s(M^{z+}) \exp\left(\frac{-E_c^0 - \alpha zFE_{B,ir}}{RT}\right) = k_c c_s(M^{z+}) \exp\left(\frac{-\alpha zFE_{B,ir}}{RT}\right) \tag{10-12a}$$

$$i_a = zFk_a' c_s(M) \exp\left(\frac{-E_a^0 + \beta zFE_{B,ir}}{RT}\right) = k_a c_s(M) \exp\left(\frac{\beta zFE_{B,ir}}{RT}\right) \tag{10-12b}$$

注意上两式中，$k_c = zFk_c' \exp\left(\frac{-E_c^0}{RT}\right)$，$k_a = zFk_a' \exp\left(\frac{-E_a^0}{RT}\right)$。

前已述及，当电极的对峙反应达到平衡时，对应的电极电势为可逆电极电势 E_B，此时有

$$i_c = i_a = i^0 = k_c c_s(M^{z+}) \exp\left(\frac{-\alpha zFE_B}{RT}\right) = k_a c_s(M) \exp\left(\frac{\beta zFE_B}{RT}\right) \tag{10-13}$$

式(10-13)就是前述交换电流密度 i^0 的表达式。

电极的极化程度可以根据实际通过电极的净电流密度 i 和其交换电流密度 i^0 的相对大小来确定。若 $i \ll i^0$，则表示电极偏离平衡很少，极化很小；换言之，若 i^0 很大，则表示电极可以通过较大的净电流而电极也不至于发生极化，这种电极常被称为难极化电极。参比电极一般就是难极化电极。若 $i^0 \to \infty$，电极则为理想可逆电极。当气体在电极上析出时，i^0 的大小可表征电极材料对气体析出过程的催化能力。表 10-2 列出了 $1\text{mol} \cdot \text{dm}^{-3}$ H_2SO_4 中氢气在各种金属电极材料上析出的 i^0 值。

表 10-2 $1\text{mol} \cdot \text{dm}^{-3}$ H_2SO_4 中氢气在各种金属电极材料上析出的交换电流密度 i^0

金属	汞	铅	锰	镉	钛	钨	金	镍	银	铑	铂	钯
$i^0/(\text{A} \cdot \text{m}^{-2})$	$10^{-8.3}$	$10^{-8.0}$	$10^{-6.9}$	$10^{-6.8}$	$10^{-4.2}$	$10^{-1.9}$	$10^{-1.4}$	$10^{-1.2}$	$10^{0.3}$	$10^{0.4}$	$10^{0.9}$	$10^{1.0}$

当有电流通过时，电极就处于极化状态，此时对于还原反应(相当于阴极)：$\eta_{cd} = E_B - E_{B,ir}$，即 $E_{B,ir} = E_B - \eta_{cd}$，代入式(10-12a)有

$$i_c = k_c c_s(M^{z+}) \exp\left[\frac{-\alpha zF(E_B - \eta_{cd})}{RT}\right] = i^0 \exp\left(\frac{\alpha zF\eta_{cd}}{RT}\right) \tag{10-14a}$$

对于氧化反应(相当于阳极)，$\eta_{ad} = E_{B,ir} - E_B$，即 $E_{B,ir} = E_B + \eta_{ad}$，代入式(10-12b)有

$$i_a = k_a c_s(M) \exp\left[\frac{\beta z F(E_B + \eta_{ad})}{RT}\right] = i^0 \exp\left(\frac{\beta z F \eta_{ad}}{RT}\right) \tag{10-14b}$$

若还原速率大大高于氧化速率，则电极属于阴极极化，通过电极的净电流密度为

$$i = i_c - i_a \approx i_c = i^0 \exp\left(\frac{\alpha z F \eta_{cd}}{RT}\right)$$

上式取对数，有 $\ln i = \ln i^0 + \frac{\alpha z F \eta_{cd}}{RT}$，所以 $\eta_{cd} = \frac{RT}{\alpha z F} \ln i^0 + \frac{RT}{\alpha z F} \ln i$，即

$$\eta_{cd} = a + b \lg i \quad \text{或} \quad \eta_{cd} = a + b \lg(i/[i]) \tag{10-15a}$$

上式为阴极极化的塔费尔公式。

若氧化速率大大高于还原速率，则电极属于阳极极化，通过电极的净电流密度为

$$i = i_a - i_c \approx i_a = i^0 \exp\left(\frac{\beta z F \eta_{ad}}{RT}\right)$$

上式取对数，有 $\ln i = \ln i^0 + \frac{\beta z F \eta_{ad}}{RT}$，所以，$\eta_{ad} = \frac{RT}{\beta z F} \ln i^0 + \frac{RT}{\beta z F} \ln i$，即

$$\eta_{ad} = a + b \lg i \quad \text{或} \quad \eta_{ad} = a + b \lg(i/[i]) \tag{10-15b}$$

上式为阳极极化的塔费尔公式。

当通过电极的电流密度比较小，即极化程度比较小时，可以证明，无论是阴极极化还是阳极极化，都有

$$\eta = \frac{RTi}{zFi^0} \tag{10-16}$$

因此，在电流密度很低(如 $10^{-2} A \cdot m^{-2}$)即超电势很小的情况下，塔费尔公式不适用。事实上从塔费尔公式本身也可以知道，当电流密度趋近于零时，超电势将趋向于$-\infty$，这显然不合理。

10.5 阴极反应与金属电积

电解时，在阴极上进行还原反应。若阴极上存在多个竞争性反应组分，则析出电势越高的组分越先反应。

如果反应组分是金属离子，则该金属将在阴极上电沉积，简称金属电积，或阴极电积。金属电积在冶金工业中具有广泛的应用，如电解冶金、电解精炼及电镀等。大多数金属离子的电化学超电势较小(铁族金属除外)，所以在金属电积中，浓差极化为主要因素。

10.5.1 多组分的同时电积与分步电积

溶液中若存在多种金属离子，只要它们的析出电势相等(或相近)，它们就可同时阴极电积；只要它们的析出电势相差足够大，它们就可分步阴极电积。例如，溶液中若有 A^{z+}、B^{z+} 两种金属离子，其析出电势分别为

$$E_{A,ir} = E_A^\ominus - \frac{RT}{zF} \ln \frac{a_A}{a_{A^{z+}}} - \eta_A \tag{10-17a}$$

$$E_{B,ir} = E_B^\ominus - \frac{RT}{zF} \ln \frac{a_B}{a_{B^{z+}}} - \eta_B \tag{10-17b}$$

式中，$E_A^{\ominus}$ 及 $E_B^{\ominus}$ 分别为 A、B 两种金属的标准电极电势；a_A 及 a_B 分别为阴极沉积物中 A、B 两种金属的活度，形成纯金属时活度为 1，形成固溶体时活度小于 1；$a_{A^{z+}}$ 及 $a_{B^{z+}}$ 分别为溶液中 A^{z+}、B^{z+} 两种离子的活度，若离子形成配合物，其活度将大大降低；η_A 及 η_B 分别为 A、B 两种金属阴极析出的超电势，其数值与金属性质及其电积反应速率有关，电积反应速率越高，超电势越大。

可见，金属的析出电势主要取决于四个因素：①金属的标准电极电势；②溶液中金属离子的活度；③沉积层中的金属的活度；④金属析出时的超电势。因此，人们可以通过控制某些因素使几种金属的析出电势相等，或相差足够大，从而达到同时析出或分步析出(分离)的目的。

例如，电解硝酸银溶液时，其溶液内铜含量不超过 2%，铜将不在阴极上析出，但若控制铜离子浓度达到 5%，则铜和银同时析出。在含有铜及锌离子的电解液中加入 KCN，它能与铜离子生成配合物从而改变铜离子活度，在一定条件下，能使铜和锌同时析出，使合金电镀成为可能。

又如，汞齐冶金是让析出金属溶于汞中形成汞齐，从而降低金属的活度而改变其析出电势。例如，金属钠的电极电势在–2V 以下，原本不能在水溶液中析出，但由于钠与汞能形成汞齐，在钠-汞齐中含钠较低时，其析出电势为–1.2V，因而可以自水溶液中析出。分析化学中的极谱分析应用汞作为阴极，也就是基于汞齐这个性质。利用金属在汞阴极上较易析出，也用于分离金属或制取高纯度金属。

溶液中不同金属离子的析出电势如果相差足够大，则可以控制外加电压的大小而使金属离子分步析出。当分步析出用于离子分离时，为了有效地将两种离子分开，则所需的析出电势差值与离子的价数有关，这可通过下述简单计算说明。

根据式(10-17a)，若金属离子 A^{z+} 析出的起始和终了活度分别为 $a_{A^{z+},1}$ 及 $a_{A^{z+},2}$，则两者的析出电势差为

$$\Delta E_{A,ir} = \frac{RT}{zF}\ln\frac{a_{A^{z+},1}}{a_{A^{z+},2}} \tag{10-18}$$

若 $a_{A^{z+},1}/a_{A^{z+},2}=10^7$，此时离子浓度已降低到原浓度的千万分之一，这也是前一种离子基本分离干净的一般性要求。因此，对一价离子，$\Delta E_{A,ir} = 0.41V$；对二价离子，$\Delta E_{A,ir} = 0.21V$；对三价离子，$\Delta E_{A,ir} = 0.14V$。也就是说，要用电解法实现两种金属离子的有效分离，无论后一种离子的价态如何，当前一种离子(被分离离子)分别为一价、二价及三价时，则其析出电势需比后一种离子的析出电势分别高 0.41V、0.21V 及 0.14V 以上。例如，银与铜、铜与镉、镉与锌均可用此法定量地分离。

10.5.2 金属电积与氢的析出

在水溶液中金属电积时，都可能伴随氢的析出。氢气析出时有 $p_{H_2}=p^{\ominus}$，则在 298K 时，氢电极的可逆电极电势为 $E(H^+/H_2) = -0.05916\text{pH}$，所以氢气析出电势可以通过溶液的 pH 得到调节。中性溶液中，$E(H^+/H_2) = -0.414V$，则 $E_{H_2,ir} = -0.414-\eta_{cd}$，氢在各种金属上的阴极超电势不尽相同。金属析出的阴极超电势一般较小，故可逆电势高于–0.41V 的金属一般都能自中性溶液中先于氢而析出，如铜、银等。

实际上，析出电势较低的金属也能在中性水溶液中电积。例如，锌、镉、铬等金属的电积就

在工业生产中得到了广泛应用。这主要是因为氢在这些金属上析出具有较高的超电势，而使氢的析出电势变得更小并低于这些金属的析出电势。例如，锌的电积，锌的可逆电势(298K)为 $E(Zn^{2+}/Zn) = -0.7628 + 0.02958 \lg a_{Zn^{2+}}$，这也就是锌的析出电势，当使用较浓溶液，如 $a_{Zn^{2+}} = 1$ 时，$E_{Zn,ir} = -0.7628V$；而氢在锌电极上的阴极超电势为0.7V，故氢在锌上的析出电势为 $E_{H_2,ir} = -1.114V$，经比较可见，锌的析出电势更高，因而金属锌仍能自中性水溶液中析出，而氢不析出。

10.5.3 影响电结晶的各种因素

金属阴极上的电积实际上就是电结晶过程，沉积条件不同，所得晶体的结构及形貌会有很大差别。为了满足不同产品的质量要求，必须了解影响结晶过程的各种因素。

(1) 极化的影响。电沉积过程是新相生成过程，所以必定有晶核生成和晶核长大两个步骤。显然，若晶核生成的速率较快，将得到大量的细小晶粒；反之，若晶核长大的速率较快，将得到较大的晶粒。

晶核生成首先是在阴极表面的不均匀区域，即在电极表面的凹凸不平、有棱有角的地方。若生成晶核的区域由于电沉积后发生极化，晶核生成就将扩展到其他区域，这样生成晶核的地方多了，则有利于形成大量微晶。若电沉积后极化不大，则晶核生成不会扩展到其他区域，只是继续长大晶核，形成较大的晶粒。一般而言，提高极化常有利于晶核生成，即有利于细小晶粒的生成。

(2) 电流密度。低电流密度下，极化小，晶核生成速率低，因而常得到粗大结晶的电沉积物。增加电流密度，提高极化，晶核生成速率快，就得到较为细小的晶粒。如果电流密度过高，以致电极附近的放电离子浓度迅速降低，使结晶不易进行时，则只有在深入到溶液中去的突出部分才能继续结晶，从而得到树枝状或剑状结晶。电流密度过高，也可能引起氢离子或其他阳离子放电，并且析出氢气，从而形成海绵状沉积物。在发生氢离子放电后，则有可能使阴极附近的酸度降低，甚至变为碱性，结果易发生氢氧化物或碱式盐的沉淀物混杂在金属沉积层中。

(3) 电解质中放电离子的浓度。浓度增高将有利于减少电极极化，因而可用较高的电流密度，而不产生树枝状或海绵状结晶，也不致产生氢氧化物或碱式盐的沉淀。电解时用较高的浓度常可以生成黏附性较好的电沉积层。这是因为在这种情况下，晶粒沿阴极表面方向长大的速率增加，而沿阴极表面的垂直方向长大的速率减小。

有时降低电解质中放电离子的活度(浓度)也有好处，电镀时要求得到极致密的微细结构，通常在电解液中加入KCN等，它们能与金属离子形成配离子，从而大大地降低金属离子的活度，增加极化程度，有利于生成细小晶粒。

(4) 温度。升高温度一方面可增加离子的扩散速率，增加电化学反应的速率，降低极化，使高电流密度的电沉积也能得到较均匀的电积产物和生成较大的晶粒；另一方面温度升高使氢析出的超电势降低，致使氢气较易析出，易生成疏松的电沉积物或夹杂有氢氧化物或碱式盐沉淀的电沉积层。所以选择适当的电解温度对于获得良好的电沉积物具有重要意义。

(5) 表面活性物质。表面活性物质，如动物胶、琼胶、各种树脂、橡胶、生物碱、蔗糖、樟脑等加入电解液内，常可以改善电结晶结构，导致光滑、细粒电沉积物的形成。这可能是由于这些添加物被吸附，极化增大，因而有利于晶核生长。但添加过多的表面活性物质也可能得到松脆产物。

(6) 电解质本性。电解液的种类及组成对于电沉积物的结构及形貌也有较大的影响。

此外，电解液的搅拌、电解液中的悬浮杂质或气泡以及溶液的 pH 等，对电沉积物的结构也都有重要影响。电结晶时，所有这些影响因素一般会彼此牵连、互相制约。

10.6 阳极反应与阳极钝化

阳极上进行的氧化反应包括两种类型，一类反应为金属(或 H_2)氧化形成阳离子的阳极溶解，另一类反应为阴离子在阳极放电而析出气体(或其他物质)。若阳极上存在多个竞争性反应组分，则溶解电势越低的组分越先反应。

10.6.1 多种金属的同时阳极溶解

金属及其合金都能进行阳极溶解。若阳极上存在多种反应组分，只要溶解电势相等(或相近)，它们就可以同时阳极溶解；只要溶解电势相差足够大，以它们就可分步阳极溶解。例如，阳极上若有 A、B 两种金属或两者形成的合金，在进行阳极溶解时将会形成 A^{z+} 及 B^{z+} 金属离子，则其溶解电势分别为

$$E_{A,ir} = E_A^{\ominus} - \frac{RT}{zF} \ln \frac{a_A}{a_{A^{z+}}} + \eta_A \tag{10-19a}$$

$$E_{B,ir} = E_B^{\ominus} - \frac{RT}{zF} \ln \frac{a_B}{a_{B^{z+}}} + \eta_B \tag{10-19b}$$

同样，金属的溶解电势主要取决于四个因素：①金属电极的标准电极电势；②溶液中金属离子的活度；③阳极中金属的活度；④金属溶解时的阳极超电势。因此，人们可以通过控制某些因素使几种金属的溶解电势相等，或相差足够大，从而达到同时阳极溶解或分步阳极溶解的目的。

几种金属或其合金在进行分步阳极溶解时，如果溶解电流密度不大，则溶解电势较低的金属相虽已开始溶解，但同时溶解电势较高的金属相有可能进行某种还原反应而成为阴极，这时两种溶解电势不同的金属相之间就可能构成短路的局部电池，从而促使溶解电势较低的金属相更加快速地溶解。这种现象在极端的情况下，即当电极没有电流通过时也可能发生，如合金在水中或潮湿的大气中发生的电化学腐蚀。

10.6.2 不同价态阳离子的形成

很多金属，如 Cu、Fe、Ni、Cr、Co 等都能形成不同价态的阳离子，相应的标准电极电势均不相同。这种金属发生阳极溶解时，可能会产生几种价态的离子共存，但对应着标准电极电势最低的反应所产生的离子将成为阳极溶解的主要产物。例如，金属铁阳极溶解时，可能产生 Fe^{2+}，对应的标准电极电势 $E^{\ominus}(Fe^{2+}/Fe) = -0.4402V$；也可能产生 Fe^{3+}，对应的标准电极电势 $E^{\ominus}(Fe^{3+}/Fe) = -0.036V$。在电流密度不太大时，超电势可以忽略，因此生成这两种离子所对应的溶解电势有如下关系：

$$E^{\ominus}(Fe^{2+}/Fe) - \frac{RT}{2F} \ln \frac{1}{a_{Fe^{2+}}} = E^{\ominus}(Fe^{3+}/Fe) - \frac{RT}{3F} \ln \frac{1}{a_{Fe^{3+}}}$$

即有

$$\ln \frac{a_{Fe^{2+}}^3}{a_{Fe^{3+}}^2} = \frac{6F}{RT} \left[E^{\ominus}(Fe^{3+}/Fe) - E^{\ominus}(Fe^{2+}/Fe) \right]$$

因此，不同价态离子活度的比值与相应的标准电极电势及温度有关。

在 298K 下可得 $a_{Fe^{2+}}^3 / a_{Fe^{3+}}^2 = 9.9 \times 10^{40}$。可见，$Fe^{2+}$的活度较 Fe^{3+}的活度大得多，也就是说，在铁阳极溶解时，Fe^{2+}是主要产物组分。所得比值9.9×10^{40}也就是下述反应在 298K 时的标准平衡常数 $K_a^\ominus$。

$$2Fe^{3+}(aq) + Fe(s) =\!=\!= 3Fe^{2+}(aq) \quad K_a^\ominus = 9.9 \times 10^{40}$$

10.6.3 金属的钝化

某些金属的表面用强氧化剂处理可使之变成钝态，称为化学钝化。用电化学的方法也可以使某些金属钝化，称为电化学钝化。

某些金属如 Fe、Ni、Co、Cr 等进行阳极溶解时，其恒电位极化曲线如图 10-10 所示。

当阳极的电势不太大时，电流密度随电势的升高而增加，即溶解速率增加，但当电势超过某一数值后，金属的阳极溶解速率反而下降，继续提高阳极电势通常也不能使金属溶解，即该金属已钝化，这种现象称为电化学钝化。图 10-10 中，AB 段为活性溶解区；BC 段为过渡钝化区；CD 段为稳定钝化区；DE 段为超钝化区。曲线上有三个重要的特征值，即临界钝化电势 $E_{钝化}$、临界钝化电流 $i_{钝化}$ 和维钝电流 $i_{维钝}$。这三个特征值对于表征金属的电化学钝化行为具有较重要的作用。

金属的电化学钝化行为一般与金属种类、所处的介质种类及温度等因素有关。

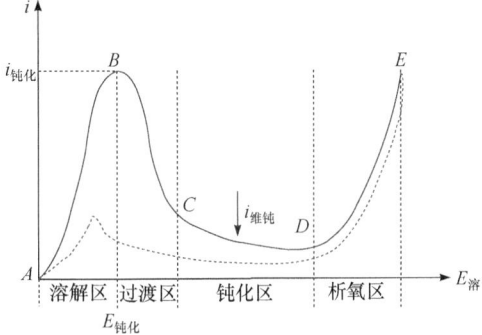

图 10-10 恒电势极化曲线

从钝化机理的角度来说，化学钝化与电化学钝化并无本质不同。关于金属钝化的理论有很多，其中最重要的有成相膜理论和吸附理论，大体上前者认为是在金属表面上形成了一层致密的氧化膜，其厚度为 1~0.1nm，后者认为是在表面形成了氧的吸附层(详细的理论可参见有关文献)。

金属钝化对于金属防腐具有重要意义。在电解工业中，钝化作用有时是一种有利因素(使用惰性阳极时)，有时是一种不利因素(使用牺牲阳极时)。

10.7 电化学腐蚀

金属与周围介质接触并发生化学反应使其变为金属化合物而遭到破坏，统称为金属腐蚀。金属和介质中的某种氧化性组分直接发生化学反应而引起的腐蚀为化学腐蚀；金属表面与介质接触，因形成微电池发生电化学作用而引起的腐蚀为电化学腐蚀。

金属腐蚀是普遍存在现象，全世界每年因腐蚀而损失的金属相当于年产量的 20%~30%。

10.7.1 电化学腐蚀机理

从电化学角度来看，发生电化学腐蚀的必要条件是由金属与介质组成的体系中应同时发生下列两类电极反应：①氧化反应 $M - ze^- \longrightarrow M^{z+}(aq)$；②还原反应 $O + ze^- \longrightarrow R$。其中，

M 为金属；M^{z+}(aq)为金属离子；O 为氧化剂，通常为 H^+(aq)或 O_2；R 为氧化剂还原后的产物。两类电极就可以构成一个局部原电池。例如，铜、锌两块金属连在一起，浸入含有电解质的溶液中，如图 10-11 所示。显然，锌电极电势较小，故为局部原电池的负极，Zn 氧化为 Zn^{2+} 后进入溶液，放出的电子进入铜块；溶液中的 H^+(aq)从铜块局部原电池的正极中得到电子，还原生成氢气而析出。如此两类电极反应不断进行的结果就是锌被氧化而腐蚀。

若金属中含有杂质，或者金属在不同的部位上存在晶体结构或应力状况的差别，它与电解质溶液接触时，在金属表面上金属的电势与杂质的电势不相同，或是不同部位的电势也不相同。这样由金属和其中的杂质，或是由不同的部位，连同电解质溶液就可以构成许许多多的腐蚀微电池。图 10-12 是锌与其中的杂质铁所形成的腐蚀微电池，氢离子在铁正极上放电，锌则作为负极不断氧化而受到腐蚀。

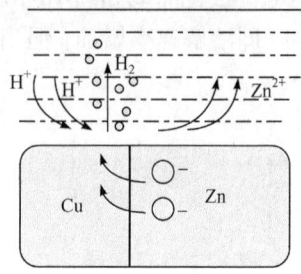 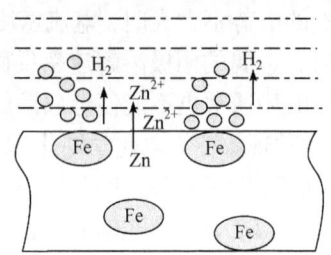

图 10-11　铜锌连接体在电解质中的电化学腐蚀　　图 10-12　含杂质铁的锌在电解质中的电化学腐蚀

当金属发生氧化作用时，必有与之相共轭的某种氧化剂发生还原作用。在金属腐蚀研究领域，常将这种还原作用称为去极化作用(depolarization)，相应的氧化剂称为去极化剂(depolarizer)。在腐蚀微电池正极(阴极)上，因条件不同可能发生不同的去极化作用。

(1) 氢离子还原成 H_2 析出(也称析氢腐蚀)：$2H^+(aq) + 2e^- \longrightarrow H_2(g)$。

(2) 空气中的氧在阴极上的还原(也称耗氧腐蚀)：$O_2(g) + 4H^+(aq) + 4e^- \longrightarrow 2H_2O(l)$。

比较上述两反应的析出电势大小，不难发现，耗氧腐蚀更容易发生。

10.7.2　腐蚀电流

当金属材料发生电化学腐蚀时，构成的腐蚀微电池就会进行放电过程，腐蚀电池的两极就有电流通过，从而使两极都发生极化作用，其示意图如图 10-13 所示。图 10-13 中的曲线 $E_{cd,ir}$ 为正极(阴极)的极化曲线，曲线 $E_{ad,ir}$ 为负极(阳极)的极化曲线。随着两个电极极化程度的增大，腐蚀电池两极间的电势差逐渐减小，直至相交于 S 点。显然对应 S 点的电流最大，用 i_m 表示，称为金属的腐蚀电流。它代表了金属的腐蚀速率，其值越大，金属的腐蚀速率越快。

影响金属腐蚀速率的主要因素有：

(1) 金属极化性能的影响。金属的极化程度可由极化曲线的斜率表示，极化越小，极化曲线的斜率越小。在腐蚀电池中，若阴极的极化性能相同，阳极极化程度越低者，其腐蚀电流越大，金属的腐蚀速率也越大，如图 10-14 所示。图中，曲线 $E_{ad,ir1}$ 的极化程度比曲线 $E_{ad,ir2}$ 的极化程度更低，显然，所对应的腐蚀电流 $i_{m,1} > i_{m,2}$。

(2) 金属本性的影响。不同的金属电极具有不同的可逆电极电势 E_{ad}，若两金属具有相同的极化程度，则其 E_{ad} 越低者，在腐蚀电池中初始电势差(可逆电动势)越大，腐蚀电流也越大。

(3) 氢的超电势与腐蚀速率的关系。在腐蚀电池中，如果阴极上的还原反应是 H^+ 放电逸出

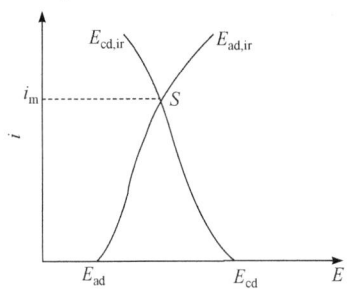

图 10-13 腐蚀电池极化示意图

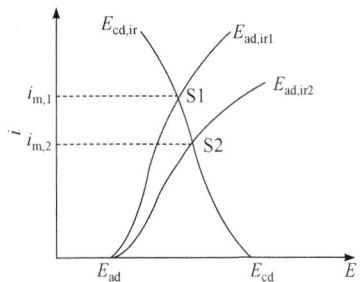

图 10-14 腐蚀电流与极化程度的关系

氢气(析氢腐蚀),则在不同的金属表面上氢析出超电势不同,因而金属的腐蚀速率也不相同。例如,锌电极电势比铁电极电势更小,在不考虑氢析出超电势差异的情况下,锌的腐蚀速率应更快。但由于氢在锌表面的析出超电势大于它在铁表面的析出超电势,因此锌在还原性酸性溶液中的腐蚀速率反而较铁更小。

10.7.3 金属的防腐

金属的防腐常用下列几种方法。

(1) 非金属保护层。将能起隔离作用的材料(如油漆、陶瓷、玻璃、沥青、高分子材料等)涂在金属表面上,使金属与外界的介质隔离,不能发生化学腐蚀或电化学腐蚀。

(2) 金属保护层。用电镀、化学镀或喷镀的方法,在金属表面上覆盖一层或几层有耐腐蚀能力的金属或合金作为保护层。例如,在某些金属部件上先镀铜-锡合金作底,然后镀铬,可以得到既美观又具有防腐蚀功能的镀层。

从电化学的角度来说,金属保护层又可分为阳极保护层和阴极保护层。前者是镀层金属的电极电势比被保护的金属的电极电势更低(如将锌镀在铁上),后者是镀层金属的电极电势比被保护的金属的电极电势更高(如将锡镀在铁上)。正常情况下,两种保护层的隔离作用并无区别。但当保护层受到损坏而变得不完整时,情况就不同了。阴极保护层和被保护金属在介质中就可能形成腐蚀原电池,被保护金属为负极(被氧化),所以不完整的阴极保护层的存在反而加速了腐蚀;阳极保护层遭到破坏后,被保护金属是腐蚀电池的正极,所以受腐蚀的是保护层本身,而被保护金属则不受腐蚀。

(3) 电化学保护。包括以下几种方法。

保护器保护:将电极电势较低的金属和被保护金属连接在一起,于介质中构成腐蚀电池。电极电势较低的金属作为阳极而溶解,被保护金属作为阴极可免遭腐蚀。例如,在船舶底部四周镶嵌锌块,此时船体是阴极受到保护,锌块为阳极代替船体而受腐蚀。这种方法也称为牺牲阳极保护法。

阴极电保护:利用外加直流电,将负极接到被保护的金属上,使其成为阴极;将正极接到一些废旧金属(如废铁)上,使其成为阳极而牺牲。在化工厂中一些盛装酸性溶液的容器或管道、地下的水管或输油管等常用这种方法防腐。

阳极电保护:阳极电保护是被保护金属接到外加电源的正极上,使其进行阳极钝化而得到保护。具体应用时要根据被保护金属在给定介质中的阳极钝化曲线来确定其使用的条件。

(4) 加缓蚀剂保护。在腐蚀性介质中加入少量就能降低金属腐蚀速率的组分,一般称为缓蚀剂。缓蚀剂种类很多,按其作用区域可划分为阴极缓蚀剂和阳极缓蚀剂两类;按其自身性质及形态划分有液相缓蚀剂、气相缓蚀剂、无机缓蚀剂、有机缓蚀剂等。

阳极缓蚀剂的作用之一是直接阻止阳极表面的金属离子进入溶液，作用之二是在金属表面形成保护膜以使阳极面积减小；阴极缓蚀剂的作用一般是吸附在电极表面并抑制阴极过程，增大阴极极化，提高氢析出的超电势，从而减小金属的腐蚀速率，一般有机阴极缓蚀剂多数是表面活性物质。

气相缓蚀剂大多是一些挥发性较大的有机胺盐，由于蒸气压高易于自动溶解在金属表面的薄层水膜中而减小金属的腐蚀速率。军械在密闭箱中的储存和运输就常用气相缓蚀剂。

复习思考题

1. 电极反应步骤一般有哪些？
2. 什么是不可逆电极电势？
3. 什么是极化？
4. 分解电压值与什么因素有关？
5. 什么是析出电势和溶解电势？它们与什么因素有关？有什么用途？
6. 什么是超电势？与什么因素有关？
7. 电解池极化与原电池极化有哪些异同？
8. 极化有几类？各自产生的原因是什么？
9. 什么是极限扩散电流？有哪些应用？
10. 浓差超电势与电流密度有什么关系？
11. 电极表面带电对电极反应的活化能有什么影响？
12. 电化学极化超电势与电流密度有什么关系？
13. 塔费尔公式的应用条件是什么？
14. 极化曲线有几种？测定装置上有什么不同？
15. 极化曲线数据有什么应用？
16. 几种阳离子同时电积的条件是什么？取决于哪些因素？
17. 为什么能从水溶液中电积出金属锌？
18. 影响电结晶好坏的因素有哪些？
19. 多种金属及其合金同时溶解的条件是什么？
20. 什么是金属钝化？产生的原因是什么？
21. 腐蚀原电池是如何构成的？
22. 什么是去极化作用？对金属腐蚀有什么影响？
23. 金属防腐有哪些方法？
24. 阴极保护层、保护器保护和阴极电保护三种防腐措施有什么不同？

习　题

1. 已知 298K 时，反应 $H_2(g) + \frac{1}{2}O_2(g) \rightleftharpoons H_2O(l)$，$\Delta_r G_m^\ominus = -237.13 \text{kJ} \cdot \text{mol}^{-1}$。计算 298K 时稀硫酸溶液的理论分解电压。

   答案：1.229V。

2. 298K 时低电流密度电解稀硫酸水溶液时，试分别确定用银作两惰性电极和用光滑铂作两惰性电极时的分解电压。已知在银电极上 $\eta_{H_2} = 0.87V$、$\eta_{O_2} = 0.96V$，在光滑铂电极上 $\eta_{H_2} = 0.09V$、$\eta_{O_2} = 0.45V$，并假设稀硫酸水溶液中 $a_{H_2O} = 1$。

   答案：1.6696+0.05916pH；1.769V。

3. 某溶液中含 $10^{-2} \text{mol} \cdot \text{dm}^{-3}$ $CdSO_4$、$10^{-2} \text{mol} \cdot \text{dm}^{-3}$ $ZnSO_4$ 和 $0.5 \text{mol} \cdot \text{dm}^{-3}$ H_2SO_4，将该溶液放在两个铂电极之间，在 298K 时用低电流密度进行电解，同时均匀搅拌。

(1) 哪一种金属将首先沉积在阴极上?

(2) 当另一种金属开始沉积时,溶液中先析出的那种金属所剩余的浓度为多少?

答案：(1) Cd; (2) 6.6×10^{-15} mol·dm^{-3}。

4. 电解 298K 的某溶液,在阴极上有 Zn 沉积,$H_2(g)$ 在 Zn 上的超电势为 0.72V,欲使溶液中 Zn^{2+} 的浓度降到 10^{-4} mol·dm^{-3},阴极仍不析出 $H_2(g)$,溶液的 pH 最小应控制为多少?

答案：2.7。

5. 298K 电解精炼铜的酸性溶液内含铜 30g·dm^{-3},离子活度因子 $\gamma_{Cu^{2+}} = 0.0576$,若电解液中含有杂质银,若要使银不析出,电解液中银含量最大不能超过多少?(设电积时铜的超电势可以忽略,最大银含量时 Ag^+ 的 $\gamma_{Ag^+} = 0.1$)

答案：2.8×10^{-8} mol·dm^{-3}。

6. 在 298K 时电解 pH = 5 的 $CdCl_2$ 溶液,Cd^{2+} 的浓度为多少时 $H_2(g)$ 开始析出?已知 $H_2(g)$ 在 Cd 表面超电势为 0.48V。

答案：2.42×10^{-13} mol·dm^{-3}。

7. 将含 0.05mol·dm^{-3} 硫酸的 0.1mol·dm^{-3} 硫酸铜溶液于 298K 进行电解,当 Cu^{2+} 的浓度减小到 1×10^{-7} mol·dm^{-3} 时,阴极电势为多少?在不让氢析出的条件下,阴极电势可能的值为多少?(设电解液的 pH = 0.15,氢在铜上的超电势为 0.33V)

答案：0.1331V；−0.3389V。

8. 用电解沉积 Cd^{2+} 的方法分离某中性水溶液中的 Cd^{2+} 和 Zn^{2+}。已知该溶液中 Cd^{2+} 和 Zn^{2+} 的浓度均为 0.1mol·kg^{-1},$H_2(g)$ 在 Cd 和 Zn 上的超电势分别为 0.48V 和 0.70V。在 298K 时分离效果怎么样?有没有氢析出干扰?(设 Cd^{2+} 和 Zn^{2+} 的活度近似等于浓度)

答案：分离效果好；无。

9. 某溶液中含 Zn^{2+} 和 Fe^{2+},活度均为 1。已知氢在铁上的超电势为 0.4V,若欲使离子析出次序为 Fe(s)、$H_2(g)$、Zn(s),则 298.15K 时溶液的 pH 最大不得超过多少?在此 pH 溶液中,$H_2(g)$ 开始析出时 Fe^{2+} 的活度降为多少?

答案：6.13；1.24×10^{-11}。

10. 在 0.50mol·kg^{-1} $CuSO_4$ 及 0.01mol·kg^{-1} H_2SO_4 的溶液中,使 Cu 镀到铂电极上,若 $H_2(g)$ 在 Cu 上的超电势为 0.23V,当外电压增加到 $H_2(g)$ 在电极上析出时,溶液中所余 Cu^{2+} 的浓度为多少?

答案：$c_{Cu^{2+}} = 2.12 \times 10^{-23}$ mol·kg^{-1}。

11. 298K 时使以下电池发生电解作用：Pt|$CdCl_2$·(1mol·kg^{-1}),$NiSO_4$(1mol·kg^{-1})|Pt。当外加电压逐渐增加时,电极上首先发生什么反应?此时外加电压至少为多少?(设不考虑超电势,电解质活度系数均为 1,pH = 7)

答案：阳极析出 $O_2(g)$,阴极析出 Ni(s)；1.045V。

12. 298K、101.325kPa 下,以铂为阴极、石墨为阳极,电解含铜、镍、镉的某电解液,其中 $a_{Cu^{2+}} = 0.02$,$a_{Ni^{2+}} = 0.005$,$a_{Cd^{2+}} = 0.01$。若尽量消除浓差极化,并不考虑电化学极化,试确定：(1)各种离子在阴极上析出的先后顺序；(2)第二种离子开始析出时,首先析出的离子在溶液中的浓度是多少?

答案：(1) Cu, Ni, Cd; (2) 2.6×10^{-22}。

13. 镀镍溶液中 $NiSO_4 \cdot 5H_2O$ 含量为 270g·dm^{-3}(溶液中还有 Na_2SO_4、NaCl 等物质),已知 298K 时氢在镍上的超电势为 0.42V,氧在镍上的超电势为 0.1V,则在阴极和阳极上首先析出(和溶解)的可能是哪种物质?

答案：阴极析出 Ni；阳极溶出 Ni。

14. 在 Zn 电极上析出氢气的塔费尔公式为 $\eta = 0.72 + 0.17 \lg i/(A \cdot cm^{-2})$,试判断在 298K 以 Zn 作阴极以惰性电极作阳极电解 pH = 7 的 0.01mol·kg^{-1} $ZnSO_4$ 溶液时,在多大的阴极电势和电流密度下,氢气与 Zn 将同时析出。

答案：−0.8220V；1.458×10^{-2} A·cm^{-2}。

15. 25% NaCl 的中性水溶液($\gamma_{m,Cl^-} = 0.6$),298K 时用超电势可忽略不计的电极材料作电极进行电解,两极什么物质先析出?工业上用铁作阴极、石墨作阳极,在电流密度 2000A·m^{-2} 下电解,此情况下 $Cl_2(g)$ 和 $O_2(g)$ 在石墨阳极上超电势分别为 0.25V 和 1.09V,$H_2(g)$ 在铁阴极上的超电势为 0.82V,此时两电极上哪种物质先析出?

答案：用非极化电极时,阴极析出 $H_2(g)$,阳极析出 $O_2(g)$；用极化电极时,阴极析出 $H_2(g)$,阳极析出 $Cl_2(g)$。

第 11 章　表面物理化学基础

物质在一定的条件下可呈气、液、固等各种相态。在各相态之间存在相界面,常见的相界面有气-液、气-固、液-固、液-液和固-固等五类相界面。这五类相界面称为界面。习惯上将气-液和气-固界面称为表面,表面一词有时也泛指各种界面,实际上也无须作严格的区分。

相界面并非简单的几何面,而是从一相到另一相的过渡层,其厚度一般在 10^{-9}~10^{-8}m。相界面的性质与相邻两个相的性质不同,通常又将相界面称为表面相,而将相邻两个相称为体相。表面相的分子和体相的分子存在力场的差异,从而在相界面上形成各种界面现象。例如,液滴、气泡呈球形;超细金属粉末在空气中会自燃;水不能润湿荷叶与羽毛;液体沿毛细管上升或下降等。当体系的界面面积不大时,界面效应对体系性质的影响可以忽略;对界面很大的体系,界面效应就不能忽略。

物质的分散程度通常用单位体积(或单位质量)所具有的表面积表示,并称为比表面积。例如,将边长为 10^{-2}m 的立方体分割成不同大小的立方体时,其总面积及总比表面积的结果列于表 11-1。

表 11-1　分割 10^{-6}m^3 立方体成边长不等的小立方体微粒数及微粒总面积

边长/m	粒数	总面积/m^2	总比表面积/m^{-1}
10^{-2}	1	6×10^{-4}	6×10^2
10^{-3}	10^3	6×10^{-3}	6×10^3
10^{-5}	10^9	6×10^{-1}	6×10^5
10^{-7}	10^{15}	6×10^1	6×10^7
10^{-9}	10^{21}	6×10^3	6×10^9

由表 11-1 可见,当分割成边长为 10^{-9}m 的小立方体时,总面积达 6000m^2。这样巨大的表面,其表面效应很显著。

表面现象广泛存在于生产及研究中,表面物理化学就是从原子或分子角度研究相界面上的化学过程及相关物理过程的学科,是物理化学基本原理的拓展和应用,与物理、材料、生物及信息等多学科交叉与渗透,已成为当今重要的热点研究领域之一。本章将介绍和讨论表面物理化学的基础及简单应用。

11.1　表面热力学

11.1.1　比表面

将物质分散成细小颗粒的程度称为分散度,可用比表面积的大小表示物质的分散程度。比表面积有两种常用的表示方法:一是单位质量的物质所具有的表面积;二是单位体积的固体物

质所具有的表面积。即

$$A_{s,m} = A_s / m \quad \text{或} \quad A_{s,V} = A_s / V \tag{11-1}$$

式中，m 和 V 分别为物质的质量和体积；A_s 为物质的表面积。

物质分割得越小，分散度越高，比表面积也越大，如表 11-1 所示。又如，1g 水以一个球滴存在，表面积仅为 $4.85 \times 10^{-4} m^2$，表面能约为 3.5×10^{-5}J；若将 1g 水球滴分散成半径为 10^{-9}m 的小液滴时，可得 2.4×10^{20} 个，表面积约为 $3.0 \times 10^3 m^2$，表面能约为 218J。可见，物质分散成纳米级的超细微粒时，将具有很大的比表面积，从而具有许多独特的表面效应和量子效应，并由此引起其光学、热学、电学、磁学、力学、化学等性质的显著变化。

11.1.2 表面张力

界面相中的分子和体相中的分子所处的力场不同。以气-液界面为例，体相内部分子所受四周邻近相同分子的作用力是对称的，各个方向的力彼此抵消(各向同性)；而表面相分子处于一个不对称的力场中：与体相分子的作用力大，与气相分子的作用力小，因而其所受的合力不为零，如图 11-1 所示。

在不对称的力场作用下，表面相分子有进入体相的趋势。例如，液体都有缩小表面而呈球形的趋势。这就意味着若要把液体内部分子移至表面(扩大表面)，就必须克服某种力而做功。

凝聚相表面(液-气或固-气界面)最基本的特性是趋于收缩，这表明在凝聚相表面上，处处存在一种使其表面收缩的力，称为表面张力。这种力在任意界面上都存在，因此也称为界面张力，用符号 σ 表示，单位是 $N \cdot m^{-1}$。

通过如图 11-2 所示的液膜收缩实验，可以更直观地理解表面张力的存在。在图中的液膜上，显然存在一种作用于单位长度上并与液面相切的收缩力会将可滑动金属丝向上拉，这种力就是表面张力 σ。因滑动丝长度为 l，且有两个液面，所以作用在滑动丝上的力为 $F = 2\sigma l$。如果在滑动丝(质量为 W_1)上挂一质量为 W_2 的物体，产生的重力为 $(W_1 + W_2)g$。显然，当 $(W_1 + W_2)g > 2\sigma l$ 时，丝会下滑直至膜破；当 $(W_1 + W_2)g < 2\sigma l$ 时，丝会上滑；当 $(W_1 + W_2)g = 2\sigma l$ 时，丝不动，膜面积不变。

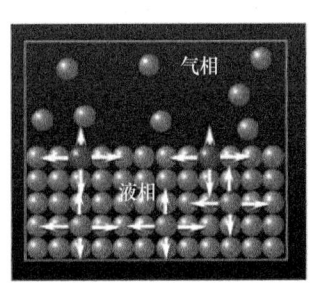

图 11-1 界面分子力场示意图

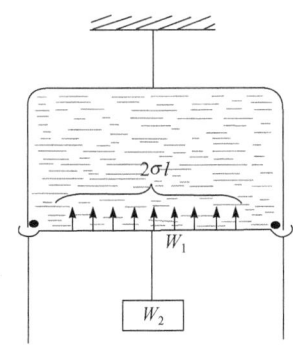

图 11-2 表面张力示意图

表面张力取决于表面性质，因此，凡是影响形成相界面的两个相性质的因素，都能影响表面张力的大小。某些系统在 293K 的表(界)面张力列于表 11-2 中。

表 11-2　某些系统在 293K 的表(界)面张力

系统		$\sigma \times 10^3$	系统		$\sigma \times 10^3$
第一相	第二相	$\overline{\mathrm{N \cdot m^{-1}}}$	第一相	第二相	$\overline{\mathrm{N \cdot m^{-1}}}$
水	水蒸气	72.75	汞	水	375
二硫化碳	二硫化碳蒸气	33.5	汞	乙醇	364
苯	苯蒸气	28.88	汞	正辛醇	348
四氯化碳	空气	26.8	水	正辛烷	50.8
乙酸	空气	27.6	水	二硫化碳	48.4
乙醇	空气	22.3	水	四氯化碳	45.1
正辛醇	空气	27.5	水	苯	35.0
正辛烷	空气	21.8	水	正辛醇	8.5
汞	空气	485.0	水	正丁醇	1.8

1) 表面张力与两相物质的本性及组成有关

表面张力是分子间相互作用差异的必然结果。不同的物质，分子间作用力不同，对界面分子的影响也不同。例如，纯物质的表面张力与其分子的性质密切相关，通常金属的表面张力最大，其次是离子键化合物、极性共价键化合物，具有非极性共价键分子的物质其表面张力最小。因为存在氢键，水的表面张力也比较大。

两种液体间的表面张力与两种液体的表面张力之差近似相等，即

$$\sigma_{1,2} \approx \sigma_1 - \sigma_2 \tag{11-2}$$

这个经验规律称为安托诺夫(Antonoff)规则。

如果两相不是纯物质，则表面张力还与两相的组成有关，这将在 11.6 节中讨论。

2) 表面张力与温度有关

温度升高，表面张力下降，当达到其中一相的临界温度 T_c 时，表面张力趋于零。

3) 表面张力与压力的关系

表面张力受压力的影响一般比较小，凝聚相的表面张力基本与压力无关。

11.1.3　比表面吉布斯自由能

在恒温、恒压且液膜组成不变的条件下，若使图 11-2 中的滑动丝可逆地向下移动一微小距离 dx，相当于使膜增加一微小面积 dA_s(两个面)，则外界需对其做功，这种功称为表面功，属于非体积功：

$$\delta W' = F\mathrm{d}x = 2\sigma l\mathrm{d}x = \sigma \mathrm{d}A_s \tag{11-3a}$$

因为对恒温恒压下可逆过程有 d$G = \delta W'$，所以有

$$\mathrm{d}G_{T,p} = \sigma \mathrm{d}A_s \tag{11-3b}$$

也可写成

$$\sigma = \left(\frac{\partial G}{\partial A_s}\right)_{T,p,n_B} \tag{11-3c}$$

可见，σ 实际上是恒温、恒压且组成不变时，使系统增加单位表面积所引起系统吉布斯自由能的增量，或单位表面积所具有的吉布斯自由能。因而，σ 又称为比表面吉布斯自由能，单位是 $\mathrm{J \cdot m^{-2}}$。实际上，单位 $\mathrm{J \cdot m^{-2}}$ 与单位 $\mathrm{N \cdot m^{-1}}$ 完全等效。

在恒温、恒压且组成不变时，使凝聚相的表面从零(表面效应可忽略的状态)增加至 A_s(表面效应不可忽略的状态)，则系统的表面吉布斯自由能从零增加至 G_s，对式(11-3b)积分可得

$$\int_0^{G_s} \mathrm{d}G = \int_0^{A_s} \sigma \mathrm{d}A_s \quad 即 \quad G_s = \sigma A_s \tag{11-4}$$

式(11-4)是计算凝聚相系统表面吉布斯自由能的一般公式，类似于偏摩尔量的集合公式。

可见，作为表(界)面张力的 σ 与作为比表面吉布斯自由能的 σ，其数值相同，量纲相同，但其物理意义不同，是从不同角度描述同一系统的两个物理量。在考虑表面的热力学问题时，用比表面吉布斯自由能较多；而在分析各种界面作用时，采用表面张力比较方便。实际上，对于 σ，还不仅仅只有上述两种物理意义。

在表面效应不可忽略的情况下，对于凝聚相的均相系统，其热力学基本方程为

$$\mathrm{d}G = -S\mathrm{d}T + V\mathrm{d}p + \sum \mu_i \mathrm{d}n_i + \sigma \mathrm{d}A_s \tag{11-5a}$$

$$\mathrm{d}U = T\mathrm{d}S - p\mathrm{d}V + \sum \mu_i \mathrm{d}n_i + \sigma \mathrm{d}A_s \tag{11-5b}$$

$$\mathrm{d}H = T\mathrm{d}S + V\mathrm{d}p + \sum \mu_i \mathrm{d}n_i + \sigma \mathrm{d}A_s \tag{11-5c}$$

$$\mathrm{d}A = -S\mathrm{d}T - p\mathrm{d}V + \sum \mu_i \mathrm{d}n_i + \sigma \mathrm{d}A_s \tag{11-5d}$$

由以上公式可得

$$\sigma = \left(\frac{\partial G}{\partial A_s}\right)_{T,p,n_B} = \left(\frac{\partial U}{\partial A_s}\right)_{S,V,n_B} = \left(\frac{\partial H}{\partial A_s}\right)_{S,p,n_B} = \left(\frac{\partial A}{\partial A_s}\right)_{T,V,n_B} \tag{11-6}$$

可见，σ 是保持相应的特征变量不变，每增加单位表面积时，相应特性热力学函数的变化量。

从以上表面热力学基本方程，可以更清楚地看出温度及压力对表面张力的影响：
(1) 式(11-5a)及式(11-5d)的麦克斯韦关系式有

$$\left(\frac{\partial S}{\partial A_s}\right)_{T,p,n_B} = -\left(\frac{\partial \sigma}{\partial T}\right)_{A_s,p,n_B} \tag{11-7a}$$

$$\left(\frac{\partial S}{\partial A_s}\right)_{T,V,n_B} = -\left(\frac{\partial \sigma}{\partial T}\right)_{A_s,V,n_B} \tag{11-7b}$$

上两式的左边为正值，因为恒温恒压或恒温恒容时增加系统的表面积，其熵总是增加，所以凝聚相系统的表面张力随温度的增加而下降。

当温度升高时，大多数液体的表面张力呈线性下降，并且可以预期当达到液体的临界温度(T_c)时，其表面张力趋于零。约特弗斯(Eötvös)曾提出液体表面张力的关系为

$$\sigma V_m^{2/3} = k(T_c - T) \tag{11-8a}$$

式中，V_m 为液体的摩尔体积；k 为常数，对于非极性液体，$k = 2.2 \times 10^{-7} \mathrm{J \cdot K^{-1}}$。因接近临界温度时，气-液界面已不清晰，所以拉姆齐(Ramsay)和谢尔德(Shields)将式(11-8a)修正为

$$\sigma V_m^{2/3} = k(T_c - T - 6) \tag{11-8b}$$

纯液体的表面张力随温度的变化也可用经验公式表示：

$$\sigma = \sigma_0 (1 - T/T_c)^n \tag{11-9}$$

式中，σ_0、n 为经验常数，与液体的性质有关，对大多数液体，$n > 1$。

(2) 式(11-5a)的麦克斯韦关系式还有

$$\left(\frac{\partial \sigma}{\partial p}\right)_{T,A_s,n_B} = \left(\frac{\partial V}{\partial A_s}\right)_{T,p,n_B} \tag{11-10}$$

由上式可见，恒温恒压下增加凝聚相的表面积，其体积基本不变，因此，凝聚相的表面张力基本与压力无关。

11.1.4 表面过程自发性的判断

对恒温、恒压条件下的表面过程，由 $G_s = \sigma A_s$ 微分得

$$dG_s = \sigma dA_s + A_s d\sigma \tag{11-11}$$

根据吉布斯自由能降低原理，由式(11-11)可知：

(1) 在恒温恒压条件下，对于纯液体或组成恒定系统，σ 为定值，因此，其表面积 A_s 减小过程为自动过程。液滴呈球形就是这种自动过程的必然结果。

(2) 在恒温恒压条件下，若系统的表面积不能改变(如已制成的催化剂、溶液的表面等)时，系统的表面张力 σ 减小的过程为自动过程。例如，表面上的润湿、吸附、带电等表面现象均属于 σ 降低的自动过程。

11.2 弯曲表面的特性

体系形成微小颗粒后，其表面的曲率半径变小，即形成弯曲表面。相对于平面表面(大颗粒)来说，系统的性质都会发生变化。

11.2.1 弯曲液面下的附加压力

由于表面张力的作用，弯曲液面下的液体都会受到一个附加的压力 p_s 的作用，如图 11-3 所示。凸面下受的压力大于平面上的压力；凹面下受的压力小于平面上的压力。附加压力 p_s 的方向都指向曲面的中心。

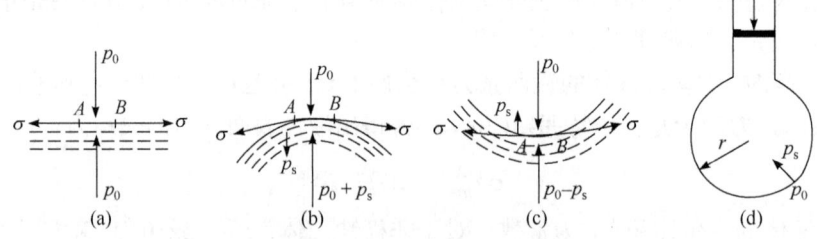

图 11-3 弯曲表面下的附加压力

显然，附加压力 p_s 的大小与曲率半径有关。以凸形液滴为例，在毛细管内充满液体，并在管端形成半径为 r 的球状液滴，如图 11-3(d)所示。液滴表面任意处都受到附加压力 p_s 的作用；若外压为 p_0，液滴表面任意处所受压力为 $p_0 + p_s$。

对活塞稍加压力，将毛细管内液体压出少许使液滴体积增加 dV，相应地其表面积增加 dA_s，克服附加压力 p_s 所做的功等于可逆增加表面积引起的吉布斯自由能的变化

$$p_s \mathrm{d}V = \sigma \mathrm{d}A_s$$

液滴的体积为 $V = 4\pi r^3/3$，则 $\mathrm{d}V = 4\pi r^2 \mathrm{d}r$；液滴的表面积为 $A_s = 4\pi r^2$，则 $\mathrm{d}A_s = 8\pi r \mathrm{d}r$。将其代入上式得

$$p_s = \frac{2\sigma}{r} \tag{11-12a}$$

式(11-12a)是曲面附加压力公式，也称拉普拉斯(Laplace)公式。表明曲面附加压力与物质的表面张力成正比，与曲率半径成反比。对于凸面下液体所受压力为 $p_0 + p_s$，相当于曲率半径 r 取正值；对于凹面下液体所受压力为 $p_0 - p_s$，相当于曲率半径 r 取负值；对平液面，$r = \infty$，所以 $p_s = 0$。

描述一个任意的小曲面，一般至少需要两个曲率半径(r_1 及 r_2)，可以证明

$$p_s = \sigma \left(\frac{1}{r_1} + \frac{1}{r_2} \right) \tag{11-12b}$$

该式称为杨氏-拉普拉斯(Young-Laplace)公式。其中，r_1 及 r_2 为描述曲面的两个曲率半径。对于球面，$r_1 = r_2$，式(11-12b)就还原为式(11-12a)。

对空气中的气球或气泡，由于有内外两个表面，其曲率半径基本相等，所以泡膜所受的附加压力为

$$p_s = \frac{4\sigma}{r} \tag{11-12c}$$

自由液滴或气泡通常呈球形，两块润湿的玻璃贴在一起难以分开等现象，都可以从附加压力的概念得到解释。

11.2.2 毛细管现象

因附加压力而引起的毛细管内液面与管外液面有高度差的现象称为毛细管现象(capillary phenomenon)，如图 11-4 所示。

毛细管内液面上升(或下降)的高度 h 可近似用如下方法计算。

液体在毛细管内形成弯曲液面的曲率半径为 r，当液面在管中上升(下降)达到平衡时，上升(下降)液柱的静压力($\Delta p = p_0 - p'$)就等于弯曲液面上的附加压力 p_s，即

$$\Delta p = p_s = \frac{2\sigma}{r} = (\Delta \rho)gh \tag{11-13a}$$

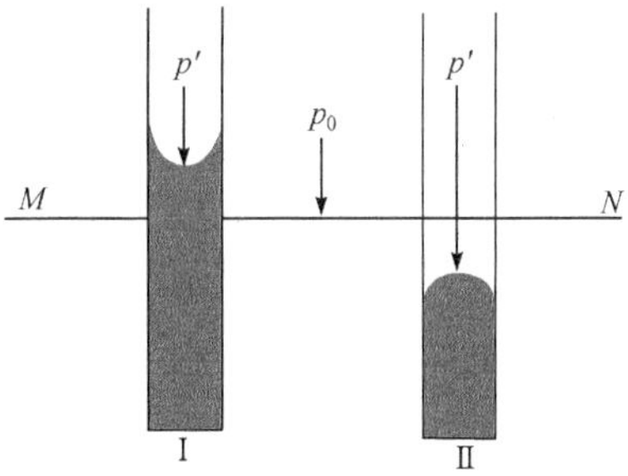

图 11-4 毛细管现象

式中，$\Delta \rho$ 为管内液相和气相的密度差，$\Delta \rho = \rho_l - \rho_g$，通常 $\rho_l \gg \rho_g$，所以

$$h = \frac{2\sigma}{r \rho_l g} \tag{11-13b}$$

当液体与管壁之间的接触角(见 11.5 节)为 θ 时，毛细管半径 R 与曲率半径 r 的关系为 $R = r\cos\theta$，有

$$h = \frac{2\sigma \cos\theta}{R(\Delta \rho)g} = \frac{2\sigma \cos\theta}{R \rho_l g} \tag{11-13c}$$

11.2.3 微小物质的特性

因为附加压力随曲率而变，所以凝聚相微小物质的蒸气压将随其曲率的不同而有所不同。凝聚相(以液体为例)的蒸气压与曲率的关系可用如下方法获得：

$$\text{平面液体} \underset{(1)}{\rightleftharpoons} \text{蒸气(正常蒸气压}p_0)$$
$$\downarrow(2) \qquad \qquad \uparrow(4)$$
$$\text{小液滴} \underset{(3)}{\rightleftharpoons} \text{蒸气(小液滴蒸气压}p_r)$$

过程(1)是恒温恒压下的气-液两相平衡，$\Delta G_1 = 0$；过程(2)是恒温下的液滴分割过程，分割过程中因有附加压力，小液滴的压力逐渐变化，而且还有表面功，所以 $\Delta G_2 = \int V_m dp + \sigma(A_s - A_0) \approx \frac{2\sigma M}{r\rho} + \sigma A_s$，式中，$M$ 为液体的摩尔质量，ρ 为液体密度，r 为小液滴半径。

过程(3)是小液滴恒温恒压蒸发，$\Delta G_3 = -\sigma A_s$；过程(4)是恒温过程，视为理想气体，则

$$\Delta G_4 = -RT \ln \frac{p_r}{p_0}$$

因 $\Delta G_1 + \Delta G_2 + \Delta G_3 + \Delta G_4 = 0$，故可得

$$RT \ln \frac{p_r}{p_0} = \frac{2\sigma M}{r\rho} \tag{11-14a}$$

这就是开尔文(Kelvin)公式，是凝聚相微小物质的蒸气压与其曲率的基本关系。对凸面，r 取正值；对凹面，r 取负值。

实际上，考虑外压(此处即为弯曲曲面的附加压力)对凝聚相蒸气压的影响，从式(5-8b)变换可直接得到式(11-14a)。

由式(11-14a)可知，凸液面曲率半径越小，蒸气压越大；凹液面曲率半径越小，蒸气压越小。曲率半径对蒸气压的影响只有曲率半径很小时才体现出来。例如，一定温度下，不同半径的小水滴的蒸气压如表 11-3 所示。

表 11-3　293.15K 时水滴半径与蒸气压的关系

r/m	∞	10^{-6}	10^{-7}	10^{-8}	10^{-9}
p/Pa	2330	2333	2351	2594	6850
p/p_0	1.000	1.001	1.011	1.114	2.95

开尔文公式也可以表示为两个不同大小的微粒的蒸气压之比：

$$RT \ln \frac{p_2}{p_1} = \frac{2\sigma M}{\rho}\left(\frac{1}{r_2} - \frac{1}{r_1}\right) \tag{11-14b}$$

微小物质因具有不同于常规物质的饱和蒸气压，而具有不同于常规物质的各种特性。

1. 微小物质的活性较高

物质 B 在常规状态下的化学势为 $\mu_B = \mu_B^\ominus + RT\ln(p_{B,0}/p^\ominus)$，在微小状态下为 $\mu_{B,r} = \mu_B^\ominus +$

$RT\ln(p_{B,r}/p^{\ominus})$,因为 $p_{B,r} > p_{B,0}$,所以 $\mu_{B,r} > \mu_B$,即微小物质的化学势较高,因而其活性较高。

2. 微小物质的熔点较低

微小固体较常规固体有较低的熔点,其原理可用图 11-5 表示。

图 11-5 中微小固体的蒸气压曲线高于固体的蒸气压曲线,所以前者与液体蒸气压曲线相交处的温度 T_f 低于后者的 T_f^*,且其降低值可近似计算如下。

对液体的蒸气压曲线,在 T_f 及 T_f^* 两个交点处,符合克拉佩龙-克劳修斯方程,$\ln\dfrac{p_0}{p_r} = -\dfrac{\Delta_{vap}H_m}{R}\left(\dfrac{1}{T_f^*} - \dfrac{1}{T_f}\right)$;对固体的蒸气压曲线,在 T_f 及 T_f^* 两个交点处,也符合克拉佩龙-克劳修斯方程,$\ln\dfrac{p_0}{p'} = -\dfrac{\Delta_{sub}H_m}{R}\left(\dfrac{1}{T_f^*} - \dfrac{1}{T_f}\right)$。两式相减得

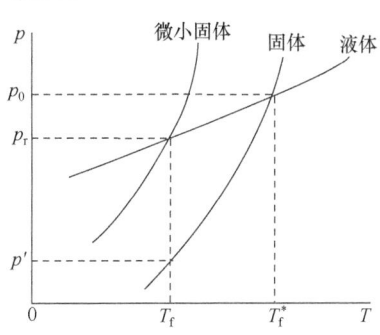

图 11-5 固体物质的熔点

$$\ln\dfrac{p_r}{p'} = \dfrac{\Delta_{vap}H_m - \Delta_{sub}H_m}{R}\left(\dfrac{1}{T_f^*} - \dfrac{1}{T_f}\right) = \dfrac{-\Delta_{fus}H_m}{R}\left(\dfrac{1}{T_f^*} - \dfrac{1}{T_f}\right)$$

上式左边应用开尔文公式,得

$$\dfrac{2\sigma M}{\rho R T_f r} = \dfrac{-\Delta_{fus}H_m}{R}\left(\dfrac{1}{T_f^*} - \dfrac{1}{T_f}\right) \tag{11-15a}$$

即

$$\dfrac{T_f^* - T_f}{T_f^*} = \dfrac{2\sigma M}{\rho \Delta_{fus}H_m} \cdot \dfrac{1}{r} \tag{11-15b}$$

以上各式中,$\Delta_{vap}H_m$、$\Delta_{sub}H_m$ 和 $\Delta_{fus}H_m$ 分别为物质的摩尔蒸发焓、摩尔升华焓和摩尔熔化焓;ρ 为固体的密度;T_f^* 为常规固体的熔点;T_f 为微小固体的熔点。

3. 微小物质的溶解度较大

微小物质因活性较高,故其溶解度较大。若常规固体溶解平衡时的饱和浓度为 c_0,微小颗粒溶解平衡时的饱和浓度为 c,结合亨利定律与开尔文公式,可得

$$\ln\dfrac{c}{c_0} = \dfrac{2\sigma_{s-l}M}{\rho RT} \cdot \dfrac{1}{r} \tag{11-16a}$$

或

$$\ln\dfrac{c_2}{c_1} = \dfrac{2\sigma_{s-l}M}{\rho RT}\left(\dfrac{1}{r_2} - \dfrac{1}{r_1}\right) \tag{11-16b}$$

由此可知,微小固体的溶解度大于大块固体的溶解度。如果溶液中既有大颗粒,也有小颗粒,则小颗粒将不断溶解,大颗粒不断长大,这就是重量分析中沉淀物陈化的依据。陈化过的沉淀易于过滤,且较纯净。

4. 新相难以形成与亚稳态

微小物质由于饱和蒸气压高而易蒸发、易升华、易熔化、易溶解。其相应的逆过程难以进

行，即微小物质难冷凝、难凝华、难凝固、难结晶。因为这些过程的一个共同点就是要从原单一体相中生成新的相态，而最初形成的新相因极微小，其比表面积很大，表面吉布斯自由能高，化学势高，使之更容易蒸发、升华、熔化或溶解，造成新相难以生成，从而形成亚稳(介稳)状态。

(1) 过饱和蒸气。由于微小液滴具有较大的蒸气压，因此对平面液体饱和的蒸气对微小液滴却未饱和。这种对平面液体而言应当凝结而未凝结的蒸气称为过饱和蒸气。人工降雨的基本原理就是向过饱和水蒸气提供凝结中心使之成雨。

(2) 过冷液体。当液体的温度降到其凝固点时，液体才会凝固。但液体凝固时最初总是要生成极微小的固体，而微小固体具有较低的熔点，因此对平面固体平衡的液体对微小固体却未平衡。这种对平面固体而言应当凝固而未凝固的液体称为过冷液体。例如，纯净水可到-40℃不结冰。过冷液体中若存在凝固种子则很易凝固。

(3) 过饱和溶液。当溶质的浓度大到其饱和浓度时，溶质才会从溶液中结晶出来。但溶质结晶时最初总是要生成极微小的晶体，而微小晶体具有较大的溶解度，因此对平面固体饱和的溶液对微小晶体却未饱和。这种对平面固体而言应当结晶而未结晶的溶液称为过饱和溶液。如果溶液中有晶种，则溶液可在较小的过饱和程度下结晶。

(4) 过热液体。液体的饱和蒸气压与外界压力相等时的温度称为沸点。对于液体中的小气泡，气泡壁的液面是凹面，曲率半径为负值，根据开尔文公式，水气泡中的液体的饱和蒸气压小于平面液体的饱和蒸气压，而且气泡越小，蒸气压越低。在沸腾时，最初形成的半径极小的气泡其蒸气压远小于外压，所以小气泡难以形成，致使液体不易沸腾而形成过热液体。为了防止液体过热而产生暴沸，常向液体中投放一些多孔的瓷片或沸石等物质，加热时其中的气体就成为新相的种子，从而使液体更易沸腾。

11.3 固-气界面作用

11.3.1 吸附过程的热力学特征

物质在界面富集的现象或界面层中物质浓度发生变化的现象都称为吸附。被吸附的物质常称为吸附质，起吸附作用的物质称为吸附剂。固体表面的原子或分子因受到不对称力场的作用而存在吸附外相粒子的能力。例如，无水氯化钙和硅胶用于吸潮，就是固体吸附气体的例子。吸附作用可发生在各种相界面上，包括液-气、固-气、固-液和液-液等界面。本节只讨论固-气界面的吸附。

固-气界面的吸附过程自动进行时，$\Delta G<0$；气体分子被吸附则是自由度减小的过程(从三维空间到二维空间)，所以$\Delta S<0$；因此等温吸附过程应有$\Delta H = \Delta G + T\Delta S<0$，即吸附过程的熵变通常小于零。若是等压吸附过程，熵变与吸附热相等，因此，固-气界面的等压吸附过程通常是放热过程。

恒温下，一定量固体(吸附剂)吸附一定量的气体(吸附质)后所产生的热效应即为吸附热。准确的吸附热数值只能用适当的热量计直接测定；近年来有人采用气相色谱等间接测定技术测定吸附热，其结果通常不易重复；也有人提出了各种计算吸附热的公式，但实际上目前并无成熟统一的公式。

11.3.2 物理吸附和化学吸附

固体表面上的吸附按其作用力的性质可分为物理吸附和化学吸附两类。

吸附剂表面分子和吸附质分子间的相互作用力若是较弱的范德华力,则为物理吸附。这类吸附的吸附热较小,一般为 $8\sim20\text{kJ}\cdot\text{mol}^{-1}$;由于范德华力是一种长程作用力,因此固体表面吸附一层分子后,还可以继续吸附,形成多分子层吸附;基本没有选择性;吸附速率和解吸速率都较大,易于达到平衡;吸附速率和解吸速率受温度的影响较小,也就是吸附活化能较小;物理吸附常在较低的温度下进行;这类吸附不稳定,易解吸。

吸附剂表面分子和吸附质分子间的相互作用力若是较强的化学键力,则为化学吸附。化学吸附热较大,一般与化学反应热相近,为 $40\sim400\text{kJ}\cdot\text{mol}^{-1}$;化学键力是一种短程作用力,通常形成单分子层吸附;化学吸附有选择性;这类吸附的吸附速率和解吸速率都较小,需较长时间达到吸附平衡;吸附速率和解吸速率受温度的影响较大,也就是吸附活化能较大;温度升高,化学吸附速率加快,因此,化学吸附常在较高的温度下进行;由于化学键力较强,这类吸附较稳定,不易解吸。化学吸附和物理吸附的特征比较列于表 11-4。

表 11-4 化学吸附和物理吸附的比较

性质	物理吸附	化学吸附
吸附作用力	范德华力(长程作用力)	化学键力(短程作用力)
吸附热	较小,$8\sim20\text{kJ}\cdot\text{mol}^{-1}$	较大,$40\sim400\text{kJ}\cdot\text{mol}^{-1}$
吸附层数	多分子层	单分子层
吸附选择性	无	有
吸附稳定性	不稳定,易解吸	较稳定,不易解吸
吸附速率	快,活化能较小	慢,活化能较大,升温加速
吸附温度	较低,吸附质沸点或以下	较高,远高于吸附质沸点

物理吸附和化学吸附的差别源于分子(或原子)间作用力大小的差别,也就是分子(或原子)间势能大小的差别。物理吸附和化学吸附的势能曲线可参阅相关教材或文献。

在一个吸附系统中,物理吸附和化学吸附并不能决然分开,只是在一定条件下某种吸附为主,另一种吸附为辅;或者两种吸附共存。通常在较低温度下,物理吸附为主;在较高温度下,化学吸附为主;中等温度下两种吸附共存。

11.3.3 吸附曲线类型及吸附热的计算

当固-气吸附达到平衡时,单位质量的吸附剂(W)所吸附气体的体积(V)或物质的量(n)称为吸附量,用符号 $\varGamma$ 表示,即

$$\varGamma = \frac{V}{W} \quad \text{或} \quad \varGamma = \frac{n}{W} \tag{11-17}$$

对给定的固-气吸附系统,吸附量与系统的温度及压力有关,即 $\varGamma=f(T,p)$。此关系是三维坐标中的一个曲面;但若固定其中一个变量,则此关系是平面坐标中的一条曲线,这样的曲线就是系统的吸附曲线。例如:

若 $T=$ 常数,则 $\varGamma=f(p)$,此关系称为吸附等温式,对应曲线称为吸附等温线;

若 $p=$ 常数,则 $\varGamma=f(T)$,此关系称为吸附等压式,对应曲线称为吸附等压线;

若 Γ =常数，则 $p = f(T)$，此关系称为吸附等量式，对应曲线称为吸附等量线。

以 NH_3 在炭上的吸附为例，根据实验数据可得到系统的吸附等温线(图 11-6)、吸附等压线(图 11-7)及吸附等量线(图 11-8)。

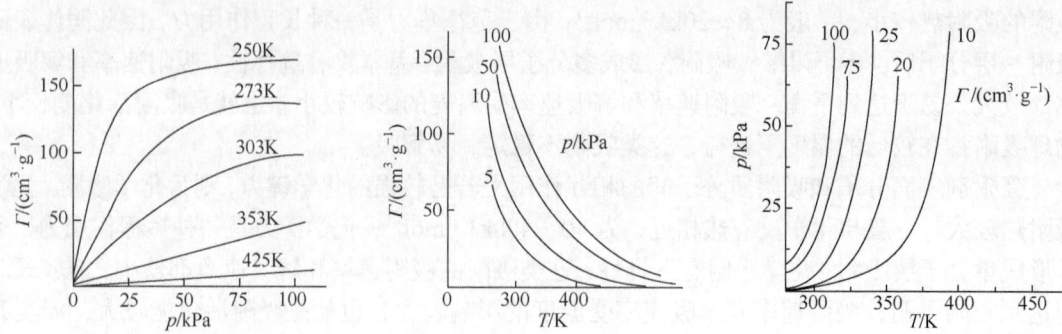

图 11-6　NH_3 在炭上的吸附等温线　　图 11-7　NH_3 在炭上的吸附等压线　　图 11-8　NH_3 在炭上的吸附等量线

通常实验较易测定系统的吸附等温线，从一组吸附等温线可得到相应的吸附等压线和吸附等量线。

由图 11-6 吸附等温线可见，平衡吸附量随压力的升高而增加(这与吸附时体积缩小的过程相一致)；在低压部分，吸附量与压力近似线性关系；当压力足够大时，曲线接近定值，吸附达到饱和，此时吸附量称为饱和吸附量，用 Γ_∞ 表示。由吸附等压线可见，温度越高，平衡吸附量越低(这与吸附是放热过程相一致)。

固-气吸附可以当成一种气体凝结在固体表面的广义相变，则解吸过程即相当于吸附质的蒸发过程。图 11-8 就表明了这种广义相变过程的蒸气压与温度的关系，所以人们认为这应该也符合克拉佩龙-克劳修斯方程，可表示为

$$\left(\frac{\partial \ln p}{\partial T}\right)_\Gamma = \frac{\Delta H}{RT^2} \quad \text{或} \quad \frac{1}{p}\left(\frac{\partial p}{\partial T}\right)_\Gamma = \frac{\Delta H}{RT^2} \tag{11-18}$$

式中，ΔH 为吸附质解吸过程的焓变。因此，若能得到图 11-8 所示的吸附等量线，则运用式(11-18)就能求得吸附过程的焓变，$\Delta_{sor}H = -\Delta H$，并将此近似当成吸附热，$Q_{sor} \approx \Delta_{sor}H$。

人们从实验结果总结出通常吸附等温线大致有五种类型，如图 11-9 所示。

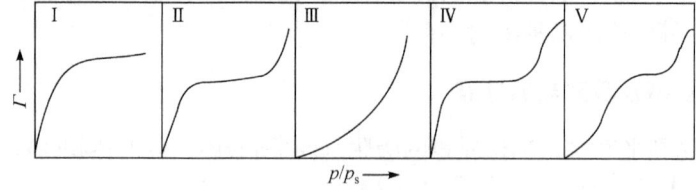

图 11-9　五种类型的吸附等温线

图 11-9 中纵坐标代表吸附量，p 是吸附平衡时的压力，p_s 是该温度下吸附质的饱和蒸气压。不同类型的吸附等温线反映了吸附剂的表面性质(如表面积大小及孔径分布等)及吸附质和吸附剂相互作用的不同。

11.3.4　吸附等温方程式

根据大量实验结果，人们提出了许多描述固-气吸附的物理模型及等温方程式，较为重要

且应用广泛的吸附等温方程式有以下几个。

1. 弗伦德利希经验公式

弗伦德利希(Freundlich)从大量等温吸附实验数据出发，于1906年总结出经验公式

$$\Gamma = kp^{1/n} \quad \text{或} \quad \Gamma = k'p^n \tag{11-19}$$

上两式都称为弗伦德利希等温式，其中 k、k' 及 n 为与温度及体系有关的经验常数。弗伦德利希等温式是纯粹的经验公式，没有饱和吸附量的概念，有一定的应用。例如，CO 在炭上的吸附比较符合该式，但 $NH_3(g)$ 在炭上的吸附不符合该式。弗伦德利希等温式还可用于溶液吸附。

2. 朗缪尔单分子层吸附理论

朗缪尔(Langmuir)在研究低压下气体在金属上的吸附时，通过实验数据发现了一些规律，并于1916年从动力学的观点提出了一个理论模型解释这些规律。这个理论模型称为朗缪尔单分子层吸附理论。这个理论的基本点是认为气体在固体表面的吸附是吸附与解析两种相反过程达到动态平衡的结果，并有两个基本假定：

(1) 吸附是单分子层吸附。
(2) 固体表面是均匀的，各处的吸附能力相同，被吸附在固体表面上的分子无相互作用。

若以 θ 代表固体表面被气体覆盖分数，则固体表面未被气体覆盖的分数即空白分数为 $(1-\theta)$。显然，气体吸附速率 r_a 与气体的压力成正比，也与固体的空白分数成正比，即

$$r_a = k_a p(1-\theta)$$

气体的解吸速率 r_d 应与固体表面覆盖分数成正比，即

$$r_d = k_d \theta$$

式中，k_a、k_d 为比例系数。等温下达到平衡时，吸附速率和解吸速率相等，即

$$k_a p(1-\theta) = k_d \theta$$

令 $b = k_a/k_d$，有

$$\theta = \frac{k_a p}{k_d + k_1 p} = \frac{bp}{1+bp} \tag{11-20a}$$

式中，b 称为吸附系数，b 值的大小反映了固体吸附气体能力的大小。吸附系数主要与温度有关，一般可表示为 $b = b_0 \exp\left(\dfrac{Q_{sor}}{RT}\right)$，其中 b_0 为经验常数。

压力为 p 时固体表面的吸附量为 Γ (或 V)，饱和吸附量为 Γ_∞ (或 V_m)，对单分子层吸附，显然有 $\theta = \Gamma/\Gamma_\infty = V/V_m$，将其代入式(11-20a)，得

$$\Gamma = \Gamma_\infty \frac{bp}{1+bp} \tag{11-20b}$$

这就是朗缪尔吸附等温式。此式能较好地解释第一类吸附等温线。

(1) 当 p 很小，或吸附很弱时，$bp \ll 1$，$\Gamma = \Gamma_\infty bp$，$\Gamma$ 与 p 呈线性关系。
(2) 当 p 很大或吸附很强时，$bp \gg 1$，$\Gamma = \Gamma_\infty$，Γ 与 p 无关，吸附已铺满单分子层。
(3) 当压力适中，$\Gamma \propto p^m$，m 介于 0 到 1 之间，即 $m = 1/n$。相当于弗伦德利希经验公式。

朗缪尔吸附等温式(11-20b)还可写为

$$\frac{1}{\Gamma} = \frac{1}{\Gamma_\infty} + \frac{1}{\Gamma_\infty bp} \tag{11-20c}$$

因此，以 $1/\Gamma$ 对 $1/p$ 作图，应得一直线，从直线的斜率及截距可求得 Γ_∞ 及 b。

上面讨论的是吸附时不发生离解的情况。如果一个吸附质粒子离解为两个粒子，且各占一个吸附中心，则吸附速率为

$$r_a = k_a p(1-\theta)^2$$

而脱附时两个粒子都可能脱附，所以解吸速率为

$$r_d = k_d \theta^2$$

达到平衡时，吸附速率和解吸速率相等，因此可得

$$\theta = \frac{b^{1/2} p^{1/2}}{1 + b^{1/2} p^{1/2}} \tag{11-21a}$$

在低压下，$b^{1/2} p^{1/2} \ll 1$，上式可简化为

$$\theta = b^{1/2} p^{1/2} \tag{11-21b}$$

这一结果可以作为双原子分子在吸附时是否发生离解的标志。

3. BET 多分子层吸附理论

朗缪尔吸附等温式能较好地解释第一类吸附等温线，但对另外四种吸附等温线却无法解释。因此很多人都曾试图建立新的理论来解释这些曲线，其中最成功的是布鲁瑙尔(Brunauer)、埃米特(Emmett)和特勒(Teller)三人在 1938 年提出的多分子层吸附理论。该理论是在朗缪尔单分子层吸附理论的基础上修订提出的。他们接受了吸附作用是吸附和解吸两个相反过程达到动态平衡、固体表面均匀、各处的吸附能力相同、被吸附分子解吸时不受其他分子的影响等假定，但认为被吸附分子和碰撞在其上面的气体分子之间存在范德华力，仍可发生吸附作用，也就是说可形成多分子层吸附。第一层吸附是气体分子与固体表面直接发生作用，吸附较强，吸附热一般较大；而第二层以后的各层，是吸附质分子之间的相互作用，吸附较弱，吸附热一般较小。

在一定温度下，当吸附达到平衡后，气体的吸附量等于各层吸附量的总和。根据上述假定，可以证明(略)，吸附量与平衡压力之间存在下列定量关系，称为 BET(二常数)公式：

$$\Gamma = \Gamma_\infty \frac{Cp}{(p_s - p)[1 + (C-1)p/p_s]} \tag{11-22a}$$

式中，C 为与吸附热有关的常数；p_s 为实验温度下吸附质的饱和蒸气压；Γ_∞ 为表面铺满单分子层时的吸附量。

BET 公式广泛用于测量固体的比表面积。具体使用时可改写为

$$\frac{p}{\Gamma(p_s - p)} = \frac{1}{\Gamma_\infty C} + \frac{C-1}{\Gamma_\infty C} \cdot \frac{p}{p_s} \tag{11-22b}$$

由实验测得不同压力 p 下的吸附量 Γ，以 $\dfrac{p}{\Gamma(p_s - p)}$ 对 $\dfrac{p}{p_s}$ 作图得直线，从直线的斜率及截

距可求得 Γ_∞。从 Γ_∞ 值可以算出铺满单分子层时所需吸附质的物质的量 n，若已知单个吸附质分子的截面积 A_m，则固体的总表面积 A_s 可以表示为

$$A_s = A_m L n \tag{11-23}$$

BET(二常数)公式适用范围通常为 p/p_s 在 0.05～0.35 之间，当压力较低时，单层吸附不能形成，计算值偏高；压力较高时，发生毛细凝结，计算值偏低。

BET(二常数)公式推导时曾假设吸附层数可以无限地增加。如果吸附层数有一定的限制，如在吸附剂孔道内，至多只能吸附 n 层，则 BET 公式修正为三常数公式：

$$\Gamma = \Gamma_\infty \frac{Cp}{(p_s - p)} \left[\frac{1-(n+1)+n(p/p_s)^{n+1}}{1+(C-1)(p/p_s)-C(p/p_s)^{n+1}} \right] \tag{11-24}$$

若 $n=1$，为单分子层吸附，上式可简化为朗缪尔公式(11-20b)；若 $n=\infty$，上式可转化为二常数公式；三常数公式一般适用于比压 p/p_s 在 0.35～0.60 之间的吸附。

4. 乔姆金方程式

乔姆金(Тёмкин)提出了另一个等温式，通常称为乔姆金方程式

$$\theta = \frac{V}{V_m} = \frac{RT}{\alpha} \ln(A_0 p) \tag{11-25}$$

式中，α、A_0 为常数。这个公式也只适用于覆盖率不大(或中等覆盖率)的情况。在处理一些工业催化过程(如合成氨过程及造气变换过程等)时常用到这个方程。

11.4 固-液界面作用

11.4.1 固-液界面的吸附

由于固体表面具有较高的表面自由能，因此固体在溶液中同样存在吸附现象。固-液界面吸附较为复杂，因为吸附剂可能吸附溶液中的所有组分，迄今尚未有完善的理论。固-液界面吸附具有重要的实际意义。

1. 固-液界面吸附的一般规律

实际工作中的活性炭脱色、使用离子交换树脂的吸附分离等工艺，都涉及固-液界面吸附现象。固-液吸附涉及溶液中的所有组分(溶剂和溶质)，所以情况较为复杂；多数属于物理吸附，较难达到吸附平衡；与固体表面性质相近的组分易被吸附，如炭自乙醇和苯的混合液中吸附时苯易被吸附，若用硅胶则是乙醇易被吸附。

固-液吸附一般具有以下定性规律：

1) 极性的吸附剂易于吸附极性的溶质，而非极性的吸附剂易于吸附非极性的溶质

例如，脂肪酸(RCOOH)一端具有憎水基，另一端具有亲水基，在水溶液中非极性活性炭较易吸附憎水基，故吸附量顺序为丁酸＞丙酸＞乙酸；在苯溶液中极性的硅胶较易吸附亲水基，吸附量顺序为乙酸＞丙酸＞丁酸。

2) 溶解度越小的溶质越易被吸附

溶质在溶剂中的溶解度越小，表明其稳定性越低，故脱离本相进入表面相的倾向越大。例

如，脂肪酸的碳链越长，在水中的溶解度越小，越易被活性炭吸附。相反地，在四氯化碳中，脂肪酸的溶解度随碳链的增长而增大，它们被活性炭吸附的规律和在水中恰好相反。

3) 溶液中与固体晶格大小适当的离子较易被吸附

离子型晶格的固体吸附溶液中的离子时，可以看作晶体的扩充，故与晶体有共同元素的离子较易被吸附。例如，AgI 较易吸附溶液中的 I^- 或 Ag^+ 而带电，硫化矿易吸附 SH^- 及黄药($ROCSS^-$)等。

4) 固体表面带电时较易吸附反电离子或被极化的离子

例如，I^- 比 Cl^- 易被极化，故易被正电性表面吸附。或者是水化作用较小的离子(相当于有效电荷增大)，如 Li^+、Na^+、K^+、Rb^+ 的水化作用依次递减，因此它们被负电性的固体表面吸附的能力递增。

5) 吸附剂的影响

吸附剂的化学组成及其表面性质对吸附作用有很大影响。例如，炭自水中可吸附有机物，而硅胶自水中对低分子有机物几乎不吸附，这是因为两种吸附剂的性质有较大的差别。对同一类吸附剂，当其比表面积、孔结构、后处理条件不同时，吸附能力也有很大差别。

6) 无机盐的影响

当有强电解质存在时可使吸附量发生变化，一般规律是：无机盐的存在可使有机物水溶液中溶质的吸附量增加。这是因为无机盐强烈的水合作用减小水的有效浓度，所以有机物的溶解度减小。

7) 温度的影响

吸附多为放热过程，故吸附量常随温度升高而下降。且温度对溶解度也有影响，一般情况下温度升高溶解度增大，因此，温度与溶解度对吸附的影响一般来说是一致的，即温度升高，吸附量降低。对于溶解度随温度增高而降低的体系(如具有低会溶点的体系)，有可能会产生吸附量随温度增高而增加的情况。

总之，影响溶液吸附的因素很多，且这些因素都相互联系。

2. 固-液吸附等温线

固-液吸附等温线的测定方法一般为：将定量的吸附剂(W_s)与一定量(W_l)已知其组成的溶液混合，在一定温度下震摇使其达平衡；澄清后，分析溶液的成分；从溶液组成的改变可求出每克固体所吸附溶质的质量 W_a，则吸附量 $\varGamma$ 为

$$\varGamma = \frac{W_a}{W_s} = \frac{W_l(w_0 - w)}{W_s} \tag{11-26}$$

式中，w_0 及 w 为吸附前后溶质的质量分数。注意，按式(11-26)求得的吸附量通常称为表观或相对吸附量(apparent or relative adsorption quantity)，其数值低于固体的实际吸附量，因为计算时没有考虑对溶剂的吸附。而溶质被吸附的绝对值或固体吸附的绝对值尚难以准确测定。

固液吸附的等温式因系统不同而不同。某些系统可以借用固气吸附的等温式，但都是经验性的借用，并非理论导出，因此公式中的各常数的物理意义并不明确。例如，炭自乙酸水溶液中吸附乙酸的等温线，类似于固气吸附的第 I 类等温线(图 11-9)的弯曲部分，因此可借用弗伦德利希经验公式处理。此外也有一些系统可借用朗缪尔公式或 BET 公式处理。

在固液吸附中，溶剂和溶质均发生吸附，若固体表面吸附层中溶质浓度高于溶液本体中溶质浓度，表现为正吸附；反之表现为负吸附。如果在足够大的浓度区间内进行测定，特别是对使用物质的量分数或质量分数的全部范围内进行测定时，固液吸附的等温线有可能出现 U 形、S 形及线形等情况。若溶液中的某一组分在全部浓度范围内都保持优先吸附，得 U 形等温线；

若溶液中只有某一个组分被吸附，其他组分完全不吸附，一般为线形等温线；S 形等温线是固液吸附中较常见的吸附等温线，如图 11-10 所示。

图 11-10 中吸附量(表观吸附量)有从正值变为负值的情况出现，这种类型的等温线在固气吸附中不可能存在。

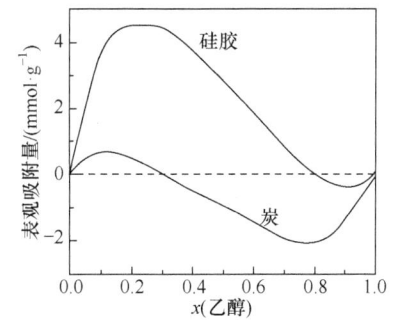

图 11-10　硅胶和炭在乙醇-苯溶液中对乙醇的吸附等温线

11.4.2　润湿作用

某种液体取代固体上原有流体(液体或气体)的过程称为润湿作用。在自然界及工业生产中广泛存在润湿作用，如植物枝叶上液体的铺展、材料涂层保护、洗涤、焊接、注水采油等。按润湿作用程度从低到高，一般包括以下三种润湿，即沾湿、浸湿和铺展。

1) 沾湿

沾湿是使部分液-气界面和部分固-气界面转变成固-液界面的过程，如图 11-11 所示。

在恒温恒压可逆条件下，将液-气和固-气界面转变为固-液界面，若各界面都是单位面积，则该过程吉布斯自由能的变化是

$$\Delta G_a = \sigma_{s\text{-}l} - \sigma_{s\text{-}g} - \sigma_{l\text{-}g} = -W_a \tag{11-27a}$$

式中，W_a 称为黏附功(work of adhesion)。当 $\Delta G_a < 0$(即 $W_a > 0$)时，沾湿能自动进行；当 $\Delta G_a > 0$ 时，不能沾湿。

若是两种互不相溶的液体沾湿，则

$$\Delta G_a = \sigma_{l_1\text{-}l_2} - \sigma_{l_1\text{-}g} - \sigma_{l_2\text{-}g} = -W_a \tag{11-27b}$$

两种完全相同液体的沾湿为内聚

$$\Delta G_a = -2\sigma_{l\text{-}g} = -W_c \tag{11-28}$$

式中，W_c 称为内聚功，是指在恒温恒压条件下，将单位面积的液柱拉开，形成两个新的单位面积的液-气界面所需的可逆功。内聚功是液体本身结合牢固程度的一种量度。

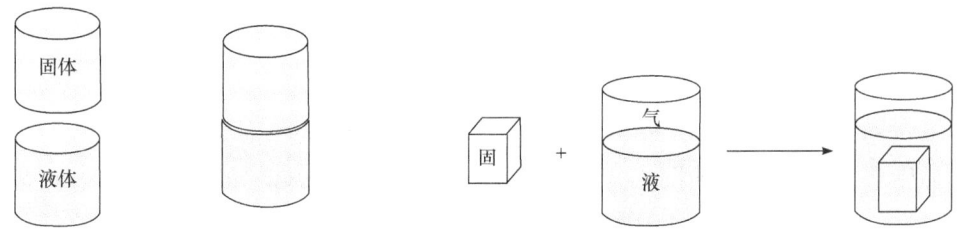

图 11-11　沾湿过程示意图　　　　图 11-12　浸湿过程示意图

2) 浸湿

将具有单位表面积的固体浸入液体中，使其固-气界面转变为固-液界面的过程为浸湿，如图 11-12 所示。

在恒温恒压可逆条件下，该过程吉布斯自由能的变化是

$$\Delta G_i = \sigma_{s\text{-}l} - \sigma_{s\text{-}g} = -W_i \tag{11-29}$$

式中，W_i 称为浸湿功。当 $\Delta G_i < 0$(即 $W_i > 0$)时，浸湿能自动进行；当 $\Delta G_i > 0$ 时，浸湿不能自动进行。

3) 铺展

当液体滴到固体表面后，新生的固-液界面在取代固-气界面的同时，液-气界面也扩大了同样的面积，这样的过程称为铺展，如图 11-13 所示。

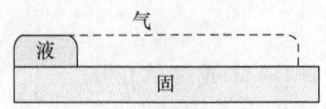

图 11-13 铺展过程示意图

在恒温恒压可逆条件下，铺展单位面积时过程吉布斯自由能的变化为

$$\Delta G_s = \sigma_{s\text{-}l} + \sigma_{l\text{-}g} - \sigma_{s\text{-}g} = -S \tag{11-30}$$

式中，S 称为铺展系数。当 $\Delta G_s < 0$(即 $S > 0$)，铺展能自动进行；当 $\Delta G_s > 0$ 时，铺展不能自动进行。

11.4.3 接触角与润湿方程

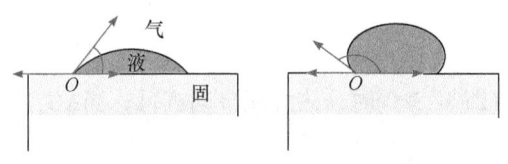

图 11-14 接触角示意图

液体在固体表面形成的液滴可能是扁平状，也可能是圆球状，如图 11-14 所示。这实质上取决于各种界面张力共同作用的结果。

在恒温恒压下，图 11-14 中液滴达到平衡时，在气、液、固三相交界处(O 点)，液-气界面与固-液界面的夹角称为接触角，用 θ 表示，它实际上就是液体表面张力 $\sigma_{l\text{-}g}$ 与固-液界面张力 $\sigma_{s\text{-}l}$ 的夹角。在 O 点，三种界面张力相互作用，达到平衡时，显然有

$$\sigma_{s\text{-}g} = \sigma_{s\text{-}l} + \sigma_{l\text{-}g} \cos\theta \quad \text{或} \quad \cos\theta = \frac{\sigma_{s\text{-}g} - \sigma_{s\text{-}l}}{\sigma_{l\text{-}g}} \tag{11-31}$$

式(11-31)最早由杨(T. Young)提出，故称为杨氏润湿方程。

接触角的大小一般可由实验测定，如可用斜板法、吊片法、显微量角法等方法测量，可参阅有关文献。

接触角可衡量液体对固体的润湿程度。从式(11-31)可见：

(1) 若 $\sigma_{s\text{-}g} - \sigma_{s\text{-}l} = \sigma_{l\text{-}g}$，则 $\cos\theta = 1$，$\theta = 0°$，这是完全润湿的情况。若 $\sigma_{s\text{-}g} - \sigma_{s\text{-}l} > \sigma_{l\text{-}g}$，且直到 $\theta = 0°$ 仍然没有达到平衡，这时式(11-31)就不适用，但此时液体仍能在固体表面上铺展开来，形成一层薄膜，如水在洁净玻璃表面上。

(2) 若 $\sigma_{s\text{-}g} - \sigma_{s\text{-}l} < \sigma_{l\text{-}g}$，则 $1 > \cos\theta > 0$，$\theta < 90°$，固体能被液体润湿。

(3) 若 $\sigma_{s\text{-}g} < \sigma_{s\text{-}l}$，则 $\cos\theta < 0$，$\theta > 90°$，固体不能被液体润湿，如水银滴在玻璃上。

接触角越小，表明润湿程度越高。一般以 $\theta = 90°$ 为分界线，$\theta = 0°$ 为完全润湿；$\theta < 90°$，能润湿；$\theta > 90°$，为不润湿；$\theta = 180°$，为完全不润湿。能被液体所润湿的固体为亲液性固体，不被液体所润湿的固体为憎液性固体。固体表面的润湿性能与其结构有关，一般极性固体(如石英、硫酸盐等)皆为亲水性，而非极性固体(如石蜡、石墨及某些植物的茎叶等)皆为憎水性。

采用接触角的概念,则各种润湿作用的吉布斯自由能变化分别为

$$\Delta G_a = -W_a = -\sigma_{l\text{-}g}(1+\cos\theta)$$

$$\Delta G_i = -W_i = -\sigma_{l\text{-}g}\cos\theta$$

$$\Delta G_s = -S = \sigma_{l\text{-}g}(1-\cos\theta)$$

因为接触角 θ 及液体表面张力 $\sigma_{l\text{-}g}$ 都易于实验测定,所以以上参数方便计算。

11.5 液-气界面作用

严格来讲,液-气界面可分为两类:一类是液体与其平衡蒸气相的界面,另一类是液体与含有其蒸气的空气相的界面。后一类最常见,本节主要讨论后者。

11.5.1 溶液表面张力与其浓度的关系

表面张力与相关两相的组成有关,因此,在某溶剂中加入一定量的溶质后,溶液的表面张力较纯溶剂的表面张力必然会发生改变,在一定温度及压力下,变化的大小与溶质的种类及其浓度有关。以水溶液为例,在一定的温度下,在纯水中分别加入不同种类的溶质,溶液的浓度对表面张力的影响可分为三种类型,如图 11-15 所示。

图 11-15 中第 I 类的曲线表明,溶液的表面张力随溶质浓度的增加稍有升高。属于此类溶质有大部分无机盐类(如 NaCl)、不挥发性酸(如 H_2SO_4)、碱(如 KOH)以及含有多个 OH 基的有机化合物(如蔗糖)等物质。第 II 类的曲线表明,溶液的表面张力随溶质浓度的增加而降低。大部分低脂肪酸、醇、醛等有机化合物的水溶液有此性质。第 III 类的曲线表明,在水中加入少量溶质可使溶液的表面张力急剧下降,至某一

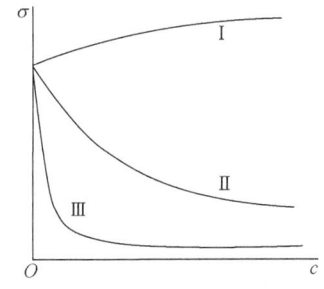

图 11-15 水溶液的表面张力与浓度的关系

浓度后,溶液的表面张力几乎不再随溶液浓度的增加而变化。属于此类型溶质有长碳链的脂肪酸盐,如硬脂酸钠、烷基苯磺酸盐、12-烷基苯磺酸钠、烷基硫酸脂盐等。

凡是使溶液表面张力升高的物质都称为表面惰性物质;凡是使溶液表面张力降低的物质,从广义上讲,都可称为表面活性物质;习惯上,将溶入少量就能显著降低溶液表面张力的物质称为表面活性剂。

溶液的表面张力与浓度的关系一般只能通过实验测定,再用经验公式表达。例如,对于有机酸同系物的水溶液,常使用希思柯夫斯基(Szyszkowski)经验公式:

$$\frac{\sigma_0 - \sigma}{\sigma_0} = b'\ln(1+bc) \tag{11-32}$$

式中,σ_0 为确定温度下纯水的表面张力;b' 和 b 为与有机酸结构有关的常数。

11.5.2 溶液表面吸附

对于纯液体,表面层的组成与其内部相同。但对于溶液,虽然其内部是均匀的,但表面上一薄层的浓度总是与内部不同。这意味着表面层中存在物质的富集,符合吸附的定义。将这种

物质(溶质)在溶液表面层中富集的现象称为溶液表面吸附。这种吸附实际上就是表面层浓度与内部(体相)浓度之差，故也称为表面过剩。

表面层与本体难以分割，表面过剩难以直接实验测定。但可用简单方法证明表面过剩的存在：向含有某种溶质的溶液中加入起泡剂，通入大量空气使其产生泡沫，然后分析泡沫中溶质的浓度，结果表明泡沫中的浓度大大高于原溶液的浓度。这就是泡沫浮选(分离)的原理。

由式(11-11)可知，表面积的缩小和表面张力的降低都可以降低系统的吉布斯自由能。对于定温下表面积一定的溶液来说，还可以由溶液自动调节不同组分在表面层中的数量来促使系统的吉布斯自由能降低。当所加入的溶质能降低表面张力时，溶质力图浓集在表面层上以降低系统的吉布斯自由能；反之，当溶质使表面张力升高时，它在表面层中的浓度就比本体浓度低。同时，由于浓差而引起的扩散，则趋向于使溶液各部分的浓度均一。在这两种相反过程达到平衡后，溶液表面层的组成与溶液本体的组成不同，这就是溶液表面吸附(表面过剩)的热力学原理。

吉布斯从热力学的角度定量研究了表面过剩现象，导出了吉布斯吸附等温式

$$\Gamma_2 = -\frac{a_2}{RT}\left(\frac{\mathrm{d}\sigma}{\mathrm{d}a_2}\right)_{T,p,\Gamma_1=0} \tag{11-33}$$

式中，σ 为溶液的表面张力；a_2 为溶液中溶质的活度，对较稀溶液，可近似用浓度 c 代替活度；Γ_2 为溶质相对于溶剂 1 的表面过剩。

根据式(11-33)可知，对于图 11-15 中的第 I 类曲线，$(\mathrm{d}\sigma/\mathrm{d}c_2)>0$，所以，$\Gamma_2<0$，为负吸附；对于第 II 类及第 III 类曲线，$(\mathrm{d}\sigma/\mathrm{d}c_2)<0$，所以，$\Gamma_2>0$，为正吸附。

若溶液的表面张力与浓度的关系符合希思柯夫斯基经验公式，用浓度 c 代替活度应用吉布斯吸附等温式，可得

$$\Gamma = \frac{K}{RT}\cdot\frac{bc}{1+bc} = \Gamma_\infty \frac{bc}{1+bc}$$

这与朗缪尔吸附等温式相似。

11.5.3 吉布斯吸附等温式的推导*

若一个系统有 α 和 β 两个相，两相之间的界面并不是一个几何平面，而是具有一定厚度的界面层 γ，在界面层中，其组成及性质皆不均匀，与 α 相及 β 相也不相同，如图 11-16 所示。

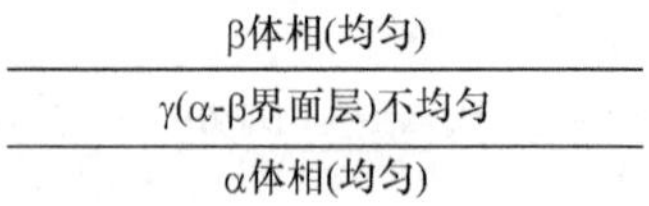

为简明起见，设 β 相与界面层 γ 无物质交换，α 相与界面层 γ 有物质交换；界面层面积为 A_s。系统内任意组分 i 的量为

$$n_i = n_{i,\alpha} + n_{i,\beta} + n_{i,\gamma} \quad \text{或} \quad n_{i,\gamma} = n_i - n_{i,\alpha} - n_{i,\beta} \tag{11-34}$$

β体相(均匀)

γ(α-β界面层)不均匀

α体相(均匀)

图 11-16 界面相示意图

吉布斯将 i 组分在单位界面上的吸附表示为

$$\Gamma_i = \frac{n_{i,\gamma}}{A_s} \tag{11-35}$$

在恒温恒压下，若界面层发生一微小变化，由界面热力学基本方程式(11-5a)可得

$$\mathrm{d}G^\gamma = \sigma\mathrm{d}A_s + \sum \mu_{i,\gamma}\mathrm{d}n_{i,\gamma} \tag{11-36}$$

实际上，在恒温恒压下及系统组成不变时，σ 及 $\mu_{i,\gamma}$ 为定值，且 $\mu_{i,\gamma} = \mu_{i,\alpha} = \mu_{i,\beta}$，则

$$G^\gamma = \sigma A_s + \sum \mu_i n_{i,\gamma} \tag{11-37}$$

将式(11-37)微分得

$$dG^\gamma = \sigma dA_s + A_s d\sigma + \sum \mu_i dn_{i,\gamma} + \sum n_{i,\gamma} d\mu_i \tag{11-38}$$

将式(11-38)与式(11-36)比较得

$$A_s d\sigma + \sum n_{i,\gamma} d\mu_i = 0 \tag{11-39a}$$

得到式(11-39a)与得到式(2-22b)的方法完全相同，所以式(11-39a)可看作恒温恒压时表面相的吉布斯-杜安方程。

将式(11-35)代入式(11-39a)，即得

$$d\sigma + \sum \Gamma_i d\mu_i = 0 \tag{11-39b}$$

若所讨论的是二组分系统，则式(11-39b)可写为

$$d\sigma = -\Gamma_1 d\mu_1 - \Gamma_2 d\mu_2 \tag{11-40a}$$

从式(11-40a)来看，似乎可以在固定某一组分的化学势时求出另一组分的吸附量，即

$$\Gamma_2 = -\left(\frac{\partial \sigma}{\partial \mu_2}\right)_{T,p,\mu_1} \quad 或 \quad \Gamma_1 = -\left(\frac{\partial \sigma}{\partial \mu_1}\right)_{T,p,\mu_2} \tag{11-40b}$$

由于 μ_1 与 μ_2 是相互关联的，受吉布斯-杜安方程 $n_1\mu_1 + n_2\mu_2 = 0$ 的制约，在实践上不可能单独地改变 μ_1 或 μ_2，所以从式(11-40b)不能求得某组分的绝对吸附量 Γ_i。为此，吉布斯引进了相对吸附量的概念，如图11-17所示。

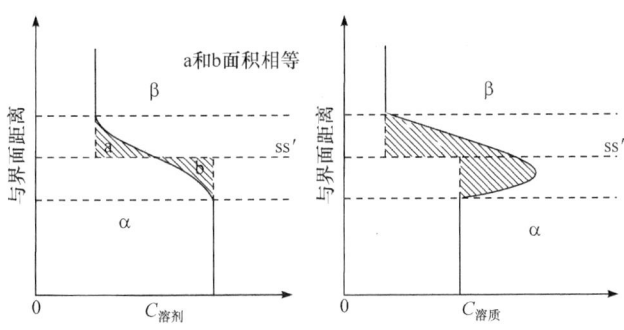

图11-17 相对吸附量示意图

具体就是：若以组分1(溶剂)为基准，需选择界面 ss′ 使图11-17左图中的两阴影部分 a 与 b 面积相等，此时组分1的相对吸附量 $\Gamma_1 = 0$，这样，组分2的相对吸附量为 $\Gamma_{2,1}$(通常简写为 Γ_2)，即

$$\Gamma_2 = -\left(\frac{\partial \sigma}{\partial \mu_2}\right)_{T,p,\Gamma_1=0} \tag{11-41a}$$

因为平衡时 $\mu_2 = \mu_{2,\alpha} = \mu_2^\ominus + RT\ln a_2$，代入上式得

$$\Gamma_2 = -\frac{a_2}{RT}\left(\frac{\partial \sigma}{\partial a_2}\right)_{T,p,\Gamma_1=0} \tag{11-41b}$$

这就是针对溶质的吉布斯(相对)吸附等温式。

同样，若以组分 2(溶质)为基准，需选择界面 ss′使图 11-17 右图中的两阴影部分面积相等，此时组分 2 的相对吸附量 $\Gamma_2=0$，这样，组分 1 的相对吸附量为 $\Gamma_{1,2}$(通常简写为 Γ_1)，进一步可得到针对溶剂的吉布斯(相对)吸附等温式

$$\Gamma_1 = -\frac{a_1}{RT}\left(\frac{\partial \sigma}{\partial a_1}\right)_{T,p,\Gamma_2=0} \tag{11-42}$$

11.6 表面活性剂及其应用

使溶液表面张力升高的物质广义上称为表面惰性物质；使溶液表面张力降低的物质广义上称为表面活性物质。较低浓度就能使溶液表面张力显著降低的物质通常称为表面活性剂。当今，水溶液中的表面活性剂广泛地应用于生产与研究的各个领域。若不加以说明，一般是指水溶液的表面活性剂及其应用。

表面活性剂分子结构的特点是具有非对称性，都是由亲水的极性基团(hydrophilic group)和憎水(亲油)的非极性基团(hydrophobic group)所组成的两亲分子，一般为有机化合物。它们被吸附在水溶液表面都是采取极性基团向着水、非极性基团远离水(头浸在水中，尾竖在水面上)的表面定向。这种定向排列使表面上不饱和的力场得到某种平衡，从而降低表面吉布斯自由能(表面张力)。

11.6.1 表面活性剂的分类

表面活性剂有多种分类方法。通常根据其化学结构，分为离子型和非离子型两大类。离子型活性剂，根据起作用基团的带电性质又可分为阴离子表面活性剂、阳离子表面活性剂和两性表面活性剂等。这样的分类及典型实例如下所示。

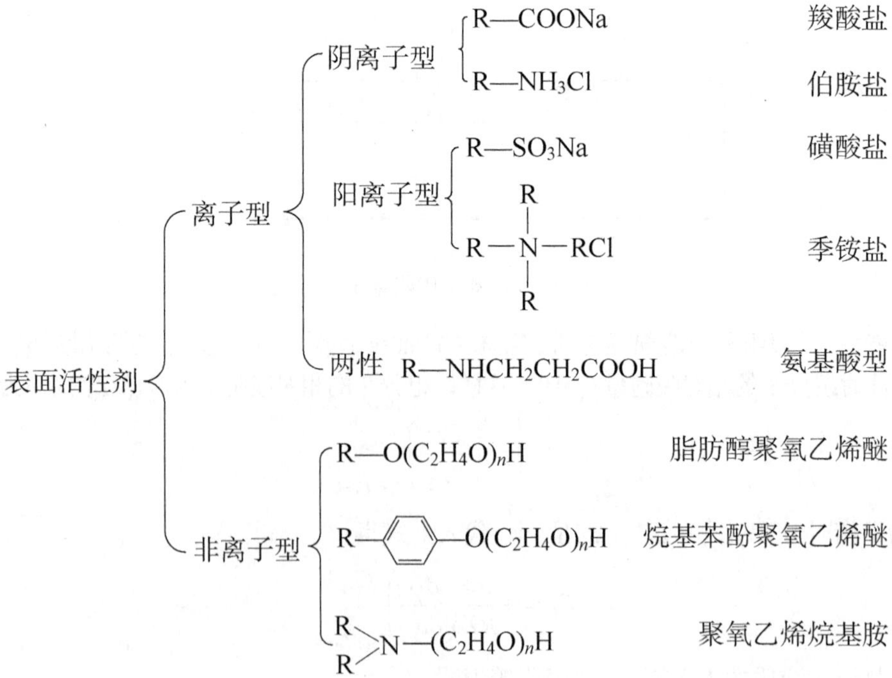

表面活性剂
- 离子型
  - 阴离子型
    - R—COONa   羧酸盐
    - R—NH₃Cl   伯胺盐
  - 阳离子型
    - R—SO₃Na   磺酸盐
    - R—N(R)(R)—RCl   季铵盐
  - 两性   R—NHCH₂CH₂COOH   氨基酸型
- 非离子型
  - R—O(C₂H₄O)$_n$H   脂肪醇聚氧乙烯醚
  - R—C₆H₄—O(C₂H₄O)$_n$H   烷基苯酚聚氧乙烯醚
  - R₂N—(C₂H₄O)$_n$H   聚氧乙烯烷基胺

实际应用中，常将多种表面活性剂混合使用。若几种表面活性剂混合使用时系统的某性能优于单独使用时的结果，则说明这几种表面活性剂存在正协同效应；反之则为负协同效应。例如，阴离子型和阳离子型表面活性剂通常存在负协同效应。

11.6.2　表面活性剂溶液的性质

表面活性剂的效率是指将水的表面张力降低到某一定值所需的表面活性剂的浓度，显然，所需浓度越低，表明其效率越高。表面活性剂的能力(也称有效值)是指将水的表面张力可能降低的程度，降低得越多，表明其有效值越大。

实验结果表明，对表面活性剂溶液，在其表面张力达到基本不变之后的较窄浓度范围内，其物理化学性质大多会发生转折性的变化，如图 11-18 所示。

表面活性剂溶液的表面张力及其他性质的这种变化规律源于表面活性剂分子在溶液本体及表面层中的分布状况的变化，如图 11-19 所示。

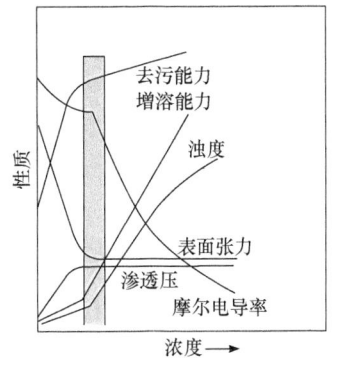

图 11-18　表面活性剂溶液的性质与浓度的关系

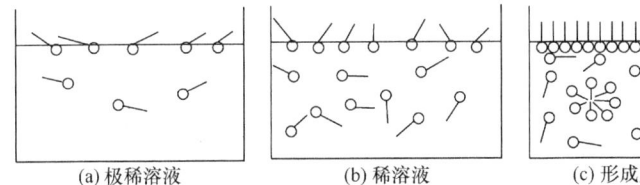

图 11-19　表面活性剂分子在溶液本体及表面的分布

当浓度较稀时，表面活性剂分子以单个分子形式存在，由于其两亲性质，较多的分子聚集在表面上，使空气和水接触面减小，引起水的表面张力显著降低，相当于图 11-19 中的(a)和(b)；当浓度逐渐增大时，不但表面上聚集的分子增多逐渐形成单分子层，而且溶液本体中的表面活性剂分子也三三两两地以憎水基互相靠拢，聚集在一起开始形成具有一定形状的胶束(micelle)，如图 11-19(c)所示。胶束排列是憎水基向里，亲水基向外；根据活性剂的性质，胶束可以成球状、棒状、丝状、层状等，且已被 X 射线衍射及光谱等技术证实。

形成胶束的最低浓度称为临界胶束浓度(critical micelle concentration，CMC)。一般来说，CMC 不是一个确定的浓度值，而是一个较窄的浓度范围。CMC 的大小也是衡量表面活性剂活性的重要参数，CMC 越小，其表面活性越大。

超过临界胶束浓度后再增加浓度，由于表面已被占满，就只能增加溶液本体中胶束的数量和大小。因胶束不具有表面活性，表面张力不再下降，在表面张力与表面活性剂浓度的关系曲线上表现为水平线段(图 11-15)。这时的溶液称为胶束溶液，是热力学稳定系统。

根据同样的原理，表面活性剂分子在非极性溶剂中能形成亲水基向里、憎水基向外的胶束，称为反胶束。这就好比在油相中形成的"亲水特区"，反胶束在生命科学研究、药物制备、纳米材料制备等领域有重要的应用。

11.6.3 表面活性剂的 HLB 值及溶解度

1. 表面活性剂的 HLB 值

表面活性剂种类繁多,但如何选择活性剂以达到最佳使用效果,目前尚缺乏理论指导。一般认为,表面活性剂分子中亲水基团的相对亲水性及亲油基团的相对亲油性是一项衡量效率的重要指标。格里芬(Griffin)提出了用 HLB(hydrophile-lipophile balance,亲水、亲油平衡)值来表征表面活性剂的亲水性。对非离子型表面活性剂,其计算公式为

$$\text{HLB} = \frac{\text{亲水基部分的摩尔质量}}{\text{活性剂分子的摩尔质量}} \times \frac{100}{5} \tag{11-43}$$

石蜡没有亲水基团,HLB = 0;聚乙二醇全是亲水基,HLB = 20。非离子型表面活性剂的 HLB 值介于 0~20 之间。表 11-5 列出各种用途所需非离子型表面活性剂的 HLB 值范围。

表 11-5 HLB 值范围及其应用

HLB 值范围	用途
3~6	W/O(油包水型)乳化剂
7~9	润湿剂
8~18	O/W(水包油型)乳化剂
13~15	洗涤剂
15~18	增溶剂

戴维斯(Davies)于 1957 年提出 HLB 值的估算方法,他认为表面活性剂分子结构可以分解为一些基团,每一个基团皆有 HLB 值(或正或负),通过下式可由各基团的 HLB 值的代数和求得表面活性剂的 HLB:

$$\text{HLB} = 7 + \sum (\text{基团的HLB}) \tag{11-44}$$

表 11-6 列出了一些基团的 HLB。离子型表面活性剂的 HLB 值可用式(11-44)估算,其值一般在 1~40 之间。

表 11-6 一些基团的 HLB 值

基团	HLB 值	基团	HLB 值
—SO_4Na	38.7	—COOK	21.1
—COONa	19.1	—N(叔胺)	9.4
酯(失水山梨醇环)	6.8	酯(自由的)	2.4
—COOH	2.1	—OH(自由的)	1.9
—O—	1.3	—OH(失水山梨醇环)	0.5
—(CH_2—CH_2—O)—	0.33	—(CH_2—CH_2—CH_2—O)—	0.15
—CH_3	−0.475	=CH—	−0.475
—CH_2—	−0.475		

对混合表面活性剂,其 HLB 值可根据其组成进行估算。例如,吐温-80(Tween 80)的 HLB

= 15，司盘-80(Span 80)的 HLB = 4.3，若两者按 7：3 的比例混合，混合后的 HLB = 11.8。

总之，在选择表面活性剂时 HLB 值可供参考。但因确定 HLB 值的方法还很粗糙，所以不能单靠 HLB 值来确定表面活性剂的应用。

2. 表面活性剂在水中的溶解度

一般来说，表面活性剂的亲水性越强，其在水中的溶解度越大，而亲油性越强越易溶于非极性溶剂(油)。因此，表面活性剂的亲水亲油性也可用其在水中的溶解度衡量。离子型表面活性剂在较低温度时溶解度较小，随着温度升高，其溶解度缓慢增加，当达到一定温度后，其溶解度会突然迅速增加，这个转变温度称为克拉夫特(Krafft)点。同系物的碳氢链越长，其克拉夫特点越高，因此，克拉夫特点也可以衡量离子型表面活性剂的亲水亲油性。

非离子型表面活性剂的亲水基主要是聚氧乙烯基，升高温度会破坏聚氧乙烯基上水的结合，从而使其溶解度下降甚至析出。所以加热时可以观察到溶液发生浑浊现象。发生浑浊的最低温度称为浊点(cloud point)。可利用浊点来衡量非离子型表面活性剂的亲水亲油性，亲水性越强，浊点越高，亲油性越强，浊点越低。

11.6.4 表面活性剂的应用

表面活性剂的应用非常广泛，如湿润、洗涤、乳化、去乳、增溶、分散、发泡、消泡、助磨、防锈、杀菌、除静电等。各种应用的原理主要包括两个方面：其一，表面活性剂改变表面张力，从而改变界面作用方式及界面性质；其二，表面活性剂在溶液相中形成胶束，从而改变溶液相的性质。

此处简要介绍相关应用，更详细的应用请参阅相关文献。

1. 湿润作用

应用合适的表面活性剂改变液-固、液-液、液-气，甚至固-固界面的性质，从而达到应用目的。例如，纤维防水、农药液滴在植物茎叶表面的铺展、矿物浮选、注水采油、油漆、润滑、洗涤等方面的应用，皆涉及润湿作用的相关原理。

2. 起泡及消泡作用

这里只讨论气相分散在液相中的泡沫。这种泡沫就是由液体薄膜包围着气体的球形物的聚集体。矿物浮选、去污、泡沫灭火等方面的应用都需要起泡；酿造及制糖、蒸馏操作等方面的应用则需要消泡。起泡剂的作用就是降低液膜的表面张力，有助于降低系统的吉布斯自由能而使系统得以稳定；消泡剂的作用则相反。

3. 增溶作用

非极性的碳氢化合物如苯等几乎不溶于水，但能溶于浓度大于 CMC 且已大量生成胶束(或称胶团)的离子型表面活性剂水溶液，如较浓的肥皂水溶液，这种现象为增溶作用(solubilization)。增溶作用有以下几个特点：

(1) 增溶作用与乳化作用不同，被溶物的蒸气压会降低，也就是其化学势会降低，因而增溶作用是自发过程，能形成热力学稳定的系统。

(2) 增溶作用属热力学平衡。从过饱和溶液得到饱和溶液与逐渐溶解而得到的饱和溶液完全相同。

(3) 增溶作用与通常溶解作用不同，其依数性很少受影响，说明增溶过程中溶质并未有单独的分子或离子状态。增溶作用在乳化聚合、纤维染色、医药制备、生命研究、农药增效、洗涤去污等方面应用广泛。

4. 乳化作用

乳化作用将在12章中讨论，这里暂不赘述。

5. 洗涤作用

去除油脂污垢的洗涤作用是一个较复杂的过程，它与润湿、起泡、增溶、乳化等作用都密切相关。用于洗涤作用的表面活性剂往往是多种活性剂的协同使用。

11.7 液-液界面作用及表面膜

两种互不相溶的液相接触，就存在液-液界面作用。

11.7.1 液-液界面作用

1. 液-液界面的铺展

某液体 1 能否在另一不互溶的液体 2 上铺展，取决于各液体的表面张力 $\sigma_{1\text{-}3}$ 和 $\sigma_{2\text{-}3}$(3 为气相)以及两液体间的界面张力 $\sigma_{2\text{-}3}$ 的大小，与固-液界面铺展相似，见式(11-30)，即

$$\sigma_{2\text{-}3} > \sigma_{1\text{-}3} + \sigma_{1\text{-}2} \tag{11-45}$$

若液体 2 是水，因 $\sigma_{2\text{-}3}$ 一般较大，故大多数不溶于水且相对密度比水小的有机液体 1 都可在水面上铺展成膜。

2. 不溶性表面膜

溶解在水中的两亲分子具有表面活性，能发生溶液表面吸附，当其浓度足够大时，能自动在溶液表面形成单分子层的吸附膜，这可认为是可溶性表面膜。当两亲分子的疏水基大到一定程度时，其在水中的溶解度小到可忽略不计，这时表面膜就不可能通过溶液表面吸附而产生，但有可能通过直接的液-液界面铺展而产生。这种通过液-液界面铺展而产生的膜就称为不溶性表面膜(或铺展膜)。研究表明，这种铺展膜大多能达到单分子层的厚度，所以又称为单分子层表面膜。

单分子层表面膜在许多领域具有重要的应用，已在生命科学、物质及材料制备等领域成为研究热点。

3. 表面压

众多实验可证明，在水面上形成不溶膜的区域对无膜区存在一种力的作用。例如，将细线连成一个封闭圈放在干净的水面上，将油滴入圈内，原来不规则的线圈即紧绷成圆圈；若为一根长度为 l 的小浮杆，则油膜展开可推动小浮杆移动。这表明展开的膜对障碍物有作用力。这种不溶性膜对单位长度浮物所施加的力称为表面压，用 π 表示。

在一定温度及压力下,若表面压使小浮杆移动距离为 dx,同时膜面积增加了 ldx,对小浮杆所做的功为 $\pi l dx$。此功来自于表面吉布斯自由能的减小,即 $\pi l dx = (\sigma_0 - \sigma)l dx$,可见

$$\pi = \sigma_0 - \sigma \tag{11-46}$$

式中,σ_0 为纯溶剂(2)的表面张力(比表面吉布斯自由能),也就是式(11-45)中的 σ_{2-3};σ 为溶剂被覆盖了膜后的表面张力,但并非液体(1)与纯溶剂间的界面张力 σ_{1-2}。

表面压可用朗缪尔膜天平直接测量,详情请参阅相关文献。

11.7.2 表面膜化学基础

表面膜的存在必然会引起系统性质的改变,对这些性质的研究就是当今已成热点的表面膜化学的范畴。

1. 单分子层膜状态方程

表面压是存在于溶剂表面的二维压力,其大小必与表面膜的状态有关。如同三维空间中的物质常用 p-V 图或函数关系表示其状态一样,对二维空间中的表面膜可用 π-A_s(面积)图或函数关系表示其状态,其示意图如图 11-20 所示。

不同的表面压下,膜呈现不同的形态及状态方程。

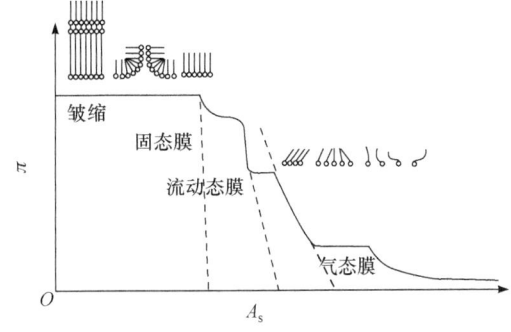

图 11-20 表面压-表面积等温线示意图

(1) 气态膜。当 $\pi < 0.1 \text{mN} \cdot \text{m}^{-1}$ 时,膜分子可占有很大面积 A_s,分子自由移动,类似于理想气体行为,其状态方程为

$$\pi A_s = kT \tag{11-47a}$$

在一定温度下,以 πA_s 对 A_s 作图,应为一水平线;对偏离水平线的体系,可表示为

$$\pi(A_s - A_0) = ikT \tag{11-47b}$$

式中,A_0 可当作分子本身的独占面积;i 为常数,与成膜分子种类有关,是分子间引力的度量。式(11-47b)与气体的范德华方程类似。所以,这个区间的二维膜称为气态膜。

(2) 二维空间的"气-液"平衡。当分子平均占有面积减小到一定值时,在 π-A_s 曲线上出现水平段。这与物质的气-液平衡相似,所以可认为是二维空间的"气-液"平衡状态,膜呈现不均匀性。此时水平段的表面压可称为系统的"饱和蒸气压"。

(3) 流动态膜。分为液态扩张膜和液态凝聚膜。压缩气态膜经由不变的一段后,膜的压缩系数变小,随着分子平均占有面积减小,其表面压显著上升。此时成膜分子已相当靠近,有明显的侧向相互作用。这个阶段的膜称为液态扩张膜。在液态扩张膜阶段,分子的烷基碳氢链伸出水面插入气相或油相,亲水基则以一部分链平躺在表面而其余部分以插入水相的方式取向。其状态方程可表示为

$$(\pi - \pi_0)(A_s - A_0) = kT \tag{11-48a}$$

式中,π_0 为碳氢键之间的引力;A_0 为极性基团本身所占的面积。

进一步压缩,则进入液态凝聚膜阶段,增加表面压,极性基间的水分子会被挤出,但多少还会带有一些水分子。其状态方程为

$$\pi = b - cA_s \tag{11-48b}$$

式中，b 和 c 为常数。液态凝聚膜是液态扩张膜与固态膜之间的过渡区。

(4) 固态膜。当进一步压缩时，水分子从极性基间挤出，但分子层中分子尽可能靠近，并垂直于表面。此时膜中分子的压缩性极低，π-A_s 等温线几乎为垂直线。

固态膜再进一步压缩，单分子层将会破裂并皱缩为双分子层或多分子层。

2. 表面膜反应动力学

一般的固-液、固-气等多相反应常因扩散慢及不均匀性等原因而影响反应速率，表面膜反应则可能解决此难题。表面膜上的反应，可以是成膜物质之间的反应，如膜上的分子聚合；也可以是成膜分子与基底液中或气相中分子的反应。多数情况下是基底液中的组分作为反应物或催化剂参与反应。

膜中分子与基底液中某组分分子间的反应动力学，可从理论和实验两方面去认识。

在理论上可采用碰撞理论，即计算基底液中的分子与表面膜中分子的有效碰撞频率。若 N 为单位体积底液中分子数目(数密度)，一般较表面分子多，可当作常数处理，根据分子运动理论，分子平均速率为 $\left(\dfrac{k_BT}{2\pi^*m}\right)^{1/2}$，故碰撞频率 Z(单位为 $m^2 \cdot s^{-1}$)为 $Z = N\left(\dfrac{k_BT}{2\pi^*m}\right)^{1/2}$，注意，此处 π^* 实为纯数，如此表示是为了与表面压 π 相区别；m 为分子的质量。

若单位表面反应物分子数密度为 N_s，且每个分子占有面积为 A_m，可得底液中反应分子与膜中反应分子的碰撞数为 $A_mN_sN\left(\dfrac{k_BT}{2\pi^*m}\right)^{1/2}$。若以有效碰撞速率来表示反应速率，则

$$-\frac{dN_s}{dt} = A_mN_sN\left(\frac{k_BT}{2\pi^*m}\right)^{1/2}\exp\left(\frac{-\varepsilon_s}{k_BT}\right) = k_sN_s \tag{11-49a}$$

式中，k_s 为表面反应速率常数。式(11-49a)形式上为一级反应，所以有

$$\ln(N_{s,0}/N_s) = k_st \tag{11-49b}$$

因表面反应物分数与膜面积成比例，所以在实验测定方面，既可定温定压下固定表面压 π 而测定膜面积 A_s 的变化，也可定温定压下固定膜面积 A_s 而测定表面压 π 的变化。再视产物是否可溶分别进行处理：

	产物可溶	产物不可溶
固定 π，测 A_s	$\ln\left(\dfrac{A_{s,0}}{A_s}\right) = k_st$	$\ln\left(\dfrac{A_{s,0} - A_{s,\infty}}{A_s - A_{s,\infty}}\right) = k_st$
固定 A_s，测 π	$\ln\left(\dfrac{\pi_0}{\pi}\right) = k_st$	$\ln\left(\dfrac{\pi_0 - \pi_\infty}{\pi - \pi_\infty}\right) = k_st$

这样就可确定表面膜反应速率常数 k_s；由不同温度下的表面膜反应速率常数 k_s 又可确定表面膜反应活化能。

3. LB 膜与自组装膜

朗缪尔(Langmuir)曾于 1920 年将膜转移到固体基质上，并保持定向排列的分子结构，其后他的学生布洛杰特(Blodgett)又将这一技术做了发展。人们将这种固体基底上的单分子层或

多分子层膜称为 LB 膜。

通过将固体基片插入(或抽出)带有不溶膜的水面，即可将单分子膜转移到固体表面上，这样连续多次就能组装成多分子层。根据膜物质及组装方法不同，可以形成不同类型的多分子膜，目前已知的类型有三种，如图 11-21 所示。

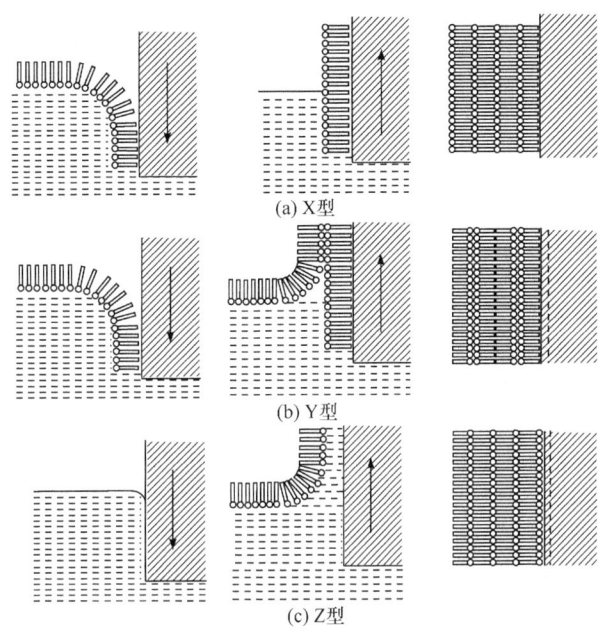

图 11-21　LB 膜的形成与类型(圆圈表示亲水基，直棒表示疏水基)

图 11-21 中 X 型多分子层(板—尾—头—尾—头)为疏水基和板接触；Y 型多分子层(板—尾—头—头—尾)也为疏水基和板接触；Z 型多分子层(板—头—尾—头—尾)为亲水基和板接触。

这种制备 LB 膜的方法通常称为 LB 技术，利用这种膜转移技术可以进行分子组装、发展新型分子器件，现今也称为自组装技术。

自组装技术提供了在分子水平上人工控制排布方式的手段，使人们能根据要求组建分子聚集体，从而制成具有实用功能的分子电子器件和仿生器件。例如，生物分子组装的 LB 膜可以制成具有特殊识别功能的生物传感器，或做生物细胞的简化模型用于生物体内各种分子水平的研究；LB 膜在抗肿瘤药物的研究中也越来越受到关注。但由于 LB 膜中，分子与基片、层内分子之间及层与层之间多为范德华力结合，因此，LB 膜对热、时间、化学环境以及其他外在因素的稳定性较弱。

4. 双分子层膜

在 20 世纪 60 年代，有人提出了一种膜的制备方法，示意图如图 11-22 所示。

将类脂的有机溶液刷在将水相分隔开的小针孔上，即可在孔上形成膜。此膜开始较厚，能反射出带灰色的白光，几分钟后变薄，反射光呈现干涉条纹直到最后变成黑色。由于成膜的材料为类脂化合物，形成的双分子膜往往又是黑色，故称为类脂双分子层膜或类脂黑膜，简称为 BL 膜。

各种生物膜基本上是由类脂和蛋白质组成，因此，BL 膜及相关研究对生物过程的研究及模拟具有重要的意义。

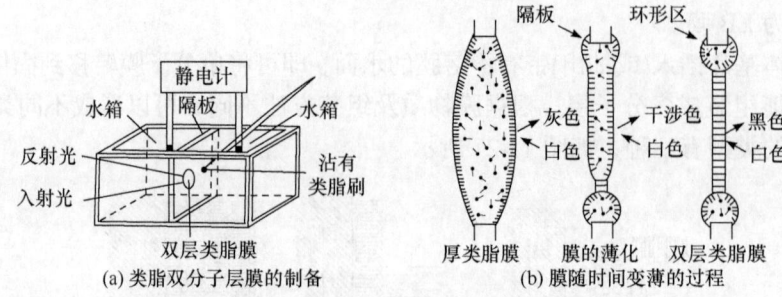

图 11-22 BL 膜的制备方法示意图

更详细的膜化学基础及应用请参阅相关专著及文献。

复习思考题

1. 表面吉布斯自由能、比表面吉布斯自由能、表面张力三者的概念、单位是否相同？如何表示？
2. 固体表面有过剩的吉布斯自由能吗？它与液体有什么不同？
3. 气泡、液滴都呈球形，玻璃管口在高温加热后会变得光滑，这些现象的本质是什么？
4. 试解释：(1)人工降雨；(2)有机蒸馏中加沸石；(3)毛细管凝聚(下雨前地基潮湿——所谓"基湿而雨")；(4)过饱和溶液、过饱和蒸气、过冷现象；(5)重量法分析中的陈化作用等。
5. 吉布斯自由能越低，体系越稳定，所以物体总有降低本身吉布斯自由能的趋势。试说明纯液体、溶液、固体是如何降低自己的表面吉布斯自由能的。
6. 气体在固体表面上的吸附总是放热的，但有一些气体在固体表面的吸附是吸热的(如 H_2 在玻璃上的吸附)，如何解释这种现象？
7. 液体润湿固体，对同一液体来说，固体表面张力大的容易润湿还是小的容易润湿？对同一固体来说，液体表面张力大的容易润湿还是表面张力小的容易润湿？
8. 两根装有不同液体的毛细管，一根润湿，一根不润湿。若在右端加热，试说明液柱移动的方向。
9. 泉水上面能浮起硬币，肥皂水可以吗？
10. 表面活性剂具有什么样的结构特征？举例说明其应用。
11. 如何理解碳氢链长短不一的表面活性剂，它们的饱和吸附量基本相同？
12. 从吉布斯吸附等温式中，如何理解吸附量是表面过剩量？

习 题

1. 在 298K 时，将半径为 1×10^{-3}m 的水滴分散成半径为 1×10^{-6}m 的小水滴，比表面积增加多少倍？表面吉布斯自由能增加多少？环境至少需做功多少？已知 298K 时，水的表面张力为 72.1×10^{-3}N·m^{-1}。
   答案：9.1×10^{-4}J。
2. 在 298K 时，1,2-二硝基苯(NB)在水中饱和溶液的浓度为 5.9×10^{-3}mol·dm^{-3}，计算直径为 1×10^{-8}m 的 NB 微球在水中的溶解度。已知 298K 时 NB/水的界面张力为 25.7mN·m^{-1}，NB 的密度为 1566kg·m^{-3}。
   答案：9.2×10^{-3}mol·dm^{-3}。
3. 373K 时，水的表面张力为 58.9mN·m^{-1}，密度为 958.4kg·m^{-3}，在 373K 时直径为 1×10^{-7}m 的气泡内的水蒸气压为多少？在 101.325kPa 外压下，能否从 373K 的水中蒸发出直径为 1×10^{-7}m 的气泡？
   答案：99.89kPa。
4. 水蒸气骤冷会发生过饱和现象。在夏天的乌云中，用干冰微粒撒于乌云中使气温骤降至 293K，此时水气的过饱和度(p_l/p_0)达到 4，已知 293K 时 $\sigma_水 = 72.9\times 10^{-3}$N·m^{-1}，$\rho_{H_2O} = 997$kg·m^{-3}。求算：
   (1) 开始形成雨滴的半径。
   (2) 每一滴雨中所含的水分子数。
   答案：7.8×10^{-10}m，66 个。

5. 已知 298K 时，水和汞的表面张力分别为 $\sigma = 72.1 \times 10^{-3} \text{N} \cdot \text{m}^{-1}$ 及 $0.486 \text{N} \cdot \text{m}^{-1}$，水和汞之间的界面张力为 $0.375 \text{N} \cdot \text{m}^{-1}$。试判断水能否在汞表面上铺展。

答案：能。

6. 在 298K、101.325kPa 下，将直径 1μm 的毛细管插入水中，在管内需加多大压力才能防止水面上升？若不加额外压力，管内液面能升高到多少？已知该温度下水的表面张力 $\sigma = 72.1 \times 10^{-3} \text{N} \cdot \text{m}^{-1}$，密度为 $1000 \text{kg} \cdot \text{m}^{-3}$，接触角为 $\theta = 0°$，重力加速度常数为 $g = 9.8 \text{m} \cdot \text{s}^{-2}$。

答案：$p_s = 288.4 \text{kPa}$，$h = 29.4 \text{m}$。

7. 氧化铝陶瓷上需要涂银，当加热到 1273K 时，液体银能否润湿陶瓷表面？已知该温度下 $\sigma_{\text{Al}_2\text{O}_3\text{-g}} = 1.0 \text{N} \cdot \text{m}^{-1}$，液态银 $\sigma_{\text{Ag-g}} = 0.88 \text{N} \cdot \text{m}^{-1}$，$\sigma_{\text{Al}_2\text{O}_3\text{-Ag}} = 1.77 \text{N} \cdot \text{m}^{-1}$。

答案：$\theta = 151°$，不能润湿。

8. 273K 及 293K 时，水的饱和蒸气压分别为 610.2Pa 和 2333.1Pa。在等量吸附水的糖炭上，在上述温度下吸附平衡时水的蒸气压分别为 104.0Pa 和 380.0Pa。计算：
(1) 糖炭吸附 1mol 水蒸气的吸附焓。
(2) 糖炭吸附 1mol 液体水的吸附焓(设吸附焓与温度无关)。

答案：$-43132 \text{J} \cdot \text{mol}^{-1}$，$1511 \text{J} \cdot \text{mol}^{-1}$。

9. 在液氮温度下，$N_2(g)$ 在 $ZrSiO_4(s)$ 上的吸附符合 BET 公式，现取 $1.752 \times 10^{-2} \text{kg}$ 样品进行吸附，$p_s = 101.325 \text{kPa}$，所有吸附气体体积已换成标准状态。数据如下：

p/kPa	1.39	2.77	10.13	14.93	21.01	25.37	34.13	52.16	62.82
$\Gamma \times 10^3$/dm^3	8.16	8.96	11.04	12.16	13.09	13.73	15.10	18.02	20.32

(1) 计算单分子层吸附所需氮气的体积。
(2) 求样品的比表面积。已知 $N_2(g)$ 分子的截面积为 $1.62 \times 10^{-19} \text{m}^2$。

答案：$8.25 \times 10^{-3} \text{dm}^3$，$2.05 \text{m}^2 \cdot \text{g}^{-1}$。

10. 现有 1g 活性炭吸附 CO_2 气体，在等量吸附时，303K 吸附平衡压力为 79.99kPa，在 273K 时吸附平衡压力为 23.06kPa，求 1g 活性炭吸附 0.04dm^3 标准状态的 CO_2 气体的吸附焓 (设吸附焓为常数)。

答案：-51J。

11. 在 293K 时，丁酸水溶液表面张力 $\sigma = \sigma_0 - \alpha \ln(1 + bc/c^\ominus)$，式中，$\sigma_0$ 为纯水表面张力，α、b 为常数。
(1) 求丁酸的表面吸附量与浓度的关系式。
(2) 当 $\alpha = 13.1 \times 10^{-3} \text{N} \cdot \text{m}^{-1}$，$b = 19.62$，浓度 $c = 0.2 \text{mol} \cdot \text{dm}^{-3}$ 时，计算吸附量。
(3) 当 $bc/c^\ominus \gg 1$ 时，吸附量为多少？此时丁酸在表面上可认为构成单分子层紧密排列，则丁酸分子的截面积为多少？

答案：$4.3 \times 10^{-6} \text{mol} \cdot \text{m}^{-2}$，$5.4 \times 10^{-6} \text{mol} \cdot \text{m}^{-2}$，$3.08 \times 10^{-19} \text{m}^2$。

12. 证明球形微粒固体的熔点 T_f 与微粒半径 r 的关系为

$$\ln \frac{T_f}{T_f^*} = \frac{V_{m,s}}{\Delta_{fus} H_m} \times \frac{2\sigma_{s-l}}{r}$$

式中，$V_{m,s}$ 为固体摩尔体积；$\Delta_{fus} H_m$ 为摩尔熔化热；T_f^* 为大块物质的熔点；σ_{s-l} 为固-液表面张力。
[提示：液体承受压力不变，固体微球的压力随 r 而变，运用相平衡知识处理]

13. 240K 时测得 CO(g) 在活性炭上吸附的数据如下：

p/kPa	13.466	25.065	42.633	57.329	71.994	89.325
Γ/(cm$^3 \cdot$ g^{-1})	8.54	13.1	18.2	21.0	23.8	26.3

试比较弗伦德利希公式和朗缪尔公式哪个更适合这种吸附，并计算公式中的常数。

答案：$k = 0.031$，$n = 1.7$，$\Gamma_m = 41.8 \text{cm}^3 \cdot \text{g}^{-1}$，$b = 1.84 \times 10^{-5} \text{Pa}^{-1}$。

14. 对于微球硅酸铝催化剂，在 77.2K 时吸附氮气，测得吸附量 Γ/(cm^3·g^{-1})(已换算为标准体积)与氮气的平衡压力如下：

p/kPa	8.699	13.639	22.112	29.924	38.910
Γ/(cm^3·g^{-1})	115.58	126.30	150.69	166.38	184.42

试用 BET 公式计算催化剂的比表面积。已知 77.2K 时 N$_2$(g) 的饱和蒸气压为 99.125kPa，N$_2$(g) 分子的截面积为 16.2×10^{-20}m^2。

答案：115cm^3·g^{-1}，496m^2·g^{-1}。

第12章 胶体化学基础

胶体系统(简称胶体)是物质以一定的分散度而存在的一种状态。

将一种或几种物质分散在另一种物质中就构成分散系统。在分散系统中被分散的物质称为分散相，另一种物质称为分散介质。按分散相粒子的尺度大小，常将分散系统区分为分子分散系统(粒子尺度＜1nm)、胶体分散系统(1nm＜粒子尺度＜100nm)、粗分散系统(粒子尺度＞100nm)等几种。这种分类法仅考虑了粒子大小而忽略了其他性质的综合，并非最恰当的分类法，但一直被采用。

胶体分散系统由于分散程度较高，且为多相，在分散相和分散介质间存在丰富的界面，其性质与其他分散系统有所不同。胶体分散系统在自然界普遍存在，在实际生活及生产中也占有重要地位。由于实际的需要，也由于本身具有丰富的内容，胶体分散系统的研究得到了较快的发展，已经成为一门独立的学科，这就是胶体化学。

12.1 胶体的基本特征及其制备

12.1.1 分散系统的分类

通过对胶体系统稳定性及其结构的研究，人们发现胶体系统至少包含了性质颇不相同的两大类。

(1) 憎液溶胶。由难溶物质分散在分散介质中所形成的分散系统，称为憎液溶胶或疏液溶胶(lyophobic sol)，也简称溶胶。这种系统中的分散粒子都是由很大数目的分子构成的，具有很大的相界面，很高的表面吉布斯自由能，极易聚沉，且聚沉之后往往不能恢复为原态，因而是热力学不稳定系统。

(2) 大分子溶液。由大(高)分子化合物溶于溶剂中所形成的溶液。这类系统其分子大小达到胶体范围，具有胶体的一些特性(如扩散慢、不透过半透膜等)，但又是分子分散系统，因而是热力学稳定系统。过去曾被称为亲液溶胶，现在一般称为大分子溶液。

由于大分子溶液已成为高分子科学中的重要部分，故胶体化学中所研究的胶体系统主要是指憎液溶胶。

根据粒子大小，结合系统的性质综合，分散系统的分类如表12-1所示。

表12-1 分散系统的分类

分散系统类型		粒子尺度	系统特性	实例
分子分散系统	分子(离子)溶液	＜1nm	均相，热力学稳定，扩散快，能透过半透膜，无光散射	蔗糖水溶液，混合气体
胶体分散系统	憎液溶胶	1～100nm	多相，热力学不稳定，扩散慢，不能透过半透膜，不透明，有光散射	金溶胶，氢氧化铁溶胶，豆浆
	大分子溶液	1～100nm	均相，热力学稳定，扩散慢，不能透过半透膜，透明，无光散射	聚乙烯醇水溶液

分散系统类型		粒子尺度	系统特性	实例
粗分散系统	悬浮液、乳状液、泡沫	>100nm	多相,热力学不稳定,扩散慢或不扩散,不能透过半透膜及滤纸,形成悬浮液或乳状液,不透明,有光反射	泥浆

根据分散相及分散介质的聚集状态不同,胶体系统(主要指憎液溶胶)又可分为液溶胶、固溶胶、气溶胶三类,见表 12-2。

表 12-2 胶体系统(憎液溶胶)的分类

分散介质状态	分散相状态	名称	实例
液	气 液 固	液溶胶	泡沫(如灭火泡沫) 乳状液(如牛奶、含水原油) 溶胶(如金溶胶、油漆、豆浆)
固	气 液 固	固溶胶	泡沫塑料, 珍珠,蛋白石, 合金,有色玻璃
气	液 固	气溶胶	云,雾

总之,高度分散性、多相性及热力学不稳定性是憎液溶胶的主要特征。

研究发现,任何物质都可能通过降低其溶解度或选用适当的分散介质而制成胶体系统。例如,氯化钠可分散在苯中形成胶体系统,硫磺易溶于乙醇而难溶于水,将硫磺的乙醇溶液滴入水中可制备硫磺的水溶胶等。

12.1.2 胶团的结构

分散相的溶解度小及适当的稳定剂是形成憎液溶胶的必要条件。凡是与极性分散相或极性介质(如水)相接触的界面总是带电的,因此,任何溶胶粒子的表面上总是带有电荷。溶胶粒子的电性与其表面的离解性能或吸附性能有关。

胶体颗粒的核心是由分散相物质的分子组成的聚集体,一般称为胶核,具有一定的晶体结构;胶核的较大表面积使其易于在界面上有选择性地吸附某种离子(或电离)而带电,此带电的胶核再与介质紧密层中的部分反电离子组成胶粒,胶粒仍是带电的;胶粒与扩散层一起称为胶团,胶团为电中性的。在电场作用下,胶粒会向某一电极定向移动,扩散层内的反电离子向另一极移动,是电泳的实质。

以 AgI(s)水溶胶为例。将 $AgNO_3$(aq)稀溶液与 KI(aq)稀溶液反应,就能制得稳定的 AgI 溶胶。胶核由 m 个 AgI(s)分子构成;反应时若 $AgNO_3$(aq)过量,胶核表面优先吸附溶液中的 Ag^+,得到带正电的 AgI 胶粒;若 KI(aq)过量,胶核表面优先吸附溶液中的 I^-,得到带负电的 AgI 胶粒。这两种情形的胶团结构可表示为 $[(AgI)_m nAg^+ \cdot (n-x) NO_3^-]^{x+} \cdot xNO_3^-$,$[(AgI)_m nI^- \cdot (n-x)K^+]^{x-} \cdot xK^+$,其中 m 表示胶核中物质的分子数,一般来说它是一个很大的数目,约为 10^3;n 表示胶核所吸附的离子数,n 的数字要小得多;$(n-x)$是包含在紧密层中过剩反电离子数。胶团结构也可用图 12-1 表示。

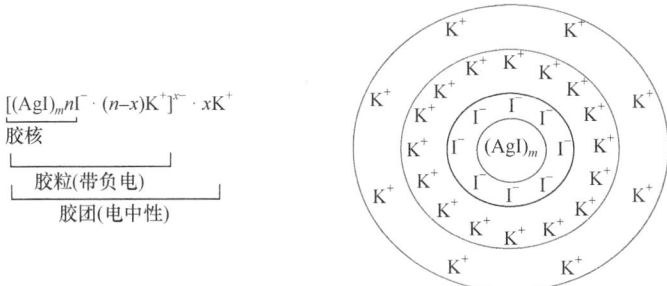

图 12-1　碘化银胶团结构示意图(KI 为稳定剂)

胶粒的形貌除球形外，还可能为带状、针状等各种形貌，如图 12-2 所示。

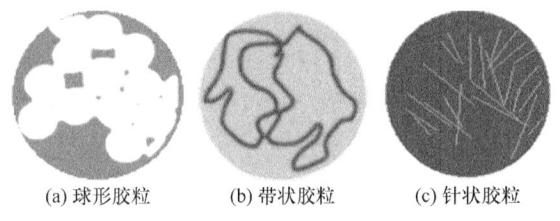

(a) 球形胶粒　　(b) 带状胶粒　　(c) 针状胶粒

图 12-2　胶粒的形貌

例如，聚苯乙烯胶乳为近似球形，V_2O_5 溶胶为带状胶粒，$Fe(OH)_3$ 溶胶为针状胶粒。

12.1.3　溶胶的制备与净化

1. 溶胶的制备

憎液溶胶的制备方法有两种，即分散法和凝聚法，前者是使固体的粒子变小，后者是使分子或离子聚集变大。由分散法或凝聚法直接制成的粒子称为原级粒子，视具体条件不同，这些原级粒子又可聚集成较大的次级粒子。

1) 分散法

分散法是利用机械设备将粗分散物料分散成高度分散的溶胶，具体方法如下。

(1) 研磨法，即机械粉碎法。有各种类型的胶体磨，适用于脆而易碎的物质，对于柔性物质需先硬化(如用液体空气处理)后再分散。

(2) 胶溶法，也称解胶法。将新鲜沉淀经洗涤除去多余的电解质后，再加入适当的稳定剂(又称胶溶剂)又可制成溶胶，这种作用称为胶溶作用。例如

$$Fe(OH)_3(新鲜沉淀) \xrightarrow{加FeCl_3} Fe(OH)_3(溶胶)$$

$$AgCl(新鲜沉淀) \xrightarrow{加KCl或AgNO_3} AgCl(溶胶)$$

一般情况下，若沉淀放置时间较长，则沉淀老化就可能得不到溶胶。

(3) 超声波分散法，是用超声波(频率大于 20000Hz)所产生的能量进行分散作用。多用于制备乳状液或将某些松软的物质分散。

(4) 电弧法，该法是将被分散的金属作电极，插入水中，通电使之产生电弧，在高温下金属被气化，遇水冷凝成胶粒。实际上包含了分散和凝聚两个过程，主要用于制备金属水溶胶。一般要加少量碱作稳定剂。

(5) 气相沉积法，在惰性气体中，用电、磁、激光等手段将物质气化，然后在稳定剂保护

下按一定的规律共聚或化学反应,形成溶胶。此法也是先分散后凝聚。

2) 凝聚法

(1) 物理凝聚法,是利用适当的物理过程将某些物质凝聚成胶体粒子大小。例如,将汞蒸气通入冷水中就可得到汞溶胶;用冰骤冷苯的饱和水溶液得到苯的水溶胶。

(2) 更换溶剂法,是利用物质在不同溶剂中溶解度的显著差别来制备溶胶,而且两种溶剂需完全互溶。例如,将含松香的乙醇溶液滴入水中,由于松香在水中的溶解度低,能以胶粒的大小析出,形成松香的水溶胶。

(3) 化学凝聚法,是在适当条件下通过化学反应使产物呈过饱和状态,然后结晶凝聚成胶粒。例如,复分解反应制备硫化砷溶胶

$$2H_3AsO_3(aq,稀) + 3H_2S(g) \longrightarrow As_2S_3(溶胶) + 6H_2O(l)$$

水解反应制备氢氧化铁溶胶

$$FeCl_3(aq,稀) + 3H_2O(l,热) \longrightarrow Fe(OH)_3(溶胶) + 3HCl(aq)$$

氧化-还原反应制备硫溶胶及金溶胶

$$2H_2S(aq,稀) + SO_2(g) \longrightarrow 2H_2O(l) + 3S(溶胶)$$

$$2HAuCl_4(aq,稀) + 3HCHO(l) + 11KOH(aq) \longrightarrow 2Au(溶胶) + 3HCOOK(aq) + 8KCl(aq) + 8H_2O(l)$$

2. 溶胶的净化

溶胶制备时常含有电解质及其他杂质,除了形成胶团所需电解质外,过多的电解质及其他杂质不利于溶胶的稳定,因此需将其除去,常用方法如下。

1) 渗析法(dialysis method)

通常分子、离子能通过半透膜,而溶胶粒子不能通过,因此可以将溶胶放在装有半透膜的容器中,膜外放纯溶剂,利用浓差因素,使过多的分子、离子不断向膜外渗透,并不断更换膜外溶剂,从而逐渐降低溶胶中杂质的浓度。图12-3为渗析装置示意图。

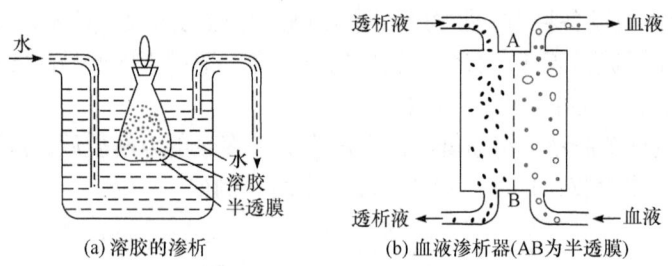

(a) 溶胶的渗析　　(b) 血液渗析器(AB为半透膜)

图12-3　渗析装置示意图

2) 电渗析(electric dialysis)

为了加快渗析速率,在装有溶胶的半透膜两侧外加一个电场,使多余的电解质离子更快地向相应的电极做定向移动。此法特别适用于用普通渗析法难以除去的少量电解质。所用的电流密度不宜太高,以免因受热使溶胶变质。图12-4为电渗析装置示意图。

3) 超过滤法(ultrafiltration method)

用孔径细小(10~300nm)的半透膜在加压吸滤的情况下使胶粒与介质分开,这种方法称为超过滤法。可溶性杂质能透过滤板而被除去。有时可再将胶粒加到纯分散介质中,再加压过

滤，如此反复进行，也可以达到净化的目的。最后所得胶粒应立即分散在新的分散介质中，以免聚结成块。如果超过滤时在半透膜的两边安放电极，加上一定的电压，则称为电超过滤法，即电渗析和超过滤两种方法合并使用。这样可以降低超过滤的压力，而且可以较快地除去溶胶中的多余电解质。图 12-5 是电超过滤装置示意图。

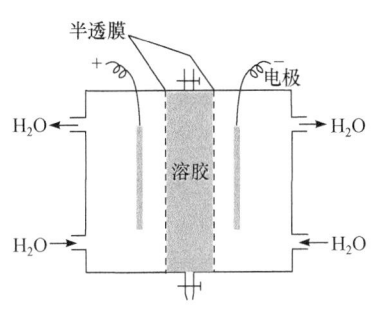

图 12-4 电渗析装置示意图

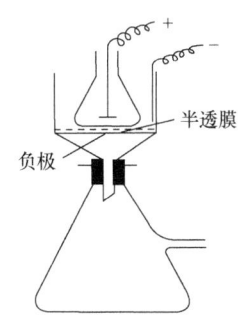

图 12-5 电超过滤装置示意图

3. 溶胶的形成条件和老化机理

溶胶形成的过程中一般经历两个阶段，即晶核的生成和晶体的生长。晶核形成过程的速率取决于生成和生长两个因素。

(1) 从溶液中析出固体的速率。要从溶液中析出固体溶质，溶质浓度必须超过其平衡浓度 s(溶解度)，达到过饱和的程度。若溶液过饱和浓度为 Q，则溶质的析出速率必正比于相对过饱和度 $\frac{Q-s}{s}$，即晶核形成的速率 r_1，即单位时间内析出的颗粒(晶核)数为

$$r_1 = k\frac{Q-s}{s} \tag{12-1}$$

(2) 当晶核一旦形成，溶质在其上面沉积，进一步逐渐长大，晶体长大的速率 r_2 为

$$r_2 = DA_s\frac{Q-s}{\delta} \tag{12-2}$$

式中，D 为溶质的扩散系数；A_s 为晶核的表面积；δ 为扩散过程中溶质粒子所移动的距离。若要得到分散度很高的溶胶，则必须控制 r_1 和 r_2 的值，使 r_2 很小或接近于零。

当 $\frac{Q-s}{s}$ 的值很大时，有利于形成溶胶；当 $\frac{Q-s}{s}$ 的值较小时，有利于生成大块沉淀；当 $\frac{Q-s}{s}$ 的值很小时，也有利于形成溶胶。

即使是经过纯化后的胶粒也会随时间推移而慢慢增大，最终导致沉淀，这一过程称为溶胶的老化(aging)。老化过程是自发过程。沉淀老化机理参见式(11-16)。

12.2 溶胶的基本性质

溶胶有别于溶液的性质主要表现在动力性质、光学性质及电学性质等几个方面。

12.2.1 溶胶的动力性质

溶胶的动力性质(或称动态性质)主要是指溶胶粒子的不规则运动以及由此产生的扩散、渗透压及沉降等性质。根据分子运动的观点,不难理解布朗(Brown)运动,溶胶与稀溶液有某些形式上的相似之处,因此可用处理稀溶液类似的方法讨论溶胶的动力性质。

1. 布朗运动

1872年,植物学家布朗在显微镜下看到悬浮在水中的花粉颗粒做永不停息的无规则运动,见图 12-6。之后还发现其他微粒(如矿石、金属和碳等)也有同样的现象,这种现象被称为布朗运动。它实质上是液体介质分子无规则热运动的反映。

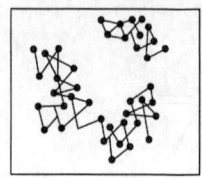

图 12-6 布朗运动示意图

图 12-6 中黑点是在相等的时间间隔内在显微镜中观察到的颗粒的位置,它是空间运动在平面上的投影。布朗运动的剧烈程度随颗粒变小和温度升高而增加,但不随时间而改变。

1905年和1906年,爱因斯坦和斯莫卢霍夫斯基(Smoluchowski)分别创立了布朗运动理论,他们假定胶粒运动与分子运动类似,每个粒子的平均动能和液体(分散介质)分子一样,都是 $3kT/2$,从而导出

$$\bar{x} = \sqrt{\frac{RT}{L} \cdot \frac{t}{3\pi\eta r}} \tag{12-3}$$

式中,$\bar{x}$ 为粒子在时间间隔 t 内在 x 方向的平均位移;L 为阿伏伽德罗常量;η 为介质的黏度;r 为粒子的半径。此式也称为爱因斯坦-布朗运动公式。

波伦(Perrin)和斯韦德贝里(Svedberg)用超显微镜,将直径分别为 54nm 和 104nm 的金溶胶摄影在感光胶片上,然后再测定不同曝光时间间隔 t 的位移平均值。实验测量结果与理论计算相当符合,证明了爱因斯坦-布朗运动公式的正确性。

布朗运动是胶体系统动力稳定的原因之一。由于布朗运动的存在,胶粒从周围分子不断获得动能,从而抗衡重力作用而不发生聚沉。但布朗运动同时有可能使胶粒因相互碰撞而聚集,颗粒由小变大而沉淀。

2. 扩散和渗透压

既然溶胶粒子与稀溶液中的粒子一样具有热运动,也应具有扩散作用和渗透压。但溶胶粒子远比普通分子(离子)大且不稳定,不能制成较高浓度的溶胶,因此其扩散作用和渗透压表现得很不显著。

1) 扩散

扩散从宏观上看即质点自浓度大的区域移向浓度小的区域,在没有外力场的条件下最后达到浓度均匀的状态。胶体质点的半径较大,扩散速率较小,其扩散规律可以用菲克(Fick)第一扩散定律来描述,即质点扩散能力的大小可用扩散系数 D(单位浓度梯度的扩散速率)来衡量。爱因斯坦曾导出了 D 与平均位移 $\bar{x}$ 的关系为

$$D = \frac{\bar{x}^2}{2t} \tag{12-4}$$

该式也称为爱因斯坦-布朗位移方程。

爱因斯坦也曾导出扩散系数 D 与阻力系数的关系为 $D=\dfrac{kT}{f}=\dfrac{RT}{Lf}$，式中，$f$ 为质点在溶液中的阻力系数(摩擦系数)。对球形质点，可以用斯托克斯(Stokes)方程描述其阻力系数 $f=6\pi\eta r$，因此有

$$D=\frac{RT}{L}\frac{1}{6\pi\eta r} \tag{12-5}$$

这就是爱因斯坦-斯托克斯方程。

根据布朗运动实验测定，可由式(12-4)求出胶体粒子的扩散系数 D，再根据式(12-5)可计算出粒子的半径 r。如果需要，也可根据粒子的密度 ρ 求出胶团的摩尔质量 $M=\dfrac{4}{3}\pi r^3\rho L$，这是研究溶胶扩散的基本用途之一。

2) 渗透压

由于胶粒不能透过半透膜，而介质分子或外加的电解质离子可以透过半透膜，有从化学势高的一方向化学势低的一方自发渗透的趋势。溶胶的渗透压可以借用稀溶液渗透压公式计算，$\Pi=\dfrac{n}{V}RT=cRT$，式中，c 为胶粒的浓度。由于憎液溶胶不稳定，浓度不能太大，因此溶胶的渗透压及其他依数性质都很小。但对于大分子化合物溶液，可以配制成较高浓度，因而可以通过测定渗透压求它们的摩尔质量。

3. 沉降和沉降平衡

溶胶是高度分散体系，胶粒一方面受到重力吸引而下降，另一方面由于布朗运动促使浓度趋于均一。当这两种效应相反的力相等时，粒子的分布达到平衡，这种平衡称为沉降平衡。达到平衡时，粒子的浓度随高度不同有一定的梯度，如图 12-7 所示。

达到沉降平衡时，粒子随高度分布的情况与气体类似，适用于高度分布定律，即有

$$\frac{N_2}{N_1}=\exp\left[-\frac{4}{3}\pi r^3(\rho_{\text{粒子}}-\rho_{\text{介质}})gL(x_2-x_1)\frac{1}{RT}\right] \tag{12-6}$$

式中，N_1、N_2 分别为在 x_1、x_2 处，单位体积溶胶内的粒子数，由高度分布公式可知，粒子质量越大，其平衡浓度随高度的降低也越大。

通过沉降速率(dx/dt)的测定，可以求得胶粒的大小。例如，对球形胶粒，有

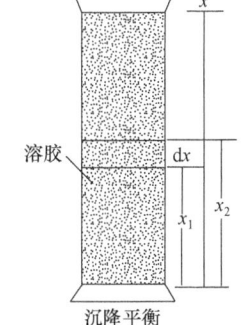

图 12-7 沉降平衡示意图

$$r=\sqrt{\frac{9}{2}\frac{\eta\,dx/dt}{(\rho_{\text{粒子}}-\rho_{\text{介质}})g}} \tag{12-7}$$

胶体系统中分散相的粒子较小，在重力场中沉降速率极为缓慢，以致实际上无法测定其沉降速率。此时可利用超离心机(其离心力可达重力的百万倍)测定溶胶胶团的摩尔质量或高分子物质的摩尔质量。详细内容请参阅相关文献。

12.2.2 溶胶的光学性质

溶胶的光学性质是其多相性和高度分散性特征的反映。通过对溶胶光学性质的研究，可以

帮助理解溶胶的一些性质,如粒子的大小及形状。

由光学知识可知,当系统粒子尺寸远小于光的波长时,将会发生光吸收;系统粒子尺寸达到光的波长的数量级时(如溶胶),将会发生光散射或衍射;当系统粒子尺寸远大于光的波长数量级时,将会发生光反射,使系统呈现浑浊。

1869 年丁铎尔(J. Tyndall)发现,若将一束光线通过溶胶,从侧面(与光束垂直的方向)可以看到一个光柱,如图 12-8 所示。这种现象称为丁铎尔现象(或称丁铎尔效应),也称为乳光效应。

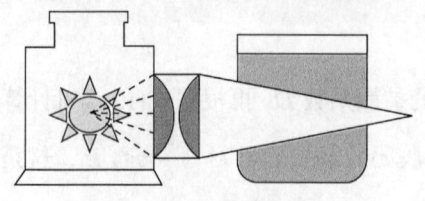

图 12-8 丁铎尔现象

可见光的波长在 400~700nm 之间,而溶胶粒子的半径在 1~100nm 之间,因此会发生光散射作用而出现丁铎尔现象。

散射光波长与入射光波长完全相同,称为弹性散射或瑞利(Rayleigh)散射;散射光波长与入射光波长不相同,称为非弹性散射或拉曼(Raman)散射。

1871 年,瑞利假设:粒子的尺寸远小于入射光的波长,粒子可视为点光源;粒子相互距离较远,忽略各粒子散射光之间的干涉;粒子不导电。基于这些假设,根据经典的电磁场理论,推导出溶胶系统的散射光强为

$$I = \frac{9\pi^2}{2\lambda^4 d^2}\left(\frac{n_1^2 - n_2^2}{n_1^2 + 2n_2^2}\right)^2 NV^2 I_0 (1+\cos^2\theta) \tag{12-8}$$

式中,I_0 为入射光强;I 为单位散射面积在距离散射中心 d 处的散射光强。θ 为散射角,为观测方向与入射光方向的夹角;N 为单位体积中的粒子数;λ 为入射光波长;V 为每个粒子的体积;n_1、n_2 分别为分散相和分散介质的折射率。

由瑞利公式可知:

(1) 散射光强度与粒子体积的平方成正比,即与系统分散度有关。真溶液分子体积很小,虽有乳光,但很微弱。粗分散系统粒子尺寸远大于可见光波长,无散射光,只有反射光。因此,丁铎尔效应是鉴别溶胶、真溶液和悬浮液简便而有效的方法。

(2) 散射光的强度与入射光波长的四次方成反比,即入射光波长越短,散射光越强。白光中的蓝光与紫光的波长最短,橙红色光波长最长,因此,若白光照射到溶胶上时,侧面的散射光将呈现淡蓝色,而透射光呈现橙红色。晴天时看到的天空是蔚蓝色的,这是大气强烈地散射蓝光和紫光的结果。朝霞和夕阳是橙红色的,也是由于大气散射掉短波成分,留下长波成分的结果。

(3) 分散相和分散介质的折射率相差越大,粒子的散射光越强。溶胶的分散相和分散介质之间有明显的界面,两者的折射率相差较大,散射光较强。而高分子溶液的溶质和溶剂之间有亲和力,溶质被一层溶剂分子裹住,使得溶质和溶剂的折射率相差不大,散射光较弱。因此,可根据散射光的强弱来区分溶胶和高分子溶液。

(4) 在其他条件一定时,散射光的强度与粒子的数密度 N 成正比。

散射光强 I 可定量测定,用于这类测定的仪器为乳光计,其原理与比色计相似,不同之处在于乳光计中光源是从侧面照射溶胶,因此观察到的是散射光的强度。

散射光强 I 与 d 及散射角 θ 有关,即散射光的强弱还取决于测量方法及仪器构造。为了统一这两个参数的影响,定义一个称为瑞利比的参数 R_θ

$$R_\theta = \left(\frac{Id^2}{I_0}\right)\left(\frac{1}{1+\cos^2\theta}\right) \tag{12-9}$$

显然，瑞利比 R_θ 也是可测量的。这样，瑞利公式可改写为

$$R_\theta = \frac{9\pi^2}{2\lambda^4}\left(\frac{n_1^2 - n_2^2}{n_1^2 + 2n_2^2}\right)^2 NV^2 \tag{12-10a}$$

若将 N 改为质量浓度 $c(\text{kg}\cdot\text{dm}^{-3})$，且胶粒的密度为 ρ，则 $NV\rho = c$；再假定粒子为球形，则 $V = \frac{4}{3}\pi r^3$，代入上式得

$$R_\theta = \frac{6\pi^3}{\lambda^4}\left(\frac{n_1^2 - n_2^2}{n_1^2 + 2n_2^2}\right)^2 \frac{cr^3}{\rho} \tag{12-10b}$$

因此，若已知某溶胶系统的质量浓度 c，用光散射法可求得粒子的大小(平均值)。

对于粒径大于波长的粒子及大分子化合物溶液，在对光吸收、反射的同时，也会发生散射现象，不过这种散射不遵循瑞利公式，而要用马埃(Mie)散射理论或德拜(Debye)散射理论进行研究，由于这些理论要考虑光的干涉，较为复杂，请参阅相关专著，本书从略。

12.2.3 溶胶的电性质

溶胶是高度分散的非均相系统，分散相的固体粒子和分散介质之间存在明显的相界面。在粒子表面的带电离子称为定位离子(localized ion)，粒子表面因定位离子而带电。产生定位离子的原因有：

(1) 吸附。胶粒在形成过程中，胶核优先吸附某种离子，使胶粒带电。例如，在 AgI 溶胶的制备过程中的胶粒带电。

(2) 电离。对于可能发生电离的大分子(如 P—COO$^-$)溶胶而言，胶粒带电主要是其本身发生电离。

(3) 同晶置换。黏土矿物中如高岭土，主要由铝氧四面体和硅氧四面体组成，而与周围 4 个氧的电荷不平衡，要由 H$^+$ 或 Na$^+$ 等正离子来平衡电荷。

(4) 溶解量的不均衡。离子型固体物质如 AgI 在水中会有微量溶解，所以水中会有少量的银离子和碘离子。由于 Ag$^+$ 扩散快，比 I$^-$ 容易脱离晶格而进入溶液，因此 AgI 胶粒带负电。

胶粒带正或负电荷，则介质带与胶粒相反的电荷。在外电场作用下，胶粒和介质将分别向不同的电极移动，产生电泳和电渗的电动现象，称为因电而动。胶粒在重力场作用下发生沉降，产生沉降电势；带电的介质发生流动，产生流动电势。在外电场的作用下，固、液两相可以发生相对运动；反过来，在外力的作用下，迫使固、液两相相对运动时又可产生电势差。溶胶的这种与电势差有关的相对运动称为电动现象(electrokinetic phenomenon)。电泳、电渗、流动电势和沉降电势均属于电动现象。

1. 电泳

在外电场作用下，胶体粒子在分散介质中定向移动的现象称为电泳。这与电解质溶液中的离子在电场作用下的定向迁移的本质相同。电泳实验装置如图 12-9 所示。

图 12-9 中 Fe(OH)$_3$ 溶胶通电时发现电泳管中阳极界面下降，阴极界面上升，即 Fe(OH)$_3$ 溶胶向阴极方向移动。这表明 Fe(OH)$_3$ 的胶体粒子带正电。

影响电泳的因素有带电粒子的大小、形状，粒子表面的电荷数目，溶剂中电解质的种类、离子强度及 pH，温度和所加的电压等。胶体粒子要比离子大得多，而实验表明胶体粒子的电

泳速率与离子的电迁移速率的数量基本相同,这说明胶体粒子所带的电量相当大。实验表明,溶胶中加入电解质会使电泳速率降低,直至为零,甚至可改变胶粒的带电符号。

通过电泳可测定带电粒子的迁移速率,从而计算粒子的 ζ(Zeta)电势,这种测量仪器称为 ζ 电势仪。

在生物化学中常用电泳法分离和区别各种氨基酸和蛋白质。例如,用聚丙烯酰胺凝胶电泳分离血清样品可以得到 25 种不同的组分。20 世纪 80 年代发展起来的高效毛细管电泳(capillary electrophoresis)具有高效、快速(分析不超过 40min)、进样体积小和溶剂消耗少等优点,在化学、生命科学和药学等领域得到了广泛应用。

2. 电渗

在外加电场作用下,可以观察到分散介质会通过毛细管(或多孔膜)而移动,这种现象称为电渗(electroosmosis)。电渗实验装置如图 12-10 所示。

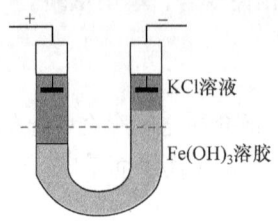

图 12-9　电泳实验装置示意图

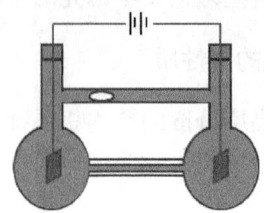

图 12-10　电渗实验装置示意图

介质流动的方向与其电性有关,流动速率与多孔塞材料及流体性质有关。与电泳一样,外加电解质能改变介质流动速率,甚至流动方向。

3. 流动电势

在外力作用下使胶体介质通过毛细管或多孔塞流动时,液体介质相对于静止带电的毛细管或多孔塞流动在两边产生的电势差,称为流动电势(streaming potential),其示意图如图 12-11 所示。流动电势是与电渗相反的电动现象。用输油管道输送油时,会因产生流动电势,高压下易产生火花引起液体燃烧,故应采用相应的防护措施,如油管接地或加入油溶性电解质,增加介质的电导,以减小流动电势。

4. 沉降电势

在重力或离心力作用下,分散相粒子在分散介质中沉降而在沉降方向产生的电势差称为沉降电势,其示意图如图 12-12 所示。储油罐中的油内常含有水滴,水滴的沉降常形成很高的沉降电势,消除办法是加入有机电解质,以增加介质的电导。

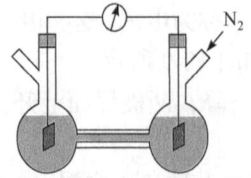

图 12-11　流动电势示意图

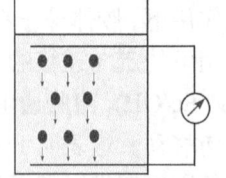

图 12-12　沉降电势示意图

12.3 双电层理论与溶胶的 ζ 电势

电动现象说明分散相粒子和分散介质带有相反符号的电荷，但直到双电层理论提出后，人们才真正了解了产生电动现象的原因。

12.3.1 双电层模型

当固体与液体接触时，固体可能从溶液中选择性吸附某种离子，也可能是固体分子本身发生电离作用而使离子进入溶液，从而使固液两相分别带有不同符号的电荷，在界面上形成了双电层的结构。

双电层理论模型有亥姆霍兹紧密双电层模型、古伊(Gouy)和查普曼(Chapman)扩散双电层模型及斯特恩(Stern)紧密双电层和扩散双电层模型。

1. 亥姆霍兹紧密双电层模型

1879 年，亥姆霍兹首先提出了双电层的概念，他认为正、负离子分别平行地排列在固液两相的界面上，与平板电容器相似，如图 12-13 所示。其双电层的厚度约为 10^{-10}m，即约一个水化离子半径的大小。该模型的缺陷不能解释表面电势 φ_0 与 ζ 电势的区别，也不能解释电解质对 ζ 电势的影响。表面电势 φ_0 是带电质点表面与液体的电势差，也称为热力学电势。ζ 电势是固液两相发生相对运动的边界处与液体内部的电势差。

2. 古伊和查普曼扩散双电层模型

古伊于 1910 年、查普曼于 1913 年提出了扩散双电层模型。由于正、负离子静电吸引和热运动两种效应的结果，溶液中的反离子只有一部分紧密地排在固体表面附近，相距约一两个离子厚度称为紧密层；另一部分离子按一定的浓度梯度扩散到本体溶液中，形成一个反离子扩散层，在扩散层中离子的分布可用玻尔兹曼公式表示。双电层由紧密层和扩散层构成，如图 12-14 所示。如果固体和介质发生相对移动(如电动)，则移动的切动面为 AB 面，相对运动边界处与溶液本体之间的电势差即为 ζ 电势。

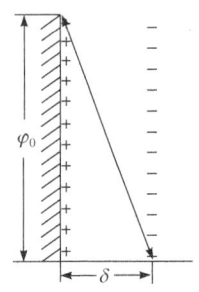

图 12-13 紧密双电层模型

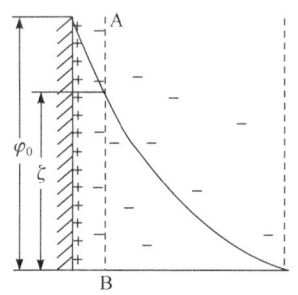

图 12-14 扩散双电层模型

古伊-查普曼模型部分克服了亥姆霍兹模型的缺陷，但也有许多不能解释的实验事实。原因在于，古伊-查普曼模型将离子视为点电荷，没有考虑离子的溶剂化，也没有考虑胶粒表面的固定吸附层。

3. 斯特恩双电层模型

1924年，斯特恩将亥姆霍兹模型和古伊-查普曼模型结合起来，提出了一个改进的双电层模型，其主要论点有：①离子具有一定的体积，离子中心靠近固体表面的距离一般不小于其水化半径；②双电层由两层构成，第一层为吸附在固体表面的离子，称为斯特恩层，又称为紧密层，第二层为扩散层，如图12-15所示。

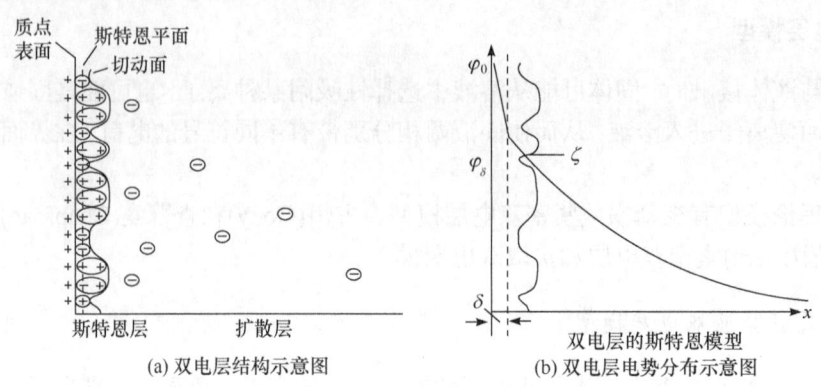

(a) 双电层结构示意图　　(b) 双电层电势分布示意图

图12-15　斯特恩双电层模型

该模型认为吸附在固体表面的紧密层有一两个分子层的厚度，后被称为斯特恩层；由反电离子电性中心构成的平面称为斯特恩平面。由于离子的溶剂化作用，胶粒在移动时，紧密层会结合一定数量的溶剂分子一起移动，所以滑移的切动面由比斯特恩层略右的曲线表示。从固体表面到斯特恩平面，电势从φ_0直线下降为φ_δ。带电的胶粒在移动时，带有溶剂化层的滑移界面与液体本体之间的电势差为ζ电势(zeta-potential)。

12.3.2　ζ电势

在上述斯特恩双电层模型中，由于离子的溶剂化作用，紧密层结合有一定数量的溶剂分子，它和固体粒子作为一个整体一起移动，这样在粒子与介质间形成一个滑动面。显然，滑动面离粒子表面的距离要略大于紧密层的厚度。滑动面与液体本体的电势差称为动电电势(electrokinetic potential)，即ζ电势。ζ电势是一个反映胶粒带电量的物理量。

注意只有双电层的紧密层和扩散层的滑移面移动时才会产生ζ电势，在静止状态下不会产生ζ电势，但有斯特恩电势φ_δ。原则上讲，ζ电势应略低于φ_δ，若离子浓度不太高，可认为两者相等。ζ电势与热力学电势φ_0的区别在于：φ_0的数值主要取决于溶液中与固体呈平衡的离子浓度，少量外加电解质对φ_0不产生明显影响；而ζ电势则随着溶剂层中离子的浓度而改变。

1. 外加电解质浓度对ζ电势的影响

少量外加电解质会对ζ电势的数值产生显著的影响，如图12-16(a)所示。

随着外加电解质量的增加，会有更多的反离子进入溶剂化扩散层，导致双电层的厚度变薄（从d_1变成d_2、…、d_n），ζ电势的数值相应降低。当扩散层厚度被压缩至0时，ζ电势变为0，这就是等电态。处于等电态时，胶粒不带电，电场对胶粒没有影响，也不可能有电泳现象，此时溶胶的稳定性最低。如果外加电解质中反离子的价数很高，或者其吸附能力特别强，在溶剂化层内可能吸附了过多的反离子，甚至能使ζ电势改变符号，如图12-16(b)所示。

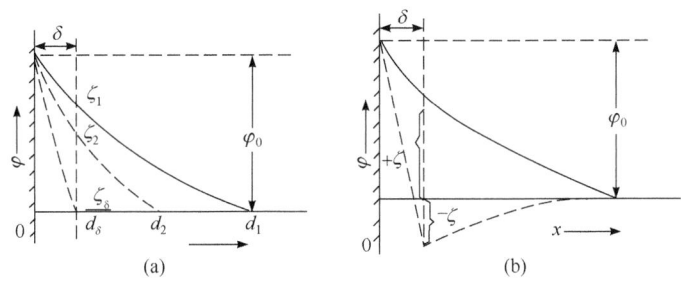

图 12-16　外加电解质对 ζ 电势的影响

2. ζ 电势的测量

ζ 电势可以通过测定在一定外电场作用下的胶粒电泳速率而求得。设 r 为粒子的半径，当粒子的半径较大时，粒子表面可当作平面处理，此时可用斯莫卢霍夫斯基公式来描述 ζ 电势与电泳速率的关系

$$\zeta = q\frac{4\pi \upsilon \eta}{\varepsilon E} \tag{12-11}$$

式中，υ 为电泳速率，$m \cdot s^{-1}$；E 为电场强度(或称电势梯度)，$V \cdot m^{-1}$；ε 为介质的介电常数，$F \cdot m^{-1}$，$\varepsilon = \varepsilon_r \varepsilon_0$，$\varepsilon_r$ 为相对介电常数；η 为介质的黏度，$Pa \cdot s$；q 为常数(其物理意义为静电力恒量)，$q = 9 \times 10^9 N \cdot m^2 \cdot C^{-2}$。

当粒子的半径 r 较小时，可用休克尔公式描述电泳速率 υ 与 ζ 电势的关系：

$$\zeta = q\frac{6\pi \upsilon \eta}{\varepsilon E} \tag{12-12}$$

一般，水溶液胶体多适用斯莫卢霍夫斯基公式，非水溶液胶体多适用休克尔公式。

ζ 电势也可以通过电渗测定的方法求得。单位时间内流过毛细管的介质体积为 V(图 12-7)，通过两极的电流强度为 i，溶胶的电导率为 κ，其 ζ 电势为

$$\zeta = q\frac{4\pi \eta V \kappa}{\varepsilon i} \tag{12-13}$$

关于 ζ 电势的测定，更详细的内容请参阅相关文献。

水溶胶的 ζ 电势可正可负，与溶胶系统的性质有关，其绝对值一般只有几十毫伏。

12.4　溶胶的稳定性与聚沉

溶胶是具有高分散度的多相系统，具有较大的表面和表面能，因而是热力学不稳定系统。

12.4.1　溶胶的稳定性

溶胶粒子都具有相互聚结变大而聚沉的趋势，但在人为控制适宜的条件下，溶胶系统具有一定的稳定性，即热力学亚稳系统。赋予溶胶一定稳定性的因素有如下三个方面。

1. 溶胶的动力稳定性

溶胶的动力稳定性来自于粒子的布朗运动。胶粒越小，布朗运动越剧烈，动力稳定性就越

强。但要注意，布朗运动也能促使粒子间碰撞频率变大而降低其稳定性。例如，温度升高，通常溶胶的稳定性会降低。此外，分散介质的黏度越大，胶粒与分散介质的密度差越小，溶胶的动力稳定性也越强。

2. 胶粒溶剂化层的保护作用

粒子和溶剂之间一般能形成溶剂化层。若溶剂为水，则憎液溶胶的胶核虽憎水，但它吸附的离子一般能水化。这种溶剂化层增加了胶粒相互靠近时的机械阻力，在一定程度上稳定溶胶的作用。

3. 胶粒带电的稳定作用及 DLOV 理论大意

两个胶团的相互作用可由图 12-17 示意。虚线圆是扩散层的边界，虚线圆以外可认为无净电荷，呈电中性。当两个胶团不重叠时，如图中左边部分所示，它们之间没有静电作用力，只有胶团间的范德华引力，这是一种远程力，这种远程力驱使胶团互相靠近。

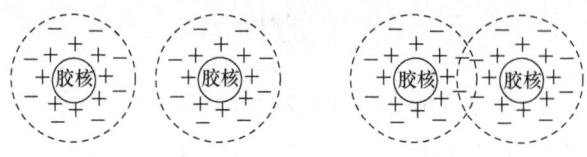

图 12-17　胶团交联示意图

当两个胶团重叠时，如图中右边部分所示，它们之间就产生静电排斥力。重叠越多，静电排斥力越大。如果静电排斥力大于胶团之间的吸引力，两胶团相撞后又分开，保持了溶胶的稳定。胶粒必须带有一定的电荷才具有足够的静电排斥力，而胶粒的带电量与 ζ 电势的绝对值成正比。因此，胶粒具有一定的 ζ 电势是胶粒稳定的主要原因。

为了解释胶粒间的这种相互作用，20 世纪 40 年代，苏联的德查金(Deijanuin)和朗道(Landan)与荷兰的费尔韦(Verwey)和费比克(Overkeek)分别提出了溶胶稳定的理论，简称 DLVO 理论。

该理论认为，在胶粒之间存在相互吸引的势能 E_A（这是促使其聚结的因素），也存在静电排斥能 E_R（这是促使其稳定的因素），粒子间的总作用能 E 为两者之和，且与粒子间的距离及带电量等因素有关。相互作用能随粒子间距离 x 变化的关系如图 12-18 所示。

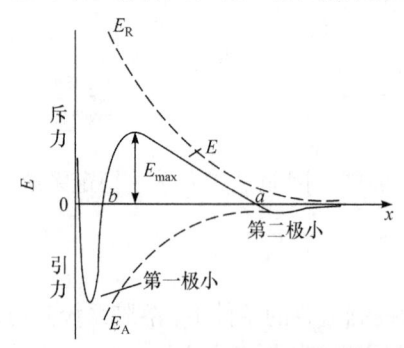

图 12-18　粒子间作用能与其距离的关系曲线示意图

图 12-18 表明，当两胶粒从远处逐渐接近时，先是引力占主要作用，在 a 点前可能形成第二极小；进一步接近，在 a 点与 b 点区间，斥力势能起主导作用，使总势能曲线出现极大值 E_{max}；粒子再进一步接近，引力势能急剧增加，形成第一极小。

一般对较大特别是形状不对称的粒子，或出现明显的第二极小，其值约为几个 kT 数量级，粒子在此处可形成比较松散的沉积物，外界条件稍有变动，沉积物可重新分散而形成溶胶。E_{max} 代表溶胶发生聚沉必须克服的"势垒"，此"势垒"越高（一般超过 $15kT$，胶粒的热运用无法克服它），溶胶越稳定；电解质浓度的增加可以显著压缩双电层中扩散区的厚度，致使胶粒间斥力势能减小，导致 E_{max} 降低，从而降低溶胶的稳定性。

如果粒子的热运动能能够克服 E_{max}，总势能进入第一极小区，代表胶粒聚合长大发生聚沉，第一极小区域如同一个陷阱，落入此陷阱的粒子形成结构紧密而又稳定的聚沉物，故称其为不可逆聚沉或永久性聚沉。这就是 DLVO 理论的大意。

显然，以上影响溶胶稳定的三种因素中，尤以带电因素最为重要。

12.4.2 溶胶的聚沉

胶粒相互聚结而变大，以致最后发生沉降的现象称为溶胶的聚沉。能造成溶胶聚沉的因素很多，如浓度、温度、光照、搅拌、外加电解质、胶体相互作用和高分子化合物的作用等，其中尤以外加电解质和胶体相互作用最为重要。

1. 外加电解质的作用

向溶胶系统中加入任意电解质且达到一定浓度时，都能使溶胶聚沉。由实验得知，向溶胶中加入电解质，会引起溶胶的 ζ 电势的绝对值不断下降；当 ζ 电势的绝对值小至某一数值时，溶胶开始聚沉。ζ 电势的绝对值越小，其聚沉速率越快；ζ 电势的绝对值等于 0，即等电态时，聚沉速率达到最大。在电解质的作用下，溶胶开始聚沉的 ζ 电势称为临界电势。多数溶胶的临界电势在 $\pm(25\sim30)$mV 之间。

引起溶胶明显聚沉所需电解质的最小浓度称为该电解质的聚沉值，或称临界聚沉浓度。聚沉值越小，表明电解质的聚沉能力越强，故常将聚沉值的倒数定义为电解质的聚沉能力。电解质的聚沉作用一般有如下规律。

(1) 电解质的聚沉能力主要取决于与胶粒带相反电荷的离子的价数。

表 12-3 给出了一些电解质对不同溶胶的聚沉值。

表 12-3 不同电解质对几种溶胶的聚沉值(单位：mmol·dm^{-3})

As$_2$S$_3$(负溶胶)		AgI(负溶胶)		Al$_2$O$_3$(正溶胶)	
LiCl	58	LiNO$_3$	165	NaCl	43.5
NaCl	51	NaNO$_3$	140	KCl	46
KCl	49.5	KNO$_3$	136	KNO$_3$	60
KNO$_3$	50	RbNO$_3$	126		
KAc	110	AgNO$_3$	0.01		
CaCl$_2$	0.65	Ca(NO$_3$)$_2$	2.40	K$_2$SO$_4$	0.30
MgCl$_2$	0.72	Mg(NO$_3$)$_2$	2.60	K$_2$Cr$_2$O$_7$	0.63
MgSO$_4$	0.81	Pb(NO$_3$)$_2$	2.43	K$_2$C$_2$O$_4$	0.69
AlCl$_3$	0.093	Al(NO$_3$)$_3$	0.067	K$_2$[Fe(CN)$_6$]	0.08
1/2 Al$_2$(SO$_4$)$_3$	0.096	La(NO$_3$)$_3$	0.069		
Al(NO$_3$)$_3$	0.095	Ce(NO$_3$)$_3$	0.069		

对给定的溶胶，反电性离子分别为一、二、三价的电解质，其聚沉值比约为 100∶1.6∶0.14，即约为 $(1/1)^6 : (1/2)^6 : (1/3)^6$，表明电解质聚沉值与反电性离子价数的六次方成反比，这一结论称为舒尔策-哈代(Schulze-Hardy)规则。DLVO 理论也可近似得到这一结论。

应该指出，舒尔策-哈代规则只是经验性的，不同的作者得出的数据有较大的差别，但价数不同的离子的聚沉能力的显著差别仍然存在，并且保持着上述顺序。另外，价数规则不适用的例子也很多，如 H^+ 虽为一价，却对负电溶胶有很高的聚沉能力。

(2) 相同价数离子的聚沉能力与离子的水化能力有关。

相同价数反电性离子的聚沉能力也有所不同。例如，不同碱金属的硝酸盐，其一价阳离子对负溶胶的聚沉能力顺序为

$$H^+ > Cs^+ > Rb^+ > NH_4^+ > K^+ > Na^+ > Li^+$$

不同一价阴离子的钾盐，对 Fe_2O_3(正电溶胶)的聚沉能力顺序为

$$Cl^- > Br^- > NO_3^- > I^-$$

同价离子聚沉能力的这种排序称为感胶离子序。它与水合离子半径从小到大的次序大致相同，这可能是水合离子半径越小越容易靠近胶粒的缘故。

(3) 有机化合物的离子都具有很强的聚沉能力。

表 12-4 列出了不同有机阳离子对 As_2S_3 负溶胶的聚沉值。

表 12-4　有机化合物的聚沉作用

电解质	聚沉值/(mol·m^{-3})	电解质	聚沉值/(mol·m^{-3})
KCl	49.5	$(C_2H_5)_2NH_2^+Cl^-$	9.96
氯化苯胺	2.5	$(C_2H_5)_3NH^+Cl^-$	2.79
氯化吗啡	0.4	$(C_2H_6)_4N^+Cl^-$	0.89
$(C_2H_5)NH_3^+Cl^-$	18.20		

可见有机盐的聚沉能力比无机盐大得多，这可能与其较强的吸附能力有关。

(4) 电解质的聚沉能力是正、负离子共同作用的结果，其中与胶粒同电性离子价数越高，聚沉能力越低。

(5) 不规则聚沉。在溶胶中加入少量电解质可使溶胶聚沉；再多加入，沉淀又重新分散成溶胶且胶粒的电荷改变符号；电解质浓度再升高，可以使新形成的溶胶再次聚沉。这种现象称为不规则聚沉。不规则聚沉是胶粒对高价异号离子强烈吸附的结果。

2. 胶体的相互作用

将带相反电荷的溶胶等电量混合，一般也会发生聚沉。例如，一定量的氢氧化铁正溶胶和一定量的硫化锑负溶胶相互混合，就能发生聚沉。

3. 高分子化合物对溶胶的作用

在溶胶中加入极少量的可溶性高分子化合物，可导致溶胶迅速聚沉为疏松的絮凝物，这种现象称为絮凝作用(flocculation)，以前曾称敏化作用。能产生絮凝作用的高分子化合物称为絮凝物或絮凝剂(flocculating agent)。高分子的絮凝作用主要是由于高分子的长链在粒子之间起着一种架桥作用，见图 12-19，从而将固体粒子聚集在一起产生沉淀，所以称它为桥联作用(bridging)。

高分子的絮凝作用具有如下几个特点：

(1) 高分子一般要具有链状结构；相对分子质量越大，架桥能力越强，絮凝效果越好。凡是分子构型是交联的，或者是支链结构的，其絮凝效果就差，甚至没有絮凝作用。

(2) 任何絮凝剂的加入量都有一最佳值。超出最佳值，絮凝效果就下降，若超出很多，反而会起保护作用。

(3) 高分子化合物的基团性质与絮凝有关。具有良好絮凝作用的高分子化合物至少应具备能吸附于固体表面的基团，同时这种基团还能溶于水中。常见的基团有：—COONa、—CONH$_2$、—OH 和—SO$_3$Na 等。

当加入较多的高分子化合物后，高分子化合物被吸附在胶粒的表面，包围着胶粒，使胶粒对分散介质的亲和力增加，从而增加了溶胶的稳定性。这种现象称为高分子化合物对溶胶的保护作用，近年来又称之为空间稳定作用，如图 12-20 所示。高分子化合物的这种稳定作用应用很广泛。例如，血液中所含的难溶盐类，如碳酸钙和磷酸钙等，就是靠血液中的蛋白质保护而存在的；医药上点眼用的蛋白银就是蛋白质保护的银溶胶。

图 12-19 絮凝作用

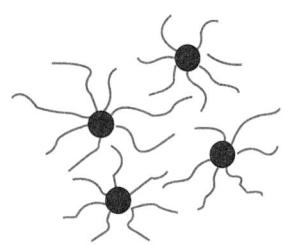

图 12-20 空间稳定作用

12.5 大分子溶液

12.5.1 大分子溶液的特点

一般的有机化合物的相对分子质量约在 500 以下，可是某些有机化合物如淀粉、纤维素、蛋白质等的相对分子质量很大，有的甚至达到几百万。通常把相对分子质量大于 10^4 的物质称为大分子(macromolecule)，习惯上也称为高分子。大分子化合物有天然的，如淀粉、纤维素、蛋白质等，也有人工合成的，如酚醛树脂、橡胶、纤维等。大分子物质的相对分子质量比较大，往往单个分子的大小就能达到胶体颗粒的大小，因此表现出一些胶体的性质，如不能透过半透膜、扩散速率较小、具有一定的黏度。由于大分子溶液是以单个分子存在的，其性质也有不同于胶体的地方。例如，大分子溶液是真溶液，是热力学稳定系统，其粒子与溶剂之间没有界面。因此大分子溶液既具有胶体的性质，也具有普通溶液的性质，表现出一定的双重性。表 12-5 列出了憎液溶胶、大分子和小分子溶液性质的粗略比较。

表 12-5 憎液溶胶、大分子和小分子溶液性质的比较

性质	憎液溶胶	大分子溶液	小分子溶液
分散相颗粒大小	1~100nm	1~100nm	<1nm
扩散速率	慢	慢	快
能否通过半透膜	不能	不能	能
相(系统)平衡	多相	单相	单相
热力学稳定性	不稳定	稳定	稳定
丁铎尔效应	强	弱	很微弱

性质	憎液溶胶	大分子溶液	小分子溶液
黏度	小	大	小
外加电解质的影响	聚沉	(大量时)盐析	无反应时不影响
聚沉与分散可逆性	不可逆	可逆	可逆

12.5.2 高分子化合物的平均摩尔质量及其测定

1. 高分子化合物的平均摩尔质量的表示方法

无论是天然的还是人工合成的大分子化合物(后者常称为聚合物)，每个分子的大小并不相同，即聚合度 n 不相同。绝大多数高分子化合物是不同聚合度的混合物，因而每种高分子化合物的摩尔质量都具有一定的分布，其分布情况则取决于合成条件。因而，通常提及的高分子化合物的摩尔质量是其平均摩尔质量。由于测定方法不同，其平均摩尔质量的含义也不同。常用的平均摩尔质量的表示方法有如下几种。

1) 数均摩尔质量 $\overline{M_n}$

假如有一高分子溶液，含摩尔质量为 $M_1, M_2, \cdots, M_i$ 各组分的分子数为 $N_1, N_2, \cdots, N_i$，数均摩尔质量为

$$\overline{M_n} = \frac{\sum n_i M_i}{\sum n_i} = \sum x_i M_i \tag{12-14}$$

式中，x_i 为 i 组分在该溶液中所占的分数，即 $x_i = N_i / \sum N_i$。

2) 质均摩尔质量 $\overline{M_m}$

质均摩尔质量也称为重均摩尔质量，定义为

$$\overline{M_m} = \frac{\sum m_i M_i}{\sum m_i} = \sum \overline{m_i} M_i \tag{12-15}$$

式中，M_i 为 i 组分单个分子质量；$m_i = N_i M_i$ 为 i 组分的质量；$\overline{m_i} = m_i / \sum m_i$ 为 i 组分的质量分数。

3) z 均摩尔质量 $\overline{M_z}$

$$\overline{M_z} = \frac{\sum m_i M_i^2}{\sum m_i M_i} = \frac{\sum Z_i M_i}{\sum Z_i} \tag{12-16}$$

式中，$Z_i = m_i M_i$。

4) 黏均相对摩尔质量 $\overline{M_v}$

$$\overline{M_v} = \left(\frac{\sum N_i M_i^{(\alpha+1)}}{\sum N_i M_i} \right)^{1/\alpha} = \left(\sum \overline{m_i} M_i^\alpha \right)^{1/\alpha} \tag{12-17}$$

式中，α 为 $[\eta] = K M_v^\alpha$ 公式中的指数。

数均摩尔质量对高分子化合物中摩尔质量较低的部分比较敏感，$\overline{M_m}$ 和 $\overline{M_z}$ 对摩尔质量比较高的部分比较敏感。若物质的摩尔质量大小一致(单分散系统)，则各种平均方法都相同，

$\overline{M_n} = \overline{M_m} = \overline{M_z}$；但通常高分子化合物的分子大小并不均匀，这三种平均值的大小为 $\overline{M_z} > \overline{M_m} > \overline{M_n}$。分子越不均匀，这三种平均值的差别越大。习惯上用 $\overline{M_m}/\overline{M_n}$ 的比值来表示聚合物的不均匀情况。单分散时此比值等于1，比值越大说明分子大小的分布范围越宽。

2. 高分子化合物平均摩尔质量的测定

测量高分子化合物摩尔质量的方法很多，不同测量方法所得的平均摩尔质量也不相同。

(1) 端基分析法。如果聚合物结构已知，通过化学分析的方法测定一定质量样品中所含端基的数目，即可计算其数均摩尔质量。例如，聚己内酰胺的化学结构为

$$H_2N(CH_2)_5CO[NH(CH_2)_5CO]_n NH(CH_2)_5COOH$$

可用酸碱滴定法滴定羧基或氨基的量，数均摩尔质量为

$$\overline{M_n} = \frac{m}{n_i/x} \tag{12-18}$$

式中，m 为试样的质量；n_i 为被分析端基的物质的量；x 为每分子中可分析的端基的数。

(2) 渗透压法。利用溶液的一些依数性质如沸点升高、冰点降低、蒸气压降低和渗透压等可以测定溶质的摩尔质量。但一般只有渗透压法能够用于测定大分子的摩尔质量。这是由于大分子溶液的浓度一般很小，溶液中溶质的分子数不多，其他的依数性质很小。

对于大分子溶液，其渗透压并不符合范特霍夫方程式，即渗透压不随溶液浓度线性增加，表现出非理想溶液的特性。为了纠正这种偏差，一些学者提出以下表达渗透压 Π 与溶液浓度 c 的关系式

$$\frac{\Pi}{c} = RT\left(\frac{1}{M} + A_2c + A_3c^2 + \cdots\right) \tag{12-19}$$

式中，$A_2, A_3, \cdots$ 称为位力系数。对于普通的高分子稀溶液，非理想溶液的渗透压与溶液浓度和溶质摩尔质量的关系可以简化为

$$\frac{\Pi}{c} = \frac{RT}{M_n} + A_2c \tag{12-20}$$

以 Π/c 对 c 作图，在低浓度范围内为一直线，外推至 $c = 0$ 可得到 $RT/\overline{M_n}$，从而可求得数均摩尔质量 $\overline{M_n}$。在相对分子质量 $10^4 \sim 2 \times 10^5$ 范围内，渗透压的测定比较准确。但必须注意一些副作用会带来误差，电解质的影响就是一例。

(3) 黏度法。溶液的黏度随着聚合物分子的大小及性质、温度、溶剂的性质、浓度等不同而不同。在温度、聚合物-溶剂系统选定后，溶液黏度仅与浓度和聚合物分子的大小有关。这是目前测量高分子摩尔质量常用的方法。

纯液体或低分子化合物溶液的黏度一般符合牛顿定律，即液层流动的切向力 F 与液层接触面 A_s 及流动时的速度梯度 du/dx 成正比，即

$$F = \eta A_s \frac{du}{dx} \tag{12-21}$$

式中，η 为比例常数，称为黏度系数，简称黏度。它表示单位面积液层以单位速度梯度流动时所需的切向力，其 SI 单位是 $Pa \cdot s$。这种黏度通常称为牛顿黏度。高分子溶液的黏度只是在极稀的情况下才遵循牛顿定律。

在研究溶液的黏度时(尤其是高分子溶液黏度)，常用下列几种黏度表示方法。

相对黏度 η_r，表示溶液黏度 (η) 与溶剂黏度 (η_0) 的比值，即

$$\eta_r = \frac{\eta}{\eta_0} \tag{12-22}$$

增比黏度 η_{sp}，表示溶液黏度增加的比值：

$$\eta_{sp} = \frac{\eta - \eta_0}{\eta_0} = \eta_r - 1 \tag{12-23}$$

比浓黏度 $\dfrac{\eta_{sp}}{c}$，表示单位浓度溶液黏度增加的比值：

$$\frac{\eta_{sp}}{c} = \frac{\eta_r - 1}{c} \tag{12-24}$$

特性黏度 $[\eta]$，表示在浓度 $c \to 0$ 的情况下，单位浓度的溶液对其黏度的贡献。

$$[\eta] = \lim_{c \to 0}\left(\frac{1}{c}\frac{\eta - \eta_0}{\eta_0}\right) = \lim_{c \to 0}\frac{\eta_{sp}}{c} = \lim_{c \to 0}\frac{\ln \eta_r}{c} \tag{12-25}$$

根据式(12-25)，可用 $\dfrac{\ln \eta_r}{c}$ 或 $\dfrac{\eta_{sp}}{c}$ 对 c 作图外推到 $c \to 0$ 时即得 $[\eta]$，如图 12-21 所示。

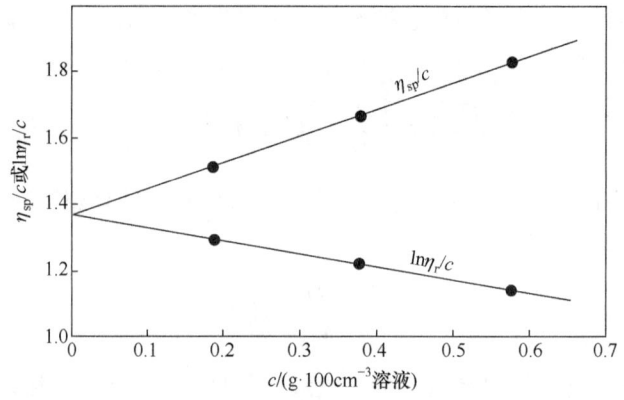

图 12-21　298K 时聚乙烯在环己烷溶液中的 $\dfrac{\ln \eta_r}{c}$ 或 $\dfrac{\eta_{sp}}{c}$ 对 c 作图求 $[\eta]$

特性黏度与高分子化合物的黏均相对摩尔质量之间存在如下经验关系：

$$[\eta] = K \overline{M_v}^{\alpha} \tag{12-26}$$

式中，K 和 α 为与溶剂及大分子化合物性质和温度有关的经验常数；$\overline{M_v}$ 为黏均相对摩尔质量。式(12-26)表明，若 α 和 K 值已知，可通过测定溶液的 $[\eta]$ 求出高分子化合物的相对摩尔质量。对于 α 和 K 的确定，通常是先把高分子化合物按摩尔质量大小不同分为若干级，用测定摩尔质量的其他方法，测定各级的相对摩尔质量及 $[\eta]$。以 $\ln \eta/[\eta]$ 对 $\ln \overline{M_v}$ 作图，从直线的斜率和截距可求出 K 和 α。许多重要的高分子在各种溶剂中的 K 和 α 值都已被测定，且列入手册可供查阅。

12.5.3 大分子溶液的渗透作用

大分子溶液的渗透作用依溶液的性质不同而不同,有以下几种类型。

1. 不电离大分子溶液的渗透作用

对于不电离的大分子 P,不能透过半透膜,溶剂 H_2O 分子可以透过半透膜,如图 12-22 所示。这与稀溶液的渗透作用(见第 3 章)类似,若大分子溶液浓度为 c_2,其渗透压为

$$\Pi_1 = c_2 RT \tag{12-27}$$

2. 大分子电解质溶液的渗透作用

以大分子电解质 Na_zP 为例,在水中按下式离解:

$$Na_zP \longrightarrow zNa^+ + P^{z-}$$

大分子离子 P^{z-} 不能透过半透膜,Na^+ 可以透过。若溶液中只存在 Na_zP 而无其他电解质杂质,为了保持电中性,Na^+ 必须和 P^{z-} 留在同一侧,如图 12-23 所示。因每一个 Na_zP 分子在溶液中就有 $(z+1)$ 个粒子,故其渗透压为

$$\Pi_2 = (z+1)c_2 RT \tag{12-28}$$

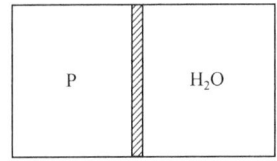
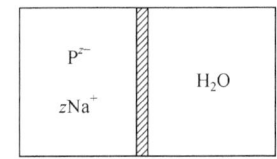

图 12-22 不电离大分子溶液的膜平衡　　　图 12-23 电解质大分子溶液的膜平衡

3. 大分子电解质溶液的唐南平衡

通常大分子电解质溶液中含有一定量的电解质杂质,在这种溶液的渗透作用中,小离子能透过半透膜,大分子或大分子离子不能透过半透膜。因此当渗透达平衡时,膜两边小分子离子的浓度会分布不均。唐南(Donnan)首先从热力学的角度分析了小离子的膜平衡情况,故将这种渗透平衡称为唐南平衡。

当溶液中含有其他电解质如 NaCl 时,设开始膜左侧大分子电解质浓度为 c_2,膜右侧 NaCl 的浓度为 c_1。半透膜只允许 Na^+ 和 Cl^- 透过,大分子物质不能透过。开始膜左侧无 Cl^-,所以 Cl^- 向左侧扩散,为了维持电中性,必然也有相同数量的 Na^+ 从膜右侧扩散到膜左侧。最终达到膜平衡(membrane equilibrium),如图 12-24 所示。

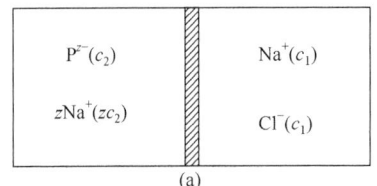
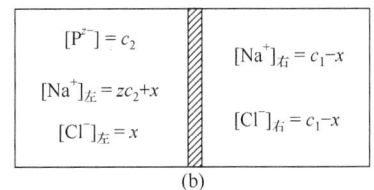

图 12-24 大分子电解质溶液的唐南平衡

平衡后,NaCl 在膜两边的化学势相等,有 $RT\ln a_{\text{NaCl},左} = RT\ln a_{\text{NaCl},右}$,即 $\left(a_{Na^+} \cdot a_{Cl^-}\right)_{左} =$

$(a_{Na^+} \cdot a_{Cl^-})_右$。对于稀溶液,用浓度代替活度,得 $[Na^+]_左[Cl^-]_左 = [Na^+]_右[Cl^-]_右$,即 $(zc_2+x)x = (c_1-x)^2$,所以

$$x = \frac{c_1^2}{zc_2 + 2c_1} \tag{12-29}$$

且膜两边 NaCl 的浓度之比为

$$\frac{[NaCl]_右}{[NaCl]_左} = \frac{c_1-x}{x} = 1 + z\frac{c_2}{c_1} \tag{12-30}$$

渗透压是由半透膜两边粒子数不同引起的,所以

$$\Pi_3 = [(c_2 + zc_2 + 2x)_左 - 2(c_1 - x)_右]RT = (c_2 + zc_2 - 2c_1 + 4x)RT$$

将 x 代入上式得

$$\Pi_3 = \frac{zc_2^2 + 2c_2c_1 + z^2c_2^2}{zc_2 + 2c_1}RT \tag{12-31}$$

式(12-31)在不同条件下可简化:

(1) 当加入电解质很少时,$c_1 \ll zc_2$,式(12-31)可简化为 $\Pi_3 \approx (c_2 + zc_2)RT = (1+z)c_2RT$,与式(12-28)相同。

(2) 当加入的电解质足够多时,$c_1 \gg zc_2$,式(12-31)可简化为 $\Pi_3 \approx c_2RT$,与式(12-27)相同,相当于大分子不带电或蛋白质在等电点时的情况。用渗透压法测定聚电解质的相对摩尔质量时,在膜的另一边加较多的小分子电解质,可消除唐南平衡效应对高分子化合物的相对摩尔质量测定的影响。

12.6 其他分散系统

12.6.1 乳状液

一种液体以极小的液滴形式分散在另一种与其不相溶的液体中所构成的分散系统称为乳状液。其分散程度比典型的溶胶要低得多,分散相(液滴)的大小常在 0.1~10μm 之间,普通显微镜即可观测到。乳状液是热力学不稳定系统,最终都会自发凝结成大的液滴而分成两相。要使其在一定时间内稳定存在,一般需借助表面活性剂,专称为乳化剂。

1. 乳状液的类型及鉴别

水或水溶液是构成乳状液最常见的一种液体,油类及在水中不溶解的有机液体是乳状液中常见的另一种液体,一般统称为"油"。

乳状液可分为两种类型。一类是"油"分散在水中,"油"珠被连续的水相所包围,称为水包油型(oil in water emulsion),以 O/W 表示,O 表示油相,W 表示水相;另一类是水分散在"油"中,水珠被连续的油相包围称为油包水型(water in oil emulsion),以 W/O 表示,见图 12-25。

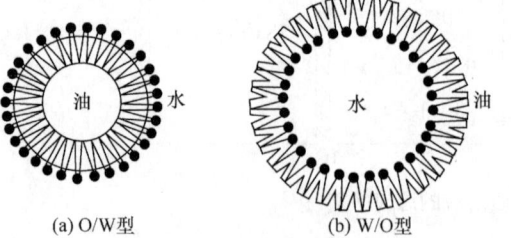

图 12-25 乳状液的类型

两类乳状液的鉴别方法有:①染色法,加入只溶于一种液体的染料,若乳状液连续相的颜色为染料的颜色,则该液体为分散介质;②冲淡法,加入某种液体于乳状液中,若乳状液除体积增大外无其他变化,则加入的这种液体为分散介质,若出现分层现象,则加入的液体为分散相;③电导法,W/O 型乳状液的电导通常比 O/W 型乳状液的电导小很多;④润湿法,能迅速润湿滤纸的一般是 O/W 型。

2. 乳状液的制备及稳定性

通常采用分散法制备乳状液,但形成的乳状液类型取决于乳化剂的类型。乳状液本质上属于热力学不稳定系统,在乳化剂作用下也只是相对地稳定。

一般极性基(亲水基)为一价的表面活性剂宜作为 O/W 型的乳化剂,因为亲水基易于水化而扩大了其占据的空间,此时极性基向外的排列使其更容易稳定;极性基为二价的表面活性剂宜作为 W/O 型乳化剂,因为此时是非极性基(憎水基)所占空间较大。表面活性剂在油/水界面上不仅降低了表面能,而且形成了具有一定弹性和机械强度的膜,可以较好地保护分散相,使乳状液维持稳定。蛋白质(高分子化合物)类和固体粉末类的乳化剂,其表面活性不是很大,但其形成的界面膜有较好的机械稳定性,故也能维持乳状液的稳定。但蛋白质类乳化剂对溶液 pH 极敏感,易被细菌和微生物分解。例如,阿拉伯胶、黄芪胶、瓜尔胶、皂素、明胶等均可作 O/W 型乳化剂,W/O 型蛋白质类乳化剂有羊毛脂、胆固醇等。在固体粉末乳化剂中,黏土、SiO_2、金属氧化物等粉末为 O/W 型乳化剂,石墨、炭黑等为 W/O 型乳化剂。

3. 乳状液的破乳

乳状液是热力学不稳定系统,所以静置是乳状液破坏(破乳)的根本方法。除此之外,还有多种其他方法。

(1) 物理方法。例如,用离心法分离牛奶中的奶油;原油脱水可以用静电法破乳,在高压电场下带电的水珠在电极附近放电,聚结成大液滴下沉,即达到油水分离的目的;利用超声波法加速液珠的聚集也是工业上常用的破乳手段;升温是最简单的破乳法。

(2) 物理化学法。其原则是破坏吸附于油/水界面上的乳化剂,使其失去乳化能力。例如,将酸加到以碱金属皂为稳定剂的乳状液中,使它变成不溶解于水的脂肪酸,乳状液则被破坏。更常用的是破乳剂。破乳剂也是一种表面活性物质,它具有相当高的表面活性,因此它能将原来油/水界面上的乳化剂挤开。这种破乳剂分子一般具有分支结构,不能在油/水界面上形成排列紧密的表面膜,从而降低了乳状液的稳定性。

对于以固体粉末为稳定剂的乳状液,其破坏方法是加入不能作乳化剂的润湿剂,使固体粉末完全为一种液体润湿,从而脱离油/水界面而进入润湿液体一相之中。

12.6.2 凝胶

凝胶(gel)是固-液两相或固-气两相所形成的一种分散系统,其中分散相粒子相互连接成网状结构,分散介质填充于其间。若所含的液体是水,则该凝胶就称为水凝胶(hydrogel)。水凝胶经干燥脱水后即形成干凝胶(xerogel),市售的硅胶、明胶和阿拉伯胶均属于干凝胶。凝胶在长时间的放置过程中会失去流动性而成为半固态的胶冻(jelly),这个自动形成胶冻的过程称为胶凝。

1. 凝胶的分类

凝胶从形态上看可分为弹性凝胶和非弹性凝胶两类。

(1) 弹性凝胶。弹性凝胶(elastic gel)通常是由柔性的线形高分子化合物所形成的凝胶，具有弹性，如橡胶(分散颗粒为天然或聚合高分子)、琼脂(agar)(分散颗粒为天然多糖类高分子)和明胶(分散颗粒为天然蛋白质分子)。弹性凝胶失去分散介质后体积缩小，可以压扁，再加入失去的分散介质又可复原为凝胶。

(2) 刚性凝胶。刚性凝胶(rigid gel)是由刚性分散颗粒相互联成网状结构的凝胶，在吸收或脱去溶剂后刚性凝胶的骨架基本不变，体积无明显变化。刚性凝胶脱除溶剂变成干凝胶后，一般不能再吸收溶剂重新变成凝胶，所以刚性凝胶又称为不可逆凝胶(irreversible gel)。

2. 凝胶的形成

凝胶大致可以通过分散法或凝聚法来形成。分散法是某些固态聚合物吸收适宜的溶剂后，体积膨胀，粒子分散而形成凝胶。凝集法是使溶液或溶胶在适当的条件下，使分散颗粒相连而形成凝胶，这一过程称为胶凝(gelation)。可以采用如下几种方法使胶凝过程发生或加快。

(1) 改变温度。利用升降温度使系统形成凝胶，如琼脂在水中加热溶解，降温时分散相溶解度下降，形成固态分散颗粒，并相互连接形成凝胶。

(2) 转换溶剂。用分散相溶解度较小的溶剂替换溶胶中原有的溶剂，可以使系统发生胶凝。

(3) 加入电解质。在高分子溶液中加入大量电解质(盐类)，可以引起胶凝。引起胶凝的主要是电解质中的负离子，其影响大小可依次排列为

$$SO_4^{2-} > C_4H_4O_6^{2-} > CH_3COO^- > Cl^- > NO_3^- > ClO_3^- > Br^- > I^- > SCN^-$$

这个顺序称为感胶离子序[又称霍夫迈斯特次序(Hofmeister series)]，这一顺序大致与离子的水化能力一致。

(4) 化学反应。当化学反应生成不溶物时，控制反应条件就可以形成凝胶。能使分子链相互连接的反应称为交联反应(crosslinking reaction)，交联反应是使高分子溶液或溶胶产生凝胶的主要手段。

凝胶中分散相骨架形式一般有四种，如图 12-26 所示。

(1) 球形质点相互连接成链，如图 12-26(a)所示。SiO_2、TiO_2 等凝胶属于此类。

(2) 棒状或片状质点相互连接成链，如图 12-26(b)所示。V_2O_5、白土等凝胶属于此类。

(3) 柔性线形大分子交叉成网，如图 12-26(c)所示。部分大分子在局部空间形成有序排列，构成微晶区，而其他空间的分子排列则是无序的，构成无定形区，整个凝胶为微晶区和无定形区的混合体。明胶、纤维素凝胶属于此类。

(4) 大分子桥联成网，如图 12-26(d)所示。硫化橡胶、聚苯乙烯凝胶属于此类。

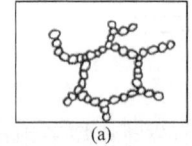 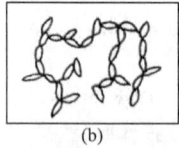 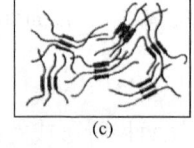 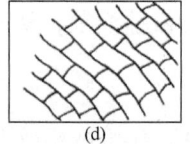

(a) (b) (c) (d)

图 12-26 凝胶的几种骨架形式

3. 凝胶的性质

凝胶的性质主要体现在以下几个方面。

(1) 膨胀作用。凝胶吸收液体或蒸气后使自身体积明显增加的现象称为膨胀作用(expansive action)。若凝胶吸收有限量的液体，凝胶网格只撑开而不解体，称为有限膨胀。若吸收的液体

导致凝胶网格解体，并完成溶解，称为无限膨胀。

凝胶膨胀时会产生一种对外的压力，称为膨胀压。

(2) 离浆现象。溶胶或高分子溶胶胶凝后，凝胶的性质并没有完全固定下来，而是在不断地变化，这种现象称为老化。在老化过程中，凝胶骨架收缩，凝胶颗粒排列得更加有序；同时凝胶分离出一部分液体，产生"出汗"现象。这就是离浆(desizing)现象，也称为脱液(水)收缩，是凝胶老化的重要形式。

(3) 触变现象。有些凝胶在受到搅动时变为流体，停止搅拌后又逐渐恢复成凝胶。这种凝胶和溶胶相互转化的性质称为凝胶的触变性(thixotropy)。触变发生的原因是搅动破坏了凝胶的网状结构，线状粒子互相分散，系统出现流动性；停止搅拌时，线状粒子又重新交联成网状结构。

(4) 吸附作用。非弹性凝胶的干胶一般具有多孔性的毛细结构，表面积大，具有较强的吸附作用。

(5) 凝胶中的扩散作用。不同大小的凝胶骨架空隙对大分子有筛分作用(sieving action 或 sieve effect)，因而大分子的扩散速率与凝胶骨架空隙的大小有直接关系，这就是凝胶色谱法(gel chromatography)的基本原理。

(6) 化学反应。凝胶中的液体不能"自由"流动，所以在凝胶中发生的反应没有对流现象。如果反应中有沉淀生成，则沉淀物基本存在于原位而难以移动。例如，在装有明胶的试管或培养皿中预先加入 $K_2Cr_2O_7$ 溶液，然后在培养皿的中心滴入少量 $AgNO_3$，几天后在培养皿中心可以观察到环状的 $Ag_2Cr_2O_7$ 沉淀。目前制备纳米材料的重要方法之一的溶胶-凝胶法，就是利用了凝胶的化学反应性质。

复习思考题

1. 用 As_2O_5 与略过量的 H_2S 反应制成 As_2S_3 胶体，试写出胶体的结构式。
2. 为什么胶体会产生布朗运动？真溶液的分子有无布朗运动和热运动？
3. 布朗运动的结果使胶体具有动力学稳定性，但布朗运动也有可能使胶体碰撞而聚沉，这种分析矛盾吗？
4. 丁铎尔效应是如何引起的？粒子大小在什么范围内才能观察到丁铎尔效应？夕阳西下前看到太阳是红黄色的，而落下后的天空又是蓝色的，为什么？
5. 江河入海处常形成三角洲，风平浪静的大海清澈见底而不像河水那么浑浊，如何解释？
6. 热力学电势、电极电势和 ζ 电势有什么区别和联系？电解质的加入对它们有什么影响？

习　题

1. 在碱性溶液中用 HCHO(l)还原 $HAuCl_4(aq)$ 制备金胶体，反应如下：

$$HAuCl_4(aq) + 5NaOH(aq) = NaAuO_2(aq) + 4NaCl(aq) + 3H_2O(l)$$

$$2NaAuO_2(aq) + 3HCHO(l) + NaOH(aq) = 2Au(s) + 3HCOONa(aq) + 2H_2O(l)$$

此处 AuO_2^- 是稳定剂，写出胶体的结构式。

答案：$[(Au)_m \cdot yAuO_2^- \cdot (y-z)Na^+] \cdot zNa^+$。

2. 在 298K 时，粒子半径为 3×10^{-8}m 的金胶体，当达到沉降平衡后，相距 1.0×10^{-4}m 层指定的体积内粒子数分别为 277 和 166。已知 $\rho_{Au} = 1.93 \times 10^4 kg \cdot m^{-3}$，介质密度为 $1 \times 10^3 kg \cdot m^{-3}$。计算阿伏伽德罗常量。

答案：6.25×10^{23}。

3. $Fe(OH)_3$ 胶体在某温度下电泳，电极间的距离为 0.3m，电势差为 150V，在 20min 内粒子移动的距离为 0.024m，水的介电常数 $\varepsilon = 80$，黏度为 $0.001Pa \cdot s$。计算胶体的 ζ 电势。

答案：55.8mV。

4. 在 286.7K 时，水的介电常数 $\varepsilon = 80$，电导率 $\kappa = 1.16 \times 10^{-1} S \cdot m^{-1}$，黏度为 $1.194 \times 10^{-3} Pa \cdot s$，在此条件下以石英粉末做电渗实验，电流强度 $i = 4 \times 10^{-3} A$，流过的液体体积为 $8 \times 10^{-5} dm^3$ 时所需时间为 107.5s，计算 ζ 电势。

答案：36.4mV。

5. 等体积的 $0.08 mol \cdot dm^{-3}$ KI 和 $0.10 mol \cdot dm^{-3}$ 的 $AgNO_3$ 溶液混合制 AgI 胶体。分别加入浓度相同的下述电解质溶液，其聚沉能力的顺序如何？

(1) NaCl　　　　(2) Na_2SO_4　　　　(3) $MgSO_4$　　　　(4) $K_3[Fe(CN)_6]$

答案：(4)＞(2)＞(3)＞(1)。

6. 某胶体粒子的平均半径为 2.1nm，其黏度和纯水相同，$\eta = 1 \times 10^{-3} kg \cdot m^{-1} \cdot s^{-1}$，计算：

(1) 298K 时，胶体粒子的扩散系数 D；

(2) 在 1s 时间内，由于布朗运动胶体粒子沿 x 方向的平均位移。

答案：$1.04 \times 10^{-10} m^2 \cdot s^{-1}$，$1.44 \times 10^{-5} m$。

7. 298K 时，开始时在膜两边的电解质组分及浓度数值($mol \cdot dm^{-3}$)分别为

膜左		膜右	
P^+	Cl^-	Na^+	Cl^-
0.1	0.1	0.5	0.5

半透膜

其中 P^+ 为有机大分子，不能透过膜。计算平衡后离子浓度分布情况和渗透压 Π。

答案：$\Pi = 248.14 kPa$。

参 考 文 献

陈六平，童叶翔. 2011. 物理化学. 北京：科学出版社.

陈新民. 1987. 物理化学. 北京：冶金工业出版社.

傅献彩，侯文华. 2022. 物理化学(上、下册). 6 版. 北京：高等教育出版社.

韩德刚，高执棣，高盘良. 2009. 物理化学. 2 版. 北京：高等教育出版社.

郝策，蒋山，傅玉普. 2004. 多媒体 CAI 物理化学. 大连：大连理工大学出版社.

胡英. 2014. 物理化学(上、下册). 6 版. 北京：高等教育出版社.

天津大学物理化学教研室. 2017. 物理化学. 6 版. 北京：高等教育出版社.

武汉大学物理化学教研组. 2010. 物理化学. 2 版. 武汉：武汉大学出版社.

张平民. 2002. 工科大学化学(上册). 长沙：湖南教育出版社.

周鲁. 2017. 物理化学教程. 4 版. 北京：科学出版社.

Liu S J, Liu H L, Chen Q Y, et al. 2007. Molar excess enthalpies of binary mixtures of [tributyl phosphate + {$CH_3(CH_2)_nOH$ (n = 0 to 3)}] at 298.15 K. The Journal of Chemical Thermodynamics, 39(3): 412-416.

附　　录

附录 I　国际单位制

国际单位制是我国法定计量单位的基础，一切属于国际单位制的单位都是我国的法定计量单位。国际单位制简称 SI。

国际单位制的构成：

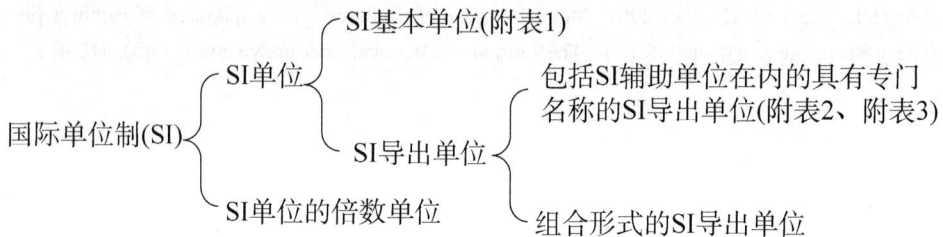

国际单位制以附表 1 中的 7 个基本单位为基础。

附表 1　国际单位制基本单位

量的名称	单位名称	单位符号	单位定义
时间	秒	s	国际单位制中的时间单位，符号 s。当铯频率 $\Delta\nu(\text{Cs})$，也就是铯-133 原子不受干扰的基态超精细跃迁频率以单位 Hz 即 s^{-1} 表示时，将其固定数值取为 9192631770 来定义秒
长度	米	m	国际单位制中的长度单位，符号 m。当真空中光速 c 以单位 $m \cdot s^{-1}$ 表示时，将其固定数值取为 299792458 来定义米，其中秒用 $\Delta\nu(\text{Cs})$ 定义
质量	千克(公斤)	kg	国际单位制中的质量单位，符号 kg。当普朗克常量 h 以单位 $J \cdot s$ 即 $kg \cdot m^2 \cdot s^{-1}$ 表示时，将其固定数值取为 $6.62607015 \times 10^{-34}$ 来定义千克，其中米和秒用 c 和 $\Delta\nu(\text{Cs})$ 定义
电流	安[培]	A	国际单位制中的电流单位，符号 A。当基本电荷 e 以单位 C 即 $A \cdot s$ 表示时，将其固定数值取为 $1.602176634 \times 10^{-19}$ 来定义安培，其中秒用 $\Delta\nu(\text{Cs})$ 定义
热力学温度	开[尔文]	K	国际单位制中的热力学温度单位，符号 K。当玻尔兹曼常量 k 以单位 $J \cdot K^{-1}$ 即 $kg \cdot m^2 \cdot s^{-2} \cdot K^{-1}$ 表示时，将其固定数值取为 1.380649×10^{-23} 来定义开尔文，其中千克、米和秒分别用 h、c 和 $\Delta\nu(\text{Cs})$ 定义
物质的量	摩[尔]	mol	国际单位制中的物质的量单位，符号 mol。1 mol 精确包含 $6.02214076 \times 10^{23}$ 个基本单元。该数称为阿伏伽德罗数，为以单位 mol^{-1} 表示的阿伏伽德罗常量 N_A 的固定数值一个系统的物质的量，符号 n，是该系统包含的特定基本单元数的量度。基本单元可以是原子、分子、离子、电子及其他任意粒子或粒子的特定组合
发光强度	坎[德拉]	cd	国际单位制中的沿指定方向发光强度单位，符号 cd。当频率为 540×10^{12} Hz 的单色辐射的光视效能 K_{cd} 以单位 $lm \cdot W^{-1}$ 即 $cd \cdot sr \cdot W^{-1}$ 或 $cd \cdot sr \cdot kg^{-1} \cdot m^{-2} \cdot s^3$ 表示时，将其固定数值取为 683 来定义坎德拉，其中千克、米和秒分别用 h、c 和 $\Delta\nu(\text{Cs})$ 定义

注：本表摘自"全国科学技术名词审定委员会发布国际单位制 7 个基本单位中文新定义"，2019-05-14。

附表 2　国际单位制辅助单位

量的名称	单位名称	单位符号	单位定义
平面角	弧度	rad	等于一个圆内两条半径之间的平面角，这两条半径在圆周上截取的弧长与半径相等
立体角	球面度	sr	等于一个立体角，其顶点位于球心，而它在球面上所截取的面积等于以球半径为边长的正方形面积

附表 3　具有专门名词的 SI 导出单位

量的名称	SI 导出单位		
	名称	符号	用 SI 基本单位和 SI 导出单位表示
力	牛[顿]	N	$1N = 1kg \cdot m \cdot s^{-2}$
压强，压力，应力	帕[斯卡]	Pa	$1Pa = 1N \cdot m^{-2}$
能[量]，功，热量	焦[耳]	J	$1J = 1N \cdot m$
功率，辐[射能]通量	瓦[特]	W	$1W = 1J \cdot s^{-1}$
电荷[量]	库[仑]	C	$1C = 1A \cdot s$
电压，电动势，电位(电势)	伏[特]	V	$1V = 1W \cdot A^{-1}$
电容	法[拉]	F	$1F = 1C \cdot V^{-1}$
电阻	欧[姆]	Ω	$1\Omega = 1V \cdot A^{-1}$
电导	西[门子]	S	$1S = 1\Omega^{-1}$
磁通[量]	韦[伯]	Wb	$1Wb = 1V \cdot s$
磁通[量]密度，磁感应强度	特[斯拉]	T	$1T = 1Wb \cdot m^{-2}$
电感	亨[利]	H	$1H = 1Wb \cdot A^{-1}$
摄氏温度	摄氏度	℃	
光通量	流[明]	lm	$1lm = 1cd \cdot sr$
[光]照度	勒[克斯]	lx	$1lx = 1lm \cdot m^{-2}$

附表 4　由于人类健康安全防护需要而确定的具有专门名称的 SI 导出单位

量的名称	SI 导出单位		
	名称	符号	用 SI 基本单位和 SI 导出单位表示
[放射性]活度	贝可[勒尔]	Bq	$1Bq = 1s^{-1}$
吸收剂量 比授[予]能 比释动能	戈[瑞]	Gy	$1Gy = 1J \cdot kg^{-1}$
剂量当量	希[沃特]	Sv	$1Sv = 1J \cdot kg^{-1}$

用 SI 基本单位和具有专门名称的 SI 导出单位或(和)SI 辅助单位以代数形式表示的单位称为组合形式的 SI 导出单位。

词头符号与所紧接的单位符号应作为一个整体对待,它们共同组成一个新单位(十进倍数或分数单位),并具有相同的幂次,而且还可以和其他单位构成组合单位。

附表 5　SI 词头

因数	词头名称		符号
	英文	中文	
10^{24}	yotta	尧[它]	Y
10^{21}	zetta	泽[它]	Z
10^{18}	exa	艾[可萨]	E
10^{15}	peta	拍[它]	P
10^{12}	tera	太[拉]	T
10^{9}	giga	吉[咖]	G
10^{6}	mega	兆	M
10^{3}	kilo	千	K
10^{2}	hecto	百	H
10^{1}	deca	十	da
10^{-1}	deci	分	d
10^{-2}	centi	厘	c
10^{-3}	milli	毫	m
10^{-6}	micro	微	μ
10^{-9}	nano	纳[诺]	n
10^{-12}	pico	皮[可]	p
10^{-15}	femto	飞[母托]	f
10^{-18}	atto	阿[托]	a
10^{-21}	zepto	仄[普托]	z
10^{-24}	yocto	幺[科托]	y

附表 6　国家选定的非国际单位制单位

量的名称	单位名称	单位符号	换算关系和说明
时间	分	min	1min = 60s
	[小]时	h	1h = 60min = 3600s
	天(日)	d	1d = 24h = 86400s
平面角	[角]秒	(″)	1″ = (π/648000)rad(π 为圆周率)
	[角]分	(′)	1′ = 60″ = (π/10800)rad
	度	(°)	1° = 60′ = (π/180)rad

续表

量的名称	单位名称	单位符号	换算关系和说明
旋转速率	转每分	r·min^{-1}	1r·min^{-1} = (1/60)s^{-1}
长度	海里	n mile	1n mile = 1852m(只用于航海)
速率	节	kn	1kn = 1n mile·h^{-1} = (1852/3600)m·s^{-1}(只用于航海)
质量	吨 原子质量单位	t u	1t = 10^{3}kg 1u ≈ 1.6605655 × 10^{-27}kg
体积	升	L,(l)	1L = 1dm^3 = 10^{-3}m^3
能	电子伏	eV	1eV ≈ 1.6021892 × 10^{-19}J
级差	分贝	dB	
线密度	特[克斯]	tex	1tex = 1g·km^{-1}

注：1. 周、月、年(年的符号为 a)为一般常用时间单位。
2. 角度单位度、分、秒的符号不处于数字后时，用括弧。
3. 升的符号中，小写字母 l 为备用符号。
4. r 为"转"的符号。
5. 公里为千米的俗称，符号为 km。
6. 10^4 称为万，10^8 称为亿，10^{12} 称为万亿，这类数词的使用不受词头名称的影响，但不应与词头混淆。

附录Ⅱ 压力、体积和能量单位及其换算关系

压力

压力的定义是：体系作用于单位面积上的法向(垂直方向)力的大小，即

$$p = F/A$$

国际单位制是在米制的基础上发展起来的。在 CGS 制中，压力的单位是达因每平方厘米 (dyn·cm^{-2})，在 SI 中，压力的单位是牛顿每平方米(N·m^{-2})，也称帕斯卡(pascal)，缩写为"帕" (Pa)，因为 1N = 10^{5}dyn，所以

$$1Pa = 1N·m^{-2} = 10^5 dyn·(10^2 cm)^{-2}$$
$$= 10 dyn·cm^{-2}$$

过去的文献中也常用毫米汞柱(mmHg)或托(torr)来表示压力(1torr = 1mmHg)，它是以 0℃时当重力场的重力加速度具有标准值 g = 980.665cm·s^{-2} 时，1mmHg 所施加的压力。当汞柱高度为 h、质量为 m、横截面积为 A、体积为 V 及密度为 ρ 时，它所施加的压力 p 可按下式求出

$$p = mg/A = \rho Vg/A = \rho Agh/A = \rho gh$$

在 0℃和 1atm 下汞的密度是 13.5951g·cm^{-3}，因此

$$1torr = 13.5951g·cm^{-3} × 980.665cm^2·s^{-2} × 10^{-1}cm$$
$$= 1333.22 dyn·cm^{-2} = 133.322 N·m^{-2}$$

一大气压(atm)定义为760torr:

$$1atm = 760torr = 1.01325 \times 10^6 dyn \cdot cm^{-2} = 101325 N \cdot m^{-2} = 101.325 kPa$$

但也有一些科学家推荐压力的单位用巴(bar)，因为1bar与1atm在数值上极为相近:

$$1bar = 10^6 dyn \cdot cm^{-2} = 10^5 N \cdot m^{-2} = 0.986923 atm = 10^5 Pa$$

(参照压力的换算因数表)

常见的体积单位是立方厘米(cm^3)、立方分米(dm^3)、立方米(m^3)和升(L 或 l)。过去把升定义为 1000g 水在 3.98℃和 1atm 压力下的体积，这样定义的升等于 $1000.028 cm^3$，1964 年国际计量大会重新定义升为 $1L = 1dm^3$。这两种定义很容易引起混淆，所以最好避免用升，而用 dm^3 或 cm^3 表示。按新定义：$1L = 1dm^3 = 1000 cm^3$。

附表7 能量和压力的单位及换算

能量的单位及换算

	J	cal	erg	$cm^3 \cdot atm$	eV
1J	1	0.2390	10^7	9.869	6.242×10^{18}
1cal	4.184	1	4.184×10^7	41.29	2.612×10^{19}
1erg	10^{-7}	2.390×10^{-3}	1	9.869×10^{-7}	6.242×10^{11}
$1cm^3 \cdot atm$	0.1013	2.422×10^{-2}	1.013×10^5	1	6.325×10^{17}
1eV	1.602×10^{-19}	3.829×10^{-20}	1.602×10^{-12}	1.581×10^{-18}	1

压力的单位及换算

	Pa	atm	mmHg	bar(巴)	$dyn \cdot cm^{-2}$ (达因·厘米$^{-2}$)	$lbf \cdot in^{-2}$ (磅力·英寸$^{-2}$)
1Pa	1	9.869×10^{-5}	7.501×10^{-3}	10^{-5}	10	1.450×10^{-4}
1atm	1.013×10^{-5}	1	760.0	1.013	1.013×10^6	14.70
1mmHg(torr)	133.3	1.316×10^{-3}	1	1.333×10^{-3}	1333	1.924×10^{-2}
1bar	10^5	0.9869	750.1	1	10^6	14.50
$1dyn \cdot cm^{-2}$	10^{-1}	9.869×10^{-7}	7.501×10^{-4}	10^{-6}	1	1.450×10^{-5}
$1lbf \cdot in^{-2}$	6895	6.805×10^{-2}	51.71	6.895×10^{-2}	6.895×10^4	1

附录Ⅲ 基本常数及希腊字母表

附表8 基本常数

量的名称	符号	数值及单位
自由落体加速度或重力加速度	g	$9.80665 m \cdot s^{-2}$(准确值)
真空介电常数(真空电容率)	ε_0	$8.854188 \times 10^{-12} F \cdot m^{-1}$
电磁波在真空中的速率	c, c_0	$299792458 m \cdot s^{-1}$
阿伏伽德罗常量	L, N_A	$(6.0221367 \pm 0.0000036) \times 10^{23} mol^{-1}$
摩尔气体常量	R	$(8.314510 \pm 0.000070) J \cdot mol^{-1} \cdot K^{-1}$
玻尔兹曼常量	k, k_B	$(1.380658 \pm 0.000012) \times 10^{-23} J \cdot K^{-1}$
元电荷	e	$(1.60217733 \pm 0.00000049) \times 10^{-19} C$
法拉第常量	F	$(9.6485309 \pm 0.0000029) \times 10^4 C \cdot mol^{-1}$
普朗克常量	h	$(6.6260755 \pm 0.0000040) \times 10^{-34} J \cdot s$

附表9 希腊字母表

名称	正体		斜体	
	大写	小写	大写	小写
alpha	A	α	A	α
beta	B	β	B	β
gamma	Γ	γ	Γ	γ
delta	Δ	δ	Δ	δ
epsilon	E	ε	E	ε
zeta	Z	ζ	Z	ζ
eta	H	η	H	η
theta	Θ	θ	Θ	θ
iota	I	ι	I	ι
kappa	K	κ	K	κ
lambda	Λ	λ	Λ	λ
mu	M	μ	M	μ
nu	N	ν	N	ν
xi	Ξ	ξ	Ξ	ξ
omicron	O	o	O	o
pi	Π	π	Π	π
rho	P	ρ	P	ρ
sigma	Σ	σ	Σ	σ
tau	T	τ	T	τ
upsilon	Y	υ	Y	υ
phi	Φ	φ	Φ	ϕ
chi	X	χ	X	χ
psi	Ψ	ψ	Ψ	ψ
omega	Ω	ω	Ω	ω

附录 Ⅳ 基本数据

附表10 某些物质在298.15K及100kPa下的热力学数据

物质	$\Delta_f H_m^\ominus$ / (kJ·mol^{-1})	$S_m^\ominus$ / (J·mol^{-1}·K^{-1})	$\Delta_f G_m^\ominus$ / (kJ·mol^{-1})	$C_{p,m} = (a + bT + cT^{-2} + c'T^2)$ J·mol^{-1}·K^{-1}				温度范围/K
				a	$b \times 10^{-3}$	$c \times 10^{-5}$	$c' \times 10^6$	
Ag(s)	0	42.55	0	21.30	8.54	1.51	—	298~熔点
Ag$_2$CO$_3$(s)	−505.8	167.4	−436.8	79.37	108.16	—	—	298~950
Ag$_2$O(s)	−31.05	121.3	−11.20	59.33	40.79	4.184	—	298~500
AgCl(s)	−127.068	96.3	−109.789	62.26	4.184	−11.30	—	298~熔点
Al(s)	0	28.33	0	20.67	12.38	—	—	298~熔点
AlF$_3$(s)	−1510.42	66.48	—	72.26	45.86	−9.23	—	298~721
Al$_2$O$_3$(s)	−1675.7	50.92	−1582.3	106.61	17.78	−28.53	—	298~1800

续表

物质	$\Delta_f H_m^\ominus$ / (kJ·mol^{-1})	$S_m^\ominus$ / (J·mol^{-1}·K^{-1})	$\Delta_f G_m^\ominus$ / (kJ·mol^{-1})	$C_{p,m} = (a+bT+cT^{-2}+c'T^2)$ J·mol^{-1}·K^{-1}				温度范围/K
				a	$b \times 10^{-3}$	$c \times 10^{-5}$	$c' \times 10^6$	
Au(s)	0	47.27	0	23.66	5.19	—	—	298~1366
Be(s)	0	9.50	—	21.21	5.69	−5.88	0.96	298~1527
BeO(s)	−608.35	14.14	—	41.59	10.21	−17.36	−1.34	298~2835
Bi(s)	0	56.69	0	18.79	22.59	—	—	298~544
Bi$_2$O$_3$(s)	−570.70	151.46	—	103.51	33.47	—	—	298~800
Br$_2$(l)	0	152.231	0	35.6	—	—	—	
Br$_2$(g)	30.907	245.463	3.110	37.36	0.46	−1.30	—	298~2000
Br(g)	111.86	174.89	—	19.87	1.49	0.42	—	298~2000
C(石墨)	0	5.740	0	0.109	38.94	−1.48	−17.39	298~1100
C(金刚石)	1.895	2.377	2.900	9.12	13.2	−6.19	—	298~1200
CH$_4$(g)	−74.85	186.264	−50.72	23.64	47.86	−1.92	—	298~1500
C$_2$H$_6$(g)	−84.68	229.60	−32.82	9.401	159.83	—	−46.229	298~1500
CO(g)	−110.525	197.674	−137.168	28.41	4.10	−0.46	—	298~2500
CO$_2$(g)	−393.509	213.74	−394.359	44.14	9.04	−8.54	—	298~2500
Ca(s,α)	0	41.63	0	25.37	−7.26	—	23.72	298~720
CaF$_2$(s)	−1219.6	68.83	—	59.83	30.46	1.97	—	298~1424
CaCl$_2$(s)	−795.8	104.8	−748.1	71.88	12.72	−2.51	—	298~1055
CaCO$_3$(方解石)	−1206.92	92.9	−1128.79	104.52	21.92	−25.94	23.72	298~1200
CaO(s)	−635.09	39.75	−604.03	49.62	4.52	−6.95	—	298~1171
Ca(OH)$_2$(s)	−985.33	83.39	—	105.31	11.95	−18.97	—	298~1000
CaS(s)	−476.14	56.5	—	45.2	7.74	—	—	298~2000
CaSO$_4$(s)	−1434.11	106.7	—	70.21	98.74	—	—	298~1400
Cd(s)	0	51.80	—	22.22	12.30	—	—	298~熔点
CdSO$_4$(s)	928.9	123.0	—	77.32	77.4	—	—	298~熔点
CdO(s)	259.41	54.81	—	40.38	8.70	—	—	273~1200
Cl$_2$(g)	0	223.066	0	36.9	0.25	−2.85	—	298~3000
Co(s,α)	0	30.04	0	21.38	14.31	−0.85	—	440~650
CoO(s)	−238.91	52.93		48.28	8.54	1.7	—	298~1800
Co$_3$O$_4$(s)	−905.0	102.51	—	129.03	71.46	−23.93	—	298~1000
CoSO$_4$(s)	−887.01	113.39	—	125.90	41.46	—	—	298~1000
Cr(s)	0	23.64	—	24.44	9.87	−3.68	—	298~熔点
Cr$_2$O$_3$(s)	−1129.68	81.17	—	119.37	9.20	−15.36	—	350~1800
Cu(s)	0	33.14	0	22.64	6.28	—	—	298~熔点
CaC$_2$(s,α)	−59.8	69.96	−64.9	68.61	11.88	−8.66	—	298~720

续表

物质	$\Delta_f H_m^\ominus$ / (kJ·mol^{-1})	$S_m^\ominus$ / (J·mol^{-1}·K^{-1})	$\Delta_f G_m^\ominus$ / (kJ·mol^{-1})	$C_{p,m} = (a+bT+cT^{-2}+c'T^2)$ J·mol^{-1}·K^{-1}				温度范围/K
				a	$b \times 10^{-3}$	$c \times 10^{-5}$	$c' \times 10^6$	
Cu$_2$O(s)	−167.4	93.09		62.34	23.85	—	—	298~1200
CuO(s)	−157.3	42.63	−129.7	38.79	20.08	—	—	298~1250
Cu$_2$S(s)	−79.50	120.92		81.59	—	—	—	298~376
CuS(s)	−52.3	66.5		44.4	11.05	—	—	273~1273
CuSO$_4$(s)	−771.36	109.0	−661.8	78.53	71.96	—	—	298~900
F$_2$	0	202.78	0	34.56	2.51	−3.51	—	298~2000
Fe(s,α,β)	0	27.28	0	37.13	6.17	—	—	298~1809
FeCl$_2$(s)	−342.3	118.0		79.24	8.70	−4.90	—	298~950
FeCl$_3$(s)	−399.6	142.3		123.68	—	−25.56	—	298~熔点
Fe$_{0.947}$O(s)	−264.4	58.79		48.79	8.37	−2.80	—	298~熔点
Fe$_{0.947}$O(l)	—	—		68.20	—	—	—	熔点~1800
FeO(s)	−272.0	—		51.80	6.78	−1.59	—	298~1200
Fe$_3$O$_4$(s,α)	−1118.4	146.4	−1015.4	91.55	201.7	—	—	298~900
Fe$_2$O$_3$(s)	−824.2	87.40	−742.2	98.23	77.8	−14.85	—	298~950
FeS(s,α)	−100.42	60.29		21.71	110.46	—	—	298~411
FeS$_2$(s)	−178.2	52.93	−166.9	74.81	5.52	−12.76	—	298~1000
Fe$_3$C(s,α)	−25.10	104.6		82.17	83.68	—	—	273~463
Fe$_2$SiO$_4$(s)	−1438	145.19		152.76	39.16	−28.03	—	298~1490
FeTiO$_3$(s)	−1207.1	105.86		116.61	18.24	−20.04	—	298~1640
H$_2$(g)	0	130.684	0	27.28	3.26	0.50	—	298~3000
HCl(g)	−92.307	186.908	−95.299	26.53	4.60	1.09	—	298~2000
H$_2$O(l)	−285.83	69.91	−237.129	75.44	—	—	—	273~373
H$_2$O(g)	−241.818	188.825	−228.572	30.00	10.71	0.33	—	298~2500
H$_2$S(g)	−20.63	205.79	−33.56	32.68	12.38	−1.92	—	298~2000
Hg(l)	0	75.9	0	27.66	—	—	—	273~553
HgCl$_2$	−224.3	146.0	−178.6	64.02	43.10	—	—	273~553
I$_2$(s)	0	116.135	0	40.12	49.79	—	—	
I$_2$(g)	62.438	260.69	19.327	37.4	0.59	−0.71	—	
Mg(s)	0	32.68	0	22.30	10.26	−0.432	—	293~熔点
MgCl$_2$(s)	−641.41	89.62		79.08	5.94	−8.62	—	298~熔点
MgO(s)	−601.24	26.95		48.99	3.14	−11.72	—	298~3098
Mn(s,α)	0	32.01	0	23.85	14.14	−1.570	—	298~990
MnO(s)	−384.93	59.83		46.48	8.12	−3.68	—	298~1800
MnO$_2$(s)	−520.07	52.14		69.45	10.21	−16.23	—	298~780

续表

物质	$\Delta_f H_m^\ominus$ / (kJ·mol^{-1})	$S_m^\ominus$ / (J·mol^{-1}·K^{-1})	$\Delta_f G_m^\ominus$ / (kJ·mol^{-1})	$C_{p,m} = (a + bT + cT^{-2} + c'T^2)$ J·mol^{-1}·K^{-1}				温度范围/K
				a	$b \times 10^{-3}$	$c \times 10^{-5}$	$c' \times 10^6$	
Mo(s)	0	28.66	—	—	—	—	—	
MoO$_2$(s)	−587.85	50.00		67.78	54.39	12.55	—	
N$_2$(g)	0	191.61	0	27.87	4.27	—	—	298〜2500
NH$_3$(g)	−46.11	192.45	−16.45	37.32	18.66	−6.49	—	298〜2400
NH$_4$Cl(s)	−314.43	94.6	−202.87	49.37	133.89	—	—	298〜458
NO(g)	90.25	210.761	86.55	29.58	3.85	−0.59	—	298〜2500
N$_2$O$_4$(g)	9.16	304.29	97.89	83.89	39.75	−14.9	—	298〜1000
Na(s)	0	51.25	0	82.47	−369.32	—	—	298〜熔点
NaCl(s)	−412.63	72.13	−348.138	45.94	16.32	—	—	298〜熔点
Na$_2$O(s,α)	−415.1	75.06		55.48	70.21	−4.14	−30.5	298〜1023
Na$_2$CO$_3$(s)	−1130.68	138.78	−1044.44	58.49	227.6	−13.10	—	298〜500
NaF(s)	−575.38	51.21		43.51	16.23	−1.38	—	298〜熔点
Na$_3$AlF$_6$(s)	−3179.84	238.49		192.25	123.46	−11.63	—	298〜845
Nb(s)	0	36.53	0	23.68	4.02	—	—	298〜1900
NbO(s)	−419.65	46.02		42.01	9.83	−3.26	—	298〜1700
NbO$_2$(s)	−794.96	54.52		71.55	6.69	−11.72	—	
Nb$_2$O$_5$(s)	−1899.54	137.32		151.59	23.18	−20.42	—	268〜1785
Ni(g)	0	29.87	0	16.99	29.46	—	—	298〜933
NiSO$_4$(s)	−873.20	603.85		125.9	41.51	—	—	298〜1200
O$_2$(g)	0	205.037	0	29.96	4.18	−1.67	—	298〜3000
P(s,白)	0	41.09	0	19.12	15.82	—	—	298〜317
Pb(s)	0	65.06	0	23.56	9.75	—	—	298〜熔点
PbO(s,红)	−219.41	66.32		45.81	15.69	−4.2	—	298〜1000
PbCl$_2$(s)	−359.40	135.98		66.78	33.47	—	—	298〜771
PbS(s)	−98.32	91.34		44.60	16.4	—	—	298〜900
PbSO$_4$(s)	−920.06	148.53		73.93	101.3	—	—	298〜1139
S(斜方)	0	31.80	0	14.98	26.11	—	—	273〜368
S(单斜)	−0.335	32.97		14.90	29.08	—	—	368〜392
S$_2$(g)	−128.66	228.03		36.48	0.67	−3.77	—	298〜3000
SO$_2$(g)	−296.830	248.22	−300.194	43.43	10.63	−5.94	—	298〜1800
SO$_3$(g)	−395.72	256.69	−371.06	57.32	26.86	−13.05	—	298〜1200
Sb(s)	0	43.93	0	25.44	23.05	7.28	—	298〜904
Sb$_2$O$_3$(s)	−708.56	141.0		79.91	71.55	—	—	273〜930
Si(s)	0	18.83	0	23.93	2.47	−4.14	—	298〜熔点

续表

物质	$\Delta_f H_m^\ominus$ / (kJ·mol^{-1})	$S_m^\ominus$ / (J·mol^{-1}·K^{-1})	$\Delta_f G_m^\ominus$ / (kJ·mol^{-1})	$C_{p,m} = (a+bT+cT^{-2}+c'T^2)$ J·mol^{-1}·K^{-1}				温度范围/K
				a	$b \times 10^{-3}$	$c \times 10^{-5}$	$c' \times 10^6$	
SiO$_2$(s, α-石英)	−910.94	41.84	−856.64	43.89	38.79	−9.67	—	298~847
SiCl$_4$(g)	−662.74	330.83		101.46	6.86	−11.51	—	298~1000
SiC(s)	−66.94	16.52		41.7	7.61	−15.23	—	298~1700
Sn(s)	0	51.21	0	21.59	18.16	—	—	298~熔点
SnO(s)	286.19	56.48		39.96	14.64	—	—	298~1273
SnO$_2$(s)	−580.74	52.3		73.89	10.04	−21.59	—	298~1500
Ta(s)	0	41.50		24.35	3.05	—	—	298~2500
Ta$_2$O$_5$(s)	−2045.91	143.09		122.2	41.84	—	—	298~1875
Ti(s)	0	30.63		22.09	10.0	—	—	298~1155
TiCl$_4$(l)	−804.16	252.42		149.4	—	—	—	298~沸点
TiCl$_4$(g)	−763.16	354.8		106.48	1.00	−9.87	—	298~2000
TiO$_2$(s)	−944.74	50.33		75.19	1.17	−18.20	—	298~1800
V(s)	0	28.95		23.3	4.06	16.56	—	298~2190
V$_2$O$_5$(s)	−1550.5	130.54		194.7	16.3	55.3	—	298~943
W(s)	0	32.63		24.02	3.18	—	—	298~2000
WO$_3$(s)	−842.9	75.89		73.14	28.41	—	—	298~1550
WC(s)	−38.07	41.84		43.39	8.62	−9.33	—	298~2500
Zn(s)	0	41.63		22.38	10.04	—	—	298~熔点
ZnO(s)	−348.28	43.64	−318.30	48.99	5.10	−9.12	—	298~1600
ZnS(s)	−205.23	57.66		50.88	5.19	−5.69	—	298~1200

注：部分数据摘自 Kubaschewski O, Alcock C B. Metallurgical Thermochemistry. 5th ed. 1979；部分数据摘自 Wagman D D 等. NBS 热力学性质表. 刘天和，赵梦月，译. SI 单位表示的无机物质和 C1 与 C2 有机物质选择值. 北京：中国标准出版社，1998.

附表 11 某些物质的熔点、沸点、转变点、熔化热、蒸发热及转变热

物质	熔点/K	沸点/K	转变点/K	$\Delta_{fus}H_m^\ominus$ /(kJ·mol^{-1})	$\Delta_{vap}H_m^\ominus$ /(kJ·mol^{-1})	$\Delta_{trs}H_m^\ominus$ /(kJ·mol^{-1})	附注
Ag(s)	1233.95	2420.15	—	11.09	257.7	—	
Al(s)	932.15	2723.15	—	10.5	290.8		
As(s)	升华	895.15	—	—	28.6(升华)		
Ca(s)	1116.15	1756.15	737.15	8.4	150.6	0.25	
Cd(s)	594.15	1038.15	—	6.40	100.0		
Co(s)	1768.15	3203.15	703.15	15.48		0.46	α→β
Cr(s)	2130.15	2963.15	—	20.9	341.8		
Cu(s)	1356.15	2843.15	—	13.0	306.7		
Fe(s)	1809.15	3343.15	1187.15 1664.15	13.77	340.2	5.10; 0.67; 0.84	α, δ, γ
Mg(s)	923.15	1378.15	—	8.8	127.6	—	

续表

物质	熔点/K	沸点/K	转变点/K	$\Delta_{fus}H_m^\ominus$ /(kJ·mol^{-1})	$\Delta_{vap}H_m^\ominus$ /(kJ·mol^{-1})	$\Delta_{trs}H_m^\ominus$ /(kJ·mol^{-1})	附注
Mn(s)	1517.15	2333.15	993.15 1363.15 1409.15	14.6	220.5	2.22 2.22 1.8	α, β, γ, δ
Mo(s)	2893.15	4923.15	—	35.6	589.9	—	
Ni(s)	1728.15	3193.15	631.15	17.2	374.9	0.59	
Pb(s)	600.15	2013.15	4.81	177.8			
Sb(s)	904.15	1713.15	—	20.08	195.25	—	
Si(s)	1683.15	3553.15		50.6	383.3		
Sn(s)	505.15	2896.15	268.15	7.07	296.2	2.09	
Ta(s)	3269.15	5698.15	—	31.38	782.41	—	
Ti(s)	1940.15	3558.15	1155.15	14.6	425.5	3.35	α, β
W(s)	3603.13	5828.15	—	33.86	730.94	—	
Zn(s)	692.65	1180.15	—	7.28	114.2	—	

附表12 水溶液中某些离子的热力学数据(标准压力 $p^\ominus$ = 100kPa, 298.15K)

物质	$\Delta_f H_m^\ominus$ /(kJ·mol^{-1})	$\Delta_f G_m^\ominus$ /(kJ·mol^{-1})	$S_m^\ominus$ /(J·mol^{-1}·K^{-1})	$C_{p,m}$ /(J·mol^{-1}·K^{-1})
H$^+$	0	0	0	0
Li$^+$	−278.49	−293.31	13.4	68.6
Na$^+$	−240.12	−261.905	59.0	46.4
K$^+$	−252.38	−283.27	102.5	21.8
NH$_4^+$	−132.51	−79.31	113.4	79.9
Tl$^+$	5.36	−32.40	125.5	
Ag$^+$	105.579	77.107	72.68	21.8
Cu$^+$	71.67	49.98	40.6	
Hg$_2^{2+}$	172.4	153.52	84.5	
Mg^{2+}	−466.85	−454.8	−138.1	
Ca^{2+}	−542.83	−553.58	−53.1	
Ba^{2+}	−537.64	−560.77	9.6	
Zn^{2+}	−153.89	−147.06	−112.1	46
Cd^{2+}	−75.90	−77.612	−73.2	
Pb^{2+}	−1.7	−24.43	10.5	
Hg^{2+}	171.1	164.40	−32.2	
Cu^{2+}	64.77	65.49	−99.6	
Fe^{2+}	−89.1	−78.90	−137.7	
Ni^{2+}	−54.0	−45.6	−128.9	
Co^{2+}	−58.2	−54.4	−113	
Mn^{2+}	−220.75	−228.1	−73.6	50

物质	$\Delta_f H_m^\ominus$ / (kJ·mol^{-1})	$\Delta_f G_m^\ominus$ / (kJ·mol^{-1})	$S_m^\ominus$ / (J·mol^{-1}·K^{-1})	$C_{p,m}$ / (J·mol^{-1}·K^{-1})
Al^{3+}	−531	−485	−321.7	
Fe^{3+}	−48.5	−4.7	−315.9	
La^{3+}	−707.1	−683.7	−217.6	−13
Ce^{3+}	−696.2	−672.0	−205	
Ce^{4+}	−537.2	−503.8	−301	
Th^{4+}	−769.0	−705.1	−422.6	
VO^{2+}	−486.6	−446.4	−133.9	
[Ag(NH$_3$)$_2$]$^+$	−111.29	−17.12	245.2	
[Co(NH$_3$)]$^{2+}$	−145.2	−92.4	13	
[Co(NH$_3$)$_6$]$^{3+}$	−584.9	−157.0	14.6	
[Cu(NH$_3$)]$^{2+}$	−38.9	15.60	12.1	
[Cu(NH$_3$)$_2$]$^{2+}$	−142.3	−30.36	111.3	
[Cu(NH$_3$)$_3$]$^{2+}$	−245.6	−72.97	199.6	
[Cu(NH$_3$)$_4$]$^{2+}$	−348.5	−111.07	273.6	
F$^-$	−332.63	−278.79	−13.8	−106.7
Cl$^-$	−167.159	−131.228	56.5	−136.4
Br$^-$	−121.55	−103.96	82.4	−141.8
I$^-$	−55.19	−51.57	111.3	−142.3
S^{2-}	33.1	85.8	−14.6	
OH$^-$	−229.994	−157.244	−10.75	−148.5
ClO$^-$	−107.1	−36.8	42	
ClO$_2^-$	−66.5	17.2	101.3	
ClO$_3^-$	−103.97	−7.95	162.3	
ClO$_4^-$	−129.33	−8.52	182.0	
SO$_3^{2-}$	−635.5	−486.5	−29	
SO$_4^{2-}$	−909.27	−744.53	20.1	−293
S$_2$O$_3^{2-}$	−648.5	−522.5	67	
HS$^-$	−17.6	12.08	62.8	
HSO$_3^-$	−626.22	−527.73	139.7	
NO$_2^-$	−104.6	−32.2	123.0	−97.5
NO$_3^-$	−205.0	−108.74	146.4	−86.6
PO$_4^{3-}$	−1277.4	−1018.7	−222	
CO$_3^{2-}$	−677.14	−527.81	−56.9	
HCO$_3^-$	−691.99	−586.77	91.2	
CN$^-$	150.6	172.4	94.1	

续表

物质	$\Delta_f H_m^\ominus$ / (kJ·mol^{-1})	$\Delta_f G_m^\ominus$ / (kJ·mol^{-1})	$S_m^\ominus$ / (J·mol^{-1}·K^{-1})	$C_{p,m}$ / (J·mol^{-1}·K^{-1})
SCN$^-$	76.44	92.71	144.3	−40.2
HC$_2$O$_4^-$	−818.4	−698.34	149.4	
C$_2$O$_4^{2-}$	−825.1	−673.9	45.6	
HCO$_2^-$	−425.55	−351.0	92	−87.9
CH$_3$COO$^-$	−486.01	−369.31	86.6	−6.3

附表 13 某些物质的标准燃烧焓(标准压力 $p^\ominus$ = 100kPa, 298.15K)

物质		$-\Delta_c H_m^\ominus$ / (kJ·mol^{-1})	物质		$-\Delta_c H_m^\ominus$ / (kJ·mol^{-1})
C$_{10}$H$_8$(s)	萘	5153.9	(CH$_2$COOH)$_2$(s)	丁二酸	1491.0
C$_{12}$H$_{22}$O$_{11}$(s)	蔗糖	5640.9	C$_5$H$_5$N(l)	吡啶	2782.4
C$_2$H$_2$(g)	乙炔	1299.6	C$_6$H$_{12}$(l)	环己烷	3919.9
C$_2$H$_4$(g)	乙烯	1411.0	C$_6$H$_{14}$(l)	正己烷	4163.1
C$_2$H$_5$CHO(l)	丙醛	1816.3	C$_6$H$_4$(COOH)$_2$(s)	邻苯二甲酸	3223.5
C$_2$H$_5$COOH(l)	丙酸	1527.3	C$_6$H$_5$CHO(l)	苯甲醛	3527.9
C$_6$H$_5$COOH(s)	苯甲酸	3226.9	C$_6$H$_5$COCH$_3$(l)	苯乙酮	4148.9
C$_2$H$_5$NH$_2$(l)	乙胺	1713.3	C$_6$H$_5$COOCH$_3$(l)	苯甲酸甲酯	3957.6
C$_2$H$_5$OH(l)	乙醇	1366.8	C$_6$H$_5$OH(s)	苯酚	3053.5
C$_2$H$_6$(g)	乙烷	1559.8	C$_6$H$_6$(l)	苯	3267.5
C$_3$H$_6$(g)	环丙烷	2091.5	CH$_2$(COOH)$_2$(s)	丙二酸	861.15
C$_3$H$_7$COOH(l)	正丁酸	2183.5	CH$_3$CHO(l)	乙醛	1166.4
C$_3$H$_7$OH(l)	正丙醇	2019.8	CH$_3$COC$_2$H$_5$(l)	甲乙酮	2444.2
C$_3$H$_8$(g)	丙烷	2219.9	CH$_3$COOH(l)	乙酸	874.54
C$_4$H$_8$(l)	环丁烷	2720.5	CH$_3$NH$_2$(l)	甲胺	1060.6
C$_4$H$_9$OH(l)	正丁醇	2675.8	CH$_3$OC$_2$H$_5$(g)	甲乙醚	2107.4
C$_5$H$_{10}$(l)	环戊烷	3290.9	CH$_3$OH(l)	甲醇	726.51
C$_5$H$_{12}$(g)	正戊烷	3536.1	CH$_4$(g)	甲烷	890.31
C$_5$H$_{12}$(l)	正戊烷	3509.5	HCHO(g)	甲醛	570.78
(C$_2$H$_5$)$_2$O(l)	二乙醚	2751.1	HCOOCH$_3$(l)	甲酸甲酯	979.5
(CH$_3$)$_2$CO(l)	丙酮	1790.4	HCOOH(l)	甲酸	254.6
(CH$_3$CO)$_2$O(l)	乙酸酐	1806.2	(NH$_2$)$_2$CO(s)	尿素	631.66

附表 14 某些物质的自由能函数(标准压力 $p^\ominus = 100$ kPa, 298.15K)

物质	$-[G_m^\ominus(T) - H_m^\ominus(0K)]/T$ / (J·mol^{-1}·K^{-1})					$\Delta H_m^\ominus(298.15K)$ / (kJ·mol^{-1})	$H_m^\ominus(298.15K) - H_m^\ominus(0K)$ / (kJ·mol^{-1})	$\Delta H_m^\ominus(298.15K)$ / (kJ·mol^{-1})
	298K	500K	1000K	1500K	2000K			
Br(g)	154.14	164.89	179.28	187.82	193.97		6.197	112.93
Br$_2$(g)	212.76	230.08	254.39	269.07	279.62		9.728	35.02
Br$_2$(l)	104.6						13.556	0
C(石墨)	2.22	4.85	11.63	17.53	22.51		1.050	0
Cl(g)	144.06	155.06	170.25	179.20	185.52		6.272	119.41
Cl$_2$(g)	192.17	208.57	231.92	246.23	256.65		9.180	0
F(g)	136.77	148.16	163.43	172.21	178.41		6.519	77.0 ± 4
F$_2$(g)	173.09	188.70	211.01	224.85	235.02		8.828	0
H(g)	93.81	104.56	118.99	127.40	133.39		6.197	215.98
H$_2$(g)	102.17	117.13	136.98	148.91	157.61		8.468	0
I(g)	159.91	170.62	185.06	193.47	199.49		6.197	107.15
I$_2$(g)	226.69	244.60	269.45	284.34	295.06		8.987	65.52
I$_2$(s)	71.88						13.196	0
N$_2$(g)	162.42	177.49	197.95	210.37	219.58		8.669	0
O$_2$(g)	175.98	191.13	212.13	225.14	234.72		8.660	0
S(斜方)	17.11	27.11					4.406	0
CO(g)	168.41	183.51	204.05	216.65	225.93	−110.525	8.673	−113.81
CO$_2$(g)	182.26	199.45	226.40	244.68	258.80	−393.514	9.364	−393.17
CS$_2$(g)	202.00	221.92	253.17	273.80	289.11	115.269	10.669	114.60 ± 8
CH$_4$(g)	152.55	170.50	199.37	221.08	238.91	−74.852	10.029	−66.90
CH$_3$Cl(g)	198.53	217.82	250.12	274.22		−82.0	10.414	−74.1
CHCl$_3$(g)	248.07	275.35	321.25	352.96		−100.42	14.184	−96
CCl$_4$(g)	251.67	285.01	340.62	376.39		−106.7	17.200	−104
COCl$_2$(g)	240.58	264.97	304.55	331.08	351.12	−219.53	12.866	−217.82
CH$_3$OH(g)	201.38	222.34	257.65			−201.17	11.427	−190.25
CH$_2$O(g)	185.14	203.09	230.58	250.25	266.02	−115.9	10.012	−112.13
HCOOH(g)	212.21	232.63	267.73	293.59	314.39	−378.19	10.883	−370.91
HCN(g)	170.79	187.65	213.43	230.75	243.97	130.5	9.25	130.1
C$_2$H$_2$(g)	167.28	186.23	217.61	239.45	256.60	226.73	10.008	227.32
C$_2$H$_4$(g)	184.01	203.93	239.70	267.52	290.62	52.30	10.565	60.75
C$_2$H$_6$(g)	189.41	212.42	255.68	290.62		−84.68	11.950	−69.12
C$_2$H$_5$OH(g)	235.41	262.84	314.97	356.27		−236.92	14.18	−219.28
CH$_3$CHO(g)	221.12	245.48	288.82			−165.98	12.845	−155.44
CH$_3$COOH(g)	236.40	264.60	317.65	357.10		−434.3	13.81	−420.5
C$_3$H$_6$(g)	221.54	248.19	299.45	340.70		20.42	13.544	35.44
C$_3$H$_8$(g)	220.62	250.25	310.03	359.24		−103.85	14.694	−81.50
(CH$_3$)$_2$CO(g)	240.37	272.09	331.46	378.82		−216.40	16.272	−199.74
正-C$_4$H$_{10}$(g)	244.93	284.14	362.33	426.56		−126.15	19.435	−99.04

续表

物质	$-[G_m^\ominus(T)-H_m^\ominus(0K)]/T$ (J·mol⁻¹·K⁻¹)					$\Delta H_m^\ominus(298.15K)/$ (kJ·mol⁻¹)	$H_m^\ominus(298.15K)-H_m^\ominus(0K)/$ (kJ·mol⁻¹)	$\Delta H_m^\ominus(298.15K)/$ (kJ·mol⁻¹)
	298K	500K	1000K	1500K	2000K			
异-C₄H₁₀(g)	234.64	271.94	348.86	412.71		−134.52	17.891	−105.86
正-C₅H₁₂(g)	269.95	317.73	413.67	492.54		−146.44	13.162	−113.93
异-C₅H₁₂(g)	269.28	314.97	409.86	488.61		−154.47	12.083	−120.54
C₆H₆(g)	221.46	252.04	320.37	378.44		82.93	14.230	100.42
环-C₆H₁₂(g)	238.78	277.78	371.29	455.2		−123.14	17.728	−83.72
Cl₂O(g)	228.11	248.91	280.50	300.87		75.7	11.380	77.86
ClO₂(g)	215.10	234.72	264.72	284.30		104.6	10.782	107.07
HF(g)	144.85	159.79	179.91	191.92	200.62	−268.6	8.598	−268.6
HCl(g)	157.82	172.84	193.13	205.35	214.35	−92.312	8.640	−92.127
HBr(g)	169.58	184.60	204.97	217.41	226.53	−36.24	8.650	−33.9
HI(g)	177.44	192.51	213.02	225.57	234.82	25.9	8.659	28.0
HClO(g)	201.84	220.05	246.92	264.20	269.5		10.220	
PCl₃(g)	258.05	288.22	335.09			−278.7	16.07	−275.8
H₂O(g)	155.56	172.80	196.74	211.76	223.14	−241.885	9.910	−238.993
H₂O₂(g)	196.49	216.45	247.54	269.01		−136.14	10.84	−129.90
H₂S(g)	172.30	189.75	214.65	230.84	243.1	−20.151	9.981	16.36
NH₃(g)	158.99	176.94	203.52	1221.93	236.70	−46.20	9.92	−39.21
NO(g)	179.87	195.69	217.03	230.0	239.55	90.40	9.182	89.89
N₂O(g)	187.86	205.53	233.36	252.23		81.57	9.588	85.00
NO₂(g)	205.86	224.32	252.06	270.27	284.08	33.861	10.316	36.33
SO₂(g)	212.68	231.77	260.64	279.64	293.8	−296.97	10.542	−294.46
SO₃(g)	217.16	239.13	276.54	302.99	322.7	−395.27	11.59	−389.46

附表 15　不同温度下水的饱和蒸气压

温度/K	蒸气压/kPa	温度/K	蒸气压/kPa	温度/K	蒸气压/kPa	温度/K	蒸气压/kPa
259	0.2080	293	2.338	327	15.00	361	64.94
261	0.2445	295	2.644	329	16.51	363	70.10
263	0.2865	297	2.983	331	18.14	365	75.59
265	0.3352	299	3.361	333	19.92	367	81.45
267	0.3908	301	3.784	335	21.83	369	87.67
269	0.4546	303	4.243	337	23.91	371	94.30
271	0.5274	305	4.755	339	26.14	373	101.325
273	0.6105	307	5.319	341	28.55	375	108.0
275	0.7058	309	5.941	343	31.16	377	116.7
277	0.8134	311	6.625	345	33.94	379	125.0
279	0.9350	313	7.376	347	36.96	381	133.9
281	1.0726	315	8.199	349	40.18	383	143.3
283	1.2278	317	9.101	351	43.64	385	153.1
285	1.4023	319	10.09	353	47.34	387	163.6
287	1.5981	321	11.16	355	51.32	389	174.6
289	1.8177	323	12.33	357	55.57		
291	2.0634	325	13.16	359	60.12		

附表16 某些物质的临界参数

物质		临界温度 t_c/℃	临界压力 p_c/MPa	临界密度 ρ_c/(kg·m^{-3})	临界压缩因子 Z_c
He	氦	−267.96	0.227	69.8	0.301
Ar	氩	−122.4	4.87	533	0.291
H_2	氢	−239.9	1.297	31.0	0.305
N_2	氮	−147.0	3.39	313	0.290
O_2	氧	−118.57	5.043	436	0.288
F_2	氟	−128.84	5.215	574	0.288
Cl_2	氯	144	7.7	573	0.275
Br_2	溴	311	10.3	1260	0.270
H_2O	水	373.91	22.05	320	0.23
NH_3	氨	132.33	11.313	236	0.242
HCl	氯化氢	51.5	8.31	450	0.25
H_2S	硫化氢	100.0	8.94	346	0.284
CO	一氧化碳	−140.23	3.499	301	0.295
CO_2	二氧化碳	30.98	7.375	468	0.275
SO_2	二氧化硫	157.5	7.884	525	0.268
CH_4	甲烷	−82.62	4.596	163	0.286
C_2H_6	乙烷	32.18	4.872	204	0.283
C_3H_8	丙烷	96.59	4.254	214	0.285
C_2H_4	乙烯	9.19	5.039	215	0.281
C_3H_6	丙烯	91.8	4.62	233	0.275
C_2H_2	乙炔	35.18	6.139	231	0.271
$CHCl_3$	氯仿	262.9	5.329	491	0.201
CCl_4	四氯化碳	283.15	4.558	557	0.272
CH_3OH	甲醇	239.43	8.10	272	0.224
C_2H_5OH	乙醇	240.77	6.148	276	0.240
C_6H_6	苯	288.95	4.898	306	0.268
$C_6H_5CH_3$	甲苯	318.57	4.109	290	0.266

附表17 某些气体的范德华常量

气体		$10^3 a$/(Pa·m^6·mol^{-2})	$10^6 b$/(m^3·mol^{-1})
Ar	氩	136.3	32.19
H_2	氢	24.76	26.61
N_2	氮	140.8	39.13
O_2	氧	137.8	31.83
Cl_2	氯	657.9	56.22

续表

气体		$10^3 a/(\text{Pa} \cdot \text{m}^6 \cdot \text{mol}^{-2})$	$10^6 b/(\text{m}^3 \cdot \text{mol}^{-1})$
H_2O	水	553.6	30.49
NH_3	氨	422.5	37.07
HCl	氯化氢	371.6	40.81
H_2S	硫化氢	449.0	42.87
CO	一氧化碳	150.5	39.85
CO_2	二氧化碳	364.0	42.67
SO_2	二氧化硫	680.3	56.36
CH_4	甲烷	228.3	42.78
C_2H_6	乙烷	556.2	63.80
C_3H_8	丙烷	877.9	84.45
C_2H_4	乙烯	453.0	57.14
C_3H_6	丙烯	849.0	82.72
C_2H_2	乙炔	444.8	51.36
$CHCl_3$	氯仿	1537	102.2
CCl_4	四氯化碳	2066	138.3
CH_3OH	甲醇	964.9	67.02
C_2H_5OH	乙醇	1218	84.07
$(C_2H_5)_2O$	乙醚	1761	134.4
$(CH_3)_2CO$	丙酮	1409	99.4
C_6H_6	苯	1824	115.4

科 学 出 版 社
教学支持说明

科学出版社为了对教师的教学提供支持,特对教师免费提供本教材的电子课件,以方便教师教学。

获取电子课件的教师需要填写如下情况的调查表,以确保本电子课件仅为任课教师获得,并保证只能用于教学,不得复制传播用于商业用途。否则,科学出版社保留诉诸法律的权利。

微信关注公众号"科学 EDU",可在线申请教材课件。也可将本证明签字盖章、扫描后发送到 chem@mail.sciencep.com,我们确认销售记录后立即赠送。

如果您对本书有任何意见和建议,也欢迎您告诉我们。意见经采纳,我们将赠送书目,教师可以免费选书一本。

证 明

兹证明_____大学_____学院/_____系第_____学年□上□下学期开设的课程,采用科学出版社出版的_____/_____(书名/作者)作为上课教材。任课教师为_____共_____人,学生_____个班共_____人。

任课教师需要与本教材配套的电子课件。

电 话:_____

E-mail:_____

地 址:_____

邮 编:_____

院长/系主任:_____ (签字)

(学院/系办公室章)

___年___月___日